图书在版编目（CIP）数据

思考哲学基本问题／（美）布鲁斯·N.沃勒（Bruce N. Waller）著；陈晓曦，杨晞帆译. —北京：中国轻工业出版社，2016.11（2020.10重印）
ISBN 978-7-5184-1264-8

Ⅰ. ①思… Ⅱ. ①布… ②陈… ③杨… Ⅲ. ①哲学基本问题-研究 Ⅳ. ①B01

中国版本图书馆CIP数据核字（2016）第324505号

总 策 划：石　铁
策划编辑：孔胜楠　　　　责任终审：杜文勇
责任编辑：孔胜楠　　　　责任监印：刘志颖

出版发行：中国轻工业出版社（北京东长安街6号，邮编：100740）
印　　刷：三河市鑫金马印装有限公司
经　　销：各地新华书店
版　　次：2020年10月第1版第2次印刷
开　　本：850×1092　1/16　印张：31.75
字　　数：590千字
书　　号：ISBN 978-7-5184-1264-8　定价：78.00元
著作权合同登记　图字：01-2016-1217
读者热线：010-65181109，65262933
发行电话：010-85119832　传真：010-85113293
网　　址：http://www.chlip.com.cn　http://www.wqedu.com
电子信箱：1012305542@qq.com
如发现图书残缺请与我社联系调换
160968Y2X101ZYW

Consider Philosophy

思考哲学基本问题

【美】Bruce N. Waller 著

陈晓曦 杨晞帆 译

邓安庆 审校

中国轻工业出版社

译者序

哲学何以教人高贵

近年来，我身边真心喜欢哲学的人确实越来越多了。他们有的是事业有成者，有的是生意亨通的者，有的是朝气蓬勃的青年人，这当然包括那些“被教育”而爱上哲学的“天之骄子”——复旦大学的学生。这给我的一个真切感觉是，在我们当今的生活中出现了对哲学的真实需要。这样的感觉对于我这样一个在哲学之路上“一条道走到黑”的人而言，无疑是非常的惬意。这种惬意并非是说，在寂寞人生中会增加几个“同路人”（因为对于真正喜欢哲学的人而言，从来就不会感受到“寂寞”，反倒是“寂寞”给了我们一种“思想”的“清净”和格调的“纯粹”。没有这些，何以抵抗生活中不堪忍受的“嘈杂”和“诱惑”？），而是如同审美愉悦那样，当一件艺术品的审美趣味被同侪的鉴赏力品鉴出来而产生的品味相通的精神快感。

哲学常常被人误认为“无用”之学——说它既不带来“面包”，也不赐人“长技”；既不令人“富贵”，也不助人“升官”。而一般哲学老师最怕人问的问题，据说就是学哲学究竟有何用。这实际上是长期被灌输的“假哲学”留给人们的“偏见”。

世上只有“乞丐”才需要别人“带给”他面包。正常的人依靠自身的“雕虫小技”就能取得，何劳“哲学”之“大驾”？如果一个人的生活目标只定位为获取“面包”，他确实不需要来糟蹋哲学。但凡一个人有更高一点的追求，对于“长技”“升官”和“富贵”，虽不用哲学也可成之，而若有哲学襄助，定将让其取之有道，得之无愧，这也是无须申论的常识了。哲学尽管不是“技术”，却能助人以“长技”；哲学虽藐视一切“升官之道”，却能教导真正的“为官之道”；哲学耻谈“富贵”，却能教人何以“既富且贵”。

人之“贵”全然不在于他的面包、官位和财富，而在于他的知识、才华和教养。而真正的知识、才华和教养的获得，非有哲学不能成。哲学既不教人一加一等于二这样的“算术之知”，亦不求解“太阳晒石头热”这样的“物理之知”。它只引导你探索真知何以为真知，即一个能称之为“真知”的“知”何以为“真”的标准或“道理”。因而，哲学的知识乃是对“真理”之判准的探索，它实际上已经内在地转“知”为“智”了。于是，哲学的“知”基于“科学”的“知”，但又超越甚至“高于”科学的“知”。所谓“超越”就是“跨越”了具体科学知识的狭隘“界限”，具有了“世界性”和系统性。正如“物之理”是物理学的知识对象一样，哲学的知识对象是“知识”本身，因而是知识自身的那个“世界”或“体系”。所谓“高于”，不是说哲学的“知识”在“天上”，而是说它是一切无论是天上还是地上的具体知识的“根基”或“基础”，体现为对科学本身所“不知”和“不思”的所谓“不证自明”的“第一原理”之“理”的探究与阐明。这种探究与阐明或许不能成为人人同意的“知识”形态，但却构成我们去求取真知的普遍有效的方法论。所以，就此而言，只有哲学才有可能使我们具有“真知”，即对“世界”（万有）之“第一原理”之理的“知”，这样的普遍的“知”才有可能使我们具有超越狭隘、跳出自我而从“世界”与“人类”视野来思想的“才华”和“教养”。只有具备这种普遍化的视野和心胸，人才具有“人类”的高贵性。一个人“才华横溢”，本事大得不得了，不是说他“力大无边”，“无所不能”；一个人知识广博，见识高远，不在于他“无所不知”，“无见不识”。人的知识、才华和教养主要在于他的思想力与判断力。如果一个人有“知识”，却判断不了“是非善恶”，那他的“能力”与“才华”不但不能助其以贵，相反地却会助其以恶。所以，真正有才华的人会运用其“判断力”，对人类面临的一般问题能做出正当的判断，对人类一般行为法则能够承认，知道如何正确区分何者“能为”、何者“不能为”，何种“该为”、何者“不该为”，随之能够“自我立法”，杜绝做“不能为”“不该为”之事，而对“能为者”尽其力做好，对“该为者”尽其才达于至善，这才是一个人真正的才华。因此，真正的才华不仅是个“转知为智”的工作，同时还要进一步“转智为德”，以德去恶扬善，这样才有真正卓越的“教养”与高贵。

哲学就是这样一种教人以高贵的学问。人的卓越与高贵，不是天生的，不靠出身，而仰赖我们自身精神品质或灵魂品质的高贵。而精神或灵魂品质的高贵，非哲学不能成之。因为精神或灵魂的品质以思想和判断为支撑，而高贵的思想与判断无不需要得到卓越的哲学之涵养。虽然我们每个人的血液中都或多或少具有一些哲学的基因，儿童天生就像哲学家；但是，只有少数人能自觉认识到哲学的需要并将哲学需要自觉地予以呵护和涵养。生活的艰难与困苦，往往把人拖累到为面包而奋斗的旅程中，使人压抑并泯灭其天性中的哲学需要。有了美味的面包但教养缺失的人，从来体味不到一点精神层面的愉悦，只会在贪图世俗的享受、权力和金钱上耗费其全部的心血与体力，从而只能将上天赋予他的宝贵生命止于低俗而无法提升。只有少数幸运者能体会到哲学生活的至趣至乐，自觉到人的更高使命是将自然生命自我造就为卓越，因自我造化的卓越而显高贵，以此回报和延续大自然的神奇造化，从而对哲学产生不可或缺的强烈需要。一般而言，我们生活中有三类人容易发现并尊重内心深处的哲学需要：一是心有惧怕者，二是天生好思者，三是追求高雅者。

心有惧怕者既包括成功者，也包括大量失意者。当成功者在某一晚突然被自己的成功深深地震惊时，如果他是一个真正有教养的人，就会产生哲学的冲动，不仅要探究成功的深层原因，而且要探索生命的意义：我的一生真的是为这些而活的吗？我的生命能承受得了如此的成功吗？内心的惊讶与恐惧就成为他走向哲学的引线。当然，大量无教养的人，当被自己巨大的成功所震惊时，内心的惧怕不是将其引向哲学的沉思，引向生死意义的探究，而是引向寺庙去烧香拜佛，祈求神佛的保佑。失意者同样如此，当他在某一天被自己的挫败深深地震惊时，内心的惧怕既有可能把他引向探究生与死的奥秘、人生的真谛，从而走向哲学，也有可能让其彻底拜倒在神佛殿下，以为上帝会拯救一个不动脑筋的人或精神上的侏儒。

天生好思者离哲学最近，因为哲学就是思想的学问。每一个人长大成人，无论家庭富有还是贫穷，都必须独自面对在他面前展开的生活。这就必须自己学会思考，而不可能事事求得父母的指点。生活中的每一件事，都需要我们动脑筋想清楚，才有可能做好。不思考、不动脑筋的人，生活如果不是一塌糊涂，也几乎会一无所成。人生的短暂使得我们难以承受不断地犯错，人生的不可重来又使得我们无力支付挫败之不可挽回的代价。这一切都赋予了思想之于人生的至关重要意义。但是，“好思”不等于“会思”。人类的可悲往往就在于，当我们急需思想时，却徒然发觉自己并不会思，于是急忙地从权威、成见、别人的经验教训中取一现成答案来救急。殊不知，别人的思想成果对于自己当下的真实处境并不必定有效。就像一个“救急国家”不会国泰民安一样，不断陷入救急的人生必然也是危机四伏。所以，美好生活需要好思者，而好思者需要变成会思者，就必须经过哲学的专业训练。因为哲学就是教人思想并以思想为生。只有学会哲学思考，才能说会思想。会思想的特征是通过思维的逻辑抓得住问题的实质与根本。好思的人也会胡想乱想，但他的思想可能并无逻辑，而哲学思维的逻辑训练，最主要的是培养思想之“务本”的能力。“本立而道生”，原因就在于，“务本”能防止我们胡思乱想，以假乱真，以表象代实质，从而错过根本问题。只有抓住根本问题入思以得问题的根本解决，才会具有“高屋建瓴”的才华，这种才华唯有哲学能成就之。

追求高雅者之所以能发觉并尊重内心的哲学需要，是因为这种追求本身就足以表明追求者已经无法容忍粗鄙生活的价值颠倒了。人的粗鲁并非与生俱来，但世俗生活的柴米油盐和风光攀比，极容易让人活在生活之外。生活不是自身高贵生命的造化过程，反倒成了给别人看的“面子工程”，于是，物欲、权欲、名欲这些能给生活增添亮色的表相就会无限膨胀，以至使人无力从中脱身以进入自身高贵生活的塑造之中。相反，内心追求高雅者总会把高贵的生命理想与目标放置前头，无论生活多么艰难，这一理想与目标常如灯塔，照亮其前行的路，不会让其落入粗鄙的泥潭而不能自拔。追求高雅者之所以能走向哲学，在于他必须思考清楚，究竟何为生活的高雅与高贵的生活这一作为其终生理想和目标的东西，以及这种生活如何值得自己过一辈子而不管别人怎么看，否则他很难拒斥粗鄙生活的诱惑与攀比。而当一个人能够为何种生活是高雅的，何种高贵的生活目标是人生的终极目标进行定位或辩护时，他就已经是一个不俗的哲人，而且可以算是真正的哲学家了，因为他已经能够解答存在的意义是什么这一哲学的最高问题了。追求高雅者不管是否受过哲学的专业训练，他一定能够为了心中认定并相信的“高雅”确立起一套价值的等级秩序，从而使得其心灵有序而不会随意被世俗生活的滚滚红尘所扰乱。这样，他就能真正进入本身的生活之中。

这种生活因其是本己的，从而是自由的，它追求的是哲学的真实："是其所是"，因而是独立的；因其自由而独立并担负着完成自然生命之向高贵生命自我塑造的使命，因而它不一定能享受到世俗认同的幸福；但它一定是配享幸福的，从而是有尊严的、真正体面的。无论他人生活如何风光与艳丽都无法与这种本然的高贵相攀比。

人需要哲学，实际上就是希望哲学能将其引向这种通往高贵生命的自我造化的道路。因为并非每一种天然的哲学爱好最终都能成就一种真正的哲学，真正的"哲学（Philosophy）"从来不能作为一种名词，作为一种现成的"知识"或"意识形态"灌输给谁。哲学之能受用，根本的是要把哲学作为一个动词，即德语的"philosophieren"，作为一种"务本"的思想活动而融入到人的血液中，变成其精神或灵魂的品质，从而对生活形式乃至生命进行"自我塑造"。哲学作为这样一种精神或灵魂的自我塑造活动，需要得到专门的训练。而专门的训练需要有好的哲学教材。目前，对于大多数哲学爱好者而言，缺乏的正是好的哲学教材。

中国轻工业出版社"万千教育"编辑团队的厉害之处，恰恰就是看准了这一点。我与该出版社素无往来，与该书的责任编辑也素昧平生，而当她通过电子邮件联系到我并随后把这部《思考哲学基本问题》（*Consider Philosophy*）寄到我手上时，我立即发现这是一本不可多得的好教材。它的好主要表现在如下几方面：

第一，这是一本绝妙地训练人的哲学思维的书。作为一位美国教授，作者讲哲学具有英美分析哲学的特点，注重哲学思维能力的培养。这种思维能力就是对哲学的基本问题进行语言分析的功夫，对问题所涉及的对象进行逻辑推理的能力，对自己思维的前提和推理过程进行判断的方法等。所以，它不像一般的教材，首先告诉你关于"什么是哲学"的各家各派的观点，而是告诉你，一种哲学思考是如何进行论证的。在第一章，作者通过大量的实例告诉我们，如何进行有效而令人信服的哲学论证，同时避免无效的哲学探究与讨论的陷阱，无效论证有哪些类型和表现形式等。这样，让读者一上来不是感觉在被动地接受枯燥的哲学知识，而是主动地参与到了哲学思考之中。

第二，作者对哲学问题的介绍，不像一般英美当代教材那样，主要涉及当代的哲学问题，而是讲述能直接引起学生兴趣的哲学基本问题。当我们讨论是否信仰上帝时，那么，上帝究竟意味着什么？当我们说要求知时，那么，知识的本质、心灵的本质究竟是什么？对哲学基本问题的讨论，无疑是本书的鲜明特色。由于这种特色，使我们感受到，它不是单纯的分析哲学的思维训练，而是一般哲学的思维训练。

第三，它成功地解决了哲学与哲学史的关系。当今许多强调分析哲学之于哲学思维训练重要的人，往往在强调"做哲学"，即进行当下的哲学思考，却无视或轻视哲学史对他所思考的这一问题的意义，从而在做哲学思考时排斥哲学史，认为做哲学与哲学史并无必然的联系。而这本书不仅讨论的哲学问题是一般的哲学问题，其分析哲学的语言分析和逻辑论证的功夫得到清晰的体现，而且把哲学史上的经典著作和作家对这些问题的讨论，以多元的视角加以广泛的呈现。由此，使当代的读者，哪怕是非哲学专业的一般爱好者也能身临其境地容身于哲学的每一个对话场景中。这不仅可以让读者理解和品味哲学的原始文献，了解他们当时讨论问题的历史和文化背景，而且随时能让读者纵身跃入与大师的争鸣之中。当下的哲学思考与哲学史语境和文献的有机结合，是它最为鲜明的特色，其他教材实难与此媲美。

第四，本书中呈现出了最为重要的哲学家的思想论证，不仅有哲学史上的经典作家，如苏格拉底、柏拉图、亚里士多德，而且还大量涉及活跃在当今世界哲学舞台上的著名哲学家，如玛莎·努斯鲍姆、托马斯·内格尔等。因此，它属于那种让读者参与其中的、把古今哲学融为一体的思想盛宴，这在其他教材中很难做到。

第五，该书的实践哲学，即伦理学和政治哲学之比重相当高，这在某种程度上反映了当代哲学的一个基本趋势：伦理学作为第一哲学。这也是许多国人爱好哲学的心理动因：通过哲学解决人生问题。哲学虽然有单纯的方法论、逻辑学的思维训练，有单纯本体论和知识论等理论哲学问题，但爱好哲学者无一不是抱着“学以成人”的目的而来。每个人都在自身的生活中会遇到对自身人格与生命的第二次造化的需要，而哲学之能成就一个卓越而高贵的生命，参与人对自身的第二次造化，靠的就是伦理学，或者说实践哲学。当代实践哲学的复兴和兴盛，正反映了人类自我意识的这一觉醒。

第六，该书每章的结尾，都设置了富有趣味与挑战的开放问题，以供读者进一步思考。这自然不仅能满足一般读者的思考需要，对于每一个教哲学的老师都是不可多得的素材，正如作者自己所言，“它们可以作为班级讨论的问题，也可以作为简短的书面作业来布置”。

确实，具有这么多优点的哲学教材是不多见的。好的教材才能把哲学爱好者带入正门，以成其生命之高贵。

最后，我得说明，该书的翻译工作主要是由毕业于复旦大学哲学学院的陈晓曦博士和杨晞帆硕士共同完成的，杨晞帆承担前六章，陈晓曦承担后八章。他们各自独立完成后相互进行了认真校对，在此基础上再把译稿交给我做校对和定稿。在出版社排好版之后，我又通读了全文，做了最后一次校对与修订。由于杨晞帆和陈晓曦大学期间都是英语专业出身，英文的基础比较好，在经过复旦大学的硕士和博士学习之后，翻译原典的能力大大提高，而且在毕业后都留在大学做哲学老师，练就了比较扎实的哲学功底。这使得我校对起来比较轻松，出版社编辑也对他们的译文非常满意。因此，我们通过这本书完成了一次愉快的合作。

邓安庆

2016 年 8 月

前　言

《思考哲学基本问题》对哲学采用了问题导向（problem-oriented）的进路，聚焦于哲学家和学生都感兴趣的当代问题，同时也对哲学思想的历史和发展展开了广泛的考察。通过对哲学史的考察使问题变得更清晰，从而表明了这些基本问题为何还是有意义的，也探讨了这些问题的诸多内涵和关联。为了呈现这些持久论题和争论的完整意义，本书将每一个论题置于范围最广的可能语境中，集中运用科学史、社会史、政治的发展以及宗教史，来帮助学生获得对哲学问题的更好的理解，让学生对哲学如何影响——与被影响——其他学科和更大范围内的文化有一幅更清晰的图景。另外，采用这个进路可以帮助学生在多样的哲学争论与立场中把握其中的关联。学生可以更好地领会关于知识论的结论（这一结论也影响了观念），关于心灵、伦理学、自由意志、个体同一性和政治哲学的结论；以及思考认识论时得出的结论为何可以在关于自由意志、伦理学或心灵本质提出的问题时重新思考。

本书考察了主要的哲学论题和严肃而持久的相关论证，但依然保持着一种令人舒适的对话语气。学生一直被认为是理智的探究者，从事着严肃的哲学考察，他们必须对他们的论证和理论给出自己的价值评估，得出自己的结论。每章结尾部分的问题是用来激发学生进一步思考的，涉及的都是开放性问题，而非仅仅为了检测学生是否可以“得出正确答案”。对不同背景的学生而言，这都是一本非常可读的书，旨在邀请他们完全参与到哲学论证和对话中。本书以一种颇具挑战性的方式呈现哲学，当然这种方式也可以激发好奇心且是令人愉快的。

本书还涵盖了广泛选自当代和历史资源的阅读材料（包括古代、中世纪、文艺复兴时期、现代和当代的阅读材料）。材料非常充足，它们以与具体问题和论题相关的方式加以编排，这样学生就可以伴随着心中具体的论题或争论而切入这些阅读材料，每篇材料前的背景介绍也让阅读材料更容易理解。此外，阅读材料在编排时还考虑到了不同作者就同一问题采取的相反立场：学生阅读一篇材料后可以帮助他们对另外一篇有更好的理解。

每章都包含丰富的引文内容，可以帮助解释较难的概念，提高学生的阅读兴趣，帮助学生把哲学论题置于更大的历史、社会和科学语境中思考。

每章最后的补充阅读部分还就相关研究问题、阅读文献和在线资源做了介绍。

本书显著特征

- 开篇部分介绍了如何进行有效而令人信服的论证，同时避免削弱有效的哲学探究与讨论的陷阱。
- 对哲学论题的介绍，从能直接引起学生兴趣的哲学问题开始——上帝的存在、知识的本质、心灵的本质、人格同一性、自由意志和伦理诉求——探究这些问题的历史和文化语境，以及当代科学研究对这些论题的冲击及其社会意蕴。
- 就每个论题、每个立场呈现其优点与不足，同时从多元视角呈现基本的文本资源，让学生就这些持久的争论得出自己的结论。
- 包含了广泛的原始文本资源，从亚里士多德到安妮特·拜尔，从马丁·路德、乔瓦尼·皮科·德拉·米兰多拉到史蒂芬·古尔德、理查德·德沃金等，这些资源都被置于清晰的富有争论性的语境中，让学生可以理解和品味原始资源和争论。
- 每章的结尾设置了富有挑战性的开放问题，以进一步延伸争论的内涵——它们可以作为班级讨论的问题，也可以作为简短的书面作业来布置。
- 散见于每章中以方框形式呈现的材料解释了相关内容，呈现了相关历史、文化背景，并使得本书变得更加生动活泼。
- 尊重学生作为真正的哲学探究者的角色，相信他们能够思索这些严肃的哲学问题，并得出自己的结论。
- 补充阅读部分——包括进一步阅读和在线探究的建议——设置在每章的结尾部分。同时，本书最后的术语表介绍了本书中涉及的关键术语的定义。

目　录

第一章
批判而热忱地思考哲学

什么是哲学?

什么是哲学？同绝大多数哲学问题一样，这是一个有争议的问题。人类研习和书写哲学已经有至少 2500 年的历史，而且毫无疑问，在那之前的数世纪，人类已经开始思考哲学问题。自那时起，关于哲学是什么就有许多不同的主张，争论仍在继续。由于在哲学发展的诸多重要历史时刻，哲学与其他领域的界限模糊，这个问题就更加复杂，哲学与自然科学、哲学与宗教、哲学与巫术的区分都曾经是不清晰的。例如，18 世纪时，科学被称作“自然哲学”，以便与传统哲学问题如形而上学和伦理学有所区别。

> 对于所提出的疑问，哲学虽然不能肯定地告诉我们哪个回答对，但却能给出很多的可能性，这些可能性可以扩展我们的思想，使我们的思想摆脱习俗的控制。因此，虽然哲学对于例如事物是什么这个问题未必提出肯定的答案，但却促使我们拓展关于事物可能是什么这个问题的知识。它排除了人们狂妄独断的见地，将人们带入自由怀疑的境地，给我们展示熟悉的事物中那不熟悉的一面，永远帮助我们保持敏锐的好奇心。
>
> ——伯特兰·罗素

那么，什么是哲学？从语义上说，这个词意为爱（*philo*）智慧（*sophia*）。但这恐怕并没有让我们更加接近这个问题的答案。如果我们询问古希腊先哲如柏拉图，他们也许会给我们一个清楚的、确凿的答案：哲学寻求关于终极实在的智慧，那是比现象和意见更为深层的实在。物理学也许告诉我们关于原子的知识，天文学家观察行星，但是哲学家追寻这些现象后面更深层的普遍真理：宇宙的深层结构、上帝和宇宙的关系、物质隐含的性质、对必然而非偶然的理解、个别背后的普遍性。但是，显然，当代哲学家极少有如此拔高的主张。

> 哲学是一场反对由语言迷惑我们的理智的战斗。
>
> ——路德维希·维特根斯坦

另一种极端是，有些人支持哲学家是“基础工作者”的观点：哲学家并不告诉物理学家作为他们研究的基础和超越他们的研究的终极实在，而是帮助物理学家和其他科学家澄清文字上的混乱，即清除字面上的障碍来帮助科学家继续他们的研究。的确，哲学家总是很有兴趣处理语言中固有的歧义所引起的混淆和问题，这是一项很有用的工作。但是哲学还做其他什么呢？

> 与所有其他领域一样，哲学也是非常独特的。但是哲学的独特性似乎更容易给人以深刻印象。历史学家、物理学家等一般都能够对什么是他们特有的研究对象这个问题达成一致，但是哲学家们却不一样。有的哲学家甚至坚持认为哲学家根本没有特定的研究领域。幸亏这种极端的立场并不为太多的哲学家所支持，但是这却揭示出哲学最为独到的特色，即，它不把任何东西看作不成问题的。这就很好地解释了为什么哲学家们除了自己的理性之外什么也不接受。
>
> ——伯纳德·格特（Bernard Gert）

如果我们尝试定义哲学工作的特性，那么会有许多答案。首先，至少原则上哲学家不接受任何权威或宗教，换句话说，对于哲学家而言，没有所谓“越限”的问题或挑战。上帝存在吗？知识的本性是什么？我们是否能拥有真实可靠的知识？是否存在客观的伦理真理？人的本质是什么？我们有没有自由意志？在道德上我们是否为自己的行为负责？人和动物的区别何在？通过理性论证探讨诸如此类问题，无所畏惧也无所偏好地给出、审查、批判论据。而且提出的问题总是我们会问到的最基本的问题：心理学家、物理学家、历史学家、数学家、生物学家、人类学家都会探寻知识，但是哲学家探究的是，知识的本性是什么，什么算是真实可靠的知识，数学家和生物学家所获得的知识有何不同？

然而，哲学是否真能找到答案？这真的是一个问题。毕竟哲学家数千年来都在探寻这些问题，关于正确答案总有哲学争议。例如，相比一千年前，当今关于自由意志存在更多不同的和冲突的哲学观点，关于哪一种观点是正确的存在激烈的争论。从某种意义上说，哲学家还将继续问同样这些问题，但从另一层面看，哲学家也总在问新的问题，哲学所探寻的问题持续变化着。关于自由意志的问题，当亚里士多德问这个问题时，还没有心理学，生物学尚在孕育之初，几乎没有关于大脑的知识，未知的强大力量似乎控制着我们的命运。18 世纪，当哲学家们再问这个问题时，是在牛顿的伟大发现的背景下，哲学家们思索牛顿定律也许不但适用于行星和石头而且同样适用于人类、思维和选择。20 世纪，面对同样这个问题，我们不得不考虑进化论的影响，或者是无意识的力量。今天面对这个问题时，心理学家已经认识到未察觉到的情境线索对人类行为的影响，神经科学家告诉我们大脑的运作（这种运作时常并非是有意识的），根据这些新发现，我们问关于自由意志的问题时与亚里士多德提出同样问题时已大不相同。 绝大多数主要哲学问题都是如此：对于每一个时代，这些哲学问题都是崭新且重要的。

然而，严格地说，因为这些问题总是不断更新，每一代人都必须在新的发现和新的背景下探究这些问题，所以许多类似问题也许并没有一劳永逸的答案。那么，这是否意味着哲学问题没有最终答案？如果是这样，是不是说哲学家不可能获得知识？这些都是严肃的哲学问题。

> 教导人们在不确定时如何生活，而又不被犹疑所困，也许这就是哲学能做的主要事情了。
>
> ——伯特兰·罗素

苏格拉底曾说“未经审视的生活不值得活”。我想他错了。许多人过着不错的、有价值的生活，他们并不曾探寻基本哲学问题，从未审视或质疑自身信念体系的深层假定，不曾苦思冥想哲学观点。然而，这些从未经历哲学问题所带来的挑战、困惑和烦闷的人，错失了一种更为深层次和更为丰富的生活。没有哲学，人照样生活；没有哲学，人照样可以获得世俗的成功。但是，人能否在一生中毫不思考基本的哲学问题？这是一个哲学问题，终究你要给出你自己的回答。

批判性思维与公平竞争

哲学总是需要论证，这没有什么难理解的。你很可能以前遇到过论证，也许甚至亲自论证过什么。论证旨在得出一个结论，论证需要给出原因或者前提来支持结论。例如：“繁荣的经济是人们幸福生活的必要条件。经济繁荣必须要有受过良好教育的工人。因此我们应该为公共教育提供有力支持。”在这样一个论证里，最后一句话就是结论（“因此我们应该为公共教育提供有力支持”），前面两句话是前提。要评价这个论证，我们必须分两步走。首先看前提是否为真。其次看前提是否给结论提供了足够的支持，即假设前提为真，它们是否很好地解释了结论？结论是否真的承接了前提？看下面这个论证：“你明天应该穿紫色衣服，因为嗜血的外星生物明天将入侵校园，他们将屠杀所有没有穿紫色衣服的人。”在这个例子中，结论承接了前提，前提给出了穿紫色衣服的绝佳原因，但是你可能会对前提的真实性有所怀疑。再看一个例子：“滑雪不是一项危险的运动，毕竟滑雪是一项很棒的运动，它让你呼吸户外的新鲜空气而且非常有趣。”这里给出的三个原因都为真（很棒的运动、新鲜空气、非常有趣），但是它们并没有很好地解释结论（“滑雪不是一项危险的运动”）。因此，当你考虑论证时，记住你必须要做的两件事：前提是否为真；前提（不论真假）是否很好地解释了结论。

演绎论证与归纳论证

论证中最重要的区分就是演绎论证与归纳论证的区分。演绎论证的结论是从前提经过逻辑运算而得来的，换句话说，结论以某种形式蕴含在前提中，论证就是要引出这个结论。例如：“如果酒馆开着，布鲁斯就在酒馆里；酒馆开着，因此布鲁斯在酒馆里。”把这些前提放在一起，“布鲁斯在酒馆里”这个结论就是一个逻辑结论；它可以从这些前提中提取出来。从另一个角度思考，演绎论证是基于逻辑形式的。看下面这个例子：“如果图书馆开着，唐纳就在图书馆里；图书馆开着，因此唐纳在图书馆里。”这个例子不同于布鲁斯的例子，前例结论是“布鲁斯在酒馆里”，此例结论是“唐纳在图书馆里”，但这两个句子有同样的逻辑形式：如果 A 则 B；A；因此 B。当然，演绎论证还可以有许多其他的形式（无穷无尽）：“布鲁斯要么在图书馆要么在酒馆；布鲁斯不在图书馆；因此布鲁斯在酒馆。”“所有学生都很富有；艾里克是一个学生；因此艾里克很富有。”“所有的狗都是动物；有些狗的耳朵松软下垂；因此有些动物的耳朵松软下垂。”因为好的演绎论证用合法的逻辑运算从前提中引出结论，前提为真即能保证结论为真，所谓好的演绎论证就是指它是有效的。

还有一种主要的论证是归纳论证。归纳论证用前提推出结论以外的结论。例如，布鲁斯最近这月每天晚上都在酒馆，所以很可能他明晚也在酒馆。这是一个合理的结论，因为布鲁斯事实上有规律地去那个酒馆。但是，注意：虽然这是合理的，这个结论超出了其前提，从前提中无法直接得出此结论；因为前提是说过去的一个月布鲁斯去酒馆的情况，而结论是关于明天布鲁斯是否去酒馆。且不仅仅是因为结论是关于明天将要发生的情况。假设有人想了解布鲁斯昨晚在哪儿，有人说：“布鲁斯前面两个月每晚都在酒馆，因此很可能他昨晚也在酒馆。”这是一个归纳论证：昨晚并不包含在前提中，前提只包含昨晚之前的两个月的情况。和演绎论证一样，归纳论证也有各种形式。例如，我们采访了北方州立大学的 1000 名学生，其中 800 人反对死刑；所以很可能北方州立大学的大多数学生都反对死刑。在这个归纳论证中，前提只包含 1000 名学生，但是其（合理）结论所包含的人数远超过前提所述。另一个例子，我们在 10000 名患者身上使用了这种新药，并未出现不良反应；因此很可能这种新药对每个人来说都是安全的。同样的，桑德拉和莎拉喜欢同样的小说、同样的音乐、同样的衣服、同样的首饰和同样的诗歌；因此很可能她们也喜欢同样的电影。因为归纳论证的结论超出其前提，它并不是像演绎论证那样从前提中引出结论，归纳论证中前提为真并不能保证结论为真，尽管好的归纳论证使结论为真的可能性很高。相反，如果演绎论证的前提为真且逻辑形式正确（有效），则保证了其结论为真。因此，归纳论证和演绎论证是非常不同的论证。并不是说某一种更为优越，它们有各自的价值，只是不同而已，它们服务于不同的功能。这本书中所审视的大多数哲学论证都是演绎论证，尽管也散布着一些归纳论证。

批判性思维与协力合作

论证有时候会很激烈和有分歧——也许你已经知道了。但是，论证并不是一定要激烈和恼怒。论证也可以是合作的和友好的，特别是当大家一起去审视论证，每个人都仔细深入地考虑和评论论证，而不仅仅是给出论证，每个人的动机都是更好地理解，而不是获得分数和赢得竞赛。哲学中的论证很多是深有异议的，但是论证依然可能是深思熟虑和友好的。如果学习哲学能够帮助你更加巧妙、愉悦、合作地争论困难的和有歧义的问题，那么，仅此一点，学习哲学也是值得的。

哲学提出了一些难题和有争议的问题，人们往往对这些问题都有强烈的信念：这些信念关乎他们最基本和最宝贵的原则。有的人将避免讨论政治和宗教作为原则，因为那样他们可能会引发论战和不和，哲学没有这样的原则。在下一章中，我们将审视关于上帝存在的问题，结尾部分我们还将看看政治哲学中有争议的问题。如果这并不会引发口角，那么我们将呈现关于自由意志的问题和伦理学的基本问题。

你也许不幸经历过人们在这些问题上的强烈情绪。寝室卧谈一旦触及政治问题总是瞬间升温，当宗教和伦理观念遭遇挑战时，即使好朋友也会怀有敌意。我们要努力阻止敌意，促进对深层次哲学问题的和谐讨论，即使在参与者捍卫全然不同的立场时，我们也要从考虑好的论证的基本原则入手，同时注意避免陷阱和谬见。

哲学问题妙趣横生，涉及我们最深层次的原则和信念，并时常激发我们的激情。那是十分美妙的。它们引发生气勃勃和迷人眩目的雄辩，那同样美妙。偶尔它们也点燃令人不快的苦涩和刻薄的交火。如果你想陷入和朋友的苦战，那可与我无关。如果你热衷于斯，也许在政治领域将大有作为。但是讨论哲学问题时，最好保持冷静和理性，还有友好。简而言之，是因为冷静和理性让你能更好地领略各种各样的哲学立场和论证，而不是被亢奋裹挟。当然，激情燃烧并没有什么错，有时甚至令人愉悦，但仅指对哲学探究和辩论神魂颠倒。有些论证十分诱人，引燃激情，但只是严肃和有洞见的哲学探究的障碍。这些论证是虚妄的，它们制造谬误。

谬误只是常见的论证错误。论证有多种常见错误，我们为这些常见错误命名以帮助大家记住、识别和避免这些错误。逻辑谬误的种类远多于本书所涵盖的，本书只是介绍你们需要学会识别的最常见和特别具有迷惑性的谬误，本章我们介绍以下几种：不相干谬误，又称歪曲论题或红鲱鱼谬误（red herring fallacy）；诉诸人身谬误；诉诸权威谬误；稻草人谬误。

不相干谬误

帕特：现行美国法律规定18—20周岁的年轻人饮酒是非法的，这些法律从根本上说是不公平的。美国希望年满18周岁的人承担同成年人一样的责任：美国年满18周岁即符合征兵年龄，国家可以要求适龄青年入伍，为保卫祖国而冒生命危险，甚至为祖国献出生命。为祖国牺牲生命的义务是成年人而非儿童的责任，我们认为从未成年人中征兵是不对的。因此，如果政府将成年人的责任加在18周岁青年的身上，那么否认他们享有成年人的权利则是不公正的——包括成年人所享有的饮酒的权利。

麦克：不，你错了，否认18周岁青年饮酒的权利并没有妨碍他们的权利。将法定饮酒年龄提到21周岁大大降低了18—21周岁青年酒后驾车的死亡率。法律限制饮酒年龄挽救了生命，它们并非不公平。

分析：麦克的论证犯了不相干谬误。兴许提高法定饮酒年龄限制的的确确挽救了生命，而且挽救生命是一桩好事儿。但是，这个好的事实和帕特提出的问题无关：让18周岁青年承担成年人责任的同时却否认他们享有同成年人一样的权利和特权，这是否公平？

如其名称所示，不相干谬误即给出与论题无关的原因。例如，假设一桩耸人听闻和毛骨悚然的谋杀案正在审讯，你坐在陪审席上。被告被指控犯有谋杀罪，被告称他是被错误指认的。唯一的目击证人是一位视力不佳的老人，他看到黑漆漆的街道上发生了谋杀案，凶手逃逸。证人告诉警察自己视力不好，街道上也很暗，他没有看清楚罪犯，他认为自己无法认出凶手。证人记得凶手是个年轻人，当时身着褪色的蓝牛仔裤，其他就说不清楚了。一周后，证人从一队疑犯中指认了一位着蓝牛仔裤的年轻人，并说他认为这个年轻人就是他所看到的凶手。而事实上，这一队疑犯中只有被告着褪色蓝牛仔裤，被告律师指出，证人很可能只是从疑犯中挑出了一个穿褪色蓝牛仔裤的年轻人，而并不是凶手。控方律师总结论证时向陪审团强调这桩谋杀案的凶残性质："被害人走在人行道上，无缘无故被人残忍杀害。残酷的凶手仅为偷区区几个钱就谋杀了这个安静平和的人。这是一桩狠毒、冷血、残酷的罪行。陪审团成员，我请求你们做有罪裁决。"在这个例子中，控方律师的论证犯了不相干谬误。每个人都同意这是一桩残酷的罪行，但问题不在于罪行是否残酷，而在于被告是否犯下这桩罪行。控方律师提出的不相干论证有可能成功激怒陪审团，如果陪审团受到谋杀的残忍性的干扰，控方律师的不相干论证可能导致陪审团裁定被告有罪，这样的结论显然并没有通过合理论证而得出。谋杀案是凶残的，这点很容易吸引我们的关注，让我们忘记真正的问题不是谋杀的残忍性而是被告是否实施了谋杀。

> 19 世纪英国德文郡的陪审团发现被告犯有偷窃罪，但是在判决后面加了一句：
>
> 我们并不认为是这名罪犯偷的钱，但是这一带的确有人偷了不少钱。

不相干谬误有时还有个有趣的名字：红鲱鱼谬误。这个名字显然来源于英国猎狐活动：有时猎人们厌倦了费劲地聚集猎犬，而猎犬依然追逐着惊恐的狐狸，猎人希望快点把猎犬聚拢起来，然后安顿下来喝杯茶、吃吃烤饼。当然，那些猎犬依然热衷于追逐它们的猎物，很难被聚集起来。于是，猎人们把煮熟的红鲱鱼放进布袋。红鲱鱼是一种有着很大气味的鱼，煮熟后又红又油，鱼油和强烈的气味浸透布袋，然后猎人们拖着布袋走过追逐狐狸的小径。当追逐狐狸的猎犬碰到红鲱鱼的气味，它们就追踪不到狐狸的气味了，只好停下来，这样猎人们就可以轻松地聚拢起猎犬。在红鲱鱼谬误这个名称中，红鲱鱼（或不相干原因）就是把你从真正的问题的道路上带偏的原因，它往往是一个特别引人注意的点，也许这个原因为真，但是和当前的问题无关。

避免红鲱鱼谬误的关键在于，始终关注正在辩论的问题本身，准确把握论证试图要证明的结论。在前面谋杀案审判一例中，讨论的问题是被告是否犯有谋杀罪，而不是谋杀本身是否残忍：强调谋杀案的残忍性只是强调了一个无关原因，这就像是红鲱鱼将论证带偏了正在讨论的问题。但是在另一例中，谋杀的残忍性也许就是有关的了。假设被告承认他犯有此罪行，那么现在的问题就不是被告是否犯罪，而是如何量刑才是合适的。在这种情况下，关注谋杀的残忍性则是相关的。这个案例的寓意很重要：在你判断一个原因或者论证是否与问题相关时，你必须准确知道论证期望达成什么（即你必须知道论证试图证明什么结论）。在死刑是否可取的辩论中，琼指出死刑是有必要的，因为它是一个有效的威慑：它可以威慑潜在的谋杀犯放弃实施谋杀。琼所指出的死刑的威慑力在这个问题上是一个相关原因。注意即使琼错了，死刑并不形成有效威慑，这依然是一个相关原因。她的说辞与问题的相关性是一回事，她说的正确与否则是另一回事，相关论证无论真假都是与所讨论的问题相关的（如果琼的主张与死刑是否可取这个结论相关，那么死刑的威慑力则为结论提供了有力支持；如果她的主张与问题不相关，那么其主张正确与否则并没有什么影响，无论真假它都不能支持结论）。假设另一种情况，我们讨论死刑是否有可能有时会错杀无辜。在这里，琼主张死刑是一种有效威慑则是一个无关原因。死刑的有效威慑力虽然是事实，但无关乎错杀无辜的危险。

每当公众开始抱怨处方药的高价，制药公司的联合组织即制药协会总会发布一些广告来宣传药物的价值。比如，1993 年 8 月的《科学美国人》中就有两个彩页的广告，图中的妇女菲利斯脸上带着舒心的微笑，肩膀上蹲着她亲爱的小猫。广告的配词写道：

菲利斯认为抗中风药物不但挽救了她的生命，而且使她能够独立生活。药物能够帮助菲利斯这样的人防止中风真是好事儿。有效的药物能够提供治疗，而且降低了家庭护理费用，尽管我们不容易注意到这一点。

中风的幸存者总是需要家庭护理，每个病人每年平均支出 30000 美元。但是药物可以降低中风的风险，帮助病人和其家庭避免庞大的财政打击。帮助国家控制家庭护理支出约合每年 660 亿美元。

美国健康护理危机需要这样节省开支的力量。新的处方药是化解危机的最佳希望。

药物能阻止中风是件好事，帮助菲利斯“挽救了她的生命，而且使她能够独立生活”也很棒。当然，抗中风药物帮助减少家庭护理费用的压力也是事实。但在讨论下述问题时，这些都属于无关原因：制药公司广告花费过高，赚取高额利润，要价远超过他们所制造救人的药物的价值。我们都同意这样的药物可以带来丰厚的利润，但问题是，制药公司是否利用其垄断地位收取了过高药价，在这里，药物本身的价值其实如同红鲱鱼。

诉诸人身论证

诉诸人身论证从字面上说就是对人不对事的论证，论证批评的是人。不是所有的诉诸人身论证都犯有诉诸人身谬误。事实上，很多时候，在言语上批评一个人并指出他个性或行为中的缺陷往往是有用和合理的：不要相信那个证人，他总是习惯说谎；不要把钱借给阿妮塔，她总是赖债，她不会还你钱的；不要投票给斯卡姆参议员，他受制于石油行业；不要和桑德拉一起驾车，他是个鲁莽而危险的司机；不要选布鲁斯的课，他的课很无聊，测试又很难；不要雇用爱丽丝，她是个骗子，她会从收银机里偷钱；不要和阿瑟一块儿出去，他是个粗暴、占有欲强的骗子。在所有这些情形中，都对人进行了批评；但是，这些批评是相关的和合理的。毕竟在你和桑德拉一起驾车前有必要知道他可能把你的生命置于危险之中；如果你正在考虑选布鲁斯的课，知道他是一个无可救药的无趣的老师就可以帮助你做出选择。因此，许多诉诸人身论证是非常合理的，它们并没有犯诉诸人身谬误。

但是，当你批评一个正在给出论证的人，声称由于这个论证者不好所以他的论证也不好，那么这就是一个诉诸人身谬误。诉诸人身谬误是试图通过攻击论证者来驳斥论证。在驳斥论证的时候批评论证者是一种很荒谬的方式。当我给出一个论证，这个论证站得住脚与否只与其自身有关，评判这个论证并不需要了解这个论证的来源。你可以调查、剖析、挑战、批判这个论证。如果它是一个坏的论证，那么指出它的错误。举例来说，如果我给出一个犯不相干谬误论证的例子，那么批判我论证荒谬就无可厚非。始终需要关注的是论证，而不是论证者。无论我醉酒还是清醒、善良还是邪恶、和善还是粗鲁、开明还是保守、真诚还是伪善、富裕还是贫穷，这些都与我的论证无关。设想你分析一个支持向富人征收高额税款的论证：这些税款可以刺激经济，富人和其他人之间的鸿沟会给社会带来不和谐，我们需要更高的税款用来改进教育体系，富人是承担这部分费用最适合的人，等等。好的，就是这样一个论证。你可以反驳给出的原因（你可以试图去证明有些原因是错误的）；你可以尝试说明即使这些原因为真，也无法从这些原因推出应该对富人增加征税的结论。你也许可以表明，论证给出的原因和讨论的问题无关。你可以做所有这些而不需要了解论证者是谁，事实上这与谁是论证者无关。不论这个论证来自贝拉克·奥巴马、萨拉·佩林、阿尔伯特·爱因斯坦、奥萨马·本·拉登，都不重要。无论谁是论证者，论证本身并没有发生变化。假定你是从某一个富人比如比尔·盖茨那里听到这个论证，这个论证也并不会更好一些，因为论证本身没有发生变化。或者假定这是乔治·华盛顿的论证。那也许会是一个很有趣的历史事实，但是，对论证的评价并不会改变。如果一开始你认为这是乔治·华盛顿的一个论证，随后却发现事实上是本尼迪克特·阿诺德[①]的论证，这个论证依然是这个论证。论证的来源无关紧要，论证者也许有特殊的兴趣、有偏见、愚蠢、是个伪君子、有犯罪记录、讨厌猫，如果你试图通过提出论证者的特质来反驳一个论证，那么你就犯了诉诸人身谬误。

假定我证明为什么不能酒后驾车：因为它会削弱你的反应能力，酒驾增加了你自己和其他人受伤和死亡的风险，你可能会面临诉讼，可能会有犯罪记录，可能会影响你求职，等等。然后，你看到我踽踽地走出酒馆，摸出钥匙，跌进车里，在街道上穿行，擦撞了三辆汽车后开走了。你得出结论：我是一个不值得信任的伪君子，当然你也不想和我一起驾车，毫无疑问你是对的。但是，如果你由此得出结论，认为我反对酒驾的论证不是一个好的论证，那么你就犯了诉诸人身谬误。我的反应能力也许真的削弱了，但是这并不表明我的论证削弱了。我的论证依然是很棒的论证，哪怕我自己没有去实践它。假定你看见酒驾的不是我而是我的孪生兄弟，也并不会改变我的论证，不会修复我的论证的合理性。无论我是醉酒还是清醒、真诚还是伪善，我的论证没有改变、没有受影响。

> 论证就是论证。如果是好的论证，你会禁不住重视它。如果是一般的陈述，你可以不管它。陈述如长弓射出的箭，其威力取决于拉弓的手臂的力量。论证如弩射出的箭，即使是个孩子射出的也同样有力。
>
> ——塞缪尔·约翰逊

① 本尼迪克特·阿诺德（Benedict Arnold），美国独立战争领导人之一，后因叛国行径而为人所不齿。——译者注

针对论证者的诉诸人身论证犯有诉诸人身谬误。但是显然也有其他的情形，当这个人并没有在论证，那么诉诸人身论证是合理而重要的。如果吉尔论证说反对酗酒，即使吉尔本人每天晚上都酗酒，她关于反对酗酒的论证依然是一个好的论证；如果你说"吉尔总是酗酒，所以她关于反对酗酒的论证是不好的"，那么你就犯有诉诸人身谬误。但是，假定吉尔是一个心脏外科医生，你的朋友正在考虑做心脏手术，想选择吉尔担任他的手术医生。在这种情况下，警告你的朋友不要让吉尔给他做手术就完全是合理而且是重要的："吉尔医生有酗酒方面的问题，你不应该让她为你做指甲内嵌手术，更不用说是你的心脏手术了。"这就不是一个诉诸人身谬误。你批评了吉尔，但是她并不是论证者。假定有人问你是否选布鲁斯的哲学课，你回答："不要选布鲁斯的课！他是我听过的最无趣的教授，他对他所说的主题一无所知，他恶心而且侮辱学生，还会给至少百分之九十选他课的学生不及格。"这是一个诉诸人身论证，但是它是一个合理的、有价值的诉诸人身论证：在选布鲁斯的课之前，你当然希望了解这些情况。如果布鲁斯是论证者，则他的个性问题是无关紧要的；但在我们说的情形中，布鲁斯不是论证者，人身批评是合理的。思考另一个例子：假定艾里克斯陈述但不是论证。当然，这里的陈述一般是指在法庭的证词，但不仅仅只是证词，在很多其他的情况下，我们也使用陈述。在法庭上，我们会听到陈述说"我看见山姆扣动扳机"或"我看见塞丽娜打破了窗玻璃"；吃午饭时，我们也许会听到陈述说"我看见在福利厅外面的树荫下托尼吻了艾丽莎"或者"我听吉娜说她想和迪安分手"；我们也许会听见总统声称"我得到可靠的秘密消息称伊拉克拥有大规模杀伤性武器"；在下午的电视节目中，你也许会听到陈述"我被外星人绑架了而且被迫加入了三天的性竞赛"。在所有这些情形中，陈述人的陈述都是基于他自身的可靠性和确定性的，而不是基于他强有力的论证。隐含在陈述里的支持往往是：相信吧，我说的没错。

看下面这个合理的诉诸人身批评论证的杰出例子，辩方律师 F. 李・贝利（美国杰出律师）直接针对检方重要证人哈弗林格：

问（辩方律师 F. 李・贝利）：哈弗林格先生，你曾告诉我们在藏匿炸弹案中，为了赢得官司，你试图告诉陪审团你无罪，是吗？

答（检方证人阿尔弗雷德・哈弗林格）：是的，先生。

问：(在你自己的案子里）当你起誓时，你知道自己会撒谎，是吗？

答：是的。

问：在押的犯人没有不想出去的，对吗？

答：几乎没有。

问：即使有不想出去的，也不会是你？

答：对的。

问：你希望明天就能出去，对吗？

答：是的，先生。

问：如果你可以出去，你希望越快越好，对吗？如果你可以实现的话。

答：如果有可能，我会做我能做的一切来实现它。

问：我肯定你会的。那么，哈弗林格先生，你在自己的案子里对陪审团撒谎，整个事情并没有让你失眠，我这么说对吗？做伪证并没有让你夜里睡不着吧？

答：没有失眠，先生。

问：在你成年以后的所有时间里，只要出于保护自己免受伤害（包括监禁）的需要，你就撒谎，对吗？……只要有必要，你就会欺诈和撒谎，对吗？

答：没错。

（节选自 F. 李·贝利，《辩方律师》，1975）

贝利合理的人身攻击起码引起了对阿尔弗雷德·哈弗林格证词真实性的严肃质疑。

如果证人有做伪证的历史，或常常对于坚持真实无所谓，或有撒谎的癖好或动机，那么指出来就是完全合理的："陪审团的先生们、女士们，你们听普伦蒂斯先生称他看见被告谋杀了琼斯先生；但是请你们记住普伦蒂斯先生曾两次做伪证、三次欺诈，而且普伦蒂斯先生似乎有强烈的动机获得此案提供的 10000 美元奖励。普伦蒂斯先生是个撒谎者、骗子，在此案中他有强烈的获得金钱利益的动机去撒谎。"这是对证人强有力的人身攻击，但却是合理的人身攻击；获知这些信息后，陪审团成员会考虑和衡量普伦蒂斯先生证词的真实性。也许你还会想到有的朋友的话不是那么可信；有的官员也归在不可信的一类。比如，韦恩是一个下流的家伙，喜欢散布谣言、挑起打架、认为诚信不重要，那么当他告诉你他看见你的爱人和一位迷人的异性在镇上另一边的酒吧跳贴面舞，你要想想他平时的为人。诉诸人身论证"韦恩是一个邪恶的骗子"可以合理地用来驳斥韦恩的话。

用人身批评论证驳斥论证是荒谬的，驳斥陈述人的论证是合理的。可惜有时论证和陈述之间的重要界线难以区分。辛普森谋杀案中，控方检察官玛西亚·克拉克在总结陈词中对陪审团说：

我了解作为检察官的伦理职责。我本可以拥有更高薪酬的工作，但是我选择了现在的工作，因为我相信这份工作。我想要做一名公平称职的检察官，我享受这份工作的乐趣。因为我享受来法院的每一次诉讼，每一次说出："你猜怎么着，法官阁下，驳回它，不要轻易定罪。"

陪审团的女士们、先生们，我来到这儿告诉你们："不要相信，不要定罪，不要轻易定罪。"……我早晨起来看着镜中的自己说，说真的，如果不是必须，我永远不会要求定罪，除非法律告诉我必须这么做，除非在可靠证据基础上排除一切合理怀疑，他仍被证明有罪。

在这一点上被告律师提出异议，认为玛西亚·克拉克的陈词是不合适的，她本应该论证以证明辛普森有罪，但是她却不恰当地陈述自己确信辛普森有罪。克拉克否认自己带有主观性，坚持认为她是基于众所周知的法律伦理原则严格展开论证。

如果你是法官，你如何裁定？克拉克是合理地论证，还是滑向主观性的陈述？

这个案例的寓意在于：如果我进行哲学论证，我如何卑鄙、下流、堕落都无关紧要；你依然要认真考虑我的论证本身的价值，批评论证来源则犯了人身批评谬误。当你思考艰难且具争议的哲学问题的论证时，要拒绝沉溺于人身批评谬误的诱惑，避免在讨论问题时以人身攻击的方式批评你的朋友、同学、教授。即使不混杂人身批评谬误，哲学也足够有挑战性和富有争议。我不否认对你的哲学对手进行合适的人身攻击有时候很有趣，但是这样破坏了气氛，降低了智力讨论，削弱了批判地、理性地考察哲学问题的尝试。找一种更好的方式来尽兴吧，比如严肃深思地探寻深层次的哲学问题。

稻草人谬误

哲学中的人身批评谬误是经常犯的谬误，稻草人谬误在哲学、政治、经济、生物学中更是屡见不鲜。在纽约它们是荒谬的，在洛杉矶它们也是荒谬的，从埃德蒙顿到巴吞鲁日，从亚特兰大到温哥华，在诺姆和迈阿密都是一样。稻草人谬误即是歪曲、夸大、误传对手的论证，以便更容易地攻击对手。如琼论证神的存在，我对待她的论证就像是论证宙斯的存在，指出神应该是好的，而宙斯却做了些恶心的事儿，借此来驳斥琼——这就是空洞的反驳，因为我驳斥的是一个稻草人，是歪曲了的琼的论证，而不是真的驳倒了她的论证。例如，论证堕胎权，我支持妇女有权选择堕胎，你依据支持杀死新生命和 3 岁的婴孩来攻击我的立场，那么你歪曲了我的立场。即使有些鼓吹堕胎“选择权”的人支持杀死 3 岁以下的婴孩，这依然是一种歪曲：杀死 3 岁以下的婴孩并非大多数争取堕胎合法化运动的主张，这是对他们观点的歪曲。比起驳斥真实立场，驳斥极端和歪曲的观点要容易得多。这就是为什么稻草人谬误如此有诱惑力，这也是为什么它不能说服立场歪曲的另一方。同样的，如果我说你不但想禁止堕胎甚至禁止一切形式的人为生育控制，以此驳斥你支持“生命权”的立场，那么我就犯了稻草人谬误。的确，有些支持“生命权”的运动将禁止生育控制作为运动的重要部分，但这种立场更为极端，比大多数支持“生命权”的观点更容易驳斥。反驳极端立场就是反驳稻草人，驳倒极端立场并没有驳倒“生命权”的倡导者。

> 当《平等权利修正案》(即 *Equal Rights Amendment*，旨在保证妇女享有平等的经济权利和平等的雇用条件)提交国会审议时，电视传教士帕特·罗伯逊领导了反对修正案的运动。有一次，他在他的论证中反驳修正案，称《平等权利修正案》的目的在于鼓励妇女离开她们的丈夫、杀死她们的孩子、实施巫术。比起驳斥真正的《平等权利修正案》，帕特·罗伯逊这种歪曲的反驳要容易得多，也许这就是为什么罗伯逊在他的论证和募款中采用歪曲的解释。

稻草人谬误不但毁坏智力讨论——如果一方篡改辩论主题或歪曲另一方论证，你就无法展开有见地的辩论——而且妨碍人们诚实严肃地考察异己之见。如果你想真诚地、不存先入之见地思考你现在反对的观点和论证，那么你就要避免稻草人谬误，你的一两点信念有可能是错误的；对于其他的观点，你最好持宽容的原则。显然你不必同意每一个哲学理论或论证；事实上你不需要这样做，它们很多从根本上就相互冲突。但是，大多数立场和论证历经多年的发展、提炼、辩护，它们通常有些好的观点；因此，如果你认为你所反驳的观点是荒谬的，没有什么可取之处，说不出它什么优点，那么你很可能看到的不是观点本身而是稻草人。你兴许希望更加开明和宽容地重新审视这个观点。你也许依然不同意这个观点，但可能它还是有一些有价值的地方。

（老实说，有些哲学观点是完完全全荒谬的，不论你如何友善地对待它们；但记住抓准真实立场而非用稻草人替代之。）

如果你想扩大你的视野，就要避免稻草人谬误的诱惑。如果你想劝说你的对手他的立场是错误的，也要避免稻草人谬误的诱惑；总之，你不可能通过驳斥被歪曲了的真实观点来说服别人他的论证或观点是错误的。但是，如果你完全确定你的所有信念绝对正确，你根本不想改变自己的想法，那么稻草人谬误是保持你的信念不变的好方法。

2000年，一项重要流行病学研究报告指出，美国发电厂导致的空气污染每年造成超过30000名美国人死亡。第一能源公司发言人拉尔夫·迪尼克拉回应说："站在一旁叫嚣环境问题是一回事，以环保责任的态度生产可靠和便宜的电则完全是不同的职责。这些人在自家后院种食物，而世界上其他人可不希望踩着踏板给医学诊断装置发电。"当然，这不是发电厂的批评者们想做的，但是他们的确希望这些发电厂采取措施减少污染。驳斥稻草人不能解决严肃的问题，只能驳倒极端的和不合情理的观点。

诉诸权威

如果你想知道我们太阳系的哪颗行星质量最大，你可以问天文学教授，或者查阅权威的教科书或百科全书。这是获得知识的完全合理的途径，也是我们最常用的一种。这是合理地诉诸权威。如果我们怀疑我们太阳系最大质量的行星是哪颗，我们可以致电天文学系赛克斯教授，她告诉我们木星质量最大，这也是解决问题的合理途径，比试图称量木星靠谱得多。合理的诉诸权威应该符合两个必要条件：第一，赛克斯教授是一位专家，是这个领域的权威。如果你要问的是内战史，那么问赛克斯教授就不是合理地诉诸权威了。第二，这个问题的权威解释在该领域内达成了共识。假定我们讨论谁是史上最伟大的篮球教练，我们致电大学某篮球代表队首席教练魏斯。魏斯教练也许的确是一位篮球方面的专家和教练，但是如果魏斯教练说约翰·伍登是史上最伟大的教练，并不能证明约翰·伍登是最伟大的教练。因为如果我们致电另外十位教练、体育比赛解说员、写篮球的作家，他们人人都是篮球方面的专家，我们会得到十个不同的答案：有人说是约翰·伍登，有人说是迪安·史密斯，有人支持约翰·汤普森、莱德·奥尔巴赫、菲尔·杰克逊，还有人投票给帕特·萨米特。在这种情况下，显然没有达成一致的权威说法，诉诸权威则是谬误。（顺便说一下，诉诸权威是诉诸专家陈述，如果有人诉诸一位假定的专家，那么可以对"专家"的诚实、个性、能力进行人身批评。例如，如果专家是某团体的枪手，该组织给了他一大笔钱，那么指出专家的偏见则是合理的，这样的专家可能给出的专家陈述并不诚实和准确。或者你也可以合理地挑战这位假定的专家的证书和资质。）

即使诉诸权威是合理的，也不一定绝对可靠。有许多真正的专家达成一致却是极度错误的例子，例如：

1929年10月17日，就在股市暴跌前一周，耶鲁大学经济学教授欧文·费希尔说："股市现在达到了一个永久的高地。"

> 1943 年，IBM 董事长托马斯·约翰·沃森曾说："我认为全球大概只需要五台计算机就够了。"
>
> 1895 年，英国皇家学会会长、物理学家开尔文勋爵说："重过空气的飞行机器是不可能实现的。"

如果我们想知道亚历山大大帝是不是亚里士多德的学生（他曾是），或者笛卡尔在法国生活了多久，我们可以诉诸权威；一些哲学史专家就此类问题达成了一致。但是，如果我们想知道亚里士多德的美德伦理是不是伦理学的正确观点，或者笛卡尔的理性主义是不是理解知识的最佳方式，那么诉诸权威则是不合理的。即使我们同意有这些方面问题的专家，但是很清楚这些问题在专家中并没有达成一致共识。当代最受尊敬的哲学家仍激烈地辩论着这些问题，他们都是哲学史上的伟大人物。如果我们要找社会契约理论方面的专家，很难有什么人比哲学史上的托马斯·霍布斯、约翰·洛克、让-雅克·卢梭更好了，当代哲学中则有约翰·罗尔斯（John Rawls）、琼·汉普顿（Jean Hampton）、戴维·高蒂尔（David Gauthier）、玛莎·努斯鲍姆（Martha Nussbaum）。但是，请他们来解决社会契约理论的合理性问题则是一个错误，因为他们的观点从根本上就相互冲突。所以，最好阅读从古至今各位伟大的哲学家，深思他们的观点，仔细考虑，认真关注；但因为他们是伟大的哲学家之故而接受他们的观点为真则是犯了诉诸权威谬误。

许多世纪以来，天主教视亚里士多德为权威；的确，天主教作家都用"那位哲学家"来指代他。在这种传统里，只要亚里士多德说的，就足以令人信服：亚里士多德是权威，只要是亚里士多德说的，就解决问题了。但是，宗教选择接受其为权威的教义是另一回事，在哲学上接受一种观点则不依从权威论断，而是通过开放的论证才可能接受。当然，注意著名哲学家的观点是有价值的，如柏拉图、亚里士多德、笛卡尔、休谟、康德，不仅仅因为他们是著名的权威，而是因为他们形成了特别的观点，并为他们的结论给出了趣味盎然的论证。

以上并没有覆盖所有谬误（还有滑坡谬误、肯定后件谬误、虚假的二难困境谬误、诉诸多数谬误等），关于论证的好坏的要素也未尽述。如果你还没有学过逻辑学或者批判性思维，你可能会考虑下学期修一些相关课程。本章所述引导你们开始思考如何论证，帮助你们避免论证中会遇到的严重问题。诉诸人身谬误和稻草人谬误是哲学讨论中需要注意避免的最主要的谬误。这样的谬误会激怒你的对手，但是并不能说服他们。这些谬误影响对严肃论证的关注，把注意力带偏离真实的问题：要辩论的是真实的观点而非失真的稻草人；要讨论的是真正的论证而非批评论证者。论证是哲学的核心和灵魂，哲学论证处理复杂和具争议的问题。始终牢记与朋友和同学讨论哲学问题时的基本准则其实在幼儿园就学习过：和谐共处。

阅读部分

申辩篇

柏拉图

柏拉图（Plato，公元前427—347）是古代最伟大的哲学家之一，他的影响之大以至哲学家阿尔弗雷德·诺斯·怀特海说“西方哲学史只是柏拉图哲学的注脚”，特别是把亚里士多德与之并提的时候（亚里士多德是柏拉图的学生，尽管他们在很多问题上有分歧）。怀特海的话有点夸张，但也在理。柏拉图提出了许多最基本的哲学问题，涉及形而上学、知识论、伦理学、政治哲学；他的“苏格拉底问答法”通过一系列的发问阐明问题，在哲学探究中产生了极大的影响。

在《申辩篇》中，柏拉图通过他的伟大的老师苏格拉底的角色进行讲述。雅典议院审判苏格拉底，指控他蛊惑青年，怀疑传统的信仰（包括不敬神灵），苏格拉底否认对他的指控，坚持自己做的是对城邦有价值的事：像牛虻一样，不断诘问、探查和揭发那些认为自己掌握真理并声称了解真理的人。苏格拉底被判死刑，在后面的对话中柏拉图细述了恩师平静而高尚的死。

亲爱的雅典人，我尊敬和热爱你们，但是我要服从神灵而非服从你们，只要我还活着，还拥有力量，我决不会停止实践和教授哲学，决不会停止以我的方式给你们劝告，我会以我惯常的方式说：“哦，我的朋友，你是雅典的公民，雅典素来是伟大的、有力量的、智慧的城邦，而你们醉心于获取大笔钱财，心心念念名声和荣誉，而对智慧、真理和自己的灵魂置诺罔闻，这是怎么一回事呢？”如果有人要与我辩论，说其实他是在意这些的，我可不会立即离开或是让他离开，我要询问他，质询他，盘问他，如果我发现他自称有德行而实际没有，我就要指责他轻视重要的东西，而看重价值低的东西。对于我遇到的每一个人，我都要这样问，无论老少，无论是外乡人还是雅典公民，对雅典公民更要如此诘问，因为他们是我的同胞。我要让你们知道是神灵命令我这样做的；我相信这个城邦里发生的最伟大的善事莫过于我如此执行神的命令。因为我所做的无非是劝告你们所有人，无论老少一视同仁地劝告，不要只关心自己的身体和财产，首要的和最主要的应该是关心自己的灵魂的最大改善；我要告诉你们，美德并非来自钱财，倒是钱财和一切好事都来自美德，对于个人和团体都是如此。这就是我的言说和教诲，如果我说的这些毒害了青年，那就是有害的；如果有人把其他什么说成我的教诲，那他没有说实话。因此，雅典公民们，我要告诉你们，你们照安虞多说的办也好，不那么办也好，把我释放了也好，不释放也好，无论如何，我不会改变我教诲的方式，我将依然如斯，即使赴死百回亦是如斯。

雅典的人们，请不要打断我，请用心聆听，你们仔细听，我们之间达成一致。聆听我对于你们颇有益处，我要告诉你们一些事情，你们听了也许会喧哗起来，不过我请你们不要作声，保持安静。我希望你们知道，如果你们杀了我，杀了不断教诲你们的这个人，你们自己所受到的损害比我大得多。因为梅雷多也好，安虞多也好，他们根本不可能伤害到我，绝对不可能，一个差劲的人有能力伤害到一个比他优秀的人这不合常理。我不否认，他也许可以把我杀了，把我放逐了，或者剥夺我的公民权；他也许认为这样就给了我很大的伤害，别人也可能这样想，可是我并不赞同，我认为安虞多现在做的这件事——不公正地伤害另一个人的性命——只会给他自己更大的损害。雅典的人们，我现在进行申辩，并不是为了我自己，像大家想象的那样，更多的是为了你们各位，使你们可以不违背神的旨意，不给我定罪，我是神灵赐给你们的恩惠。你们如果置我于死地，很难再找到另外一个人来替代我，打一个不恰当的比喻，我之于城邦，就好像牛虻之于马匹，这城邦高贵而伟大，但就像一匹骏马由于太大太肥而行动迟缓，需要有牛虻经常叮一叮才能焕发活力。我想，是神灵把我拴在这城邦上，让我孜孜不倦走来走去，启发、劝说和责备你们每一个人，整天不厌烦地到处紧跟着你们、提醒你们。公民们，这样的人是难得的，我奉劝你们留下我在这城邦。你们也许很恼火，时常被我这样的牛虻从梦中叮醒，也许你会想按照安虞多的建议把我一掌拍倒，轻易地杀死；这样，以后的日子你们就可以长睡不醒，除非神灵挂念你们，另外派一个人来叮你们。

哲学的价值

伯特兰·罗素

伯特兰·罗素（Bertrand Russell，1872—1970）是20世纪最有影响力的哲学家之一。他推动英美哲学离开传统形而上学和思辨问题，而更多地走向细致的逻辑和语言分析的方向。他同时投身社会改革，放弃大笔继承遗产，因为他相信通过遗产而来的财富是不对的。他还是反核弹运动领袖，为多项社会改革而斗争。同时，作为一位才华横溢的作家，他于1950年获得诺贝尔文学奖。

在《哲学的价值》中，罗素通过细致的逻辑和语言分析探讨哲学的价值。于罗素而言，哲学的主要价值源于挑战我们珍爱的假设，更加批判地探究哲学问题，而非推理和宣称“真实实在”“深层本质”“终极真理”或上帝等的本质。

如果我们想要恰当地估计哲学的价值，我们就必须首先在思想上摆脱掉“现实的”人的偏见。“现实的”人，通常来说是指只承认物质需要的人，即承认人体需要食物，却忽略为心灵提供食物的必要性。即使人人经济宽裕，即使贫困和疾病少得微乎其微，要创造一个有价值的社会，需要做的事情还很多；即使在当今社会之中，心灵食粮的价值也不小于人体所需要的食物的价值。哲学的价值就在于其作为心灵食粮的价值；重视心灵食粮的人才相信研究哲学是值得的，而并非白白浪费时间。

和其他科学一样，哲学学科的目的首先是要获得知识。哲学知识旨在获取可以提供统一的科学体系的知识，以及通过批判我们的成见、偏见和信仰的基础而得来的知识。但是，我们不能妄自认为哲学针对哲学问题所提供的答案都是确定无疑的。如果是数学家、矿物学家、历史学家或者任何一门学科里的博学之士，他肯定会认为在其自身学科里的一套真理是确定无疑的，他的解释会长得令人听了厌烦。但是，如果你是问一位哲学家的话，如果他是抱有坦率的态度的话，他一定会承认他的研究还没有能获得像其他科学所达到的那样确定无疑的结果。当然，从另一个角度来说，任何一门科学，只要关于它的知识一旦确定，这门科学就不再称为哲学，而变成为一门独立的科学了。关于天体的全部研究现在属于天文学研究领域，但是过去这些研究领域全都是含在哲学之内的；牛顿的伟大著作就叫作“自然哲学之数学原理”。同样，研究人类心理的学问，一直以来都是哲学的一部分，其脱离哲学而单独被称作心理学的历史并不长。因此，哲学的不确定性在很大程度上不但是真实的，而且是显而易见的：但凡有了确定答案的问题，都独立出来成为各种科学了；而现在还提不出确定答案的问题则构成哲学这门学问。

尽管如此，哲学的不确定性中也只是包含了部分的真理。有许多问题——其中那些和我们精神生活最深切相关的问题——就我们所知，是人类才智始终都不能解决的，除非人类的智能变得和现在全然迥异。宇宙是否有一个统一的计划或目的呢？抑或宇宙仅仅是诸多原子的一种偶然的聚合呢？意识是不是宇宙中永恒不变的一部分，如此一来智慧就有希望无限增长？抑或这只是一颗小行星上转瞬即逝的偶然事件，这颗行星上的所有生命都终将消亡？善和恶对于宇宙是否重要呢？或者它们只有对于人类才是重要的呢？这些问题都是哲学所追问的问题，不同的哲学家有不同的答案。但是，无论我们是否能够最终找到答案，我们都无法用实验来证明答案是否确定无疑。尽管为哲学问题找到答案的希望有时候甚至是微乎其微的，但是哲学的一部分责任就是要继续研究这类问题，使我们认识到它们的重要性，研究解决它们的方法，并保持思考宇宙的兴趣和热忱，而如果我们只是局限于获得确定无疑的知识的学科之内，我们思考宇宙的兴趣将被抹杀。

……

事实上，哲学的价值大部分须在其不确定性之中去寻求。没有哲学视阈的人终其一生囿于种种偏见，这偏见源于常识、人之所处时代或民族的偏见、未思而信的日渐增长的自负等。在他们眼中，世界固定不变、有穷有尽、一目了然；他们从不怀疑当前的普通事物，傲慢地否定未知的未来事物。但是，有哲学视阈的人，正如我们在开头几章中所阐明的，只要我们一旦采取哲学的态度，我们就会发觉，即使连最平常的事情也值得质疑，且我们难以提供完善而确定的答案。哲学提出的疑问，虽然不一定能够给出确定的回答，但却能拓展我们思维的领域，使我们摆脱习俗的粗暴束缚。因此，虽然哲学对于例如事物是什么这个问题未必提出肯定的答案，但却促使我们拓展关于事物可能是什么这个问题的知识。它排除了人们狂妄独断的见地，将人们带入自由怀疑的境地，给我们展示熟悉的事物中那不熟悉的一面，永远帮助我们保持敏锐的好奇心。

哲学不但能够指出人们通常不加怀疑的问题所存在的其他可能性，而且哲学的价值——也许是它的主要价值——更在于哲学所深思客体对象往往是伟大的，这种思考使人从狭隘性和微不足道的个人打算中解脱出来。一个听凭本能支配的人的生活总是幽闭在其私人利益的圈子里：这个圈子可能也包括他的家人和朋友，但是忽视外部世界，除非外部世界或好或坏地影响到他私人欲望圈子里的事物。这样的生活就像蔓延的热病，狂躁而封闭，相比之下，哲学式的生活则是从容而自在的。本能地追求私人圈子利益的人的世界是狭小的，在伟大和充满力量的外部世界里，这类人的个人世界迟早会坍塌。除非我们能够扩大我们的趣味，把整个外部世界包罗进来，否则我们就会像一支受困在堡垒中的守军，深知敌人不会纵容我们逃脱，最终投降的命运将不可避免。在这样的人生里，没有平静和逍遥，只有坚持抵抗的欲望和无能为力的意志无谓地一直拉锯。如果想要过伟大而自由的生活，我们就必须逃离这种幽静和拉锯。

哲学的沉思就是一种逃离的方式。哲学的沉思展开广泛的探究，不会截然将宇宙区分成两个相互对立的阵营——朋友和仇敌，有益的和敌对的，好的和坏的——它包容整体而不偏袒。纯粹的哲学沉思，目的并不在于证明宇宙的其余部分类似于人类的世界。获取知识是自我的一种扩张，但是这种扩张是获取知识的附带产物，而最好不要以自我的扩张为目的去追求知识。在求知欲的激发下，不掺杂其他企图，不预期研究对象具有这样或那样的性质，而是在对知识的探究中发现对象的性质；只有通过这样的研究，才能实现自我的扩张。如果我们把自身看作如其所是，想指出世界和这个自我是如此之相似，而不承认那些与自我相异的外部的一切，尽管这样也可以得到关于世界的知识；但是这样无法实现真正的自我扩张。想证明宇宙的其余部分类似于人类的世界的欲望，乃是一种狂妄自大；像所有的狂妄自大一样，它对于迫切的自我扩张和发展是一个障碍，而且人类自身深知这一点。狂妄自大，在哲学的沉思之中犹如在其他方面一样，只是把世界看成达到自己目的的一种手段；因此它看重自我而轻视世界，而且自我还为世界上伟大的事物设定了界限。在沉思中，如果我们从非我出发，则结果截然迥异，通过非我事物之伟大，扩张了自我的界限；通过宇宙的无限，沉思宇宙的心灵便分享了无限。

……

真正的哲学沉思……在非我的每一次扩张中、每一处被思考的客体的伟大中、甚至在每一个沉思的主体中都找到令自己心满意足的收获。沉思的每一件事物，无论是个体的或是私人的，都取决于个人的习惯、兴趣、欲望，主体在沉思时可能会歪曲客体，因而影响心智所追求的那种结合。个人的习惯、兴趣、欲望，就这样在主体和客体之间制造了一道屏障，成为了心智的桎梏。而自由的心智是像上帝那样在观看的，不是从主体的此在和此刻观看，它无所期望，无所畏惧，不受通常的信仰和传统的偏见所束缚，而是恬淡地、冷静地、以单纯地对知识的欲求去看，把知识看成非个人的、纯粹可思的，是人类可以企及的。由此，相对于来自感官的知识，自由的心智更注重抽象的和普遍的知识，这一类知识不受个人经验和偶然事件的影响，而来自感官的知识则注定依赖个人的和私人化的观点，躯体的感官经验在反映事物时有可能歪曲事实。

一旦心灵习惯于哲学沉思的自由和不偏不倚，则会在行动和情绪的世界中保持某种同样的自由和公正。它会把它的目的和欲望看成整体的一部分，而不会坚持把它们看作世界中的那些细小碎片，世界之种种不受任何人的行径的影响。哲学沉思之不偏不倚是对真理的纯粹欲求，与心灵同质，在行动中它就是公正，在情绪中它就是博爱，这种爱普照一切，而非仅限于个体认为有用处或美妙的事物。因此，沉思不但扩展我们所思考的客体，而且也扩展我们行为中的和情绪中的客体：它使我们成为宇宙的公民，而非仅仅属于一座城池而囿于围墙之内。作为宇宙公民则意味着涵盖人的真正自由，即从狭隘的希望与恐怖的奴役中解脱出来。

因此，以上关于哲学的价值的讨论可以概括为：研习哲学的价值不在于哲学能对于所提出的问题提供任何确定的答案，因为哲学通常并不提供确定无疑的标准答案，真正有价值的是哲学问题本身；因为哲学问题可以扩充我们对于一切可能事物的概念，丰富我们心灵的想象力，减少固执己见的狂妄，消解禁锢心灵思考的偏见。但最重要的是，哲学通过思考宇宙之伟大，使得我们的心崇高起来，从而有助于心灵与宇宙之至善的结合。

练习部分

下面练习中的论证向我们展示了论证（如诉诸人身）的构成，以及它是合理的或是荒谬的，可能包括：诉诸人身谬误、合理的诉诸人身、稻草人（通常是谬误）、不相干原因或红鲱鱼（通常是谬误）、诉诸权威谬误以及合理诉诸权威。

1. 众议院共和党提出的新移民法会使得施食处给饥饿的无证移民食物变成违法，医生救治无证移民孩子的生命也变成违法。有人说，这样对待无证移民太苛刻。但这并非无情，因为非法无证移民已成为这个国家的大问题。非法无证移民带来安全风险，他们压低其他工人的工资，给社会服务带来巨大负担。美国无证移民数量数以百万计，而且仍在增长。因此，新移民法所提出的方案对无证移民而言并不苛刻。
2. 有人反对导弹防御系统计划——“星球大战”系统——该系统设计用来拦截和摧毁向美国发射的导弹。反对该系统的人说它从未被测试有效，且很容易被假导弹摧毁，真正的危险并不是从外射向美国的导弹，走私到美国的炸弹倒是更危险。但反对导弹防御系统的人并不生活在真实世界。他们相信我们不需要做任何事情来保护自己免受攻击。当导弹射向我们的城市时，他们只是静静观望而不会做任何事情来反抗或阻止它。显然他们认为世界安全而和平。美国不会受到任何危险的攻击。
3. 布拉德·斯汤顿说，我们应该允许更多的移民来到我们国家做工，如果他们保持良好的工作记录和避免犯罪行为，应允许他们成为美国公民。斯汤顿论证说，此项计划将有可能更有效地管理移民进程，有效区分潜在恐怖分子和合法工人，为急需工作的人提供工作；他说我们是一个移民国家，我们不应该向那些想来我们国家的人禁闭大门。斯汤顿指出，自由女神像的基座上铭刻着邀请“熙熙攘攘渴求自由呼吸的芸芸众生”来到我们的国家，加入我们，拒绝这些充满期盼的移民只会让我们成为伪君子。斯汤顿的论证听起来不错，然而斯汤顿在北加州拥有大片农场，他希望有更多的移民的真实动机在于，可以雇用便宜的农业工人去收获他的庄稼。当你了解斯汤顿的真实意图，他的论证中的瑕疵就十分明显了。

4. 有人抱怨石油公司利润高：埃克森石油公司上个季度盈利100亿美元，雪佛龙石油公司盈利40亿美元。他们认为石油公司通过不平等竞争获得巨额利润，而消费者却承受着日益上涨的油价。但是，没有人需要认真对待这些批评。显然，他们相信石油行业的人应该免费工作，埃克森和雪佛龙的投资者无权从他们的投资中获利。他们认为所有的盈利都是不合理的，公司都不应该盈利。他们显然想废除整个资本主义和我们的自由企业系统。
5. 前总统比尔·克林顿认为，提高最低工资线十分重要。他指出，最低工资已多年没有上调过，全职拿最低工资工作的人们生活在贫困之中。他还讲到，执行总裁的工资却是史上最高，他论证说，执行总裁拿数百万的工资而他们的工人却在贫困线上，这从根本上是不公平的。克林顿指出，如果提高最低工资线，工人会有更多的钱可以消费，为经济增长增加内需。但是你要记住，克林顿曾曝出性丑闻，做过伪证，欺骗妻子，欺骗美国民众。很显然，克林顿是一个骗子，他关于提高最低工资的论证毫无价值。
6. 山姆被聘为批判性思维一课的学生导师，时薪为20美元。但是，真的不要让山姆做你的导师！山姆对批判性思维一无所知：他的确上过批判性思维的课，但是只学习了三节课，而且在课上宿醉，考试还不及格。而且，山姆希望大家都先付费，但是到了他指导的环节他总不在场，而且拒绝退还相关费用。有时候他来到指导环节的现场，却总是醉醺醺的，喝醉的时候，他总骂人还说下流话。还有至少两次，他把学生上课用的批评性思维的书偷走并在书店出售偷来的书。因此你不会希望他作为你的导师的。
7. 费利西娅·斯坦迪什认为，我们应该将法定的最低购烟年龄降低到16周岁。她指出，想抽烟的青年人总是有办法弄到烟，这会助长他们违反法律的习惯。而且她认为规定年满18周岁及以上的人才能抽烟，会让人们觉得这是成年人才能做的事，从而使抽烟对未成年人更具吸引力。但是，在你同意她的观点降低法定购烟年龄前，你应该注意到斯坦迪什是菲利普·莫里斯——世界前列的烟草制造商——的主要投资人；因此，越多的青年人爱上吸烟，她就可以赚越多的钱。斯坦迪什女士的论证是用来增加她的财富的，而不是为了通达真理。
8. 看看，很清楚，美国石油公司并没有对美国消费者漫天要价。因为，毕竟，我们美国人都爱开车去做事情！我们喜欢敞着窗子开着车在乡下呼吸新鲜空气，高中生喜欢带着朋友们在镇上转悠，我们喜欢开车去商场，开着车跟着主队，在春假期间开车去沙滩。你能想到的所有娱乐我们都是开着车去的，因此很清楚美国石油公司并没有过分要我们油钱。
9. 阿瑟说他看见朱莉昨天上班时从收银机拿了100美元现金。但是，在你得出结论朱莉是一个小偷之前，你需要考虑许多事情。首先，阿瑟也在收银机那儿工作，很有可能是他自己拿走了钱，现在还试图嫁祸朱莉。还有，阿瑟被上一个雇主辞退是因为他偷了商店里的货物。而且阿瑟是个赌徒，最近输了一大笔钱，他急需钱付给他的庄家。还有，他讨厌朱莉，因为朱莉被升为经理，那是阿瑟渴望的升迁。所以在你相信阿瑟对朱莉的指控前，请三思。

10. 很显然，高糖软饮料容易导致健康方面的问题，引起中小学生患上肥胖症。美国医药协会、美国心脏协会、美国国家健康学会、哈佛大学医学院、梅奥医学中心一致认为，儿童引用高糖软饮料是导致中小学生肥胖症和健康问题的罪魁祸首。

11. 目前，越来越多的人关注住院病人提早出院的压力。进行了心脏手术、乳房切除术等主要手术的患者术后住院时间比前些年大为缩短，有人认为医院让病人提早出院会降低病人术后得到照料的质量，危及病人的健康。但是，事实上，缩短术后住院时间并不会影响病人的健康。病人留院的费用高昂，在医院每多待一天，治疗费用都直线上升。我们探索在有控制的费用范围内保持健康，这样保险费率和政府医疗健康开支才可能保持在合理的水平。让病人提早出院是降低医疗费用的途径之一。因此，很显然，让病人提早出院并不会危及病人健康。

12. 15 年前，在克利夫兰市，盖瑞・里奇因为殴打和强奸金・克罗夫特被定罪，至今在狱中已有 15 年。并无物证指向里奇。事实上，唯一对里奇不利的证据是克罗夫特的证词，她在审讯时发誓说，她的邻居里奇用菜刀抵住她胸部，并强奸了她。但是克罗夫特是有些问题的：她曾经自己用菜刀和剪刀抵住自己的胸部，控制和威逼他人做她所希望的事情。她还说自己受到里奇攻击后死了，但是有一个声音呼唤她醒过来。那是白雪公主的声音，白雪公主带她回到人世间。当然，我很同情克罗夫特的遭遇；但是她很不稳定，也不值得信赖，里奇应该并没有犯下如她证词所述的罪行。

13. 阿诺德・施瓦辛格是世界健美冠军，是成功的电影演员——他和丹尼・德维托在电影《龙兄鼠弟》中的表现棒极了——还被选举为加州州长，是非常成功的政治家。他主张胚胎干细胞极有研究价值且前景光明，将为瘫痪、老年痴呆及其他诸多神经系统紊乱病症提供治疗。显然，如果施瓦辛格认为胚胎干细胞研究是如此重要和有前景的医疗研究，那么事实一定如此。

14. 被告显然有罪。毕竟，他被控入室抢劫，而抢劫的确是很严重的罪行：入室抢劫是潜入我们家中或是办公室，让我们觉得十分恐怖和不安。你想想，如果你和家人正在睡梦中时，有人潜入你家，当你意识到时你有什么感受！因此，入室抢劫不但夺走了我们的财富，而且让我们在自己家中也感到惶惶不安。陪审团判定他有罪当然没有错。

15. 有人质疑新的电子计算机投票系统是否万无一失和绝对可靠，它会不会用不正当手段错计票数，导致投票中出现欺诈行为。但是，新的计算机投票系统迅速和高效，参与投票者容易上手，人们不用再在投票站前排起长龙队伍久久等待，数秒钟就能统计出结果，不再需要漫长等待、枯燥乏味的人工计票。因此，显然，新的电子计算机投票系统不可能用于选举中的欺诈。

16. 希望同性婚姻合法化的人其实是在支持一项完全不可能的政策。如果他们成功了，所有的教堂都将认可同性婚姻和主持同性婚礼，这将极大挑战宗教团体按照自身教义行事的自由。而且主张同性婚姻的人想要求所有的牧师、拉比、神父都随时应他们要求主持同性婚礼，这肯定会限制宗教领袖的宗教自由和个人选择自由。同性婚姻的支持者认为同性恋结婚时，他们所有的家人都必须参加他们的婚礼，并支持和祝福新人，这极大侵犯了反对同性婚姻的人们的权利。因此，当我们仔细琢磨同性婚姻支持者的立场时，会发现它严重侵犯了个人权利和宗教自由。

17. 当你被控犯罪时，你有权在审讯时由律师在场陪同。毫无疑问，你拥有这样的权利：无论我们咨询最高法院苏特法官①、奥康纳法官②、罗纳德·德沃金③还是艾伦·德肖维茨④，他们都认为一个人被指控犯罪时必然拥有在审讯时由律师在场陪同的法律权利。

18. 看，我们怎么可能认为被告有罪？唯一对他不利的是赛斯·布里杰的证词，而你根本无法相信这个人的证词。赛斯两次犯有银行欺诈罪，一次伪造签名，三次通过欺诈盗窃罪。他一直是个骗子，以欺骗和撒谎为生。除此之外，考虑一下他为什么要针对被告。难道是因为他是一个希望看到社会正义被声张的好公民？得了吧。赛斯·布里杰和检察官有笔交易，证明被告有罪，以换取自身欺诈罪减轻量刑。所以他出来做证是有好处的！显然我们不能相信赛斯·布里杰这样的骗子。

19. 北方州立大学应该解雇威克利夫教授！去年他接受了若干学生的贿赂，让他们通过了课程考试。他新近公开发表的文章其实是抄袭了别人的作品。他在课上发表种族言论，过去的两年里至少七名学生投诉他性骚扰。这种人应该被解雇，越快越好！

20. 反对死刑的人有时候会说无辜的人有可能被误杀。但实际上没那么危险。不管怎么说，我们的社会充斥着暴力、恶行，我们必须要有强有力的措施来回应。迅速和严厉的惩罚对控制犯罪至关重要，以合理表达社会对最恶劣和堕落的犯罪行为的深深厌恶。因此，死刑并不会有裁决无辜的人的危险。

21. 阿瑟·卡夫特认为奥运会变得太过商业化。他说，饮料商、汽车厂商、摄影器材公司、运动装备公司甚至垃圾食品厂商等，各式各样的厂商都标榜自己是“奥运会官方赞助商”，让奥运会变得很廉价，他认为，将奥运火炬在国内的传递权出售，彻底将奥林匹克变成了商业行为。但是，卡夫特关于奥林匹克过度商业化的论证并不能使人信服：他自己就是贝尔奇啤酒公司（Belch Brewery）市场部副总裁，该厂出产春山啤酒，其广告语就是“美国奥运健儿最爱的啤酒”。

22. 当你购买新车的蓄电池时，很难得知你应该选购何种电池。但是记住：查克·叶格⑤说AC德科电池是你能买到的最好的电池；而查克·叶格一直以来都是最伟大的试飞员之一。所以，AC德科电池一定是最好的。

23. 布鲁斯·沃勒说，有白头海雕在米尔河公园筑巢。他声称看到过许多白头海雕在那里，甚至有一

① 戴维·哈维特·苏特（David Hackett Souter），美国第105位大法官。——译者注

② 桑德拉·戴·奥康纳（Sandra Day O’Connor），美国最高法院第一位女性大法官。——译者注

③ 罗纳德·德沃金（Ronald Dworkin），法理学家与政治哲学家，在纽约大学法学院教授宪法。——译者注

④ 艾伦·德肖维茨（Alan Dershowitz），美国律师，曾为辛普森杀妻案、克林顿绯闻案与弹劾案、泰森案等大案担任辩护律师。——译者注

⑤ 查克·叶格（Chuck Yeager），第二次世界大战中的空战英雄，20世纪人类航空史上的传奇人物。——译者注

只坐在窝里孵蛋。布鲁斯很可能的确确信他在米尔河公园看到了白头海雕。但是，布鲁斯显然对鸟类一无所知：他根本分不清楚白头海雕和加拿大黑雁，更不用说分清楚白头海雕和鹰。加上他视力也并不好，即使他知道白头海雕长什么样子，他也不可能看清楚3米外的鸟是不是雕。虽然布鲁斯不会撒谎说他认为他看到了什么，不过他的确很有想象力：去年他在米尔河公园散步，声称看到了北美灰熊。结果其实是一只大浣熊。所以我们对于布鲁斯自称在米尔河公园看到白头海雕表示怀疑。

24. 有人说美国不应该入侵伊拉克，或者至少不应该等到诸多国家结盟支持反对针对伊拉克的军事行动的时候。但是这种立场很滑稽。这些人显然认为，无论在何种情况下，我们都不应卷入战争，不论我们遭到多少攻击。如果按他们的路子来，我们将会受到恐怖袭击，我们的人民被攻击，我们却没有反应。他们被动的反战主义在理论上听上去不错，但是在我们这个危险的世界的残酷现实中，这种政策将很快导致我们的毁灭。

25. 威廉·贝内特曾编著出版风行一时的《美德书》（*The Book of Virtues*）。他赞成传统美德，如诚实、节俭、爱国、传统家庭角色和自力更生：贝内特和其他社会保守人士将这些美德称为“家庭价值”。但是，现在我们知道贝内特是个喜欢下大赌注的赌徒，在大西洋城各大赌场无节制地赌博，输掉了数十万美元。好吧，在赌场挥霍掉数十万美元可算不上节俭，也称不上是陪伴家人的好方法。因此不要被“二十一点[①]贝内特”和他所谓的“家庭价值”愚弄了。

26. 许多年来一直存在关于安乐死和医助自杀的诸多争议，包括医学教授、病人、政治家、伦理学家在内都关注这个问题。但是，美国应用伦理学机构黑斯廷斯中心前负责人、公认的生物伦理学专家、杰出的精神病医生维拉德·盖林清晰而坚定地表示安乐死是错误的，他坚持认为医疗人员不能合法地参与此类行为。这样就可以结束这场争论了。像盖林这么出色的生物伦理学家认为安乐死是错误的，那么它一定是错误的。

27. 俄亥俄州东北部的塞拉俱乐部主席布赖恩·乌尔姆认为，我们不应该修订《濒危物种保护法》，因为通过这个法案我们可以将267种物种从濒临灭绝的边缘挽救回来，花费也不是很惊人：他注意到，在《濒危物种保护法》的压力下，有不到1/200的建筑项目停工；这相比于保护物种和后代的环境来说代价并不高。但是，乌尔姆的论证并不是很有分量：他是一大堆极端环保主义者的代言人，他们丝毫不关心经济发展，只是不断发出警告，好吸收更多的成员以便盈利。

下面的练习是请你区分它们是演绎论证还是归纳论证。

28. 我们采访了1200名美国大学生，其中900人希望法定购酒年龄是18周岁。因此，在全美范围内的大学生可能大部分希望将法定购酒年龄定为18周岁。

29. 我们应该将法定购买酒精饮料的年龄定在18周岁。如果一个人的年龄已经足以享受投票权，他也当然到了可以喝酒的年龄了，18周岁的确是可以投票了。

30. 关于是否支持立法保护普通市民持有隐蔽武器

① 二十一点，典型的赌博游戏。——译者注

的问题，我们仔细调查了随机从俄亥俄州挑选的500名登记在册的投票人的看法。其中，320人反对将隐蔽武器合法化，140人支持隐蔽武器合法化，还有40人保持中立或没有考虑过该问题。因此，显然俄亥俄州大部分登记在册的投票人反对将隐蔽武器合法化。

31. 强大的凯西很可能三振出局。因为满垒了，上次轮到凯西满垒击球，他出局了；上上次他满垒击球也出局了；事实上，再前面一次他满垒击球也是出局了。

32. 芝加哥小熊队或纽约大都会队会赢得世界职业棒球大赛冠军。显然纽约大都会队赢不了，因为他们有诸多伤病员，而且他们的投球和防守都很弱。所以肯定是芝加哥小熊队会赢得世界职业棒球大赛冠军。

33. 在过去五届世界职业棒球大赛中，第一场主场作战的队伍都赢得了比赛。多伦多蓝鸟队这次第一场是主场作战，因此赌蓝鸟队赢准没错。

34. 所有美国公民都有总统大选投票权。琼·雅克伯维茨是美国公民；所以琼·雅克伯维茨享有总统大选投票权。

35. 上学期有18名选修批判性思维课程的学生从未旷课，他们都通过了课程考核。上上学期有16名选修批判性思维课程的学生从未旷课，他们都通过了课程考核。因此，只要你这学期每节课都去上课，你通过该课程考核的概率极大。

36. 陪审团的女士们、先生们，这个案子很简单。显然赛琳娜·斯科夫隆并不认为自己犯有抢劫底特律的国家银行罪。底特律国家银行于2008年3月3日正午被打劫。如果当天正午斯科夫隆在克利夫兰，那么她不可能犯有打劫底特律国家银行的罪行。而显然那天正午斯科夫隆正是在克利夫兰，有四名可靠证人的证词说明了这点。

补充阅读

想了解更多关于哲学是什么的问题，推荐阅读由C.P.拉格兰（C. P. Ragland）和萨拉·海特（Sarah Heidt）编写的《哲学是什么？》（*What Is Philosophy*?，Yale University Press），它囊括了六位杰出的当代哲学家对这一问题的回答。达特茅斯学院（The Dartmouth College）哲学系网站上有很多关于“哲学是什么”的简短文章，网址是www.dartmouth.edu/~phil/whatis。惠灵顿维多利亚大学（The Victoria University of Wellington）网站（网址是www.victoria.ac.nz/phil/about/philosophy.aspx）上收集了许多哲学家关于哲学本质的简短陈述，十分不错。

还有很多优秀的批判性思维读物，比如，小西奥多·席克（Theodore Schick, Jr.）和刘易斯·沃恩（Lewis Vaughn）的《怪诞现象学》（*How to Think About Weird Things*, 3rd ed., Boston, MA:McGraw-Hill, 2002）；布鲁斯·N. 沃勒（Bruce N.Waller）的《批判性思维》（*Critical Thinking*: *Consider the Verdict*，5th ed., Upper Saddle River, NJ:Prentice-Hall, 2005）；还有道格拉斯·沃尔顿（Douglas Walton）的《批判性论证基础》（*Fundamentals of Critical Argumentation*, New York: Cambridge University Press, 2006）。以及一些非常棒的网络资源，如“推理页面（The Reasoning Page）”（它

有许多链接，也有一些 LSAT 和 MCAT 的试卷样本），网址是 pegasus.cc.ucf.edu/~janzb/reasoning。另一个出色的网站是由蒂姆·范格尔德（Tim van Gelder）运营的 www.austhink.org，它主要是有丰富的链接。

道格拉斯·沃尔顿（Douglas Walton）的《诉诸人身论证》（*Ad Hominem Arguments*, Tuscaloosa, AL: University of Alabama Press, 1998）全面研究了所有形式的诉诸人身论证。

想要了解更多关于专家证词方面的论证（如诉诸权威谬误），可以阅读 C. A. J. 科迪（C. A. J. Coady）的《证词：一种哲学研究》（*Testimony: A Philosophical Study*, Oxford: Oxford University Press, 1992）；道格拉斯·沃尔顿（Douglas Walton）的《诉诸专家意见：来自权威的论证》（*Appeal to Expert Opinion:Arguments from Authority*,University Park, PA:Penn State Press, 1997）；谢尔登·兰普顿（Sheldon Rampton）和约翰·斯陶贝尔（John Stauber）的《相信我们，我们是专家！》（*Trust Us, We're Experts*!, New York:Tarcher/Putnam, 2001）则极好地解释了如何利用“雇用专家”来操纵公众意见。

第二章

关于宗教的哲学问题

神存在吗？这是最古老、最基本的哲学问题之一。但是，在我们考虑这个问题的答案之前，必须厘清：你所追问的神是指什么？显然，如果有朋友问你，“你相信神存在吗？”你大致知道他想问什么。如果你回答，“不，我不认为宙斯存在；我不相信奥林匹斯山上住着名叫宙斯的神和他的妻子赫拉。”你朋友可能会以为你在开玩笑。你朋友对于他所问的神的特质也许并没有清晰的定义，但是无论如何，他所指的绝不是宙斯。

神的概念

> 我的朋友常问我，“你相信神存在吗？”我想在我回答之前应该明晰各个词语的含义。如果我的朋友希望得到答案，他们应该向我解释清楚“相信”“存在”“神”的含义，特别是后两者。我坦白我并不理解这些词，每当我反问他们，我发现他们也并不理解这些词的含义。
>
> ——穆罕默德·伊克巴尔（Muhammad Iqbal），《迷途反思：穆罕默德·伊克巴尔的私人笔记（第三版）》，（*Stray Reflections: The Private Notebook of Muhammad Iqbal*，3rd ed., Lahore: Iqbal Academy, 2006）

但是，当我们着手具体的问题时，我们所探究的神究竟所指为何，问题就变得微妙了。假设你的朋友继续追问：“当然，我的意思不是问宙斯存在与否；我也不是指朱庇特、特里同、狄安娜、沃坦[①]。我问你是否相信神存在：说的是创造宇宙的上帝，带领以色列子民出埃及的上帝，爱我们如父爱子的上帝，造物主自给自足、全知全能、无所不在。你相信这位上帝的存在吗？”

现在这个问题听上去似乎很清楚了，但是更加严肃的难题随之而来。你高中时也许听过这个古老

① 特里同（Triton），海神波塞冬和海后安菲特里忒之子，手拿一个大海螺的半人半鱼 。狄安娜（Diana），罗马神话中的月亮与狩猎女神。沃坦（Wotan），北欧神话中的诸神之王，英语中称为奥丁（Odin）。——译者注

的谜："你相信上帝无所不能？"是的，当然。"那么上帝是否能创造一块自己也拿不动的石头？"不论你怎么回答，你都承认了上帝有所不能为。对于这一悖论，神学家的典型回答是，上帝可以做一切逻辑上可行的事，逻辑上不可行的事并不能说明上帝的局限，而恰是理性的局限。全能的上帝有所不能为，这在逻辑上不可能，就如上帝无法造出方的圆，但这并不表明上帝的力量是有限的。

要求上帝造出他自身无法拿动的石头是不合逻辑的。造物主完美无瑕、自给自足、全知全能、无所不在，而也正是他，生法老的气，由于以色列子民崇拜金牛犊而发怒，如慈父一般爱我们，当我们犯错时悲伤难过。你朋友描述的关于上帝的特征的组合是否也这样不合逻辑？亚里士多德认为，如果上帝始终如一的完美，那么显然他不能发生改变（因为如果上帝发生改变，要么他曾经完美而今不完美，要么他曾经不完美而今终于达到完美）。如果完美经历变化，那么就只能是不再完美。但显而易见的是，希伯来人的上帝总是改变主意。他决定造人，然后又觉得他们不堪而毁灭他们；然后他又改变主意，决定救些人。他决定把以色列子民从奴役中解放出来；然后他改变主意，决定杀了他们全部；然后再次改变主意，决定只是杀大部分。还有，如果上帝是自足的，他应该没有兴趣创造什么，更别说整个世界及其恒星、行星，包括地球及地球上的全部物种。

当我们试图考虑我们是否"相信上帝"，我们也许会混淆两种不同的（也许是矛盾的）上帝概念——希伯来的和亚里士多德的。这两种上帝的概念在西方传统中并存，但它们并不能结合成清晰一致的上帝的概念。相反，试图结合希伯来的和亚里士多德的上帝概念，简直就是试图揉和两辆高速运行的火车头，二者全速前进且将不可避免地迎面撞击。二者固然有些星星点点的可揉和之处，但是，要让两个火车头避免冲突、达成一致几乎不可能。

斯宾诺莎，17 世纪伟大的犹太哲学家，认识到这个问题：如果上帝是无限的，那么只可能有唯一的实体，上帝之外没有他物（因而上帝创造其自身之外的他物的观点是没有意义的；而认为人类有别于无限的上帝，上帝生人类的气则更是荒唐）。如果你问斯宾诺莎，"你相信上帝吗？"斯宾诺莎一定会给你肯定的回答；但是斯宾诺莎哲学所面对的上帝概念是完全不同的。事实上，有的人坚持认为斯宾诺莎并不是真的"相信上帝"，因为斯宾诺莎关于上帝的概念和绝大多数人所持有的上帝的概念是不一样的。

当然，你可以说上帝的概念是一个谜，超出我们的理解；如果你并不知道一桩事情是什么，很难真正的相信或者不信它。你相信炸脖龙[①]吗？很难说，如果你根本不知道炸脖龙是什么。

> 托马斯·阿奎那（Thomas Aquinas）是天主教史上最有影响力的神学家，他的主要成就之一是将亚里士多德思想融合进基督教神学（显然，阿奎那并不想全盘照搬亚里士多德，但是像亚里士多德这样成体系的哲学家，你很难仅仅断章取义）。亚里士多德思想是否真的能与希伯

① "Jabberwocky" 意为"无聊、无意义的话"，出现在刘易斯·卡罗尔的儿童文学作品中，是刘易斯的自编词。在《爱丽丝梦游仙境》中，恶龙"Jabberwocky"像恐龙一样高大，有着一副爬虫的翅膀，身上还覆盖着鳞片，它的爪子长而尖锐，长着两条分别向上向下的尾巴。在预言中的辉煌日，"Jabberwocky"被手持佛盘剑的爱丽丝斩杀。"Jabberwocky"也被音译作"炸脖龙"。—— 译者注

来上帝的概念相融并不清楚，但是天主教神学家显然做出了艰苦卓绝的努力。中世纪伟大的作家、穆斯林学者阿维洛伊（Averroës，即Ibn-Rushd，1126—1198）专注于亚里士多德学说。在阿拉伯世界，阿维洛伊被认为是渊博的哲学家和学者，阿拉伯思辨哲学的伟大时代随着他的去世而终结，阿维洛伊的哲学作品对于穆斯林思想影响有限。尽管如此，他对亚里士多德哲学的注释对基督教神学有着不可估量的影响——以至阿维洛伊被称为“注释者”，从1200年到17世纪中叶，绝大多数欧洲大学授课采用的是他关于亚里士多德的论述。

苏菲派诗人 Mahmūd Shabistarē 诗意地表述了无限的上帝包含一切：

世界彻头彻尾乃一镜像，
每一原子即是数以百计的炽热恒星。
劈开水滴之心，
广阔纯净海洋从中孕育。
细观每一沙砾，
千位亚当尽在其中。
小虫恰似大象，
雨滴竟是尼罗河。
大麦粒是数百次的丰收，
世界居于黍米种子之心，
飞虫之翼是生命的海洋，
瞳孔之中孕育着天堂。

——英译本由 E. H. 温菲尔德（E. H. Winfield）译于1880年

在我们研究上帝是否存在的问题之前，我们不得不留意实际上许多问题被摆在桌面上，这些问题的答案取决于我们所持有的上帝的概念是什么。当然，有许多关于上帝的不同概念，其中有三种支配着当代西方思想。第一种是犹太教－基督教－穆斯林的上帝概念。显然它们的观点也有所不同，比如，基督教认为上帝是神秘的三位一体，犹太教和穆斯林则不这么看，但他们的基础观点是一样的：上帝是创造之神，他创造了世界；上帝对世界特别是他的人类住民有着特别的兴趣；上帝十分强大，甚至也许全知全能，但是他并非无限，至少于人类而言，他们和上帝不同，因此上帝并非一切；且一个无限的上帝必须包含一切而无所限制；上帝有情感，例如，他会爱一些人类；他很特别，但是并不完美，因为上帝会改变，特别是他总是改变自己的主意，他的情绪变化也很多：突然生气，打消怒气，感到后悔，等等。

第二种影响深远的上帝的概念首先是由亚里士多德发展而来：亚里士多德的上帝是一个“不动的动者”，以他神性的完美激励着人类，影响着天堂，然而他不会以任何方式影响世界（当然也不会创造世界）。因为亚里士多德的上帝是完美的而且完全自足，因此他完全没有兴趣创造任何东西。事实上，亚里士多德的上帝几乎没有任何兴趣，当然也没有情绪——这位上帝永恒地在对沉思的完美沉思中度过。因为亚里士多德的上帝永恒完美，他完全不会变化。（有些穆斯林神学家和犹太神学家以及许多的基督教神学家尝试结合亚里士多德的上帝概念和希伯来的上帝概念；无论他们是否尝试成功，这都是一个备受争论的问题。但是显然，调和截然不同的上帝的概念并非易事。）

第三种上帝概念是斯宾诺莎所钟爱的；从某种程度上来说，这还有点类似道家的概念。这种观点认为，上帝的确是无限的；因此只有一种实在，这就是上帝，所有存在物都必然是上帝的一部分（在一个真正无限的存在之外无物存在）；这个“一”向着无限完美和谐的秩序发展，这个过程也许漫长而艰辛（其中包括认识到我们自身存在的虚无性，因为我们仅是这个“一”的一部分）。在伊斯兰思想中，苏菲派传统深深信奉上帝是万物的无限统一体，13 世纪苏菲派神学家 Muhyî al-Dîn ibn Arabî 明确阐述了这一概念。

如果我们试图判定“上帝是否存在”，有必要谨记这个问题被过分简单化了；也许我们可以换种问法，是否存在与这些关于上帝的具体概念（或其他什么概念）相对应的事物。当然，如果一个人否认上帝存在，那么有必要明确他是否否认上述概念之一，或者上述三种上帝概念，或是什么更加笼统的关于宇宙间神圣的、非自然的元素的主题。

关于上帝存在的论证

仰看天空浩大无穷，
万千天体错杂纵横，
合成整个光明系统，
共宣上主创造奇功。
东升西落 一轮红日，
是主太初创造成绩，
他发光辉照遍万类，
显示上主无穷能力。

清辉如雪 温柔的月，
轻轻向首静寂的地，
重新自述平生故事，
赞美造她的主上帝。
在她周围 无数星辰，
好似万盏光耀明灯，
一面游行 一面颂神，
反复赞扬 创造深恩。

虽然他们谦虚恭敬，
长期静默 来复周行，
虽然他们不发声音，
仅依轨迹发出光明。
人间凡百有耳能听，
却常听见他们歌声，
光明之中 喜悦之音，
“造我之主 神圣全能”。
——约瑟夫 · 艾迪生（Joseph Addison）①，1711

上帝存在吗？请环视周遭：绿树、高山、地球、太阳、星辰——无论我们星系抑或外星系的星辰。它们都从何而来？科学家可以告诉我们诸多星辰的知识，比如，黑洞、我们大的不可思议的宇宙中散布的难以计数的星系。但是，它们都从何而来？即使回溯到宇宙大爆炸，它们都从何而来？总有一个起始，开启这一切，创造这一切：超越科学能够解释的范围的一个起始。科学告诉我们它如何继续；

① 约瑟夫 · 艾迪生（Joseph Addison，1672—1719），英国评论家，诗人，政治家。译文选自中国基督教三自爱国运动委员会和中国基督教协会编订的《新编赞美诗 400 首》。——译者注

但是它从何而来？那个创造者和始因，是上帝。

宇宙论论证

关于上帝存在的宇宙论论证古老而依旧盛行，可以回溯至柏拉图。理性告诉我们一定有什么神圣的存在；一定有什么创造了恒星、行星、宇宙。这种论证的另一个版本询问：世界为什么持续存在？一定有什么在维持它，是上帝。还有一种版本聚焦于宇宙运动和能量的存在：一旦最初的运动开始，运动将持续；但是，第一动因或者说始动者，一定是上帝。

有许多反对宇宙论论证的观点，其中最普遍的是：宇宙论论证基于我们在宇宙内的观察——我们所观察到的宇宙中发生的一切都是有原因的——这就引出关于宇宙外的事件的结论（关于创造宇宙或运动的始因）。基于我们的观察都是在我们所处的宇宙之中的观察的原则，追问宇宙存在之前发生了什么是不合理的逾越。总结我们宇宙中万事万物皆有始因也许是合理的；但是，认为整个体系亦有始因则远远超出合理范围。我们观察到的是一个连续的世界，并没有始点——如古希腊人（包括亚里士多德）的结论——世界并无始点，且恒久存在，故而勿需造物者。第二种反驳更为基础。宇宙论论证提出上帝是宇宙的始因或造物主，并将之作为宇宙为何存在的解释。但是这第二种反驳认为，这顶多是以更模糊的陈述解释了模糊的陈述。说“上帝创造一切”只不过是给我们的无知安了个名字，并没有解释清楚任何事。

本体论论证

关于上帝存在的本体论论证令一些人着迷，也令另一些人忿然。在一些人看来，它是上帝存在的决定性证据，另一些人却认为它纯属哲学的花招。它由神学家、哲学家安瑟尔谟（Anselm，1033—1109）首先提出。若干世纪，这一论证都鲜有人关注，从笛卡尔的版本开始，它才受人关注和备受争议。该论证最基本的形式是：设想一个“是（Being）”拥有所有可能的完美性，或如安瑟尔谟所述，假设存在“可设想的无与伦比的伟大存在者”。那么，你所设想的最伟大的“是”：它存在吗？如果你说它不存在，那么就存在比它更伟大的“是”；既除了实在存在的这个“是”，还存在你所设想的更伟大的“是”。毕竟，一个实实在在的超级“是”显然比一个并不存在的超级“是”要更伟大。因此，如果你真要考虑一个最伟大的可能的“是”，你即刻会意识到这个“是”必须真实存在；因为像这样一个超级“是”如果并不存在，就不可能是“可设想的无与伦比的伟大存在者”。因此，上帝作为“是”，其存在是必然的：不承认上帝存在，你就无法真正思考上帝。你对上帝的“思”建立了上帝存在的必然性。（注意，顺便一提，本体论论证仅对亚里士多德的上帝概念有效，如果它的确有效的话。）

许多人刚接触安瑟尔谟关于上帝存在的本体论论证，会觉得这种论证很有吸引力；但是，他们并不会被这种论证说服。他们会觉得一定有哪儿出错了：如果仅关注上帝的概念，证明上帝存在并非易事。这里一定有个花招。就像魔术师从空帽子里变出兔子：兔子无法生造出来，上帝存在也无法被轻易证明。

对关于上帝存在的本体论论证的主要批评在于，它错在将存在作为像颜色或厚度那样的某种特性来看待。当说某物存在，并非说某物的一种特性。“爱丽丝是个高个儿，一位才华横溢的哲学家，她笑容温暖，心地善良，她存在。”这不是日常表述的句子，除非你以某种奇怪的小说文字来表述。高个儿是爱丽丝的一种特性，但存在不是。也许上帝存在，也许不存在；但是上帝存在并非上帝的一种特性：上帝的无所不在全然不是其特性。但是像所有列举的论证一样，你将拥有你自己认可的有效论证。

设计论论证也称上帝存在的目的论论证。希腊术语“*telos*”意为目的或目标，设计论论证基于世界是上帝旨意的作品和设计；设计论证是基于上帝的目的的，是目标导向的，是目的论论证。

设计论论证

本体论论证主要吸引着哲学家和神学家，而设计论论证则拥有更广泛的追随者。“看这手和眼，多么令人不可思议的杰作，一定有一位设计者，他就是上帝。”许多人采用这样的论证，英国哲学家威廉·佩利（William Paley，1743—1805）将之细化，故而常称之为“佩利设计论论证”，他是这样证明的：

> 如果你在地上发现一只手表……细细看这手表，它由若干部件组成，出于某种目的被组装起来，比如，这些部件如此组合和精细调校是为了一种运动，这种运动如此规律以至可以用以指出一天中的时辰……观察这种机械运动……我们一定会推断出有人制作了这只手表……制作者完全了解它的结构并设计了它的功用。

佩利的设计论论证之后数十年，查尔斯·达尔文出版了他的《物种起源》。尽管达尔文并没有完全击溃设计论论证的拥护者（现在仍有“智能设计”的支持者希望在公立学校推广他们的观点），但他的作品显然是对设计论论证的有力挑战。如果自然选择的过程可以解释手和眼这样精妙的结构，上帝作为设计者的假设就完全没必要了。不管怎样，苏格兰哲学家、佩利的同时代人大卫·休谟的阐述予以设计论论证最强烈的反驳。在他的《自然宗教对话录》中，休谟论证到，如果我们认真对待所谓“手表制作者”的论证，会发现关于世界的缔造者上帝全知全能的假设并无道理，更何况关于上帝全善的假设：不管怎样，世界不但有令人不可思议的手和眼这样的杰作，也有疯狂肆虐的癌细胞，有严重出生缺陷的婴孩，可怕的儿童疾病，容易塞堵的人类气管（即使一般能力的神也可以创造出更好的气管）。因此，从我们对“被设计的世界”的观察来看，我们会得出怎样的关于设计者的结论？这不是犹太教－基督教－穆斯林传统的全能的、大爱的上帝，这更像是或者至多是某个幼稚的神灵做出的粗糙尝试；或是年老而拙劣的神灵早错过了他创世的全盛时期；或者世界是由一群神灵创造的，他们每一个都能力有限。

在休谟的《自然宗教对话录》中，他如此批判设计论论证：

> ……按照你的假设的人，或许能够断言或揣测宇宙起源于某种类似设计的东西，但超出这点之外，他就没法肯定任何一种情况，此后只好通过最大程度的幻想与假设，去确定他的神学中的每一论点。就他所知道的，这个世界，与一个高的标准相比，是非常有缺陷和不完美的；这个世界只是某个幼稚的神的初次的粗糙

作品，后来他就把它遗弃了，并对于他的差劲的作品感到羞愧；它只是某个不独立的、低级的神的作品，是较高极的神的嘲笑对象。它是某个年老糊涂的神的衰朽期的作品；自从他死后，它就依靠着从他那里取得的初始的冲动和动力，往前冲撞。

托马斯·哈代（Thomas Hardy，1840—1928），英国小说家和诗人，对世界的看法尤为黑暗。在一首诗中，他表达了与大卫·休谟相似的观点——我们不完美的世界也许出自不完美的上帝：

“你是说地球？人类？
被我创造？命运悲哀？
不，我不记得有这样的地方，
我从未创造这种世界。”

“哦，上帝大人，恕我直说，
是您说出的词儿创造了尘世。”
“人类世界——让我想想……
是的！我朦胧地忆起

“我很久前建造的微小的球体
（我造的这类东西数以亿计），
是叫这个名字——它肯定已消失，
没剩下残骸或一个标记？

“自开头它就使我扫兴，
因此我的目的没有完成；
它或许死于它自己的所为？”
“上帝大人，它依然存在。”①

直觉论证

尽管人们总是津津乐道地、努力地证明上帝存在，但这些证据自身存在的问题使人们从不同的途径寻求上帝存在的依据。他们不再向外寻找宇宙论的或者设计论的证据，而是向内以直觉和内省的方式寻找信仰上帝的依据。沃尔特·特伦斯·斯泰斯（Walter Terence Stace）生于1886年，担任英国公务员22年，期间一直保持和发展着对于神学和哲学的兴趣。46岁从公务员岗位退休后，他进入普林斯顿大学哲学系任教，最终成为以直觉论证证明上帝存在的主要人物。斯泰斯坚持认为，向内寻找才是证明上帝存在的唯一可能的路径，基于自然秩序事实来证明上帝存在终将失败：

从一个自然事实出发只可能推论出另一个自然事实，这是一个漫长的推论过程。“第一因”自然是一个起因，这是自然秩序中的事实。不可否认，它可能从现状推导出创造其现有特性的智因，但我不相信这是有效的论证。这样推论出来的物质世界的智因，只能是另一个自然存在物，只不过是自然秩序的一部分。这样的第一因不可能是上帝。

因此，撇开宇宙论论证和设计论论证，斯泰斯

① 译文参考白飞、吴笛译，哈代著《梦幻时刻：哈代抒情诗选》中的《健忘的上帝》（*Forgotten God*），中国文联出版公司，1992。——译者注

向内寻求上帝存在的证据：

……论证神的秩序中的一切都必须从神的秩序之内开始。神的秩序并非遥不可及。它不在遥远星空，而在我们自身，也同样在一切之中。上帝存在之不朽在每个人之中，无论自我意识到和全然揭示，或是深深掩埋而或多或少藏于无意识。当我们说上帝在我"心中"，我们是以诗意的语言表达了这一点。在"心中"，就是对上帝的见证，就是他存在的证明，证据不可能在任何外在的自然秩序中。

——沃尔特·特伦斯·斯泰斯，《时间与永恒》（*Time and Eternity*, Princeton, NJ: Princeton University Press, 1952）

17 世纪的数学家、哲学家布莱士·帕斯卡（Blaise Pascal，1623—1662）也许会支持斯泰斯的观点，他曾说"内心有它的因由，不是理性所能明白的"。但是，将上帝存在的依据置于"心中"有些不明不白。当然，斯泰斯在其心中强烈直觉到神存在的依据；但这并不足以作为上帝存在的普遍依据。斯泰斯当然会坚持"上帝存在之不朽在每个人之中"，但是显然并非每个人都在其心中强烈直觉到神存在的依据。斯泰斯也许会回应当下经验真实不虚："无论自我意识到和全然揭示，或是深深掩埋而或多或少藏于无意识。"但是，如果是"深深掩埋而或多或少藏于无意识"，那么则无法以此作为上帝存在的依据。斯泰斯充满信心地说，即使没有这种体验的人心中也一定存在深深掩埋的无意识的版本；那么什么能够证明这种无意识的体验存在？以心理学的实验来确定吗？况且，"直觉"的可靠性也是值得怀疑的：毕竟，"直觉"的形式和样貌多种多样，包括种族主义者的、性别歧视者的、痛恨同性恋的各种人的直觉，它们都难以证明自身的真理性或准确性。最后，假使的确经验到神的存在的"直觉"，我何以推测这直觉感受是正确的引导？兴许这对神的存在的直觉只是等级制度在我们基因中的深深烙印：人类如此自然地适应于等级制度（上有国王高高在上，贵族分立其左右，普通人和农民居下层；或者教皇高高在上，主教在次，下有牧师等，底层乃其他众人），我们"对神圣的领会"不过是等级制度趋势的表现。我并非认为这能真实解释对神性的直觉体验，至少这和假定上帝将这些观念植入我们之中一样，未必可信。

如果信仰和理性的范围间不被这些界限区分，则在宗教事务方面，理性便完全无立足之地；那么我们在世界上各种宗教中发现的那些过分的意见和礼节也就不值得责备了。因为使人类陷于热狂、互相歧视的各种宗教，所以有了许多荒谬的情节，我想多半是由于人们夸张信仰，而反对理性的缘故。因为人们已经习惯于一种意见，即在宗教事务方面，不论它们怎样明显地与常识、一切知识原则相冲突，我们也不能诉诸理性，他们放纵自己的想象和迷信。因此，他们就在宗教方面有很奇特的意见和过分的行为，以至一个深思熟虑的人对他们的愚蠢会感到惊讶，而且以为他们不会被伟大而全知的上帝所接受，他会避免不了地认为他们很荒谬，是对冷静而善良的人的冒犯。因为这种缘故，那本该使我们有别于禽兽，本该特别把我们提升为理性动物，使我们高于生畜的宗教，反而往往使人成为最无理性的，而且比禽兽还要愚蠢。

——约翰·洛克（1632—1704），《人类理解论》，1690，第四卷，第十八章

帕斯卡赌注

> 人是多么的虚幻啊！人是多么的新奇啊！人是多么的怪异、多么的混乱、多么的矛盾、多么的壮观啊！既是一切事物的审判官，又是无能的蠢材；既是真理的储藏所，又是不确定与错误的渊薮，是宇宙的光荣和耻辱。
>
> ——布莱士·帕斯卡

鉴于传统的证明上帝存在依据的难点，布莱士·帕斯卡提出了新的方法，现在这种方法以他的名字命名为“帕斯卡赌注”。其实，它并没有论证上帝的存在，而是论证了为何要相信上帝的存在。首先，帕斯卡注意到，当面临是否信仰上帝的问题时：如果你决定不做选择，你其实是选择了不信仰上帝。既然你必须选择，帕斯卡极力主张不信神的人考虑自己的赔率，在四种不同的可能性中下最优赌注。第一，假设没有上帝，且你相信没有上帝。这样的话，死亡将结束一切，你相信上帝不存在并没有给你带来任何益处。第二，假设没有上帝，但你相信有上帝。同样，死亡将结束一切，你带着错误的信仰生活；但这错误的信仰也许帮助你过得更好，相比没有这样的信仰时过得更有信心。第三，假设你相信上帝，且上帝真的存在！这样，你就是大赢家了：收获无限的、纯粹的欢愉。第四，假设你不相信上帝，然而你错了。那可就糟透了。事实上，糟到不能再糟，你将遭到无尽的折磨，永久受罪。既然不得不赌一把，如何最优下注？如果你赌不信上帝，你可能得不到任何益处，也可能遭受无尽的损失。如果你赌信上帝，你并无任何损失，也可能获得无尽的益处。显然，你应该选择相信上帝。当然，事情并非如此简单：你并不能停留在选择相信什么，而是要真的去相信（就如试想你的教授的办公室里住着一群森林精灵）。帕斯卡意识到这个问题：他建议去教堂，参加宗教仪式，待在信徒之间，像信徒一样行事，最终信仰会来临。

> 20世纪犹太神学家、哲学家伊曼努尔·列维纳斯（Emmanuel Levinas）坚持认为上帝存在与否的问题，甚至信上帝与否，都并不是最重要的：“信仰，不是上帝存在与否的问题，而是相信不求回报的爱是有价值的。”

帕斯卡赌注引起了强烈反响。一些人认为“在信上帝方面打赌”的建议令人厌恶，另一些人则觉得帕斯卡的建议很合理（当然，帕斯卡的建议对于持亚里士多德或斯宾诺莎上帝观点的人而言毫无意义）。就像汽车保险杠贴上贴纸说“如果你不信上帝——你最好是对的！”这暗含黑暗的威胁：信上帝，否则自己承担一切后果。这让上帝听起来像冥冥之中的黑帮教父，迫使你相信上帝，你无法拒绝。因为惧怕惩罚而崇拜上帝，或希望得益而崇拜上帝，都似乎是理解宗教信仰的肤浅路径。在苏菲派穆斯林传统中有一位精神导师拉比雅（Rabi’a），她曾一手拿着火把、一手拿着水罐冲过集市。人们问她为何一手持火把、一手持水罐，她回答，她要火烧天堂和熄灭地狱之火，那样人们将因为爱善、爱仁慈、爱上帝而行善举，而非期望回报抑或惧怕惩罚。也许对地狱的恐惧可以阻止人们作恶；但这似乎并非通往真正道德的行为或宗教启迪的康庄大道。

如果你也被先知吓人的鬼话所迫，
而想离开我们。
想想他们能编造多少恐惧
来颠覆你的生活进程，
用恐惧来破坏你的幸福。
而这也并不是没有理由的。
因为只要人们认识不幸有它的限度，
他们就能用一些方法坚强不屈地
抵抗各种宗教和先知的威胁；
但现在他们却没有抵抗的能力，
因为他们害怕死后永恒的惩罚。
——卢克莱修（Lucretius, 公元前 99—55），《物性论》，译自 R.E. 莱瑟姆（R.E. Latham）英译本

有些人带着邪恶的欲望，仅仅出于惧怕永久的惩罚而实践美德，斯宾诺莎尤其厌恶这类人。在一封信中，斯宾诺莎描述了这么一位：“这人深陷泥沼之中。如若不是惧怕地狱，他必顺从自己的贪婪。他行上帝的旨意而不作恶，但却像违背自身意志的奴隶，希望以此苦役换得神的恩赐，他对得益的期望远胜品尝神圣的爱，很大程度是他本是厌恶美德的。”

——第 49 封[①]

恶的问题

除了帕斯卡赌注关于相信上帝存在的论证，还有很多证明上帝存在的论证。在反对上帝存在的诸多论证中，关于恶的论证迄今为止最为著名。如果我们从假设上帝全知全能开始，上帝仁慈仁爱，那么恶从何而来？例如，一个孩子受致命疾病的折磨。假设上帝存在，上帝仁爱且全知全能，就不会有这种折磨。除非上帝了解这苦难，却无力阻止，然而上帝是全能的。或者上帝全知全能，却对这孩子的苦难无动于衷。全知全能而仁爱的上帝与这孩子所受苦难相互矛盾。况且，事实上，世界上有种种不幸，每年无数儿童死于饥饿、疾病、暴力，无数人遭受风暴、洪水、地震以及战争带来的浩劫——这都是反驳全知全能而仁爱的上帝存在的有力证据。

你诚实地告诉我，我向你质问，回答我：想象一下，你在建造一座人类命运的大厦，终极的目的是让人们幸福，给他们和平与安宁，但为达到这个目的，必须而且不可避免地要摧残一个——总共只有一个——小小的生命，就算是那个用小拳头捶自己胸部的小女孩吧，用她的得不到补偿的眼泪为这座大厦奠基，你会不会同意在这样的条件下担任建筑师，诚实地告诉我！

——费奥多尔·陀思妥耶夫斯基，《卡拉马佐夫兄弟》，伊格奈特·埃夫西（Ignat Avsey）译（Oxford: Oxford University Press，1994），上册，第二部分，第五卷，第四章，1879—1880 年首次出版

这是一个古老的问题。在希伯莱经文中，约伯的故事就是关于恶的问题的最著名的来源之一。约伯是个善良又有德行的人，上帝在和撒旦的一次对

①《遗著》第 49 封，对照《斯宾诺莎著作集》标准版本（1882 年范·伏洛顿和兰德海牙版），书信序号为第 43 封，“斯宾诺莎致奥斯顿（1671 年 2 月）”——译者注

话中充分肯定了约伯："你曾用心查看我的仆人约伯没有？地上再也没有人像他那样，完全正直，敬畏上帝，远离恶事。"撒旦回答，这并不令人惊讶，约伯敬畏上帝，过着幸福的生活，上帝予他财富和祝福。上帝允许撒旦用可怕的折磨去试探约伯。于是撒旦令约伯家毁人亡、财产损尽、全身长疮。终于，约伯哭诉着问上帝："您为何如此待我？为何令我处境糟透？"上帝回答：

谁用无知的言语使我的旨意暗昧不明？……我立大地根基的时候，你在哪里呢？……地的角石是谁安放的？那时，晨星一同歌唱……你能向云彩扬起声来，使倾盆的雨遮盖你吗？你能发出闪电，叫它行去，使它对你说，我们在这里？

换句话说：你以为你是谁？何以质疑上帝和上帝的做法？你这小蠕虫。

美国哲学家乔西亚·罗伊斯（Josiah Royce，1855—1916），如此回答关于恶的问题：

上帝并非你之外的终极本质的存在。他是绝对的"是"。神的确与你同在，你是他的一部分。他是你灵魂之灵魂。第一真理即是：你痛苦时，你痛苦着神的痛苦，而非外在其的造物，非外在的惩罚，非其忽视的果实，而是与神亲历的苦难同一。上帝与你同样受苦，全然一致，如你一样关心如何安度这悲痛。

问题是：为何上帝也遭受这苦难？唯一可能的、必须的、充分的答案只能是，历经苦难、疾病、祸事、罪恶、悲剧，上帝自身才能完满。这哀伤并非达到外在目的的物理手段，而是神圣生命的逻辑必要和恒久组成部分。救赎我们的统帅历经苦难而完满，是逻辑上的必要。并无外力迫使他。他选择如此，因为他选择自身的完满。他是完美的。他的世界是所有可能性中最好的。一切有限的部分都明白，不仅仅是愉悦，失败和悲伤同样在上帝永恒的完整性中，上帝之完美、完善令人欢欣鼓舞。

——乔西亚·罗伊斯，《约伯的难题》

约伯的故事很有意思，语言也令人赞叹；但是并没有很好地解释关于恶的问题。在这个故事中，上帝似乎是这样解释恶的：你无权质问答案。即便的确如此，也并没有很好地解释关于恶的问题。

设想世界的缔造者在创世前告诉你："我准备创造一个世界，它不一定会被拯救，它的完美性是有条件的，要看每个不同的主体是否可以在其已有条件中做到它'自身层面的最佳'。我给你一个机会来到这样一个世界。你也看到了，我并不保证它绝对安全。这是一场真正的冒险，有确确实实的危险性存在，当然也可能一切顺利。我们需要真正的合作的社会计划。你愿意加入进来吗？你相信你自己吗？你足够相信其他和你共同面对危险的主体吗？"对我们大多数人来说，要有健康的维持力，才能适应这样一个宇宙。

——威廉·詹姆士，《实用主义》

那么，可能的答案是什么？一类是否认起初的假设：上帝仁慈且全知全能。也许上帝对我们是冷漠的：他并不关心人类的苦难。这解决了关于恶的问题，但是没什么信徒觉得这个答案有多少吸引力。另一类倒是很有吸引力，但却否认了上帝的全能。美国实用主义哲学家威廉·詹姆士（Willam James，1842—1910）赞成：上帝与恶和苦难做斗争，在我们与恶的斗争中，他是我们坚定的同盟，但他并非全能，并不总能消灭恶。对于詹姆士而言，这意味着善与恶之争是一场硬仗，任何一方都无法全胜。因此，我们努力对抗恶十分重要，我们也许能够让善在这场斗争中占上风。我们并非游手好闲地看着上帝让善大获全胜；我们是这场斗争的重要部分。这样就解决了关于恶的问题——但是并不令多少信徒满意。还有一种解决方式，从相反的路向上，否认恶的存在，否认苦难的存在。我们也许认为世界上真的有苦难，但是我们搞错了。这种解决方式也有一些支持者，但是绝大多数人难以接受：一个下午的严重头疼或是牙痛足以令绝大多数人相信世界上是有苦难存在的；更不用说瞥一眼不胜枚举的疾病、饥荒、干旱、天灾、战争所带来的苦难，实在难以将这些视作幻影——的确，任何一个这样主张的人都值得合理地怀疑。

> 既然在上帝的观念中有无穷个可能的宇宙，而只能有一个宇宙存在．这就必定有一个上帝进行选择的充足理由，决定了上帝选择这一个而不是另一个。这个理由只能存在于这些世界所包含的适宜性或完满性的程度中，因为每一个可能的事物都有权利要求按照它所包含的完满性而获得存在。
>
> ——莱布尼茨，《单子论》

关于恶的问题的回应中最有前途、最巧妙的，是将苦难视作最佳可能世界的基本要素。苦难的确很糟；但是不可能存在完全没有苦难的世界，总体而言，美好而值得拥有的世界包含了苦难。支持者用美妙的油画来比喻：如果你盯着油画的细小局部看，只能看到阴郁和单调的深颜色；但是看整个画布，你意识到深颜色令明亮的色块更加生动，深颜色是油画的整体美的基本要素：没有它们，画面将不那么美丽。17 世纪伟大的哲学家、数学家、科学家戈特弗里德·威廉·莱布尼茨（Gottfried Wilhelm Leibniz）的著名论述即属此类。莱布尼茨认定，没有苦难、没有错误，人们总是幸福地生活，这样的世界的确美好，但是这并不是所有可能存在的世界中最好的。没有发展和实践美德的机会，没有真正的自由意志（包含错误选择导致恶果的可能性），没有真正的道德发展和道德胜利的机会。一直美好的世界固然不错，但是这并不是所有可能存在的世界中最好的，因为它缺少自由意志和真正的美德。为了发展德性，践行自由意志，予道德和精神的成长以空间，上帝必须让恶和苦难存在：恶和苦难是最重要的善存在的要素，因此恶和苦难不能从最佳的可能世界中消除。

> 伏尔泰在其伟大的讽刺小说《老实人》中嘲讽莱布尼茨。老实人憨第德和他的朋友们（包括邦葛罗斯教授，显然他代表莱布尼茨）蹒跚在接踵而至的灾难中：被粗暴的海盗俘获、卖作奴隶、遭受折磨、遭恶疾重创。但是每一步，葛罗斯教授都向大家严肃保证，这无疑是所有可能存在的世界中最好的。

世界四季如春、阳光和煦、健康活力，琼浆从泉眼畅涌——没有宿醉、没有日晒、没有性传播疾病。这般画面自然不错，全能的上帝创造的世界定是如此。但是，按照这种论证的说法，上帝无意创造这样懒散和放纵的世界；在上帝所设计的世界中，人们可以真正实践自由意志，可以选择让自己变得更好，可以发展和持有美德，可以践行善良、同情、勇气、仁爱等美德。美国唯心主义哲学家乔西亚·罗伊斯（Josiah Royce，1855—1916）表达了他的看法："智者的胜利并非易事。他们的生活并不轻松，甚至悲伤。但是他们从悲伤中获得欢欣，并不仅仅是因为他们的经历，而是因为他们的整个人生因此而奋发。"自由意志是美德、真正的道德和人之成为人的基本要素；但是自由意志必然包含做出错误决定的可能性：错误的决定可能害人害己。除非这些错误和伤害是真实的，否则不可能有真正的自由意志存在。如果上帝仅允许你做好的决定，只有好的结果，你就只是像个想吃糖的孩子；你母亲允许你在饭后随时可以吃糖。毫无疑问，母亲的话是为你好；但是显然这就不存在践行自由意志了。

有的人认为，这为关于恶的问题提供了令人满意的答案，但是另一些人则更加怀疑。尽管我们保证自由意志是有价值的，为了践行自由意志，必须为坏的选择和坏的结果留有空间，但是也仅仅解释了世界上的一小部分恶——仁爱而全能的上帝能够阻止的恶和苦难。那么自然灾害呢？洪水、台风、地震、海啸，造成不可计数的死亡、伤害、苦难，这些似乎与践行自由意志毫无关联。也许艰难困苦可以磨炼坚忍和勇敢的美德：无法置你于死地的强敌令你更强。即便如此，也无法解释众多儿童疾病带来的死亡和困苦，它们并不能使人更强、更忍耐或者更有德行。而且很难证明艰难困苦能有效培养勇气和坚忍：倒是更令人感到苦涩和无助。艰难困苦并不能为践行宽容和慈爱的美德提供机会，而且似乎培养这些美德并不一定要如此受苦。况且，许多苦难并不能增进善良和仁爱；悲哀的是，如此处境倒是令人更加自私。在墨西哥和拉丁美洲，许多人遭受苦难和饥荒，足以激发人们的慷慨；然而，事实上，人们却是建筑了昂贵的藩篱阻止饥民。当然，海啸在一定时间范围内激发了人们的慷慨来帮助受难者；不过，似乎全知全能的上帝可以想出更少痛苦的方法来促使人们慷慨。

奥卡姆剃刀

还有一种反对上帝存在的论证；它没有特定的名字，我们可以将它贴上最简论证的标签，或者称为奥卡姆剃刀论证。奥卡姆剃刀（Ockham's Razor/Occam's Razor）由中世纪伟大的哲学家奥卡姆的威廉（William of Ockham/Occam，1285—1349）提出。奥卡姆的威廉认为，"如无必要，勿增实体（entities should not be multiplied unnecessarily）"。即在解释现象时，你不该超出做出解释所需的最少量的对象而假定任何物体的存在。换句话说，不要做出不必要的过复杂的解释。比如，解释冬末的街道为何总是坑坑洼洼：因为冬末坑洞精灵们从冬眠中醒来，它们疯狂地聚会庆祝冬眠结束，精灵们不停歇的活力舞蹈损坏了路面，造成坑洼。我解释了坑洼形成的及其增多的原因：精灵越多坑洼越多。你也许不同意我的解释，可是为什么呢？它说明了坑洼的成因，有什么错吗？这样的确说明了坑洼的成因，但是还有更简单的解释，水流到缝隙里形成冰，道路上有裂缝，重型车辆碾过路面，形成更大的坑洼，水不断流入和结冰，车辆反复碾压路面，逐渐损坏地表下较软的路基。这样的解释，你无须设想任何新的实体；你只是关注水、冰、交通的综合作用——这些实体都是已知存在的。而我前面的解释则增加了新的实体：爱聚会的坑洞精灵。并不是说我们一定不能假定新的实体：科学家解释天文现象时假定了黑洞的存在，解释原子层面问题时假定了陌生的亚原子粒子存在。但只有在没有更简单的解释时我们才这么做。

> 奥卡姆剃刀因用最简原则剔去“柏拉图的胡子”而得名。伟大的古希腊哲学家柏拉图喜欢用永恒的“相”或“模型”来解释世界。我们怎么知道圈是圆的？我们将它比照圈的“相”或“理念”，理念是永恒的且只能通过理性的洞察获得。我们如何知道此物是桌子？我们将它比照桌子的相。奥卡姆批评柏拉图的解释有缺陷，因为其实有更简单的解释。因此，奥卡姆的最简原则消解了柏拉图过度的形而上学（柏拉图大量假设永恒的“相”），这正是奥卡姆剃刀要剃掉的“柏拉图的胡子”。

进化论当然不能证明上帝不存在；许多基督教基要主义者——信奉《圣经》字句绝然无误——担心进化论威胁他们的宗教观点，而实际上这并非对进化论担忧的主要来源。毕竟，基要主义[①]有比进化论更严重的问题。比如，约书亚与基遍人之战：约书亚及其战士打得敌人望风而逃，夜晚来临，约书亚担心敌人藏匿于黑暗中。上帝让“日头停在基遍……日头就停留……直到以色列人向敌人报仇”。注意，上帝并没有让地球停止转动，而是让太阳停止运动。所以，如果坚持信奉《圣经》字句绝然无误，那么就一定拒绝哥白尼学说，以及所有现代天文学，而认为地球是宇宙的中心，静止不动，太阳绕地球旋转。因此，如果圣经直译主义者——基督教基要主义者——同意哥白尼学说，他们为什么要拒绝进化论？

> 我并不是有意地以无神论者的态度写这本书的。但是，对于我们周围的那种设计和仁善的证据，我自认为不能像别人看得那样清楚，虽然我也希望能做到这样。对我来说，世界上痛苦的事情太多了。我不能使我自己相信，一个仁善的、全能的上帝会有计划地创造了姬蜂科（Ichneumonidae），目的是专为使它住在活毛虫的体内吸取食料；我也不能使我自己相信，猫应当与鼠嬉戏。
>
> ——达尔文，《书信集》

进化论并非威胁到圣经直译主义，而是关于宗教的恰当角色的问题。如果上帝是我们所见的世界的解释，那么达尔文的确威胁到了上帝。以往仅能依靠上帝的假设来解释的事情，如今科学家都能够提供各种解释。曾经是上帝让月儿挂枝头，如今是万有引力。曾经上帝以彗星警示世人，如今可由牛顿运动定律解释。曾经疾病是上帝的怒火，如今微生物理论可以解释。但是依然有科学无法解释的事情，需要神圣的创造者的特别介入：手、眼、人心。

① 英文原文为“fundamentalism”，即基要主义，主要是笃信《圣经》的权威及其字句无讹，恪信耶稣为童贞女所生、耶稣死而复活和圣母玛丽亚在结束在世的生命之后灵魂和肉体一起被接进天堂等内容。——译者注

但是达尔文生物科学不断发展，它以更简单和经济的解释说明了这一切，自然选择和自然进化的过程并不需要什么神圣的实体。达尔文学说没有证明上帝不存在，但是却让上帝显得多余。

有个著名的故事——我不能保证它是真实的，但是的确有名——法国哲学家、科学家拉普拉斯（LaPlace）与拿破仑会面。拉普拉斯向拿破仑讲了许多科学上的新进展，以及科学体系当下可以解释的所有问题。听了一会儿，拿破仑打断他问："那么在你的体系中，上帝在哪儿？"拉普拉斯回答："陛下，我们不需要这个假设。"

科学在自然之域内提供解释，因此它不可能在解释中采用神性的原因。当然，许多科学家信仰上帝。但是，当科学家试图科学地解释大陆漂移如何发生，或黑洞的引力为何那么大，或疾病爆发的原因时，科学家不能诉诸非自然的神性力量。这是一个自由的国度，你如果把校园最近爆发流感归因于上帝对作恶的学生的惩罚，也未尝不可；但是这个解释不是科学的解释。在科学提供解释的领域内，宗教似乎并没什么用处。用奥卡姆剃刀的标准，宗教解释总有缺陷：它总是不够简单，因为需要神性的力量才能解释，这往往比不诉诸宗教因素要复杂。反对上帝存在的其中一种论证就是越简单的解释越有效，否认上帝存在比主张上帝存在更能解释问题。

科学与宗教是否分属不同领域？

在科学的地盘上，宗教无法与科学相比；有的人将二者对立起来，比如，天主教廷与伽利略之争、当代基督教基要主义与达尔文之争，也有一些宗教的卫道者坚持二者分属不同领域，没有可比性：宗教处理超自然的问题，科学处理自然的问题；宗教之基是信念，科学之基是观察；宗教是确定性的真实之域，科学在假设、理论、研究中通过变换模型探究知识（宗教依赖固定的原则、确定的教条、信仰的契约，而科学中最好的理论却产生最新的未解问题）；宗教是价值的领域，科学是自然事实的领域。当然，所有以上对比都是有争议的（例如，科学家声称他们可以确立和发现价值，有些人——像基要主义者——坚持宗教给我们关于自然世界的知识，如上帝创世的知识、世界只不过存在了数千年等）。有些人反对区分这两个领域。以"不同领域"来避免二者的纷争还是很有吸引力的。的确，这正是奥卡姆的威廉所为：他认为神学不是科学，而是信仰和启示之域。奥卡姆相信两个领域内都包含真理，但是神学的真理不同于科学的，获得的途径也全然不同。这是很流行的观点，如宗教博客作家安德鲁·苏利文（Andrew Sullivan）所说："真理不会被经验论和物质主义穷尽。简单地说，我认为并非所有真理都依赖科学前提假设且能被经验的或科学的方法证实。我相信科学是思考整体的一种重要的、有价值的、可敬的方式。但是它无法回答所有关于真理的问题。"

> 人类精神文明越发展，我越觉得通往真理圣坛的道路似乎并不存在于对生死之惧和盲目的信仰，而是存在于理性思考后的努力奋斗。
>
> ——阿尔伯特·爱因斯坦，《爱因斯坦晚年文集》

关于伊甸园的圣经解释可以用来说明科学和宗教分属不同领域且回答不同问题。在《创世记》中，

“神说：‘要有光。’就有了光”。故事继续，第四天，“神就造出大鱼和水中所滋生各样有生命的动物，各从其类；又造出各样飞鸟，各从其类”。第五天，神又造出“牲畜、昆虫、野兽，各从其类”。接下来，神造亚当和夏娃：“神就照着自己的形象造人，乃是照着他的形象造男造女。”如果我们按照生物学来理解《创世记》中的故事，我们不但得到糟糕的生物学，而且错失了故事的真谛。重要的并不是大鱼、牲畜、昆虫如何被造出来或者依从什么顺序造出来；而是我们是亚当和夏娃的孩子，我们都（与亚当和夏娃一样）依上帝的形象而造。我们每一个人、每一个个体都十分重要和独特，享有完全平等的权利。而且，无论人种、种族、国籍，我们都是兄弟姐妹，都是同样的父母的孩子。《创世记》的故事表达了人类关系中的重要道德原则，相比将它作为生物教科书，将它作为伦理指南更有价值和更具启发。

确切地说，科学和宗教领域的区分并不总是清晰的：按照天主教堂的教诲，科学应对物质的世界，宗教应对灵魂和神性的问题（因此，天主教会目前不反对用达尔文进化论解释人的身体，只要身体中的灵魂属于宗教的领域）。另一种区分方法是用价值来区分：科学应对经验事实，解决“是什么”的问题；宗教是价值的领域，解决“应当是什么”的问题。

> 凡是上帝所启示的都是确定真实的，我们不能怀疑它。这正是信仰的特定对象；不过，它究竟是不是神圣的启示，则只能用理性来判断；而理性绝不让人的心灵接受证据较不明显的事物，而排斥证据较明显的事物，也绝不让心灵接受概然性，而拒绝知识和确实性。并没有证据说明传统的启示有神圣的来源，而且我们所接受的它所用的文字和我们所理解的它的意义并不像理性的原则那样明显和确定。因此，任何东西只要和理性的显见的、自明的命令相冲突、相矛盾，我们就不能说它是与理性不相干的一种信仰的事情，而且纵然有人如此主张，我们也不该同意他。
>
> ——约翰·洛克，《人类理解论》，1690，第四卷，第十八章

但是，这种为宗教和科学划界以调和二者的方式也受到了批评。比如，理查德·道金斯（Richard Dawkins）反对说：

> ……这完全是不现实的……认为宗教要远离科学的地盘，把自己限制在道德和价值的领域内。宇宙有无超自然的存在是一个根本性的问题，是质的不同。这种不同无疑是科学上的不同。宗教做出上帝存在的声明，即是说这是科学的主张。
>
> 罗马基督教堂的诸多主要教义也是如此。童贞女生子、圣母灵肉升天、耶稣复活，以及我们自身死后的灵魂存在：这些主张都明显带有科学的性质。不论耶稣是否有有肉身的父亲，这些都不是“价值”和“道德”的问题，而是朴素的事实。

道金斯抱怨宗教逾越了界限，觊觎科学的地盘。还有一些人认为科学家探索价值是合理的，不必要把如此重要的问题留给宗教。生物学家威尔逊（E. O. Wilson）在《论契合》（*Consilience:The Unity of Knowledge*）中写道：

经验论者论证，通过研究道德行为的生物学基础，解释其本源和偏见，我们应该可以达成更明智和持久的伦理共识。目前，科学研究在更深的人类思想方面的发展使得这项冒险可行。

因此，如果我们希望保持宗教和科学在其各自的领域内，不互相侵犯对方的地盘，这可不是桩容易事。

当然，对同一问题的不同看法也并不一定就相互冲突：莫奈的油画《睡莲》也许在植物学教科书中并无用处；植物学教材中的图片在艺术博物馆也没有什么价值。但是，科学和宗教的兴趣、主张、领域就不那么容易区分了。

阅读部分

创世记，出埃及记

以下片段反映了希伯来的上帝的主要特点（在犹太的、基督教的、穆斯林的传统中也差不多）。上帝是造物主，主意易变（“耶和华就后悔造人在地上”，“耶和华后悔，不把所说的祸降与他的百姓”），积极参与世界上诸事件。

摩西第一书：创世记

第一章

1:1　起初，神创造天地。

1:2　地是空虚混沌，渊面黑暗；神的灵运行在水面上。

1:3　神说：“要有光。”就有了光。

1:4　神看光是好的，就把光暗分开了。

1:5　神称光为昼，称暗为夜。有晚上，有早晨，这是头一日。

1:6　神说：“诸水之间要有空气，将水分为上下。”

1:7　神就造出空气，将空气以下的水、空气以上的水分开了。事就这样成了。

1:8　神称空气为天。有晚上，有早晨，是第二日。

1:9　神说：“天下的水要聚在一处，使旱地露出来。”事就这样成了。

1:10　神称旱地为地，称水的聚处为海。神看着是好的。

1:11　神说：“地要发生青草和结种子的菜蔬，并结果子的树木，各从其类，果子都包着核。”事就这样成了。

1:12　于是地发生了青草和结种子的菜蔬，各从其类；并结果子的树木，各从其类，果子都包着核。神看着是好的。

1:13　有晚上，有早晨，是第三日。

1:14　神说：“天上要有光体，可以分昼夜，作记号，定节令、日子、年岁，

1:15　并要发光在天空，普照在地上。”事就这样成了。

1:16　于是，神造了两个大光，大的管昼，小的管夜，又造众星。

1:17　就把这些光摆列在天空，普照在地上。

1:18　管理昼夜，分别明暗。神看着是好的。

1:19　有晚上，有早晨，是第四日。

1:20　神说：“水要多多滋生有生命的物，要有雀鸟飞在地面以上，天空之中。”

1:21　神就造出大鱼和水中所滋生各样有生命的动物，各从其类；又造出各样飞鸟，各从其类。神看着是好的。

1:22　神就赐福给这一切说：“滋生繁多，充满海中的水；雀鸟也要多生在地上。”

1:23　有晚上，有早晨，是第五日。

1:24　神说：“地要生出活物来，各从其类；牲畜、昆虫、野兽，各从其类。”事就这样成了。

1:25　于是，神造出野兽，各从其类；牲畜，各从其类；地上一切昆虫，各从其类。神看着是好的。

1:26　神说：“我们要照着我们的形象，按着我们的样式造人，使他们管理海里的鱼、空中的鸟、地上的牲畜和全地，并地上所爬的一切昆虫。”

1:27　神就照着自己的形象造人，乃是照着他的形像造男造女。

1:28　神就赐福给他们，又对他们说：“要生养众多，遍满地面，治理这地；也要管理海里的鱼、空中的鸟，和地上各样行动的活物。”

1:29　神说：“看哪！我将遍地上一切结种子的菜蔬，和一切树上所结有核的果子，全赐给你们作食物。

1:30　至于地上的走兽和空中的飞鸟，并各样爬在地上有生命的物，我将青草赐给它们作食物。”事就这样成了。

1:31　神看着一切所造的都甚好。有晚上，有早晨，是第六日。

第二章

2:1　天地万物都造齐了。

2:2　到第七日，神造物的工已经完毕，就在第七日歇了他一切的工，安息了。

2:3　神赐福给第七日，定为圣日，因为在这日，神歇了他一切创造的工，就安息了。

第三章

3:22　耶和华神说：“那人已经与我们相似，能知道善恶。现在恐怕他伸手又摘生命树的果子吃，就永远活着。”

3:23　耶和华神便打发他出伊甸园去，耕种他所自出之土。

3:24　于是把他赶出去了。又在伊甸园的东边安设基路伯，和四面转动发火焰的剑，要把守生命树的道路。

第六章

6:1　当人在世上多起来，又生女儿的时候，

6:2　神的儿子们看见人的女子美貌，就随意挑选，娶来为妻。

6:3　耶和华说：“人既属乎血气，我的灵就不永远住在他里面，然而他的日子还可到一百二十年。”

6:4　那时候有伟人在地上。后来，神的儿子们和人的女子们交合生子，那就是上古英武有名的人。

6:5　耶和华见人在地上罪恶很大，终日所思想的尽都是恶。

6:6　耶和华就后悔造人在地上，心中忧伤。

6:7　耶和华说：“我要将所造的人和走兽，并昆虫，以及空中的飞鸟，都从地上除灭，因为我造他们后悔了。”

出埃及记

第六章

6:1 耶和华对摩西说："现在你必看见我向法老所行的事，使他因我大能的手容以色列人去，且把他们赶出他的地。"

6:2 神晓谕摩西说："我是耶和华。

6:3 我从前向亚伯拉罕、以撒、雅各显现为全能的神，至于我名耶和华，他们未曾知道。

6:4 我与他们坚定所立的约，要把他们寄居的迦南地赐给他们。

6:5 我也听见以色列人被埃及人苦待的哀声，我也记念我的约。

6:6 所以你要对以色列人说：'我是耶和华。我要用伸出来的膀臂重重地刑罚埃及人，救赎你们脱离他们的重担，不做他们的苦工。

6:7 我要以你们为我的百姓，我也要作你们的神。你们要知道我是耶和华你们的神，是救你们脱离埃及人之重担的。

6:8 我起誓应许给亚伯拉罕、以撒、雅各的那地，我要把你们领进去，将那地赐给你们为业。我是耶和华。'"

第三十二章

32:7 耶和华吩咐摩西说："下去吧！因为你的百姓，就是你从埃及地领出来的，已经败坏了。

32:8 他们快快偏离了我所吩咐的道，为自己铸了一只牛犊，向它下拜献祭说：'以色列啊，这就是领你出埃及地的神！'"

32:9 耶和华对摩西说："我看这百姓真是硬着颈项的百姓。

32:10 你且由着我，我要向他们发烈怒，将他们灭绝，使你的后裔成为大国。"

32:11 摩西便恳求耶和华他的神说："耶和华啊，你为什么向你的百姓发烈怒呢？这百姓是你用大力和大能的手从埃及地领出来的。

32:12 为什么使埃及人议论说：'他领他们出去，是要降祸与他们，把他们杀在山中，将他们从地上除灭'？求你转意，不发你的烈怒；后悔，不降祸与你的百姓。

32:13 求你记念你的仆人亚伯拉罕、以撒、以色列，你曾指着自己起誓说：'我必使你们的后裔像天上的星那样多，并且我所应许的这全地，必给你们的后裔，他们要永远承受为业。'"

32:14 于是耶和华后悔，不把所说的祸降予他的百姓。①

神学政治论

本尼狄克特·斯宾诺莎

本尼狄克特·斯宾诺莎（Benedict Spinoza，1632—1677），生活在阿姆斯特丹的犹太哲学家。犹太教会以思想异端之名革除他的教籍。他生活清苦，以磨制镜片为生。尽管他一生大部分时间生活在阿姆斯特丹，但他的声名远播欧洲，人们敬他为睿智的哲学家（同时也是有名的异端）。在其一生

①《创世记》《出埃及记》，原著采用英王詹姆士王译本，译文参考国际圣经协会《圣经（灵修版）》。——译者注

之中，他仅允许一小部分人阅读他的主要著作，他认为自己的作品会被普遍误读。斯宾诺莎终其一生试图理解上帝、上帝与人的关系、上帝与世界的关系，以及这种对上帝的理解中的伦理意蕴。尽管如此，他强烈批判流行的宗教，批评的怒火针对犹太的、基督教的、穆斯林的宗教观点，以至在其有生之年及死后多年都被误以为是无神论者。以下片段选自《神学政治论》的序言，斯宾诺莎以假名出版此书，并正确地预言了它会引起广泛争议。

如果人能够通过制定规则来控制和管理其所处的环境，或者他总是足够幸运，那么就不会存在迷信了。然而，人常常陷于困境，规则完全不起作用，运气也未必总是垂青世人，因此人们往往辗转于希望与恐惧之间，无能为力之时，大部分人只能选择轻信。尽管人们时常狂妄自大、过度自信、徒劳无功，人心总有摇摆不定、犹犹豫豫的时候，特别是夹杂在希望与恐惧之间时。

我想，任何人都明白以上是一个普遍的事实，然而，我相信知道自己的天性的人却并不多见。绝大多数人在身处顺境的时候即使没有什么经验，也自觉聪明睿智，如果有人主动提出意见，他们会认为是对自己的侮辱。但是如果遭遇不幸，他们往往不知所措，随便找个路人就问他们的主意。无论多么一无是处、违背常理、平庸无用的点子，他们都会采用。任何微不足道的原因都会令他们充满希望或是陷入绝望。当他们惊恐万分的时候，无论发生任何事情，他们都会联想到以往种种旦夕祸福，深深相信这预示着幸福或不幸的结果（虽然过去的经验多次证明这并不能说明任何问题），忧心这是一个吉兆或是凶兆。任何震惊他们的事情，他们都认为是预示了神或是至高存在的愤怒，将迷信奉为宗教的信仰，认为必须要祷告或祭祀，以示虔诚来消灾。他们不断地收到这样的神迹的召唤，以为自然也和他们一样疯狂，捕风捉影自然的种种征兆，时常抱着怪诞的想法。

我们明白，很重要的一点是，受迷信之害的人主要是贪婪地追求短浅的利益的人；他们习惯于向上帝祷告或是哭得像个女人似的恳求上帝（特别是在身处危险而无能为力的时候）：他们责备理智是盲目的，因为理智无法给他们所追求的阴影指明路径，他们拒绝人类的智慧，认为智慧是无用的；他们反倒是把幻想、魅影、梦境和其他幼稚可笑的事当作上天的启示。仿佛上帝特地避开智慧的人，不把他的旨意写在人的心上，而写在野兽的脏腑上，仿佛他通过启示那些傻子、呆子、疯子和鸟类的本能来昭示他的旨意。恐惧驱使人们丧失理智。

所以说，迷信滋生于恐惧，并依靠恐惧来维系和增长……

我常常琢磨，那些夸口声称自己笃信基督教，崇尚仁爱、喜悦、平静、节制、慈悲待人的家伙，竟然心藏怨恨、满怀恶意，天天用难听的字眼儿争吵不休，似乎这倒是衡量他们宗教虔诚的标准，而不去评判他们是否具备自己所称颂的美德。要辨别某人是基督徒、土耳其人、犹太人或是异教徒，仅需要观察他的外貌与服饰，或是看他通常去哪儿做礼拜，或是听他说哪一教派的术语，而无须关心他的生活方式，因为不同信仰的人们并没有明显的生活方式上的不同。我一直研究这种奇怪的现象的原因，我毫不怀疑地确信教堂的牧师并非如常人所想的那么高尚，这只不过是个有利可图的职位而已——简而言之，大众的宗教信仰不过是对牧师的崇敬。这种错误观念广泛流传，使得每个一无所是的人们醉心于获得教职，导致传播宗教的热诚逐渐衰退，上帝的教义流于卑鄙的贪婪与野心。每一座教堂都变成了戏院，口若悬河的牧师不是在诚心布道，不是在谆谆教诲广大民众，而只是吸引人们崇拜自己，使人们唾弃与自己为敌的人，专门挑选一些貌似新颖的奇谈怪论，混淆视听。这种情形必然会引起许多争议、嫉妒与憎恨，任凭几经岁月也不得消停；因而我们不禁怀疑旧日的宗教只剩下表面的仪式（甚至在众人口中，连这些仪式也不过是阿谀奉承而非对神灵的崇拜），信仰已然变成轻信与偏见的混杂——的确，偏见致使人们丧失理性，沦为野兽，扼杀判断真伪的能力，事实上，这种精心培育的偏见意在扑灭理性的最后的一个火花！伟大的上帝啊！宗教变成了一套荒谬可笑的神秘仪式；直截了当地藐视理性的人们，他们自甘堕落而拒绝和回避理解力，要我说的话，如果这些人才拥有神启之光，那真是太可怕了！实在说来，但凡他们拥有上帝所赐的一星一点光明，他们都不会傲慢地乱语，而会懂得尊敬神灵，仁爱待人，而不是像现在这样充满恶意；如果他们所关心的是对手的灵魂，而不是他们自己的名誉，他们就不会再残酷地迫害他人，而是充满同情与怜悯。

而且，如果神启之光稍稍照耀到他们，他们的信条中必会显现出来。我敢说，他们对于《圣经》的高深奥秘的惊奇从未停止；但是，我依然没有发现他们教诲什么，只是揣摩柏拉图主义者和亚里士多德派，为的是坚持基督教信仰，确定《圣经》字句确凿；随意解读希腊人的思想，随意捏造预言家的话；可见，即便在睡梦中，他们也不曾领悟《圣经》的启示。他们深深崇拜《圣经》的神秘，认为它不可思议，但是他们对《圣经》的信仰只是一种形式上的认同，而非生机勃勃的信念。事实显而易见，他们预先设定研究和解释《圣经》的基础原则，认定它字字句句皆是真理，真实可信，神圣而不容怀疑。然而，其实，只有仔细研究，透彻理解《圣经》之后才可能领悟这本神圣的书（这样人们才更能领会其真实不虚），这个原则是不应在学习和研究之前就设定好的。

……

这种观点似乎起始于早期犹太人，他们看见周围的异教徒崇拜可见的神，如太阳、月亮、地、水、气等，为了让人相信这种可见神是虚弱的、无常的、变幻莫测的，犹太人告诉人们，他们自己受无形的神的支配，并描述他们遭遇的奇迹，以显示他们所崇拜的上帝为他们的利益安排了整个自然界。这种观念很受人欢迎，至今人们相信这些奇迹，这样他们相信他们是上帝的选民，并且最终能够解释上帝创造和设计了一切。

荒唐可笑的人真是什么都敢说啊！他们毫无关于上帝或自然的正确观念，他们分不清楚上帝的命令与人的命令，他们相信自然是很有限的，人构成了自然的主要部分！

……上帝所希望与决定的一切都与永恒的必然性和真理有关，因为我们曾证明了上帝的理解与他的意志是一回事，上帝的意志指向什么事物，也即上帝了解该事物；因此，上帝的神圣本性和完美性使得他了解每一件事物之所是，也就是说，其意志使得该事物成其所是。那么，神圣命令才是真实的，自然的普遍法是上帝之命令，具备神圣的必然性与完美性。故而违背自然普遍法则的自然界事物也就是违反了神圣命令、神的旨意与神的理解；换句话说，如果有人断言上帝的行径违反了自然的法则，那么实际上是说上帝的行径违背了自身的本性——这显然是荒谬的。从这个前提也很容易证明，自然的力量与功效，本来就是神的力量与功效，而神的力量就是上帝的本性，这点暂且搁置不表。

那么，自然界中种种就没有违反自然的普遍法则的，不但如此，万事万物都与普遍法则相吻合，遵循普遍法则而存在，因为无论发生什么事情，都是上帝的意志与永恒的天命；也就是说，正如我们上面所指出的，万事万物都遵循自然的普遍法则和规律而存在，其中蕴含着永恒的必然性和真理；因此自然总是遵循蕴含着永恒的必然性和真理的法则和规律，尽管有时这些法则和规律并不为我们所知，但是自然保持着固定的和不变的秩序。有人认为自然法则适用于某些地方而不适用于另一些地方，认为自然的力量和功效是有所限制的，其实这样认为是没有根据的。因为自然的力量和功效就是上帝的力量和功效，自然的法则和规律就是上帝的命令，任何时候任何地方我们都应该相信，自然的力量是无穷的，自然的法则放之四海而皆准，因为这乃是神的意志；还有一种例外的说法是认为上帝把自然创造得孱弱，命定给自然的法则也很贫乏，如果上帝要自然长久持存，如果万事万物皆顺从上帝的意志，上帝就不得不常常帮助自然：这种结论，在我看来是不合理的。而且，自然界的万事万物都遵循自然法则，自然法则适用于任何事情正如神灵所愿，自然有固定的和不变的秩序；奇迹只可能是人类的想象和意见，只是指那些原因不为我们所知的事情，我们无法确知和解释这类事情，即便诉说和记载奇迹的人们也不知其中奥秘。

事实上，我们可以说，奇迹就是不能用自然的原因来解释的事件，不能明确它与自然界的运行有什么关系的事件；但是，奇迹既然是根据大众的理解所记录的，而大众对于自然的运行毫不理解，所以很自然的，古代的人把凡是无法解释的和不曾知晓的事件都称为奇迹，也就是说，把记忆中不曾有过类似情形的，或是无法想象的事情，都叫作奇迹；大多数人认为，当他们对于一桩事情不再惊奇的时候，也就是他们足够了解它了。那么，古代人，甚至还有现在大多数的人，都是以此作为判断奇迹的标准的，其实只要了解自然运行的方式和规律，就可以很容易解释《圣经》中讲述的许多奇迹了。

形而上学

亚里士多德

亚里士多德（Aristotle，公元前384—322）恐怕是古希腊最伟大的思想家了，他的哲学、神学、逻辑学、生物学、宇宙学、物理学著作对之后两千余年都产生了重大的影响。他是柏拉图的学生和亚历山大大帝的老师。亚里士多德的上帝概念与《创世记》和《出埃及记》中的上帝大相径庭，尽管他的思想被当代西方上帝观融合吸收（或多或少地成功融合）。以下片段选自亚里士多德《形而上学》第十二卷。

那么，有一些事物不停歇地持续以圆形为轨迹运动；在理论和事实上都是如此。因此，最初的天体必然是永恒的，而且必然有推动它们的某物。既然在动者与施动之间总有相互关系，那么就一定有施动而不被动的事物存在，它是永恒的，是实在，是现实的。欲求的对象和思辨的对象都如此运动；它们运动但不是被动者，而是自己推动自己。欲求的对象和思辨的对象皆同此理。欲求的对象是表面好的，理性的对象是真实好的。但是，欲求总是随意见而来，是意见的结果，而非相反；因为思辨才是始点。思辨受思辨的客体所推动，思辨的客体的对立面也是思辨的客体；其中，实体位居首位，实体简单而实际存在。（单一和简单是两回事；“单一”是一种度量，“简单”则意味着客体本身有特定的本性。）

但是，善是由于其自身原因而被选择的客体，是思辨的对象；在任何类别中都是第一位的，是最好的，或是类似最好的。

从其名称就可以看出，终极因本身是不动的。因为终极因是为了“好”而做出的行为，也是行为的目的；尽管前者是不动的，但是其中后者是可动的。终极因通过被爱而产生运动，并推动这运动，以及推动其他一切运动。这样，如果有什么被施动了，那就是终极因最初的推动。因此，如果天体的现实运动是最初的运动，那么只要它们还运动着，从这个角度说，它们就存在在其位置上——即便不是作为实体存在。然而，既然真实存在并非受动者的运动物体，那么它们就准是像天体的运动这样。必然存在最初的动者；只要这是必须的，那么它一定是好的，从这个意义上说，这是第一原则。“必然”内含“好的”和第一性的意蕴，因为如果不是这样，则有悖于自然的本能，“好的”是“必然”的应有之意，否则“必然”就不是绝对必然的了。

那么，诸天体和自然世界依据如此原则而存在。我们活在这样美好的世间，享受快乐而短暂的生命。尽管事实总是如此，我们不似天体那般永恒存在，我们的生命也依然是现实的和欢愉的。（因此，清醒、感知、思辨都是愉悦的，希望和记忆也是如此。）思辨本身处理在其自身而言最好的内容，在其最广泛的意义上说，思辨处理最广泛的意义上的最佳事物。而且思辨思考其自身，因为它分享了思辨的客体的性质；通过与客体发生联系，思辨成为思辨的客体并思考其客体，因此思辨和思辨的对象是相同的。本质上，只有思辨能够获得思辨的客体。当它拥有这个客体时，它就是活跃的。因此，看上去，思辨所包含的要素中，在后者（拥有）比在前者（接受）更为神圣，思辨的活动本身即是最好的和最愉悦的。我们只是偶尔领会如此佳境，而上帝无时无刻不在其中；思辨活动是至高无上的活动，这就是上帝的境界。上帝的境界甚至更佳。上帝还拥有永恒的生命；思辨的真实性正在于生命，上帝正是这种真实；上帝的本质实在就是最好的和永恒的生命。因此我们说，上帝真实而永生，其生命永恒持存并无尽蔓延；这就是上帝。

……

综上所述，很清楚存在一种永恒且不动的实在，独立于可感知的事物。它没有体积，没有零件，不可分割。它在无限的时间中产生运动，然而有限的存在是不可能有无限的力量的。有体积的东西要么是有限的，要么是无限的，基于前面所述原因，可以得出结论，一切有体积的东西的体积都是有限的，而不可能有无限的体积，因为不存在无限的体积。但是，很显然，它是冷漠的、不可改变的；所有其他变化都是发生在地点的改变之后，这解释了第一动者的特性。

……

我们的祖先从远古就开始传给后代一个传统，一个神话，说这些实在都是神灵，神圣之物围绕着整个自然。这神话不断被后世完善，更加使大众信服，以便更加实用和便于据此立法；他们说这些神祇要么长成人的模样，要么长得像其他动物，以及其他许多类似的说法，完善神话。如果我们把其中的始点分离出来研究，会发现有意思的结论，即他们认为最初的实体是神祇，让人想起，艺术和科学的发展常常达到相当的高度，然后又消亡了，就像古代财富的遗迹。至今，我们的祖先和最早的先祖都留给我们这样的看法。

……

思辨本质上是神性的，但是也存在问题；既然思辨是我们所观察到的事物中最为神圣的，那么为了具有这种特性，它必须是什么的问题就存在困难。如果它什么都不思考，它的尊贵何在？那么它岂不是就像一个睡着了的人，但是这还取决于其他原因（思辨的实体不是思辨的行动，而是一种潜能），它不可能是最佳的实体；通过思辨，它才能获得思辨的价值。而且，不论其实体是思辨的内容或者思辨的行动，它思考的对象是什么？是它自身，还是其他东西；如果是其他东西，那么是总在思考同一个东西还是不同的东西。是在想美好的东西，还是随便什么东西，二者有分别吗？或者应该去思考某些不同寻常的东西？显然，它思考最神圣的、最珍贵的东西，而且它不会改变；因为变化很可能是变坏，变坏也是某种运动。首先，如果“思辨”不是思考的行动，而是一种潜能，那么就可以合理地认为，持续的思辨对它而言是令其疲惫的。其次，显然还存在比思辨更加珍贵的东西，即被思之物。因为即使最不擅思考的人也拥有思辨本身和思辨的动作。因此，如果要避免如此结论（好比某些东西看见还不如不见），思辨的动作就不可能是最好的东西了。因此，它必须是它自身，思辨本身在思考（既然思辨是最棒的事情），而且它的思辨是关于思辨的思考。

但是，显而易见，知识、知觉、意见、理解都总有各自不同的对象，只是偶尔顺带以自身为对象。此外，如果思考和被思考是不同的，何以说思辨是最佳的事物呢？思辨的行动和思辨的对象拥有不同的本质。很多情况下，我们回答说知识即是其对象。在创造性的科学中（如果我们把它们从质料中抽取出来），本质意义上的实在以及在理论科学中，公式或思辨的行动就是其对象。那么，思辨和思辨的客体在关系到没有质料的东西时是没有区别的，是相同的，即神圣的思辨和思辨的客体是一致的。

再进一步追问，神圣的思辨的对象是不是组合物；因为如果是的话，思辨就是会变化的了，会是整体中的一个部分或者另一部分。我们可以回答，一切没有质料的东西是不可分的。在人类的思辨中，或者说作为组合物的思辨，它在一段特定的时间中（此时或者彼时它都不拥有“好”，但是在整个过程中，它都在追求最佳），因此，思辨亘古不变拥有其自身作为其对象。

神学大全

托马斯·阿奎那

托马斯·阿奎那（Thomas Aquinas，1226—1274）被认为是中世纪最伟大的欧洲哲学家和神学家。

他对基督教思想影响深远，并影响天主教会数世纪，以至“那位神学家”用来特指阿奎那。仅有阿奎那致力于建立融合希伯来－基督教和古希腊伟大哲学家亚里士多德作品的综合体系。阿奎那著作颇丰，最伟大的莫过于《神学大全》。在以下片段中，阿奎那关于上帝存在的五个证明，至今仍被视为经典。以下片段落节选自《神学大全》第二版，修订版，英译本由多米尼克教区的神父们于1920年译出。

第一部分，A，问题2，第三篇

有五种方式可以证明上帝的存在。

第一种，是一种显而易见的方式，即从运动出发。世界上有些事物在运动，我们可以确实和明显地感觉到。凡是运动的物体，都是被推动而运动的。如果没有运动的潜能，则没有物体能够运动；物体运动是由于它在如此一种行动中。运动就是物体由运动潜能到运动的现实的转变。但是，除非是处于现实某种状态中的物体，没有什么能够实现这种转变，因此，现实热的东西，如火，作用于潜在的能够热的东西，如木头，才能够使木头现实地热起来，促使其从运动的潜能到运动的现实的转变。这样，同一事物就不可能在同一时刻同一方面既有运动的潜能又有运动的现实，而只能是在不同的方面才可能出现这种情况。因为真正热的事物不可能在同一时刻是潜在热的；但是它有可能是在同一时刻是潜在冷的。因此，一个物体不可能在同样的方面以同样的方式既是施动者又是被动者，也即它自己推动自己。因此，任何运动的物体都一定是被另一个物体所推动的。推动其他物体运动的物体也在运动，那么这个推动者必定也被另一个物体推动，而这个物体又被另一个物体推动。但是，我们不可能这样无限地推论下去，因为那样就不会有第一推动者了，最终也没有其他的推动者；后续的推动者总是由于有第一推动者的推动才运动的，就像手杖需要手的推动才能够移动。因此，我们有必要找到第一推动者，它无须其他推动力而自己运动；正如我们所理解的，那正是上帝。

第二种方式，从动力因的本性出发。在感官世界里，我们发现了动力因的序列。在这一序列中，就我们所知，不存在是自身的动力因的物体，这的确是不可能的。因为如果存在这样的物体，它就要先于自身而存在，而这是不可能的。而且动力因不可能是无限的，因为所有的动力因是一个有序的序列，始因是其接下来的中间因的原因，中间因又是其后续因的原因，不论中间因只有一个还是很多个。没有始因就没有任何后续结果。因此，只要动力因中没有始因，就再不会有任何中间因或任何最终结果。但是，如果在动力因中，如果有可能延续到无限，那么就没有第一动力因，也不会有任何结果或中间因；这一切太荒谬了。因此，必须承认第一动力因存在，我们每个人将之称为上帝。

第三种方式，从可能性和必然性来论证。我们在自然事物中发现它们有的存在，有的不存在，因为它们会生长也会腐烂，所以可以说它们可能存在也可能不存在。但是它们不可能总是存在。所以，如果每一件事物都不可能存在，那么每一刻都无物存在。那么，如果这是真的，甚至当下也无物存在，因为只有通过已经存在的事物，不存在的事物才有可能从无到有。因此，如果某一时刻曾经无物存在，那么任何事物都不可能曾经存在；甚至当下也无物存在——这太荒谬了。因此，尽管并非所有存在都是可能的，但是一定存在必定存在的事物。但是每一个必定存在的事物要么是由另一事物引起的，要么不是。那么必定的事物就不可能是无限的，因为其必然性总是由另一事物引起的，不断延续推论，在说动力因时我们已经论证了这点。所以，我们必须承认有某事物的存在在其自身就具备了必然性，不需要其他事物去赋予，而且它倒是能够引起其他事物。人们称之为上帝。

第四种方式是从事物中的细微分别来看。在所有存在者中，有的具有较多的善、真和尊贵，有的则少一些。但是，程度上的“多”与“少”在不同的事物中有所不同，取决于它们和最大值的事物的类似性质程度的比较，比如，某一事物与最热的事物相比较，而被认为是比较热的；因此，存在最善、最真、最尊贵的事物，也就存在最大限度的事物；因为在真实性方面最真的事物，也就是最大限度的存在物，正如《形而上学》第二卷中所写。那么，在任何一个种属方面最大值的事物，也就是所有事物的原因。因此，必然存在某一存在者是一切存在者存在、善和其他完美的原因；我们称之为上帝。

第五种方式是从世界的管理来论证。我们看到，缺乏理智的事物，如自然体也是向着某一目的而活动，显然它们一直如此活动，或者说近似一直如此，以获得最好的结果。可见，它们向着其目的的活动并非偶然，而是被设计成这般的。如果没有具有智性的事物的引导，缺乏理智的事物是不可能向着某个目的而活动的；恰如没有弓箭手的箭就是无矢之的。因此，必然存在智性的存在者，因为它，自然万物才能有目的地活动和发展；我们称其为上帝。

神正论

戈特弗里德·威廉·莱布尼茨

戈特弗里德·威廉·莱布尼茨（Gottfried Wilhelm Leibniz，1646—1716），生于莱比锡，广泛游历欧洲，结交诸多有影响力的人，开展大量大范围的合作研究项目，几乎所有领域均有钻研和贡献（他和牛顿几乎同时期相互独立地创建了微积分），著述良多。他是伟大的形而上学者之一，发展出一套精妙的单子论体系来解释世界诸现象；如牛津大学哲学家奥斯汀·法勒（ Austin Farrer）所说，莱布尼茨的形而上学“其体系并无他，不过奇技淫巧，我们有可能置身于轻信它的危险中”。莱布尼茨的《神正论》中就有这样的奇技，在回答恶的问题方面可算是不朽的哲学著作。以下片段选自《神正论：论上帝的善、人的自由和恶的起源》，英文版由 E. M. 哈加德（E. M. Huggard）翻译（New Haven, CT: Yale University Press，1952）。原著发表于 1710 年。

12. 人们喜欢将感官快乐与接近痛苦的感觉相比较，以证明在享受精神的快乐时自然的愉悦感。好比略酸、略涩或微苦的味道常常比纯糖更加甜美；阴影使彩色更加鲜明；在适当的乐段加入不和谐音让乐章更加令人松弛。我们看到走钢丝的人仿佛要掉下去，却又十分期待这种紧张感；悲剧催人泪下，却令我们爱不释手。如果一个人从不曾生病，未曾充分体会到健康的快乐，他还会因为健康而感激上帝吗？小的恶似乎令人更加关注到善，不是更加彰显了善吗?

13. 不过，会有人说，与善相比，恶真是既大又多。这话说得不尽然，只不过是要我们更加关注我们正在享有的善，而混杂的恶令我们足够关注善。如果我们疾病不断、难得健康，我们便会真切地感受到健康这一大善，而较少感受到恶。但是，如果健康是稀松平常的，疾病难得一见，不是更好吗? 那么我们通过我们的感知来反射这种对比，也可以让健康这一善事更加彰显。如果我们对未来的生活有所了解，我相信很少有人会在死亡的时刻感到对生活的不满意，如果他们能够再有一次这同样的生命，经历同样多的善和恶，但是假设善恶的比例互调：人们将满足于这种变化，而不再要求经历更好的状态。

14. 当我们考虑到人的躯体的脆弱构造，我们会惊叹于自然的缔造者的智慧与慈善，他所创造的躯体虽然看似脆弱却持久耐用和相对健康。我常说，人常常生病，我并不感到惊讶，倒是人很少生病，我真是惊叹不已。这促使我们更加崇拜那创造这动物的机体的神圣造物主，他把这躯体创造得如此脆弱而易于毁灭，但是又如此具有自我持存的能力：自然的疗愈力量远胜医药的力量。这自然造物结果就是如此脆弱，除非我们不希望这有着理性思考能力的血肉之躯存活世间。那将显然是一个缺陷，以往一些哲学家将这种缺陷称为"vacuum formarum"，即种属的空缺。

……

16. 尽管如此，人们不得不承认，这人世间的生活存在着无序的状态，特别表现在有时坏人福星高照、而好人深陷不幸的情形……

17. 但是……在另一种生活中已经准备好了补救的方法：宗教和理性都告诉了我们这一点，我们绝不能因为补救不及时而絮絮叨叨，最高智慧认为，这种延误更能让人产生悔恨之情。可是，如果人们仔细观察拯救和惩罚，在其他方面我们会发现翻倍的相反情形：因为令人感到诧异的是，即使在掌管善的最高权威的威严下，在永恒的未来，恶所获得的有利情形也远远超过善，这是由于被召唤的人有许多，但被挑选中了的人和被拯救的人却少之又少。

……

19. 尽管我们坚持现有的信条，认为受惩罚者的人数远远胜于得救者的人数，但是，我们必须指出，尽管如此，如果我们考虑上帝之城的辽阔，恶与善的数量是相当的。库里奥写了一本名为"论天国之广阔（*De Amplitudine Regni Coelestis*）"的书，此书于不久前还再版过；不过他远没有企及天国之广阔。古人关于上帝的业迹的观念相当贫乏，当圣奥古斯丁试图解释恶的优势时遇到了极大的困难，因为他缺乏我们通过新的发现所获得的知识。古人认为，只有我们的地球是有人居住的，甚至还害怕那些居住在地球两极上的人；在他们看来，地球以外的世界是由几个发光的球体和结晶体构成的。然而今天，不论人们是否为宇宙设定界限，都不得不承认存在着无数的星球，它们同样很大，甚至比我们的地球还大，它们像它一样也有权利拥有有理性的居住者，尽管这不一定是人。地球只是一个行星，是我们太阳的六大卫星之一，由于一切恒星都如同太阳，人们会发现，我们的地球与这些可见的星球相比是多么渺小，地球只不过是众多恒星之一的一个附属物而已。所有这些恒星都有可能居住着幸福的生命，没有什么东西强迫我们假设那些地方有许多遭受永罚者，因为无须更多的范例便足以说明善从恶所得到好处。此外，既然没有理由证明那种认为处处是星体的观点，难道星体区域之外就不可能存在一个辽阔的空间吗? 不论这是否就是最高的苍穹，环绕着整个星体区域的广袤空间都有可能充溢着幸福和福祉。人们可以将它想象成海洋，流出所有神圣生灵的河流，这些生灵升腾到星辰中而达到完美。与此相比，我们的地球及其居民又意味着什么呢？既然我们的地球与几个恒星的距离相比只是一个点，难道它不比物理上的一个点更加渺小吗？可见，如果说我们已知的宇宙部分与我们尚不知的部分相比，我们可以设想已知的部分几近于无，如果人们无可争议的一切恶只是处在这种几近于无中，那么，也可以说，一切恶与宇宙中所存在着的善相比也不过几近于无而已。

……

21. 人们可以将恶理解为形而上学的、物理的和道德意味的。形而上学的恶在于单纯的不完美，物理的恶在于痛苦，道德的恶在于罪。虽然物理的恶和道德的恶并非必然，但它们借助永恒真理确实可能发生，这就够了。由于这真理之域包含着一切可能性，所以必然存在着无限数量的可能的世界，恶必然会进入其中的一些世界，甚至其中最好的世界也必然包含着一些恶。因此如果上帝容许恶存在……

23. 上帝预先要求善者，随后要求最善者。至于恶，可以说，上帝根本不要求道德上的恶，同样也并非绝对要求物理上的恶或痛苦；因此，不存在对绝对的惩罚的预先规定。关于物理的恶，人们可以说，上帝往往将它视为罪过应得的惩罚，视为达到目的的手段，即为了防止更大的恶或者为了达到更大的善而采取的手段。惩罚也用来教人改过或当作警戒的例子，恶往往是为了使人提高对善的鉴别力，有时甚至帮助那种有耐心的人达到更高的自我完善，好像人们播下的种子，先经过某种腐烂，然后发芽。这是耶稣基督自己也曾用过的一个最恰当的比喻。

24. 虽然罪或者道德上的恶也经常被用作手段，以便达到善或者防止另一种恶，但它绝不会因此而成为神性意志的充分对象或者一种被创造的意志所许可的对象。只有在它作为一项不可免除的义务的后果的时候，它才可以得到认可和容许，所以，不愿容许罪恶的人实际上破坏了自己的义务。例如，驻守要塞的军官为了进城阻止两个士兵之间的争斗，恰恰在危急时刻离开了要塞。

25. …… 但是，凡与上帝相关的事物无可置疑，无物反对最善者原则，没有例外，没有特权。正是在这层意义上，上帝容许罪的存在：因为如果他不遵从他所有的向善倾向之伟大的结果，如果他不选择尽管有罪却为绝对最善者，他便亏欠他自己本身、他的智慧、他的慈善、他的完美。罪过之恶由于永恒真理之最高必然性而与最善者联系在一次。由此可以推知，上帝要求一切善的意愿是在先的，并接着要求最善者作为终极目的，他有时要求漠然态度和物理上的恶作为手段，但他只是将道德上的恶作为手段，容许恶的发生，将之作为与最善者联系在一起的假定的必然。因此，上帝的意志容许恶作为客体存在。

……

134. 上帝想要拯救所有人：这意味着，除非人自己阻止并拒绝上帝的恩宠，否则他将拯救他们。但是，他既没有义务也不想借助理性时时刻刻克服他们的邪恶意志。他有时也这么做，如果更高的理由容许，如果产生于他的一切思考中的后续的和决定性的意志促使他选择一定数量的人的话。他为一切人提供帮助，使他们皈依信仰，使他们坚持善。这种帮助对于那些怀有善良意志的人们是足够的，但并非任何时候足够用来赋予这些人以善良意志自身。人获得这种善良意志要么是通过一种特殊帮助，要么是通过使普通帮助发挥效用的环境。上帝即便知道有人会拒绝接受得救手段并因此而使自己更加可能遭到惩罚，他也不可能不提供这种手段，人们莫非要求上帝为了使人受到较轻的惩罚便不公正行事吗？此外，对于此一人无用的恩宠对于彼一人则可能是有用的，恩宠始终属于上帝的完整计划，是可以设想到的最好的完整计划。由于有地势低洼因而易受到灾害的地方，上帝便不应赐予雨水了吗？由于个别地方因阳光而极度干涸，太阳就不应按照整体需要照射了吗？培尔[①]先生在上面提出的命题中所列举的一切关于医生、行善者、国务大臣、君主的比喻最终都是跛脚的。我们知道，他们的义务是什么，他们关系的对象可能和应该是什么；他们几乎各自都只有唯一一个义务，他们往往由于玩忽职守或者出于恶意而造成错误。而上帝的对象有着某种无限的东西，他的关心包容着宇宙。我们却要以我们有限的知来衡量他的慈善和他的智慧！这是何等的狂妄！或者更正确地说：这是何等的愚蠢！培尔先生提出的异议是从错误的前提出发的；人们要对合理而正确的东西进行判断，却又对事实一无所知，这实在是可笑的。用圣保罗的话说："啊！多么巨大的财富和智慧！（*O altitudo divitiarum et sapientiae*！）"这意思是说不放弃理性，而且要使用我们所拥有的理性，因为它教我们认识圣徒所说的上帝之不可度量性。但这也意味着接受我们的无知这一事实。尽管如此，在没有认识这一点之前就应承认，上帝以可能的方式中之最好的方式行动，按照引导他的行动的无限智慧做着一切。样板和案例就在我们眼前，我们只需观察一下在上帝作品中的某些自身圆满完成的东西和所谓孤立的东西。这样一个所谓由上帝之手塑成的整体便是一种植物、一个动物、一个人。不论我们如何惊叹它的结构之美和精巧都不过分。相反，如果我们看见动物的一片碎骨、一块肉或者植物的一段折断的残枝，呈现于我们面前的便只是混乱无序，除非观察此类事物者是一位杰出的解剖学家；不过，即便解剖学家从中也可能看不出眉目，如果他事前没有看过与整体相联系的相似的残片的话。同样，上帝的统治也是如此：我们能够从中看到的东西只是分散的小块，不足以由此认识整体的美和秩序。可以说，我们在此间尘世尚未认识的上帝之国的那种秩序之所以成为我们对上帝的信仰、希望和信任之对象，这是事物自身的本性造成的。如果有的人有其他的看法，对他们而言，后果可能更坏，他们成为一切最好的和最伟大的王国中的不满者，他们错误地无视上帝从他的智慧和他的无限慈善中取出并给予他们的范例，上帝本来要以此让他们明白，他不仅是值得惊叹的，而且也是值得他们无限爱戴的。

---

① 皮埃尔·培尔（Pierre Bayle, 1647—1706），法国早期启蒙思想家、怀疑主义哲学家和历史学家。莱布尼茨在这里指的是培尔《历史批判辞典》一书中的观点。——译者注

不相重叠的权威

史蒂芬·杰伊·古尔德

史蒂芬·杰伊·古尔德（Stephen Jay Gould）生前曾任哈佛大学亚历山大·阿加西（Alexander Agassiz）动物学讲座教授。他著作颇丰，包括他关于进化理论的伟大著作《进化论的结构》（*The Structure of Evolutionary Theory*, Cambridge, MA: Harvard University Press，2002）；以及许多精彩的科学论文集，涉及生物学及其他领域的许多问题，如《自达尔文以来》（*Ever Since Darwin*, New York: Norton，1977）;《刺猬、狐狸和权威瘟》（*The Hedgehog, the Fox, and the Magister's Pox*, New York: Three River Press，2003）。他极力反对“神创论”和“智能设计论”（特别反对将二者当作科学在学校讲授的热潮）。他对宗教观点较为同情，并时常与宗教团体对话。下文《不相重叠的权威》（“Non-overlapping Magisteria”）刊载于 1999 年 7/8 月的《怀疑的探索者》（*Skeptical Inquirer*），55—61 页。原文发表于古尔德的《莱昂纳多的蛤蜊山和蠕虫的饮食》（*Leonardo's Mountain of Clams and the Diet of Worms*, New York: Harmony Books，1998）。

宗教和科学之间没有根本冲突

不协调的地方常常发生不寻常的故事。1984 年早期，我在梵蒂冈给传教士盖的酒店住了几个晚上……一天午饭的时候，牧师们叫我和他们一桌，想问我一个一直困扰着他们的问题。他们想知道美国现在常常讨论的“科学神创论”是什么。一位牧师问：“进化论是不是遇到什么问题了；如果是的话，那么是什么问题呢？我们常被教导，进化论和天主教信仰之间并没有什么原则性冲突，进化论的证据看上去完全令人满意和有说服力。我们漏掉了什么吗？”

法国人、意大利人、英国人的生动对话持续了一个半小时多，所有牧师看上去听了我的总体回答后都消除了疑虑。我说：“进化论并没有遇到什么智力上的问题；并没有什么新的论证。创造论是美国社会文化史方面土生土长的一种现象——一种相信《圣经》字句无讹的新教徒基要主义的分裂运动（不幸的是，近来愈演愈烈），不论这主张意味着什么。”我们都很满意地离去了，但是我却很迷茫我方才充当的反常角色，一个犹太不可知论者，尝试消除一群牧师关于进化论的疑虑，对他们而言进化论是真的，和他们的宗教信仰不相矛盾……

这个故事说明了一个基本点，对无论任何立场的理解还是政治上有力的影响都绝对重要，但却经常被忽视的基本点。基要主义教条的矛盾修辞法“科学神创论”——主张《圣经》字句无讹，所有有机体于 6 日每日 24 小时内创造完毕，地球仅数千年历史，因此进化论必然错误。神创论并没有让科学和宗教对立起来（如故事开头所述），因为并不存在什么冲突。神创论并没有提出什么关于生物学的性质或生命历史的未解的智力问题。神创论只是在地方性的、某些教区流行，在西方国家中也只有在美国比较有影响力，而且只是在某些美国新教区域流行，他们选择将《圣经》当作完全无误的文档来读，认为《圣经》一点一厘都为真。

不用怀疑，你一定可以偶然找到一个修女喜欢在教会学校的生物课上教授神创论，或者偶然有一个拉比（犹太用语，即老师）在他的学校做同样的事。但是，基于《圣经》字句无讹的神创论对天主教徒和犹太教徒而言都并没有什么意义，他们都并没有将《圣经》当作字面真理来阅读的传统，而是当作基于比喻和预言（好的文章的必要元素）的启示，要求恰当地去理解《圣经》。大多数新教教派采取同样的立场，除了新教基要派。

我刚才提到的论述……代表了当今西方所有主要宗教（和西方科学）的标准。（我不能说我所不了解的东方宗教也是同样，虽然我觉得在大多数情况下是一样的。）科学和宗教在各自的领域和专门知识方面都没有重叠，因而也就没有冲突——科学在宇宙的经验构成领域，宗教在探寻恰当的伦理价值和生命的精神意义领域。充满智慧的生活需要广泛关注这两个领域——因为《圣经》这部伟大的书告诉我们，两种真都带给我们自由，做到公正、仁慈、谦逊，我们将和同僚最佳地和谐相处。

在这种“标准”下，我深深地迷惑，教皇约翰·保罗二世于 1996 年 10 月 22 日在教皇科学院（Pontifical Academy of Sciences）发表了一份声明，正是他赞助了我先前的梵蒂冈之旅。在这份题为“真理不能反驳真理”的文件中，教皇为进化论和天主教教义理论的一致性进行了辩护。全世界报纸头版做出反应，如 10 月 25 日的《纽约时报》写道：“教皇鼓励教会支持进化论科学观点。”

现在我知道了“信息闭塞的时代”，我承认在这一刻，再没有什么比头条新闻更有竞争力了。不过，对于教皇的声明的所有关注令我深深困惑……天主教会从来没有反对过进化论，而且没有理由这样做。为什么教皇发表这样的声明？为什么全球的出版物都狂欢般地进行头版报道？……

显然，我有点心不在焉；有什么新的或令人吃惊的东西潜藏在教皇的声明，但它会是什么呢，竟然导致了一片大惊小怪？特别是……天主教会认可科学研究的价值，认为科学没有威胁到宗教或者特别是天主教的教义，一直以来接受进化论作为科学研究的合法性，接受进化论结论和天主教信仰的潜在和谐。

作为前白宫发言人提普·奥尼尔（Tip O’Neill）麾下成员，我当然知道他说的“所有的政治都是地方政治”——梵蒂冈公开声明教皇支持进化论，毫无疑问有自身的内在原因，只是我不了解罢了。然而，我还是觉得我一定错过了什么重要的环节，这让我感觉很挫败。而后我记起了精神生活的重要原则：当困惑时，读一读重要文献并无害处——尽管如此，简单自明的原则完全从大部分美国人的经验中消失了。

我知道教皇皮乌斯十二世（Pope Pius XII）（他是 20 世纪历史上我最不喜欢的人）于 1950 年发表教皇通谕《人类》（*Humani Generis*）。我了解他所传达的讯息的主要要旨：天主教徒可以相信任何关于人类身体进化的科学，只要他们接受上帝将灵魂注入躯体，他们只要任选一个时间相信就好。我也认为这个论点没什么问题——因为不论我关于灵魂的个人信仰怎样，科学都不可能触及这个主题，因此也不可能受任何神学立场的威胁，无论在其合理性还是本质性的宗教问题方面。换句话说，教皇皮乌斯十二世恰恰是承认和尊重科学和神学各自的领域。因此，我发现自己完全同意教皇通谕《人类》——但是我当时并没有完整地读过它（这并不妨碍我表达我的观点）。

我很快得到从各地和从网上而来的各种相关文章……现在我读完了 1950 年教皇皮乌斯十二世的《人

类》和1996年10月教皇约翰·保罗的声明，我终于明白为什么最近这些声明都成为新的、有价值、有吸引力的新闻标题。进化论者很欢迎这些新闻，既支持科学也支持宗教的朋友们也欢迎这类新闻。

《人类》的文本聚焦于教会的权威（或教权）——这个词并非来自威严或不可置疑的敬畏，而是来自“教”的概念，在拉丁文中，“*magister*”意为“老师”。我想使用这个词和概念来表达这篇文章的中心思想，以及关于假想科学与宗教之间有冲突或斗争的原则性决定。这样的冲突不应该存在，因为它们有各自合法的权威或各自所教的权威领域——这些权威领域并不重叠（我用NOMA来表达这个原则，即“不相重叠的权威”）。科学的网络涵盖了经验的领域：宇宙是什么（事实）和它为什么这样运转（理论）。宗教的网络延伸到道德意义和价值问题。这两个权威不相重叠，它们追问不同的问题（初学者可以想想艺术和美德意义的例子）。引用一句俗话，我们得知岩石的时代，宗教保持时代的基石；我们研究天空的运动，宗教决定我们如何上天堂。

如果科学与宗教的领域远远分开、不相重叠，那么这个决定可以保持得整整洁洁。但是，事实上，这两个领域撞在了一起，在它们相连的边界上极其复杂地相互交错。我们的许多深层问题需要二者的不同部分共同给出一个完整的答案——二者合法领域的划分变得复杂和困难。仅举两个常见例子，同时涉及进化的事实和道德的争论：既然进化让我们成为地球上唯一具有高级意识的物种，我们有资格为我们和其他物种的关系承担什么样的责任？我们和其他有机体的世系联接（genealogical ties）意味着什么样的人生意义？

皮乌斯十二世的《人类》（1950），是由一个非常保守的人撰写的非常传统的文件，面对第二次世界大战后苏醒的各种“主义”和玩世不恭，预示了从大屠杀的灰烬中重建人类尊严的斗争。教皇通谕的副标题即是“关于某些错误观点威胁到天主教教义的根基”，开篇陈述是这样的：

> 人在道德和宗教问题上的分歧和错误总会引起所有好人深深的悲痛，对于教会忠实的子民而言，看到基督教文化原则在各个方面被攻击，总是不舒服的。

……皮乌斯在通谕的近结尾处，第35—37段，表达了他对进化论的主要陈述。他接受不相重叠的权威（NOMA）的标准模型，开始承认进化论存在于一个困难的领域，这里宗教和科学复杂交错。“如今对于我们来说，这些问题尽管从属于积极的科学，但是多多少少和基督教信仰的真理也有关联。”

而后皮乌斯写下了关于允许天主教徒接受人类身体的进化论的话（科学权威下的事实问题），只要他们接受神的创造和注入灵魂之说（宗教权威下的神学观念）。

> 教会的教育权威不禁止符合人类科学和神圣神学现状的研究和讨论，人类经验到科学和宗教两个领域，进化论目前进展到研究出来人的身体来自先前存在的活物，天主教信仰告诉我们上帝即刻创造灵魂，进化论研究和天主教信仰同时发生。

到这里，我并没有发现《人类》有什么令人惊讶的地方，并没有减轻我对教皇约翰最近声明的好奇。但是随着我进一步阅读，我意识到皮乌斯关于进化论还说了很多，这些几乎没有被人引用，而且让约翰·保罗的声明更显有趣。简单地说，皮乌斯有力地宣布进化论基本上是合理的，但是事实上这个理论未经证明且可能完全错误。而且你会有强烈的印象，皮乌斯艰难地裁定这个错误。

在最后一段引述中，皮乌斯建议我们恰当地研究进化论：

然而，不论是否支持进化论，都应该严肃、谦逊、恰当地考虑这两种意见的理由。……然而，有时这些自由讨论贸然偏离了在此类问题上应有的节制和谨慎，仿佛人的身体起源于先前存在的活物是确定无疑的和已被证明的，仿佛到目前为止的证据已经可以证明这点或者该结论由已有的证据证明得来，仿佛一切与神性的来源毫无关系。

综上所述，皮乌斯总体上接受NOMA关于不相重叠的权威的原则，只要天主教徒接受神给人注入灵魂之说，允许他们考虑进化论关于人体进化的假设。但是，而后他如父亲般建议科学家将进化论作为一种科学观念：这个观念尚未被证明，你们需要特别谨慎，因为进化论在我们神学领域的边界上提出了许多困惑的问题。第二点可以做两种理解：对不同领域的无故入侵，或是理智的和关心的旁观者的建议。作为一个好意的试图调和的人，我更倾向后一种理解。

不管怎样，极少被引用的这第二声明（进化论尚未被证明且有点危险）——并非较常见的关于NOMA原则的论断（天主教徒只要接受神给人注入灵魂，就可以接受关于人体的进化论）——指明了教皇约翰新近声明的新奇和旨趣。

约翰·保罗开篇总结了皮乌斯1950年的通谕，重新强调了NOMA原则——这里并无新意，也没有引起或延伸宣传：

在我的前任皮乌斯十二世的通谕《人类》（1950）中，已经表述了进化论与相信关于人和人的使命的教义并无冲突。

为了强调NOMA的力量，约翰·保罗提出了一个潜在的问题及其有力的解决途径：我们如何调和关于人类进化的物理连续性的科学主张和天主教坚持的神将灵魂即刻注入人类？

我们可以说，我们在自身发现了本体论的差异和本体论的飞跃。然而，这种本体论上的不连续是否与物理连续性相冲突？物理连续性似乎是在物理和化学领域研究进化论的主要威胁。考虑到在知识的各个分支使用的方法，有可能调和看似不可调和的两种观点。科学观察描述和测量生活的种种表现，而且越来越精确，并将它们与时间线相关联。个体成为精神性存在的瞬间不可能作为这种观察的客体。

约翰·保罗声明的新颖性和新闻价值不在于他对皮乌斯极少被引用的第二声明关于进化论主张的修订，而在于可以想象的原则和与宗教的调和，虽然并没有什么有力的证据的支撑，而且有可能是错的。约翰·保罗说——我只能说阿门和多谢关注——在皮乌斯调查第二次世界大战废墟和他自己任教皇一职的半个世纪，预示了新千年的黎明，信息急速增多，理论更加精细化，进化论不再受到好意的人们和敏锐的智力的怀疑：

皮乌斯十二世补充道……这种意见（进化论）

不应该作为确定的和已证明的教条来使用……今天，通谕发表几近半个世纪，新的知识让人们认识到进化理论不仅仅是一个假想。的确引人注目，研究者逐渐接受这个理论，不同领域的一系列新知识随之而来。这些新知不是刻意找寻来的，也非编造，而是它独立发展的结果，是支持该理论的重要论据。

终于，皮乌斯不情愿地承认进化论是合理的假设，他认为（毋宁说希望）它可能错了。近50年后，约翰·保罗在NOMA原则下重新肯定了进化论的合法性——没有什么新鲜的——随后补充了一些额外的数据和理论显示进化论不只是合理的怀疑。虔诚的基督教徒现在必须接受进化论不仅仅是貌似有理的可能性，而且是有效证明了的事实。换句话说，天主教官方说法从“说它不是这样，但是如果我们愿意的话我们可以这样处理”（1950年皮乌斯不情愿的观点）到约翰·保罗完全欢迎“它是被证明为真的，我们总是歌颂自然的真实性，我们希望看到关于它的神学含义的有趣讨论”。我很高兴地赞同这种转变，就如同福音一般——切切实实的好消息。我也许代表科学的领域，但是我也很欢迎我们生活的另一个主要领域的重要领袖的支持。我想起所罗门的智慧：“有好消息从远方来，就如拿凉水给口渴的人喝”（《箴言》，25∶25）。

正如宗教必须背负其强硬派的十字架。我有一些科学的同事，包括一些著名的可以凭其著作施加影响力的人，认为这种区分不同领域的和解是令人失望的。例如我的同事——欢迎和庆祝和解的怀疑论科学家，特别是对于教皇最近的声明——他们说，“好了，说实话吧；你知道宗教是愚蠢的、迷信的老一套。你说那么一堆大受欢迎的废话，不过是想说宗教如此强大，如果我们要获得大众的支持还需要有点儿策略。”我想这样认为的科学家并不多，但是这种立场令我失望——因此我用关于宗教的个人陈述来结束这篇文章，以表明我认为这是深思熟虑的（像教皇一样支持NOMA原则的）科学家的共识。

我个人并非献身或实践信仰的信徒或宗教人士。但是我很尊敬宗教，而且这个主题比几乎其他任何主题（除了进化论和古生物学之类）都令我着迷。着迷的原因很大程度上在于有组织的宗教孕育的惊人的历史悖论，纵观整个西方历史，最难以言说的恐怖和面对个人危险时最荡气回肠的善意都源于斯。（我相信，恶出现在宗教与世俗力量纠缠的偶然例子中。天主教会支持和均摊了从审讯到清算的恐怖——但是仅是因为这些组织在西方历史上多具有世俗的权力。当我的同胞有这样的支配权时，特别在旧约时代，我们依据同样的理论犯下了相似的暴行。）

我全心全意相信，NOMA观念中的两个领域相互尊重、有爱、和谐。NOMA表达了基于道德和智力的原则立场，而不仅仅是一种解决策略。NOMA是一把双刃剑。宗教不再干涉科学领域中事实结论的合理性，科学家也不能从关于世界的经验构成的深层知识去深入洞察道德真理。这种相互间的谦逊在充满形形色色热情的世界有很重要的实际意义。

宗教对许多人来说特别重要，容不得任何反驳和诋毁，人们从神学获得舒适和平静。也许像我个人会怀疑教皇所坚持的神圣灵魂注入说，认为那只是为了抚慰我们的恐惧，只是为了让我们在一个进化论的世界仍然保持人类优于其他物种的信念。但是我也知道灵魂的问题不是科学研究的范围。我的世界不能证明或者证伪这个观点，灵魂概念也并不威胁或影响我的领域。而且，即使我个人不接受天主教的灵魂观，我也接受这个概念隐喻的价值，无论在基本的道德讨论方面还是在表达我们最珍视的潜在性方面：我们的礼仪、关心，以及意识的进化带给我们的所有伦理的和智力的斗争。

作为一种道德立场（因此不是从我的自然的真实知识的演绎），我更喜欢“冷水浴”理论，它认为自然才是真正的“残酷”和“冷漠”，而在我们的伦理话语中则是完全不恰当的术语——因为大自然不是为我们而存在，不知道我们来了（毕竟我们只是最近的地质运动中的闯入者），也并不在乎我们（拟人化的说法）。我认为这种情形是一种解放，并不沮丧，因为我们这样才能发展道德话语——再没有什么比这更重要——在我们自己的话语中，不用担心和妄想我们要被动地从自然事实中得出道德真理。

但我注意到这种情形吓坏了许多人，关于自然的更加精神化的观点保持了广泛的吸引力（承认进化的事实，但是仍然在属人的方式和宗教领域寻找内在意义）。例如，我很欣赏 1996 年 11 月 3 日一个男人写给《纽约时报》的信，表达他对约翰·保罗声明的痛苦和认可：

> 教皇约翰·保罗二世接受进化论，触及了我内心的怀疑。仁爱和光明的上帝创造出如此痛苦和苦难的世界，即使对一个神创论者而言也是难以忍受的。但是，作为神创论者，至少可以说最初的创造出自上帝之手，曾经是善意、和谐、无邪、温柔的。进化论能告诉我们什么呢，哪怕是精神的进化论？痛苦和苦难，无情和恐怖，是创造的应有之意。进化论引擎就是捕食者的利齿插进尖叫的、活生生的猎物。……如果进化论是真的，我的信仰将在风浪中飘摇。

我不同意这个人的观点，但是我们可以有精彩的争论。我会采用“冷水浴”理论；他也许会支持自然的内在精神意义，尽管模糊难懂。但是我们都将获得启发，更好地理解这些深层的、终极的难以回答的问题。这里，我相信 NOMA 的伟大力量和必要性，科学和宗教是不相重叠的权威。NOMA 允许——其实是命令——互相尊重的辩论成为可能，两个领域都共同地不断地增长人类的智慧。如果说人类有什么特殊性的话，那就是我们是能够思考和言说的生物。教皇约翰·保罗二世准会对我说，他的领域一直以来都承认这种特殊性，因为《约翰福音》第一句话就是：*in principio erat verbum*——在起初已有圣言。

鱼和熊掌不可兼得：不可调和的差异？

理查德·道金斯

理查德·道金斯（Richard Dawkins）是牛津大学的查尔斯·西蒙尼公众理解科学教席教授[①]。他著有《恶魔的教士》（*A Devil's Chaplain*, Boston, MA: Houghton Mifflin, 2003）；《解析彩虹》（*Unweaving*

---

① 20 世纪 90 年代初，英国兴起了一股“公众理解科学（Public Understanding of Science）”的风潮。牛津大学设立了专门教席推动这场科普潮，聘请了著名的演化生物学家及科普作家理查德·道金斯担任首届“查尔斯·西蒙尼公众理解科学教席教授（Charles Simonyi Professor of the Public Understanding of Science）”。——译者注

the Rainbow, Lodon: Penguin Books，1998）;《盲眼钟表匠》（*The Blind Watchmaker*, Now York: Norton, 1986）——在书中持续攻击设计论观点;《自私的基因（第二版）》（*The Selfish Gene*, Oxford: Oxford University Press，1989）等。以下片段选自《鱼和熊掌不可兼得：不可调和的差异？》（You Can't Have It Both Ways: Irreconcilable differences?），发表于《怀疑的探索者》（*Skeptical Inquirer*），1999年7/8月刊，第62—64页。原载于《生物学季报》（*Quarterly Review of Biology*）1997年第72卷，第397—399页。在这篇文章中，道金斯反对一切与宗教妥协的观点，论证了当代科学解释从根本上与传统宗教信仰相斥。

宗教和科学不可调和

面对历史悠久的宗教时（年轻的宗教传统如科学神教①和文派②除外），智力的胆小和软弱总是折磨着理性的人们。S. J. 古尔德在《自然史》专栏评论教皇对进化论的态度，他试图调和的想法代表了支配性的压力，对于信徒和非信徒都是如此：

> 科学和宗教不相冲突，因为它们有各自合法的权威或各自所教的权威领域……我全心全意相信，NOMA观念中的两个领域相互尊重、有爱、和谐……

那么，这两个全然不同的领域是什么呢，这些“不相重叠的权威”互敬互爱地依偎在一起吗？古尔德又说：

> 科学的网络涵盖了经验的领域：宇宙是什么（事实）和它为什么这样运转（理论）。宗教的网络延伸到道德意义和价值问题。

要是如此条理清晰就好了。有一瞬间，我将教皇关于进化论的态度当真了，然后看看他的教会的主张，看看他们是否真的远离科学的领域。首先，说句离题话，哪怕不是教徒的人也常常轻率地接受这种观点，即主张宗教在道德问题上给我们提供专门的意见，我们很有教养地尽力承认对手提出的好论点——不论这个论点多么站不住脚。

问题是，“什么是对的，什么是错的？”总是一个科学难以回答的问题。假定一个道德前提或者先天道德信仰，世俗道德哲学重要和缜密的原则可以帮助探究理性的科学或逻辑模型，来昭示这些信仰隐藏的含义和隐藏的不一致。但是，绝对道德前提本身必须从其他地方得来，可能来自不争的确信。或者，是来自宗教——意为一些权威、启示、传统、经文的混合物。

不幸的是，从宗教为无基的道德获得坚实基石的希望是渺茫的。我们从经文中拣选好的部分（如山顶布道）而轻率地忽略坏的部分（如用石头砸淫妇的义务、处决离经叛教者、惩罚罪犯的孙辈）。旧约中的上帝缺乏怜悯，充满报复心、嫉妒，带有种族主义、性别歧视、可怕的杀戮，任何人都不可能将这样的他作为榜样，我想你我都不希望。当然，以我们现在的标

① 科学神教（Scientology），又译山达基教，新兴宗教之一。——译者注

② 文派（Moonies），教主是韩国人文鲜明（Moon Sun Myung），西方人称该教信徒为“文派”，因具有极浓厚的东方色彩，故又有些人称之为“东方的基督教”。——译者注

准来批评早期时代的风俗是不公平的。但是，这正是我要说的！显然，我们有其他可选择的来源作为基本的道德信念，它优于经文，因为它更适合我们。

其他可选择的来源似乎是某种关于基本行为准则和自然的公正的宽泛共识，随历史时期的变化而变迁，常常受世俗改革者的影响。诚然，这听上去也不像是坚实的基石。但在实践中，我们，包括我们中间的信徒，将此视为先于经文。在实践中，我们多多少少忽略经文，只是在它能支持我们宽泛的共识时引用它，否则总是把它忘在一边。不论这宽泛的共识源自何处，无论我们是信徒还是非信徒，我们都能达到这个共识。

相似的，像耶稣或者释迦牟尼这样伟大的宗教导师可以用他们的好的例子、采用他们个人的道德信念来激励我们。但是，我们总是要在那些宗教领袖中挑选，要避免吉姆·琼斯①和查尔斯·曼森②这样的坏的例子，而挑选像贾瓦哈拉尔·尼赫鲁③和纳尔逊·曼德拉④这样的榜样。尽管历史上随传统而来的有好有坏，我们运用我们关于基本准则的世俗的判断和自然的公正去决定选择什么、放弃什么。

但是关于道德价值的讨论偏题了。我现在回到关于进化论的主题，教皇是否真的做到了不践踏科学的草坪。他在教皇科学院谈论进化论时，以一些事先准备的诡辩的模棱两可的话开头，调解约翰·保罗说的关于前任皮乌斯的话，皮乌斯十二世的声明则更加模棱两可，勉为其难和极不情愿地接受了进化论。接下来，教皇进入更艰难的部分，调解科学证据和“上帝的启示”。

启示告诉我们，（人类）是依照上帝的模样而造。如果人类身体由在其之前的有机体发展而来，那么精神性的灵魂是由上帝即刻而作……因此，进化理论符合鼓励它们的哲学，如果说心灵从活生生的有机体的力量中产生，或者是仅仅作为有机体产生的附带产物，那么这就和人类发展的真相不一致了……我们可以说，我们在自身发现了本体论的差异和本体论的飞跃。

为教皇感到高兴，在这点上，他承认了他试图调和的两种立场的本质矛盾。

然而，这种本体论上的不连续是否与物理连续性相冲突？物理连续性似乎是在物理和化学领域研究进化论的主要威胁。

别担心。如同历史上时常发生的，蒙昧主义前来救援：

考虑到在知识的各个分支使用的方法，有可能调和看似不可调和的两种观点。科学观察描述和测量生活的种种表现，而且越来越精确，并将它们与时间线相关联。人体即刻成为精神性存在的瞬间不

---

① 吉姆·琼斯（Jim Jones），1953 年在美国印第安纳州印第安纳波利斯市建起了一座小教堂，并逐渐从一个小教派发展成人民圣殿教（The Peoples Temple），后来变成一个邪教。——译者注

② 查尔斯·曼森（Charles Manson），出生于 1934 年，是美国著名类公社组织“曼森家族”的领导人，他所控制的邪教组织丧心病狂、杀人如麻。——译者注

③ 贾瓦哈拉尔·尼赫鲁（Jawaharlal Nehru），印度独立后第一任总理，不结盟运动的创始人。——译者注

④ 纳尔逊·曼德拉（Nelson Mandela），于 1994 年至 1999 年间任南非总统，是首位黑人总统，1993 年获得诺贝尔和平奖。——译者注

可能作为这种观察的客体，尽管科学观察可以在实验层面发现一系列有价值的征兆，指示对人类有用的细节。

用明白的语言表达，就是在人类进化历程中有那么一个瞬间，上帝介入了而且在之前的动物宗系里注入了人类灵魂（何时？一百万年前？两百万年前？在直立猿人过渡到现代人类之间？在古代的现代人过渡到现代的现代人之间？）。当然，突然注入灵魂是必须的，否则专门的核心的天主教道德观的优越性则失去了基石。你可以杀死成年动物作为肉食，但是堕胎和安乐死都属于谋杀，因为关涉人类性命。

天主教的“网”不仅仅限于道德考虑，但愿是因为天主教道德有科学的意蕴。天主教道德需要现代人类和其他动物王国之间的鸿沟。这样的鸿沟从根本上是反进化论的。在时间线上突然注入不朽的灵魂是反进化论的，是侵扰了科学的领域。

而且像古尔德和其他人所做的那样，主张宗教远离科学的地盘，自我限制在道德和价值领域，是完完全全不现实的。有超自然的存在的宇宙与无超自然的存在的宇宙有根本的、质的区别。这区别必然是科学的区别。宗教主张有这样的存在，意味着这是一个科学的主张。

罗马天主教会的许多主要教条都是如此。如童贞少女怀孕、圣母肉身升天、耶稣死里复活、我们死后灵魂永驻：这些主张都显然有科学本性。不论耶稣有没有肉身之父。这不是“价值”和“道德”的问题，而是严肃的事实。我们也许没有证据去回答它，但不管怎样这都是科学问题。如果一旦有证据证实这些主张，你肯定会听到梵蒂冈的宣传的。

不论圣母玛利亚死后躯体腐烂还是物理地升天。罗马天主教会官方的教义有圣母升天日，1950 年开始宣传的，表示天堂是一个物理的地点，存在于物理真实的领域——否则这个女人的肉体去哪儿了呢？这里，我并没有说圣母升天日的教义一定错了（尽管我是这么认为的）。我只是反驳这个说法在科学领域之外。相反，教会把圣母升天日看作不证自明的科学理论。死后灵魂不朽以及天使造访的故事、玛利亚的表现以及各式各样的神迹都是如此。

宣称宗教信仰在科学的领域之外是一种自说自话的不诚实的策略。一方面，神迹的故事和死后灵魂的不朽吸引普通大众、赢得人们皈依、增加信众。这就是他们的“科学”力量，让这些故事吸引大众。但是同时，在科学批评的一般严谨性上讲同样的故事是不公正的：这些是宗教信仰，不在科学领域内。但是你不能鱼和熊掌兼得。至少，宗教理论家和辩护者不应该任它二者兼取之。不幸的是，对于我们太多人而言，包括非信徒，总是不负责任地让它在两个领域徘徊。

我想，如果教皇是反对基要主义神创论的同盟倒是不错的。从天主教神创论者如迈克尔·贝希（Michael Behe）的脚底抽掉毯子，看起来一定很有趣。尽管如此，如果在真诚的善的基要主义和蒙昧主义的、不坦率的、采用相矛盾的观念的罗马天主教会之间选择的话，我知道自己更倾向哪个。

练习部分

1. 在刑事审判中，控方负有举证责任；也就是说，控方必须证明被告有罪，而不是要求被告证明自己无罪。在讨论上帝是否存在的问题时，哪一方负有举证责任？
2. 在《上帝的号角》一诗中，诗人詹姆斯·韦尔登·约翰逊（James Weldon Johnson）提供了诗歌版的希伯来创世故事，开始的场景是，上帝说："我很孤单；我要给自己创造一个世界。"这是一首迷人的诗，同时提出了一些困难的神学问题。如果上帝是完美和完整的，那么上帝不太可能孤单；否则就会带来这样的问题，完美而自足的上帝为什么要创造其他东西。无限、完美、自足的上帝有可能创造宇宙吗？
3. 思考以下观点：首先，"上帝赋予我们完美理性的力量；显然上帝希望我们用我们的理性考虑上帝的本性和上帝的意志这些特别重要的问题。我们总是利用我们的理性考虑买车、投资股票、决定大学学习的专业等问题；所考虑的问题越是重要，越是需要我们仔细慎重地运用我们的理性。如果我们拒绝以理性的方式对待宗教，我们就有可能被骗子和无赖糊弄——显然我们周遭有不少骗子以'宗教领袖'自居，而他们的真正目的只有一个，就是把手伸进我们的口袋里，让我们出钱。宗教问题至关重要，我们运用我们的理性能力批评地检视它们也至关重要"。其次，"上帝的方式超出我们的理解；与上帝无限的智慧相比，我们的理性微不足道。理性用于科学研究和买什么样的车都是不错的；但是宗教问题超越了理性，只有信仰能够在宗教的领域引领我们。仔细思考和提出有难度的问题的方式在宗教探究方面并不适用"。你如何评价这两种对立的观点？还有没有其他的选择？
4. 哲学家、神学家沃尔特·特伦斯·斯泰斯说：

   > 要么通过启示——也就是说，直觉——感知上帝，要么完全无从知晓。启示并非都发生在很久很久以前。而是每一瞬间发生于每一个人心中……

   如果斯泰斯说得没错，那么我们岂不是无法说服其他人相信上帝是存在的？这么说，福音就没有什么用了？如果他说得对，那么关于上帝存在的论证是否就变成不可能的了？
5. 上帝希望被人崇拜吗？我们也许应该崇拜上帝（也就是说，如果他全能、博爱、全知，他的确是适合我们崇拜的客体）；但是，全能和自足的存在真的需要我们的崇拜吗？这样的存在究竟还有什么想要的？我想要更多的钱，我想要变好看；但是这恰恰说明我缺钱或者长得不好看。当然，上帝不会有类似的不足，没有任何"想要"的。那么上帝会想要我们崇拜他吗？上帝想要我们行为恰当吗？上帝想要我们遵守十诫吗？
6. 如果我们认为上帝体贴、慈爱而且无所不能，那么关于恶的问题就发生变化了。对于坚持亚里士多德式上帝观的人而言，关于恶的问题是否给他们提出了一个严重的问题？

7. 美国哲学家、心理学家威廉·詹姆士生活在19世纪末，他很想相信上帝。他觉得如果没有永恒的、积极的神圣力量，（对他来说）生活将失去许多重要性和意义。毕竟，最终——数十亿年里——太阳将燃尽，地球将寸草不生，我们所有的努力、成就、目标都将烟消云散，不复存在，对这一切的记忆也将消逝风中；除非存在某种特殊的意识，赋予它们永恒的意义。对于詹姆士而言，相信神圣力量的存在是有用的信念，能帮助我们（至少能帮助他）更加有信心地、成功地、乐观地生活；也就是，这样的信仰有用，如果一种信仰是有用的，能够帮助我们更好地生活，那么它就为真。在詹姆士看来，为真的信仰并不是固定的理想；而是能够有效指导我们的工具。如果这个宗教信仰证明自身是有价值的，是能够帮助我们更好地生活的有效工具——即我们有这个信仰比没有要过得好——那么此信仰为真（在詹姆士眼中），这也就是真的唯一真谛了。就像帕斯卡赌注一样，这论证了为什么我们应该相信上帝，但是对于詹姆士而言，信仰所给予的报偿并非天上的祝福，而是在当下人类日常生活中实实在在的心理层面的益处。这样解释信仰上帝的合理性是否令人满意呢？
8. 威廉·詹姆士支持信仰上帝，但是不是信仰绝对全能的上帝，而是支持信仰“一位在宏大的世界命运的所有塑造者之中给予我们帮助的”上帝。在詹姆士看来，这才是最健康和最有效地信仰上帝。他还提出如下问题：

   设想世界的缔造者在创世前告诉你：“我准备创造一个世界，它不一定会被拯救，它的完美性是有条件的，要看每个不同的主体是否可以在其已有条件中做到它‘自身层面的最佳’。我给你一个机会来到这样一个世界。你也看到了，我并不保证它绝对安全。这是一场真正的冒险，有确确实实的危险性存在，当然也可能一切顺利。我们需要真正的合作的社会计划。你愿意加入进来吗？你相信你自己吗？你足够相信其他和你共同面对危险的主体吗？”

9. 威廉·詹姆士坚持认为信仰上帝是积极和有用的——因而也是为真的——信仰帮助我们更加自信和成功地生活。但是，在詹姆士眼中，最有用的信仰并非信仰绝对全能的上帝。信仰一位强大的上帝——而非全能的上帝——从心理角度看是否更加健康？而且从心理角度看也比不信仰上帝更加健康？

   在当代西方人耳中，强大但不全能的上帝听上去有些奇怪，毕竟，当代犹太信徒、基督徒、穆斯林都信仰的是全能的上帝！如果你相信传统的全能的上帝，那么当你发现上帝十分强大但是并非全能的时候，你会感到深深的困扰吗？

补充阅读

布赖恩·戴维斯（Brian Davies）在《宗教哲学导论》(*An Introduction to the Philosophy of Religion*, Oxford: Oxford University Press, 1982）中简明扼要地介绍了一些有关宗教哲学的重要问题。约翰·希克（John Hick）的《宗教哲学经典和当代读物（第二版）》(*Classical and Contemporary Readings in the Philosophy of Religion*, 2nd ed.，Englewood Cliffs, NJ: 1970）是一本不错的总括性介绍的集子。菲利普·L.奎因（Philip L. Quinn）和查尔斯·托利弗（Charles Taliaferro）主编的《宗教哲学指南》(*A Companion to Philosophy of Religion*, Oxford:Blackwell, 1997）汇集了不少出色的新文章，涵盖面广泛。《宗教哲学：精选读物（第二版）》(*Philosophy of Religion:Selected Readings*,2nd ed.，Oxford: Oxford University Press, 2001）由迈克尔·彼得森（Michael Peterson)、威廉·哈斯克（William Hasker)、布鲁斯·赖兴巴赫（Bruce Reichenbach）和戴维·贝辛杰（David Basinger）编写，内含几乎每个宗教哲学问题方面的重要文章。布赖恩·戴维斯（Brian Davies）主编的《宗教哲学：导论及选集》(*Philosophy of Religion:A Guide and Anthology*, Oxford: Oxford University Press, 2000）覆盖了大量主题，特别是在论证上帝存在与否方面十分精辟。史蒂文·M.卡恩（Steven M. Cahn）和戴维·沙茨（David Shatz）主编的《当代宗教哲学》(*Contemporary Philosophy of Religion*, Oxford: Oxford University Press, 1982）收录了大量当代哲学家的文章，主要关注的是当代哲学家在宗教哲学方面的思索。《宗教哲学文本阅读：一种分析方法（第二版）》(*Readings in the Philosophy of Religion: An Analytic Approach*, 2nd ed., Englewood Cliffs, NJ: Prentice -Hall, 1992）由巴鲁克·A.布罗迪（Baruch A. Brody）主编，包括从柏拉图、阿奎那到洛克、休谟的文章，以及当代的一些文章。迈克尔·L.彼得森（Michael L. Peterson）和雷蒙德·J.范阿拉贡（Raymond J. Vanarragon）主编的《当代宗教哲学问题论争》(*Contemporary Debates in the Philosophy of Religion*, Oxford: Blackwell, 2004）汇编了当代主要哲学家在宗教哲学重要问题上的争论。

关于上帝存在的论证最早可以回溯到柏拉图（《法律篇》，第十卷）和亚里士多德（《形而上学》)；而最早系统化论证上帝存在的是托马斯·阿奎那，在他的《神学大全》第一部分关于上帝存在的五个证明中。休谟的《自然宗教对话录》和《人类理解研究》第十一部分则批评了这些论证。康德在《纯粹理性批判》中批判了传统的关于上帝存在的论证，可参阅关于“纯粹理性的理想”章节。20世纪批判宗教信仰和上帝存在论证的最广为人知的要数罗素，在《莱布尼茨哲学述评（第二版）》(*A Critical Exposition of the Philosophy of Leibniz*, 2nd ed., London: Allen & Unwin, 1937）中系统且晦涩地表述了他关于宗教的观点；要更多地了解罗素的观点请参看《宗教与科学》(*Religion and Science*, London: Oxford University Press, 1935）和《我为什么不是基督徒》(*Why I Am Not a Christian and Other Essays*, London: Allen & Unwin, 1957)。J. J. C.斯马特（J. J. C. Smart）和J. J.霍尔丹（J. J. Haldane）在《无神论与有神论（第二版）》(*Atheism and Theism*,

2nd ed., London: Blackwell, 2003）一书中关于上帝存在进行了广泛的争论。

设计论论证有着悠久的历史，而且看上去经久不衰。近年来它又在“创造论者”和“智能设计”理论家的手中卷土重来，他们发起了在公立学校教授圣经创世论和设计者上帝的主题活动，用达尔文自然选择学说来将之解释为科学的选择。最有名的批评这种论断的是理查德·道金斯，参看他的《盲眼钟表匠》(London: Longman, 1986)，还有最近的《恶魔的教士：关于希望、谎言、科学和爱的思考》(Boston, MA: Houghton Mifflin, 2003)。菲利普·基切尔（Philip Kitcher）也批判智能设计论，参看他的《与达尔文同行：进化、设计和信仰的未来》(*Living with Darwin: Evolution, Design, and the future of Faith*,Oxford: Oxford University Press, 2007)。阅读关于智能设计的争论，可以参看《自然史》(*Natural History*）杂志 2002 年 4 月刊上的一系列文章，见 http://www.actionbioscience.org/evolution/nhmag.html。这个网站既包括支持智能设计的文章，也有批评智能设计观点的文章，而且每位作者都列出了他们推荐的网站资源。阅读《查尔斯·达尔文自传》(*The Autobiography of Charles Darwin*, London: Collins, 1958)，我们可以了解达尔文自身的观点。美国植物学家阿萨·格雷（Asa Gray）和达尔文是同时代人，认为在自然神学和达尔文主义之间不存在冲突。格雷的作品可以在由 A. H. 杜普雷（A. H. Dupree）主编的《达尔文属》(*Darwinia*, Cambridge: Cambridge University Press, 1963）一书中找到。布朗大学生物学教授肯尼斯·R. 米勒（Kenneth R. Miller）追随基督教信仰；他解释了他自己的科学观点和宗教观点如何和谐共处，参看《寻找达尔文的上帝：一个科学家寻找上帝和进化》(*Finding Darwin's God:A Scientist's Search for Common Ground Between God and Evolution*, New York: HarperCollins, 1999)。尼尔·A. 曼森（Neil A. Manson）编辑了丰富的关于设计论论证的文章，涵盖正反两方的辩论，参看《上帝与设计论：目的论论证与现代科学》(*God and Design: The Teleological Argument and Modern Science*, London: Routledge, 2003)。

杰出的当代生物学家爱德华·威尔逊（E. O. Wilson）的《论契合》(*Consilience*）文笔优美、妙趣横生，展现了科学和宗教的对立观点。威尔逊在《论契合》第 264 页将问题总结为：“人类精神困境的本质在于，我们的基因进化使得我们接受其中之一为真理，而认为另一个有待发现。”天文物理学家切特·瑞默（Chet Raymo）试图建立科学的和精神的桥梁，著有《怀疑论者和真正的信徒：科学与宗教之间的联结》(*Skeptics and True Believers: The Exhilarating Connection Between Science and Religion*, New York: Walker and Company, 1998)。

在宗教哲学中，“恶的问题”是一个最为棘手的问题。杰出的英国哲学家们如安东尼·傅卢（Antony Flew）、R.M. 黑尔（R. M. Hare）和巴兹尔·米切尔（Basil Mitchell）对此有诸多有趣的辩论。安东尼·傅卢和阿拉斯戴尔·麦金太尔（Alasdair Maclntyre）主编的《关于哲学神学的新观点》(*New Ideas in Philosophical Theology*, New York: The Macmillan Co.）于 1955 年首次出版，收入文章颇为丰富。理查德·斯温伯恩（Richard Swinburne）在《神恩与恶的问题》(*Providence and the Problem of Evil*, Oxford: Oxford University Press, 1998）中，从基督徒的视角对恶的问题做出了回应。约翰·B. 科布（John B. Cobb）和戴

维·雷·格里芬（David Ray Griffin）在《过程神学：一种介绍性阐述》（*Process Theology :An Introductory Exposition*, Philadelphia，PA: Westminster Press, 1976）第69—75页中从过程神学的角度给出了有趣的回答。玛丽莲·麦科德·亚当斯（Marilyn McCord Adams）在《可怕的恶和上帝的善》（*Horrendous Evils and the Goodness of God*, Ithaca, NY: Cornell University Press, 1999）中对这个古老的问题给出了新的看法；她和罗伯特·玛丽赫里·亚当斯（Robert Merrihew Adams）主编的《恶的问题》（*The Problems of Evil*, Oxford: Oxford University Press, 1990）是本不错的集子，收录了不少当代关于此问题的文章。丹尼尔·霍华德－斯奈德（Daniel Howard-Snyder）主编的《对于恶的证据论证》（*The Evidential Argument from Evil*, Bloomington，IN: Indiana University Press, 1996）也很不错。

帕斯卡赌注源于帕斯卡的《思想录》。英译本《思想录》（New York: E. P. Dutton & Co.，1932）由F. W. 特罗特（F. W. Trotter）翻译。在《信仰的意志及其他通俗哲学论文》（*The Will to believe and Other Essays in Popular Philosophy*, New York: Longmans, Green & Co., 1897）一书中，威廉·詹姆士（William James）在《信仰的意志》这篇文章中讨论了这个论点，这本书还有一个较新的版本是1957年纽约多佛（Dover）出版社出版的。威廉·莱肯（William Lycan）和乔治·施莱辛格（George Schlesinger）的文章《以生命为赌注》（"You Bet Your Life"）也生动有趣地讨论了帕斯卡赌注，参见乔尔·范伯格（Joel Feinberg）主编的《理性与责任（第七版）》（*Reason and Responsibility*, 7th ed., Belmont, CA: Wadsworth，1989）；第八、九、十版和其他一些书籍也都有收录这篇文章。《在上帝问题上打赌》（*Gambling on God*, Lanham, MD: Rowman & Littlefield, 1994）汇编了许多关于帕斯卡赌注的文章，也收录了施莱辛格的《以生命为赌注》。

对于斯宾诺莎的《伦理学》，R. H. M. 埃尔威斯（R. H. M. Elwes）1883年译本是个不错的版本；由纽约多佛出版社于1955年再版，丛书名称为"斯宾诺莎主要著作"。斯图尔特·汉普希尔（Stuart Hampshire）的《斯宾诺莎》（*Spinoza*, London: Penguin, 1951）很好地解释了斯宾诺莎的哲学，这本书的可读性很强。刘易斯·塞缪尔·福伊尔（Lewis Samuel Feuer）在《斯宾诺莎和自由主义的兴起》（*Spinoza and the Rise of Liberalism*, Boston, MA: Beacon Press, 1958）一书中介绍了斯宾诺莎的生平和所处的时代。

迈克尔·马丁（Michael Martin）在《无神论：一种哲学上的辩护》（*Atheism: A Philosophical Justification*, Philadelphia, PA: Temple University Press, 1990）一书中探讨了关于上帝的直接经验的问题。威廉·詹姆士的《宗教经验种种》（*Varieties of Religious Experience*, New York: Longmans, Green，and Co., 1923）则提供了更加积极的观点。

第三章 我们可以知道什么？

当我们投身哲学事业，很自然地会从询问形而上学的基本问题开始：终极实在的性质、宇宙的结构、上帝的存在。哲学诞生于古希腊，古人精确地提出了问题：在古希腊，公元前550年，阿那克西曼德提出宇宙是球形的模型（当然，地球是其中心）；主张无限定者（the Boundless force）是宇宙的本原、始点、指引，它创造和管理着世界。

> 万物由它产生，毁灭后又复归于它，这都是按照必然性；因为它们按照固定的时间为其不正义受到惩罚并相互补偿。
>
> ——阿那克西曼德

柏拉图深思后认为，对世界的物理观察只不过是超验的纯粹理念的可怜模仿，只有理性可以把握理念。伟大的希伯来王和智者所罗门教导道："日光之下，并无新事"，万物不变。

> 江河都往海里流，海却不满；江河从何处流，仍归还何处……已有的事，后必再有；已行的事，后必再行。日光之下，并无新事。岂有一件事人能指着说："这是新的？"哪知，在我们以前的世代早已有了。①
>
> ——所罗门，《传道书》

公元前5世纪，希腊哲学家巴门尼德同意：万物静止、恒定不变，一切"保持同一……被必然性的力量牢牢限定"。我们假想自己所见诸变化皆是幻象。相反，赫拉克利特——巴门尼德同时代的希腊哲学家——认为"人不能两次踏进同一条河流"，河里的水是不断流动的，万事万物亦是如此，"万物皆流变，无物常驻"。这都是些很精彩的问题，你也许会久久沉思：上帝存在吗？神有许多位吗？万物皆变吗？并没有什么真的变化了吗？我们感知和观察到的世界是终极实在吗，或者有更深一层的真实实在隐蔽着？时间真实吗？所有一切相互联系吗？世

---

① 译文参考国际圣经协会《圣经（灵修版）》。——译者注

界是单个的原子的集合吗？一切都可以被还原为物理对象和法则吗？决定论是真的吗？实体仅是理念和思维吗？这些形而上学问题令人着迷，毫不惊讶它们吸引着古人，如今也吸引着我们很多人。

怀疑主义

尽管这些伟大的古代哲学家和体系构建者发展了他们的观点，依然有人怀疑我们是否有可能回答上述问题。赫拉克利特也许就被视作怀疑主义者，既然一切都永恒流变，就不可能获得确定的知识。

> 古代最有名的怀疑论者就是皮浪主义者，这个名字来源于他们的老师和典范——埃利斯的皮浪。的确，皮浪主义仍然用来指极端怀疑论的信念，持强烈的怀疑论观点的人仍有时被称为皮浪主义者。

苏格拉底因著名的“苏格拉底问答法”而闻名，他（勉强）承认自己也许是最有智慧的人，因为他知道自己无知。事实上，苏格拉底往往用他的问答法打破劣势以获得真知。其追随者伟大的古典哲学家柏拉图发展出的形而上学学说走得更远，他设定了一个先验模型或相或理念的领域，只有通过纯粹理性的特别力量才能抵达，超越了我们不完美的感官所知。但是，在柏拉图之后的年月里，也许是对其华丽的形而上学学说的回应，怀疑论复活了苏格拉底的一些论证，并用来发展真正的怀疑主义，认为无论通过感性还是理性我们都没有获得真知的可能性。古罗马的皮浪学派——埃利斯的皮浪（约公元前360—270）的追随者——发展了怀疑主义的观点。怀疑主义认为，既然我们无从获得真知，那么过道德的生活最好的就是安静、谦虚、寻找心灵的安宁。他们的结论有点类似数世纪之后的伏尔泰讽刺小说《老实人》中的主要人物：老实人憨第德静静聆听邦葛罗斯教授（以同时代伟大形而上学家莱布尼兹为原型）的所有形而上学推断，他得出结论，无论教授所言正确与否，“我们必须照料自己的花园”，即我们必须专注实际工作，避免形而上学梦。

尽管怀疑主义并未消失，但是到了中世纪它黯然失色。毕竟，那时候人们有托勒密的天文学，解释地球是宇宙的固定中心，并展示一幅太阳、行星、恒星绕地球轨道运动的壮丽图景。而且还有亚里士多德的物理学，解释热的生成、砖的下落，乃至固定星辰的完美旋转（固定的星辰附在一个大球体上旋转）——它们都在伟大的宇宙中找到了自己的合适位置。教堂权威对怀疑主义的态度很不友好，并保证无论今生来世态度都不会改观。

但是到了十六七世纪，哲学的发问方式发生了重大改变。哲学家不再追问关于上帝和实在的形而上学问题，而是开始关注似乎更基本的问题。不再问我们知道什么，而是问：我们怎么知道的？甚至更加基本：我们能知道吗？我们能获得真知吗？

> 认识论是关于知识以及知识的条件的研究，源于表示知识的希腊词“*episteme*”。

显然，这些问题并不是一直等到十六七世纪才突然被提出来：我们注意到，古希腊和罗马著名的怀疑论者，以及许多古代哲学家——亚里士多德就是一个明显的例子——很关心获得知识的条件。但到了十六七世纪，关于知识的问题以及关于是否和如何获得知识的认识论问题突然变得急迫。其中一个可能的原因，就是日益泛滥的哲学的怀疑主义。许多人开始怀疑是否有可能获得真知。

> 人是多么的虚幻啊！人是多么的新奇啊！人是多么的怪异、多么的混乱、多么的矛盾、多么的壮观啊！既是一切事物的审判官，又是无能的蠢材；既是真理的储藏所，又是不确定与错误的渊薮；是宇宙的光荣和耻辱。
>
> 谁能来解决这种混乱呢？天性驳倒了怀疑主义者，而理性又驳倒了教条主义者。人们啊，你们会成为什么样子！谁要通过你们的自然理性发现你们的真实情况倒底是什么样子？
>
> ——布莱士·帕斯卡，《思想录》

为什么这个时代盛行怀疑主义？有很多原因。其一，我们痛苦地发现，显然，我们对许多事一无所知；且其中不乏人们认为很重要的事。彗星偶尔造访，彻底打乱了天空运行的秩序，所谓固定的星辰不再稳定可靠地随大球体运动。突然在规律运动的天际球体上，滑过带着长尾巴的物体；它突然出现，穿过星辰间，然后神秘地消失，正如它神秘地到来。这种对天空运行秩序的严重扰乱似乎传递着特别的讯息：也许是警告，或者末日和无序的信号。但如果是警告，是上帝向我们传递的吗？如果是讯息，这讯息似乎超越我们的已知：无论它来自神抑或魔鬼，我们都真的希望获得关于这警告的知识，然而我们并没有。这段时间里，城市和乡镇都遭受可怕疾病的打击：疾病导致全村人大面积死亡、无数家庭无一人幸免、大城市几乎成为空城——许许多多的居民死亡，幸存者四处逃逸，躲避瘟疫。

> 这瘟病太可怕了，健康的人只要一跟病人接触，就染上了病，那情形仿佛干柴靠近烈火那样容易燃烧起来。不，情况还要严重呢，不要说走近病人，跟病人谈话，会招来致死的病症，甚至只要接触到病人穿过的衣服，摸过的东西，也立即会染上了病。

淋巴腺鼠疫，即可怕的黑死病一波波横扫欧洲。

> 那场瘟疫来势特别凶猛，健康人只要一接触病人就会被传染上，仿佛干燥或涂过油的东西太靠近火焰就会燃烧。更严重的是，且不说健康人同病人交谈或者接触会染上病，多半死亡，甚至只要碰到病人穿过的衣服或者用过的物品也会患病。
>
> ——乔万尼·薄伽丘（Giovanni Boccaccio），译自理查德·奥尔丁顿（Richard Aldington）英译本

瘟疫突然出现，连续数月肆虐一座又一座城市，然后消失。遭受瘟疫之灾的年月里，也许四分之一的欧洲人死亡——有的估计甚至高于这个比例。数年数月后，瘟疫又会回来——没人知道它从何而来、为何而至、如何预防。

> 灰暗的心绪笼罩着欧洲，毫不奇怪，到处充斥着关于死亡的思绪。“死亡之舞（*Danse Macabre*）”的主题甚为流行，教堂和书籍中的这类图画带着显著的风格特征——象征死亡的骷髅和活着的人并肩前行。下面是艺术家汉斯·荷

尔拜因（Hans Holbein）于1538年在里昂出版的作品集中的图画。图中小贩突然被死亡攫住。死亡之舞最常见的主题就是死亡随时降临，无情地带走生命。

《小贩》，汉斯·荷尔拜因，死亡之舞，1538，德国（Alamy ID: B11KMR）

如果彗星和瘟疫还不算糟，教会也四分五裂。1517年，马丁·路德在德国维滕堡城堡教堂大门上张贴辩论提纲（16世纪教堂的门就像公告栏，或者说像博客），挑战天主教堂权威。

路德与天主教的决裂没有丝毫妥协，从以下片段可窥一斑：

世界不愿意接受上帝为真神，接受魔鬼为真魔，因此被迫忍受它们的代表——教皇——他假意代表上帝，实为魔鬼的代理人。罗马教皇就是管理邪恶的和藐视上帝的人的治理形式，它适合那些不自愿遵从上帝的人，他们只能被一个恶棍逼着信上帝。

——P. 史密斯（P. Smith）和H. 巴林杰（H. Ballinger），《对话路德》（*Conversations with Luther*, Boston，1915）

当然，以往也有不少人挑战教堂权威，但是都不长久：很快会被斥为异端，遭压制和被杀。但是，路德有德国贵族支持，支持改革的新教徒遍布全德国及其他欧洲中部地区，如新教徒领袖约翰·加尔文（John Calvin）、乌尔利希·慈运理（Huldreich Zwingli）、约翰·诺克斯（John Knox）等。彗星的神秘、黑死病的可怕、旧的宗教确定性的瓦解。谁是对的，路德还是教皇？你的永恒灵魂命悬一线，如何得知正确的答案？如果你迟疑不决，黑死病可能在你犹豫之际就夺走了你的生命。

哥白尼革命

所有一切都带来怀疑的气息，但是怀疑主义还有一个源头，这恐怕是最为有力的一个。如果没有什么是确定的，没有固定的可依赖的真理，至少还有：太阳昼升夜落，高悬天际，确定、规律地绕着我们的地球运转。你站在那里，看旧的日头从东面升起，眼睛追随它的轨迹，直到日头落下西面的地平线。当然，太阳的轨迹也有些有规律的变化，比如，12月的太阳比6月的运行轨迹低。但这也是规律的、可预见的、确定的，太阳的规律且可靠的运行轨迹随季节变换。每天早晨在我们坚固的、静止的地球上醒来，看太阳在我们头顶的天际运行，夜晚，看星辰绕我们旋转的壮丽画面：像我们的太阳一样，星辰所在大球体绕我们固定的地球轨迹运行。尽管彗星、国王、黑死病神神秘秘、莫不可测，但是太阳和星辰予以我们确定性之域。但是，哥白尼来了，确定无疑的真理轰然坍塌。多少世纪以来，伟大的古希腊天文学家托勒密的天文体系指引着我们。我们用托勒密的体系计算历法、月亮盈亏、记录行星轨迹、指导航船、预测日食、耕种粮食。地球是宇宙的中心，确定不移。太阳每天绕地球运转，行星及其他星辰亦是如此（星辰都固定在更大的以地球为中心的一个球体上）；星辰之外自然是天堂主人的壮美之域：六翼天使和基路伯天使在完美上帝的王座前依序排列。

> 也许你在一年级学过，数世纪前，人们相信地球是平的，哥伦布勇敢地穿越海洋，而大多数人都认为他的船将在平的地球边缘坠入深渊。无稽之谈。古希腊天文学家托勒密2000多年前就构建了托勒密地心说天文体系；在托勒密体系中，地球是球体，是宇宙的中心，月亮、太阳、行星、固定的星辰都在一个更大的球体上绕地球运行，这一学说被天主教会和民间广泛接受。如哥伦布所说："权威的研究学者托勒密和其他这方面的论述者都展示和证明了，地球是球体，地面和水域分布其上，月亮的盈亏也是球形。"

这还不是全部。当我们开始怀疑太阳并非绕居于中心的静止地球运动，我们怀疑的不仅仅是古代的天文信念，而且是整个圆中圆的如钟表般运行的体系：固定的地球居于宇宙中心，月亮、太阳、行星绕地球运转；由于行星的路径有些不规律（所以希腊人称它们为行星，意为漫步者），行星的轨迹需要在大球体中的其他球体来解释：每个行星需要一个球体，小的球体在大的球体中旋转，行星就在里面这个小的球体上（想象一辆自行车，车轮上有个灯，你只能看到车灯；自行车绕圈运动，灯就在圈中圈里运动：行星就像自行车轮上的灯，因此行星的路径看上去有些不规律）。

当托勒密壮观的钟表般运行的体系被哥白尼击破之时，也是与托勒密体系联姻的亚里士多德物理学解体之日。为什么石头坠落地面而炽热的火花向上飞升？固定的星辰为什么绕我们做圆周运动？在亚里士多德那里，这些都是因为物质跟随自己本性运动，找寻自己的合适位置；炽热的火花飞升才是找到合适的位置，石头的本性却是向地面运动。同样的，固定的星辰每天一次在它们该在的地方旋转。要尽量接近完美的上帝，尽少变化，当然只有上帝全然永恒不动，为了效仿上帝，固定的星辰也尽可能少变化：它们尽量固定不动。所有这些我们观察自我们理想的有利位置：我们静止的地球，固定在整个体系的中央，基督教吸收亚里士多德学说作为救赎主题的完美中心点。但是，如果我们绕太阳飞行和旋转，无论火、水、土——一切元素如何找到它们合适的位置？如果固定的星辰所在的球体不再效仿上帝在自己的位置旋转，那么它的目的和目标是什么？伟大的托勒密－亚里士多德天文学和物理学体系遭到哥白尼革命的威胁。

在我们当代世界，科学飞速发展和变化，理论常常受到挑战或者颠覆。爱因斯坦的相对论，然后是量子力学，现在的弦理论：变化似乎是科学的日常。但是在16世纪，托勒密－亚里士多德天文学和物理学体系并非诸多理论中的一种；而是真理，是定论。可能会增加新的细节，但是无法想象反对托勒密－亚里士多德理论的根基，2000多年里，它都是占统治地位的学说。

> 人们愿意听一个自命不凡的占星师的，他拼命展示地球旋转，而不是天空的天体、太阳、月亮旋转……这愚蠢的人希望颠倒天文学的整个状况；但是神圣的经文告诉我们，约书亚命令太阳别动而非地球。
>
> ——马丁·路德，《桌边谈话录》，1540

对托勒密天文学的挑战致使与之紧密相连的神学体系也受到质疑。首先，尽管这不是最主要的问题——显然，《圣经》的许多章节表明地球是静止不动的：《诗篇》第93篇，大卫王说“耶和华作王……世界就坚定，不得动摇”。圣经中约书亚和亚摩利人之战，约书亚请求上帝将太阳留在天空，以便以色列人在黑暗降临前歼灭仇敌：“于是日头停留……直等国民向敌人报仇。……日头在天当中停住，不急速下落，约有一日之久。……是因耶和华为以色列争战。”（《约书亚记》，10:13—14）——不是地球停止旋转，而是太阳停止绕地球旋转。其实，哥白尼的观点和《圣经》经文的出入并不算大问题，而是哥白尼理论与建立了数世纪的整个亚里士多德/托勒密/基督教宇宙说根本不同：根据哥白尼的观点，我们不是宇宙的中心，当救赎上演，我们并不在舞台的中央；那些固定的星辰实际上每一个都如我们的太阳（像布鲁诺以死捍卫的那样），这些星辰距离我们在遥远的天际（如17世纪望远镜发明后所见），那么上帝在哪儿？不易找到。如果天体运动秩序全乱，世俗等级制度也可能完全乱套吗？国王和贵族不再高高在上。教会等级也遭冲击——教皇高高在上，然后是红衣主教和大主教，再者是牧师，最底层才是听从他们精神教诲的广大民众。当天空的和精神的固定等级动摇，其回响波及世俗秩序。贵族游手好闲、生活奢靡、居于统治地位，农民日夜劳作却一贫如洗；这真的是一成不变的秩序？许多人开始质疑传统，到处是农民造反；起义最终都被贵族以惨无人道的方式镇压（新教徒和天主教权威都支持镇压）。

> 新哲学使一切受到怀疑，
> 火元素熄灭；
> 太阳、地球没了踪影，
> 无人知晓，上哪儿去寻觅。
> 自由人坦诚世界曾经历，
> 曾有行星，曾有苍穹
> 如今人们寻找新鲜；
> 看这一切灰飞烟灭重归原子。
> 分崩离析，一切连续性消失；
> 一切充足，一切相联：
> 王子、主体、圣父、圣子，皆被忘记。
>
> ——约翰·多恩（John Donne），《世界的解体》（*An Anatomy of the World*），1611

一切都告诉我们，在静止的地球上，太阳绕我们运行。《圣经》、教会、古代天文学权威，还有最重要的——我们的感官都告诉我们，地球静止而太阳绕我们旋转。然而全都错了。太阳看上去在动是因为我们自己在旋转。如果我们错了——相信我们生活的地球固定不动，太阳在头顶绕圈——我们如何能够自信自己能获得任何真知？

哥白尼革命告诉我们两件事情。首先，我们最珍视、最显而易见的真理事实上错了。其次，在我们对所见得出可靠的观察之前，我们必须考虑我们的观测位置和能力的影响。太阳看上去在移动，因为我们自己在旋转。苹果看上去是红的，也许是因为我们的眼睛处理光线的方式。屋子里很冷，也许是我们发烧了。食物尝起来是咸的，也许是因为我们病了。

结果就是认识论在哲学中的重要价值显现：在我们问什么真的存在之前，我们首先要考虑自己是否有合理的、可靠的方法去“知”；毕竟，如今我们发现，我们曾经确定相信自己知道的东西事实上是错误的。要找到获得真实可靠的知识的方法，我们必须仔细审视我们获得知识的角度和能力。我们的感官令人遗憾地不可靠；也许我们的理性能力也好不到哪儿去。

在一个陷入社会、宗教、天文、常识混乱的世界里，怀疑主义盛行再自然和合理不过。教会分崩离析，战争绵延不断，瘟疫之灾历历在目，天文学陷入混乱，我们最普遍的常识——我们是静止的观察者，看着太阳升落——不再可靠。常识的、神圣的、科学的知识统统不靠谱，我们还有什么自信去获得知识？这期间，怀疑主义盛行，以至一些天主教领袖觉得既然无力反驳，是不是该加入他们——或者至少让怀疑主义被正确利用。16 世纪晚期的一位伟大的怀疑论者，是天主教神学家米歇尔·德·蒙田（Michel de Montaigne，1533—1592）。他发展出一套怀疑主义论证，认为无论在神圣的世界还是科学的世界，人类都无法获得知识；并得出结论，既然你根本无法确信你的观点正确或者你选择的道路将你带向安全的目的地，你最好“待在上帝安放你的地方”，不要试图尝试新的、内心不确定的信仰和道路。因此，既然上帝让你成为天主教徒，你就应该做天主教徒，而不是徒劳无益地尝试新的信仰——尤其不应陷入新教的疯狂深渊。

> “当我和我的猫玩耍时，谁知道是我用它打发时间，还是它用我打发时间？”
>
> ——蒙田，《蒙田随笔》，第二卷，第十二章

笛卡尔

有些人，比如蒙田，拥抱怀疑主义；或者不是很赞同的人，至少试着利用它，学习和它共存。但是，对大多数人而言，人们希望获得可靠知识的欲望更强烈，怀疑主义并不是令人舒服的休息地。我们以为可靠的一切——我们观察到的太阳绕我们运转，托勒密理论，教会权威——统统受到质疑。还有可能建立可靠的知识体系吗？你会如何开始新的尝试？这都是笛卡尔向自己提出的问题；追寻这些问题的答案，笛卡尔带来了哲学的重大转向。事实上，笛卡尔对我们对知识的理解和追问都产生了深远影响，甚至影响着从未听说过笛卡尔这个名字的人们。

首先，笛卡尔改变了我们所关注的基本问题的提问方式：不是问我们知道什么，而是问我们如何知道。也就是，在研究和构建我们的知识范畴之前，我们首先研究一个更基本的问题：我们如何获得知识？我们有什么样的方法步骤？我们如何可能确定我们知道什么？这可能吗？

> 很多年以来，我就发觉，自从幼年时期起，我就把一堆错误的见解当作真实的接受了过来，从此一直根据一些非常靠不住的原则建立起生

> 活的信念，其实这些都是十分可疑和靠不住的，因此我认为，如果我想要在科学上建立起某种坚定可靠、经久不变的东西，我就必须在我的有生之日认真地把我历来信以为真的一切见解统统清除出去，再从根本上重新开始。
>
> ——笛卡尔，1637

其次，笛卡尔在研究确定性知识、获得真知的方法步骤前，先研究自己获得知识的能力：我如何确定？他不诉诸任何权威给予他真理，不论是教会、国王还是古代权威。关于确定性的知识和获得知识的方法，笛卡尔自身才是裁判。

最后，笛卡尔希望发展出一套无论何时何地都可以给予他可靠知识的方法，且在其他人身上也同样适用。笛卡尔当然不是发明了证明假设的科学方法；事实上，他的方法不同于科学方法。但是，他坚持认为，如果可以获得知识，那么一定有可靠的方法获得。

确定性

尽管笛卡尔极大地改变了哲学追问的方式，但他和早期哲学传统一样假设了：真知必须是确定的。真知必须是绝对确定的，不容许任何怀疑和例外的元素，这种假设要追溯到许多世纪之前，至少要追溯到柏拉图。你的感官欺骗你，观察是不可靠的。如果“所见即可信”，那么就不会有错误的信念。这就是柏拉图的洞穴的比喻。

在《理想国》中，柏拉图（以其伟大老师苏格拉底的口吻）用详细的洞穴类比描绘了人类的状况。想象我们都关在昏暗的洞穴中，手脚都被锁链锁在岩石上，岩石伸出在山洞的深深崖壁上。唯一的亮光来自我们身后远处燃烧着的一堆火。我们看不到火，只是在面前的白墙上看到了自己以及身后到火堆之间的事物的影子。在离我们很远处——从我们所在的岩石看不到的地方——人们在火前面走来走去，并举着各式物体。但我们只能看到投影在白墙上的影子。我们不知道自己在洞穴中，也不知道自己看到的只是影子；洞穴和影子是我们经验到的唯一事实。因此，我们以为影子的世界就是真实的世界；只要我们将我们的精力关注在影子上，我们永远不会获得关于真理的真实知识。我们也许知道很多关于影子世界的东西，但是永远看不到真实的世界。假设一个囚徒挣脱了枷锁，并且摸索着走出了洞口，看到了太阳照射的世界。起初，他几乎被太阳光弄瞎了眼，什么也看不清。但是他的眼睛逐渐适应，他开始明白自己原来只是生活在影子的世界，而如今看到了真实。如果他返回洞穴并试图向其他人解释，那些影子其实只是虚幻的事物，并向他们指明光明的道路，他们一定会认为他是个疯子：在他们所经验的影子世界里，没有什么能够帮助他们理解洞穴外的世界。

柏拉图洞穴比喻的寓意在于，我们就像洞穴中被困的囚徒：我们看到摇晃的影子展现给我们的感官，并将这些影子当作真实。只要我们将我们的精力关注在影子上——不论我们从多么近的地方观察它们——我们永远不会明白真实的实在。影子现象背后的真理只能由我们理性的能力来把握：理性是通往确定的、永恒的、普遍的真理之路。呈现给我们感官的摇曳影子使我们分心，影响我们通过理性的能力获得深层次的真理。

教会采取了同样的原则：真知必须确定且绝对可靠。理性是上帝的礼物，因此，理性可以给予我们一些关于上帝的本性的知识；但是，理性是有限的（上帝给予我们理性的特殊礼物，但是显然我们并不全知）。所以，我们必须依赖上帝的恩泽和天启以获得确定的、固定的、不变的真理。感官和现象的世界是地上的原罪、堕落、变化的世界；将你的思想转向永恒的星辰，它们固定在其轨道上保持不变地绕我们死亡和衰退的地球运动；固定的星辰所在的球体提醒你上帝的完美，以及上帝赐予我们理性和特别天启的礼物以保证我们获得不变的绝对真理。

哥白尼革命动摇了托勒密的世界里不变的固定绕堕落的地球运行的星辰，动摇了地球是宇宙的中心的说法，有力指出了感官观察的问题和怀疑。毕竟，有什么比我们的感官觉察到太阳每天升起在地平线更加确定？哥白尼革命动摇了数世纪以来被认为是确定的信念（比如，关于地球是宇宙的不动中心的基本信念）。这导致了大范围的对于所有知识的怀疑主义，与此同时尤其削弱了感官知识。

笛卡尔与理性

笛卡尔认为，只有源自理性的纯粹知识才可能完全可靠，他用一块蜡的例子来说明这点：当我拿一块蜡，把它放到火上烧，它的形状变了，温度也变高了，颜色和质地也不同了；尽管我们的感官观察到完全不同的性质，我通过我们的理性能力得知，它依然是同一块蜡。因此，真知的模型变成我们可以通过纯粹理性获得的知识，而无须借助我们不可靠的感官，比如，关于数学和几何的知识。（当然，我们可能犯数学错误，我们都悲伤地知道这点；但是，这样的错误是可以被理性发现和纠正的，而不是靠感官观察的易错来源。）如果灵巧的魔术师右手拿起两个球，左手拿起另外两个球，然后问他的手中一共有几个球，我们的感官会告诉我们一共有四个。如果他张开手，我们发现有五个或者三个球，或者一个球也没有，我会为他的灵巧魔术鼓掌，他的技巧欺骗了我的感官。但无论他表演这个魔术多少次，他都不可能说服我二加二不等于四。通过纯粹理性得到的所知——数学和几何的真理是很好的例子——远比感官观察所得的所知要令我确信得多：它们完全是获得知识的不同方法。事实上，哲学传统将知识明显分为两种类型：纯粹理性的先天知识（如数学和几何学真理）和通过经验获得的后天知识（如我们关于天气、物理学、天文学的知识）。先天知识在经验之先；即不依赖经验观察而仅由理性得出的知识：我们可以坐在黑屋里推导得出的那类知识。相反，后天知识源自经验，它们跟随经验和基于经验：是经验的知识。先天知识和后天知识的区分受到了挑战，尤其是从 20 世纪中叶开始；但它在哲学史上发挥了很重要的作用。在哲学传统中，先天知识往往得到更多敬重。回到柏拉图，先天知识被认为是最高的知识，免于感官的混乱和欺骗：先天知识似乎是普遍的、绝对的、永恒的。哥白尼革命也许会替代托勒密理论，但是引领托勒密的数学同样引领着哥白尼。观察也许会发现我们天文学或物理学系统中的错误，但是不会出现在数学中。

像古人一样，笛卡尔十分敬重理性和数学的先天真理，但是他并不是完全满意。毕竟，数学并没有被哥白尼革命颠覆，而怀疑主义猖獗。而且笛卡尔不是很满意数学真理的思考，他还希望知道我们的感官是否可以带给我们关于物理世界的知识：感官是否也能够带来真知？最终，笛卡尔意识到，甚至在数学和几何学中我们也会犯错。如数学真理一样，笛卡尔希望找到可以支撑可靠真理的整个体系的基础。

笛卡尔的怀疑方法

笛卡尔试图找到揭示真理的方法，他的方法基于一些基本假设。第一，真理必须是确定的。第二，如果我们会拥有真知，我们不能仅仅是偶然猜到真理，或者凭借幸运得到正确信仰；我们必须有途径知道我们知。第三，我们的知识必须基于牢固和确定的基石。第四，所有我们的真知必须从牢固的基石开始，一步步保持确定性地建构起来。为了实现这些目标，笛卡尔发展出自己的怀疑方法。笛卡尔计划拿起极端怀疑主义的有力武器，用它们来对付怀疑主义者。

笛卡尔穷尽了怀疑主义的所有工具和把戏——也想了些自己的方法——意图发现固定的、不变的、不容置疑的真理：一些不可能怀疑的真理，可以任凭怀疑主义攻击而不会被动摇的真理。如果能够找到这样不容置疑的、绝对的、不可动摇的真理，笛卡尔想把它用于两个目的。首先，他希望这个真理作为固定的、确定的基石，在其之上可以安全建构确定真理的体系。其次，他想研究这个不容置疑的真理的特别特性和标志性特征；以便在其他的研究中当发现这类特征时，他可以知道自己找到了确定真理；即他会知道自己知。

笛卡尔从排除我们可能认为是最佳的和最显而易见的不容置疑的真理开始：我坐在椅子上的即刻知识，我有双手，我手里有本书。这些确定的信念是有诱惑力的始点。笛卡尔坚持认为，我们应该拒绝这类诱惑：这类信念不可能如我们想象得那般确定，而且显然并非不容置疑。毕竟，你只是认为你确定地坐在椅子上看你手中的书。但是，也许你只是在做一个生动的梦（或者既然你梦见自己在读哲学书，也许你认为这是一个清晰的梦魇）。的确，你做梦在读哲学书并不总是那么清晰。但是，你的有些梦——关于月光、清风、暖暖的沙滩、涟漪的海面（你可以根据自己对梦的记忆随意添加）——的确是历历在目的。也许你吸毒了，正经历生动的幻觉。的确，这些剧情很不一样，但是，当你确信你知道你坐在椅子上读哲学书时，有可能你并没有达到不容置疑的真理。笛卡尔更进一步，假想一个无所不能的、有着可怕力量的恶魔，以他所有的技巧和本事欺骗你。如果是这样，也许甚至看似确定的数学真理都有可能是魔鬼欺骗的产物。用笛卡尔恶魔论证的当代版本来说，就是你只是“缸中之脑（brain in a vat）”，邪恶科学家用计算机按照程序向脑传送信息。[①] 如果你的大脑被药物或者电流刺激，你也可能产生对你来说十分真实的生动幻觉。也许随着我们对大脑了解的深入，某天某人可以通过某种东西刺激你的大脑，让你强烈感觉到自己得出了精巧的数学或逻辑学证明，而事实上你的“理性”程序和你的感官一样错误。如果你的心灵 / 大脑受到如此邪恶的控制思维的科学家的控制（或者像笛卡尔举的例子，被厉害的、恶毒的、欺骗的恶魔控制），你还有什么可以确定知道的呢？即，即使在极端怀疑主义的挑战和诡计下，还有什么能够逃脱怀

---

① 1981 年，希拉里·普特南（Hilary Putnam）在他的《理性、真理与历史》（*Reason*, *Truth*, *and History*）一书中，阐述了关于“缸中之脑”的假想：“一个人被邪恶科学家施行了手术，他的脑被从身体上切了下来，放进一个盛有维持脑存活营养液的缸中。脑的神经末梢连接在计算机上，这台计算机按照程序向脑传送信息，以使他保持一切完全正常的幻觉。”——译者注

疑，有什么我们仍然可以知道，且知道我们知道？

> 如果你看过科幻电影《黑客帝国》，你就会更容易想象这样的剧情；事实上，电影的制作人承认他们受笛卡尔启发。

我思，故我在

笛卡尔的答案是，的确有一个这样牢固的确定性的根基，不论多么厉害的骗子试图欺骗我们，我们每一个人都可以自信地确知的知识，这个绝对确定和不容置疑的真理就是：我存在，作为思考着的物。即使强大的恶魔用尽浑身解数欺骗我们，也不可能动摇这个确定无疑的事实即我思，我是在思的那个物。即使魔鬼成功搅乱我的思维，我依然在思，我是一个能够思的存在，我是一个存在着的在思的存在。笛卡尔的结论就是著名的哲学命题："我思，故我在。"或者有时也称作著名的"*cogito*"；即"*cogito, ergo sum*（我思故我在）"。

笛卡尔十分小心地不过分夸大他令人兴奋的结论。他相信他找到了一种确定性：他作为在思之物的存在。但是，在这最初的阶段，这是个非常有限的主张。他不是说他知道自己作为人类存在，拥有大脑或身体；他只是说他知道自己此时此刻作为一个在思之物存在。也许他是一个物理的物体，如大脑；也许只是什么虚无缥缈的东西；也许他的存在每一刻都在变化，所有他以为的"记忆"都不过是幻象。不管怎样，笛卡尔达到了一个不容置疑的确定性的基石：不论何时我思，那一刻我就知道我作为一个在思之物存在。

> 阿基米德只要求一个固定的、不动的点，好把地球从它原来的位置上挪到另外一个地方去。同样，如果我有幸找到哪怕是一件确定无疑的事，那么我就有权抱有远大的希望了。
>
> ——笛卡尔，《第二个沉思》

笛卡尔的持续影响

好吧，也许你并不认为这是什么特别令人兴奋的发现：又不是发现了新的星系或者新的抗癌药物或者新的物种或者新的数学证明。但是，对笛卡尔而言，在他所处的极端怀疑主义的时代，这的确是令人兴奋的发现。当然，如果笛卡尔认为他的"作为在思之物的存在"只是救他脱离怀疑主义，那可能会打击他的热情。但是，找到了确定性的牢固基础，以此作为出发点，笛卡尔自信他可以建构广阔的、可观的知识体系。他是否成功地实现了这一巨大工程显然备受争议。事实上，从笛卡尔开始着手建构这个知识体系起，争论就开始了：

> ……为了排除这个理由（怀疑他的理性能力），我应该在一旦机会来的时候，探究一下是否有一个上帝；如果我发现有一个上帝，我也应该探究一下他是不是个骗子。因为如果不知道这两个事实真相，我就不认为我能确定任何事情。
>
> ——笛卡尔，《第三个沉思》

但是，尽管笛卡尔不得不继续论证上帝的存在（上帝不是一个骗子），他自己发现，论证显然不能说服所有人。在这个问题上，你可以读笛卡尔的《沉思集》并得出自己的看法。但是，不论我们的结论是笛卡尔建构广阔的、可观的知识体系的努力是成功了或是失败了，毫无疑问，笛卡尔深刻影响了我们思考知识和怀疑主义的方式，这种影响达数个世纪。

笛卡尔的论证令人着迷，不论你是否完全被他说服。毕竟，如果你想证明自己手拿一支笔坐在椅子上，而你首先去证明上帝存在且不是一个骗子似乎绕远了。即使你认为笛卡尔成功证明了他自己作为在思之物存在，你依然会怀疑从这个始点延伸出的所有信念的正当性。很大程度上，并非笛卡尔的论证影响深远，而是他所有工作由之开始的那个假定：他的基础主义（所有知识必须建立在确定性的基石上），他对确定性的坚持，以及他的基本信念——人类和人类知识必定是特别的、区别于不洁的经验世界的存在。

我们如何获得知识？笛卡尔给予我们一幅美轮美奂的、神一般的、独立的、完全自足的理性者的画面，穿着长袍庄严地坐在火炉前，论证通往纯粹的、终极的、不容置疑的最深层真理之路。这样的画面对于笛卡尔这类人而言真是太美妙了，他们寻找固定的、确定的真理——可以通过个体的理性能力发现和可靠地知道的真理。我们如何能够可靠地获得这些固定的、确定的真理？笛卡尔的答案并没有形成后续的辩论，但是他形成了提问的方式。

不论是接受或拒绝笛卡尔的论证、方法、假定，他研究哲学的方法的元素都对后世产生了深远影响。笛卡尔试图发现利用我们自身资源我们可以知道什么；即利用我们的理性能力（笛卡尔对此深信不疑）、我们的感官（他认为是有限的和易错的），也许还有我们的直觉（笛卡尔认为很重要），而不是向外去寻找一个权威来告诉我们对错——不是古代权威（如亚里士多德和柏拉图）或是教会权威（如《圣经》经文）——笛卡尔要从自身找答案。笛卡尔并不是否定教会权威。他曾是一个虔诚的信徒；在那样的年代，挑战教会权威是危险的和欠考虑的——如伽利略、布鲁诺和其他许多遭罪的人那样——笛卡尔是个谨慎的人，他渴望安静、安全的生活。但在他的哲学著作中，尽管他小心翼翼地说些支持教会的话，他还是将自己的探究托付给自己的理性能力。相信自身研究、调查、理解的能力是笛卡尔帮助引领的启蒙时期的重要特征。即使你得出怀疑主义的结论，这个怀疑主义的结论也是基于你自身的理性和评价的，而非接受某种权威。读其他研究同样问题的人的书——如笛卡尔——有助于我们自己研究哲学问题。但是，你关于对的结论的判断必须是你自己的结论，基于你自己研究这些问题的努力。不论如何评价笛卡尔的整体地位，那都是笛卡尔长存的哲学遗产的重要部分。

阅读部分

第一个沉思，第二个沉思

勒内·笛卡尔

勒内·笛卡尔（René Descartes，1596—1650）常常被认为是“近代哲学之父”，他强调我们如何能够获得知识和以何种可靠的方法获得知识的问题，强调依赖自身的理性和探究能力（而不是依赖某种可知的权威来源）。在这些沉思集中，笛卡尔提出了他的极端怀疑主义的挑战，并给出了解决方案，捍卫获得知识的理性主义者的方法。

第一个沉思：论我们可能怀疑的事物

1. 很多年以来，我就发觉，自从幼年时期起，我就把一堆错误的见解当作真实的接受了过来，从此一直根据一些非常靠不住的原则建立起生活的信念，其实这些都是十分可疑和靠不住的，因此我认为，如果想要在科学上建立起某种坚定可靠、经久不变的东西，我就必须在我的有生之日认真地把我历来信以为真的一切见解统统清除出去，再从根本上重新开始。可是，这个工作的规模巨大，因此我一直等待我达到十分成熟的年纪，成熟到我不能再希望在这以后还会有更适合于执行这项工作的时候为止，这就使我拖延了如此之久，直到我认为如果我的余生再不行动，光是考虑来考虑去的话，那我就铸成大错了。现在，我的精神已经从一切干扰中解放了出来，我在一种恬静的隐居生活中得到安心的悠闲，我要认真地、自由地来对我的全部旧见解进行一次总的清算。

2. 但是要达到这个目的，并没有必要去证明这些旧见解都是错误的，那样的话，我也许永远达不到目的。理性告诉我，不单是那些显然错误的东西，对于那些不是完全确定无疑的东西也不应该轻易相信，因此只要我在那些东西里找到哪怕是一点点可疑的东西，我就会把它们全部都抛弃掉。那么，我就不需要一个个地检查它们了，因为那将会是一件没完没了的工作。可是，拆掉基础就必然引起大厦的其余部分随之而倒塌，所以我首先将从我的全部旧见解所根据的那些原则下手。

3. 至今为止，凡是我当作最真实、最可靠而接受过来的东西，我都是从感官或通过感官得来的。据我观察，感官常常误导我们；为了小心谨慎起见，对于曾经骗过我们的东西就不能完全相信。

4. 但是，虽然感官有时在不明显和离得很远的东西上误导过我们，但是也有很多别的东西，虽然是我们通过感官认识的，却没有理由怀疑它们：比如，我在这里，坐在炉火旁边，穿着冬日长袍，两只手上拿着这张纸，以及诸如此类的事情。我怎么能否认这两只手和这个身体是属于我的呢，除非我是疯了？那些疯子的大脑被胆汁的黑气严重扰乱和遮蔽，以致他们尽管很穷却经常以为自己是国王；尽管一丝不挂，却经常以为自己像国王一样穿紫戴金；或者他们的头是黏土做的，他们的身子是玻璃做的，或者他们是葫芦？但是，我的疯狂程度并不比疯子少，我刨根究底的程度比他们更荒唐。

5. 虽然如此，我在这里必须考虑到我是人，因而我有睡觉和在梦里出现跟疯子们醒着的时候所做的一模一样、有时甚至更加荒唐的事情的习惯。有多少次，我夜里梦见我在这个地方，穿着衣服，在炉火旁边，虽然我是一丝不挂地躺在我的被窝里！我现在确实在用醒着的眼睛看这张纸，我摇晃着的这个脑袋也并没有睡着，我有意识地故意伸出这只手，我感觉到了这只手，而出现在梦里的情况好像并不这么清楚，也不这么明白。但是，仔细想想，我就想起来我时常在睡梦中受到这样一些假象的欺骗。想到这里，我就明显地看到没有什么确定不移的标记，也没有什么相当可靠的迹象使人能够从这上面清清楚楚地分辨出清醒和睡梦来，这不禁使我大吃一惊，吃惊到几乎能够让我相信我现在是在睡梦中。

6. 那么我们假定我们是睡着了，假定所有这些个别情况——即我们睁开眼睛，我们摇晃脑袋，我们伸手——都不过是一些虚幻的假象；让我们就设想我们的手以及整个身体也许都不是像我们看到的这样。尽管如此，至少必须承认出现在我们的梦里的那些东西，就像图书一样，它们只有摹仿某种真实的东西才能做成，因此，至少那些一般的东西，比如眼睛、脑袋、手，以及身体的其余部分并不是想象出来的东西，而是真实存在的东西。因为，事实上，当画家们用最大的技巧，画出奇形怪状的人鱼和人羊的时候，他们也毕竟不能给它们加上完全新奇的形状和性质，而不过是把不同动物的肢体掺杂拼凑起来；或者就算他们的想象力达到了相当荒诞的程度，足以捏造出来什么新奇的东西，新奇到使我们连类似的东西都没有看见过，他们的作品给我们表现出一种纯粹出于虚构和绝对不真实的东西来，不过至少构成这种东西的颜色总应该是真实的吧。同样道理，就算这些一般的东西，例如眼睛、脑袋、手以及诸如此类的东西都是幻想出来的，可是总得承认有更简单、更一般的东西是真实的、存在的，由于这些东西的掺杂，不多不少正像某些真实的颜色掺杂起来一样，就形成了存在于我们思维中的东西的一切形象，不管这些东西是真的、实在的，还是虚构的、奇形怪状的。

7. 一般的物体性质和它的广延，以及具有广延性东西的形状、量或大小和数目都属于这一类东西；还有这些东西所处的地点，所占的时间，以及诸如此类的东西。

8. 因此，我们的理性可以推论：即使物理学、天文学、医学以及研究各种复合事物的其他一切科学都是可疑的、靠不住的；但是算术、几何学，以及类似这样性质的其他科学，由于它们的对象都不过是一些非常简单、非常一般的东西，不大考虑这些东西是否存在于自然界中，因而却都含有某种确定无疑的东西。因为，不管我醒着还是睡着，二和三加在一起总是五，正方形总不会有四条以上的边；像这样明显的一些真理，看来不会让人怀疑或者觉得不可靠。

9. 尽管如此，很久以来，我有一种信念：存在一位全能的上帝，他把我创造成我现在这个样子。可是，谁能向我保证这个上帝没有这样做过，即本来就没有地，没有天，没有带有广延性的物体，没有形状，没有大小，没有地点，而我却偏偏具有这一切东西的感觉，并且所有这些都无非是像我所看见的那个样子存在着的？还有，和我有时断定其他人甚至在他们以为知道得最准确的事情上弄错一样，也可能是上帝有意让我每次在二加三上，或者在数一个正方形的边上，或者在判断什么更容易的东西（如果人们可以想出来比这更容易的东西的话）上弄错。但是，也许并不是上帝故意让我出这样的差错，他是至善的。尽管如此，如果说把我创造成会受骗的、会犯错的，这是和他的善良相悖的，但是这是他所容许的。

10. 的确，也许有人宁愿否认一个如此强大的上帝的存在而不去相信世上一切都是不确定的。我们暂且不要去反对他们，反倒从他们的角度方面去假定，关于上帝的一切说法都是无稽之谈。尽管如此，无论他们把我所具有的状况和存在做怎样的假定，他们把这归之于某种命运或宿命也罢，或者归之于偶然也罢，或者把这当作事物的一种连续和结合也罢，既然失误和弄错是一种不完满，那么肯定的是，他们给我的来源所指定的作者越是无能，我就越可能是不完满以至我总是弄错。对于这样的一些理由，我当然无可答辩；但是我不得不承认，凡是我早先信以为真的见解，没有一个是我现在不能怀疑的，这决不是由于考虑不周或轻率的缘故，而是由于强有力的、经过深思熟虑的理由；因此，如果我想发现任何确定的东西，我应该小心翼翼不去轻易赞同和我一致的观点，就像我们不会赞同显而易见的错误。

11. 但是，仅仅是上述观察还是不够的，我还必须牢牢记住这些；因为这些旧的、平常的见解经常回到我的思维中来，它们跟我相处的长时期的熟悉习惯给了它们权利，让它们不由我的意愿而占据了我的心，差不多成了支配我的信念的主人。只要我把它们按照它们的实际情况那样来加以考虑，即像我刚才指出的那样，它们在某种方式上是可疑的，然而却是十分可能的，因而人们有更多的理由去相信它们而不去否认它们，那么我就永远不能把承认和信任它们的习惯破除。就是因为这个缘故，我想，如果我反过来千方百计地来骗我自己，假装所有这些见解都是错误的、幻想出来的，直到在把我的这些成见反复加以衡量之后，使它们不致让我的主意偏向这一边或那一边，使我的判断今后不致为坏习惯所左右，不致舍弃可以导向认识真理的正路反而误入歧途，那我就做得更加慎重了。因为我确实相信在这条路上既不能有危险，也不能有错误，目前也不能容许我有太多的不信任，因为我所探求的不是行动而是知识。

12. 假定并非上帝，而是恶魔乃善之主管和真理之源，他有着强大的力量，而且善于狡诈和欺骗，他倾其所能来欺骗我。我要认为天、空气、地、颜色、形状、声音以及我们所看到的一切外界事物都不过是他用来骗取我轻信的一些假象和骗局。我要把我自己看成本来就没有手，没有眼睛，没有肉，没有血，什么感官都没有，而却错误地相信我有这些东西。我要坚决地保持这种想法；如果用这个办法我还认识不了什么真理，那么至少我有能力不去下判断。就是因为这个缘故，我要小心从事，不去相信任何错误的东西，并且使我在精神上做好准备去对付这个大骗子的一切狡诈手段，让他永远没有可能强加给我任何东西，不管他多么强大，多么狡诈。可是，这是一桩艰难的事业，总有一种惰性使我不知不觉地又回到我日常的生活方式中来；就像一个囚徒在睡梦中享受着虚构的自由，当他开始怀疑这一切时，不禁惊醒，他宁愿与这些愉快的幻象合谋，以便久久沉醉在这怡人的骗局中；我自己也不知不觉地重新掉进我的旧见解中去，我害怕从这种迷迷糊糊的状态中清醒过来，害怕在这个恬静的休息之后，努力地工作不但不会带来真知之光，反倒证明无力驱散所有提出的难题所带来的黑暗。

第二个沉思：论人的心灵的本性以及心灵比躯体更易了解

1. 我昨天的沉思给我的心灵带来了诸多怀疑，心里装上了那么多的怀疑，我再也无力遗忘它们。可是，我还不知道如何解决；我就好像一下子掉进非常深的水潭里似的，惊慌失措，既不能把脚站稳在水底，也不能游上来。虽然如此，我将努力沿着我昨天已经走上的道路继续前进，躲开我能够想象出的任何可疑之物，就好像我知道它是绝对错误的一样。我还要在这条路上一直走下去，直到我碰到什么可靠的东西，或者，假如我做不到别的，至少直到我确实知道在世界上就没有什么可靠的东西时为止。阿基米德只要求一个固定的、不动的点，好把地球从它原来的位置上挪到另外一个地方去。同样，如果我有幸找到哪怕是一件确定无疑的事，那么我就有权抱有远大的希望了。

2. 因此，我假定凡是我看见的东西都是假的（虚构的）；我相信没有任何物体存在过，那些都只是我虚妄的记忆的描述。我设想我没有任何感官，物体、形状、广延、运动和地点都不过是我心灵的虚构。那么，还有什么东西可以认为是真实的呢？也许除了可以确定世界上根本就没有什么是确定的以外，再也没有别的确定的东西了。

3. 可是，我怎么知道除了我刚才所列举的不可靠的那些东西以外，是否还存在完全不同的物体，是我们丝毫不能怀疑的东西呢？难道就没有上帝，或者什么别的力量——不论我怎么称呼他——让这些想法在我的心里产生吗？为什么非要假定这样一种存在，难道我自己不能够产生这些想法吗？那么难道至少我不是什么东西吗？但是，在我否认我拥有感官和身体之前；我犹豫了，尽管如此，可是从此会得出什么结论来呢？难道我非依靠身体和感官不可，没有它们就不行吗？可是我曾说服我自己相信世界上什么都没有，没有天，没有地，没有心灵，也没有躯体；难道我不是也曾说服我相信连我也不存在吗？绝对不；如果我曾说服我自己相信什么东西，或者仅仅是我想到过什么东西，那么毫无疑问我是存在的。可是，有一个我不知道是什么的非常强大、非常狡猾的骗子，他总是用尽一切伎俩来骗我。因此，如果他骗我，那么毫无疑问我是存在的；而且他想怎么骗我就怎么骗我，只要我意识到自我是一个什么东西，他就无法使我成为什么都不是。所以，深思熟虑和仔细检查万事万物，最后必定得出这样的结论，这一点确信无疑，即我在，我存在，每当我说出这个命题，或者在我心里想到它的时候，这个命题必然是真的。

4. 尽管我确实知道我存在，可是我还不大清楚“我到底是什么”；所以，今后我必须小心翼翼，不要轻率地把别的什么东西当成我，同时要离开所谓真理，即使是其他所有人认为最确定和最明显的知识（认知）。就是为了这个缘故，所以在我有上述这些想法之前，我先要重新考虑我从前认为我是什么；并且我要把凡是可以被我刚才讲的那些理由所冲击到的东西，全部从我的旧见解中铲除出去，让剩下来的东西恰好是完全可靠和确定无疑的。

5. 那么，我以前认为我是什么呢？毫无疑问，我认为我是一个人。可是一个人是什么？是一个有理性的动物吗？当然不；因为在这以后，我必须追问什么是动物，什么是有理性的，这样一来，我们就将要从单独一个问题上不知不觉地陷入无穷无尽的别的一些更困难、更麻烦的问题中去了，而我不愿意把我剩有的很少时间和闲暇浪费在纠缠像这样的一些细节上。

我更愿意思考从前在我心里生出来的那些思想，它们是从我自己的本性中生出来的，我想我是有脸、手、胳臂，以及所有的机体组织，我曾称之为身体。除此而外，我吃饭、走路、感觉、思维，并且我把我所有这些看作灵魂的行动；但是，我还没有进一步细想这个灵魂到底是什么；或者说，我想象它是某种极其稀薄、极其精细的东西，好像一阵风，一股火焰，或者一股非常稀薄的气，这个东西钻进并且散布到我的那些比较粗浊的部分里。至于躯体，我决不怀疑它的性质；因为我曾以为我把它认识得非常清楚了，并且如果我要按照我那时具有的概念来解释它的话，我就会这样地描述它：躯体，具有某种特定的形状；处于某个地方，能充满一个空间，把那里的其他任何躯体都排挤出去；它能通过触觉、视觉、听觉、味觉或者嗅觉而被感觉到；它能以若干方式被移动，不是被它自己，而是被在它以外的什么东西，它受到那个东西的接触和压力，从而被它所推动。我不认为躯体具有自我推动、感觉和思维等能力；相反，看到其他躯体具有像这样一些能力，我倒是非常奇怪的。

6. 但是，既然我假设存在一个极其强大但是恶毒的存在，如果我可以这样说的话，它倾其所能来欺骗我，那么对我自己而言，我到底是什么呢？我能够肯定我具有一点点我刚才归之于躯体的特性吗？我在心里思前想后，仔细考虑，我没有找到其中任何一个特性存在于我心里。无须一一列举。直接来看看灵魂的属性。首先两个是吃饭和走路；可是，假如我真没有身体，我也就真既不能走路，也不能吃饭。另外一个是感觉；可是没有身体就不能感觉，除非是我以为以前我在梦中感觉到了很多东西，可是醒来之后，我认出实际上并没有感觉。思维是灵魂的另一属性；现在我发现思维是完全属于我的，是唯一不能与我分离的属性。我在——我存在：这是确定的；可是，多长时间？我思维多长时间，就存在多长时间；因为假如我停止思维，也许很可能我就同时停止了存在。我现在对不是必然真实的东西一概不承认；因此，严格来说，我只是一个在思维的东西，也就是说，心灵（*mens sive animus*）、理解或者理性，我以前不知道这些名称的重要性。那么，我是一个真的东西，真正存在的东西了；可是，是一个什么东西呢？我说过：是一个在思维的东西。

7. 问题又来了，我还是什么呢？我要再发动我的想象力来看看我是不是能多发现一些什么，而不仅仅是一个在思维的东西。我不是由肢体拼凑起来的人们称之为人体的那种东西；我不是稀薄的、无孔不入、渗透到所有这些肢体里的空气；我不是风，不是火焰，不是呼气，不是水汽，也不是我所能虚构和想象出来的任何东西，因为我假定过这些都是不存在的，而且即使不改变这个假定，我觉得这并不妨碍我确实知道我存在。可是，也许我认为不存在的那些东西是真的，因为我不知道它们，它们的存在不同于我知道我自己存在的真实。我完全不能确定，现在也暂不讨论这点。我只能给我认识的那些东西下判断：我已经认识到我存在，现在我追问已经认识到我存在的这个我究竟是什么。可是关于我自己的这个概念和认识，严格来说，既不取决于我还不知道其存在的那些东西，更不取决于任何一个用想象虚构出来的和捏造出来的东西，这一点确信无疑。而且，想象这个词本身提醒我，我已经犯了错误；因为，如果我把我想象成一个什么东西，就是去想一个物体性东西的形状或影像。既然我已经确实知道了我存在，同时也确实知道了所有那些影像，而且知道通常凡是人们归之于物体性质的东西都很可能不过是梦或幻想。这样一来，如果我要发挥想象力以便更清楚地知道我是什么，这并不合理，如果说我现在是醒着的，我看到某种实在和真实的东西，但是由于我看得还不够明白，我要故意睡着，好让我的梦给我把它更真实、更明显地提供出来，这也同样不合理。于是，明确了凡是可以想象的东西都不是关于我自己的知识，而且，受此启发，从思维的这种模式有必要小心翼翼地重新探讨心灵，也许有可能从完全不同的路径得知其本性。

8. 那么，我究竟是什么呢？是一个在思维的东西。然而，什么是一个在思维的东西呢？它是一个会怀疑、理解、考虑、肯定、否定、愿意、拒绝的东西；也会想象、会感觉。

9. 当然，如果所有这些东西都属于我的本性，那就不算少了。可是，为什么这些东西不属于我的本性呢？难道我不就是那个几乎在怀疑一切的东西吗？我了解、领会某些东西，认为只有某些东西是真实的，而否认其他一切，我愿意了解更多一些，而不愿意受骗，常常通过感官媒介感觉和想象很多东西，这个了解着、领会着、认为着、否认着、愿意着、感觉着和想象着的东西不正是我吗？难道没有任何东西像我一样确实存在和同样真实吗？即使我总是在做梦，即使令我存在的那个人倾其所能来欺骗我？难道在这些属性里就没有一个与我的思维不同，或者可以说是可以与我自己分离开的吗？是我在怀疑，在了解，在欲求，事情如此明显，无须解释令其更加明了。并且当然我也是在想象的那个东西；因为即使我所想象的那些东西不是真的（就像我以前曾经假定的那样），可是这种想象的能力一直存在于我之中，并且是我思维的一部分。总之，我就是那个在感觉的东西，即通过感觉器官接受和认识事物的东西，因为事实上我看见了光，听到了声音，感到了热。但是，有人将对我说：这些现象是假的，我是在做梦。就算是这样吧。至少我可以确定我似乎看见了光亮，听见了噪声，感觉到热了；这些都不可能是假的，这就是在我之中被称为感觉的东西，这正是思维。

10. 从此，我更清楚明白地认识了我是什么。但是，对我而言，无论如何我不能不相信，有形之物的形象是我的思维通过感官获得的，也以同样的方式受到检验，这一点确定无疑，恰如我知道非我的东西是难以想象的；尽管如此，事实上，对于那些可疑的、未知的、不属于我的存在，如果说我知道并且了解它们胜过我相信其真实性、我知的、属于我的本性的乃至我自身，这是很奇怪的。但是，我清楚地看到这种情况。我的心灵在游走，还不愿意把自己限定在真理的界限内。我们再次地让它随心所欲吧，许给它种种自由去思考它感兴趣或没兴趣的客体，然后轻柔地和恰当地拉回它，让它乖乖思考自身的存在和自己的性质，也许就更容易控制它了。

11. 让我们依序思考我们最熟悉、认为了解得最清楚的东西，也就是我们能够触碰和看见的物体吧；我不是指一般的物体，这样说通常比较模糊，而是思考一个具体的物体。以一块蜂蜡为例，它是新鲜的刚刚从蜂房里取出来的，它还没有失去它含有的蜜的香甜；还保存着它采自鲜花的芬芳；它的颜色、形状、大小是视觉清晰可见的；它是硬的、凉的、可以拿在手里的；如果你用手指敲它，它会发出一点声音。总之，它具有一切能够使人清楚地认识到它是如此一个物体的性质。可是，当我说话的时候，有人把它拿到火旁边：它的香甜的味道没有了，芬芳消逝在空气中，它的颜色变了，它的形状和原来不一样了，它的体积增大了，它变成液体了，它热了，无法拿在手里，即使敲它，它也发不出声音了，它还剩下些什么？在发生了这个变化之后，原来的蜡还继续存在吗？必须承认它仍然存在；而且没有人可以否认这点。那么，在它熔化之前我们所认识的蜡的性质呢？当然不可能是我的感官先前在这块蜡上感知到的东西，因为关于它的味觉、嗅觉、视觉、触觉、听觉的东西都改变了，不过本来的蜡还仍然存在。

12. 也许是我现在所想的这个东西，也就是说蜡，并不是蜜的甜味，也不是这花的芬芳，也不是这种白的颜色，也不是这种形状，也不是这种声音，而仅仅是刚才在那些形式之下表现而现在又在另外一些形式之下表现的一个物体。但是，确切地说，当我这样思考它的时候，我想象中的它是什么呢？让我们仔细思考，撇开所有不属于这块蜡的东西，看一看还剩些什么。当然剩下的只有有广延的、有伸缩性的、可以变动的东西。那么有伸缩性的、可以变动的，这里是指什么？难道说我想象的这块圆蜡可以变成方的，可以从方的变成三角形的？当然不是这样，因为我相信它可以有无穷无尽这样的改变；而我却不能用我的想象来一个个地认识这无数的改变，因此只是通过想象的能力，我是无法具备蜡的概念的。那么，这个广延是什么呢？我们不是也不知道吗？因为在蜡熔化的时候体积增大，在蜡再加热的时候它就变得更大，而当热度继续增加时它就变得越发大了；如果事先我不了解蜡能够在广延性上有如此大的变化，大到出乎我的想象，我就不会认为和理解它还是同一块蜡，我必须承认想象的能力无法领会蜡是什么，只有心灵才能够领会这点。我是说这块具体的蜡，至于一般的蜡，那就更明显了。只有心灵才能领会的这个蜡是什么呢？当然就是我看见的、我摸到的、我想象的那块蜡，就是我一开始认识的那块蜡。可是，要注意的是对它的观察，不是通过看，不是通过触碰，也不是通过想象去知觉，都不是，虽然从前好像是这样，而仅仅是用心灵去察看，这种察看可以是片面的、模糊的，像它以前那样，或者是清楚的、分明的，像它现在这样，根据我对在它的包容物或组成它的那些东西的注意的多或少而定。

13. 可是，我惊讶地发现，我的心灵是多么脆弱，总是不小心犯错。因为即使我默默地在我自己心里考虑这一切，可是言语却限制了我，普通语言的词句几乎误导我。例如，如果把原来的蜡拿给我们看，我们说这就是那块蜡，而不是我们判断这就是那块蜡，由于它有着同样的颜色和同样的形状；因此，就像我说我看见蜡一样，我倾向于得出结论，人们认识蜡是用眼睛看的，而不是仅凭心灵的能力，类似的，如果我不是偶然从一个窗口看街上的路人，在我看见他们的时候，我就不能不说我看见了一些人。可是，我从窗口看见了什么呢？我不能说我看见了人本身，就像说我看见了蜡一样，我看见的无非是一些帽子和大衣，而帽子和大衣遮盖下的可能是一些人工的机器装置，通过弹簧来驱动。不过，我判断这是一些真实的人，单凭心灵的判断能力，我认为我相信我眼睛所见。

14. 一个人要想把他的认识水平提高到超过一般人，就应该耻于寻找机会怀疑俚语俗语。因此，作为替代，我继续考虑手上的问题，我最初通过感官、常识或者想象力所领会的蜡是什么，像现在这样，仔细地考察了它是什么以及通过何种途径认知它以后，我对它的认识是否更清楚、更全面些。当然，这种怀疑是可笑的。因为这最初的知觉是清楚明了的吗？我所知觉到的其他动物无法知觉吗？可是，当我把蜡从它的外表分离出来，就像脱下了它的长袍，赤裸裸地思考它，当然，尽管我的判断里还可能存在某些错误，不过，只有人类的心灵才能如此领会它。

15. 但是，最后我们要来说说心灵，也就是说关于我自己是什么？因为直到现在，我只承认我是心灵，而非别物。那么，我是什么呢？我好像领会了蜡是什么，那么我能否真实而确信、清楚而明了地说出我是什么呢？如果由于我看见蜡而断定有蜡或者蜡存在，那么由于我看见蜡，显而易见，因此也有我或者我存在。因为，有可能是我所看见的实际上并不是蜡；也有可能是我连看东西的眼睛都没有；可是，当我看见或者当我想我在看见（这是我不再加以区别的）的时候，这个在思维着的我却不存在，这是不可能的。同样，如果由于我摸到了蜡而断定它存在，其结果也一样，即我存在；如果由我的想象使我相信而断定它存在，我也总是得出同样的结论。我在这里关于蜡所说的话也可以适用于外在于我、在我以外的其他一切东西。那么，如果说我不仅通过视觉或触觉，同时也通过其他途径认识和了解了蜡的概念，那么，我不是更加容易、更加明显、更加分明地认识了我自己吗？因为一切用以领会蜡的本性或别的物体的本性的途径都清楚明了地描述了我心灵的本性，心灵中有诸多独立于躯体的属性值得考虑。

16. 但是，综上所述，我不知不觉地回到了我原来想要回到的地方；因为，既然我已经认识到事实上我们只是通过我们的理智、通过思维去领会和理解，而不是通过想象，也不是通过感官来领会物体，不是由于我们看见了它或者摸到了它才认识它，我真的发现再没有什么比我的心灵更容易认识和清楚领会的东西了。可是，因为难以迅速破除先入为主的旧见解；我最好在这里暂时打住，以便把经过这么长的沉思所获得的新的认识深深地印到我的记忆里去。

论确实性

路德维希·维特根斯坦

路德维希·维特根斯坦（Ludwig Wittgenstein，1889—1951）是20世纪最有影响力的哲学家之一。他出生于维也纳，在剑桥大学跟随罗素学习，后任教于此。他的《逻辑哲学论》在维也纳学术圈内影响力卓著，一批哲学家和科学家都试图发展科学的/逻辑的哲学方法论。他的后期著作，尤其是《哲学研究》开启了哲学的转向，极大地影响了哲学中分析方法的兴起，关注用语言分析方法解决（或常常是“消解”）哲学问题。《论确实性》是由他的编辑汇编的一系列观点，是维特根斯坦晚年思想的集合。思想集和观点集是维特根斯坦后期著作的风格，尝试传达著作中的哲学思考还在不断的进展中。

在《论确实性》中，维特根斯坦批判了20世纪早期英国十分有影响力的哲学家摩尔（G. E. Moore）驳斥怀疑论所用的方法。怀疑论者和唯心论者认为，物理世界究其本质乃是幻象，万事万物不过心灵和理念，摩尔尝试增强我们对常识的信念（关于桌子、椅子、手的真实存在）以反对怀疑论者和唯心论者。通过举起自己的双手，摩尔自信地说“这里有一只手”，比起怀疑论者和唯心论者对这一事实的怀疑，他认为他更清楚自己的手的物理存在。因此，既然摩尔知道自己的手的物理存在，他又不是“缸中之脑”，所以他知道怀疑论者错了。维特根斯坦在日常情境下回应，确认我知道我有一只手也许的确有道理，但是怀疑论者的挑战是基于不同的情境。摩尔使用日常生活常识的情境，而怀疑论者研究问题是基于有什么可以依赖的确定性。一个是在日常语境下说“这是我的手”，而另一个是完全不同的情形，我也许服用了致幻药，或者游乐场的许多镜子让我糊涂和晕头转向，或者我刚经历了严重车祸后的移植手术，刚从麻醉中醒来，还不确定我看到的手臂末端的五个手指是否受我控制。在一个情境中对的，并非在一切情境中都对。语境论者认为，激进的怀疑主义假设并非日常生活的情境，因此在日常生活情境中主张我们拥有日常信念的真理是合理的；但是（维特根斯坦认为）摩尔用日常语境中的内容反驳激进怀疑论者是不合理的，二者不在同一语境中。

1. 如果你确实知道这里有一只手，我们就会同意你另外所说的一切。

当人们不能证明这样一个命题时，当然并不是说它不能从其他命题推导出来。任何一个命题都可以从其他命题推导出来，但是这些命题却不比该命题本身带有更多的确实性。

2. 在我（或任何一个人）看来它是这样，并不能推断它就是这样。

我们所能问的是：怀疑它是否有意义。

3. 如果比如有个人说“我不知道这里是否有一只手”，人们也许会说“再仔细看看”。——这种满足自我的可能性是语言游戏的一部分，是它的一个主要特征。

4. “我知道我是一个人。”要看出这个命题有多么含糊，就要考察这个命题的否命题。人们最多可以把它的意思理解为“我知道我有人的器官”（比如说，大脑，尽管没有人看见过自己的大脑）。但是，像“我知道我有大脑”这类命题呢？我能怀疑它吗？因为没有怀疑的理由！一切都可以证明它，而没有什么可以反驳它。然而却可以想象做手术时竟然发现我的头骨中空无一物。

5. 一个命题是否能够最终被证伪，取决于我把什么当作该命题的决定要素。

6. 现在人们能不能（像摩尔一样）列举他们所知道的事情？直截了当地，我不相信他们。因为“我知道”这个表达方式被误用了。通过这种误用，揭示了一种奇特而又极其重要的心理状态。

7. 我的生活证明我知道或者确信在那边有一把椅子或者一扇门，等等。例如，我告诉一位朋友说，“坐在那边的椅子上”，“关上门”，等等。

……

18. “我知道”经常意味着：我有正当的理由支持我说的话。所以，如果另一个人熟悉这种语言游戏，他就会承认我知道。换句话说，如果他熟悉这种语言游戏，他就一定能够想象人们如何知道这类事物。

19. “我知道这里有一只手。”接着这个句子可以说：“因为我正在看的就是我的手。”一个讲道理的人是不会怀疑我知道的。——唯心论者也不会怀疑这一点；他会说他不是在处理那种被搁置的实际的怀疑，而是指在那种怀疑背后的怀疑。——必须用另外一种方法来证明这是一种幻觉。

20. “怀疑外在世界的存在”的意思举例说并不是指怀疑一颗行星的存在，新近的观察已经证实了它的存在。——或者摩尔是想说知道这里有他的手不同于知道土星的存在？不然人们就可以向怀疑的人指出土星存在的证明，从而也就证实了外在世界的存在。

21. 摩尔的看法实际上可以归结如下：“知道”这个概念与“相信”“猜想”“怀疑”“确信”等概念的相似之处在于“我知道……”这一陈述不可能是一种错误。

如果真是这样，那么就可能从这样一个语句得出一个为真的推论。在这里，我们忽略了“我认为我知道”的形式。——但是，如果这是不许可的，那么逻辑上该推论不可能出现错误。任何熟悉这种语言游戏的人必定意识到这一点——一个可靠的人所知道的保证并不能证明什么。

22. 如果我们必须相信那个可靠的人说的“我不可能弄错”或者“我没有弄错”，那确实很不寻常。

23. 如果我不知道某个人是否有两只手（不论他是否做过截肢手术），只要他是一个可靠的人，那么我将会相信他说自己有两只手。如果他说他知道这一点，那么这对于我来说就只能表示他能够确信这点，例如他的胳臂并没有包扎着纱布和绷带，等等。我相信这个可以信赖的人，因为我承认他有可能确信此事。但是某个说（也许）没有物体存在的人却不会承认这一点。

24. 唯心主义者的问题大抵是这样：“我有什么权利不怀疑我的双手的存在？”（对此不能回答：我知道它们存在。）但是提出这类问题的人却忽视了这一事实，即只有在语言游戏中才可能怀疑存在。因此，我们首先应该问：这是怎样一种怀疑？而不要直接去理解它。

……

32. 问题不在于摩尔知道那里有一只手，而是我们无法理解他说“当然，关于这件事我可能弄错了”。我们应该问：“这样一种错误会是什么样子？”——例如，发现这是个错误会是什么样子？

35. 但是难道没有物体存在是不可想象的吗？我不知道。然而，“物体存在”却是无意义的胡说。这可能是一个经验命题吗？——“物体似乎存在”，这是一个经验命题吗？

……

37. 但是说“物体存在”是无意义的胡说，难道就足以回答唯心主义者的怀疑主义或实在论者的确信态度吗？毕竟这对于他们而言并非无意义的胡说。而是相对于回答：这个断言或其反面是打算表达某种不可表达的事物的失败尝试。它的失败是可见的，但是并不是问题的终结。我们必须意识到困难或其解决的最初表达可能是完全错误的。正如一个人有理由指责一张画，但是却没有针对这幅画真正存在的问题，批评家为了找到恰当的攻击点需要进行一番考察。

……

52. 因此，这种情形不同于“在与太阳相距这样远的地方有一颗行星”和“这里有一只手”（即我自己的手）这类命题。第二种命题不能叫作假设。但是它们之间并没有明显的界限。

53. 因此，如果这样理解摩尔的话，也许可以认为摩尔是对的：“这里有一个物体”这个命题可能与“这里有一块红补丁”的命题具有相同的逻辑地位。

54. 如果说从行星的命题到我自己的手的命题，错误的可能性越来越小，这并不对。是不对，在过渡的某一点上，命题已经变得不可想象了。

我们已经说过：如果不是这样，那么也就可以认为我们关于物体的每个陈述都是错误的；我们所说的一切都是错误的。

55. 那么是否有可能假定我们周围的一切事物都不存在？这不就像是假定我们在一切计算中都算错了吗？

56. 当有人说，“也许这颗行星并不存在，其发光的表象是源于其他原因”，那么我们仍然需要一个确实存在的物体作为实例。这并不存在，比方说像……那样存在。

或者我们是否可以说，确实性只是一个构造出来的点，某些事物更接近它而某些事物则不那么接近它？

不行。怀疑是逐渐失去其意义的。这种语言游戏正是这样。

一切描述语言游戏的东西都属于逻辑。

……

83. 某些经验命题的真实性属于我们的参照系。

84. 摩尔说，他知道地球在他出生之前很久就已经存在。他这样说的时候，仿佛在陈述关于自己个人的情况，尽管此外它还是一个关于物理世界的语句。摩尔知道这或者那无关乎哲学旨趣，我们感兴趣的是物体如何被知道。如果摩尔告诉我们说，他知道特定的恒星之间的距离，我们也许就可以由此得出结论，认为他已经做过某些具体的考察，我们也会想知道这些考察是怎样的。但是，摩尔恰恰选择了一个我们大家看来似乎同他知道得一样多的实例，而且说不出是怎样知道的。例如，关于这个问题（地球的存在），我相信我知道得同摩尔一样多，而如果他知道的情况同他所说的一样，那么我也知道。

……

105. 有关一种假设的一切检验、一切证实或证伪都已发生在一个体系之中。我们进行所有论证时或多或少会采用任意的或者不太可靠的出发点，然而，这个体系并非如此不靠谱：的确不是，它属于我们所说的论证的本质。这个体系与其说是论证的出发点，不如说是赋予论证以活力的要素。

……

111. “我知道我从未到过月球。”这听起来和实际存在的情况完全不同，听上去似乎很多人到过月球，而有的人却未曾听说过。在这种情况下，人们能够给出关于这个知识的根据。这里的关系是不是类似于乘法的一般规则与具体的乘法算式之间的关系？

我想说的是，我确定我不曾到过月球，如同我确定能够给出一个根据。

112. 当摩尔说他知道所有这一切事情时，这难道不是他想要说的吗？但是，还是“他知道”确实是问题所在，而非这类命题必须确实可靠？

113. 当有人试图教授数学时，他不会首先保证他知道 a+b=b+a。

114. 如果你不确定知道任何事实，那么你也就不能确定知道你所用的词的含义。

115. 如果你想怀疑一切，你就什么也不能怀疑。怀疑这种游戏本身就预先假定了确实性。

116. 摩尔能否不说“我知道……”，而说“……对我来说是确实可靠的”？并且进一步说：“这对我和许多其他人来说是确实可靠的……”

……

136. 当摩尔说他知道某些事情时，他实际上是在列举许多我们无须特别验证就可以肯定的经验命题。这些命题在我们的经验命题体系中有着特殊的意义。

……

151. 我应该说：摩尔并不知道他所断言的事情，但是这些事情对于他和我来说是同样不可动摇的。把这些事情看作绝对稳固的东西，我们才能进行怀疑和探索。

152. 我并非确定地知道那些对我而言确信无疑的命题。我会发现这些命题就像物体转动所围绕的轴。这个轴是固定的，并非有什么其他东西固定住它，而是指围绕它进行的运动决定了它的不动性。

……

155. 在特定情况下，人是不可能出错的。（这里采用的是“能”的逻辑意义，并非说人在这些情况下不能说出任何错误的东西。）如果摩尔说出那些他宣称具有确实性的命题的反面，我们不但不会同意他的意见，而是应该认为他是精神失常。

……

185. 在我看来，怀疑拿破仑的存在是可笑的；但是如果有人怀疑地球150年前是否存在，也许我倒是会愿意听听，因为他所怀疑的是我们的整个证据体系。如果这个体系比在其中存在的某种确定性更加确定，我并不感到惊讶。

……

247. 现在我又怀疑是否有双手，那会是什么样子？为什么我完全不能想象这件事？如果我不相信这件事，那么我还会相信什么？到现在为止，我还没有这样一个体系能够让这怀疑存在。

248. 我已经到了我的确定信念的基石。

人们几乎可以说这些墙基的存在是由于整个房子的存在。

249. 人们给自己提供一幅关于怀疑的错误图景。

250. 在正常情况下，我有一双手与我能为此提供的任何证据同样确实。

这就是为什么我不能把看到我的手作为证实我有一双手的证据。

……

279. 确定无疑，汽车不是从地里生长出来的。——我们觉得，如果有人相信汽车是从地里生长出来的，那么他就能够相信所有我们说的不真实的事情，并且能够怀疑所有我们认为确实的事情。

但是，这一信念是如何与所有其他信念连接在一起的？我们要说，相信该信念的人并不接受我们的整个证明体系。

这个体系是一个人通过观察和教诲获得的。我故意不说“学会的”。

……

403. 按照摩尔的说法，说人知道某事物；那么他所说的话就是无条件的真理，这在我看来是错误的。——他所说的话只有在他的语言游戏中才是不可动摇的基础。

404. 我想说：在某些点上，人们并不完全确实地知道真理。不是的。完全的确实性只是人们的态度问题。

405. 但是，即使在这里当然仍有错误。

406. 我的目的就是找到以下二者的区别，一是在日常生活的随意观察中说的“我知道那是一个……”，二是由哲学家说出的同一句话。

407. 因为当摩尔讲“我知道那是……”时，我想回答说“你什么也不知道！”——然而我却不会对任何不带哲学意图而讲话的人这样说。也就是说，我感到（正确地？）这两者想表达的意思不同。

……

410. 我们的知识形成一个庞大的体系。只有在这个体系内，我们给予其特定的价值。

……

445. 但是，如果我说“我有两只手”，我能补充些什么来让这一表述更为可靠呢？最多是说，在通常的情境下。

446. 但是，我为什么这样确信这是我的手？整个语言游戏是否都依靠这种确实性？

或者：难道这种“确实性”不是语言游戏的预设？也就是说，如果人们不能确实无疑地认知物体，是由于他不在语言游戏中或者是在以错误的方式进行语言游戏。

……

481. 当听到摩尔说“我知道那是一棵树”时，人们突然就理解了那些认为该问题并没有得到解决的人。

这个问题让人觉得不清楚和模糊，就好像是摩尔弄错了似的。

这就好像是我去看一张图画（也许是一张布景画），站在远处立刻能看出它所表现的东西，丝毫没有怀疑。但是走近看时，却只看见许多不同颜色的点，全都非常模糊，看不出任何确实的东西。

482. 就好像“我知道”不容忍一种形而上学的强调。

483.“我知道”这个词的正确用法。视力不好的人问我说：“你相信我们在那边能看见的那东西是一棵树吗？”我回答说：“我知道那是一棵树，我能清清楚楚看到它而且熟悉它。”

……

495. 对于想要反驳不容置疑的命题的人，人们也许可以干脆地说：“胡说八道！”即，不用回答他，而是斥责他。

……

498. 奇怪的是，为了避免动摇基本信念，人们用“胡说八道”这个词来反驳，这样没错，但是，如果他想为自己辩护（比方说他用“我知道”这几个字），我就仍然认为是错的。

……

520. 摩尔有理由说他知道在他面前有一棵树。当然，他可能是错的。（因为这不同于“我相信那边有一棵树”这一说法。）但是无论对错，这个实例在哲学上并不重要。如果摩尔是在攻击那些说人们不能真正认识事物的人，他并不能通过让他们相信他知道形形色色的物体来证明。因为人们不一定要相信他。如果他的对手断言人们不能相信种种物体，他就会回答说“我相信这件事情”。

521. 摩尔的错误在于——他通过说出“我的确知道这件事情”来反驳关于人们不能知道这件事情的断言。

练习部分

1. 哥白尼学说严重挑战了托勒密天文学，对 16 世纪信仰体系造成粉碎性的影响。想想看，当代有什么广泛传播的信仰或者理论有如此大的影响，其传播会引起等量级别的怀疑？也就是说，我们现在的基本的世界观中有没有像托勒密观点对于 16 世纪的人们那般重要的？
2. 这也许看起来有些奇怪，理性在哲学传统中地位显赫，从柏拉图时代到 18 世纪都是如此（对于许多哲学家而言，直到当今也是如此），相反，感官经验却总是备受怀疑甚至被嗤之以鼻。毕竟，我们的感官看上去总是我们获得知识的最好指导，如老话所说“所见即所得”。在约翰看来，怀疑的托马斯[①]说他拒绝相信耶稣从死里复生，“除非我亲眼看到他手上的钉痕，用指头探入那钉痕，用手探入他的肋旁，否则我是不会相信的”。也就是说，托马斯要求感官的证据；注意，托马斯并没有说：除非我经过仔细的理性推理得出耶稣死而复生的结论，否则我是不会相信的。那么为什么哲学传统如此强调理性的

①《圣经》中的典故。《新约·约翰福音》第二十章讲到，耶稣复活之后出现在自己门徒面前，但是一个叫托马斯的门徒那天碰巧不在，所以他不信耶稣复活了。后来人们用“Doubting Thomas”即怀疑的托马斯来指那些怀疑一切的人或多疑的人。——译者注

力量，而非强调感官经验？

3. 笛卡尔希望打败怀疑主义，建立真正的知识，试图寻求绝对确定的、不容怀疑的知识；他相信所有真知必须建立在一个确定性的基础之上。你同意笛卡尔的观点吗？首先，你是否同意一切真知必须建立在一个可靠的基础之上？（也就是说，如果你要说你真正知道什么，你是否相信你必须能够将此知识回溯到知识的某种基础？或者你是否相信你可能拥有无法回溯到最根本的基础的真知？）其次，你是否同意笛卡尔所认为的真知必须基于不容置疑的确定性？（也就是说，有没有可能即使我们没有关于任何东西的绝对确定的知识，我们依然有可能获得真知？）
4. 获得知识的方法仅有一种吗？或者有可能有的知识来源于这一种方法的运用，有的知识来源于完全不同的另一种方法？（例如，是否所有真知都来源于科学的方法？）
5. 对于许多人而言，怀疑主义从根本上与宗教信仰相冲突；的确，常用来质疑宗教信仰的一个词就是“怀疑”。尽管如此，怀疑主义常常是宗教的主要元素；我们曾说过，蒙田——尝试回击新教改革——采用了怀疑主义的论证，得出结论说我们无法拥有知识的良好根基，因此我们最好“待在上帝安放我们的地方”（按照天主教会的说法）而非毫无方向地跌跌撞撞。圣经传统常常强调，与上帝的伟大智慧和力量相比，人类的理性微不足道。言外之意是，当人类试图以自身的理性发现答案往往显得愚蠢——的确，傲慢，而且有罪。例如，看看《约伯记》。约伯，上帝虔诚的仆人的典范，小心翼翼地侍奉上帝：他所有的孩子都死了，财富和健康也离他而去，身体受可怕的疾病折磨。最终，约伯受够了，他希望上帝告诉他为什么上帝要让这一切可怕的事情发生在他身上：“现在我的哀诉竟被视为悖逆；我所受到的责罚远超过我所犯的错误。但愿我知道在哪里能够找着上帝，让我可以走到他的宝座前，跟他说话。我要向他辩白，陈明一切，听他的答复，了解他的心意。”上帝答复了约伯，但是并没有解释或者让约伯理解他的心意。相反，“那时，主从旋风中回答约伯说：你为什么用自己的无知来否定我的旨意呢？……我立大地根基的时候，你在哪里呢？要是你真的懂得这么多，你就尽管说吧！你可知道大地的大小是哪一个决定的？是哪一个准确地量度的？你知道它的根基是用什么东西支撑的？在晨星齐声歌颂、众天使高声吹呼的时候，你知道是哪一个把大地的角石安放好的呢？……强辩的岂可与全能者争论吗？”约伯很快抓住了要领，忙回答说：“我是这样的卑微，我又怎会懂得回答你的问题呢？我用手掩着嘴不说话。……我已经说得太多了。……我知道，你万事都能做。你的旨意不能拦阻。谁用无知的言语，使你的旨意隐藏呢。我所说的，是我不明白的。这些事太奇妙，是我不知道的。……因此我厌恶自己，在尘土和炉灰中懊悔。”这里说得很明白：上帝的知识、力量、方式都超出了人类的理解；人类无法知晓或者理解，因为人类的理性力量太过卑微；所以遵循上帝的法则，不要质疑，尝试理解。犹太教－基督教－穆斯林宗教是否都从根本上怀疑人类所获得的知识？
6. 讨论当代认识论常常提及盖梯尔问题（“the Gettier problem”或“Gettier cases”），由盖梯尔（Edwin Gettier）首先提出。当我们有真实的确证的信念时，我们可以说我们知道了什么。我无法知道地球是最大的行星，因为我的信念没有得到确证。当我只是胡思乱想，碰巧猜对了，我是不能够说我知道什么的，因为我的信念没有得到确证。如果我并不真的相信什么为真，我就不可能知道它。如果以下三个条件同时具备，我才是拥有了知识：p 为真，我的确知道 p 是真的，我可以真正确证我的信念。看起来没错，直到盖梯尔才发现有问题：你相信琼有一辆黄色的大众甲壳虫，你确证你的信念（你看到琼的名字和注册信息，一个小时前你和她一起坐这辆车去的学校），那么她的确拥有一辆黄色的甲壳虫。但是，到学校不久以后，琼打牌输掉了这辆黄色的甲壳虫；5 分钟前，她的远房叔叔弗莱德去世了，并把自己的黄色的甲壳虫留给了琼。所以，琼的确有一辆黄色的甲壳虫，你相信这点，而且你强烈确信你的信念。但是说你知道琼拥有一辆黄色的甲壳虫并不合理；琼自己当时都还不知道叔叔又给了她这样一辆车。当然这是一个很诡异的例子；重点是，一个人有可能得到确证的假信念。类似的例子都可以叫作盖梯尔问题。如果尝试解决盖梯尔悖论，你认为有什么可能的方法？我们难道可以简单地拒绝传统上所认为的知识是“确证的信念”的解释？或者我们可以加强一下前提（例如，解释清楚“确证”的含义）？或者还有什么其他的方法？

7. 你今天有一个研讨要参加，但是即使你缺课也并不会受到惩罚；而且你知道这个研讨是下午 3 点在格林劳大厦 254 室举行。下周，你有一个同样的研讨，但是需要你做主要发言：如果你迟到了，你的教授会让你不及格而且毕不了业。根据语境论者的观点，你知道今天这场不太重要的研讨举行的时间和地点；而下周，显而易见，你可能并不知道那场更重要的研讨举行的时间和地点（因为它的重要性改变了语境）。这样的看法你觉得合理吗？

8. 你可能记得笛卡尔关于怀疑主义的一段论证（在他的第一个沉思中），相信他自己坐在炉火前的椅子上也可能是错的，可能只是梦境。20 世纪著名哲学家路德维希·维特根斯坦简明扼要地反驳了笛卡尔在第一个沉思中提到的也可能是梦境的论证：“笛卡尔说那也可能是梦境的论证，我觉得是没有意义的：因为如果我在做梦，那么这个论点就被梦到了——而的确它被梦到了，梦到这些语词的意义。”（维特根斯坦《论确定性》注 383）维特根斯坦是否有力地反驳了笛卡尔的怀疑论证？笛卡尔又可能做出怎样的回应？

9. 19 世纪晚期的英国数学家和哲学家威廉·K. 克利福德（William K. Clifford））著有《信仰的伦理》（*The Ethics of Belief*）。在书中，他鲜明地论证了没有充分确证的信仰是错误的：

信仰，是神圣的，推动我们意志的决定，和我们“存在”的一切能量和谐交融，它是我们的，而非为我们的，是为人性的。它无疑被用于长期经验和辛劳等待的真理，置身于自由之光和无畏地质疑面前。它帮助人们紧密联系在一起，增强和引导他们共同的行动。对于所有信徒的慰藉和个体的愉悦而言，屈服于未经证明和未经质疑的表述是对信仰的亵渎；无论在我们素朴而笔直的人生道路上添加华而不实的光辉和绚丽的海市蜃楼，还是将共同的悲伤淹没在我们的自欺欺人中，都会让信徒们不但沮丧而且自我贬低。无

> 论谁值得其同胞如此，都会带着精心守护的狂热去守卫其信仰的纯洁性，无论何时都不能植根无价值的客体，否则将无法去除这污点。……总之，相信任何没有足够证据确证的东西永远是错的，无论何地何人。

笛卡尔会同意克利福德的观点吗？摩尔呢？维特根斯坦呢？你呢？

补充阅读

勒内·笛卡尔的《第一哲学沉思集》（*Meditations on First Philosophy*）最早出版于1641年，哈克特出版社（Hackett Publishing, Indianapolis, IN: 1979）的英译本很不错。诺曼·肯普·史密斯（Norman Kemp Smith）的《笛卡尔哲学新研究》（*New Studies in the Philosophy of Descartes*, London:Macmillan, 1963）是本介绍笛卡尔的不错的书；也可以参看J. 科廷厄姆（J. Cottingham）的《笛卡尔》（*Descartes*, Oxford: Blackwell, 1986），和伯纳德·威廉斯（Bernard Williams）的《笛卡尔：纯粹探究计划》（*Descartes: The Project of Pure Enquiry*, Hammondsworth:Penguin, 1978）。哈里·G. 法兰克福（Harry G. Frankfurt）仔细评估了笛卡尔的怀疑方法，著有《恶魔、做梦的人与疯子：对笛卡尔沉思中理性的辩护》（*Demons,Dreamers and Madmen:The Defense of Reason in Descartes's Meditations,* Indianapolis, IN:Bobbs-Merrill, 1970）。

近来也有不少杰出的选集关注怀疑主义，比如，迈克尔·D. 罗思（Michael D. Roth）和格伦·罗斯（Glenn Ross）的《怀疑：关于怀疑主义的当代视角》（*Doubting: Contemporary Perspectives on Skepticism*, Dordrecht: Kluwer Academic Publishers, 1900）；基思·德罗斯（Keith DeRose）和特德·A. 沃菲尔德（Ted A. Warfield）主编的《怀疑主义：当代读本》（*Skepticism: A Contemporary Reader*, Oxford: Oxford University Press, 1999）；恩斯特·索萨（Ernest Sosa）和恩里克（Enrique Villanueva）主编的《怀疑主义》（*Skepticism*, Oxford: Blackwell Publishers, 2000），包括主要的文章、针对文章的批评，及著者对批评的回应；史蒂文·卢普（Steven Luper）主编的《怀疑主义者：当代文章集》（*The Skeptics: Contemporary Essays*, Aldershot, UK: Ashgate, 2003）。

理查德·福利（Richard Foley）论证说，我们无法打败怀疑主义，但是我们可以让它看上去不那么可怕；他在《对自己和他人的理智信任》（*Intellectual Trust in Oneself and Others*, Cambridge: Cambridge University Press, 2001）一书中详细表述了他的观点；凯瑟琳·Z. 埃尔金（Catherine Z. Elgin）针对这本书提供了一个非常有趣的反馈和评论，参见《哲学和现象学研究》（*Philosophy and Phenomenological Research*），第68卷，第3期，2004年5月，第724—734页。

关于早期最具影响力的研究怀疑主义的文章，参见恩斯特·索萨和金在权（Jaegwon Kim）主编的《认识论：文章选集》（*Epistemology: An Anthology*, Oxford: Blackwell, 2000）第一部分。斯文·贝内克（Sven Bernecker）和弗雷德·德雷特斯科（Fred Dretske）主编的《知识：当代认识论读本》（*Knowledge: Readings in Contemporary Epistemology*,

Oxford: Oxford University Press, 2000）第四部分也汇集了许多关于怀疑主义的有影响力的文章。保罗·K. 莫泽（Paul K. Moser）主编的《牛津认识论手册》（*The Oxford Handbook of Epistemology*, Oxford: Oxford University Press, 2002）第336—361页收录的彼得·克莱因（Peter Klein）撰写的“怀疑主义”章节列出了一些主要的怀疑主义立场及对它们的批评。约翰·格列柯（John Greco）和恩斯特·索萨主编的《布莱克威尔认识论指南》（*The Blackwell Guide to Epistemology*, Oxford: Blackwell Publishers，1999）第35—69页收录的迈克尔·威廉姆斯（Michael Williams）撰写的“怀疑主义”章节也梳理得不错。

新近关于怀疑主义的探讨的尝试是“语义学的回应”，如希拉里·普特南（Hilary Putnam）的“缸中之脑（Brains in a Vat）”，收录在《理性、真理与历史》（*Reason*，*Truth and History*, Cambridge: Cambridge University Press, 1981）第1—21页；弗雷德·德雷特斯科的《信仰的认识论意义》（“The Epistemology of Belief”）发表在《合成》（*Synthese*）杂志1983年第55卷，第3—19页；唐纳德·戴维森（Donald Davidson）的《真理和知识的一致性理论》（“A Coherence Theory of Truth and Knowledge”）收录在A.R. 马瓦霍夫斯基（A.R.Malachowski）主编的《阅读罗蒂：对〈哲学与自然之镜〉的批判性回应及超越》（*Reading Rorty: Critical Responses to Philosophy and the Mirror of Nature and Beyond*, Oxford:Blackwell Publishers, 1990），第120—138页。

基思·德罗斯的《语境主义：一种解释和辩护》（“Contextualism: An Explanation and Defense”）收录在约翰·格列柯和恩斯特·索萨主编的《布莱克威尔认识论指南》，有助于审视和为语境主义辩护，而且特别能够帮助我们回溯语境主义的历史和起源。“哲学网络百科全书（The Internet Encyclopedia of Philosophy）”网很好地梳理了语境主义思想的发展，参看蒂姆·布莱克（Tim Black）写的《认识论中的语境主义》（“Contextualism in Epistemology”），网址是 http://www.iep.utm.edu/c/contextu.htm。关于语境主义的许多重要文章都收录在恩斯特·索萨和金在权主编的《认识论：文章选集》第九部分。

厄尔·科尼（Earl Conee）（批评语境主义的）和斯图尔特·科恩（Stewart Cohen）（支持语境主义的）之间的著名辩论收录在马赛厄斯·史蒂厄普（Matthias Steup）和恩斯特·索萨主编的《认识论的当代论争》（*Contemporary Debates in Epistemology*, Oxford: Blackwell Publishing，2005）第二章中。

语境主义者的有影响力的文章包括基思·德罗斯的《语境主义和知识的属性》（“Contextualism and Knowledge Attributions”），发表于《哲学和现象学研究》（*Philosophy and Phenomenological Research*）1992年第52卷，第913—929页；基思·德罗斯的《解决怀疑论谜题》（“Solving the Skeptical Puzzle”）发表于《哲学评论》（*Philosophical Review*）1995年第104卷，第1—52页；斯图尔特·科恩的《知识、语境与社交准则》（“Knowledge, Context and Social Standards”）发表于《合成》（*Synthese*）杂志1987年第73卷，第3—26页；彼得·昂格尔（Peter Unger）的《知识的圆锥模型》（“The Cone Model of Knowledge”）发表于《哲学话题》（*Philosophical Topics*）1986年第14卷，第125—178页。

有一种语境主义十分强调消除所有“相关替代”以建立真正的知识，弗雷德·德雷特斯科在他的《感知、知识和信仰：文章选集》（*Perception, Knowledge and Belief: Selected Essays*, Cambridge:

Cambridge University Press, 2000）一书中的“知识的实用维度”章节中特别支持了这种观点。斯图尔特·科恩在《如何成为一个不可靠主义者》（“How to be a Fallibilist”）一文中发展了相关替代论语境主义的重要版本，见1988年《哲学视角》第二辑《认识论》（*Philosophical Perspectives 2, Epistemology*），第91—123页。还有一些关于相关替代论的内容可以参看戴维·刘易斯（David Lewis）的《难以捉摸的知识》（“Elusive Knowledge”），发表于《澳大利亚哲学杂志》（*Australasian Journal of Philosophy*），1996年第74卷，第4期，第549—567页；和盖尔·斯泰恩（Gail Stine）的《怀疑主义、相关替代论和演绎闭包》（“Skepticism，Relevant Alternatives, and Deductive Closure”），发表于《哲学研究》（*Philosophical Studies*），1976年第29卷，第249—261页。

迈克尔·威廉姆斯的语境论较为激进，他否认存在语境之外的任何事实；参看他的《不自然的怀疑：认识论现实主义和怀疑主义的基础》（*Unnatural Doubts: Epistemological Realism and the Basis of Skepticism*, Princeton, NJ: Princeton University Press, 1996）。

海伦·E. 兰吉诺（Helen E. Longino）在《女权主义认识论》（“Feminist Epistemology”）一文中给出了语境主义的女权主义的解释，见约翰·格列柯和恩斯特·索萨主编的《布莱克威尔认识论指南》第14章。

要了解更多关于G. E. 摩尔和路德维希·维特根斯坦关于“常识”、怀疑主义、语境主义的观点，参看埃夫勒姆·斯特罗（Avrum Stroll）的《摩尔和维特根斯坦论确定性》（*Moore and Wittgenstein on Certainty*,New York: Oxford University Press, 1994）；拉什·里斯（Rush Rhees）和D. Z. 菲利普斯（D. Z. Phillips）主编的《维特根斯坦的〈论确定性〉》（*Wittgenstein's On Certainty*, Oxford:Blackwell, 2003）。保罗·亚瑟·希尔普（Paul Arthur Schilpp）的《G. E. 摩尔的哲学（第三版）》（*The Philosophy of G. E. Moore*, 3rd ed., LaSalle，IL: Open Court, 1968）细致研究了G. E. 摩尔的观点和他对其反对者的回应。

保罗·K. 莫泽主编的《牛津认识论手册》很好地囊括了认识论的当代问题。

“知识链接”（EpistemeLinks.Com）网站涵盖哲学的许多主题，在认识论方面尤为出色，参见http://www.epistemelinks.com。值得推荐的认识论网站还有耶鲁大学基思·德罗斯的网页“认识论专题”（The Epistemology Page），有比较丰富的认识论的当代素材，见http://Pantheon.yale.edu/~kd47/e-page.htm。还有特别有趣的网站——“一定的怀疑：关于认识的问题”（Certain Doubts: Devoted to Matters Epistemic），网址是http://el-prod.baylor.edu/certain_doubts/。

第四章

理性主义、经验主义与康德

笛卡尔是认识论史上的关键人物。当然，他并没有一劳永逸地驳倒怀疑主义；像大卫·休谟这样的怀疑论者依然质疑知识的可能性问题（或至少怀疑许多知识主张），今天仍然有怀疑论者。也许并不像笛卡尔写作的时代那么多，但是它并没有变成濒危的哲学种类。不论笛卡尔是否成功地反驳了怀疑主义，他都极大地影响了理性主义的发展。理性主义者坚称，我们可以获得真知，真知必须是确定地被知道的，获得确定性知识的关键在于谨慎和恰当地运用理性。不是每个人都接受笛卡尔的理性主义，但它清晰地标定了对知识的特性进行哲学追问的重要路径：这是一条清晰的理性主义者之路，后人追随它、完善它、反对它。

理性主义

笛卡尔强调个体理性在发现真理方面的重要性；他展现了——至少令他同时代人满意——理性可以消除怀疑主义和建立确定性知识的体系。我们的感官也许会欺骗我们（毕竟，我们看上去在静止的地球上，太阳升升落落），而理性是我们发现真理的可靠向导。这种对理性力量的描绘给笛卡尔带去极大的声名。笛卡尔极富盛名，连瑞典聪慧的年轻皇后克莉丝汀娜都劝说他在皇家城堡定居教她哲学。不幸的是，结局很糟：笛卡尔喜欢早晨起得很晚，然后在温暖的炉火前穿着长袍开始哲学反思；而年轻且精力旺盛的克莉丝汀娜皇后执意早晨5点开始哲学课，而且是在冰冷的瑞典黎明待在取暖设施欠佳的城堡里。在极度不适应的压力下，笛卡尔得了肺炎而死。但是笛卡尔的名声——通过运用理性成功征服怀疑主义——激励了许多哲学家继续理性探索。数学和几何学都是成功运用理性发现确定性真理的清晰例子，运用理性的方法寻找真理，笛卡尔可能揭示所有深层的宇宙真理，所有真理都有可能运用理性获得。伟大的荷兰犹太裔哲学家斯宾诺莎运用理性证明了世界是一个神圣实体，包容所有存在。与此同时，伟大的德国哲学家和数学家莱布尼茨运用理性解开了宇宙的基本结构：由不同的单个单子组成的复杂结构，在上帝的指引下完美和谐。

斯宾诺莎和莱布尼茨的理性形而上学体系十分

了不起。通过纯粹理性，莱布尼茨得出了令人称奇的由多个独立单子构成的形而上学世界。不幸的是，斯宾诺莎用理性得出了完全不同的由单一实体构成的形而上学世界；笛卡尔的理性方法又得出了另外一个。其他理性主义形而上学家也得出了各自的形而上学世界——都是基于理性，但都得出了不同结论。这些理性主义体系都令人叹绝，有些理性主义哲学家——如莱布尼茨——相信他们几乎找到了可以解开所有宇宙奥秘的理性方法。但这些理性主义形而上学发现的奇迹对于批评者来说有点太过神奇了：不受任何体系测试的约束，理性主义者得出许多令人惊奇的形而上学体系——这些形而上学体系在根本上是互相冲突的，无法在其中做出清晰选择。每个体系都有理性的确定性的支持，这些理性主义者都特别看重从确定性中理性地得出结论。但是，如果纯粹理性产生出如此不同甚至相互冲突的体系——斯宾诺莎的理性主义证明只有唯一的实体，笛卡尔确定精神和物质是两种不同的实体，而莱布尼茨坚持大量不同实体的各种排列——仅有理性真能给我们带来真理吗？

理性主义者认为，通过纯粹理性的力量我们可以知道基本的真理，理性可以揭示绝对的普遍的确定性（对于理性主义者而言，仅有固定的确定性不能称为真理）。纯粹理性能否带给我们关于我们周遭世界本性的真理？不借助感官观察，理性能否告诉我们太阳系中有多少行星，哪个行星最大？理性能否告诉我们水的原子结构？理性能否告诉我们人活着必须有氧气？在理性主义者中，对于如何回答上述问题也存在争议；理性主义者至少有三种不同的答案。第一，有的理性主义者否认不借助观察的帮助，理性能够告诉我们水的原子结构或太阳系中行星的数量；但是他们认为这样的“观察的”或经验的“知识”并不重要：它们只是处理表象，而只有理性能够揭示事物的真正本性的深层实在。基于观察的“知识”并非真知。第二种理性主义者的回应认为，观察的知识是“知识”，但仅是知识的“低级形式”；是一种显然比数学的和几何学的知识（及其他通过纯粹理性获得的知识）低级的知识。这些经验的“知识”缺乏确定性，在地位和重要性上都低于通过纯粹理性获得的知识。第三，一些理性主义者坚持，不借助感官观察，纯粹理性的资源最终将揭开宇宙的深层结构，告诉我们有多少行星，多少物种，多少星辰，明天的天气状况（以及百万年前的天气）。显然，我们通过理性和深层理解而揭开的宇宙奥秘还不足够多；但是（因为，例如，我们能够运用理性理解上帝的必然性，通过理性我们能够理解如此必然的完美上帝创造的世界的性质），纯粹理性可能最终能够提供这些答案。

在怀疑主义盛行的时代之后，理性主义者在恢复对理性力量的信念方面起了重要作用；且在恢复人类通过自身能力发现真理的自信方面起了重要作用（不用彻底依赖信仰或古代权威）。然而，当笛卡尔、斯宾诺莎、莱布尼茨以及其他人建构他们宏伟的形而上学理性体系时，理性主义在其黄金时代并没有获得显赫声誉。理性主义并没有消失：甚至当我们说话时，理性主义者还在地球上散步。但是，他们在 17 世纪并不是占优势的哲学流派。

有两个因素影响了理性主义的优势。如我们已经注意到的，一是相互竞争的形而上学体系的发展，各自都声称是通过纯粹理性发现的确定性真理。当然，理性主义者并不相信他们有完美的理性力量，所以不同的理性得出不同的结论并不奇怪（就像在数学和几何学的问题上，人们也可能得出不同的、相冲突的答案）。不断增加的不同的、相冲突的形而上学答案——都声称基于纯粹理性的力量——必然会导致人们怀疑理性主义方法论的可靠性。第二个因素更具决定性：科学家在精致地解释世界方面的种种成功——特别是牛顿——都是同时运用了理性和经验观察。

上帝说，让牛顿降生吧

牛顿对 17 世纪后期、18 世纪以及直到 21 世纪的影响都大到无以复加。想想牛顿之前的世界，就能理解牛顿的重要性了。可怕的瘟疫持续地扫荡城市和地区，毫无征兆和原因地毁灭它们。教会四分五裂，宗教热情激起战争而非带来和平。理性和观察彼此对立，即使在最好的情况下，它们也是分庭而立：理性告诉我们深刻的绝对必然真理；观察有其固有缺陷，仅告诉我们世界的偶然。理性告诉我们几何学的真理，如交叉线形成的对角必然相等；观察告诉我们两条道路最终交叉——但它们实际上并没有交叉，它们的相交既不必然也不绝对。理性主义满足于对绝对真理的哲学追问，而对观察的世界的真理却不甚了了。哥白尼天文学被广泛接受，但是结果是天文学似乎永远疏离了物理学：亚里士多德物理学基于万物寻找其合适位置的理念，如热向上升腾、星辰固定、物体都寻找其在地球上的恰当位置；但如今，地球不再是静止的对象，而是在宇宙空间旋转，原有的物理模型不再是其基础。伟大的天文学家（如开普勒的天文学研究对牛顿的工作很重要）常常坚持天文学原则应该通过纯粹理性建立的观点——也许通过理性理解天体完美的数学和谐——以避免观察研究固有的不确定性和偶发性。新的哥白尼体系是了不起的成就，但是偶然造访的彗星打破了整个体系的钟表般的秩序。

在这一片混乱和不确定中，科学巨人牛顿向我们走来。在吸收哥白尼、伽利略、开普勒成果的基础上，牛顿设计出精致简洁的运动定律，历史性地弥合了地球物理学和天体天文学的分野：在牛顿的体系中，同样的原则既可以解释地球绕太阳运转，也可以解释月亮绕地球运转，还可以解释扔向空中的球为什么落回地面。亚里士多德物理学和哥白尼天文学彼此对立；牛顿体系却让物理学和天文学成为无缝整体，都符合几条简洁、精致、精确的定律。不仅物理学和天文学的裂缝得到弥合，数学推理和经验观察的裂缝也得到弥合：牛顿利用细致的经验观察建立了他的运动定律，并展现了这些经验观察如何成为所有运动基本定律的精致的数学体系的一部分，在地上和空中都同样适用。在地球上扔的石头自由落体，地球及其他行星绕太阳运行，都得到同一种解释。牛顿常常将此归功于哥白尼、伽利略、开普勒和其他在他之前的科学家——“我得以看得更远，是因为我站在巨人的肩膀上”（1675 年致罗伯特·虎克的信）——但是，和牛顿同时代的人相比，牛顿似乎是科学界最伟大的巨人。牛顿同时代英国诗人亚历山大·蒲柏（Alexander Pope）总结道：

> 自然和自然的规律隐藏在茫茫黑夜之中：
> 上帝说：让牛顿降生吧，于是一片光明。

牛顿的成功有许多重要影响。首先，物理学和天文学融合到一套科学体系中；这样，人们相信，最终所有的科学知识都可以融入一个伟大的体系（假使不能像牛顿运动定律那样用统一的几条简洁的定律解释，也至少可以忠于普遍的科学研究方法)。其次，牛顿展示了数学和经验观察并不一定占有不同的或者对立的领域，而是可以和谐、合作共处：纯粹数学和几何学可以应用于我们观察到的东西，其结果可以和精致的数学原则一样解释世界。第三，我们可以用这样的方法获得几乎一切的真理：天文学和物理学是显然的，也许生物学甚至心理学、伦理学、政治学也可以。不管怎么看，都似乎是最棒的方法。和旧的观点完全不是一个路径：世界是个巨大的谜，我们无从理解，任何尝试都是无意义的。上帝用约伯无法回答的问题来诘难他："地的广大你能明透吗？你若全知道，只管说吧！光明的居所从何而至？"后牛顿的约伯也许会回答："我不知道，但我知道如何找到答案。"

牛顿精致的运动定律极大增强了人们的自信，使人们相信，通过数学理性和细致观察，我们可以获得可靠的知识：关于我们周遭世界的知识以及它如何运作，关于高度确定性的知识，我们所观察到的世界的知识也是清晰真实的知识。但是，保证经验知识和经验方法（细致观察结合数学理性）力量的重要性的事件实际上发生在牛顿死后。彗星是神秘不可解释的现象中的主要例子。没有人能解释它们从何而来，为何而来或者它们是什么。信奉托勒密学说的天文学家和信奉哥白尼学说的天文学家都同意：彗星打乱了天空运行的钟表般的秩序。它们毫无缘由来来去去，它们神神秘秘不可预测，它们是人类无知的典型。既然没有可能的自然解释，那它们只可能是神的信使，也许是神的警告。但是，它们是来自神灵抑或魔鬼？它们是末日之兆抑或福音使者？一般来说，彗星都被视作灾难性变化来临的神秘信号，可能引起各种混乱；对大多数人而言——尤其是权力可能岌岌可危的王公贵族——并不欢迎变化。但是，英国天文学家埃德蒙·哈雷（Edmund Halley）受牛顿理论启发，猜想彗星也许其实是自然的、可以预测的现象，是遵循牛顿定律的。哈雷研究了历史上关于彗星的记载，根据牛顿运动定律精确计算，他成功预测了彗星来临的时间、地点、轨迹。（实际上，彗星并没有完全按照哈雷的时间表如期而至，而是晚了一些到1759年才来，但是哈雷使用牛顿定律几乎准确地预测了彗星到来；哈雷运用牛顿定律能够预测彗星是令人兴奋的；1759年，彗星的到来确证了牛顿革命和牛顿科学的力量。）彗星——连同行星、月亮、高塔坠物、空中羽箭——都遵循同样的运动定律；如果我们细致观察和精确计算，我们就能够理解和准确预测它们的运动。彗星曾是终极神秘之物，而牛顿科学解释了这种神秘。

> 在牛顿的伟大发现之后，18世纪随之来临。18世纪，牛顿定律被用来精确预测彗星的到来和轨迹。在伟大的法国数学家达朗贝尔（Jean d'Alembert）1759年（哈雷彗星按预期到来的那年）的描述中，18世纪出现了科学自信和兴奋的迹象：
>
> 我们的世纪……被称为卓越的哲学世纪（包括被我们称作科学的自然哲学）……新的哲学方法的发现和应用，与各种发现相伴随的那种热情，宇宙奇观在我们身上引起的理念的某种提升——所有这些原因造成了心智的强烈的骚动，就像冲破了堤坝的江河一样从各个方向蔓延穿透大自然。

如果牛顿科学可以解开彗星的奥秘，我们有理由相信科学探索会掌握所有秘密的钥匙。如果我们能够运用数学科学的方法理解和预测彗星的来去，那么就肯定没有什么可以否认科学的解释。人类行为也许古怪、难料、无法解释；但是并不比彗星更难预测。既然彗星的动向都可以预测，也许人类行为也可以。不管怎样，科学——在牛顿式的细致观察和数学计算的结合中，无须神圣或者世俗的权威——似乎是通向有价值的真知的康庄大道。

经验主义

每个人都赞同理性在发现真理方面的重要性，的确如此；每个人都赞同我们感官的错误会欺骗我们。但是，经验主义者相信，理性主义者过分依赖纯粹理性，理性主义者给真理确立了过于严苛的标准。真理当然不错；但是，经验主义者认为，有些不完全确定的真理也可能很有用。特别是，经验主义者相信，纯粹理性给我们提供数学的和几何学的真理，当我们探索我们周遭世界的真理时，我们还需要用到感官获得的证据，我们需要经验的观察和做实验。

大卫·休谟发表了他伟大的激进的经验主义反形而上学宣言：

如果我们相信这些原则，那么我们在逛图书馆时，将有多么大的破坏呢？如果我们拿起一本书，例如，神学书或经院哲学书，那么我们就可以问，其中包含着关于数和量方面的任何抽象推理吗？没有。其中包含着关于实在事实和存在的任何经验推理吗？没有。那么我们就可以把它投入火里，因为它所包含的，除了诡辩和幻想，没有别的。

——《人类理解研究》，1748

有的理性主义者也许坚持我们不必通过经验的感官观察就可以了解世界的本性：假设理性可以告诉我们，这些特征必定是完美的上帝的一部分，理性可以揭示完美的上帝所创造的这个世界的本性（如和谐和秩序）；那么理性可以揭示世界的本性必然是何种模样（当然，如果世界并非如此呈现，那也只是因为我们在理解世界的真实本性方面的感官局限造成的）。经验主义者可不买账：如果我们想知道世界究竟怎样，我们一定要观察和做实验。我们通过仔细实验和贴近观察，就会获得我们自身之外的真实世界的知识——同样能够获得关于我们自身的知识（例如，1619 年，威廉·哈维发现了血液循环的规律）。当然，我们也许会犯错：经验知识的确会出错，但是真知并不要求绝对可靠。理性主义者认为，感官观察有其固有的缺陷，会影响纯粹理性获得深层真理；相反，经验主义者认为，感官观察是获得知识的过程的重要元素。理性主义者也许声称理性解开了我们的观察所不能解开的深层真理；但是，理性主义者并没有发现基本的运动定律，也没有预测彗星的轨迹。经验主义成为主流观点，它结合运用理性、数学以及他们推崇的细致的经验观察。

经验主义的观点认为，经验是获得真知的基础。理性显然也有大用处，但是必须有来自经验的基础材料。启蒙时代三位伟大的经验主义者是洛克、休谟、贝克莱主教。尽管他们的具体观点各不相同，但是有两点基本共识：经验是知识的必要基础；拒绝没有经验或者实验证据支持的形而上学准则。例如，每一个实体是否都有隐含的必然的但是却不可观察到的实体？经验主义者拒绝这种没有经验证据支持的形而上学主张。

约翰·洛克

约翰·洛克（John Locke）生于1632年，比牛顿早出生10年。1687年，牛顿出版他革命性的著作《自然哲学的数学原理》；1689年，洛克出版他的经验主义宣言《人类理解论》。这并不是说洛克的《人类理解论》是对牛顿著作的哲学思考的结果；事实上，洛克在牛顿的《自然哲学的数学原理》一书出版之前很多年就在写作《人类理解论》。但是，洛克的著作抓住了成为主流的经验主义的核心精神，并且洛克的经验主义鲜明地站在了笛卡尔的理性主义的对立面。

……上帝所有属性的统一、单纯或不可分，是我所领会的上帝的主要完满性之一。而上帝的一切完满性的各种统一的观念一定不可能是由任何一个原因（由于这个原因，我同时也接受了其他一切完满性的观念）放在我心里的。因为，如果这个原因不让我同时知道它是什么，它就不能让我理解完满的联结、不可分……

我只剩去检查一下我是如何从上帝那里获得这个观念的。因为我不是通过感官获得的，而且它也从来不像可感知的东西的观念那样，不管我是否期待而硬提供给我……它也不是由我创造出来的，因为我没有能力在上面加减任何东西。唯一剩下的选择是，它是内在于我的，和我自己的观念内在于我一样。

当然不应该奇怪，上帝在创造我的时候把这个观念放在我心里，就如同工匠把标记刻印在他的作品上一样。

——笛卡尔，《第四个沉思》

笛卡尔坚持，我们必须远离容易误导我们感官的印象，通过纯粹理性找到我们可以确定知道的第一原则。与之截然不同，洛克论证说，我们不可能避免从感官输入开始：我们的所有观念从根本上来说都是来自经验。只有通过经验，我们才获得关于颜色、形状、大小的概念。通过经验获得的这些概念，我们可以用种种方法处理和结合它们。经验主义者最著名的一个例子是金山的例子。显然我并没有看到过金山；但是，因为我具有“金”和“山”的观念——得自我的感官观察——我可以结合二者产生“金山”的观念。这样稀奇古怪和充满想象的练习需要我们首先拥有感官经验的基础材料（如关于颜色、山、海洋的观念），没有基础的感官材料，我们不可能前进一步。

笛卡尔相信，理性让我们能够理解宇宙：向我们揭示上帝的本性、人类的构造，（借助一点点感官的帮助）还可以解释我们周遭的世界。洛克可不这么想。洛克相信，我们当然可以拥有知识；但是，仅凭我们的理性功能，我们能够了解的知识是有限的。我们必须从感觉开始，我们的感觉也许也是有限的：由于我们的有限性，特别是限于我们的感官能力，我们会有无法获得的知识。

我们可以假定人的心灵如白纸，没有一切特征，没有任何观念，那么它如何会又有了这些装备呢？人的忙碌而无限的想象既然能在人的心灵上刻画出几乎无限的多样性来，那么人的心灵究竟如何才能得到那么多的材料呢？它所拥有的理性和知识方面的一切材料，都是从哪里来的呢？我可以用一句话答复说，它们都是来自“经验”，我们的一切知识都是建立在经验上的，而且最后都是从经验导出的。我们的观察既能应用于外部的可感对象，也能应用于心灵的内部活动，通过我们的感知和反思，我们的理解才能得到思维的一切材料。这便是知识的两个来源，我们所已有的，或自然有的各种观念，都是发源于此。

——洛克，《人类理解论》

笛卡尔相信我们具有“天赋观念”：这些观念不是来自经验，而是上帝在人出生前放到人心里的（笛卡尔将此类比陶片上的“制作者印记”）。例如，我们有关于无限的观念；但是，笛卡尔说我们永远无法从我们的理性得出这样的观念，因为我们的理性显然是有限的。对笛卡尔而言更显然的是，我们不可能通过感官经验获得这样的观念。因此，那一定是上帝植入我们心中的。相反，洛克认为，人类意识是“*tabula rasa*”（拉丁文，意为“白板”），我们的感官经验在白板上首先留下印记；我们所有的观念根本上是来源于经验的（理性处理这些经验）。一旦我们有了最初的这些观念，我们可以混合、搭配、分类、扩展它们；但是我们依赖感官获取观念的储备。

17 世纪对天赋观念的争论在后续的世纪中时盛时衰，从未消失，至今如此。在伦理学中，一些直觉主义者相信，我们具有关于（伦理原则）对错的直觉知识：你知道说谎或谋杀是错的，但是（直觉主义者认为）这不是从经验获知的；而是当你清楚地想到它时即刻就知道了。这不像是数学那样来自理性的知识，因为你无须理性论证就明了这些基本的道德原则。当然，也有人怀疑伦理直觉是否存在，他们认为所谓直觉实际上是源于我们的社会现状，或是给出其他来源解释的人。稍后我们在讨论伦理学时再讨论这些。20 世纪后期，激烈的理性主义和经验主义的论争爆发，至今仍在耳边回响。这是语言结构天赋说和习得说之争；主要对手是理性主义语言学家乔姆斯基（Noam Chomsky）和经验主义者、行为主义心理学家斯金纳（B. F. Skinner）。

旨在实现解释充分性的语言架构理论往往包含语言普遍性的内容，认为关于这些普遍性的缄默知识也适用于儿童。[①] 它假设，儿童从一种语言中获得特定的、先前的、明晰的语言形式，并在其所处环境中获得语言素材，他处于什么样的语言环境决定了他会什么语言。这样才可能有语言的习得。重要的是：从儿童习得语言，我们得出什么样的关于语言本质的最基本假设？在儿童习得语言的过程中，具体的、特定的先天图示（一般称为“语法”）如何逐渐变得更加清楚和可辨？

——乔姆斯基，1965

① 乔姆斯基的先天论认为，儿童大脑里有一种天生的“语言习得机制”即缄默知识（tacit knowledge），使得儿童在不具备发达的逻辑推理思维能力、未接受任何官能训练的时候就“自动”地掌握语言规则。——译者注

乔姆斯基认为，儿童不可能从出生起的短短几年里从零开始掌握一门语言，这太复杂了，一定是我们天生具有关于语言的基本语法结构的知识。（乔姆斯基并不认为这些语言结构是上帝植入我们的，而是人类进化的产物；但不论怎样，它们仍然是天赋的而非习得的。）而斯金纳则认为，我们不能回到天赋观念或天赋理论的路子上去，除非我们彻底检视了通过习得经验获得语言的可能性。

> 如果行为只是偶然性的产物，那么就没有什么是按照规划或规则运行的了。1959 年，乔姆斯基说“从某种意义而言，习得语言的儿童自己构建了语法”，这是一种误导，就好比说从某种意义而言，狗学会了接球构成了机械科学的一部分。在这两种情况下，规则都是从强化的偶然性中得出的并被用来指导人们。从这些偶然性得出的直接结果具有完全不同的性质。
>
> ——斯金纳，1966

理性主义者和经验主义者的这轮持续不断的当代论争与数百年前笛卡尔和洛克之争如出一辙。

大卫·休谟

像笛卡尔这样的理性主义者认为，理性是知识的基本来源。理性比我们易受欺骗的感官要可靠得多。感官也许可以告诉我们一块蜡的性质变化，但只有理性能够发现深层真理：只有理性能够认识感官印象表象下的实体。笛卡尔希望找到确定可知的真理，理性——而非感官印象——是他达到这样的真理的必由之路。当然理性也可能犯错：可能想得太快，没有考虑全所有必要的因素。但是，笛卡尔确信，通过谨慎的、有条不紊的推理过程，我们可以发现大量的真理。理性如此强大和有效——只要我们审慎地好好使用——几乎没有它的神奇力量所不能发现和知道的。和笛卡尔以及其他理性主义者不同，经验主义者强调通过经验获得观念的重要性，包括感官经验。经验主义者相信我们可以知道得很多，但是由于我们的理解从根本上是依赖我们的感觉，而我们的感觉是有限的，所以我们的知识也可能是有限的。狗可以闻到我们闻不到的气味。也许其他动物可以看到或者听到我们看不到或听不到的，也许有些感觉经验于我们是完全陌生的。因此，我们的理解是有限的，研究和认识到这种有限性是很重要的。我们的官能（特别是我们的知觉官能）是否适合获取知识？我们感官的特性——以及感觉的有限性——是否限制了我们可以获得的知识的种类？

洛克提出，我们有必要检视是否有可能我们有限的人类官能会限制我们知识的广度和深度。但是，真正认真对待这个问题的人是休谟，休谟得出结论说，的确可能存在这种限制。这并不表明我们应该放弃经验上的探索。我们停止探索就不可能知道我们认识的边界在哪里，就算的确受到限制，我们也可能发现其他路径或方法可以带我们走得更远。但是，我们不应傲慢地假定人类的能力足以带我们获得终极知识，不能认为在所有领域，知识的完美确定性是可能的。

经验主义者认识到，经验知识的主张可能犯错，我们的理解也可能是有限的；但是，他们依然相信，经验的研究可以获得可观的发现，而且可以找到改正错误的方法。就算人类理解是有限的，但这有限性也很遥远：我们可以发现的有很多，而且我们有一些很棒的方法。毕竟，这是拥有出色的牛顿的时代，他的经验研究——建立在哥白尼、开普勒、伽利略的研究基础上——揭示了适用于整个宇宙的运动定律，无论是地球还是其他行星。使用牛顿定律，哈雷预测了彗星的到来和离去——那些神秘的信使曾是我们的理解力无法企及的现象。是苏格兰经验主义者休谟勒住了这份洋溢的热情。

经验主义者休谟认识到观察在获得知识上的重要性。但是，他也敏锐地意识到经验知识的局限和我们的基本理解力的鸿沟。首先，理性和经验会告诉我们如何完成我们的目标，哪条路最可能带我们到达目的地，但是它们是有局限性的。当涉及最基本的伦理问题，比如，什么样的目标是值得追寻的，我们应该追求什么，我们应该过什么样的生活，我们应该发展什么样的个性，休谟认为，理性并不能回答我们。理性和经验可以告诉我们获得财富的最佳方法，但是不能告诉我们什么样的财富值得追求。显然，这与我们的所知相距甚远；毕竟，柏拉图和亚里士多德都认为，最基础和最重要的问题就是什么是善、什么是公平、我们应如何生活。休谟认为，我们最基本的目标和价值都来源于我们的感觉和我们的热情；并非理性告诉我们激情、欲望和目标是有价值的，事实恰恰相反："理性是，且应当总是激情的奴仆。"理性和经验告诉我们许多"是什么"，但是从未跨过鸿沟告诉我们"应当是什么"。休谟关于伦理学的主张显然备受争议，既有恶毒的批评者，也有忠诚的捍卫者，我们将在后面的章节详述。

休谟不但看到我们从理性和经验获得的知识的重要局限（特别是在伦理学领域），而且深深认识到人类理解和世界基本本性之间的鸿沟。首先，我们常常自信地说知道"起因 / 引起（cause）"；但是当我们细看，却发现一个事件经常紧接着另一个事件。台球母球撞击第二个球，（我们说）引起了第二个球移动；剑插入心脏，引起心脏停止跳动；火焰碰到火药，火药爆炸，引起炮弹迅速冲出炮筒；万有引力引起炮弹最终落向地面。在所有这些情形中，我们看到的只是一个事件总是接着另一个事件。当然，我们可以深入研究这些因果关系：心脏停止跳动，引起血液循环停止，引起大脑缺氧，引起脑细胞停止工作，最终引起死亡。但是，进行更加深入细节的研究，我们看到的也只不过是一连串前后相继的事件。并不是说，我们不知道火焰引燃了火药，或者剑引起心脏停跳；休谟要强调的是，当我们说知道这些起因时，我们其实只是知道惯常的一连串前后相继的事件；从先发生的，习惯上可以推断出接下来发生的。但是，我们不应认为我们知道了因果关系的本质：我们得出原因的结论是基于惯例或者习惯的，而非基于深刻的理性洞察。

> 松鼠不靠归纳推理就知道它下一个冬天也需要贮存食物。同样，我们也不需要用归纳法则作为我们行动或预测的理由。
>
> ——维特根斯坦，《论确实性》

我们的基本理解力还有一个有限性，它挑战我们有局限的因果概念，即"一个事件惯常地接着另一个事件"。在我们所理解的世界中，我们依赖"未来会像过去一样"的原则。这一原则支配我们对归纳的使用，我们对世界的知识就是基于归纳法，通过归纳，我们预测将来。当我们说"心脏停跳引起死亡"，是基于我们观察到的所有事实，死亡紧接着心脏停跳而来。但是，我们不能将自己限制在对过去的陈述中；即我们不说"在以往所有经验中，心脏停跳引起死亡”；而是说“心脏停跳引起死亡”，我们将此作为一个普遍性陈述：心脏停跳总是导致死亡，无论过去、现在、将来。但是，假定“未来会像过去一样”，我们能为此提供什么理性基础？我们如何能够理性地证明我们对归纳法的信念：相信过去的观测将继续在将来发生？我们可以说，在过去，这信念都是正确的；但是，这就提出了新的问题：为什么我们应该相信归纳法的结论在过去的成功表明它将来仍然适用？回答这个问题时，如果我们说“它过去总是适用，所以将来仍然适用”，那么我们其实并没有回答问题；我们只是回避了问题，只是假设我们的假定是证实了的。

20 世纪哲学家纳尔逊·古德曼（Nelson Goodman）以清楚的形式提出了这一问题，他称为“新归纳之谜（new riddle of induction）”。我们迄今为止见过的所有绿宝石都是绿色的，因此如果假定所有的绿宝石（包括未见到的绿宝石）都有绿色的属性似乎是合理的。但是，也许绿宝石具有的是绿蓝色的属性，而不是绿色的属性，也就是，到 2025 年，它们具有的是绿色的属性，而后变为蓝色的属性。这种“绿蓝假说”听上去相当愚蠢，但是请注意：支持归纳假设“所有绿宝石都是绿色的，将来也是绿色的”的论点同样支持“绿蓝假说”。也就是说，所有我们过去对绿宝石是绿色的观察同样支持“绿蓝假说”。古德曼“绿蓝假说”的关键并不是要说明所有的绿宝石都是绿蓝色的，而是说明用归纳法进行证明时存在严重的问题，即如果绿宝石是绿色的和绿宝石是绿蓝色的都可以通过归纳法得出，那么归纳法就不能成为一个强有力的理解的基础。

因果关系和归纳法是我们对世界的经验理解的基础；休谟论证说，此二者的基础远不如我们想象中可靠。我们曾想过将我们对世界及其因果过程的理解建立在坚实的理性基础上；休谟的结论是，并非理性而是习惯，或者是习得的关于信念和预期的习惯，才是我们理解世界的向导：“习惯……是人生的伟大向导。”这太令人震惊了。我们曾相信自己有美妙的理性力量的引导；突然间，我们只是按习惯行事。就像老鼠在迷宫中成功找到通往奶酪的路径，我们找到了通往我们期望的终点的路径；但是，在最基本的层面上，我们并不比成功找到奶酪的老鼠运用了更多的理性。我们依照过去成功的经验行事，我们依循习得了的习惯；但这些都与运用理性无关。依循习惯更为基本：依循习惯比依循理性更为根本，而且理性不能证明什么。休谟本人倒是并不受此困扰。他认为，我们自然地按照习惯行事，无须理性证明。恰恰相反，自然可不会傻到用理性来指引我们，我们的理性能力如此平庸，即使是我们有限的理性力量，我们也未必能好好利用。休谟奉劝我们在每天的日常生活中依循习惯就足够了；在我们的理智生活中，些许的怀疑主义可以纠正我们的傲慢。但是，其他很多人却因为休谟的结论而深深困扰，其中之一就是康德。

康德

休谟深深影响了其后的一大批人；有时是因为他所给出的答案，有时是因为他提出的问题和困惑。康德说，休谟把他从独断论的睡梦中惊醒了。在我们看来，很显然，我们的世界中发生的事情都是由另外的事情引起的；但是，我们如何证明这点？我们如何得知这种因果关系是普遍的？这个令人困惑的问题让康德从他的“独断论睡梦”中醒来，促使他发展自己非凡的哲学体系。

康德承认，休谟极大地挑战了人们对于理性可以得出关于世界的可靠知识的信念。康德给出的回应是彻底的：从某种程度而言，几乎和哥白尼革命一样彻底。事实上，康德自称掀起了哲学上的哥白尼革命。回忆一下哥白尼革命做了些什么：它让我们认识到我们并非世界的享有特权的观众，而是世界的一部分。我们并不在太阳系之外观察它，而是就在太阳系中观察世界。当我们观察时，我们必须考虑自身观察角度的影响；特别是我们要考虑到事实上我们在移动，我们自身的移动影响到我们的所见。如果我们每晚走到户外看头顶的星辰，会发现它们的位置随季节变化：1 月份的时候，太阳的位置比较低，而后每个月逐渐升高，快到冬天的时候又变得比较低；同样的，整个星辰的全景也随季节变化而一同变化。除了某些怪异的“漫步的星星”；因此古人将它们命名为“行星”，它们不像其他星辰那样一贯变化，而是忽动忽停，时快时慢。托勒密认为，我们的地球享有特权般静止不动，那么行星的奇怪运动可能是在（其他星辰所在的）大球体之内的其他球体上运行：大球体以地球为中心旋转，而行星则随自己的球体运行。但是，哥白尼为行星的运动给出了自己的解释——“逆行的行星”——不是行星运动轨迹奇怪，而是事实上我们是从自己所在的运动着的地球上观察的。我们都绕太阳运转，地球有时赶上其他行星然后将它们甩在后面，因此看上去行星的运行轨迹很奇怪。康德在他的“哥白尼革命”的哲学中认为，如果我们要理解周遭的世界，我们同样必须考虑我们的概念体系。我们的范畴和观念令我们以特定的方式观察世界；我们的所见——如行星的逆行——是因为我们将我们的范畴、观念、角度带入了我们对世界的观察，而非真实世界的一部分。康德区分了现象（*phenomena*）与物自体（*noumena*）。物自体意味着自身存在的实在，本质上独立于我们的观察；现象是我们实际观察到的，我们对世界的洞察由观念和知觉器官赋予它们色彩和形状。

那么，我们如何区分现象的和物自体的呢？即我们如何确定世界在其自身的本性，如何将之与观念和知觉器官带给我们的观察区分开来呢？为了回答这个问题，康德从一些基本的差别着手：首先，分析命题和综合命题的差别；其次，先天知识和后天知识的差别。分析命题是必然命题，分析命题的谓词包含在主词之中。例如，青蛙是一种动物：这个命题的主词“青蛙”就是动物的一种；谓词“动物”包含在主词之中。因此，这是一个分析的真理。圈是圆的：同样，圈蕴含圆的意思；谓词包含在主词之中，这是一个分析的真理；它的真实性是由主词和谓词的分析得来的。在综合命题中，谓词不包含在主词之中：国家足球联盟有 32 支队伍。它是偶然为真的，是综合来的真理：国家足球联盟并不内含有 32 支队伍的定义。纽约是美国最大的城市。同样，这也是真的，但是是综合的真理：是最大的城市并非纽约的定义中内含的；也许将来洛杉矶会更大，这个综合命题就是错的了。太平洋是地球上最大的大洋。这是真的，但是是综合的真理，不是分析的真理：事实上，我们并非一开始就知道这个命题为真。地球是我们太阳系最大的行星：这个综合命题碰巧是错的。

现在看看第二种差别，先天知识和后天知识的差别。前面的章节，我们讨论过，这是知的途径的差别。先天知识纯粹通过理性获得，不需要观察。分析的真理就是一种先天知识，因为只要分析概念就知道它们为真：想想圈的定义，你就知道圈是圆的；你不需要走出去观察一堆的圈才得出这个结论。（除非你已经知道圈是圆的，否则你都不知道该上哪儿去观察。）先天真理的其他伟大例子来自数学和几何学。两条直线相交，对角相等；2+2=4。这些真理仅凭理性即可获得，不需要走出去量量对角，不需要在两个球里再放进两个球看看是不是一共有四个球。这些真理是先天的。相反，我们通过吃番茄并观察吃了番茄有什么结果，然后才知道番茄是可以吃的。很多年，欧洲人都认为番茄有致命的毒性；不管运用理性怎么思索，我们都不会发现番茄并没有毒；这就是一个后天真理，依赖经验和观察。或者也可以说是经验的真理。后天真理多如尘埃：人活着必须有氧气；木星是我们太阳系最大的行星；企鹅不会飞；太平洋是地球上最大的大洋，这些综合命题都是后天的。通过经验观察，我们知道了关于番茄的新知识：它们可以食用。人活着必须有氧气也是后天知识：氧气的定义中并不包含人类的必需品的含义，而是我们通过后天经验和实验获得的新的知识。后天真理是综合命题的例子比比皆是。

有趣的问题——这个问题令康德着迷，而且在今天仍备受争议——是：有没有综合命题是我们先天知道的？即纯粹通过理性，我们能否拥有关于世界的先天知识？

想象目前木星的卫星上有个东西，从未有人见过：可能是石头、云朵、冰块、或者我们在地球上从没见过的。你能够了解这个从没见过的东西吗？你不知道它的化学结构，或者它的命运；你不知道它的颜色、硬度、熔点。但关于这个物体仍然有你所知道的什么吗？康德说有的：你知道这个物体存在在空间和时间中。它也许大也许小，也许像云朵一样变化形状；但是它一定有长宽高，一定存在于空间中。它可能新可能旧，可能长久可能短暂；但是它一定存在于时间中。

乍一看，这并不怎么令人惊奇。毕竟，如果你让我描述一个建筑，然后我告诉你它存在于时空中，你会觉得毫无帮助。但是，康德认为这的确很重要：这是关于世界的综合命题，而且是先天的。关于世界的真命题平淡无奇。企鹅不会飞，木星是太阳系中最大的行星，地球的大气中含有氧气：这些都是关于世界的真的综合命题，我们通过（后天的）观察获知。但是，我们从未见过的木星卫星上的物体存在于时空之中：即我们先天地知道这点，无须求助经验；而且这是一个综合命题，不是分析命题。但是注意，我们知道这个从未见过的物体存在于时空之中，这个知的途径不是从观察到的事物中总结出来的：不是归纳的知。毕竟，假定我们观察了数以百计的企鹅，各种品种的，没有一只能飞；然后我们合理地认为所有的企鹅都不能飞。不过我们不能排除在某个未知的小岛上有会飞的企鹅的可能性。但是，我们知道从未见过的木星卫星上的物体存在于时空之中，这和企鹅不会飞的例子不同：我们知道那个未知的物体存在于时空之中。因此，康德得出结论，有先天综合真理：我们可以纯粹通过理性知道的关于世界的真理。

但是这如何可能？没有经验观察的帮助，理性如何可能告诉我们关于世界的知识？不但告诉我们关于世界的知识，还告诉我们关于世界的必然真理？只有一种可能：它们是我们确定知道的真理，因为它们是我们观察到的和概念化的世界的一部分。它们建立在我们的概念化和观察能力基础上。因此，有一些先天综合真理：完全通过理性告诉我们的关于世界的真理，而非基于定义的分析命题。

为什么行星看上去在它们的路径上漫步？因为我们的观察位置在移动。为什么我们看到的东西都存在于空间和时间中？为什么诸事皆有起因？因为我们通过空间和时间的镜片来观察世界，时间和空间形成我们了解和感知世界的结构。它们是我们现象世界的一部分，但是不是物自体的一部分；即它们是我们观察和理解的必要部分——如果我们去除空间和时间的镜片，世界也许呈现出一片混乱和不可理解的“嗡嗡作响的混乱”——但是，它们不是世界自身的部分，物自体独立于我们的观察和理解。这并不是说，康德坚持空间、时间和因果关系仅仅是幻觉。相反，它们是我们经验和观察到的世界的必然要素。它们“经验地为真，但却是超验的理念”；即它们是我们经验世界真实的一部分，但是，在上帝的眼里——从某种我们所没有的完美的角度看——它们并非世界的一部分。

这就是康德努力调和经验主义和理性主义观点的结果：保留笛卡尔的对确定性的需要，同时承认休谟的关于我们的知识受有限性的经验层面的限制。康德的目的在于吸收牛顿经验科学的瞩目成就（及其机械论、决定论取向）到其体系中，而这个体系为绝对确定性和人类理性、意志的特殊力量留有余地。他是否成功了还是个问题，这是有争议的，你会有自己的结论。但是，无论你接受康德的路子，还是坚决反对他的立场，康德在思想史上都是重要的十字路口。康德推动我们更细致地思考我们自己的视角和框定了我们对世界理解的观念体系。

阅读部分

人类理解研究

第二章 观念的起源

大卫·休谟

大卫·休谟（David Hume，1711—1776），出生于爱丁堡，任教于爱丁堡大学。他的哲学、英国史、政治著作为他赢得显赫声名；他被认为是近代最有洞察力和影响力的哲学家之一。他成年后大部分时间在巴黎（期间他在巴黎的英国大使馆任职）而且在巴黎是大受欢迎的人物（本杰明·富兰克林和在巴黎的美国大使都是他的朋友）。休谟的宗教作品备受争议，他有生之年被苏格兰的神职人员称为“大异教徒”。而他的密友，同为苏格兰人的经济学家亚当·斯密说：“休谟无论在生前还是在死后，总是在脆弱的人性所许可的范围内，接近于一个全智全德者的理想。”

在以下章节中，休谟摆出他经验主义的基本立场，运用经验主义原则攻击声称缺乏经验或者数学基础的知识。

人们都不会否认，人的心灵有两种截然不同的知觉，一种是当我们感受到过热的痛苦或热度适宜的快乐时的知觉；一种是而后在记忆中唤醒这种感觉或事先想象到这种感觉时的知觉。记忆和想象这两种官能可以摹仿或复制感官的知觉，但是它们绝不可能达到原来感觉的那种力量和生机。我们至多能说，在它们最有力量的时候，它们把它们的对象表象得栩栩如生，我们几乎身临其境，好像触摸到了或看见了那对象。但是，除了人心在被疾病折磨到无序或者疯狂，那些官能从不能达到最有力量的程度，无法栩栩如生地表达即刻的知觉。诗歌的描绘虽然丰富多彩，也无法真实再现真实景致中的自然事物。最活跃的思想也比最迟钝的感觉逊色。

我们可以观察心灵所有其他的知觉，都可以看到这种区别。一个真正正在发怒的人的强烈感受和仅仅考虑这种情绪的人是很不一样的。你如果告诉我说，一个人正在热恋中，那我很容易明白你的意思，并正确设想他的情况；但是，我从不会把那种设想认为是情感的真正纷乱和搅扰。我们如果反思过去的感觉和感情，我们的思想就是一面忠实的镜子，真实复制其对象，但是思想所用的色彩与即刻知觉的颜色相比显得模糊而黯淡。我们并不需要敏锐的洞察力或者形而上学的头脑就可以区分这两种知觉。

因此，我们就可以把心灵的所有知觉分为两类，凭借它们的强力和活力来分辨。不那么强烈和活跃的知觉，通常叫作思想（thought）或观念（idea）。至于另一种知觉，在英文中缺少相应的单词，而且在其他许多语言中也没有相应的名称；我想因为只有在从事哲学思考的时候有必要用一个特定的词汇来称谓它，平常倒无此必要。那么我们就随意一些，称之为印象（impression），我们并非在日常的意义上使用这个词。我用“印象”一词来指我们较活跃的一切知觉，比如，指我们的所闻、所见、所触、所爱、所恨、所欲。印象不同于观念，观念是指反思上述那些感觉和运动时我们所意识到的一些较不活跃的知觉。

乍一看，再没有什么像人的思想那样没有边界，它不但可以逃离人类的力量和权威，甚至逾越自然和实在。我们的想象力毫不费力就能构思出恶魔，将各种奇形怪状和特异形象勾勒出来，并不比想象最自然和常见的物体更为困难。虽然我们的身体限制在一个行星上，带着痛苦和困难在其上蠕动，但是我们的思想却能在一瞬间将我们送到宇宙中最远的地方，甚至于超出了宇宙进入无限的混沌，在那儿自然恐怕还是一团纷乱。我们可以思想任何东西，没有看过的，没有听过的，也许不可信的，只要其自身不含有绝对矛盾的东西，我们都可以思想。

虽然我们的思想看似拥有这种无限的自由，可是仔细考察，就会发现，其实它是限于很狭窄的范围内的，心灵所有的创造力只不过是把感官和经验提供的材料混合、调换、增加或减少罢了。当我们思考一座金山时，我们只是组合了以前所熟悉的黄金和山两个观念。我们能构想一匹良驹，乃是因为我们凭自己的感觉想到良驹的特性，并且把这种特性附着在我们所熟悉的马的形象上。简而言之，思想的一切素材都是由外部的或内部的感觉得来的；心灵和意志只是把它们加以混合和重组罢了，用哲学的语言来说，我们的一切观念或较微弱的知觉都是印象或是较活跃的知觉的摹本。

……

在这里有一个命题，它本身不仅简单易懂，而且如果运用得当，可以用之将各种争论都表达得清晰明了，驱散一切妄语，还形而上学的推论以原貌，使之免受被误解的耻辱。我们可以说：一切观念，尤其是抽象的观念，天然都是微弱的、昏暗的。心灵无法牢牢把握住它们，它们最容易和其他相似的观念相混淆，而且在我们习惯了使用某些术语后，虽然它并没有任何清晰的意义，我们也很容易想象它附有一种确定的观念。相反，所有的印象，也就是不论内部外部一切感觉，都是强烈的、生动的。它们之间的界限更加明确，而且不容易陷于错误和误解中。因此，当我们考虑一个哲学名词并没有任何意义或观念时（这很常见），我们只需追问"那个假设的观念是由什么印象得来的？"如果我们找不出任何印象来，这便证实了我们的猜想。我们如果把观念都如此明了地呈现出来，就有可能借此来免除人们关于观念的本性和实在方面的一切争论。

……

不过也有一种较缓和的怀疑主义或学院派的哲学持久又有用，某种意义上说是皮浪主义或过度的怀疑主义的结果，有时无疑是被常识和反思改正了的结果。大多数人在表达自己意见时都自然而然地倾向于肯定和专断，他们如果只看到事物的一面，而且对于其反面毫无概念，他们就会热切地拥抱自己所倾向的原则，完全无法容忍持相反意见者。他们毫不迟疑，也不衡量他们混乱的理解，不会查看他们的热情，停顿他们的行动。因此，他们就想急于逃脱这种不自在的状态，而且认为即使是强烈的肯定和专断的信仰，也无法使他们脱离这个状态。但是，这些专断的推理者能否敏锐觉察到人类的理解，即使在它最完美的状态下，当它的结论最准确、最谨慎的时候，他们也是特别虚弱的——这种反思自然会使他们较为谦逊和含蓄，减少他们对自我意见的偏好和对对手的厌恶心理。目不识丁者也许细想博学者的看法，那些博学者虽从研究和反思中得到许多益处，可是他们也往往对于自己的结论缺乏自信。博学的人如果天性骄傲而固执，那他们稍有一点皮浪主义就可减少他们的骄傲，皮浪主义会告诫他们，哪怕他们相较于其同辈高明一点，但是如果和人生来就有的普遍的迷惑和纷乱比较起来，实在是不足道的。总而言之，一个合理的推理者在一切推敲和决断中应该永久保有怀疑、谨慎和谦虚的态度。

还有另一种缓和的怀疑主义，也或者是有益于人类的，它也许是皮浪式的怀疑和顾虑的自然结果，它主张把我们的探究限于人类理解能力的狭窄范围内的主题上。人的想象力自然令人惊叹，它喜欢悠远而奇特的东西，总是不受控制跑到最远的时空以避免沦为稀松平常的惯常。而一个正确的判断则恰恰相反，它要避免一切高而远的探求，把自己限于日常生活中，限于日常实践和经验的主题上，而把壮丽的主题留给诗人和演说家来润色，或留给僧侣和政治家的艺术。如果想要得到一个有益的结论，最有效的方法莫过于完全相信皮浪式的怀疑的力量，并且相信除了自然本能的强力而外，没有任何东西可以使我们摆脱这种怀疑的力量。爱好哲学的人仍要继续他们的研究，因为他们反思到，除了哲思带来的即刻快乐而外，哲学的论断就是有条理地修正过的对日常生活的反思。但是，只要他们想到他们所运用的官能是不完美的、范围是狭窄的、作用是不精确的，他们就不会受到诱惑而远离日常生活。我们既然在数千次实验后，依然不能令人满意地解释石头会下坠、火要燃烧，那么我们何以断言世界的起源和自然在时间长河中起讫的位置？

的确，我们探究的狭窄限制在各方面都是很合理的，它满足了对人类心灵的自然力量的最细微的考察，将之与其他物体相比较后推荐给我们。我们会找到恰当的科学和研究的主题。

在我看来，抽象科学和证明的唯一对象只能是量和数，所有推进知识的界限以拓展更为完全的知识种类的尝试都只是诡辩和幻想。量和数的组成部分虽然完全是相似的，可是它们的关系却是错综复杂的，没有什么比通过各种媒介探寻它们表象的等式或不等式更加离奇和有用。但是除了数和量的关系以外，其他一切观念都是相互区分和不同的，因此即使我们深入考察也不能进展得很远，我们只能观察这种差异，并且通过明显的反思来断言此物不是彼物。在这些判断中如果存在困难，是因为这些片段完全来自不确定的词义，恰当的定义可以解决这种困难。例如“斜边的平方等于两个直角边平方之和”，尽管精确定义其中的术语，我们也必须通过推理和探究才可能知道它的内含。而对于“没有财产，就没有不公”这个命题，我们只需给这些语词下个定义，并且解释“不公”就是侵犯他人的财产，我们就可能相信这个命题了。这个命题本身是一种比较不完全的定义。除了数量科学以外，所有科学中伪装的演绎都是如此。我想，只有数量科学，可以确乎断言是知识和证明的适当对象。

人类其他一切探究都只是涉及事实和存在，而这些明显是无法证明的。什么都可以“不存在”。一种事实的否定并不包含矛盾。任何事物的“不存在”，毫无例外地和它的“存在”一样是一个清晰明白的观念。凡断言它不存在的任何命题（尽管错误）和断言它“存在”的命题一样可以相信、可以理解。至于科学的情形就非如此。在那里，凡不真实的命题都是模糊而无意义的。“64 的立方根等于 10 的一半”，这是一个错误的命题，我们不可能确定地相信它。但是要说凯撒、天使加伯列或其他人物不曾存在过，那也许是一个错误的命题，但是它仍是完全可信的，并不包含矛盾。

因此，任何事物的存在，如果从其原因或结果为论据来论证，则都是完全建立在经验上的证明。如果先验地来推论，那任何事物都可以产生别的事物。我不知道，也许石子落下会消灭太阳，也许人的意志可以控制行星的轨迹。只有经验告诉我们因果的范围，使我们可以根据一件事物的存在，来推测另一件事物的存在。这就是或然性推论的基础，这种推论形成了大部分人类知识，并且是一切人类行为的来源。

道德论证要么是关于具体的事实，要么是关于一般的事实。生活中一切思考都涉及前者；历史学、年代学、地理学和天文学中的一切研究，也涉及前者。

研究一般的事实的科学，有政治学、自然哲学、物理学、化学等，它们考察对象整体类属的性质和因果。

神学要证明神圣的存在和灵魂的不灭，所以它的推论一部分是关于具体的事实，一部分是关于一般的事实。它既在经验所能证明的范围以内，也在理性中有一部分基础。但是它最好的、最牢固的基础是信仰和神启。

道德学和批评学毋宁说是品味和情趣的对象，而非理解的对象。所谓美，不论是道德的，抑或自然的，只可以说是被人所感觉的，而不可说是被人所观察的。如果我们的理性关注这点，试图为它设立标准，那我们所关心的又是一种新事实，即人类的一般性品味，或可供我们推论和研究的这一类事实。

如果我们相信这些原则，那么我们在逛图书馆时，将有多么大的破坏呢？如果我们拿起一本书，例如，神学书或经院哲学书，那么我们就可以问，其中包含着关于数和量方面的任何抽象推理吗？没有。其中包含着关于实在事实和存在的任何经验推理吗？没有。那么我们就可以把它投入火里，因为它所包含的，除了诡辩和幻想，没有别的。

人类理解研究

第四章　关于理解作用的一些怀疑

大卫·休谟

在这一章节里，休谟论证了对归纳论证的理性基础的怀疑，并论证了怀疑主义的有限形式。

第一节

人类理性或研究的一切对象可以自然地分为两种，就是观念的关系（Relations of Ideas）和实际的事情（Matters of Fact）。几何、代数、算术属于第一种，简而言之，凡有直觉的确定性或证明的确定性的论断都属于这一类。"斜边的平方等于两个直角边平方之和"这个命题是表示这些数字之间关系的命题。又如，"三乘五等于三十之一半"，也是表示这些数字之间的关系。通过思维的作用，我们就可以发现这类命题，不必依据于宇宙中存在的任何其他东西。即使自然中没有圆或三角形，但欧几里得证明了其确实性和明白性。

人类理性的第二种对象即实际的事情则无法用这种方式来研究，其真实性即使是明确的，其确实性也和前一种不一样。各种事实的反面也总是可能的，因为不可能包含着任何矛盾，而且心灵是按照合于实在的功能和清晰性来构想的。"太阳明天不出来"这个命题，和"太阳明天要出来"这个命题，同样可以理解，并不矛盾。我们无论如何也无法证明前一个命题是谬误。如果我们能证明它是谬误，那么它便含有矛盾，不可能被心灵所构想。

因此，这是一个值得我们好奇地去深究的主题，这种证明的本性是什么，在感官的见证之外、在我们的记忆之外，让我们确信任何具体的事情真实存在的证据的本性是什么。我们知道，哲学的这个部分从古至今都没有太多的发展，这方面的研究没有任何依据和指导，路径艰难，因此，在进行这个重要研究时，我们的疑虑和谬误是可以原谅的。由于它们可以刺激我们的好奇心，消除影响推论和自由探究的种种狂妄自信，这恰恰是它们的有用之处。如果通常的哲学存在缺陷，如果我们发现了的话，其实并不会挫败我们，反而常常能刺激人们探究更为充分和满意的理论，以代替前人的理论。

所有关于事情的事实的合理性解释似乎都建立在因果关系上。仅凭借因果联系，我们就可以逾越我们记忆和感官的证据。假设你问一个人他为什么相信不在眼前的事情，如他为什么相信他的朋友在国内或在法国，他会给你其他一些事实作为理由，如他收到他朋友的信，或者他的朋友事前告诉过他这个决定。一个人如果在荒岛上找到一块表或其他任何机械，他就会得出那个岛上曾经有人的结论。关于实际事情的一切推论都是这种性质的。在这里，我们总是假设，在现在的事实和由此推得的事实之间，必然有一种联系。如果没有任何东西来结合它们，则那种推论会成了完全任意的。我们在黑暗中一听到一些发音清楚的声音和有条理的谈话，我们就会相信，那里有一些人在。为什么呢？因为这些都是人类身体构造的结果，而且是和那种构造密切地联系在一起的。我们如果分析其他一切这类推论，那我们就会看到，它们是建立在因果关系上的，而且这种关系不是近的，就是远的，不是直接的，就是并行的。热和光是火的并行的结果，此一种结果可以正确地由另一种结果推出来。

……

不过，要使我们相信，一切自然法则和物体的一切作用毫无例外都只是凭借经验才为我们所知，我们可以做如下考虑。如果有一个对象呈现在我们面前，要求我们不依据过去的观察，就来断言由此对象所产生的结果，那么我请问你，心灵在从事这种活动时，它将以何种方式进行呢？它一定要创造或想象一种事情，认为它是那个对象的结果；不过我们分明看到，这种创造完全是任意的。心灵纵然极其细心地考察过那个所假设的原因，它也不能在其中发现任何结果。因为结果和原因是完全不一样的，因此，我们也就不能在原因中发现结果。第二个台球的运动和第一个台球的运动完全是两件事情；并没有任何东西可以从第一个台球的运动略微暗示出第二个台球的运动。一块石头或一块金属如果悬在空气中，没有任何支撑物，那它立刻会掉下来。但是，要先验地来考察这回事，我们在这种情形下果然可以发现出任何东西，来使我们产生金属或石头下落的观念，而不产生它们上行的观念或其他运动观念吗？

在不诉诸经验时，我们在一切自然作用方面一开始所想象、所创造的一个特殊结果固然是任意的，我们在因果之间虽假设有一种纽带或联系来结合它们，并且使那个原因不能产生出任何别的结果来，但是，我们也必须认为那种纽带或联系是任意的。当我看到一个台球循直线向另一个台球运动时，第二个台球的运动纵然偶然使我想到：它是它们接触或相撞的结果，但是难道我不能构想出上百种不同的事情也可以由这个原因产生出来吗？这两个球不可以完全绝对静止吗？第一个球不能循直线返回吗？不能沿直线或其他方向跳过第二个球吗？这些假设都一样是不矛盾的、可以想象的。那么我们为什么偏要选取并不比其他假设更少矛盾、更可想象的一种假设呢？我们的一切先验的推论都不足以指示出，这种偏爱究竟有什么基础。总之，每个结果都是和它的原因不一样的事情。因此，它就不能在其原因中发现出来；人们一开始先验的、所创造、所想象的结果一定是完全任意的。纵然在这个结果被提示出来以后，它和原因的联系也一样是任意的，因为总有许多别的结果在理性看来也一样是不矛盾的、自然的。因此，离开了观察和经验的帮助，我们便不能妄自决定任何一件事情，妄自推论任何原因或结果。

……

第二节

但是，关于我们一开始提出的那个问题，我们到现在还不曾得到任何勉强可以满意的回答。每一个解决方式又产生一个新问题，那个新问题又和以前的问题一样困难，于是又使我们继续探究。当我们问，“我们关于实际事情的一切推论，其本性是什么？”而适当的回答似乎是，它们是建立在因果关系上的。我们如果再问，“我们关于那个关系的一切推论和结论，其基础何在？”那我们又可以用一个词语回答说，在于经验。但是，如果我们继续纵容我们的仔细穷究的癖好，又来问道，“由经验而得的一切结论其基础何在？”则这个又含有一个新问题，而且这个问题或许是更难解决、更难解释的。有些哲学家虽然自命不凡，以为自己有优越的智慧和能力，不过他们一遇到爱追问的人们，那么他们就会遇到一种艰难的任务，因为那些人会把他们推出他们在其中退避的每一个角落，会使他们最后陷入一种危险的难关里。要想避免这种进退失据的情形，最好的方法是我们不要太过自负，并且在别人未向我们提出这类难题时，就该自己把它发现出来。借助这个方法，我们就可以把自己的无知变成一种荣誉。

……

一切推论都可以分为两类，一种推论是演绎的，是涉及各观念的关系的，另一种推论是或然的，是涉及实际的事实或存在的。在我们现在这种情形下，似乎分明没有演绎的论证；因为自然的途径是可以变的，而且一个对象纵然和我们所经验过的对象似乎一样，也可以生出相异的或相反的结果来；这些事情都是没有什么矛盾的。我不能明白地、清晰地构想到：有一个从云中掉下来的物体，在各方面虽都类似雪，可是它的味道如盐，热如火吗？我们不能说，一切树都在12月和1月茂盛，在5月和6月枯萎吗？还有别的命题比这个命题更为明白而可了解的吗？但凡可以明白了解的事理，可以清晰地构想到的事理，都不包含矛盾，我们都不能借助任何演绎的论证或抽象的推论先验地来证明它是虚妄的。

因此，如果有一些论证使我们信任过去的经验，并以此作为我们将来判断的标准，那么这类论证一定只是或然的，一定是只关于实际的事情和实在的存在的——按照我们上述的分类来说。但是，如果我们对于这类推论所做的解释是坚实的、满意的，我们一定会看到此处所说的这些论证是不存在的。我们已经说过，关于实际存在的一切论证都是建立在因果关系上的；而我们对于这种关系所有的知识又是从经验来的；而且我们一切经验上的结论又都是依据“将来定和过去相符”的这一个假设进行的。因此，如果我们努力用或然的论证，或实在存在方面的论证，来证明最后这个假设，那分明是来回转圈，而且把正在争论中的事情先已认为当然的了。

实在说来，由经验所得来的一切论证，都建立于我们在自然对象间所发现的那种相似关系；而且因为有这种相似关系，我们才来期望将来所发生的结果也和我们所见的由同样对象而来的结果相似。除了蠢人或疯子，虽然没有人会否认经验的权威，或排斥人生的那个大指导，但我们却不能不让哲学家怀着大的好奇心来考察人性中究竟有什么原则，可以给经验以这样大的权威，并且使我们由自然界中各种不同对象间的相似关系，来求得一些益处。由似乎相似的原因，我们便期望有相似的结果。这就总括了我们一切根据经验的结论。不过我们似乎明白看到，这个结论如果是由理性构成的，那它在一开始并且在一种例证下，就会达到完全的地步，而且完全的程度应该和我们所经历的长期的经验一样。但是，实际情形完全不是这样。蛋的形象是非常相似的，但是没有人会只因为这种貌似的相似关系，就期望它们有同样的滋味。只有在长时间的各种情形下，经过一致的实验以后，我们才可以正确地坚信一件特殊的事情。但是，以前的一百个例证既然和现在这一个例证没有任何差异，那么我们又凭什么推论步骤来由这一个例证推出异于由那一百个例证所得出的一个结论呢？我所以要提出这个问题来，一是要启发人们，一是意在提出一些难题。我不能发现，也不能想象任何那一类推论。但是，如果有任何人肯指导我，那我仍是虚心接受的。

如果人们说，由许多一致的实验，我们就可以推断，在可感的性质和秘密的能力之间有一种联系，那我可以明白地说，这仍是用不同的说法把同一种困难陈述出来。我们在此仍然可以问，这个推断是在什么论证过程上建立起来的。我们用什么媒介和中介的观念来联结这些互不相关的命题呢？人们都承认，面包的颜色、硬度和别的可感的性质，其本身与营养和维持生命的秘密能力并无任何联系。因为若是如此，那我们不借助于经验，在这些可感的性质初次出现之时，就可以推断出这些秘密能力。如果是这样，就同一切哲学家的意见相反，同明显的事实相反。在一切对象的能力和作用方面，我们就处在这种自然的愚昧状态下。这种情形如何才能借经验来改善呢？它只指示我们说，有一些一致的结果是由一些对象得来的，它只教导我们说，那些特殊的对象，在那个特殊的时候，是曾赋有那些能力和力量的。一个新对象，如果也赋有相似的可感性质，那它在呈现于我们面前时，我们便期望有相似的能力和力量，便期待一种相似的结果。我们见了一个物体，并且知道它和面包的颜色与硬度相似，那我们就会期望它有相似的营养能力和维持生命的能力。不过这确实是需要说明的心灵的一个步骤。一个人如果说，“我在过去一切例证中，曾见有那些相似的可感性质和那些秘密的能力结合在一起”，同时他又说，“相似的可感性质将来总会恒常地和相似的秘密能力结合在一起”，那他并没有犯同语反复的毛病，而且这两个命题不论在任何方面都不是同一的。你或者说，后一个命题是由前一个命题而来的推断。不过你必须承认，那个推断不是直观的，也不是演绎的；那么它的本性究竟是怎样的？说它是根据实验的，那就是把未解决的问题引来作为论证。因为根据经验而来的一切推断，都假设将来和过去相似，而且相似的能力将来会伴有相似的可感性质——这个假设正是那些推断的基础。如果我们猜想，自然的途径会发生变化，过去的不能为将来的规则，那一切经验都会成为无用的，再也产生不出任何推断或结论。因此，我们就不能用由经验得来的论证来证明过去是和将来相似的。因为这些论证统统都是建立在那种相似关系的假设之上的。我们纵然承认，事物的途径到目前为止都是有规则的，但是如果我们没有一种新的论证或推断，单单这种规则性自身并不能证明那种途径将来仍继续有规则。你纵然妄自说，根据过去的经验，你知道了物体的本性，那也是白费的。它们的可感性质即使没有任何变化，它们的秘密本性仍会变化，因而它们的结果和作用也就会变化。有的时候，有些对象就有这种情形。那么一切对象为什么不能总有这种情形呢？你是用什么逻辑、什么论证过程来驳倒这个假设的呢？你或者会说，我的实践驳倒了我的怀疑。不过你这样说，就误解了我这个问题的意义了。如果作为行动者，我是很满足于这一点的；但是，作为一个哲学家，我就不能没有几分好奇心（我且不说有怀疑主义），我在这里就不能不追问这个推断的基础。在这样重要的事情方面，我的阅读和探究从不曾把我的问题去除，从不曾让我满意。那么除了把这个难题向公众提出来以外，我不是再无别的好方法了吗？——虽然在提出来以后，也很难希望把它解决了。这样做，我们纵然增加不了我们的知识，至少也可以使自己明白自己的无知。

未来形而上学导论

伊曼努尔·康德

伊曼努尔·康德（Immanuel Kant，1724—1804）是个虚弱的人，过着安安静静的生活，在哥尼斯堡大学任教授，一生几乎没有离开过哥尼斯堡方圆几公里的范围。但是在他有生之年，人们就已经将他视为其时代最伟大的思想家之一，许多欧洲城市都有“康德协会”——致力于阅读和研究康德的著作。

康德探讨了一些最基本的问题，如我们如何获得知识，特别是特定的知识；研究我们思维的方法和我们的理解方式及知识结构。在最基本的哲学区分和主题上，康德所提出的问题和给出的阐释都深深影响着之后的数个世纪。

前言 论一切形而上学知识的特点

第一节 形而上学的源泉

如果想要把一种知识建立成为科学，那就必须首先能够准确地规定出没有任何一种别的科学与之有共同之处的、它所特有的不同特点；否则各种科学之间的界线就不清楚，任何一种科学就不能彻底地按其本性来对待了。

这些特点可以是对象的不同，或者是知识源泉的不同，或者是知识种类的不同，或者是不止一种，甚至是全部的不同兼而有之。一种可能的科学和它的领域的概念，首先就根据这些特点而来。

先说形而上学知识的源泉。形而上学知识这一概念本身就说明它不能是经验的。形而上学知识的原理（不仅包括公理，也包括基本概念）因而一定不是来自经验，因为它必须不是形而下的（物理学的）知识，而是形而上的知识，也就是经验以外的知识……

第二节 唯一可以称之为形而上学的一种知识

（1）综合判断和分析判断之间的一般区别。

（2）一切分析判断的共同原理是矛盾律。

（3）除矛盾律外，综合判断还要求另外一种原理。

有后天综合判断，这是来自经验的；但是也有确定是先天的综合判断，是来自纯粹理智和纯粹理性的。二者有一点是一致的，即决不能只根据分析原则，即矛盾律，还要求一种完全不同的原则，尽管永远必须符合矛盾律，不论从什么原则得出来；因为无论什么都不能违背矛盾律，尽管并非任何东西都是能从它推出来的。我先把综合判断归类一下。

①经验判断永远是综合判断。

②数学判断全都是综合判断。

……

第四节 《导论》的总问题——形而上学究竟是可能的吗？

如果真有在科学上能站得住脚的形而上学，如果人们可以说，这就是形而上学，你只要拿去学就行了，它将以一种不可拒抗、确然无疑的方式使你相信它的真理。如果情形是这样，那么这个问题就提得多余了，因而也就只剩下面一个问题，这个问题与其说是为了论证形而上学本身的存在性，还不如说是为了证验我们的目光是否敏锐。这个问题就是：“形而上学是怎样可能的，以及理性怎样来着手达到它？”但是，在这种情况下，人类理性的运气并不算好。没有一本书可以像介绍欧几里得几何学那样介绍说：这就是形而上学，你们可以在这里找到这门科学的最主要的目的，即用纯粹理性的一些原理来论证出关于至高无上的存在体和将来存在的知识。因为，我们固然能够指出很多确定无疑、从未被人反驳过的命题，不过这些命题都是分析命题，它们与其说是有关扩大知识的命题，还不如说是有关形而上学的材料和为建筑这门科学所用的工具的命题……即使你们做出一些综合命题（比如，充足理由律），然而你们从来也没有单用理性、从先天的角度上来证明这些命题，而你们本来是应该这样做的。不过，人们可以容忍你们；然而尽管如此，当你们想把这些命题用在你们的主要目的上时，你们所主张的东西也总是不合适、不确定的，因为无论什么时候，这一种形而上学同那一种形而上学不是在主张上，就是在主张的证明上，总是互相矛盾的；这样，形而上学本身就摧毁了它被持久承认的资格。不仅如此，为了实现这门科学而做的一切尝试，也无疑曾经是怀疑论这么早出现的首要原因。按照怀疑论的观点，理性对待它自身苛酷到如此程度，以至怀疑论不是从别处，而恰恰是从对理性的最重要的向往得不到满足而感到完全灰心失望这一点上产生的。因为人们早在系统地向自然界发问之前，就向抽象理性发问，那时理性早已在某种程度上通过普遍经验被使用着；因为理性永远在我们眼前，而自然法则却一般是通过一种辛勤的探索才能得到的。形而上学就是如此，它像泡沫一样漂浮在表面上，一掬起来就破灭了。但是，在表面上立刻又出来一个新的泡沫。有些人一直热心掬起泡沫，而另一些人不去在深处寻找现象的原因，却自作聪明，嘲笑前一些人白费力气。

在纯粹理性本身进行了研究，并且力求在这个源泉本身里研究一些原理来确定它的成分和它使用的纯粹的法则。这个工作是艰巨的，它要求一个果敢的读者用思想逐步深入到这样一个体系中去，这个体系不根据任何材料，同时也不依靠任何事实，而只根据理性本身……因此它必须依靠人们已经知道的东西，人们可以有信心地从那里出发，追溯到人们还不知道的源泉，而这源泉的发现将不仅给我们解释我们已经知道的东西，同时也将使我们看到从那里发源的许许多多的知识……

第五节　从纯粹理性得来的知识是如何可能的?

我们已经看到了分析判断和综合判断二者之间的重大区别。分析命题的可能性容易理解，因为它完全是建立在矛盾律上的。后天综合判断，也就是说，那些从经验得出来的命题，它们的可能性也不需要加以特别解释，因为经验不过是知觉的不断积累（综合）。因此就只剩下先天综合命题了，它们的可能性必须去寻找或检查，因为这种可能性不是根据矛盾律，而是必须根据别的原理得来的。

然而，我们在这里首先不需要建立这样一些命题的可能性；也就是说，不需要问它们是不是可能的，因为像这样的命题有很多，它们具有既定的、无可争辩的可靠性。并且，既然我们现在所用的方法应该是分析方法，那么我们将从这种综合的、然而是纯粹的理性知识是实际存在的这一点出发。不过，随后我们必须检查这种可能性的根据，问这种知识是怎样可能的，以便我们能够根据它的可能性的一些原理来确定它的使用条件、它的范围和界线。一切都用它作为根据的这个真正的问题，如果严格准确地表示出来，就是：

先天综合命题是如何可能的?

为了通俗起见，我在前面把这个问题表述得稍微不同一些，把它作为是对从纯粹理性得来的知识的一个提问。我可以这样做，这对于我们所寻求的理解并没有害处；因为，既然在这里需要对待的只是形而上学和它的源泉问题，那么我希望人们要像前面所提到的注意那样，千万记住：当我们在这里谈到从纯粹理性得来的知识时，我们不是指分析的知识，而是指综合的知识。

形而上学站得住脚或站不住脚，从而它是否能够存在，就看这个问题怎么解决。尽管有人把他们的形而上学主张说得天花乱坠，尽管他们用一批批的结论压得我们喘不过气来，只要他们不能首先对这个问题给以满意的答复，我就有权说：这一切都是徒劳无益、毫无根据的哲学，都是虚假的智慧。你通过纯粹理性说话，并且以为似乎是创造了一些先天知识，你在那里不仅是分解了已有的概念，同时也提出一些新的联结，这些联结既不根据矛盾律，而你认为又不根据任何经验，那么你是怎样达到这个结果的呢?你将怎样证实这样的一些主张呢?……

然而，对这一问题的回答，尽管是必不可少的，却很困难；而人们之所以经过这么长时间竟没有想办法去回答这个问题，其主要原因固然在于人们甚至没有想到会有这样一个问题能够被提出来，还有一个次要原因，那就是：令人满意地回答这一问题，比起一本篇幅最长、一出版就保证它的著者名垂不朽的形而上学著作来，需要付出更为坚毅、更为深刻、更为艰苦的思考。同时，任何一个用心的读者，当他反复思索了这个问题的各种要求时，他一定一开始就被困难所吓倒了，认为这是解决不了的，而且，假如不是实际上存在这些先天纯粹综合知识的话，就会认为先天综合知识是完全不可能的。

……

第十一节 本部分所提出的问题因此已经解决了。纯粹数学，作为先天综合知识来说，它之所以是可能的，就在于它只涉及感官对象，而感官对象的经验的直观，其基础是（空间的和时间的）纯粹直观，即先天的直观。这种纯粹直观之所以可能成为基础，就在于它只是感性的纯粹形式，这种感性形式先行于对象的实在现象，在现象中首先使对象在事实上成为可能。然而，这种先天直观的能力不涉及现象的质料，也就是说，不涉及在现象里构成经验的感觉，只涉及现象的形式——空间和时间。如果有谁万一对于空间和时间不是规定自在之物的，而仅仅是规定自在之物对感性的关系的这一点有所怀疑的话，那么我希望知道：他怎么能够认为有可能先天地、在还没有同物打交道之前，也就是在物呈现给我们之前，预先知道物?这里就正是空间和时间的问题。然而，如果一旦把二者仅仅当作我们的感性的形式条件，而把对象仅仅当作现象，那么问题就迎刃而解了；因为这样一来，现象的形式，即纯粹直观，就完全能够来自我们自己，也就是来自先天。

练习部分

1. 笛卡尔支持内在论者的观点：如果我们要获得真知，我们必须能够通过我们自身的反应能力知道我们知道（或者至少知道我们的信念是确证了的），而不用借助任何外界的确认（因为毕竟一旦我们走出自身——对于我们的观察者，或者某些外在的权威，或者其他什么——我们自身将面对被误解、被误导、被误传的可能性）。与内在论者相对应，外在论者认为，信念不需要是私人化的过程，而是可以借助外在的资源：信念可以通过检验观察、结果、计算、对比来确证，也许有大量的观察者和调查者。基本的问题是，一个人是否能够确定地拥有信念，即使他目前不能够从任何内在来源为自己的信念提供证据。（这个证据不需要来自纯粹理性；内在论者可以接受你记忆中的观察或者你记得曾经从声誉良好的来源获得信念——如百科全书或者报纸。但是，内在论者坚持信念必须被确证，信徒当下必须拥有内在的来源确证它。如果你必须通过外在的来源才能确证你的信念——你的感官证据、朋友的肯定，或者外在权威的认证——那么你并没有确证你的信念。如果你不能给你的信念以内在的确证——例如，如果你认为你知道木星是太阳系最大的行星，但是你并不知道为什么你这么认为；你无法记起你是否从可靠的来源获得过这一信念，或者通过自己的计算能够证明——那么你的信念并没有得到确证。即使你的信念恰好为真，你也并非真的知道它为真，因为你缺少内在的对信念的确证。）内在论者和外在论者之争是当代认识论的活跃议题。你认为哪一方更有道理？你是否有未经合理确证的信念？如果有，你是否认为自己真的知道这些信念——你目前并不能内在地确证它们——这些信念是真知吗？如果你相信这样的信念不能算是真知，那么你就是一个内在论者；如果你认为这样的信念也可以认为是真知，即使你不能内在地确证你的信念，那么你就是一个外在论者。
2. 在你所有的观念中，有没有你认为可能是天赋的？
3. 20世纪早期的美国实用主义者约翰·杜威批评康德，认为康德不应该设想我们的概念范畴是永恒的。在此基础上，杜威坚持认为，康德并没有真正带来（康德所声称的）哲学上的哥白尼革命，因为康德没有放弃固定的、永恒的原则和范畴。杜威认为，这些范畴是可以为我们所用的可变化的工具——可以更改、可以替换——而非固定的一般理解的原则。从你自己的观点看，你认可这些基本范畴是思维的固定方式的观点，所有理性生物都是如此，还是认可思维的有效方式是可有变化和替换的？
4. 英国当代一流哲学家托马斯·内格尔（目前任教于纽约大学），在他1986年出版的有趣的书《本然的观点》（*The View From Nowhere*）第98页中说道：

> 认识到自身有限的本性和在世界中的限制的生物，肯定既认识到了实在超出我们的概念所及，也认识到了存在我们无法理解的概念。满足

实在的一般概念的条件是，实在下面人们实际的概念，还有概念所有的可能的延展，作为一个实例。这个概念在我看来足以解释通过有层级的一套概念，从中延伸出来比一个人自身观点更加受限制的观点，但是其中包含了比一个人自身观点更大的观点，有些可以通过发现达到，但是有的更大的观点不能。

内格尔的观点是否假定了康德对于物自体和现象的区分？如果否认这种区分，我们是否还有可能接受内格尔的观点？康德会接受内格尔的观点吗？笛卡尔呢？你呢？

5. 一座桥塌了，或者一个人病了，或者你的车无法启动，或者轮胎爆了。你相信所有这一切都有一个原因致使这些事情发生；即使你从来没有发现乔伊的病因或者你爆胎的原因，你仍然相信一切都有始因。“一定有什么原因”，你会这样认为。你怎么知道一定有个始因？这是不是你的概念体系的一部分？或者你通过观察习得的？还是通过理性？

补充阅读

柏拉图的理性主义主要体现在《理想国》中，译本十分丰富；柏拉图的其他对话也可以仔细阅读，如《五篇对话》（*Five Dialogues*）——《游叙弗伦篇》（*Euthyphro*），《申辩篇》（*Apology*），《克里托篇》（*Crito*），《美诺篇》（*Meno*），《斐多篇》（*Phaedo*）（Indianapolis, IN:Hackett, 1981）。前面章节我们讨论的笛卡尔的相关著作和介绍参看前面章节的补充阅读，笛卡尔当然是近代理性主义者中的关键人物了。同时代伟大的理性主义者还有斯宾诺莎和莱布尼茨。新近有个关于他们关系的有趣研究，参看马修·斯图尔特（Matthew Stewart）的《侍臣和异教分子：莱布尼茨、斯宾诺莎和近代上帝的命运》（*The Courtier and the Heretic: Leibniz, Spinoza, and the Fate of God in the Modern World*, New York :W. W. Norton & Company, 2006）。刘易斯·塞缪尔·福伊尔（Lewis Samuel Feuer）的著作《斯宾诺莎和自由主义的兴起》（*Spinoza and the Rise of Liberalism*, Boston, MA: Beacon Press, 1958）是本很有魅力的书，研究斯宾诺莎的思想和生平。

经典的经验主义素材主要有贝克莱主教的《人类知识原理》（*The Principles of Human Knowledge*）以及《海拉斯和斐洛诺斯的对话三篇》（*Three Dialogues between Hylas and Philonous*）；大卫·休谟的《人性论》（*Treatise of Human Nature*），特别是第一卷第四部分；和约翰·洛克的《人类理解论》（*An Essay Concerning Human Understanding*）。G. J. 沃诺克（G. J. Warnock）的《贝克莱》（*Berkeley*, Hammondsworth: Penguin, 1953）很好地介绍了贝克莱的学说和地位。关于休谟，可以阅读 H. H. 普赖斯（H. H. Price）主编的《休谟关于外部世界的理论》（*Hume's Theory of the External World*, Oxford: Clarendon Press, 1940）；诺曼·肯普·史密斯（Norman Kemp Smith）的《大卫·休谟的哲学》（*The Philosophy of David Hume*, London: Macmillan, 1964）；巴里·斯特

劳德（Barry Stroud）主编的《休谟》(*Hume*, London and Boston: Routledge &Kegan Paul, 1977）清晰明了，可读性强。关于更近的经验主义者的观点可以阅读 A. J. 艾尔（A. J. Ayer）的《经验知识的基础》(*The Foundations of Empirical Knowledge*, London: Macmillan, 1940）和《知识的难题》(*The Problem of Knowledge*, Baltimore，MD: Penguin Books, 1956)，还有卡尔·G. 亨普尔（Carl G. Hempel）的《科学解释的各方面》(*Aspects of Scientific Explanation*, Free Press, 1965)。布鲁斯·昂（Bruce Aune）的《理性主义、经验主义和实用主义导论》(*Rationalism, Empiricism, and Pragmatism: An Introduction*, New York: Random House, 1970）很好地比较了主要的传统认识论观点。

康德的主要认识论著作的英文版有由诺曼·肯普·史密斯翻译的《纯粹理性批判》(*Critique of Pure Reason*, London:Macmillan, 1964）第二版和由刘易斯·怀特·贝克（Lewis White Beck）翻译的《未来形而上学导论》(*Prolegomena to Any Future Metaphysics*, Indianapolis, IN:Bobbs-Merrill, 1950)。在康德的认识论方面，有许多杰出的研究者，如理查德·阿奎拉（Richard Aquila）著有《表象的心灵：康德知识论研究》(*Representational Mind :A Study of Kant's Theory of Knowledge*, Bloomington, IN :Indiana University Press, 1983)；乔纳森·贝内特（Jonathan Bennett）著有《康德的批判哲学》(*Kant's Analytic*, Cambridge: Cambridge University Press, 1966)；C. D. 布罗德（C. D. Broad）著有《康德导论》(*Kant: An Introduction*, Cambridge: Cambridge University Press, 1978)；诺曼·肯普·史密斯著有《康德〈纯粹理性批判〉评论（第二版）》(*A Commentary on Kant's Critique of Pure Reason*，2nd ed., London: Macmillan, 1923)；以及 P. F. 斯特劳森（P. F. Strawson）的《意识的边界》(*The Bounds of Sense*, London:Methuen, 1966)。

乔治·莱考夫（George Lakoff）和拉斐尔·E. 努涅斯（Rafael E. Nunez）主编的《数学来自何处：具身心智是如何让数学产生的》(*Where Mathematics Comes from: How the Embodied Mind Brings Mathematics into Being*, New York: Basic Books, 2000）是一本很有意思的书，探寻数学的心理学源头，否认数学是基于直观、定义或者纯粹先验直觉的。

了解更多关于诺姆·乔姆斯基（Noam Chomsky）和伯尔赫斯·弗雷德里克·斯金纳（B. F. Skinner）之间的“理性主义者与经验主义者”的冲突，请阅读斯金纳的《言语行为》(*Verbal Behavior*, New York:Appleton-Century-Crofts, 1957）和《强化时间表》(*Contingencies of Reinforcement*, New York:Appleton-Century-Crofts, 1969)；以及乔姆斯基的《斯金纳〈言语行为〉评述》(“Review of Skinner's Verbal Behavior”), 1959 年发表于《语言》(*Language*）杂志第 35 卷，第 26—58 页；以及乔姆斯基的《笛卡尔语言学》(*Cartesian Linguistics*, New York: Harper &Row, 1966)。1970 年，肯尼思·麦科克代尔（Kenneth MacCorquodale）替斯金纳对乔姆斯基的评述做出了回应，见《关于乔姆斯基的斯金纳〈言语行为〉评述》(“On Chomsky's Review of Skinner's Verbal Behavior”)，发表于《行为实验分析杂志》(*Journal of the Experimental Analysis of Behavior*）第 13 卷，第 83—99 页。

有许多关于内在主义与外在主义之间的辩论的不错的文章，见劳伦斯·邦茹（Laurence Bonjour）的《内在主义和外在主义》(“Internalism and

Externalism”)，收录在保罗 · K. 莫泽（Paul K. Moser）主编的《牛津认识论手册》（*The Oxford Handbook of Epistemology*, Oxford: Oxford University Press, 2002）第七章，第 234—263 页；斯文·贝内克（Sven Bernecker）和弗雷德 · 德雷特斯科（Fred Dretske）主编的《知识：当代认识论读本》（*Knowledge: Readings in Contemporary Epistemology*, Oxford: Oxford University Press, 2000），见第二部分编者前言，以及后面其他一些文章；还有希拉里 · 科恩布利斯（Hilary Kornblith）主编的选集《认识论：内在主义和外在主义》（*Epistemology: Internalism and Externalism*, Oxford: Blackwell Publishers, 2001）中的编者序言《内在主义和外在主义：简明历史导论》（“Internalism and Externalism: A Brief Historical Introduction”）。劳伦斯 · 邦茹和 恩斯特 · 索萨（Ernest Sosa）的《认识论争议：内在主义与外在主义，基础与价值》（*Epistemic Justification: Internalism vs. Externalism*, *Foundations vs. Virtues*, Oxford: Blackwell Publishing, 2003）中广泛收录了内在主义和外在主义之间有价值的辩论，而且作者充分表述了自身的观点，对两方面相对的观点都做出了评述，也做出了对评述的回应。马赛厄斯·史蒂厄普（Matthias Steup）和恩斯特 · 索萨主编的《认识论的当代论争》（*Contemporary Debates in Epistemology*, Oxford: Blackwell Publishing, 2005）第九章介绍了约翰·格列柯（John Greco）和理查德·费尔德曼（Richard Feldman）之间的辩论。恩斯特·索萨和金在权（Jaegwon Kim）主编的《认识论：文章选集》（*Epistemology: An Anthology*, Oxford: Blackwell, 2000）包含了许多重要的文章。詹姆斯 · E. 汤姆柏林（James E. Tomberlin）的《人类和其他动物的知识》（“Knowledge in Humans and Other Animals”）刊登于《哲学视角》（*Philosophical Perspectives*）1999 年第 13 卷，第 327—346 页；希拉里 · 科恩布利斯有力论证了外在主义，有效研究了不同于人类的动物的认知行为学。彼得 · 勒德洛（Peter Ludlow）和诺拉 · 马丁（Norah Martin）主编的《外在主义和自我认识》（*Externalism and Self-Knowledge*, Stanford, CA: CSLI Publications, 1998）汇集了研究外在主义的含义特别是自我认识的本性含义的文章。

第五章

当代认识论

认为“变化是坏的，而永恒是好的”的观点有着悠久的传统，尤其是在希腊人那里。在柏拉图的《理想国》中，最理想的国家由智慧的人统治，强壮的军人听命于智者并支持其统治；大众受军人约束，他们的美德就是听从他们的上级。要尽量避免变化，变化总是变得更糟；使国家从一个智慧的贵族的统治滑向富有（但是并不智慧）的人统治，再沦为大众的——想想都令人发怵——民主，最终堕落为专制。“愿无新鲜事儿”：在今天，这听上去很奇怪，我们现在热切地渴望最新的流行趋势和最新的科学技术，但是，在许多文化中都曾常常这样问候和祝福。固定的和永恒的东西是好的，变化的风常常带来坏事儿。

> 再没有比引入事物的新秩序更困难的了，实施起来更危险的了，成败更不确定的了。
>
> ——马基雅维利，《君主论》

永恒与变化

同样的观点在认识论方面也有悠久的历史。对柏拉图而言，真正的真理必须是绝对的、不变的、永恒的。两千多年后的笛卡尔也持有相同的观点：真正的真理必须是固定的和永恒的。在这期间的年月里，天主教会吸收了亚里士多德关于完美的上帝的观点——因此是不变的上帝——融合进基督教的世界观；从这里开始，绝大多数重要真理的源头都是这位不变的上帝，这被认为是真理的永恒本性。经验主义者寻找真理的方式也许不同于理性主义者，但是他们都同意真理必须是永恒的和不变的。

世界的另外一个固定的和不变的元素是物种的始终如一，从古代经由中世纪到 17 世纪都是如此。如亚里士多德指出的，狗的后代与其父母不是长得一模一样，但仍然是狗。羊生羊羔，而不会生出猫来。人类的孩子还是人类，一代代都是如此。在亚里士多德的影响下，教会将物种的始终如一视为上帝的计划的证据。物种始终如一，保持不变，正如上帝创造它们之时；任何变化显然都是上帝的设计的错误，而那当然是不可能的。

但是到了启蒙时代——17 世纪和 18 世纪，笛卡尔、斯宾诺莎、洛克和休谟的时代——对待变化的态度本身发生了变化。英国、美国、法国都经历了革命；革命后上台的新政府都并不认为变化是坏的。亚里士多德、托勒密、柏拉图的权威受到影响，他们的观点常遭到反驳。如果亚里士多德给出了运动的最好解释，那还不错；但是，如果伽利略和牛顿做得更好，他们的新理论被采纳，古代权威就可以搁置一边了。当然，天主教会的力量还很强大；与此同时，改革显示出变化也可以是成功的，甚至宗教教义也可以改变——至少对新教徒而言，它们可以变得更好。

这种对于变化的新态度甚至影响到关于物种的观念：也许物种并不如我们想象得那样固定不变和永恒。变化是适应的和积极的；毕竟，物种的进化才有了我们，这不可能是桩坏事。在18世纪，尤其在法国，进化论变得很有吸引力。有很多因素使得进化论（或称衍化，那时候的常用叫法）的观点流行起来。首先，古代和宗教的权威——坚持物种的固定性——事实上逐渐丧失了他们的力量。亚里士多德当然是一位受尊敬的古代哲学家；但是，牛顿现在是物理学和天文学的权威，亚里士多德只是其历史的注脚。威廉·哈维（William Harvey）在人体方面比亚里士多德更加权威，也许亚里士多德在生物学方面的权威性——包括认为物种固定——都将随他的物理学和托勒密的天文学退出舞台。其次，地质学方面的新研究显示，地球比以前想象得要历史悠久（比《圣经》所言要长得多），而且地球经历了许多个地质代。更重要的是，发现了不再存在的动物的化石：它们现在灭绝了。但是，如果物种是固定的，那么动物的出现和灭绝都会造成疑问。如果物种可以消失，那么它们也许也可以发展。

> 不忠绝不会成功：原因是什么？
>
> 因为如果不忠可以成功，谁还敢说这是不忠。
>
> ——约翰·哈灵顿（John Harrington，1561—1612），《讽刺诗集》

而后，变化流行开来，且更受欢迎。英国正在经历巨变——国王被斩首，在“光荣革命”中，皇室家族被替代，政府力量发生巨大变化（由议会而非国王统治）；绝大多数英国人认为，这些变化是向好的方面发展。（当然，认为变化是好事儿的人都是得到权力的人；反对的人都死了。）美国殖民地也充满了革命热情，准备好了除旧迎新。

> 拉马克的进化理论广为人知，在法国是时髦的谈资和时兴的话题。18世纪伟大的哲学家和百科全书派代表人物狄德罗著有《达朗贝的梦》（*D'Alembert's Dream*），在这本书中，达朗贝、博尔窦医生和雷斯璧娜丝小姐有一段谈及拉马克进化论的谈话。
>
> 达朗贝：如果数千里之隔就把我的物种改变了，那么数千倍于地球直径的间隔怎么就不会改变物种呢？如果一切是一个普遍的流，像宇宙景象随处指示给我的那样，那么，在数百万年的时间里，变化怎么就不会在这里和别的地方产生出变种来呢？谁知道土星上有思想、有感觉的生物是个什么样的呢？……土星上有思想、有感觉的生物的官能是不是比我多呢？如果比我多的话，唉！土星人是多么不幸啊！官能越多，需要越多。

博尔宾：他说得对。感官产生需要，反过来需要也产生感官……假定有一长串没有胳膊的世代，假定有持续不断的努力，你就可以看出这个钳子的两边伸出来，一点一点地伸出来……也许会在末端长出手指，重新产生两只胳膊和两只手。原始的结构是通过需要和习惯作用而改变或改进的。我们路走得这样少，工做得这样少，想得这样多，我看人终究会只剩下一个脑袋的。

雷小姐：一个脑袋！只有一个脑袋！这是件小事；我希望那种死乞白赖的献殷勤……你让我想到很可笑的念头上去了。

特别是法国人，急切地渴望激进的变化："人类将不会自由，除非最后一个国王被最后一个神父的肠子绞死。"这可不是害怕变化的人的口号。在古代，打倒君王是上帝计划的破产，必然导致灾难。但是，在 18 世纪，神圣权利和皇位继承的不变法则受到普遍怀疑：废黜永久的"固定的"君王有时带来积极的结果，而非灾难。"固定的物种"的进化也许是有益的。

进化论

18 世纪晚期和 19 世纪初占主导地位的进化论是由法国自然历史博物馆的科学家让－巴蒂斯特·拉马克（Jean-Baptiste Pierre Antoine de Monet, Chevalier de Lamarck，1744—1829）提出的。尽管直到 1802 年他才发表了他关于进化的著作，但在此之前，他的观点已经广为人知和被广泛讨论——但是并没有被科学团体普遍认同。在拉马克那里，进化是通过获得性遗传来进行的。比如，长颈鹿的长脖子就是它经常吃高处的树叶的结果。如果遇到旱季，这些动物和它们的后代可能就要脖子越伸越长以获得足够的食物。通过这些努力，它们的脖子越来越长，并把这些获得的特征遗传给后代。它们的后代重复同样的活动，并将更长的脖子遗传给下一代。经过好几代的重复动作，最终这些动物进化成为新的有着长脖子的动物，这样就有了长颈鹿。

拉马克模型以有目的的行为解释进化论：新物种的产生是通过动物一代代有目的的努力而遗传下去的结果。拉马克反对物种是固定的说法，而赞成改变，在法国知识分子和改革派中，革新的进化论变化的观点很是流行；但是，捍卫固定的秩序的教堂、君主制、贵族则惧怕进化论。当时，许多生物学家尚未准备好宣布放弃正统的亚里士多德的关于物种固定的信念；甚至愿意考虑物种变化的激进观点的人们都怀疑拉马克的有目的的获得性特征的进化论是否足以解释这些变化。

半个世纪后，历史的舞台才为进化理论做了更好的准备。大量恐龙遗骸的发现证明物种并非固定的和永恒的，因为显然恐龙等物种已经消失。而且化石记录似乎显示，新的物种——前所未有的——在不同的时期出现。不是所有人都准备好拥抱物种变化的进化论解释；相反，更流行的观点认为，地球的变化是经由相继的地质时期——首先由剑桥大学第一位地质学教授亚当·塞奇威克（Adam Sedgwick）提出——上帝创造新物种，它们是依据新的生存环境而精心设计的。因此，上帝作为仁慈而有效的设计者，依据不同的地质时期设计与环境相匹配的生物——当然也包括上帝设计的最巅峰的人类。但是，尽管保留了物种的固定性和造物主的特殊角色，塞奇威克也相信发展：变化也许会产生更好的：“（作为一名地质学家）我认可变化发展。例如，最初的鱼在爬行动物之下，最初的爬行动物早于人类。”①尽管有变化，那也并不可怕。在英国的确如此，至少有钱人和有影响力的人都极大地得益于工业革命带来的变化。

> 的确，在达尔文的物种起源观点下，上帝的存在显得多余——他变成了个问题。最起码，进化理论需要一位创世主创造各个物种吧，包括人类。更严重的是，自然选择机制依赖激烈的种内竞争来产生新物种，在这点上，达尔文理论与一切关于仁慈的神圣行为的合理观点相矛盾。
>
> ——爱德华·拉森，《进化论》②，2004

在英国，手艺人和他们的家庭遭受着工业革命带来的危险和污染，比如，被污染的工厂和充满危险的矿井，而有权有势的英国人却得益于工业革命创造的社会和工作环境的变化，由此获得财富和地位；而且由于他们越发富裕，他们倾向于认为变化是积极的发展而非可怕的毁坏。对于在矿井和工厂中度过短暂而艰苦的一生的儿童而言，这真是糟透了，但是，这就是自然的方式：重要的是最好的人——比如我自己——生存下去、繁衍生息、发展进步。在同时期的美国，富有的工业大亨如亨利·福特（Henry Ford）和安德鲁·卡内基（Andrew Carnegie）欢欣雀跃地拥抱他们误解的达尔文主义：适者生存（当然就是指最富有的人了），通过残酷的方式生产先进的东西和持续进步发展，对于弱者毫不怜惜。

达尔文

当然，拉马克式的有目的的和渐进的进化模型正是达尔文所反对的。达尔文的自然选择理论中并没有目的性。同一物种的不同个体天生随机地有些微不同的特征。当一个个体足够幸运，天生具有更好地适应其生存环境的特征，它的存活可能性就越大，越有可能将这些有利特征传给下一代；久而久之，这些具有更好的适应生态龛位的个体逐渐形成新的分支，构成新的物种。因此，新物种倾向于朝着满足新的生态龛位的方向发展——而不是因为某种目的，不论是自然的还是神性的目的。新物种不是形成线性的渐进，而只是恰好适应新环境的变化（包括其他物种的发展）。这些环境变化为生物的成功发展提供机会，例如，为人类或者为人体血液循环中繁衍的寄生虫都提供机会；在达尔文的自然机械选择模型中，生物并无高下之分，谁也并不比谁更进步。

---

① 出自塞奇威克 1845 年给路易斯·阿加西斯（Louis Agassiz）的信，具体见伊莉莎白·卡里·阿加西斯（Elizabeth Cary Agassiz）主编的《路易斯·阿加西斯：他的人生和信件》（*Louis Agassiz:His Life and Correspondence*, Boston, MA: Houghton, Mifflin and Co., 1886），引自爱德华·拉森（Edward Larson）《进化论》（*Evolution*），第 37 页。

② *Evolution*，港台译本译为《了不起的演化论》。——译者注

"进化认识论"是当代颇具影响力的关于知识的观点之一，其灵感直接来源于达尔文自然选择理论。巴特利（W. W. Bartley, Ⅲ）作为进化认识论的倡导者之一，如此描述其观点：

最具创造力的思想，如动物的适应性，是盲目演化和有选择的保留的产物。知识的增长也是通过演化和有选择的保留——或者用波普尔的词语来表达，就是猜想（conjecture）与反驳（refutation）。因此，科学是完全不正当、不合理的。这是黑暗中的一击，超出一切证据的大胆猜想。提出其合理性问题是不恰当的：就像问任意特定变异的合理性一样不恰当。这其实是关于变异物种的生存力的问题——或者新理论也是同样。面对自然选择的压力，或者试图批评和反驳，问题自身也就消解了。在这个过程中存活下来并不能证明幸存者的合理性：存活了成千上万年的物种也可能会灭绝。世世代代采用的理论也可能最终被反驳——比如，牛顿的理论。没有永久的合理性。整个过程始于不正当的变异，终于不合理的幸存者。

——《生物学的哲学与物理学的哲学》（"Philosophy of Biology versus Philosophy of Physics"），1987

像之前的哥白尼和牛顿一样，达尔文的影响怎么形容也不为过。但是，也有文过其实之处，比如，说他开启了观念的新世界，从此变化比永恒更具吸引力。事实上，可能正好相反：对于变化的广泛接受为进化理论的提出——包括达尔文进化论——预备了条件。当然，达尔文的影响是巨大的。尽管他并非提出进化论的第一人，但是他的进化论将生物学——包括人类的发展——完全嵌入物理学和天文学所发展出来的机械论的世界观中，并巩固了变化比永恒更为惯常和更受欢迎的观点。达尔文还强化了科学理论同样适用于人类的信念，人类是自然世界的一部分，而非存在于某种特权领域的特殊造物；达尔文的著作将这种信念带入从未涉足的领域：不但我们的物理躯体同石头和行星一样遵循重力法则，我们的心脏也遵循机械泵原理，向全身输送血液，从身体到心灵，从情绪到智力，的确，人类完全是机械过程的产物，与其他物种无异。人类与其他物种的差别只不过是程度的差别，而非类的差别。

实用主义

并非所有人都接受这些观点，达尔文理论确实也遭到广泛的反对。甚至在今日，尽管达尔文自然选择的基础和基因理论相结合，得到生物学家的普遍认可，仍然存在反对达尔文观点的重要且流行的看法。而且，许多哲学家继续坚持，所有真理都必须是固定的和永恒的，认为哲学的目的就是发现这些不可改变的、永恒的、绝对的真理。但是，达尔文理论——连同对于变化的普遍接受——引领一些哲学家对于真理和知识的属性以及对知识的寻求采取截然不同的观点。特别是实用主义，将达尔文的理论引入自己的学说。他们的认识论全心全意拥抱变化，将人类的思维和探索置于自然世界。简而言之，他们采用的观点让笛卡尔和柏拉图在坟墓里也不得安生。

> 摒弃固定的和永恒的确定性——如几何学的不变真理——是实用主义的重要发展环节，且在爱因斯坦相对论的发展中也十分重要。欧式几何学是绝对真理的典型代表：我们可能会怀疑我们的感官观察，但是欧式几何学数千年地位稳固、未受挑战，它看起来似乎直接来自上帝永恒不变的心意。在变化的世界里，康德曾认为欧式几何学是确定性的固定支点。但是，19世纪晚期，非欧几何学被提出，数学家、物理学家、哲学家为之着迷。伟大的法国数学家、哲学家、科学家亨利·庞加莱（Henri Poincaré）说："一种几何学并不会比另一种更真实，只是更加方便、实用。"（1902）爱因斯坦也反对"固定的确定性"，明确表示："事实证明，概念可以有效地组织事物，成为某种意义上的权威，以至我们忘记了它们源自世界中的事物，而把它们当作不可改变的既定事实来接受。它们被标记为'思维的必需''先天的给定'等。"（1916）

实用主义者采用的首要要素是，坚定地认为人类是世界的一部分，而不只是外在的观察者。我们不是柏拉图式的观察者，尝试找寻永恒真理；也不是笛卡尔式的怀疑者，寻觅绝对确定性；我们是试图生存在这个世界中的动物。我们的观点和理论既非上帝心中的地图，亦非我们独自沉思的永恒真理。它们是帮助我们生存和在世界中成功运作的工具。和其他任何工具一样，观点和理论都必须在我们的任务中证明其有用性；必须有效地指导我们，提高我们预测和控制我们所在的有用但是危险的世界的能力。如果理论能够为我们的目的服务，那么从实现这些目的而言，这些理论就是为真的。一个有用的工具随时可能被其他更有用的工具替代。对于实用主义者来说，以下适用于我们所有的观点：我们的一些观点和理论在很长时间内都被证明是有用的；但这仅仅说明它们是适用于我们的目的的良好工具，并非永恒真理，并非"世界之真实所是"或"真的理念"或"绝对真理"，亦非康德的物自体。

实用主义者反对传统哲学的许多区分。例如，基本真理和建于其上的体系、（先天）理性真理和（后天）经验真理、分析判断和综合判断、物自体和现象。所有这些区分（在实用主义者看来）都是被设计出来建立固定的、绝对的、基本的真理用的，不可能有变化和挑战。对于实用主义者而言，不存在这样特别的真理之域。我们的信念体系和理论必须被视作一体，而非相互区分的个别部分。

> 我们父辈的学问就是由句子构成的网络。在我们的手中，它得到了发展和变化，经过了我们或多或少任意的、有意的修正和补充，或多或少地直接来自对我们感官的不断刺激。这是一种浅灰的学问，事实带有黑色，约定带有白色。但我没有实质性的理由去推断说，其中存在全黑的线索或全白的线索。
>
> ——蒯因，《卡尔纳普和逻辑真理》，引自《悖论的方式》

不存在科学原理的基础、基本的观察描述、基本的几何公理，而只有信念的体系，任何一个部分失灵，都会导致体系的变化。当然，体系中一些基本的观点相比其他观点更为核心，当体系遇到问题，这些基本的观点可能就需要修订；但是，即使最核心的观点——“永恒的”几何和数学真理，时间和空间——也可能被改变，没有什么特许的基本真理。

> 一切事物都打上了人的烙印。独立存在的真理，仅仅由我们发现的真理，不能再加以锤炼使之适应人的需要的真理，总之，是无法修正的真理；这些真理实在是过多了——或者说，这是理性主义思想家认为存在的真理。但是，这样的真理不过像一棵活树中的死心；它存在在那里，只是意味着真理也有它的化石期，也有它的“时效”而已。真理在运用了多年之后可能变得僵硬起来；可能单纯因为古老的原因就被人们认为它已经僵化了。但是，就是最古老的真理，也是可以改变的，今天，逻辑和数学观念的改变，已经很生动地说明了这一点。
>
> ——威廉·詹姆士，《实用主义》，1907

（实用主义者坚持）当我们做出错误的预测时，想想什么是实际发生的：不是某些绝对主义者认为的应该发生什么，而是实际发生了什么。我在化学实验室做实验，我在无氧的密封容器中加热氨，观察会发生什么。我打开本生灯（实验室用的煤气灯），预计会看到容器内压力增加；结果，容器中的气体熊熊燃烧起来，接着爆炸了。我会得出什么结论？我的实验证明燃烧不需要氧气！我驳斥了基本的化学原则；该联系诺贝尔奖委员会了！好吧，不是的。我们得出结论：布鲁斯是个蠢蛋，把错误的气缸接在容器上了。当我们做这样一个实验时，涉及很多东西：化学理论、实验的可靠性、实验材料的质量等。我们原以为布鲁斯能够有效实施此项实验；但是我们错了，布鲁斯并不擅长化学实验，把如此简单的实验都搞砸了。经过此事后，我们很容易就对布鲁斯的能力失去信心，毕竟我们对他本来也没多大信心。我们对于化学气体理论的核心原则的信念也可能发生变化。但是，假设是我们高水准的化学教授在课堂上演示该实验，他的实验也发生了爆炸！那情况就不同了。我们很容易对布鲁斯的实验能力失去信心；但是对于做了几十年化学实验的老师、德高望重的教授、论文颇丰的研究者，怀疑他的实验能力则完全是另一回事。现在，我们也许会得出结论：有人弄乱了气缸上的标签，或者化学材料供应厂严重失误，灌错了气体。但是注意：同样的结果，不同的结论。当发生错误时，很多地方可能需要做出调整。如果我们仔细地检查气缸中的气体，同样会得出令人吃惊的结论，我们也许得出结论：玻璃容器被污染或者本身有瑕疵，因而混入了氧气。如果我们在实验程序或者实验器材方面无法找到问题所在，而有资历的科学研究者继续得出同样令人吃惊的结果，我们将寻找产生这些奇怪结果的特殊原因：也许发生这一切是因为我们在高海拔地区进行实验，或者气压极其低酝酿了剧烈的风暴。但是，实验在不同地方反复进行并得到普遍证实后，最终将令我们修订化学理论的基本观点。实用主义者指出的要点在于：当我们做实验或者做预测时，包含大量知识和背景的假设，当实验进行时，这一切作为一个整体存在；当出错时，则需要做出修订，修订可能发生在系统的任何一处。几何学真理曾经被认为是绝对的和不变的；但是，爱因斯坦向我们展示了另一种几何学体系，它被证实是在相对论语境中更好的工具。

> 我们所谓的知识或信念的体系，从地理和历史的最偶然的事件到原子物理学甚至纯数学和逻辑的最深刻的规律，是一个人工的织物。它只是沿着边缘同经验接触。或者换一个比喻说，整个科学是一个力场，它的边界条件就是经验。在场的外围同经验的冲突引起内部的再调整。对我们的某些陈述，必须重新分配真值，对某些陈述的重新评价使其他陈述的重新评价成为必要，因为它们在逻辑上是互相联系的——逻辑规律也只是系统的另外某些陈述，场的另外某些元素。重新评论过一个陈述后，我们就得重新评价其他某些陈述，它们可能是和头一个陈述逻辑地联系在一起的，也可能是关于逻辑联系自身的陈述。但边界条件即经验对整个场的限定是如此不充分，以至在根据任何单一的相反经验要对哪些陈述重新评价的问题上是有很大选择范围的……在任何情况下，任何陈述都可以被认为是真的，如果我们在系统的其他部分做出足够大的调整的话……反之，由于同样的原因，没有任何陈述是免于修正的。有人甚至曾经提出把修正逻辑排中律作为简化量子力学的方法。
>
> ——蒯因，《经验论的两个教条》（“Two Dogmas of Empiricism”），1951

当我们预测失败时或出现新的经验时，就需要理论体系的变化，从哪儿变化？尽管变化可能出现在原有体系的任何一处——记住，在实用主义者看来，整个体系包含在预测和观察中——变化往往出现在对体系进行最小的调整即可解决问题的地方。假设一位受人尊敬的昆虫学家刚从南美洲的雨林回来，他带回了从未见过的甲虫物种。这样，我们的生物体系中就加入了一个新物种，仅此而已。这很简单：我们已知有 x 种甲虫，如今有了 x+1 种；很可能这个甲虫就属于已知的某个种属，新的物种正好嵌入原有体系，毫无违和感。但是，假设昆虫学家带回希腊神话中记载的美杜莎：长有蛇发的女妖。我们可无法将美杜莎纳入我们的生物体系，因为它违背了我们基本的生物学原则：首先，爬行动物和灵长目动物是完全不同的动物，一种是冷血动物，一种是恒温动物。它们分属不同的种——它们不可能同体。接受真实的美杜莎的存在需要我们放弃所有已有的生物学知识。无论我们如何尊敬这位带回来怪物的生物学家，我们都会首先认为他试图进行科学欺骗——如果我们没有意识到其中的花招的话，这也许是一个十分精妙的骗局。最终我们也许会接受真的存在美杜莎——例如，假设我们在探险中发现了一群美杜莎，有美杜莎宝宝，也有美杜莎祖父母——但是，这种接受必须有大量的无可辩驳的样本证据：发现一种新甲虫很容易就可以加入原有体系，而美杜莎则需要大量的证据和样本，因为一种新甲虫对原有体系并没有太大影响。

暂时回到哥白尼理论和托勒密理论之争。托勒密理论认为，地球是宇宙的中心，固定不动；哥白尼理论认为，太阳才是中心，地球等行星围绕太阳运转。我们如何平息这场争论？显然，我们无法派个宇宙飞船去观察；甚至望远镜都是在那个时期的多年以后才有的。16 世纪，我们可以运用我们手边的什么进行实验以解答这一切？显然，解决这一纷争在当时并非易事，但是，16 世纪的天文学家机敏巧妙，他们设计了一种重要的实验。托勒密理论认为，地球固定不动。相反，哥白尼理论宣称，地球每年绕着太阳、沿着庞大的轨道运行。所以，11 月

1 日，我们要仔细观察星星的角度；6 个月后的 4 月 1 日，我们需要再次悉心观察。根据托勒密的理论，观察结果理应是：完全一致，因为地球完全固定不动地居于宇宙的中心。但是根据哥白尼的理论，4 月 1 日地球所在的位置与 11 月 1 日相去甚远；的确，它将会在太阳的另外一侧！根据哥白尼的理论，我们应该看到星星之间角度的改变，因为，地球的位置发生了极大变化，而我们的观测都是基于在地球的观察。根据哥白尼的预测，我们将看到恒星视差，即观测者在两个不同位置看同一天体的方向之差；而托勒密理论预测，我们是看不到恒星视差的。他们进行了伟大的实验：测量角度，等半年，再测量角度。然后他们发现：没有恒星视差！哥白尼的结论是什么来着？好吧，我们错了，托勒密赢了。不，哥白尼没错：伽利略、布鲁诺以及哥白尼理论的其他追随者仍然相信哥白尼是正确的，地球绕太阳运行；所以，他们认为他们的另一信念错了——具体地说，他们认为他们曾经以为的恒星和行星比较接近的信念错了；看来恒星距离地球和其他行星甚远；因此，当地球运行到太阳的另一侧时的距离差远小于恒星之间的距离，因此看起来并无恒星视差。哥白尼理论的一些重要细节必须改变，但是其理论作为一个连贯的整体与所有的观测保持了一致。

这个例子很好地解释了一致主义者（coherence theorist）——与基要主义者（foundationalist）对立——如何看待人类知识。不是从固定的、绝对的、确定的基础出发，理性地推导出原则（如理性主义者所喜好的），或者从一个固定的基本出发点进行简单的观察（如经验主义者所要求的），一致主义者视整个知识体系为持续地被测的。理性主义者和经验主义者都想为他们的知识体系找到牢固的基础：对于笛卡尔来说，最基本的就是纯粹理性所能知的不容置疑的原则；对于经验主义者来说，最基本的就是，观察是主体间的确认。尽管他们提出了不同的基础，尽管他们在这些基础必须有多么确定和牢固方面不一致，但是他们都同意：真正的知识的体系必须建立在可靠的基础上。我们从一些最可靠的基本真理出发（不论是观察的抑或理性的）；并在这些基础上构建知识体系。概念结构的基础必须牢固可靠，这样的概念才是不容反驳的。

但是，有些持认识论的人则反对这种观点。一致主义者拒绝承认知识体系建立于一个牢固的基础上，而是强调整个知识体系的一致性。在一致主义的观点看来，我们不能从一个确定的基础开始——无论是理性的发现还是经验的观察——在这些牢固基础之上建构我们可靠的信念体系；因为我们的观念和信念都是彼此独立的和个体化的。只有作为大的信念、理论、观点、观察体系的一部分，它们才有意义和价值。如果我们的知识体系能很好地引导我们，整个知识体系则获得了支持；如果体系导致错误、误会、不准确的预测，那么体系中的某处就需要调整（尽管我们常常调整的只是对总体变化影响最小的部分）。当然，整个体系是庞杂的。我们也许可以考虑更好的体系：例如，天文学家从托勒密体系换到哥白尼体系。错误的预测可能使我们做出对于整个知识体系有价值的变革：哥白尼体系错误地预测了恒星视差；这是个错误，但是个成果丰硕的错误，让我们更好地理解了我们太阳系和银河中的其他恒星的距离。

> 几乎在达尔文撰写《物种起源》的同一时间，英国哲学家和改革家约翰·斯图亚特·密尔也正在写作其经典作品《论自由》。在这个小册子中，密尔为言论自由辩护，毫无疑问，可与同时代的同胞达尔文相媲美。
>
> ……禁止一种意见的表达，其独有的罪恶之处在于，它是对包括当代人与后代人在内的全人类的剥夺，并且相对于持有这种意见的人，这种剥夺对那些不同意这种意见的人甚至更大。如果被禁止的意见是正确的，那么人们便被剥夺了以正确矫正错误的机会；如果它是错误的，那么人们便损失了几乎同样大的益处，因为经过错误与真理的碰撞，会让人们对真理有更清晰的体会和生动的印象。
>
> ……因为认定某一意见正确乃是因为它在一切与之竞争的场合中都未被驳倒，与认定它正确乃是因它不容反驳，这两者之前有着天壤之别。对我们所持的意见，给予反驳与质疑的完全自由，是我们为了行动的目的而合理地认定它正确的先决条件；而且除此之外，在人类智能所及的范围内，没有任何东西能够作为正确性的理性保证。
>
> ——密尔，《论自由》，1859

这也导向了实用主义者强调的另一点：错误不一定是坏事。在达尔文的自然选择进化论中，有许多变化（突变），它们大多数成为环境中的失败者；但是只有通过这些变化，物种才有可能更加繁盛，尽管大多数失败了，但是那些成功的变化使得物种得以繁盛。类似的，人类可能是最成功地发现了更好的知识和工具的动物，他们尝试了许许多多的理论，而无惧尝试的失败。观念和理论为生存而战。大胆的假设、可测的理论，以及许多其他选择：这是找到最佳方式引导我们的最好办法。通过提出新的理论，准备好面对失败，严格地测试理论，我们才能找到最适合当前环境的理论。正如 20 世纪伟大的科学哲学家卡尔·波普尔所说："通过证明推测为假，我们其实更接近了'真实'。发现和排除错误形成了我们从真实所获得的'确定的'经验。"[①] 哈雷用牛顿的理论大胆预测了彗星的到来。这一预测令理论受到挑战，但是也让该理论对人类更有价值：大胆的预测开启了新的研究领域，提出新的实验。爱因斯坦基于相对论正确预测了以前从未见过的恒星位移，在日食时可以观测到这种现象；这是基于大胆的理论的大胆的预测。哥白尼预测了恒星视差。尽管当时并没有观测到恒星视差，但是哥白尼理论证明了其在人类研究中的价值：让我们更好地掌握了太阳和其他恒星的距离；而数世纪后，人类拥有了 16 世纪所没有的精密测量仪器，恒星视差最终被确认。达尔文主义理论家预测了离散遗传特质的发现，并被发现和称之为"基因"。而且他们预测地球已经存在了不止数千万年，尽管 19 世纪晚期大多数科学家那么认为。意识到进化过程所需要的漫长时间，达尔文和其他自然选择理论家大胆预测了地球的年龄，不惜赔上进化理论：如果他们对地球年龄的估计错了，他们的理论也就失败了。但是，正是通过这些大胆的理论——尽管提出这些理论时对它

① 波普尔《水桶和探照灯：两种知识论》，收录于波普尔（1902—1994）后期重要论著《客观知识：一个进化论的研究》（*Objective Knowledge: An Evolutionary Approach*, Oxford: Oxford University Press, 1972）。

们的有效性并不确定——我们不断得出更好的理论；大胆的失败是我们进步的重要环节。

> 甚至，一个敢于自己思考的人，经过应有的研究和准备，即使所得到的结果是错误的，相比于那些不敢自己思考的人只知持有正确的意见，其对于增进真理来说贡献还要更多些。
>
> ——密尔，《论自由》，1859

如果没有什么能够反驳一个理论，并不说明这个理论足够强大，而恰恰反映了它的贫瘠。神创论就是一个例子。神创论做出了什么样的大胆假设？如果有的话，也许是预测了仁慈全能的上帝设计了还算友好的自然。但是这个预测导致了对其理论本身的歪曲，如达尔文（在给植物学家约瑟夫·虎克的信中）写道："这一定是魔鬼的牧师写的书，是粗制滥造、挥霍浪费、低级错误、极度残忍的自然之作！"当然，神创论早已准备好了应对这类问题的法子：上帝的方式超出我们的理解。但是这样的答案太简单了；它挽救了这个理论，但代价是让它变成空洞的预测，无法引领我们探索和发现。神创论不能被证伪；不是因为它是杰出的科学工具，而是因为它完全不是科学的：它无法做出预测，没有机会，无法指引我们新的研究。问题不在于神创论无法解释一切；恰恰相反，它可以轻易适用于任何事情，比科学理论容易解释多了。假设一个深不可测的上帝根据自己的意愿创世，足以"解释"一切。但是仅此而已，它不能再揭示更多新知，拒绝预测和检验，切断通向新发现之路。牛顿的理论让哈雷得以预测彗星的轨迹，其理论之所以成为重要的科学理论，正是因为它带来的惊人的和可验证的预测的能力。希伯来创世故事是美妙、迷人的神话，诉说了一个深深打动我们的故事，讲述我们是如何成为兄弟姐妹的。但是，将其作为科学理论则是扭曲了它的角色，它完全不能胜任。

实用主义者反对真理是固定的和永恒的，认为真理并不能和真实的世界一一对应。事实上，实用主义者并不认为真理是"符合事实本身"的。实用主义者认为，我们离不开我们的观念、理论、看法，通过这些工具我们才能把握世界。坚持某些真理的概念，例如将世界描绘成"是其所是，而独立于我们的理解"是无用的，甚至比无用更糟。并非"我们的理论因为能够描绘世界之所是，因而是正确的"，实用主义者更愿意认为，"我们的理论为真是因为它们在指导我们方面证明了其价值，是有效的工具"。

显然，实用主义者的这种观点引起了严厉的批评。有人说它用愚钝的、粗糙的、"可能是对的"替代了科学家和哲学家长久以来所奉行的高标准。有人批评实用主义者的观点是肤浅的、"感觉良好"的世界观。实用主义者强烈反驳这些谴责，认为他们的立场被误解了，因而容易受到攻击。例如，环境科学家所说的污染导致全球变暖的问题，这是对我们的环境的严重威胁，危及诸多物种，并将危及人类的未来。这个看法很严酷，想想都很可怕。要解决这个问题，需要付出极大的努力，要极大地改变我们挥霍的生活方式。许多政治家和工业领袖提出了不同的看法：全球变暖不合实际，一切都将完美如初，我们只需要些微的无关痛痒的调整。这种观点听上去更有吸引力，至少听上去不那么复杂；但是，它将产生可怕的长期后果，阻止我们采取有效却费事的措施来解决环境危机。环境科学家所提出的观点是可怕的，最终却会指导我们开展有效的行动来阻止危机发生。实用主义者认为，如果你试着持有“感觉良好”的观点，你可能会误入歧途，因为它们并无意义。

再看一个严酷的例子：纳粹的“信念体系”认为，犹太人是邪恶的、贪婪的、破坏性的，并发展出“种族纯化”原则和雅利安“优等民族”观念。谢天谢地，他们被打败了，否则宣扬这种观点将导致严重的后果。但是假设纳粹赢了，在第二次世界大战最黑暗的日子里，这并非滑稽的推测。他们的观点会变成真的吗？当然，纳粹的意识形态让谁都不好过：无论犹太人、被占领国家的人民还是俄罗斯都遭受了不幸。但是，假设纳粹获得了他们所期望的控制欧洲的力量，掌握了其他国家所不具备的可怕武器，变成世界力量的支配者，人们也许会说这种政权不可能长久成功，即使有着骇人的标准；但是历史上有许多悲惨的例子，残忍的政权在数世纪的时间里统治着被征服的人们。假设这一切发生了，那么说纳粹的意识形态有效地为纳粹的目的服务，因而纳粹的意识形态为真（因为它“有效指导”），这样的结论令人难以接受。的确，有人将这视作是实用主义的归谬法。

实用主义者回应了此类论证。首先，实用主义者认为，这个例子阐释的“有效指导”过于狭隘；实用主义者的标准并不是说一个观点如果能够带领小部分人以其他众人的悲惨遭遇为代价来实现自己狭隘而自私的利益，它就为真。其次，实用主义者认为，即使是为了小部分人的利益，残酷的纳粹种族主义意识形态也并非有用的指导。这种意识形态扼杀探究、阻碍思想、毁灭创造性：第三帝国糟糕的艺术和建筑足以证明这点。任何体系如果认为犹太人普遍是邪恶的和低级的，就是否认了以下天才的贡献：爱因斯坦、弗洛伊德、斯宾诺莎、卡夫卡、阿瑟·米勒、伦纳德·伯恩斯坦、马克思、维特根斯坦、波普尔、保罗·厄多斯、格奥尔格·康托尔、乔纳斯·索尔克、理查德·费曼、尼尔斯·玻尔，还有拿撒勒的耶稣。或者想想奴隶制的种族体系和美国很多地区实行的吉姆·克劳法[①]。有些人甚至可以做到许多年都相信这样的体系。但是，即使对于奴隶主和种族主义者来说，那也并不是一个有效的体系，虽然他们以为可以从中获益。施行这样的信念体系需要扭曲对他们宗教文本的解释，将劳力视作是低等的，将“体面的闲散”认为是美德，坚持一种残酷的将妇女排除在一切机会和权利之外的等级体系，将财富牢牢把握在种植园主手中，剥夺其他一切人的机会。这样的体系坚持黑人是低等的，它必须不断地扭曲事实和自欺欺人才能保持其运转，否认了以下这些杰出的黑人的贡献：曼德拉、瑟古德·马歇尔[②]、奥巴马、弗雷德里克·道格拉斯[③]、泰格·伍兹、大主教德斯蒙德·图图[④]、马丁·路德·金、罗莎·帕克斯（现代民权运动之母）、艾琳顿公爵、艾瑞莎·富兰克林（灵魂歌后）、奥普拉·温弗瑞（电视节目主持人）、查尔斯·兰热尔（美国政治家）、科林·鲍威尔将军[⑤]。更不用说奴隶主集团造成的极

---

① 吉姆·克劳法（Jim Crow laws），泛指1876年至1965年间美国南部各州以及边境各州对有色人种实行种族隔离制度的法律。——译者注

② 瑟古德·马歇尔（Thurgood Marshall），1967年至1991年间担任美国最高法院大法官；他是第一位担任此职的黑人。——译者注

③ 弗雷德里克·道格拉斯（Frederick Douglass），19世纪美国废奴运动领袖。——译者注

④ 德斯蒙德·图图（Desmond Tutu），1984年诺贝尔和平奖得主。——译者注

⑤ 科林·鲍威尔（Colin Powell），美国第一位黑人上将，第一位黑人国务卿。——译者注

大伤害和对被奴役者的不公；但是，实用主义者的答案关注的是，即使对于持有奴隶制意识形态的获益者们而言，这样的制度也是有害的，这种令人厌恶的思想体系不能为任何人提供有益的工具和指导。

对实用主义的批评的第二种回应方式直接带来了第三种回应。这是由 20 世纪末、21 世纪初最著名的实用主义的捍卫者理查德·罗蒂（Richard Rorty）所提出的。面对针对实用主义的批评，罗蒂咬紧牙关顶住：

“理性”或“人的本性”被普遍认为是真理的来源，这对于我们实用主义者而言，仅仅是由于我们习惯认为（关于什么是最好的）讨论最终要有一个结论而已。这种观念其实是一种误导，特别是在表达我们共同的希望的时候，我们希望人类整体最终走到一起，形成一个地球共同体，在其中包含了欧洲工业化民主最认可的道德原则。这是一种误导，因为它希望这样一个共同体适用于任何生物种类的成员。对于我们实用主义者而言，这就像是认为所有爬行动物都希望成为南美洲水莽，或者所有哺乳动物都希望成为类人猿。这就是为什么在实用主义者看来，相对主义的控诉如此简单，我们看到，我们的批评者坚持人类命运。在我们看来，人类命运既不是联合国宪章和赫尔辛基人权宣言设想的乌托邦世界共同体，也不是原子弹浩劫或世仇军阀的民主政府。如果将来出现上述情形，都将是人类的不幸，但是人类命运不会如此荒谬……

是生物学意义上的人类更好，还是柏拉图或者康德意义上的人类更好，我不知道如何论证孰优孰劣。我不知道我的批评者们如何得出所谓“相对主义”的结论，我认为称作“反基础主义”或者“反二元论”更为合适。我方诉诸达尔文，或者我们的对手避免超自然，显然都并不足以说明。陈述该问题还涉及许多其他问题。我们的对手说，按照生物学观点，人类有其命运和自尊，这显然都并不足以说明问题。这绕开了正在讨论的大部分问题。我想，双方都可以做的是，根据不同的语境反复澄清问题。不论是把我们种族和社会的存在视为偶然的一方，还是坚持内在目的论的一方，我们的争执都太过激进，没有给中立立场留有余地。

——理查德·罗蒂，《哲学与社会希望》（*Philosophy and Social Hope*）导论

也就是（罗蒂也许会说），如果你试图寻找实用主义的绝对理由，不论在认识论或者伦理学领域，你都一定会深深地失望。

当我们归结到实用主义者及其反对者的根本冲突，事情其实是这样的。关于实用主义的批评，也许会说，实用主义把一切都弄反了：理论并不是因为好用且能够有效地指导我们而为真，而是因为它为真才能较好地指导我们。实用主义者将回应，传统的解释只是多加了一个无用的步骤，不过是一个空洞的标题罢了：思考我们的理论是否“符合世界之所是”毫无意义，关于真理的传统解释总是强调这一点。其实，我们要做的只是在我们评估理论和信仰时考虑：它们是否能很好地指导我们，是不是有效的工具？当我们说，“这个理论很有用，展开了新的研究领域，把我们带向新的发现；但是它是真的吗？”其实我们加上了一个无用的问题。我们的事实和理论是工具，而不是战利品。它们并不能告诉我们在上帝的眼中世界是什么样子，但是却告诉我们如何聪明地相处。不论我们的知识体系如何复

杂——包括数学、量子力学、弦理论——这些理论和模型都能够较好地指导我们，增强我们探索新发现和准确预测的能力。弦理论也许是目前我们最有用的物理模型，但也许有一天——也许很快，随着理论物理学的迅速发展——就会被能更好地指导我们有效研究的理论所替代。你可以说：从伽利略物理学到牛顿物理学，到爱因斯坦的物理学，到量子力学，到现在的弦理论，我们越来越接近实在真理。但是实用主义者认为，这里所说的“实在真理”并没有什么用处，好比从粗糙的燧石到手动钢锯，再到电动圆锯，并没有更接近“真正的锯子”。二者同样是我们选择的更佳工具而已。

> 查尔斯·桑德斯·皮尔士（Charles Sanders Peirce），19世纪末、20世纪初杰出的实用主义哲学家，甚至有人认为他是实用主义哲学之父。皮尔士认为，“终极真理”是最本质的理念：“……科学的一切追随者都认可，除非遥不可及，否则，通过调查的过程，我们可以为一切问题找到特定的解决方式……不同的人可能从敌对的观点出发，但是他们进行的调查是外在于他们的，他们将殊途同归。不论我们是否愿意，我们的思维都导向预先注定的目标，就像命运一样。无论从什么样的观点出发，无论选择研究什么事实，无论有什么样的天赋，人们都无法避开注定的意见。这个伟大的法则体现在真理和实在的概念中。所有调查的人最终将达成一致的意见，这就是真理，这个一致的意见体现的对象就是真实。”［《如何把我们的观念弄清楚》（“How to Make Our Ideas Clear”），1878］尽管如此，后来的大多数实用主义者——特别是威廉·詹姆士——发现，终极真理的“终极理念”也不一定很有帮助：“‘绝对’真的就是以后的经验不会改变它的，就是我们想象中一切暂时的真理有一天会聚集在一起的理想的终点。它和绝对机智的人、绝对完整的经验相吻合。如果这些理想能实现，它们就会一起实现。同时，我们今天只好按照今天所能得到的真理去生活，并且准备明天把它叫作假的。”（威廉·詹姆士，《实用主义》，第六讲）

实用主义有其同时代的倡导者；但是，也有许多其他形式的经验主义；也有许多人更倾向于康德的观点，甚至更倾向于理性主义。至少从牛顿时代开始，科学（及科学的方法）主导着与自然和知识发展相关的哲学思考。但是，即使在那些将科学视作知识的最好模型的人们当中，也存在科学实践实际本性方面的深深分歧：科学的进展依赖提出假设的证实吗？依赖最终有可能被证明是歪曲的大胆的假设吗？依赖拒绝被歪曲的假设吗？还是依赖修订这些假设？科学是通过特定的狭窄主张来面对世界，还是通过宏观的理解系统来面对世界？当然，也有人认为科学并不发现所有真理，甚至也许不涵盖所有最重要的真理：科学的方法论也许并不能发现伦理真理。或者也许——有的人可能会说——不存在伦理真理，因为它们不能被科学地建构。在后续章节中，我们将继续探讨这些问题；认识论的很多核心问题，仍是存在激烈哲学争议的问题。

阅读部分

实用主义：某些旧思想方法的新名称

威廉·詹姆士

威廉·詹姆士（William James，1842—1910），心理学家和哲学家，职业生涯的大部分时间在哈佛大学度过。他的《心理学原理》（1890）为心理学的发展做出了巨大贡献。而且他对宗教研究也颇有兴趣，在《信仰的意志及其他通俗哲学论文》（*The Will To Believe and Other Essays in Popular Philosophy*，1897）一书中，他以实用主义的方法尝试解决信仰的问题。尽管他并非实用主义的鼻祖，但是他的著作和公共演讲最为有力地推动了实用主义哲学的流行。詹姆士在做这些演讲时，实用主义正处在重要的变化阶段，实用主义的中心要素是反对基要主义，这些演讲对此都有清晰的阐述，如以有用性来评价理论和观点，强调重要的是“尝试”新观点，无论成败与否。

实用主义的方法主要是一个解决形而上学争论的方法，否则，争论就永无休止。世界是一还是多？是宿命的还是自由的？是物质的还是精神的？这些概念的任何一对中的任何一个都既可能适用于又可能不适用于这个世界；对于这些概念的争论是无止境的。在这种情况下，实用主义的方法是，试图通过探索其实际效果来解释每一个概念。如果这一个概念而不是那一个概念是真实的，对于任何一个人来说，实际上会有什么差别呢？如果找不到任何实际的差别，那么两者之中的任何一个实际上是一样的，所有的争论都是白费。遇到争论很激烈的时候，我们一定要能指出这一边或那一边对了以后的实际差别……

要弄清楚一个思想的意义，我们只需断定这思想会引起什么行动。对我们说来，那行动是这思想的唯一意义。我们所有的思想差别，无论怎么细微，其根本的明显事实是：所有这些差别，没有一个会细致到这种程度，以至它们不是在于可能的不同的实践，而是在于什么别的。我们思考事物时，如要把它完全弄明白，只需考虑它有什么样可能的实际效果，即我们从它那里会得到什么感觉，我们必须准备做什么样的反应。我们对于这些无论是眼前的还是遥远的效果所具有的概念，就这个概念的积极意义而论，就是我们对于这一事物所具有的全部概念……

实用主义代表一种在哲学上人们非常熟悉的态度，即经验主义的态度，在我看来，它所代表的经验主义的态度，不但比向来所采取的形式更彻底，而且也更少可以反对的地方。实用主义者坚决地、断然地抛弃了职业哲学家的许多积习。他避开了抽象与不适当之处，避开了从字面上解决问题、不好的先验理由、固定的原则、封闭的体系，以及妄想出来的绝对与起源等。他趋向于具体与恰当，趋向于事实、行动与权力。这意味着经验主义者的气质占了统治地位，而理性主义者的气质却老老实实地被抛弃了；这意味着空旷的野外和自然中的各种可能性，而反对那独断、人为和假冒的最终真理……

因此，理论成为我们可以依赖的工具，而不是难以理解的问题的答案。我们并不向后靠，依赖这种工具，而是向前推进，有时借着这种工具的帮助去改造自然。实用主义使我们所有的理论都变得灵活了，使它们活跃起来并使每一种理论都起作用。它在本质上没有什么新的东西，和许多古代的哲学倾向是一致的。比如，在注重特殊事实方面，实用主义和唯名论是一致的；在强调实践方面，它和功利主义是一致的；在鄙弃一切字面的解决方式、无用的问题和形而上学的抽象方面，它与实证主义是一致的。

你们看，所有这些都是反理智主义的倾向。针对把理性主义作为一种主张和方法，实用主义全副武装、斗志昂扬。但是在开始时，实用主义至少并不代表什么特别的结果。除了方法之外，它没有什么独断的主张和学说。意大利青年实用主义者巴比尼（Papini）说得好，在我们的各种理论中，实用主义就像旅馆里的一条走廊，许多房间的门都和它通着。在一间房里，你会看见一个人在写作无神论著作；在隔壁的一间房里，一个人在跪着祈求信仰与力量；在第三间房里，一个化学家在考察物体的特性；在第四间房里，有人在思索唯心主义形而上学体系；在第五间房里，有人在证明形而上学的不可能性。但是那条走廊却是属于他们大家的，如果他们要找一个进出各人房间的可行的通道，那就非经过那条走廊不可。

所以，实用主义的方法，不是什么特别的结果，只不过是一种确定方向的态度。这个态度不是去看最先的事物、原则、“范畴”和假定是必要的东西；而是去看最后的事物、收获、结果和事实……

……

因此，一切事物都打上了人的烙印。独立存在的真理，仅仅由我们发现的真理，不能再加以锤炼使之适应人的需要的真理，总之，是无法修正的真理；这些真理实在是过多了——或者说，这是理性主义思想家认为存在的真理。但是，这样的真理不过像一棵活树中的死心；它存在在那里，只是意味着真理也有它的化石期，也有它的“时效”而已。真理在运用了多年之后可能变得僵硬起来；可能单纯因为古老的原因就被人们认为它已经僵化了。但是，就是最古老的真理，也是可以改变的，今天，逻辑和数学观念的改变，已经很生动地说明了这一点。这种改变甚至影响到了物理学。古老的公式被重新解释为更广泛原理的特别表达，这些原理的目前的形式和表述方式，是我们的祖先从来没有见过的。

在另一方面，实用主义却照例要问：“假定一个观念或信念是真的，它为真在任何人的实际生活中会引起什么样的具体差别呢？真理怎样才能实现？如果一个信念是假的，有什么经验会和由这种假信念而产生的经验有所不同呢？简而言之，用经验术语来说，真理的兑现价值究竟是什么？”

当实用主义提出这个问题时，它就已经找到了答案：真观念是我们能吸收、证实、确证、核实的；而假的观念就不能这样。这就是掌握真观念时对我们所产生的实际差别。因此，这就是“真理”的意义，因为我们所知道的“真理”的意义就是这样。

这就是我所必须捍卫的论点。一个观念的真不是它所固有的、静止的属性。真理是对观念发生的。它之所以变成真的，是被许多事件造成的。它的真实际上是个事件或过程：它证实它本身的过程，它的证实过程。它的有效性就是它的验证过程。

但是，“证实”与“验证”这两个词本身又有什么实用主义的意义呢？它们又意味着被证实和被验证的观念的某些实际后果。要找出任何一个比平常符合的公式更能表明这些后果的短语是很困难的——这里所指的这些后果正是在我们说我们的观念与实在“符合”时，我们心里想着的东西。它们通过行动和它们所激起的其他观念把我们引进、引上或引向经验的其他部分，就是我们一向感到原来的观念与之符合的那些部分。这些感觉是我们的潜能之一。这些联系和过渡一点一点地使我们觉得是进步的、和谐的和满意的。这个愉快的引导作用，就是我们所说的一个观念的证实。这种解释是模糊的，乍听起来好像很琐碎，但它却很有结果；这些结果我必须就在我剩下的这个小时里加以解释。

……

简言之，“真的”不过是有关我们思维的一种方便方法，正如“对的”不过是有关我们的行为的一种方便方法一样。几乎有各种各样的方便方法，当然是从长远和总的方面而言的方便。因为对眼前的一切经验是方便的，未必对后来的一切经验能同样令人满意。我们知道，经验是会越出旧限制的，是会使我们改正我们现有的公式的。

“绝对”真的就是以后的经验不会改变它的，就是我们想象中一切暂时的真理有一天会聚集在一起的理想的终点。它和绝对机智的人、绝对完整的经验相吻合。如果这些理想能实现，它们就会一起实现。同时，我们今天只好按照今天所能得到的真理去生活，并且准备明天把它叫作假的。托勒密的天文学、欧几里得的空间、亚里士多德的逻辑学和经院哲学的形而上学在几个世纪内都是方便的，但是人类的经验已经越过了这些限制，我们现在说这些东西只是相对真的，或在它们经验的界限内是真的。而绝对地说，它们都是假的；因为我们知道它们的限制是偶然的，过去的理论家就可能已经超过它们的限制，犹如现在的思想家超过它们的限制一样……

我一直坚持这一事实，即真理大部分是由先前的真理造成的。在任何时候，人的信念都是许多积累起来的经验。但是，这些信念本身又是世界经验总额中的一部分，因此也成为将来积累的材料。只要实在指的是可经验的实在，那么实在和人们所得到的关于实在的真理就永远是在变化过程中的——这种变化也许是趋向于某种确定的目标——但仍是在变化中的。

跨大西洋真理①

伯特兰·罗素

伯特兰·罗素（Bertrand Russell，1872—1970），出生于一个富裕且具政治影响力的家庭，但是他放弃了继承大笔财富，因为他不赞成继承头衔或钱财。他写作和授课的面很宽，在美国和英国（主要是剑桥大学）都有教席。1940 年，罗素获得到纽约城市大学任教的邀请，但是后来该大学收回了邀请，理由是罗素威胁公共安全和道德（主要是因为其无神论与和平主义思想），此事备受争议。罗素是一

① 原标题为“Transatlantic Truth”，罗素曾著有《跨大西洋旅行与写作》，据此译者认为，此处是指罗素在跨大西洋旅行途中感悟到的真理。——译者注

位杰出的作家（1950 年曾获诺贝尔文学奖），在数学和哲学方面也都著作颇丰。罗素还是一位精力充沛和直言不讳的改革家，大力促进核裁军活动（1961 年，在 89 岁高龄时，罗素由于参与核裁军活动而遭监禁）。

罗素是 19 世纪末反对统治英美哲学的唯心主义的有力力量，他坚定地支持经验主义。尽管在其漫长而活跃的一生中，罗素的观点也发生了许多变化，但是他从未动摇对科学经验主义的支持，强烈反对一切威胁科学经验主义的立场；罗素认为，实用主义是对经验主义的威胁。在下文中，他批评的矛头主要集中于威廉·詹姆士的实用主义观点。

第五部分　威廉·詹姆士的真理观

威廉·詹姆士认为，“哲学史在极大程度上是人类几种气质冲突的历史”。面对像他这样的迷人禀性，冲突并不是什么令人愉快的事情，没有人愿意争吵，也不情愿优雅地面对不友好的批评。庆幸的是，他的著作的大部分是支持实用主义与其他形式的经验主义共同的立场的；我作为一个经验主义者，大体上同意他的这部分观点。

……

詹姆士说：“实用主义代表一种在哲学上人们非常熟悉的态度，即经验主义的态度，在我看来，它所代表的经验主义的态度，不但比向来所采取的形式更彻底，而且也更少可以反对的地方。实用主义者坚决地、断然地抛弃了职业哲学家的许多积习。他避开了抽象与不适当之处，避开了从字面上解决问题、不好的先验理由、固定的原则、封闭的体系，以及妄想出来的绝对与起源等。他趋向于具体与恰当，趋向于事实、行动与权力。这意味着经验主义者的气质占了统治地位，而理性主义者的气质却老老实实地被抛弃了；这意味着空旷的野外和自然中的各种可能性，而反对那独断、人为和假冒的最终真理。”

……

总体而言，我个人是友善地同情上述观点的。但是，我认为詹姆士和其他实用主义者一样，以为实用主义比其对立面更加开明。在科学问题和一般性哲学问题方面多多少少是这样。但是在根本性的哲学问题上——特别是真理的本性这样的基本问题——实用主义者绝对是教条的和武断的。假设实用主义是错误的，这并不能加入实用主义的竞赛；也许行得通，但是并不受欢迎。“坚定地、断然地抛弃”其他人的哲学的气概也许值得赞赏，但是这并非意味着不教条和开明。适度地收缩我们的过分自信，意识到我们的理论可能都是暂时的，持续清醒地看到我们的对手有可能是正确的——这些都是经验主义的禀性，但是在实用主义者的著作中却往往并没有这些特点。在哲学基本问题上总是多多少少存在些教条主义，实用主义者也不例外，这点无可厚非；但是我不认为他们比批评他们的人更加开明。

……

然而，是时候回到实用主义的方法了。

詹姆士说：“实用主义的方法主要是一个解决形而上学争论的方法，否则，争论就永无休止。世界是一还是多？是宿命的还是自由的？是物质的还是精神的？这些概念的任何一对中的任何一个都既可能适用于又可能不适用于这个世界；对于这些概念的争论是无止境的。在这种情况下，实用主义的方法是，试图通过探索其实际效果来解释每一个概念。如果这一个概念而不是那一个概念是真实的，对于任何一个人来说，实际上会有什么差别呢？如果找不到任何实际的差别，那么两者之中的任何一个实际上是一样的，所有的争论都是白费。遇到争论很激烈的时候，我们一定要能指出这一边或那一边对了以后的实际差别。”而且“我们思考事物时，如要把它完全弄明白，只需考虑它有什么样可能的实际效果，即我们从它那里会得到什么感觉，我们必须准备做什么样的反应。我们对于这些无论是眼前的还是遥远的效果所具有的概念，就这个概念的积极意义而论，就是我们对于这一事物所具有的全部概念。”

……

在一定的限制和恰当的主题上采用这种方法，我们没有理由反对。相反，保持和具体事实的接触是有益的，要常记住尽可能地将我们的理论保持和事实的持续联系。当然，这种方法比我提炼的这些要丰富得多。它还包含了实用主义观点的真理准则：只要应用的实践结果是好的，就可以认为相应的信念为真……

实用主义真理观是实用主义的核心原则，我们必须较为细致地加以思考。詹姆士以各种不同方式陈述了其真理观，我下面会引用一些来分析。他说：“只要观念（它本身只是我们经验的一部分）有助于使它们与我们经验的其他部分处于圆满的关系中……观念就成为真实的了。”又说：“真理是善的一种，而不是如平常所设想那样与善有所区别、与善相对等的一个范畴。凡在信仰上证明本身是善的东西，并且因为某些明确的和可指定的理由也是善的东西，我们就管它叫作真的。”……实用主义者或者其他人都会说“真”意味着“与事实相符”，但是实用主义者所说的“相符”和“事实”有特定的含义。詹姆士这样定义“相符”：“广义说，所谓与实在‘相符合’，只能意味着我们被一直引导到实在，或到实在的周围，或到与实在发生实际的接触，因而处理实在或处理与它相关的事物比与实在不符合时要更好一些，不论在理智上或在实际上都要更好一些。”……这些语言带有隐喻的意味，而且有点令人费解；但其实也很平实，“相符”不仅仅是理智的，更是实践的。当然，强调实践是实用主义的一个主要特征。

要理解实用主义的真理观，我们必须澄清真理所栖息的“事实”基础。例如，当下的感官经验并无对错之别。詹姆士说，“日复一日地内容增加起来。新内容本身无所谓真，它们不过是产生着，存在着。真理是就我们对新内容所说的；当我们说新内容已经产生了，只凭单纯的附加公式就满足了真理。”……因此，当我们只是意识到感官对象时，我们只是与事实有了某种联系，而并不知晓真理。重要的是要了解，事实存在于真理和错误的范畴之外，它提供实用主义理论所预设的材料。我们的信仰要符合事实的事情：这是实用主义者“满意”的主要部分。詹姆士还说“纯粹精神观念间的联系”是我们惯用的方法，也是实用主义的始点。他提到一些例子，如“一加一等于二”、“白色与灰色的差别比白色与黑色的差别小些”等。类似命题，我们往往未经检视就认为自己已经确知。如詹姆士所说：“在可感觉到的秩序的压力和理想的秩序的压力之间，我们的心灵是这样被挤得紧紧的。我们的观念必须同实在符合，不管这些实在是具体的还是抽象的，是事实还是原则，否则就会受到不断的矛盾与挫折的惩罚。”……因此，只有当我们越过事实的一般质料和先验的自明之理，才能通达实用主义者的真理观。简而言之，这种真理观可以运用于有疑问的例子，但是不能用于不可置疑的例子。在实用主义者立场上，有些情况被预设为无疑的。詹姆士告诉我们："我们把真理解释为一种多数的真理，是许多引导过程的真理，这些真理是在事物中实现的，而且只有一个共同的性质，那就是这些真理是合算的。"……因此，我们可以这样总结这种哲学："无论什么，如果相信它就能得到好处，那就是真理。"如果这个定义是有用的，按照实用主义的观点，无须了解实用主义对真理的辨别标准，也可以知道我们可以相信什么。按照这种观点，知识可以分为三种：可感知的知识、"纯粹精神概念的联系"的知识、以上两者的结合，而且很容易发现，根本不需要用实用主义方法去验证。尽管如此，这种观点也是存在困难之处的。让我们仔细考虑一下相信能得到好处中的"好处"是什么。我们必须假定这意味着接受某一信念的结果优于拒绝它的结果。而要知道这一点，我们必须知道接受和拒绝分别会产生什么样的结果；知道什么结果是好的、什么是坏的、什么是更好的、什么是更糟的。例如，罗马天主教信仰。付出一些代价如愚昧和受教士控制，而得到一些幸福，我们也许会同意这是好的。这样的观点备受争议而且已然争议激烈，暂且不管这点。还有其他问题，假设总体上是好的或者坏的，承认诸如此类的结果；那么对真理的验证就会变得困难，甚至毫无实际意义。对我而言，解决事实问题诸如"教皇们总是正确的吗？"要容易得多，而解决认为"教皇们总是正确的"所产生的总体效果是好的问题则很困难。像这样关于罗马天主教的真理性问题，不过是实用主义者认为特别适合使用他们的方法的一类例子。

这种观点认为，要知道相信的结果是好是坏十分简单，但事实上任何一种关于知识的理论都不可能这么简单——我必须说，这种观点是我见过的关于知识的理论的最奇怪的想当然的假设。让我们看看另一个例子。法国大革命的许多参与者都是卢梭的追随者，他们对于卢梭的理论的信念对欧洲产生了深远的影响，整个欧洲因此而全然不同。如果他们的信念所引发的总体效果是好的，我们可以说他们的信仰是对的；如果相反，则是错的。但是如何权衡？简直难以理顺其产生的效果；即使可以弄清所有效果，但是基于每个人不同的政治立场，我们也难以评判结果的好坏。直接研究《社会契约论》相对简单，而判别其总体影响的好坏则困难得多。

我认为，理解实用主义的"真"还有一处难点：假设我接受实用主义的原则，且假设你说服我相信某个信仰是有用的。假设我从此得出结论，这个信仰为真。从认为其有用到认为其为真的转换真的如此简单吗？如果实用主义真理观是有效的，事情也不会如此简单。比如，相信其他人存在。按照实用主义者的说法，"相信其他人存在"为真，意味着"相信其他人存在"是有用的。但是如果是这样，这仅仅是同一命题的两种表达罢了；我相信第一种表达就肯定相信第二种表达。如果是这样，这里并无任何转换，仅仅是相同意思的重复。对我们而言，"真"和"有用"是不同的词、有不同的含义，而实用主义者对"真"的定义忽视了通常我们所理解的"真"的含义，而在我看来，"真"的含义具有根本的重要性，忽视其通常含义将带来令人无望的匮乏感。

詹姆士说，依据实用主义原则，我们不能拒绝任何给我们的生活带来有用结果的假设……并指出，关于"绝对存在"[1]的假设给我们的生活带来了许多有用的结果，因此到目前为止这都是一个为真的假设。我们必须看到，这个有用的结果来自"绝对存在"是一个事实这一假设，而不是来自相信"绝对存在"能带来有用的

---

① 原文为"The Absolute"，译者认为这里代指上帝。——译者注

结果这一假设。但是仅凭我们观察到的这个假设产生的有用结果，并不能让我们相信关于“绝对存在”的假设是一个事实。换句话说，有用的信仰就是相信“绝对存在”是事实，实用主义认为这种信仰就是“真”的。实用主义说服我们相信“绝对存在”为“真”，而并没有说“绝对存在”是事实。因此，实用主义说服我们采用的信仰并非有用的那个。通常逻辑中，如果相信“绝对存在”为真，就意味着“绝对存在”是一个事实。而在实用主义的“真”的含义中则没有这层意思；因而实用主义者以为自己证明了的立场并非带来满意结果的那个……

总结一下：赞同实用主义的经验论气质，就是赞同所有哲学信条都是“目前有效的假设”，我们不能同意说一个信仰为“真”即是说其假设“有效”，特别是说到那些有深远影响的信念时，我们并不是仅仅在讨论它们带来的结果。为了避免词义上的争议，假设我们同意接受实用主义关于“真”的定义，我们会发现，即使A不存在，我们也会相信A为“真”。这表明，实用主义在宗教方面的结论并非其表面所陈述的，准确理解其陈述，我们会发现它根本无法说服我们。抛弃“事实”是一种失败的方法，旧的真理观再度浮现。如果实用主义将有效性表述为真理的准则，那么它不是一条有用的准则，因为发现真理很难，发现真理的有效性难上加难。另外，真理和有效性并不是一回事，只有伴随真理的所有已知例子都呈现时，才有可能推论出其有效性，而我们首先要知道这些例子是真实的。因此，实用主义者关于“真”的理论其实是无效的。

哲学的改造

约翰·杜威

约翰·杜威（John Dewey，1859—1952），是20世纪上半叶美国重要知识分子之一。其著作涵盖教育理论、教育实践和政治哲学等；其伦理学著作也颇具影响力。他领导美国公共知识分子界几十年，在诸多领域都提出了自己的独特看法，涉及公共教育、国内政治、国际事务等方方面面；并经常出现在《与媒体见面》（*Meet the Press*）新闻访谈节目上。

在下面引用的章节中，作为实用主义的主要倡导者，杜威表述了他的认识论的实用主义方法的主要内容——这些观点极大地影响了其后的哲学家，如蒯因和罗蒂。和其他实用主义者一样，杜威反对传统上对理性和经验的区分——尽管经验主义者和理性主义者都常做这样的区分。杜威坚持，我们对世界的理解既离不开理性也离不开经验，二者形影不离。他尤其反对通常哲学所认为的哲学是对“确定性的寻求”，反对认为提供这种确定性的学科如纯粹数学优于其他研究。在杜威看来，机械知识和纯粹数学知识同样重要；铁匠的知识和理论物理学家的知识在重要性上并无二致；不同种类的知识无高下之分。杜威反对一切形式的理论知识和应用知识的区分，也不同意某些知识和真理比另一些更为基础和基本。杜威并没有采取理性主义或者经验主义的立场，而是从对知识的本性、理性、经验的错误假设出发，认为这些错误的假设导致了我们将这些知识区分开来，影响了我们有效地理解和研究我们自身和我们所处的世界。

第四章　经验和理性的变化的概念

什么是经验，什么是理性和心灵？什么是经验的范围，它的限制是什么？它离是信仰的确定的基础与行为的安全的指南还差多远？我们在科学上和行为上是否可以信赖它？或者在我们越出了若干低层次的物质利益后，它就是一个泥淖？它是否如此不稳、如此多变、如此肤浅，以至我们不能立足，安然渡到沃野去，反而走错路，辩不出方向，进退失据？经验以外和经验以上的理性，对于提供给科学和行为确定的原理是不是必需的？这些问题，从一方面看来，是深奥的哲学的专门问题，从另一方面看，却也包含着关系人们营生的最为深切的疑义。这些问题不但关系到人用来构成他的信仰的标准，而且关系到他借以指导生活的原则，以及他要达到的目的。人是否必须凭借一种引导他进入超经验领域去的独特的器官，以超越经验呢？如果做不到这样，他是否就要彷徨于怀疑与幻灭中呢？或者，人类的经验本身，在它的目的和指导方法上，是否有价值呢？它能否自己辟出坚定的途径，或者，必须倚仗外面的扶助呢？

我们知道传统的哲学是怎样回答的。这些回答虽不完全一致，但它们都以为经验超不出特殊、偶然和概然的水平之上。只有在起源和内容方面均能超出任何和一切意想到的经验以外的一个力量才能成为普遍、必然而确实的权威和指导。就是经验论者自身也承认这些断定是正确的。他们只说，既然人类没有所谓纯粹理性这种能力，我们就不得不满足于我们所有的、所经验的，并竭力利用它。他们满足于给予超经验论者的怀疑的抨击，同时传授各种方法使人们可以尽量了解那过去时刻的意义和好处；或者像洛克那样，确认经验虽有限，但它却给予人们以指引行为的适当步骤所需的光明。他们断定，那出自高级贤能的所谓权威的指导实际上阻碍了人们。

这个演讲的任务，是在说明，之前的经验论者所未曾并且不能提出的那些主张，即认为经验是科学和道德生活的指导，现在怎样提出和为什么可以提出。

真是奇怪，解决这个问题的关键在于，经验的旧观念自身是经验的产物——当时人们得到的唯一的经验。如果经验的另外一个概念现今是可能的，那正是因为现今所得到的经验的性质所遭遇的社会的、理智的变化比之从前更为深刻。柏拉图和亚里士多德关于经验的说明实际上就是希腊人的经验的说明。它和近代心理学者所谓从实验和错误入手而不从观念入手的学习方法非常近似。人试着做某一种动作就经历某一种感受和感情。这些动作在发生的当时是各个孤立的、特殊的——与它相对应的是刹那的欲望和刹那的感觉。而记忆则将这些各个事件保存积累起来。当它们积累起来的时候，那些零乱驳杂的被丢弃了，那些有共同特征的被挑选出来，加以强化和组合。行动的习惯渐渐形成了，与这种习惯相对应，形成了关于某一物体或某一情境的一个普通画面。于是，我们不但了解或注意到这个特殊事物（严格地讲，一个特殊事物是不可能全然了解清楚的，因为不经分类，就不能举其特性，证其相同），而且认得它是人，是树，是石，是皮革——属于某一类而标明其全部类所特有的某个普遍形式特征。随着这种常识知识的发展，就形成了行为的一定的规则性。特殊的事件融合起来，行动的方式（在它所及的范围内是普遍的）建构起来。工匠、鞋匠、木匠、运动家、医师等处理事件有一定常规，在他们当中所表现的一种熟练技巧得到了发展。这个规律性自然是表明那特殊事件不是作为孤立的特殊事件看待，而是作为属于某类的一个例子看待，所以它要求某一类的动作。从所遇见的多数特殊病患中，医师学到把若干症候汇归到消化不良一类，并且学到以一种共同或普通的方法去治疗这一类的症候。他定下一个服用药物及饮食的规则。这些就构成了我们所谓的经验。而其结果，如上例所示，就形成了一种概括的洞见和行动中的一种有组织的能力。

不用说，这种概括和组织是有限的而且是易错的。这些，如亚里士多德所指出的，是在多数情况下适用于寻常事件的一个规则，而不是普遍的、必然的，或者当作一个原理适用。医师是难免误诊的，因为各个病例各不相同，它们的本性原是如此。这个困难不在于经验缺乏而可以以更丰富的经验加以补救。这样的经验本身自有缺陷，于是错误无可避免并且无可补救。唯一的普遍性和确实性在经验以上的一个境地，即合理的和概念的世界。如同特殊事物是通达心象和习惯的一块踏脚石，心象和习惯也是通达概念和原理的一块踏脚石。但后者却放下经验不管，不去修正它。当我们说某个建筑师或医师的操作方法是“经验的”而不是“科学的”的时候，这个概念仍然徘徊在“经验的”和“理性的”对比之间。但关于经验古今概念的区别，已表现在下列事实中，即这样的陈述成了对于某一特定建筑师或医师而提出的一种指控，一种诽谤的控诉。在柏拉图、亚里士多德和经院哲学看来，因为他们以职业做经验的范型，这个陈述是对职业的一种指控。它是关于与对概念的沉思相反的一切实际行动的一种控告。

以经验主义者自居的近代哲学家通常都抱着批判的目的。和培根、洛克、孔狄亚克（Condillac）和爱尔维修（Helvetius）一样，他面对着他所极不信任的许多信条和制度。他的问题是，解脱人类白白背负着的重担，打破它，扯毁它。他所用以破坏和瓦解的最简便的方法是求助于经验，以经验做最后的检测和标准。任何情形下，积极的改革者在哲学的意义上都是“经验主义者”。他们专事指出那些自命为曾经取得天赋观念和必然概念认可，或源自理性的权威启示的若干现行信条或制度，实际上却都是出自身分低微的经验而且是偶然地由阶级利益或带有偏见的权力确证的。

洛克所倡导的哲学的经验主义就是注重做这种破坏工作的。他很乐观地想当然地认为，当盲目的习惯、强制的权威和偶然的联系等重担被解除后，科学和社会组织的进步就会自发出现。它的任务就是帮助解除这个重担。让人摆脱这个重担的最好的方法，是教人明白，与那讨厌的信条和习惯联系着的观念在人心中起源和生长的自然史。山塔耶拿（Santayana）公正地称这一派心理学为恶意心理学（malicious psychology）。这种心理学把某些观念的构成历史和那些观念所关涉的对事物的说明看成相同的——这样的等同对于那些事物自然会产生不利的结果。但山塔耶拿却没注意到潜藏在恶意里的社会的热诚和目的。他没能指出这个“恶意”是瞄着已经失去功用的制度和传统的，他没能指出，在很大程度上，对它们的心理起源的说明等同于对事物本身破坏性的说明，在这一点上，它们是正确的。但到休谟明确地指出，将信念分析成感觉和联想就是将“自然的”观念和制度放在改革论者曾经安置过“人为的”观念和制度的同一地位以后，情况就不同了。理性主义者用感觉论的经验主义逻辑，说明经验若只是混乱而孤立的特殊事件的堆积，对于科学与道德的法则、义务，和对于人所憎恶的制度一样，都是致命的，结论是，如果经验必须具备结合和联系的原则，就要诉诸“理性”。康德和他的后继者的新的理性主义唯心论似乎是因新经验主义哲学造成的破坏性结果而必然出现的。

使经验的新概念和关于理性与经验关系的新概念，或更准确地讲，关于理性在经验中所占地位的新概念，得以产生的有两件事。第一件事是，经验的实际本性，即实际所经验的内容和方法发生了变化。第二件事是，基于使经验本性的新的科学构成成为可能的生物学的心理学的发展。我们先从学术方面即心理学的变化说起。我们现在才开始了解 18 世纪至 19 世纪支配着哲学的心理学是怎样被全部破坏的。根据这个理论，精神生活发源于感觉，这些感觉是个别地和被动地接受来的，而且可以由记忆和联想法则形成心象、知觉、概念等镶嵌细工。感官是知识的门户或通路。除了结合原子感觉以外，心灵对于认识全然是被动的、顺从的。意志、行动、情绪和欲望是跟着感觉和心象而起的。理智的或认知的因素先行，情绪的和意志的生活不过是观念与快乐、痛苦的感觉相结合的结果。

生物学的发展倒转了这个画面。有生命的地方就有行为、活动。为了维持生命，活动就要是持续的，并与环境相适应。而且这个适应的调节不是全然被动的，不单是有机体受环境的塑造。就是蛤蜊也对于其环境有所反应，而加以某种程度的调整。它选择材料作为食物，并充其护身贝壳。它作用于环境，并作用于它自身。生物中是没有只顺从环境的，就是寄生物也不过是接近这个限制而已。要维持生命，就要改变环境中的若干因素。生活的形式愈高，对环境的主动改造就愈重要。这个增长了的控制可以用野蛮人和文明人的对照来说明。假如他们两个同住在荒野里。野蛮人对于所处的环境尽量去求适应，可以叫作最小程度的反抗。野蛮人拿了东西就那样去用，他靠着洞窟、草根和偶尔形成的水洼过他贫乏而不安定的生活。文明人则不然，他走到远远的山上去，用水坝阻止溪流。他筑水库，挖渠，把水引到沙漠去。他四处寻找宜于繁殖的树木和牲畜。他采摘当地的植物，用选种和接种的方法去改良它们。他利用机器去耕地和收割。用这样的种种方法，他可以把荒野变成像盛开的玫瑰一般繁茂。

这样的转变场面是我们所常见的，以至竟忽略了它的意义。我们忘记了生命内在的力量就体现在这些地方。注意这种观点在经验的传统概念里带来了怎样的变化，经验变成首先是做（doing）的事情。有机体决不徒然站着，一事不做，像米考伯（Micawber——狄更斯小说中的人物）一样，等着什么事情发生。它并不默守、静止不动、等着外界有什么东西逼到它身上。它按照自己的机体构造的繁简向着环境行动。结果，环境所产生的变化又反作用到这个有机体和它的行动上去。这个生物经历和感受着它自己行动的结果。这个行动和感受（或经历）的密切关系就形成我们所谓的经验。不相关的行动和感受都不成其为经验。例如，在一个人睡着的时候，火烧了他。他的身体的一部分被烧伤了，这个火伤不是以清醒的知觉从他的行为归结出来的，在教训的意义上，没有什么是可以叫作经验的。只有一连串的单独运动，如在痉挛中的肌肉收缩等。这些运动什么也不是，它们对于生活没有一点结果。就是有，这些结果和事前的动作是没有关联的。既没有经验，没有学习，也没有积累的过程。但假如一个顽皮的小孩把手指放进火里去，这个动作是乱来的、任意的，没有目的，也没有反思，但结果是有些事发生了。这个小孩感觉到热，感受到疼。这个动作和感受，伸手和火烧，联结了起来。这一件事警醒了他，其余就可以类推了。于是就得到了一个意义非常重大的经验。

哲学上的几个重要意义由此发现。第一，在利用环境以求适应的过程里出现的有机体与环境的相互作用是首要的事实、基本的范畴。知识反而降到从属的地位，在来源上是次一等的，尽管它的地位很重要，它一旦确立，是黯然失色的。知识不是孤立的、自我充足的东西，而是包罗在生命用以维持和发展的过程里面的。感觉失去了其作为知识门户的地位，而得到其作为行动刺激的正当地位。眼或耳的感觉对于动物来说并不是对于世间无足轻重事情的一种无谓的知会，而是以需要的方式行动的一种邀请或引诱。它是行为的指引，是生命用以适应环境的一种指导因素。它在性质上是急需的，不是认知的。经验论者和理性论者关于感觉的知识价值的争论全部已过时。关于感觉的讨论是属于直接的刺激和反应的标题下，不是属于知识的标题下的。

作为一个意识的因素，感觉标志着以前所着手的行动进程的中断。自从霍布斯时代起，许多心理学家已经研究过他们所谓的感觉相对性了。我们感觉到冷，与其说是绝对的，毋宁说是在热与冷的过渡中感觉到的。硬，是在一个抵抗较少的背景下感觉到的，色彩，是在与纯粹的亮或暗或者其他色彩的对比下感觉到的。永无变化的色调或色彩是看不到或感觉不到的。我们所认为单调的延展的感觉，其实也常受其他因素侵入的扰乱，而代表着一连串来来回回的波动。然而，这个事实却被误用为关于知识本性的一个学说。理性主义者用它毁谤感觉，认为既然我们不能根据它而真正地掌握任何事物的本体，它就不是认识事物的有效的或高级的模式。感觉论者用它以贬低所谓的绝对知识，以为一切都是冒充。

然而，公平地讲，感觉的相对性这个事实绝不是属于知识的范围。这种感觉与其说是认知的、理智的，毋宁说是情绪的、实践的。它们是因先前的调整受了阻碍而突起的变化。它们是行动转换方向的信号。让我引用一个浅显的例子。记笔记的人，当他记得顺利的时候，他感觉不到铅笔在纸上或在他的手上的压力。感觉不过是充当了使当时的调度得以灵敏而有效的刺激。这个感觉的活动自动地、无意地引起它的发动器官的适度反应。事前本已有一个是从习惯得来而最后返回神经系统中原始联系的生理联系。如果笔尖坏了或钝了，写字的习惯就不能进行得那样顺利，就会有一种意识的波动——觉得有事发生，有点不对劲。这个情感的变化就成了行动需要变化的一个刺激。这个人看看他的铅笔，把它削好，或从他的衣袋里掏出另一支。这个感觉是调整行动的一个中心点，它标示出先前写字过程的中断和另一种行动的开始。在表明从行动习惯的一个过程转到另一种行为方式的意义上，感觉是“相对的”。

所以，理性主义者否认这样的感觉是知识的真正的元素，这是正确的。但他对于这个结论所给出的理由和从此引伸出来的推论都错了。感觉决不是知识的一部分，无论是好是坏、是优是劣、或是否完全。它们毋宁是要结束的探究知识活动的一个激发者、鼓动者、挑战者。它们不是比反思的方法、比需要用思考和推理的方法更为劣等的认识方法，因为它们全然不是认识的方法。它们只是反思和推理的刺激。当出现阻碍的时候，它们提出一些疑问：这个冲击意味着什么？什么事情在发生？是怎么一回事？我和周围环境的关系是怎样被扰乱的？应该怎样去应对这件事？我要怎样改变行动的进程去适应周围的变化？我对于这个变化要如何调整我的行动以应对？因此，感觉就如同感觉论者所主张的，是知识的开端，但这所谓的开端不过是表示，所经验的变化的冲击对于最终会产生知识的考察和比较是必要的刺激。

当经验与生活的进程相一致并且感觉被看作做出调整的指示时，所谓感觉原子论就全然解体了。于是，结合诸感觉的超经验的理性的综合作用也就不必要了。哲学已不再有那种如同以沙结绳的绝望的问题。洛克和休谟所谓孤立的、单独的存在被看作不过是用以满足他们关于心灵理论的若干要求，而非真是经验的，康德派和后康德派为着综合所谓经验的材料而设定的精致的先天概念和范畴也没了用处。经验的真正的“材料”应该是行动、习惯、主动的机能，行为和感受的联系等的适应途径，是感官运动的相互协调。经验在它自身里含有结合和组织的原则，这些原则并不因为它们不是认识的而是维持生命所必需的、实践的就减损了价值。就是最低级的生命也必须有相当程度的组织。就是变形虫也要在时间里有一定的连续活动并且在空间里对于环境有一定的适应。它的生命和经验不能只靠瞬息的、原子的和单独的感觉构成。它的活动与周围的环境，与它在活动前后的经历都有所关涉。这个生命所固有的组织无须一个超自然的和超经验的综合。它作为经验内的一个组织因素，供给智慧积极进化的基础和材料。

……

理性主义的独断的强硬，在康德试图用纯粹观念维持经验以免其混乱的结果中，可以看得最清楚。他以限制离开经验的理性的过度自负开始，这是值得称赞的尝试。他把他的哲学叫作批判哲学。但因为他倡导知性使用固定的、先天的概念，以维持经验的联系从而使知识的对象（诸性质的稳固而有规律的关系）得以可能，他在德国思想里发展了对经验多样性的轻视以及对系统、秩序、规则本身价值的少有的高估。更多的实践原因助长了德国对操演、训练、纪律和顺从所特有的尊重。

但是，康德的哲学为个体隶属于固定的、现成的原理、原则、法则提供了知识上的辩护或合理化论证。理性和法则被看作同义词。而且因为指导经验的理性是外在于经验并在经验之上的，于是指导生活的法则也要由外在的和高高在上的权威制定。和绝对论有实际相关性的是这种理论倾向的严厉、僵硬和顽固。当康德认为，有些概念（而且是重要的）是先天的，不是从经验得来，也不能以经验证实或检验，并且没有这样现成的东西注入经验里，经验就会陷入无政府的混乱状态时，他虽在文字上否定了绝对的可能，但已培养了绝对论的精神。他的后继者感于他的这种精神，而忽略了他的文字，竟系统地倡导起绝对论来。德国人虽然有科学才能并精通技术，但陷于思想和行动死板而倨傲的悲剧（这所谓的悲剧是因为他们不能了解他们所生活的世界），这是一个充分的教训，说明系统地否认智慧及其概念的实验性质会有什么结果。

如大家一致认可的，英国经验论的结果是怀疑的，而德国理性主义的结果却是辩解的，前者所攻击的，后者却加以维护。前者看破了在自己或阶级利益影响下成了习惯的种种偶然的联想，而德国的理性唯心论却发现了因绝对理性必然的演化而导致的深奥的意义。近代社会遭了难，是因为在许多事情上，哲学都走了极端，只准它在那些相反的两极中任意自选其一，如支离的分析或强硬的综合；侮蔑并攻击历史为琐碎而有害的极端激进论，或把制度看成永恒理性的体现而奉为理想的极端保守论；将经验分析为无法维系稳定组织的原子因素，或全然将全部经验钳制在固定的范畴和必然的概念下——这些都是诸学派争论时所呈现的两极。

这些就是感觉与思维、经验与理性的传统对立的逻辑结果。常识是拒绝遵守两种理论的终极逻辑，于是退回信仰和直觉，或在急需时进行实际的折中。但常识也常常受到扰乱和阻碍，而得不到专门学者所提出的哲学的启发和指导。回到常识去的人们，当他们想获得一般的指导而诉诸哲学的时候，很容易走向常规或某些人物和强有力领导的力量，不然，就应着目前的情势处置下去。因为18世纪和19世纪早期的自由和进取运动没有一个足以与实际期望相应的知识上的阐发方法，其所造成的伤害是难以估计的。它的核心是正确的，它的意向是人道的、社会的。但它没有具有建设力量的理论工具。不幸的是，它的头脑也有点缺欠。它所信奉学说的逻辑意义从原子论的个人主义方面来看，几乎是反社会的，从导致残忍的感觉方面来看，则是反人性的。这些缺点为保守分子和蒙昧主义者所利用。依靠超乎经验的固定的原则和不能以实验证明的教条论据，或不靠经验的结果和后效而靠先天的真理规范和道德标准的有力论据，乃是公认的经验主义哲学家所采用和主张的关于经验的刻板概念。

哲学的改造既需救助人们，使其免于在贫乏而片面的经验和虚伪无能的理性之间做出选择，也会让人们从必须肩负起的最重的智力负担下解脱出来。它毁坏了将善意的人们划为两大敌对阵营的界线。它允许那些尊重过去和既成制度的人们与兴趣在于建设一个更自由、更幸福的将来的人们彼此合作。因为它可以决定种种条件，使过去累积的经验和面向将来而巧妙策划的智慧能够有效地互相辅助。它可以使人尊重理性的要求而不至同时陷于对超经验权威的迷惑的崇拜，或对现成事物的冒犯的“合理化”。

练习部分

1. 爱因斯坦说：“追寻真理比拥有真理更加珍贵。”你同意吗？实用主义者会同意吗？实用主义者可能会如何重述这个表达？
2. “实用主义真的能解释人类知识？实用主义（或者反基要主义）是最好的认识论理论吗？”假设实用主义者回应：“要解决这个问题，我们必须试试实用主义者的解释，再试试基要主义者的解释，然后看看哪个更好。”实用主义者的回答是不是回避了实质性问题呢？它是不是把需要它证明的东西变成了假设前提？实用主义者还可能给出什么样的答案？
3. 威廉·詹姆士在讨论理性主义和经验主义时，断言二者之间最基本的冲突是二者采用的方法“很大程度上是人类气质的特定冲突”（《实用主义》，第一讲）。也就是说，我们不支持理性主义者或者经验主义者是因为那些有力的论证让我们相信只有其中一方是正确的；我们的气质——我们的基本取向、我们的基本倾向——让我们要么是理性主义者要么是经验主义者，然后我们试图寻找支持我们的观点的论证。詹姆士说的对吗？想想你自己关于理性主义、经验主义、实用主义的观点。你的“气质”在你决定支持哪种观点的时候是否起到了主要作用？
4. 按照实用主义者的说法，能够较好地指导我们的就是真的。这个原则在多大的范围内适用？威廉·詹姆士采用这一原则来证实对上帝的信仰：信仰上帝帮助我们过更好的和更成功的生活，（按照詹姆士的观点）因此它能够很好地指导我们。实用主义的原则（能够指导我们的就是真的）是否能够合理地运用在宗教信仰方面？一个坚定的实用主义者必须采用实用主义原则来看待宗教信仰吗？

5. 一部小说也许条理分明，尽管并不真实；这符合认识论的对一致性的看法吗？

6. 实用主义者查尔斯·桑德斯·皮尔士认为，通过理性和经验都不能获知简单直接的真理。但是，他坚持最终真理概念的重要性，即基于整套信仰体系的科学探究最终将汇聚。这个信念有用吗？与实用主义者的观点相符吗？

7. 伟大的爱尔兰诗人和散文家威廉·巴特勒·叶芝（William Butler Yeats）写道："智慧是一只蝴蝶，而非阴郁的猛禽。"你同意吗？理性主义者、经验主义者、实用主义者同意吗？有没有可能有的经验主义者同意，有的不同意？理性主义者呢？实用主义者呢？

补充阅读

斯文·贝内克（Sven Bernecker）和弗雷德·德雷特斯科（Fred Dretske）主编的《知识：当代认识论读本》（*Knowledge: Readings in Contemporary Epistemology*, Oxford: Oxford University Press, 2000）涵盖基要主义者及其对他们的批评的关键性当代文章。恩斯特·索萨（Ernest Sosa）和金在权（Jaegwon Kim）的《认识论：文章选集》（*Epistemology: An Anthology*, Oxford: Blackwell, 2000）是一本不错的选集，包含几十年来关于基要主义和一致论的主要文章。劳伦斯·邦茹（Laurence Bonjour）的《基要主义和一致主义的辩证》（"The Dialectic of Foundationalism and Coherentism"），收录在约翰·格列柯（John Greco）和恩斯特·索萨主编的《布莱克威尔认识论指南》（*The Blackwell Guide to Epistemology*, Oxford: Blackwell Publishers, 1999），这本书很好地梳理了基要主义者和一致主义者的争论，尽管最终邦茹站到了基要主义者一边。类似的文章还推荐理查德·富莫顿（Richard Fumerton）的《正当性理论》（"Theories of Justification"），参见保罗·K. 莫泽（Paul K. Moser）主编的《牛津认识论手册》（*The Oxford Handbook of Epistemology*, Oxford: Oxford University Press, 2002）第六章。

迈克尔·威廉斯（Michael Williams）持续地攻击基要主义，可以阅读他的《毫无根据的信念：论认识论的可能性（第二版）》（*Groundless Belief: An Essay on the Possibility of Epistemology*, 2nd ed., Princeton, NJ: Princeton University Press, 1999）。

也有很多作者发展了混合的理论，试图结合基要主义和一致主义。其中，最有趣的是苏珊·哈克（Susan Haack）的《证据与探究》（*Evidence and Inquiry*, Oxford: Blackwell Publishers, 1993）。

劳伦斯·邦茹早期关于一致主义的观点以及他对基要主义的批评可以在他的《经验知识的结构》（*The Structure of Empirical Knowledge*, Cambridge, MA:Harvard University Press, 1985）一书中找到；他近期关于基要主义的观点可以参看他的《为纯粹理性辩护》（*In Defense of Pure Reason*, London: Cambridge University Press, 1997）。

诺伍德·拉塞尔·汉森（Norwood Russell Hanson）在其1958年的名著《发现的模式》（*Patterns of*

Discovery, Cambridge: Cambridge University Press, 1958）中采用了格式塔（Gestalt）心理学的研究，来挑战传统经验主义者在观察和理论之间的区分。蒯因（Willard van Orman Quine）提出了关于分析的和综合的、先天的和后天的、理论和观察的传统区分的严肃问题，可以阅读他的《从逻辑的观点看（修订本）》（*From a Logical Point of View*, Cambridge, MA: Harvard University Press, 1961）；《语词和对象》（*Word and Object*, Cambridge, MA: M.I.T. Press, 1960）；《悖论的方式及其他论文》（*The Ways of Paradox and Other Essays*, New York: Random House, 1966）；《本体论的相对性及其他论文》（*Ontological Relativity and Other Essays*, New York：Columbia University Press, 1969）。

历史学家托马斯·库恩（Thomas Kuhn）的《科学革命的结构（第二版）》（*The Structure of Scientific Revolutions*, 2nd ed.,Chicago, IL: The University of Chicago Press, 1970）是一本可读性很强的书，吸引着对科学或历史感兴趣的人们。伊姆雷·拉卡托斯（Imré Lakatos）和艾兰·马斯格雷夫（Alan Musgrave）主编的《批判与知识的增长》（*Criticism and the Growth of Knowledge*, Cambridge: Cambridge University Press, 1970）检验了库恩的观点，包括库恩对一些主要的批评的回应。

法国数学家庞加莱（Henri Poincaré）和法国科学家皮埃尔·迪昂（Pierre Duhem）在发展库恩和蒯因的观点方面极有影响力。阅读皮埃尔·迪昂的《物理学理论的目的和结构（第二版）》（*The Aim and Structure of Physical Theory*, 2nd ed., Princeton, NJ: Princeton University Press, 1954），由菲利普·P. 威纳（Philip P. Wiener）翻译，首版于1914年在巴黎出版；还有庞加莱的《科学与假设》（*Science and Hypothesis*, New York: Dover Publications, 1952），第一个英文版是1905年出版的，目前可以阅读的是1952年多佛出版社的译本。

卡尔·波普尔（Karl Popper）的著作在科学和哲学领域都很有影响力。推荐他的《科学发现的逻辑》（*The Logic of Scientific Discovery*, London: Hutchinson, 1959）；《猜想与反驳（第三版）》（*Conjectures and Refutations*, 3rd ed., London: Routledge and Kegan Paul, 1969）；《客观知识：一个进化论的研究》（*Objective Knowledge*: *An Evolutionary Approach*, Oxford: Oxford University Press, 1972）。介绍波普尔的杰出著作有保罗·A. 席尔普（Paul A. Schilpp）的《卡尔·波普尔的哲学》（*The Philosophy of Karl Popper*, La Salle, IL: Open Court Publishing, 1974），这是席尔普的《在世哲学家文库》（*The Library of Living Philosophers*）宏伟系列中的一卷。

路德维希·维特根斯坦（Ludwig Wittgenstein）的著作在当代语言哲学和认识论方面产生了巨大的影响。阅读他的《哲学研究（第三版）》（*Philosophical Investigations*, 3rd ed., London: The Macmillan Company, 1958）；《论确定性》（*On Certainty*），1969年由巴兹尔·布莱克威尔（Basil Blackwell）出版社首次出版；目前有纽约哈珀和罗（Harper & Row）出版社于1972年出版的平装本。戴维·埃德蒙兹（David Edmonds）和约翰·艾蒂诺（John Eidinow）的《维特根斯坦的扑克》（*Wittgenstein's Poker*, New York: Harper Perennial, 2002），是一个关于1946年维特根斯坦和波普尔之间戏剧性冲突的故事，当时波普尔来到剑桥大学做讲座，维特根斯坦出席了那场讲座。这本书不但介绍了二人之间冲突的观点，而且深入研究了二人辩论的历史背景。

威尔弗里德·塞拉斯（Wilfrid Sellars）的作品比较难读，但是他在认识论和科学哲学方面有巨大的影响力。他最重要的文章收录在《科学、感知和实在》（*Science, Perception and Reality*, London: Routledge and Kegan Paul, 1963）一书中。尼古拉斯·雷斯彻（Nicholas Rescher）的《真理的一致性理论》（*The Coherence Theory of Truth*, Oxford: Clarendon Press, 1973）提出了有力观点替代对真理的传统解释。托马斯·内格尔（Thomas Nagel）的《本然的观点》（*The View from Nowhere*, Oxford: Oxford University Press, 1986）对我们倾向于假设我们对世界采取超然的"纯粹客观"的观点提出了见解独到的分析，这种假设认为，客观世界独立于我们的看法，并分析了由此假设带来的问题。

皮尔士（Charles Sanders Peirce）是经典实用主义的主要源头。查尔斯·哈茨霍恩（Charles Hartshorne）和保罗·韦斯（Paul Weiss）的《查尔斯·桑德斯·皮尔士文章合集》（*Collected Papers of Charles Sanders Peirce*, Cambridge, MA: The Belknap Press of Harvard University Press, 1965）是一本不错的汇集他的文章的选集。菲利普·P. 威纳的《皮尔士：作品选集》（*Charles S. Peirce: Selected Writings*）也是一本不错的选集，首版于1958年由双日（Doubleday）出版社出版，目前可以读到的版本是由多佛（Dover）出版社于1966年出版的。威廉·詹姆士也许是最出名的实用主义者了，他的作品都很有趣。他的《实用主义》于1907年首次出版，目前有诸多版本。他的《信仰的意志及其他通俗哲学论文》（*The Will to Believe and Other Essays in Popular Philosophy*）于1897年首次出版，目前也有若干版本。约翰·杜威是20世纪中期实用主义者和公共哲学家，撰写的文章涉及哲学、教育、政治问题等多个领域。杜威著作颇丰，推荐阅读他的《人类本性和行为》（*Human Nature and Conduct*, New York: Henry Holt, 1922）；《哲学的改造》（*Reconstruction in Philosophy*, New York: Henry Holt, 1920）；特别推荐他的《确定性的寻求》（*The Quest for Certainty*），这是杜威于1929年在吉福德讲座（the Gifford Lecture）的演讲集，目前可找到的版本是普特南·凯普瑞科恩（Putnam Capricorn）出版社的平装版（New York: G. P. Putnam's Sons, 1960）。

理查德·罗蒂（Richard Rorty）是当代最杰出的实用主义者，他的作品有趣而颇具争议。他从精神上挑战关于知识的传统观点，可以阅读他的《哲学与自然之镜》（*Philosophy and the Mirror of Nature*, Princeton, NJ: Princeton University Press, 1979）；还有剑桥大学出版社出版的他的三卷本的哲学论文集：《客观性、相对主义和真理》（*Objectivity, Relativism, and Truth*, 1991），《论海德格尔和其他》（*Essays on Heidegger and Others*, 1991），《真理与进步》（*Truth and Progress*, 1998）；以及《哲学与社会希望》（*Philosophy and Social Hope*, London: Penguin, 1999）。另一位有影响力的当代实用主义者是希拉里·普特南（Hilary Putnam），他的观点和罗蒂有些很有趣的不同点；推荐阅读他的《实在论的多副面孔》（*The Many Faces of Realism*, Chicago, IL: Open Court, 1987）；还有《戴有人类面孔的实在论》（*Realism with a Human Face*），Cambridge, MA: Harvard University Press, 1990）。

康奈尔·韦斯特（Cornel West）是一位迷人的作者，在他的《哲学的美国闪避：实用主义的家谱》（*The American Evasion of Philosophy :A Genealogy of*

Pragmatism, Madison, WI: University of Wisconsin Press, 1987）一书中，他阐述了他的“有预见性的实用主义（prophetic pragmatism）”。

进化认识论（Evolutionary Epistemology）是认识论新近的一个有意思的发展方向。杰勒德·雷德尼茨基（Gerard Radnitzky）和 W. W. 巴特利（W. W. Bartley, Ⅲ）主编的《进化认识论、理性论和知识社会学》（*Evolutionary Epistemology, Theory of Rationality, and the Sociology of Knowledge*, La Salle, IL: Open Court, 1987）介绍了这种进路所提出的问题。

关于托马斯·库恩的介绍，可见网站 www.emory.edu/EDUCATION/mfp/Kuhnsnap.html，网站包含他的生平简介和作品链接。美国国家公共广播电台（NPR）还有一档节目讨论库恩的作品，可以在 www.sciencefriday.com/pages/1996/Aug/hour2_081696.html 查找《周五科学》（*Science Friday*）栏目收听。

关于实用主义的内容可见 www.pragmatism.org 以及 Pragmatism Cybrary 网站，以及 radicalacademy.com/amphilosophy7a.htm。关于詹姆士的网站推荐 www.emory.edu/EDUCATION/mfp/james.html。这个网址是 Welcome to the Middle Web 网站的一部分，不落俗套而且令人愉悦。

“斯坦福哲学百科全书”（http://plato.stanford.edu）是个不错的资源；阅读网站上关于认识论的文章，以及“justification, epistemic”标签下的文章。基思·德罗斯（Keith DeRose）“认识论专题”网页，见 http://pantheon.yale.eud/~kd47/e-page.htm。收录了许多新近的有趣的文章，包括认识论领域的文章和文献资料、课程大纲、研究生课程、当代认识论者的照片等。

第六章 什么是心灵？

什么是心灵？它是身体的一部分，还是附属于身体？心灵是物理的实体，还是独特的精神质料？它是像复杂的机器一样工作吗，或是无与伦比的奇迹？笛卡尔在认识论方面产生了深远的影响，因为他认真体悟了哥白尼革命的内涵，并尝试解决哥白尼革命对我们的知识体系造成的冲击。笛卡尔认真关注其所处时代的科学体系的发展，追问人类同一性的本性问题——尤其关注我们是不是心灵与身体的独特组合的问题。

机械论与心灵

毫不奇怪，17 世纪的人们深深地关注心灵与身体之别的问题。这一时期，物质世界的机械论观点蓬勃发展。回想从古希腊亚里士多德时代到 16 世纪，亚里士多德 – 托勒密宇宙观统治世界 2000 余年。这种观点认为，世界是个有序的地方，地球居于世界中心，稳居不动但有生有灭，月亮紧绕地球运转，然后外围是行星和太阳绕地球运转。更远处是固定的星辰所在之域，所有星辰附着在巨大的球体上；星辰在空中固定的位置上每日旋转，恒久闪耀。固定的星辰之外是天使的国度：智天使、炽天使、持上帝之宝座的座天使，最终是上帝本尊。（当然，亚里士多德那儿只有上帝而并无诸位天使；但是犹太教 – 基督教版本的亚里士多德 – 托勒密宇宙观为所有天使找好了合适的位置。）遥远的完美不变的上帝为一切提供了秩序：完美不变的上帝高高在上，诸位天使分列其左右，然后是固定的星辰紧挨天空的主人们，因此它们变化最少（仅仅在自身位置上旋转），“漫步的”行星的轨迹多少有些不规律，而月亮一直绕地球转，地球有生有灭、有变化。亚里士多德物理学与托勒密天文学 / 宇宙论紧密配合。石头落向地面是因为它由地上的物质构成，地面是其恰当的位置；烟升腾空中是因为它主要由气构成，其恰当的位置自然不同于地上的物质。天体——如行星——有自身恰当的运行轨迹，因为它们由更完美的物质构成，也有其恰当的位置。固定的星辰不变地旋转，因为它们效仿完美的上帝。整个体系渗满了目的性，有着神圣的序列。

哥白尼挑战了这种模型，为行星绕太阳运行提供了数学的解释：这个解释与目的和神圣秩序无关，提供了一个相对简单明了的宇宙运动的模型，替代了原有的宇宙观。哥白尼的伟大支持者伽利略提出惯性定律，解释了：假若没有任何外力（如摩擦力），那么运动中的物体会持续的匀速直线运动，而且这其中没有任何目的性因素。英国医学家威廉·哈维为机械论模型做出了巨大贡献，他于1628年出版的著作中提出了血液循环理论，解释心脏里的血液被推出并向全身输送血液。（13世纪的穆斯林医学家伊本·纳菲可能是首个提出血液循环解释的医学家；但是，他的著作在欧洲不为人知，而哈维是首位描述血液循环系统的欧洲人。）笛卡尔对这一切都十分熟悉。笛卡尔显然对哥白尼模型感到颇为合意，尽管他对此十分谨慎：伽利略的经历告诉我们，公开支持哥白尼理论肯定对健康有害。哈维的著作给笛卡尔留下了深刻印象，笛卡尔因此特别撰写了《论人体的描述》（*Description of the Human Body*）。

笛卡尔与身心二元论

笛卡尔醉心于机械论在天文学、物理学、生物学方面的发展，但是也深受困扰。在机械论的世界中——哈维清楚地展示了人体也符合机械论——人类的位置在何处？我们有什么特别的吗？或者我们只是庞大机器的一部分？如果世界和我们都是庞大的机器，人类的理性何在？自由意志何在？

显然，长久以来，人们都在追问人类与世界的其他种种可有不同：如果人类在某种意义上不朽，我们则肯定是独特的；或者人类的理性力量让人类与众不同。但是，当我们周遭的世界越来越像个巨大的机器，所有零部件依序运转，人类置身何处则成了一个问题——也许其中并没有人类的合适位置，人类以另一种方式存在。笛卡尔提出了一种观点，至今仍有追随者，4个世纪之后依然备受争议。即使没有意识到自己接受了笛卡尔的解决方式的人们也深受笛卡尔的影响。

当笛卡尔寻找固定的确定性以对抗怀疑主义时，他找到了一个不容置疑的清晰明了的确定性：我作为在思之物存在：

> 我是什么？一个思考着的存在。什么是思考着的存在？它会怀疑、理解、确认、否定、意愿、不愿意、会意识到形象和感觉。

也就是说，我是心灵。也许我也是身体（笛卡尔后来对此越来越确信）；但是基于这点，我知道我是心灵，是在思之物。

在笛卡尔看来，对于“我是谁”来说，最本质的是“我的心灵”：

> ……我拥有躯体，我与之紧密相连，既然我清晰地意识到我自身的存在，那么我就仅是一个无外延的在思之物；另一方面，我意识到我的身体，它只是一个外在的不思之物，可以肯定，我和我的躯体截然不同，我可以没有躯体而存在。

当代笛卡尔主义者、诗人菲尼亚斯·弗莱彻（Phineas Fletcher）诗意地表达了他的观点，认为人类的心灵和物理的躯体是截然不同的材料，而且心灵是躯体的主宰。在他精美的诗篇《紫岛》（*The Purple Island*）中，人类之岛的王就是心灵：

岛屿之王，广及苍穹，
乃全见之智；
光亮耀眼，陆上从无；
面若皦日，烨烨神圣，
非凡人可见；
唯其自现，自己眼中，
晦暗恍惚或惊异神奇，
皆光环围绕。
……
其躯体非物理之躯，
是非物质之物；
从未充盈，
也不填补；
如北斗高悬，
弥漫天空和陆地，
纵内拥霄汉万千，
亦空空如初；
满满载载，
亦复如是。

当然，认为心灵（或者说灵魂）不同于物理的躯体的观念并不是始于笛卡尔。2000多年前的柏拉图曾经在他的对话录中使用“脱离肉体到灵魂（disembodied soul）”的说法；对于柏拉图而言，理性与躯体的激情和感觉截然不同。但的确是从笛卡尔、从17世纪开始才特别强调心灵和躯体的区分。笛卡尔总结说，他与自己的躯体密不可分——不仅仅是像领航员和船只的关系，甚至更亲近些——但是无论如何，最本质的还是心灵，物理躯体与心灵截然有别：的确它们完全是不同种的东西。这个物理的躯体有重量、形状和大小；但是他的心灵（和心灵的观念）则没有这些特征：心灵没有重量，没有形状。笛卡尔相信，他的心灵紧密地与他的大脑相关，但是心灵和大脑有所不同：大脑是物理的东西，心灵是精神的东西，二者是不一样的。在某种意义上，我的物理躯体与我的心灵互动：当我的手指碰到钉锤，我的心灵马上会感觉到疼痛；我将啤酒浇在躯体上，这显然会影响我的心灵；我的心灵想要书写，然后我的手指会在键盘上敲击、打字。心灵和躯体是互动的——尽管我们并不是十分清楚它们究竟是如何互动的。

身心二元论的优势

笛卡尔的身心二元论有显著的吸引力。首先，它看上去很符合我们关于心灵和躯体的即时印象。比如，你说：“哇，我想到一个好思路用在我的哲学论文中！”我回答，“哦，真的吗？你的思路有多大？有多重？是什么颜色的？”你会觉得受到了挑衅，会觉得我是在取笑你。或者你会觉得我蠢透了。“别傻了，”你会说，“思路是没有重量、大小或者颜色的；你无法用刻度和标尺来丈量它。”当然，基于身心互动的看法，你告诉你的室友你关于你论文的伟大思路的时候，他可能会说：“哇，伙计，的确很不错（That’s heavy.）。”[①] 你的室友只是用的比喻的说法，而非字面的意思。思路有好有坏，有智慧的有愚蠢的；但是没有大小之分、轻重之别。这些特征适用于物理世界，但是不适用于精神世界，诸如心灵和观念。心灵和观念、躯体和物理世界：它们看起来

① “heavy”一词本意为“重的”，此处引申为有力的、好的、不错的。——译者注

属于两个不同的领域。按照这样的路子，我们很容易把精神和物理的能力区分开来。史蒂芬·霍金是伟大的宇宙学家和物理学家，患有肌肉萎缩性侧索硬化症（卢伽雷病），整个躯体瘫痪；尽管如此，他的心灵却在理论物理学方面做出了杰出的贡献。相反的，你可能也会想到其他一些人的例子，身体好端端的，心灵却低于平均水平。所以我们很容易得出身心二分的结论，天经地义。

目前只有少数哲学家还持有身心二元论，尽管它仍有其支持者，特别是当代一些神经心理学家。20 世纪中期的哲学家乔德（C. E. M. Joad）强烈支持二元论：

> ……除了躯体和大脑，生命有机体的构成还包括一种非物质的元素即心灵……这种元素尽管与大脑密切相关，但是并非环绕大脑结构的光辉或者光环，它的功能是反映大脑结构中的事件……相反，心灵相对独立于大脑，而且正因为它独立于大脑，它部分地可以引导和控制躯体的各个物理部分，利用它们执行心灵想要与外部世界物体发生联系的各种目的，例如司机开车。心灵是一种主动的、活跃的、综合的力量；它超越外部刺激带给我们的感官感觉并按照样式安排它们，有时候它似乎无须躯体刺激的唤醒就能行动。换句话说，即使最大可能地拓展我们的生理学知识，也无法让我们从对大脑的观察中得知心灵引起行动的方式。
>
> ——乔德，《我们的心灵如何运作》（*How Our Minds Work*），1947

身心二元论的第二个优势是，我们很自然想到人的不朽。一首老歌唱到“约旦河水刺骨寒，躯体冰冷，灵魂不冷”，我们的躯体有生有灭，我们的灵魂 / 心灵却是不朽的。

身心二元论的第三个优势最吸引笛卡尔：机械论的自然科学占领了越来越多的地盘，用来解释自然界的种种，留给特殊的人类能力的空间则越来越少。在哥白尼的世界观中，人类已经不再居于固定不动的中央舞台，在荣耀的行星、恒星和天使的关注下安心做宇宙的中心；世界已经变成了一个非凡的机械钟，我们的小小地球在空间中运转。尽管这是一个非凡的机械装置，但也只是机器而已。威廉·哈维解释了人体的机械运作——心脏是一个可以泵出血液的肌肉实体，血液以循环的方式在血管系统中不断流动——这种血液的机械运动模式既适用于人类，也适用于其他动物。那么，人类还有什么特殊的呢？在这个巨大的机械装置中，自由意志何在？如果心灵是不同于躯体的东西，不同于岩石、行星、心脏、血管，那么物理领域的机械论则没有危害，不会影响到心灵、观念和意志的世界。

身心二元论的问题与身心交互论

但是笛卡尔主义者的二元论存在一些问题。首先，最基本的问题是，我们在第二章提到的奥卡姆剃刀：“如无必要，勿增实体”。即在解释现象时，你不该假定任何物体的存在，需要最少假定的解释就足够了。换句话说，不要做出不必要的过复杂的解释。如果一个理论仅借助物理对象及其特性就足以解释世界（包括人类和人类的思维与行为），那么依据奥卡姆剃刀原则，这就比要加入特殊精神对象才能解释世界的理论要简单明了。当然，身心二元论坚持认为，如果否认精神的存在，则无法充分解释一切，而二元论则有可能解释：一元论理论无法解释我们所观察到的所有精神现象。这个问题仍存在争议。

身心二元论存在的第二个问题自笛卡尔提出他的理论以来就困扰着笛卡尔主义者。我们发现，似乎对于绝大多数身心二元论者而言（包括笛卡尔），身心之间是存在互动的。但是互动的本质难以理解，甚至难以想象。要考虑到身心是截然不同的。心灵——如二元论者认为的——完全是非物理的：它没有重量、没有密度、没有物理力等。相应的，物理的，则是完全不同于精神的东西：有重量、有尺寸、有作用力等。假设我精神上想把自己的想法用键盘打出来：这个没有物理重量和任何形式的力的观念如何让我的躯体（纯粹物理的）移动？笛卡尔提出，也许身心的交互作用发生在松果腺，处于大脑底部（松果腺是个不错的选择：它所处的位置很好，松果腺中些微的能量引起的震动传送到大脑和其他神经系统，而且——在笛卡尔所处的时代——生物学家尚未发现松果腺的其他功能）。这是个很诱人的观点：思维引起松果腺的轻微震动，这些震动引起大脑的反应，激发神经的回应，刺激肌肉；这个微小的震颤可以激活巨大的物理反应。这是个很诱人的观点，但是完全没有希望解释身心的互动方式。问题不在于如何将震动的能量从松果腺传到大脑，再到神经，然后是肌肉；问题在于，毫无物理力、物质性、物理特性、物理能力等的精神的东西，如何引起最初的物理动作和物理力（不论这个力多么小）。当然，这个问题从另一个方面看也同样严重：一个物理的事件（如刺激视神经）如何引起非物理的观点？仍有人坚持要激发的这个力非常之小，并没有什么难处；当代神经生理学家约翰·埃克尔斯（John Eccles）支持这种观点，认为所需的能量非常非常小，因为大脑十分敏感纤细，足以做出相应反应。但是即使是非常小的物理力对身心交互论而言也是一个挑战。

身心二元论在数个世纪内为解决这个问题而努力，至今仍在持续努力。当能量守恒原则被普遍接受作为物理体系的基本原则，身心互动的问题更加突出：孤立系统的总能量保持不变，它只会从一种形式转化为另一种形式，如果心灵——通过某种无法解释的过程——引发能量进入物理系统，那么每当我们想打出句子表达自己的思想，在我们大脑中、松果腺中或者其他什么地方引发能量，都会挑战能量守恒定律；的确，任何时候，任何人的思想引发行动都会打破该定律。

精神性的（非物理的）心灵如何引发躯体的物理行动是个令人困扰的问题，它驱使许多人寻求身心交互论的替代解释。有些用来替代身心交互论的解释看上去很奇怪。尽管如此，在我们苛刻地检视这些理论之前，先试试这个练习：从假设我们同时拥有物理的躯体 / 大脑和非物理的精神的东西（心灵）开始；假设二者根本不同，无法因果互动（causally interact）。从这些假设出发，如何解释身心之间显而易见的因果互动？当我们从这样的视角观察，会发现有许多令人着迷的、有创意的哲学努力，试图解决这个困难。

前定和谐

心灵是纯粹非物理的，躯体 / 大脑是物理的，二者没有直接的因果互动（这是在实际探讨层面的假设），尽管看上去它们之间显然是有互动的（比如，当我精神上想到踢球，我的腿随之挥动，这个物理的动作推动球前进）。17 世纪伟大的理性主义者莱布尼茨提出了他的解决方案：不是用交互论，而是用前定和谐（也称身心平行论）来解释。试想有两个钟，这两个钟都很准时：一个是漂亮的老爷钟，整点报时；另一个是可爱的小布谷鸟钟，每到整点的时候小布谷鸟就会弹出来发出“布谷，布谷”的鸣叫。一小时又一小时、一天又一天地过去，你仔细观察这两个钟：每当老爷钟开始报时，小布谷鸟立即弹出钟盒。如果你并不了解更多的情况，你当然会以为是老爷钟报时吵醒了布谷鸟，使得它从钟盒中弹出来并发出鸣叫。当然，如果其中一个钟或者这两个钟偶尔发生故障，有时布谷鸟钟先响了，有时候又是在老爷钟报时之后 15 分钟布谷鸟才弹出来，或者有时候布谷鸟压根没有弹出来，那么你就不会认为二者之间有什么互动。但是，只要这两个钟都是准时的，那么你不可避免地会得出结论认为这两个钟之间存在某种因果互动。这是解决身心交互问题的完美方案：它解决了精神的和物理的东西如何交互（尽管二者并无互动）；但是依然可以用来解释身心为什么看上去发生了交互作用。当然这需要假设某种惊人的前定和谐：在人类发展史上，每一个人都采用一个完美的机械秩序，让一切的精神和物理行为都变得和谐。这种和谐不仅让孩童的游戏看起来和谐，也让行星们变得和谐。但是，对于全知全能的上帝——他拥有超出我们卑微的想象力的力量——建立这样一种宏伟的和谐并没有什么难处。事实上，莱布尼兹提出的这种和谐也许更加复杂：莱布尼兹认为，世界上的每一个物体是一个独立的单子，每一个单子是一个单纯实体且可以表象世界上的其他一切事物，因此可以保证它们的和谐；莱布尼兹的解决方案并没有把事情弄得过于复杂（他并没有违背奥卡姆剃刀原则），因为看起来他只是采用了一些在他的时代已经公认存在的实体：心灵、躯体、全能的上帝。

偶因论

还有一种解决身心问题的方案，对我来说这个方案并不是很理想，但是你可以做出你自己的评价，这就是偶因论。在这个模型中（依然假设存在心灵和躯体的区分，而且二者不能发生因果互动），每当你想到要踢球或者举起手臂或者移动手指时，或者当一个物理的事件让你产生了某种想法时，上帝都无所不在。

> 但是，当你思考关于上帝的观念，例如，一个无限的、完美的、全能的存在，你知道他的意志和所有躯体动作之间的联系，无法相信他意愿躯体移动而躯体却一动不动。因此，如果我们想表述我们所相信的事而非我们所感觉到的事，我们不得不说只有他的意志能够让躯体发生动作。躯体的动力不在于移动的躯体，而只能来自上帝的意志。因此，躯体本身无动作；当一个运动的球撞击另一个运动着的球，它并没有让自己做什么，它自身没有力量让自己移动……但是，不但躯体不能作为任何存在的原因，最伟大的心灵也同样无能为力。它们一无所知，除非得到上帝的启示。没有上帝的力量，它们什么也感受不到。没有上帝的力量，

> 它们无法通过意志力达成任何事情。
>
> ——尼古拉斯·马勒伯朗士，《真理的探索》，第六卷，第二部分，第三章[①]

你想到要把球踢进球门里，那么上帝使得你的躯体做出物理的反应。甚至你想到踢球的这个“想”也需要上帝的力量。在许多身心交互的情形中并不需要我或者你做什么，而是全知全能的上帝不费吹灰之力就可以操控这些。的确，从这种观点看，上帝拥有无穷的力量——上帝是全能的——因此无论我们的思维还是我们的物理行动的始因都是：上帝。偶因论消解了心灵如何驱使躯体行动的问题：心灵并不能驱动躯体，因为不论你的心灵还是你的躯体都不能驱动任何东西。但是，偶因论并不能真正回答身心交互的问题；它只是建立了一种体系，基于全能的上帝拥有一切力量的基本观念，认为世界上除了上帝的力量，别无其他力量。偶因论只是下面这个体系的意蕴：你的心灵经验到移动手的想法，你经验到你手的移动，但是不论是那个想法还是这个物理的移动都不是由你引发的；像所有其他事一样，它们只能是由上帝引发的。在西方，偶因论的支持者中最闻名于世的就是笛卡尔之后伟大的法国形而上学家尼古拉斯·马勒伯朗士。偶因论者的观点在数个世纪中一直被人捍卫，较早期的是伟大的11世纪逊尼派穆斯林神学家巴格达的安萨里（Abu Hamid Muhammad ibn Muhammad al-Ghazali）；像马勒伯朗士一样，安萨里的偶因论是基于上帝的全能：在上帝之外，别无其他力量存在；没有上帝之手，任何事情都不可能发生。

唯心主义

尽管存在许多问题，身心二元论仍有许多捍卫者（其中绝大多数人支持某种形式的身心交互论，也有的支持某种形式的身心二分论，但是没有那么彻底地认为身心是两种截然不同的实在）。但是，二元论存在的这些问题推进了人们的思考，人们尝试用一元论的方法来解决身心问题。不存在身心二分的问题，也不存在物理的和精神的互动，因为事实上只存在一种实在，而不是两种。那么，这种实在是什么呢？

> 不过，你或者会说，各种观念自身离了心灵虽然不能存在，但是也许有与它们相类似的东西，它们是那些东西的副本、与那些东西相似，而那些东西存在于心灵外，存在于一种不能思想的实体中。不过，我仍然可以回答说，一个观念只能和观念相似，并不能与别的任何东西相似。一种颜色或形状只能和别的颜色或形状相似，不能和别的任何东西相似。我们只要稍微考察自己的思想，就会看到，只有在我们的各种观念之间，我们才能设想一种相似关系。另外，我还可以问，我们的观念所摹拟、所表象的那些假设的原本和外物，它们本身也是可感知的吗？如果它们是可感知的，则它们也是观念，这正符合我们的论断；如果你说它们

① 尼古拉斯·马勒伯朗士（Nicolas Malebranche），法国哲学家。《真理的探索》（*The Search After Truth*）根据托马斯·M. 伦农（Thomas M. Lennon）和保罗·J. 奥斯坎普（Paul J. Oscamp）的英译本译出。——译者注

> 不能被感知，那么我要请问任何人，要说颜色和一种不可见的东西相似，软或硬和一种不可触摸的东西相似，那是不是合乎情理的呢？说到其他性质，也是一样。
>
> ——贝克莱，《海拉斯和斐洛诺斯的对话三篇》

伟大的爱尔兰哲学家贝克莱主教认为，那个唯一的实在只可能是精神的：那就是心灵及其观念。这种观点——认为所有存在都是心灵和观念的精神世界，没有物理实体独立于心灵之外——被称作唯心主义。称作“ideaism”可能更为恰当，但是很难说出来，所以就叫唯心主义（idealism）。但是，这样有点令人混淆。[①] 在这里，唯心主义者（认为唯有精神实体存在）和我们通常说的理想主义者完全不同，理想主义者是指有较高的（甚至不切实际高的）理想的人。

> 我并不假装树立了什么新观念。我的努力只不过是把一般人的真理同哲学家的真理统一在一起，使得更清楚一些罢了。因为一般人以为他们直接所知觉的事物便是实在的事物；而哲学家以为直接所知觉的事物只是存在于心灵中的观念。把这两种概念合在一块，结果就形成了我的主张的实质。
>
> ——贝克莱，《海拉斯和斐洛诺斯的对话三篇》

①“idea”，想法，观念；“ideal”，理想的，完美的。在英文中，唯心主义者和理想主义者使用同一个单词“idealist”。——译者注

（贝克莱的）唯心主义令许多人震惊和感到荒唐。著名的塞缪尔·约翰逊博士（Dr. Samuel Johnson）一听说贝克莱的理论，据说一脚把大石头踢下了山，表示“我强烈反对”。但是，当你仔细检视这个理论，考虑其他相应理论存在的问题（如身心交互论和前定和谐），你会发现，贝克莱的理论的确有其魅力。首先，他避免了身心二分的问题：那么也就不存在精神的实体如何与物理的实体互动的问题。它回避得如此巧妙，完全消减了一种实体的存在，也就消减了两种截然不同的实体互动的需要。

贝克莱认为其理论还有第二大优点：这是迄今为止能够解释我们所观察到的种种现象的最简单的理论。思考一下：当你观察周遭的世界，当你举起你的手或者砍倒一棵树或者——像约翰逊一样——一脚把大石头踢下山，你实际经验到了什么？如果你踢一块石头，首先你必须在视觉上看到一块石头；然后你必须由踢石头的想法，到执行踢石头的动作；接下来你的脚趾又会有一种感受——也许是一种痛感，还有移动你的腿的感受；最终你看到石头被踢下山。所以，你拥有视觉、目的性、动觉观念（即意识到躯体的运动），也许还有痛感。但是，（贝克莱认为）所有这些观念都是心灵的观念。你是否曾经经历过什么与心灵的观念无关的？你冲撞一扇门：你会经历坚硬、牢固，或许还有剧痛。那么，在精神经验之外，你还经验到其他什么非精神的东西吗？当然没有。在所有这些精神经验和观念的基础上，你想象或者设想还有什么东西完全不同于你所经验到的，它可能导致你的痛感。但是，（贝克莱认为）你为什么要去假设这样疯狂的、不切实际的理论呢？你所实际经历的——就是你经历的一切——

即思维、感觉、观念，都是精神的经验。然而，在纯粹精神经验的基础上，你主张存在截然不同于我们所有经验的物理的物体，存在不同于精神领域的物理的领域，物理的实在全然不同于我们的精神所经验到的思维和观念，不过，物理的实在引起了我们的思维和观念。但是，为什么要提出这样奇怪和不切实际的东西附加在我们的世界上？为什么不安心囿于我们实际知道和经验的：精神的领域？在这种唯心主义的模型中，世界无一例外由心灵和观念构成：不需要解释精神的－物理的交互，因为只有一种实在。用贝克莱的名言说就是：存在就是被感知（*Esse est percipi*）。

有人可能会反对唯心主义的解释，因为它实际上没有清楚地解释我们经验的连续性和规律性。早上你匆匆离开自己的卧室，及时赶到哲学课的教室；你上课，然后和朋友们一起吃午饭，下午去实验室做实验，再去篮球场玩一会儿，和朋友们一起吃完晚饭，晚上回到你的房间并且发现：所有的东西和你离开的时候一样，包括你的书桌、你的床、你在地板上的脏衣服。但是，在你离开的这 12 小时或更多的时间里，你并没有想到这些东西；当然你不会一直持续地想着你的房间和你房间里的这些东西。那么当你没有想到这些的时候，这些书桌、床、脏衣服都发生了什么呢，它们即不存在于你的思想中，也不存在于其他人的思想中？难道这段时间里它们都消失了吗，当你想起它们的时候它们又重新出现和存在？但是，如果是这样的话，那么怎么解释事物的连续性？为什么你回到房间的时候还和早上离开的时候一样拥有关于床的观念？晚上回到卧室时，为什么你不会想到一张特大号的床，卧室里依然放置着早上那张普通双人床？如果只有心灵和观念，为什么从早到晚我们拥有一样的观念？对此，贝克莱已经准备好了答案。并不是说当你不在房间的这段时间里，当你不想到房间里的这些东西的时候，房间和它里面的这些东西就不存在了；它们依然存在——具有一种连续性——因为它们一直是上帝心灵中的观念。毕竟，上帝是全能的，他拥有一切的观念，包括你的卧室、你的衣服、你扔在地板上的脏袜子。也许有人会觉得把创造了日月星辰的全能的上帝扯到这些日常事务中忙碌太过平凡：一直惦记着每一棵树、教室中的所有桌子、你那些没洗的衣服。但是，贝克莱认为，这个回答的优点大于它的缺点；它提醒我们，上帝存在于我们每一天生活的每一处细节中。

唯物主义

绝大多数身心二元论者——如笛卡尔——都深受物理科学飞速发展的影响，即哥白尼对行星运动的解释、哈维的血液循环理论、伽利略对下落物体轨迹的研究。科学的巨大进展对世界的系统做出了清晰的机械论的解释，帮助人们进一步理解这整个机器是如何系统运转的。

> 人是机器，但是他又能感觉、思考，知道如何分辨善恶，就像知道如何分辨蓝色和黄色，并且人又是一个动物。这些并不矛盾。我认为，思想和有机物是极少不相容的，而且看来和电、运动的能力、贯穿性、延展性等一样，是有机物的一种属性。
>
> ——拉·梅特里，《人是机器》，1747

这些都着实令人兴奋，物理学、医学、天文学方面的进一步发展将带来更加光明的未来：这些进步将减少疾病的威胁和让我们更好地理解世界。但是，当他们为机械地理解世界的进展而感到欣喜时，二元论者希望画出一条界限。机械模型也许可以解释行星、炮弹，甚至可以解释人体，但是，必须留有空间给完全不同于机械模型的东西，一定有什么是超越机械运动、机械解释和机械预设的。

对笛卡尔的二元论的标准解释是，它是用来保护我们的心灵或灵魂不被机械科学干涉的。但是，另外一种解释也是可能的：笛卡尔二元论不是保护心灵免受物理科学干涉，而是允许物理科学的范围扩大和发展。17 世纪，科学和宗教的潜在冲突以抑制科学的方式得到化解（例如，教会对待伽利略的惨痛例子）。笛卡尔通过身心二分，从根本上与机械科学的世界相区分，努力保障在物理领域内机械科学可以自由进行探索和研究。

必须为人类心灵、灵魂、意识留有空间；一定有什么能没有机械动力而推理分析，有不依赖物理的意识的觉醒，有超越机械论的自由意志的力量，也许还有什么可以从物理的死亡中幸存。贝克莱主教认为，机械模型的方法已经走得太远，他认为唯心主义提供了一种反向力：世界的本质是心灵、精神、观念，而非机械进程。

莱布尼茨反对彻头彻尾的机械论唯物主义，1714 年，他在《单子论》第十七节写道：

必须承认，知觉以及依赖知觉的东西，是不能用机械原因来解释的，也就是说，不能用形状和运动来解释。假设有一架机器，被制作得能够思想、感觉和拥有知觉，想象它在保持同一比例的情况下在尺寸上被放大，以至人们可以像走进磨坊一样走进它。在这种情况下，在考察它的内部的时候，我们只能看到一些部分作用于另一些部分，而决找不到任何能够解释知觉的东西。因此，只能在单纯实体中而非在合成物或机器中寻找知觉。

但是，当二元论者如笛卡尔、唯心主义者如贝克莱希望给机械解释划定界线时，其他人却急切地推进机械模型用来解释新的领域，希望机械论如牛顿在天文学和物理学上的成就一样，在理解人类心灵方面也获得成功。18 世纪法国哲学家热衷于此，他们是彻头彻尾的机械论者 / 唯物主义者。

这个动物（比如一只鸟）移动着，活动着，叫着………它出来了（从壳里），它走，它飞，它发怒，它逃走，它走近，它哀鸣，它痛苦，它爱，它意欲，它享受；它有你的一切感受；你的一切动作它都做。你是不是和笛卡尔一样，主张这是一架纯粹的模仿机器？可是孩子会嘲笑你，哲学家们会回答你说，如果这是一架机器，你就是另一架机器。如果你承认动物与你之间只有机体组织上的差别，那你就是明智的、合理的，并且会真诚地这样认为；但是，用一种按一定方式构成的惰性的物质，灌注上另一种惰性的物质，加上温度和运动，就得出感受性、生命、记忆、意识、欲望、思想，这样就能

> 得出反对你的结论………
>
> （如果你拒绝这种唯物主义的观点）你就会怜悯自己了；你就会感觉到，要想不接受一个可以说明一切的简单假定，也就是不接受感受性作为物质的一般特性或机体组织的产物，你就是抛弃常识，就是投入神秘、矛盾和荒谬的深渊。
>
> ——狄德罗，《达朗贝和狄德罗的谈话》，1769

这种观点——有时称“唯物主义”，有时称“物理主义”——没有身心交互的问题，因为没有“心灵”实体存在。当然，我们有思维和观念，但是它们只是身体——特别是大脑和中枢神经系统——中的物理事件。

> 他（达尔文）的工作内容对传统的西方思想造成了极大的破坏性，以至我们很难将其纳入这种传统中。例如，阿瑟·凯斯特勒（Arthur Koestler）之所以反对达尔文，也是基于不愿接受达尔文的唯物主义，而且他还热衷于认为生命物质中含有某种特殊的属性……我承认，对此，我不太明白。疑惑和知识都应该被珍视。我们难道因为自然中的和谐不是设计的就会降低对自然美的赞美吗？难道因为有数百亿神经元在我们的颅骨里，我们的心灵的潜力就停止激发我们的敬畏和恐惧吗？
>
> ——史蒂芬·杰伊·古尔德，《自达尔文以来》

拒绝唯物主义总是错的。毕竟，这是走向关于人类的机械论观点的最后一步，让人们心神不宁，甚至十分恼怒。

> “唯物主义（Materialism）”是一个含混不清的词，有许多含义和用法。讨论身心问题时，唯物主义者认为只有一种实在：物理的或物质的实在。我们的心灵只是大脑，由其他一些物质的复杂组合构成，并不是什么独立于物质实在的东西。但是，“materialist”一词也可以译为物质主义者，用来指那些特别强调生活中物质方面的东西的人，如关注大房子、豪车、时装，而对艺术、文学、家庭、公共福祉等没有兴趣。把“materialist”一词译为唯物主义者和物质主义者，其含义非常不同，但是在英文里是同一个词。物质主义者可能相信身心二元论；而唯物主义者相信人类是一个物质的－物理的实体，可能全身心投入音乐、诗歌、艺术，而并不在意物质财富的增长。

杰出的生物学家和科学历史学家史蒂芬·杰伊·古尔德（Stephen Jay Gould）认为，达尔文推迟了《物种起源》的发表，因为他害怕他对人类发展和人类心灵（或大脑）的唯物主义（或机械主义）解释招致敌意。达尔文在笔记中写道：“哦，唯物主义者，你们钟爱组织的神性效力！……思维为什么是大脑的一部分，比物质的重力性质更加神奇？我们如此傲慢，我们仰慕自己。”阿尔弗雷德·拉塞尔·华莱士（Alfred Russel Wallace）与达尔文同时独立发展了自然选择的理论，发现了人类的机械进化——包括人类独特的心灵的进化——得出的结论令人烦恼，即所有其他生命形式都是自然选择的结果，而人类是上帝的独特造物。

> 有人否认世界上有非物理的实体和非物理的法则，我对此感到担忧。我尤其反对心—物二元论的教条……
>
> 大众神学家反对唯物主义，有时会说：“你无法将爱放进试管里。”如果这么说的话，你也无法将有引力的大地放进试管……但是在讨论引力时，这与唯物主义并不相悖。
>
> 类似的，尽管爱也许可以避开试管，但是无法避开唯物主义者的形而上学，爱被分析为躯体行为的一种样式，或者稍好一些，作为人类有机体的一种内在状态用来解释行为本身。
>
> ——J. J. C. 斯马特（J. J. C. Smart），《唯物主义》，1963

尽管存在不少对唯物主义的本能的反对，唯物主义还是有许多明显的优势的。首先，它非常简单：并不存在两种必须交互的实体（或者看上去需要互动），唯物主义只有一种单一的实体。不同于唯心主义，唯物主义并不需要神圣的造物主来介入我们所观察的物质世界以保持其连续性。第二，唯物主义是一种很有用的理论，可以有效地指导我们：它广泛而有效地研究行为、医学、神经心理科学。当你给你的病人开抗抑郁的药，你希望这个药物中的化学物质可以缓解抑郁；你并不希望这个药影响大脑本身，并不希望大脑状态产生某种神秘的变化，在完全不同的非大脑的精神领域产生快乐的观念。

当然，存在传统的反对唯物主义的观点。尽管科学家已经证实唯物主义者的模型是一个有用的模型，但是很难真正认同我们的思维和观念只是“大脑的排列”。我关于死刑、政治、诗歌的想法是一回事，而当我思考时你从我的脑部扫描片中所看到的是另一回事。但唯物主义的倡导者并不受这些反驳的影响。他们回应说，当你喝一杯很烫的咖啡时的感觉和物理学家所描述的热是很难相匹配的，但是这并不意味着物理学家的描述是错的。研究水的分子结构并不会给你带来夏天里一杯冷饮带给你的清凉感受，但是我们并不因此而拒绝分子学说。威廉·华兹华斯（William Wordsworth）有一首诗的开头写道：“每当看见空中的彩虹，我的心喜悦跳动。”牛顿对彩虹的科学解释并不会让你的心脏喜悦跳动，但是这并不是说牛顿所描述的彩虹和带给华兹华斯喜悦感的彩虹不是一个东西。

两面论

思维、观念、意识确实看上去是很特别的东西，有些人尝试寻找一条路径保持这些特殊的范畴，同时避免身心二元论的问题。斯宾诺莎曾经发展了一个有趣的理论，至今仍有其支持者，这就是两面论（dual-aspect theory，也有时称为双面论）。斯宾诺莎相信，只有一种实在。万事万物都是单一整体的一部分：这个无限的实体有无限的属性和样式。我们只能观察到实体的物理的和精神的性质（如果我们达到认知的更高层次，我们也许能观察到我们现在看不到的某些属性）。斯宾诺莎认为，我们是物理的，也是精神的；简单地说，物理的和精神的只是同一实体的不同方面。

> 当代哲学家丹尼尔·丹尼特（Daniel Dennett）发展了一种不同的出发点来对待大脑的功能，或者对待会下棋的计算机这样的特例。丹尼特不是二元

论理论家，他的解释有助于说明钟爱二元论的人所强调的观点的类型。丹尼特列举了这么一个例子：

想想会下棋的计算机的例子，一个人可以选择采用不同的出发点去预测和解释其行为。首先，是从设计意图出发。如果一个人确切地知道计算机程序是如何设计的……他就可以预测计算机对每一步棋可能做出的反应……从设计意图出发的重要特点就是，我们可以纯粹根据系统设计的知识或假设来预测，而无须检验特定对象的内在运转。

第二种就是我们说的从物理的立场出发。在这种情况下，我们基于特定系统的实际状态来预测，运用我们关于自然法则的各种知识来进行……试图对会下棋的计算机做出物理的解释或者预测，这也许是个毫无意义而艰巨的工作，但是在原则上是可行的。追踪输入能量的效果，直到将其反应类型印在纸上，输出反应结果，就可以预测它在棋局中的对策。

我们对系统采用的第三种出发点是意向的立场。当系统处理过于复杂和以其他立场难以应对的情况时，这种出发点最合适不过。在下棋的计算机的例子中，当试图预测计算机的最佳和最合理应对方式时，可以采用这种立场，这需要给定计算机关于这种情形应对的信息。这里需假定计算机不会出错，而且设计或程序肯定合理。

——丹尼尔·丹尼特，《机械和责任》，1973

设想你在乘直升飞机游览大峡谷，而我乘皮筏艇沿科罗拉多河穿越大峡谷。如果我们都向同一位朋友描述我们的游览经历，那一定会大相径庭；但他并不会说，“好吧，那么到底哪一个是真正的大峡谷”。我们只是从不同的方面描述大峡谷。赫伯特·费格尔（Herbert Feigl）提出了两面论的新近版本，其中有这么一个例子：

如果一位脑生理学家具备一千年以后将具备的知识和设备，可以研究我大脑的进程和详细地描述它，他可以将他的发现用神经生理学的语言阐述出来，甚至可以用原子和亚原子的概念做出完整的微观物理学的解释……然而，在经验事实的层面，我是直接获得了关于我自身即刻经验的感受，而我只是偶然（从熟人那儿）得知那位神经生理学家所说的关于我大脑进程的特定结构化方面。

——赫伯特·费格尔《“精神的”和“物理的”》，发表于赫伯特·费格尔、迈克尔·斯克里文（Michael Scriven）、格罗弗·马克斯韦尔（Grover Maxwell）主编的《明尼苏达科学哲学研究》(*Minnesota Studies in the Philosophy of Science*, Minneapolis:University of Minnesota Press, 1958）第二卷，第370—497、450页

神经心理学家和被测的思考着的人也许经历的是同一件事，但是他们经验到的事件的方面和途径都是很不一样的。

功能主义

什么是化油器？我们通常以其在发动机内部的功能来定义它：发动机上的部件，它的作用是把汽油变成雾状，按一定比例和氧气混合，形成供汽缸燃烧的混合气。但是，化油器是由什么构成的？那

么有许多答案：金属或塑料或二者的混合物；也许甚至还有玻璃或石墨。在不同的发动机上，化油器有不同的形状和大小，由不同的材料制成；但是，它们的功能是一样的。在身体问题上，功能主义认为，精神现象——如思维和感觉——不应该被定义为大脑的某个特殊的物理部分，而应该从其功能来描述；这样，不论它是一个什么样的部分，它的功能是一样的。想想数学计算：琼可能使用的是她大脑的左半部分的特殊区域，而亨利在幼年时脑部受过创伤，他可能使用大脑的右半部分来进行数学运算；而某些外星智慧生物的构造完全不同，它们可能用截然不同的物质来计算；智能电脑或者机器人的计算程式则采用不同的物理材料和结构。尽管功能主义者偏爱物理学家的 / 唯物主义者的一元论观点，功能主义者也可能采用我们精神的方法，凭借完全非物理的精神实体来完成。但是，既然功能主义者往往设想精神的方法是通过某种物理过程来实现的，我们一般将功能主义视为一种特殊的物理主义 / 唯物主义。尽管做出这样的限制，功能主义还是有很多种类。

作为唯物主义的一种，功能主义将思维与大脑的状态区别对待；唯物主义者的同一论认为，思维最终可以简化为特定的大脑状态，但是功能主义并不这么认为。功能主义者认为，同一论太过狭隘。显然，对于同一论者而言，我们人类的大脑就是我们思维和观念的来源。但是，如果外星智慧生物也有和我们相似的观念和思维，那它们思维的来源就会不同于人类的大脑；的确，它们也许是由完全不同的物质构成的。想想一个中风的病人，大脑部分受损，但是他——通过长时间的康复期——“重新学习”他因为中风而丢失的内容，现在他使用大脑的其他部分产生观念，这些观念原本是由他受损的那部分大脑产生的。

这些例子都从某种程度上支持了功能主义的观点，而功能主义发展背后的主要动力是电脑及其程序。我们可以在不同的电脑上运行同一个程序，这些电脑的构成很不一样。尽管如此，同一个程序在每台电脑上都运算出同样的结果。同样的——功能主义者从理论上说明——心灵就像运行程序的软件，大脑则是硬件。如果我们有许多不同的电脑运行同一个软件程序，所有搭载相似程序的电脑都会得出同样的结果，但是产生这些结果的硬件各不相同。我们并没有看到程序的运行在每一台电脑系统中的物理运转一样，但我们可以想到每台电脑的功能是一样的，尽管它们使用不同的物理硬件来发挥这些功能。程序中的每一步和机器的状况有严格的同一性，我们应该想到硬件和软件（大脑和身体）的关系也有特定的功能性的联系，软件的功能也许由许多不同的物理形式来实现：也许是我们大脑中的灰色物质，也许是电脑的电路板，或者还有外星智慧生物中的特别材料。

功能主义在当代很流行，用来解释身心的关系，特别吸引关注人工智能概念——如智能电脑——的人们。但是，功能主义也激起了强烈的反对；绝大多数它的反对者都并不是身心二元论者，而往往是物理主义者，他们认为，功能主义低估了能够思维的物理大脑的重要性及其运转的复杂性。约翰·塞尔（John Searle）是功能主义的主要反对者之一，他用问答形式简要陈述了他针对功能主义的基本反对意见，同时重申他的物理主义立场：

“机器能否思维？”

答案显然是肯定的。我们正是这样的机器。

……“仅仅凭借计算机所带的正确程序，就能够思维、理解等吗？一个正确的程序自身就足以具备理解的条件来实例化一个程序吗？”

我想这是个好问题，……不过答案却是否定的。

“为什么不呢？”

因为它们自身的形式符号处理是不具备意向性的，它们是无意义的；它们甚至不是符号处理，因为符号不代表任何东西……

“机器能否思维？”我个人的观点是，只有机器能够思维，而且实际上只有一种非常特殊的机器能够思维，即只有大脑以及与大脑一样有因果联系能力的机器。这就是强大的人工智能很少和我们谈论思维的主要原因，关于机器，它也没有什么要告诉我们的。按照它自身的定义，它是关于程序的，而程序不是机器。不论有什么样的意向性，它都是一种生物学现象，它依赖它所源自哺乳期、光合作用或其他生物现象的特殊生物化学作用。

——约翰·塞尔，《心灵、大脑和程序》（“Minds, Brains, and Programs”）

绝大多数针对功能主义的批评都是基于我们的感受性（哲学家所称的“*qualia*”）经验。“感受性”用来指心理经验的定性内容如情绪、感觉、知觉。试想经历灿烂的红色落日、倾听萨克斯的音符、大脚趾踢到大岩石上时的感受。即使我们能够精确和详细地描述经历这一切时大脑的运转，也无法抓住那转瞬的感受：无法抓住经历那一刻的感受性。托马斯·内格尔（Thomas Nagel）提供了一些最有名的例子：做一只蝙蝠是什么样？不依赖视觉而是依靠回声感受世界的大小和形状是什么样？也许有一日，神经科学家可以发现和详细解释蝙蝠大脑的运转方式，解释它们究竟如何采用听觉定位的功能；但是，即使完整地解释其功能也会遗漏一桩重要的事情，那就是，做一只蝙蝠是什么样，蝙蝠经验了什么样的感受性。因此，功能主义（也许有些批评也认为是所有的物理主义理论）从根本上是有致命缺陷的：它无法完整表述整个精神经验的定性分析。

激烈的争论仍在继续，批评功能主义的声音不绝于耳，功能主义的捍卫者则提供了许多种回应。至少，功能主义尝试将精神的内容和状态作为“科学研究的对象”：它们不再是不可企及的、不可理解的神秘领域，而是向科学研究敞开。这些尝试是否成功，这些尝试是否可能成功，你可以得出你自己的结论。

副现象论

还有一种解决身心问题的方法叫作副现象论（epiphenomenalism）。这种观点认为，物理的脑部活动是基本的日常活动和思维的运转，大脑引起我们有意识的思维、观念和意志——这些都是大脑活动的副产品；即精神元素并非真的是因果链的一部分，而只是一种副产品、副现象。副现象论已经提出许多年，直到神经心理学实验的新近发展才重新燃起人们对副现象论的兴趣。其中最关键的一个实验是，本杰明·利贝特（Benjamin Libet）将一个装置连接到被试主体，可以测定被试主体脑部的电流变化。在实验中，他要求每个被试主体随机选择一个瞬间轻弹自己的手腕。他将一个有长秒钟的大钟盘放置在被试主体面前，让被试主体确定当他们轻弹手腕时秒针的确切位置。利贝特发现，大脑活动先于被试主体轻弹手腕半秒钟；大脑活动的激活先于被试主体意识到自己想要轻弹手腕 1/3 秒！实验似乎表明，被试主体开始在大脑中实际选择轻弹手腕，要先于有意识的意愿的经验。意识到轻弹手腕的“意愿”事实上并不是我们轻弹手腕的因果过程的一部分；有意识的经验只是实际发生的大脑活动（不依赖意识）的副产品。有意识的意愿（conscious willing）是一个症状，而不是起因。就像发烧不会引起感染，而是表明有感染发生，同样，有意识的意愿并不引起行为，而是大脑无意识地激发的一个症状。

这并不说明副现象意识活动——尽管并非因果系统的一环——完全是无用的。神经心理学家丹尼尔·韦格纳（Daniel Wegner）认为，关于有意识的意愿的经验是机械主义的某种反馈，它告诉我（当我移动我的手的时候）是我做出了这个动作，而不是有什么发生在我身上。如果你用一根绳子拉我的手，没有感觉到有意识的意愿告诉我外在的东西控制了我的移动。如果我们以某种特定的方式刺激你的大脑，我们可以令你的手移动。但是，当我们在被试主体身上进行实验时，他们并没有感觉到这些是他们自己的移动。所以，对有意识的意愿的感觉告诉我们，移动是我自己通过大脑激发的而不是外力的结果。在副现象论的这种当代版本看来，有意识的思维并不具有我们所认为的因果作用，而是起到一种有价值的反馈功能。

意识

韦格纳版本的副现象论认为，有意识的思维的作用微不足道，这显然备受争议。事实上，关于意识本身的整个问题引起了许多问题和广泛的争议，它们从最基本的问题开始：什么是意识？

大卫·查默斯（David Chalmers）写道：

> “意识”不容易与我们关于“自然世界”的概念相容。在最通常所理解的“自然世界”的概念中，自然世界就是物理世界。但是，最通常所理解的“意识”概念，却很难说清楚它如何能够成为物理世界的一部分。因此，要在自然世界秩序中为意识找到一席之地，我们必须改变我们关于意识的概念，或者改变我们关于自然的概念。
>
> ——大卫·查默斯，《意识和它在自然中的位置》（“Cousciousness and its Place in Nature”），收录于 S. 斯蒂克（S. Stich）和 F. 沃菲尔德（F. Warfield）主编的《布莱克威尔心灵哲学指南》（*Blackwell Guide to the Philosophy of Mind*, Blackwell, 2003）

托马斯·内格尔认为，难以精确定义意识是因为实际上意识是我们最基本的经验。“尽管我们可以描述意识的一些特性，列举各种关于精神现象的类型，但是意识真的是太基本了，很难用其他东西来定义它。”① 如果你自问，“什么是意识”，你其实有种感觉，即你知道它是什么；但是，如果你尝试弄清楚，哪怕你只是尝试自身弄清楚意识到底是什么，你就会明白为什么它引起了如此多的哲学问题和研究。关于意识的本性的问题是当代心灵哲学中争论得最多的问题之一，还有许多与之相关的解释——

① 引自托马斯·内格尔，《心灵赢了！》（“The Mind Wins！”），《纽约书评》（*New York Review of Books*），1993 年 3 月 4 日。

从“它是我们所有经验中基本而又神秘的经验”到“它是最直接的没有什么神秘的”，从主张“它是特别的、非物质的”到主张“它是我们自然物质世界的一部分”。也许在当代哲学中再没有哪个问题引起如此多种多样的根本不同的理论了，甚至很难达成基本共识。

关于身心的问题对于许多其他哲学问题也是很基本的，包括人格同一性、自由意志、道德责任等。所有这些问题在后面的章节都有讨论。也许你关于身心本性问题的结论将影响你关于其他这些问题的看法，也可能你关于人格同一性、自由意志、道德责任等问题的看法会让你得出新的关于身心和意识本性的结论。

阅读部分

第六个沉思

勒内·笛卡尔

在第三章中，我们审视了笛卡尔的第一个沉思和第二个沉思，在其中，笛卡尔试图反驳怀疑主义，尝试发现真理的不容置疑的基础。下面的片段来自第六沉思也就是最后一个沉思，笛卡尔找到了可靠的知识的外延系统，他对此十分满意。现在，他转而关注心灵和躯体的本性及其联系，在此他提出了其经典的身心交互论。

19. 首先我看出，心灵和身体有很大差别，这个差别在于，就其性质来说，身体通常是可分的，而心灵完全是不可分的。因为事实上，当我考虑我的心灵，也就是说，作为仅仅是一个在思维的东西的我自己时，我在心灵里分不出什么部分来，我把我自己领会为一个单一、完整的东西，而且尽管整个心灵似乎和整个身体结合在一起，可是当一只脚或者一只胳膊或别的什么部分从我的身体截去的时候，我意识到没有什么从我的心灵上截去。意愿、感知、想象等功能真正来说也不能是心灵的一些部分，因为心灵是全部用于意愿、感知、想象等的。可是身体的或者有广延的东西就完全相反；因为凡是身体的或者有广延的东西，无论多小，没有一个是我不能很容易用我的思维分成很多部分的，从而没有一个是我认为不可分的。如果我还没有在其他方面知道，那么这一点就足以告诉我，人的心灵或灵魂和肉体是完全不同的。

20. 其次我还看出，心灵并不直接接受来自身体各个部分的印象，它仅仅从大脑或者甚至大脑的一小部分接受印象，即所说的“共同感官”，每当这一部分以相同的方式受到影响时，就在心灵里引起同样的知觉，虽然这时候身体的其他部分有其他不同的活动，就像无数的实验所证明的那样，这些实验在这里就用不着去说了。

21. 此外我还看出，身体的本性是，它的任何一个部分都能被其稍微隔开的部分推动，同样也能被两部分之间的任何一部分推动，尽管这个离得最远的部分根本不动。举例来说，在一条完全拉紧的绳子上有A、B、C、D四个部分，如果拉动最后一部分D，那么第一部分A就动起来，它动的方式和拉动中间的B部分或者C部分而最后一部分D保持不动时的情况一样。同样，当我感觉到脚疼的时候，物理学告诉我，这个感觉是通过分布在脚上的神经传来的，这些神经就像绳子一样从脚上一直到大脑，当它们在脚上被拉动的时候，同时也拉动了大脑里这些神经的起点，并且使那里的部分活跃起来，引起天生赋予的某种运动从而在心灵中引起疼的感觉，就好像疼是在脚上似的；但是，因为这些神经要从脚上通到大脑，就一定要经过胫骨、腿、腰部、背部和颈部，所以也有这样的可能，即虽然它们在脚上的末端并没有被影响，而仅仅影响它们经过腰部或颈部的某些部分，也会在大脑里引起同样的运动，就和脚上受伤引起的运动一样，然后心灵也将必然觉得脚上疼，就好像脚受伤了似的。我们感官的其他知觉，情况也是这样。

22. 最后我看出，既然直接影响心灵的大脑部分的运动，每一个只能引起心灵的一个感觉，那么在这种情况下，最有可能的假设是，在它能够对心灵产生印象的一切感觉之间，这个运动使心灵感到对于维持人体健康最合适、通常最有用的那个感觉。经验使我们认识到，自然给我们的一切感觉就像我刚才说的那样，因而在这些感觉里表现出来的无非都显示了上帝的能力和仁善。因此，例如，当脚上的神经比平时更强烈地动起来的时候，这些神经的运动经过脊椎的骨髓一直到大脑，在大脑那里给心灵一种信号，使它经历一种感觉，比如疼，好像在脚上，这样心灵就被告知并刺激尽最大可能离开对脚造成危险和伤害的东西。不错，上帝可以把人的本性构造成这样的，即同样是这个运动，它在大脑里使心灵感觉到完全不同的东西，举例来说，这个运动可能使心灵感觉到，也许它是在大脑里，也许它是在脚上，也许它是在脚和大脑之间的别的什么地方，也许心灵的感觉来自别的东西，不过所有这些都比不上它使心灵感觉到有助于保存身体。同样，当我们需要喝水的时候，喉咙里就会发干，这就会导致它的神经运动，用神经运动传到大脑里的一些部分，使心灵有渴的感觉，因为在这种情况下，没有什么比知道我们需要喝水来保存我们的健康更有用的了。其他情况也一样。

23. 从以上这些就可以明显地看出，尽管有上帝的至善，人的本性，就人是由心灵和身体构成的来说，有时是骗人的。因为如果有什么原因不是在脚上，而是从脚一直延伸到大脑神经的某一个部分上，或者甚至在大脑里，引起的运动通常和脚不舒服时所引起的运动相同，那么人们将感觉到疼，就和疼是在脚上一模一样，感官就自然地要受骗了；因为既然大脑里的同样的运动只能在心灵上引起同样的感觉，而这个感觉由脚受伤的一个原因所刺激的情况比其他原因所刺激的情况多得多，那么这个运动就把脚疼而不是身体别的部分疼带给心灵，这样是很合理的。而且有时候喉咙发干不是像平常那样总是由于喝水对于身体的健康是必要的原因，而是由于什么完全相反的原因，就像水肿病人所遭遇的那种情况，即使是这样，这种运动在这种情况下骗人也总比相反地当身体没有不舒服时骗人要好得多。其他情况也一样。

24. 当然，这个考虑不仅在认识到我的本性可能犯的各种错误上对我有好处，同时在更容易避免错误或者改正错误上对我也有好处。因为，知道了在对于我的身体有好处方面，我的各个感官告诉我的多半是真的而不是假的，它们差不多总是用它们之中的几个来检查同样的东西，而且，除此之外，它们还能利用我的记忆把当前的一些认识连接到过去的一些认识上去，并且还能利用我的理智，因为我的理智已经发现了我的各种错误的一切原因，那么从今以后我就不必害怕我的感官最经常告诉我的那些东西是假的了。而且我应该把我这几天的一切怀疑都抛弃掉，把它们都当作言过其实、荒谬的东西，特别是把有关我过去不能把睡着和醒着分别开来的那种非常普遍的不确定的态度抛弃掉，因为我现在在这两种状态上看出一种非常显著的区别，这个区别在于，我们的记忆决不能像它习惯于把我们醒着时所遇到的那些事情连接起来那样，把我们的各种梦互相连接起来，把它们跟我们的生活轨迹连接起来。而且事实上，假如有人在我醒着时突然出现在我面前，又突然消失不见，就像我在睡着时所见到的影像那样，使我看不出他是从什么地方来的，也看不出他是到什么地方去了，那么我会毫无原因地把他看成在我大脑里形成的一个一个幽灵或幻影，而不会把他看成一个真人，这也并不是没有道理的。可是，当我知觉到一些东西，我清清楚楚地认识到它们是从什么地方来的，它们在什么地方，它们出现在我面前的时间，并且我能把我对它们产生的感觉毫无间断地同我生活的其余部分连接起来，那么我就完全可以肯定，我是在醒着的时候而不是睡着的时候知觉到它们。而且，如果在唤起我所有的感官、我的记忆和我的理智去检查这些东西之后，这些官能之中的任何一个告诉我的都没有任何东西跟其余的那些官能所告诉我的不一致，那么我就决不应该怀疑这些东西的真实性。因为，从上帝不是骗子这件事得出来的必然结果是，我在这上面没有受骗。然而，由于行动的必然性经常迫使我们在我们有时间在这些事情上加以非常仔细的检查之前去决定，那么就必须承认，人生是有可能经常在个别的事情上犯错误的；并且最后，必须承认我们的本性存在着弱点。

我在哪儿？

丹尼尔・丹尼特

丹尼尔・丹尼特（Daniel Dennett）出生于1942年，是美国当代有影响力的哲学家，其以心灵哲学与认知科学的著作广为人知。他执教于塔夫茨大学，任奥斯汀・B. 弗莱彻（Austin B. Fletcher）教席哲学教授和认知研究中心负责人。他的著述颇丰，包括《活动余地：值得向往的自由意志之种种》（*Elbow Room: The Varieties of Free Will Worth Wanting*, Cambridge, Mass.: MIT Press,1984）；《意向立场》（*The Intentional Stance*, Cambridge, MA: MIT Press, 1989）；《意识的解释》（*Consciousness Explained*, Back Bay Books, 1991）；《达尔文的危险观念》（*Darwin's Dangerous Idea*, New York: Simon & Schuster, 1995）；《心灵种种：对意识的探索》（*Kinds of Minds: Towards an Understanding of Consciousness*, Basic Books,1997）《大脑儿童：1984—1996 论文集》（*Brainchildren: Essay on Designing Minds*, Cambridge, Mass.: MIT Press, 1998）；《自由的进化》（*Freedom Evolves*, New York: Viking, 2003）。此外，丹尼特和道格拉斯・霍夫施塔特（Douglas Hofstadter）共同主编的《心灵的我》（*The Mind's I*）收录了诸多论文

和评论，也是一个吸引人的心灵哲学文集；对心灵哲学感兴趣的人会体会到其中对理性和想象力的双重挑战。《我在哪儿？》是一篇愉悦身心的虚构作品，不但给出了对“缸中之脑（brain in the vat）”的怀疑论论证的有趣诠释，而且激发了对功能主义、唯物主义、身心的基本关系、计算机智能问题等的思考。

现在，根据《信息自由法案》，我已经赢了我的诉讼，我第一次自由地揭示在我的生活中的一个小插曲，我想不但只有那些从事心灵哲学研究、人工智能和神经科学的人们感兴趣，大众也会感兴趣。

几年前，五角大楼官员找到我，邀请我志愿加入一个高度危险和秘密的使命。与美国国家航空航天局（National Aeronautics and Space Administration，简称 NASA）和霍华德·休斯合作，国防部花费数十亿美元研制超音速地下隧道设备（Supersonic Tunneling Undergroud Device，简称 STUD）。它是以极快的速度穿过地核，携带特别设计的核弹头“在红色号导弹的发射井里”，如五角大楼的高级官员所说的那样。

问题是，在早期的测试中，他们已经成功地在俄克拉何马州的塔尔萨约 1 英里（约 1.6 千米）深的地下埋入了弹头，他们希望我去找回它们。“为什么是我？”我问。是这样的，任务涉及当前大脑研究的一些开创性的应用，他们听说我在大脑研究方面的兴趣，当然还有我浮士德式的好奇心和极大的勇气等……唉，我怎么能拒绝呢？五角大楼找到我家门口是因为他们遇到了难题，需要我修复的装置具有强烈的放射性，而且是一种新型的放射。根据监测仪器，这种装置的性质与地球深处一种微量物质的复杂的相互作用所产生的辐射，可能会让大脑的某些组织产生严重的异常。目前没有办法保护大脑免受这种致命射线的威胁，但这种辐射明显无害于身体其他组织和器官。因此，五角大楼决定被派去修复该装置的人将把他的大脑留下。五角大楼会确保他的大脑安全地保存，通过精心设计的无线电连接执行正常的控制功能。我该不该做一个外科手术完全摘除我的大脑，而将它放置在休斯敦的载人航天中心的生命支持系统中？因为它被摘除，每个输入和输出通路将由一对微型无线电收发机来恢复，一个精确附着在大脑，另一个附着在空的头盖骨的神经残余中。没有信息会丢失，所有的连接都将被保留。起初我有点不情愿。它真的管用吗？休斯顿脑外科医生鼓励我，“想想吧，”他们说，“只是神经的延伸罢了。如果你的大脑只是在你的头骨中移动 1 英寸（2.54 厘米），并不会改变或损害你的头脑。而我们只是通过拼接无线电路为它们做出神经的无限延伸。”

我被带去参观休斯敦的生命支持实验室，看到将存放我的大脑的崭新的大缸，如果我同意这个方案的话，我的大脑就将放置其中。我会见了庞大而辉煌的支持团队，包括神经科学家、血液科学家、生物物理学家和电气工程师，经过数天讨论和展示，我答应试一试。他们给我做了一堆验血、脑部扫描、实验、访谈等。他们记下了我连篇累牍的自传，记录了单调乏味的清单包括我的信仰、希望、恐惧和口味。他们甚至列出我最喜欢的立体声唱片，还有心理分析环节。

手术的日子终于到来了，我被全身麻醉，完全不记得手术是如何进行的。当麻醉剂的作用过去后，我醒来看了看周围，不可避免地问了那个传统的问题：“我在哪儿？”护士对我笑了。“你在休斯敦，”她说。我琢磨这种回答从某种意义上说是真实的。她递给我一面镜子。果然，有微小的天线竖在那儿，通过他们的钛金属固定在我的头骨上。

“我猜手术很成功，”我说，“我想去看看我的大脑。”他们带我（我当时有点头晕，走不稳）穿过一条长长的走廊，进入生命支持实验室。支持团队的人们聚拢在一起发出一阵欢呼声，我以我所希望的样子回以一个轻松活泼的军礼。我仍然感觉头晕眼花，于是我被扶到生命支持的缸那儿。我透过玻璃张望。在那里，漂浮在看起来像是姜汁汽水的液体里，不可否认的确是一个人类的大脑，虽然它几乎覆盖着各种电路芯片、塑料管、电极和其他设备。“那是我的吗？”我问。“你可以自己试试，按缸侧面的输出开关，”该项目负责人说。我把开关推到“关闭”，我马上跌下去、昏昏沉沉、感到恶心，跌进技术人员的手臂中，其中一人善意地将开关推回到“打开”位置。当我恢复了平衡和冷静，我心想：“好了，我坐在这折叠椅子上，通过一块玻璃盯着我自己的大脑……“但是，等等，”我对自己说，“我不是应该这样想吗，‘我在这里，悬浮在全是泡泡的液体中，被自己的眼睛盯着看’？”我苦思冥想后一种思路。我试图把它投射到缸中，希望将其提供给我的大脑，但是我没能成功。我再次尝试。“我在这里，丹尼尔·丹尼特，悬浮在满是泡泡的液体里，被自己的眼睛盯着看。”不，没有用。真令人费解和困惑。作为坚定的具有物理主义信念的哲学家，我坚定不移地相信我的思想的象征发生在我大脑的某个地方：然而，当我想“我在这里”时，念头出现在我这里，在缸外面，而我，丹尼特，站在外面盯着我的大脑。

我试了又试，想象自己在缸里面，但无济于事。我试图通过做精神练习给自己建立任务。我心想，“太阳在那里”，进行了5次，每次从精神上感觉在不同的地方：例如，阳光普照的实验室的角落，医院前看到的黎明，休斯顿，火星和木星。我发现这毫无难度，只要有个参照物，我的“那里”可以随意跨越任何天体。我可以将“那里”瞬间指向空间的最远处，然后瞄准下一个“那里”，精确指向我的手臂上的一个斑点。为什么“这里”却做不到？“在这里，在休斯敦”已经做得足够好了，“在这里，在实验室”也做得很好，甚至“在这里，这个实验室的这一部分”也很好，但“在这里，在缸里”似乎仅仅是一个毫无意义的精神的装腔作势。我试着闭上眼睛想着它。这似乎有点帮助，但我仍然不能设法把它关闭，除非是一个稍纵即逝的瞬间。我不能确定。意识到我不能肯定，这令我不安。我怎么知道我想到“这里”时，我指的“这里”是哪里？难道我想到一个地方的时候，其实我的意思是指另一个地方？就算有一大波脑科学家、哲学家、物理学家、行为科学家向我解释，我也很难想象这怎么可能，除非一个人和他的精神生活之间全无联系。但在我目前的情况下，似乎要么是我受思维习惯的力量影响，思维错误地指向；或者一个人并不一定就在他大脑所在的地方（因此，他的想法是对语义分析目的的标记），其灵魂有个物理的位置。经过混乱的喋喋不休后，我试图通过退回到一个我最喜欢的哲学家的伎俩来定位自己。我开始给东西命名。

“约里克[①]，”我大声对我的大脑说，“你是我的大脑。我身体的其余部分，在这个椅子上坐着，我叫它‘哈姆雷特’。”所以，我们都在这里；约里克是我的大脑，哈姆雷特是我的身体，我是丹尼特。那么，我在哪儿？当我思考“我在哪儿？”的时候，这个思维从哪儿发

①《哈姆雷特》中的宫廷小丑。在墓园里，掘墓人挖出一个骷髅头，哈姆雷特认出那是宫廷小丑约里克的头。这里，丹尼特只是用这个名字来命名自己的大脑，以区别于躯体的其他部分。——译者注

出？是从我漂在缸里的大脑吗，还是从我的两个耳朵之间的地方？还是其他什么地方？部分的协调并没有什么问题；但它必须在空间上也是一致的吗？我开始把各种可能性列出来。

1. 哈姆雷特在哪儿，丹尼特就在哪儿。面对哲学家喜欢的脑移植思想实验，这一原则很容易被驳倒。如果汤姆和迪克交换大脑，汤姆和迪克先前的躯体在一起，然后问他；迪克会自称是汤姆，并告诉你汤姆的自传中最亲密的细节。这是很清楚的，那么，我目前的躯体和我分道扬镳，但我却不太可能和我的大脑分开。在脑移植手术的思想实验中常用拇指规则[①]，一个人想成为捐赠者，而非受用人。其实称此为躯体移植更为恰当。因此，也许事实是……

2. 约里克在哪儿，丹尼特就在哪儿。尽管这并不是很有说服力。当我如此明显地在缸外看着缸，心里盘算着回到房间来顿午餐，我怎么可能在缸里哪儿也去不了？我意识到这个问题，它似乎暗示着一些重要的事情。从我的直觉得到一些帮助，我想到一个吸引了洛克的墨守成规的说法。

假设，我开始论证，我现在飞到加利福尼亚州，抢劫银行，并被逮捕。在这种状态下，我会受审：在加利福尼亚州抢劫，而大脑在得克萨斯州？我会是一个加利福尼亚州的重犯，而我的大脑却不在加利福尼亚州，或是在得克萨斯州的重犯远程控制其在加利福尼亚州的帮凶？似乎有可能，我可以公开批评这里存在一个不可判定的管辖权问题，这也许会被视为一个州际犯罪，也可能是联邦的。不管怎样，假设我被定罪，是不是有如下可能，加利福尼亚州把哈姆雷特关入禁闭室，却明知约里克在得克萨斯州过着美好的生活，待在昂贵的水溶液里？或者得克萨斯州关押约里克，却让哈姆雷特免费乘坐下一班船去里约热内卢？这种可能性对我很有吸引力。除非死刑或其他残忍和不寻常的惩罚，否则国家将不得不维持约里克的生命支持系统，尽管他们可能把他从休斯敦弄到莱文沃思，但完全没有羞辱或者任何不愉快，对我而言，我并不会介意，我会认为自己仍是个自由人。如果国家有兴趣强行迁移机构中的人员，它不可能通过放置约里克来重新安置我。如果这是真的，那么就有了第三种选择。

3. 丹尼特认为自己在哪儿，他就在哪儿。大体可以表述如下：在任何给定时间，一个人有自己的视角，视角所在之处即是这个人所在之处，这取决于其视角的具体内容。

这样的命题也带来一些困惑，但对我来说似乎方向正确。唯一的麻烦是，自己所以为的位置不可能绝对正确，却又似乎将人置于“正面我赢，反面你输”[②]的情形。我们总是确切知道自己在哪儿吗，是不是有时候也会不确定？难道不会迷路吗？当然，地理上的迷路并不是唯一一种迷路的方式。如果一个人在树林里迷路，他可能试图通过至少知道自己在哪儿来安慰自己：那就是自己在自己的躯体里，周遭是自己熟悉的环境。也许，在这种情况下，人并不会特别关注自己的躯体。不过，我们可以想象更糟糕的困境，我不知道我是不是正在这样的困境中。

---

① 拇指规则（rule of thumb），中文又译为“大拇指规则”，又叫“经验法则”，是一种可用于许多情况的简单的、经验性的、探索性的但不是很准确的原则。——译者注

② 原文为“heads I win，tails you lose”。（扔硬币时，如果是硬币的）正面我赢，反面你输。一种狡黠的说法，意为我赢定了。——译者注

视角显然与个人的位置相关，它本身是个不明确的概念。很明显，一个视角的内容并不完全由一个人的信仰或思想的内容来确定。例如，观看宽银幕立体电影时，观众在他的座位上感受过山车时的尖叫和曲折变幻的镜头，精神恍惚，这时我们怎么看待他的视角？他已经忘了自己其实是在安全的电影院里坐着？在这里，我倾向于认为，这个人正经历着一个虚幻的视角。而在其他情况下，这种虚幻的转变也许并不是那么强。实验室和工厂的工人在处理危险材料时，通过控制机械手臂来操作，机器会给予工人反馈，帮助他们操作，这比宽银幕立体电影带来的体验更为清晰和明显。他们能感受到他们通过自己的金属手指所操纵的容器的分量和光滑度。他们非常清楚地知道他们在哪里，而不会被感觉经验所愚弄，就像从独立的隔间里窥视一样。通过精神的力量，他们可以自如地控制自己的视角，就像显而易见的纳克方块[①]或者是埃舍尔[②]的令人迷惑的图画。很难想象在这些费脑筋的事情上面，他们还能自如地放置自己。

他们的例子给了我希望。如果我实际上就是在缸中，尽管这是我直觉到的，我可能训练自己采纳这种视角，即使只是作为一种习惯。我应该总是想着我自己舒服地漂浮在缸中的样子，而将意志投向缸外的躯体。我发现这个任务的难易程度与大脑的真实位置并无关系。假使在手术之前就这么练习，我现在可能会觉得这是第二本能。你可以自己尝试一下错视画法的绘画。试想，你写了一封具有煽动性的信件，刊登在《时代周刊》，结果政府选择了尝试把你的大脑扣押在马里兰州贝塞斯达危险大脑诊所三年。当然，你的身体可以自由地赚取薪水，从而继续它被征税的功能。此刻，你的身体在礼堂里听丹尼尔·丹尼特讲述他类似的经验。尝试一下。想想你自己在贝塞斯达，渴望回到你的躯体，很远，却又似乎那么近。这仅是远距离监禁（你的？或是政府的？），你可以控制你的冲动，让躯体礼貌地鼓掌喝彩，在休息室来杯雪利酒。这个想象的任务肯定是困难的，但如果你做得到，那么可能会得到安慰。

不管怎样，我在休斯敦，有人可能说我陷入了沉思，但时间不长。我的想象很快被休斯敦的医生打断，他要在我被派去执行危险任务前测试我的新的人工神经系统。如我前面所说，我起先有点晕眩，这并不奇怪，我很快就习惯了（毕竟，这几乎与我以前的情况没有什么区别）。我的容器并不完美，我仍然被一些小的协调性问题困扰。光的速度很快，但是有限的，随着我的大脑和身体离得越来越远，由于时间的滞后，我那精妙的反馈互动系统陷入了混乱。正如由于一个人说话声音的延迟或听到回声而无法说出话来，当我的大脑和我的身体相距十万八千里的时候，我几乎无法通过我的眼睛跟踪移动的物体。在大多数情况下，我的损伤几乎无法发觉，尽管我再也不能轻松地打出曲线球。当然也有一些补偿。酒的味道和以前一样好，温暖我的食道而腐蚀我的肝，我现在爱喝多少就喝多少，怎么也不会醉，我的一些亲密的朋友可能已经注意到了（虽然我偶尔也假装醉了，以免别人注意到我

① 纳克方块（Necker Cube）是一个视错觉。它是一种模棱两可的线条画，以等大透视的角度绘画一个立方体，即平行的边在图中会画成等长的平行线。因为线的相交，图画没有提示这个立方体是在前还是在后，向上还是向下。当人凝神望着它时，可以发现它能转换方向。——译者注

② 埃舍尔（M. C. Escher），荷兰图形艺术家。利用人的视觉错误，让他的作品在三维空间里游戏。以非常精巧考究的细节写实手法，生动地表达出各种荒谬的结果。他的许多作品都表现悖论、幻觉和双重意义，将“不可能世界”立体地呈现在人们面前。——译者注

的异常）。同样的，我手腕扭伤后会口服阿司匹林，但是如果疼痛持续，我就让休斯顿给我的躯体来点可待因[①]。在我患病的时候，我的通讯费会很惊人。

回到我的冒险。终于，医生和我都感到满意，我准备去执行去地下的使命。我离开了我在休斯顿的大脑，乘直升机去塔尔萨。无论何时何地，情况总是那样，好像我的躯体还在我的脑袋下面。在旅行途中，我对原先的焦虑有更多的研究和发现，手术后的第一次揣测略带恐慌。事情并非我想象的那样陌生或形而上学。我在哪里？很清楚在两个地方：缸里面和缸外面。正如人们可以一只脚站在康涅狄格州而另一只脚在罗德岛。我同时在两个地方。我已经成为一个我们曾经听说过的分散的个体。我越考虑这个答案，越觉得就是这么回事。不过，说来也怪，它越像是真的，它的真实性似乎就越不那么重要。哲学问题总是遭遇这样悲惨的命运。当然，这样的答案并不能令我满意。还有一些问题萦绕着我，我希望能够得出答案，这不是"我的各部分散落何处？"或者"我现在的视角是什么？"的问题。或者看上去像是这些问题。的确，不可否认，从某种意义上看，我和不仅仅是大部分的我穿越在塔尔萨的地下寻找核弹头。

当我发现弹头，我肯定很高兴我没有把我的大脑带来，（由于放射过强）我带来的特制的盖革计数器的指针已经不能正常显示。我用我的普通收音机联系休斯顿，向控制中心报告我的位置和进展。休斯顿回复我，告诉我在现场如何拆卸那个装置。我拿了割炬着手拆卸，可怕的事情突然发生了。我完全聋了。起初我以为只是我的无线耳机坏了，但是当我拍了拍我的头盔，我什么也没听到。显然，听觉收发器发生故障了。我再也不能听到来自休斯顿或是我自己的声音，但我还能说话，所以我就开始告诉他们发生了什么事。还没说完，我就发现，不只是听觉收发器坏了，我的发声装置也瘫痪了。然后，我的右手无力地瘫下去，又一个收发器坏了。我真正遇到大麻烦了。但更糟糕的还在后面。又过了几分钟，我就瞎了。我诅咒我的霉运，然后诅咒把我带入这个危险境地的科学家。现在的我又聋又哑又瞎，还在塔尔萨1英里多深的充满放射性的地下的洞里。然后，连接我大脑的最后的无线电路中断了，我突然面临着一个新的、更令人吃惊的问题：一瞬之前，我一直被活埋在俄克拉何马州，然而现在我却在休斯顿，脱离了我的驱壳。我并没有立即意识到我的新状态。我焦虑了好几分钟，才恍然大悟，我可怜的躯体不是躺在几百英里之外吗，心脏仍然在跳动，肺还在呼吸，但是躯体却像任何一个心脏移植捐献者一样死亡了，头骨里挤满了没用的、破碎的电子齿轮。曾经我认为不可能的视角上的转变自然而然地发生了。我能想象自己回到我在塔尔萨地下的躯体，需要花一些努力来维持幻象。可以肯定的是，假设我仍然在俄克拉何马完全是幻象。我已经失去了与躯体的所有联系。

带着我们应该会怀疑的涌动的真相，我突然发现，基于物理主义者原则和前提的灵魂的非物质性的完美呈现。当塔尔萨和休斯顿之间的无线电信号消失，我并没有以光速将我所处的位置从塔尔萨切换到休斯顿？在完成这一切时并没有质量的增加？如此之快地从A移动到B的显然就是我自己，无论如何至少是我的灵魂或者心灵——我的"存在"的无质量的中心和我意识的家园。我的视角有所滞后，但我已经注意到受个人位置影响的间接视角。我不知道物理主义哲学家如何

① 可待因（codeine）自鸦片中提取的碱质，用以镇痛、镇咳、催眠等。——译者注

辩解，除非他们采用极端的和反常的方式驱逐所有这样的人。然而，关于人的概念是如此根深蒂固地存在于每个人的世界观中，或者说在我看来也是如此，任何否认都会令人觉得奇怪和无法信服，因为整个系统言不由衷，就像笛卡尔否定说，“我不在”①。

哲学发现的快乐让我顺利地度过了糟糕的无助与无望的最初几分钟或者几小时，但接下来，我的险恶处境变得越来越明显。恐慌一阵一阵袭来，恶心席卷着我，不是正常依赖躯体的现象，这显得更加可怕。怀中没有肾上腺素的兴奋，没有律动的心脏，没有流涎的征兆。我感觉到在恐惧中下沉，似乎达到一个点，这让我暂时得到虚假的希望，以为我在经历困境的逆转——逐渐合体。但是，那刺痛的分离和独特性很快让我相信，这只是虚幻的躯体幽灵的第一次折磨，任何一个被截肢者都必饱受此苦。

我心绪混乱。一方面，我的哲学发现令我欢欣雀跃，兴奋感充斥着我的大脑（我仍然可以做的少数熟悉的事情之一），我试图弄清楚如何将我的新发现告诉那些学术期刊；而另一方面，我痛苦、寂寞，内心充满了恐惧和不确定性。幸运的是，这并没有持续多久，因为我的技术支持团队令我酣然入睡，一觉无梦，醒来的时候听到的是我熟悉的最喜爱的勃拉姆斯钢琴三重奏，华丽的高保真释放了我的压力。难怪他们要记录我所喜欢的音乐的列表！没过多久，我就意识到，我并不是通过耳朵听到音乐的。立体声的输出通过奇特的整流电路直接进入我的听觉神经。我是被注入了勃拉姆斯，这真是一个乐迷难忘的经历。在音乐结束后，我毫不惊讶地听到项目负责人的声音，他对着麦克风说话安慰我，这时候是我的义耳听见他的声音。他证实了我的分析，告诉我的确出了点故障，并向我保证，他们正在帮我还原。他没有详细说明，又听了些音乐后，我发现自己又开始昏昏欲睡。后来我才知道，一年的大部分时间，我都在持续的睡眠中，当我醒来的时候，发现自己已经完全恢复了感觉。不过，当我看着镜子，我有点吃惊地看到一张陌生的脸。长了胡子，有点增重，和我以前的脸一样无疑是具有家族特性的，并有相同的聪明长相和刚毅性格，但却绝对是另一张脸。经过进一步的仔细观察，我对自己的熟悉程度毫无疑问地告诉我，这是一个新的躯体，而项目负责人证实了我的结论。他并没有在我的新躯体上增加什么信息，采用的就是我原有的记录，我（明智地回顾了一下）决定不再打探。正如许多不了解我的经历的哲学家所推测的，新的躯体并没有影响人的完整性。经过一段时间的适应，我逐渐习惯了新的声音、新的肌肉力量和肌无力等，一个人的性格也大体上被保持了下来。在进行了整形外科手术的人群中，我们更容易看到人格的戏剧性变化，更不用说进行了变性手术的人群，我认为没有人能够与这类人群的生存相比。不管怎样，我很快就适应了我的新身体，对于我的意识和记忆而言，这个身体总归是新鲜的。我很快熟悉了自己在镜中的影像。镜子中的我依然有天线，我并不感到惊讶，我的大脑还安全地待在生命支持实验室里。

我决定好好拜访一下约里克。我们不妨将我的新躯体称作福丁布拉斯②，我和我的新躯体来到熟悉的实验室，技术人员们又是一轮的掌声，当然是祝贺他们

① 原文为拉丁文“*non sum*”，英文意思为“I am not”。——译者注

②《哈姆雷特》中的人物之一，挪威王子，与哈姆雷特对应的一个角色。——译者注

自己，而不是我。我再一次站在我的缸中大脑前注视着约里克，心血来潮地再次关闭输出开关。想象着我的惊讶，但是并没有什么不同寻常的事情发生。没有昏厥，没有恶心，没有什么明显变化。技术人员急忙重新打开开关，但是我仍然没有什么感觉。我要求项目负责人对此做出解释。看来他们在我出发前的手术之前，就用计算机备份了我的大脑，利用一个巨大的计算机程序复制了我大脑的完整的信息处理结构和运算速度。手术之后，在他们把我送到俄克拉何马之前，他们就运行了这套计算机系统，让它和约里克同时工作。哈姆雷特传输回来的信息同时被交给约里克的收发器和输入计算机。而约里克输出的信息则不仅仅传输给哈姆雷特即我的躯体，同时也被计算机程序记录下来进行检查。我并不明白他们为什么这么做，下面我们把计算机称作休伯特。数天甚至数周过去了，输出都是相同的和同步的，当然并不能证明他们成功复制了大脑的功能结构，不过这个实证的支持是极大的鼓舞。

休伯特的输入和活动，在我的大脑和躯体分离的日子里一直和约里克的活动并行着。现在，为了证明这一点，他们实际上已经抛开主开关，让休伯特联机控制我的躯体——当然不是哈姆雷特，而是福丁布拉斯。(我知道，哈姆雷特从来没有从地下墓穴中回来，这时可能已经基本上化为尘土。在我的坟前仍然躺着宏伟的大堆废弃设备，STUD几个大字依然印在其上——下一个世纪的考古学家肯定会充满好奇地研究他们祖先的葬礼。)

现在，实验室技术人员向我展示了总开关，它有两个位置，一个标记为B也就是大脑(他们不知道我的大脑的名字叫约里克)，一个标记为H也就是休伯特。该开关目前指向H，他们向我解释说，如果我愿意，我可以切换回B。我很激动(我的大脑还在缸中)，我切换了开关。什么都没发生。只是按了一下，仅此而已。为了测试他们的说法，控制开关现在指向B，我将约里克的输出传输接通到缸中，我开始晕厥。一旦输出开关切换，我就恢复了我的心智，可以这么说，我继续玩主开关，来回切换。我发现，除了切换的一瞬，我没有感觉出任何差别。我可以在说话当中切换，约里克为主控制时说出的句子和休伯特接着说完的完全连贯，没有中断。我有一个备用的大脑，模拟大脑装置可能有一天会很有用处，但是这对约里克而言并不一定是什么好消息。或者可以说，我可以使用休伯特作为主控，而将约里克作为备用。无论哪个作为主控，并没有什么区别，我躯体的衣着、伤疤、疲劳对于大脑都没有什么破坏性影响，它是否实际上在控制我身体的移动也无所谓，或者它仅仅是向空气中输出一些泡影。

这种新开发的未来真正令人不安，不只是发生在我身上的这些，而是任何被分离的人的备用部分——像休伯特或者约里克这样——和福丁布拉斯或者另外的躯体结合——可能是强尼后来变成罗森克兰茨或吉尔登斯特恩[①]。然后，(如果不是之前的躯体)将会有两个人，这点显而易见。一个是我，另一个是某种超同胞兄弟。如果有两个躯体，一个由休伯特控制，另一个由约里克控制，那么哪个才是大家认识的真正的丹尼特？无论世界如何选择，哪一个才是我？我是用约里克大脑的那个吗，因为约里克首先和丹尼特的躯体哈姆雷特建立了亲密联系？这似乎有点死抠法律条文的意味，有点太过浓烈的血缘和法律上的所有权的恣

① 二者是丹麦的朝臣，王子哈姆雷特的亲密伙伴，奉命监视哈姆雷特的一举一动。——译者注

意，不具备形而上学层面的说服力。假设第二躯体到来之前，我多年将约里克作为备用，并总是让休伯特的输出控制着我的身体——也就是福丁布拉斯。休伯特－福丁布拉组合似乎就拥有某种占有权（这与另一法律直觉相悖），似乎它们就是真正的丹尼特，在法律上拥有丹尼特所拥有的一切权利。当然，这是个有趣的问题，但还有更加令我纠结的问题。我强烈地直觉到，只要我的大脑－躯体组合完整存在，我就可能永远活下去，但是我应该以这种方式活着吗？我因此百感交集。

我与技术人员和项目负责人讨论我的担忧。我不喜欢有两个丹尼特的未来。我解释说，这主要是出于社会原因。我并不想成为自己的对手分享我妻子的爱，也不喜欢两个丹尼特分享我微薄的教授薪水。还有更加令我不舒服和反感的情况，那就是知道有另一个人和我一样。我们怎么面对对方？实验室的同事们认为，我忽略了此事好的一面。不是有很多我想做的事情，因为只有我一个人，却一直无法做到吗？那么现在，一个丹尼特可以当教授和照顾家庭；另一个可以过旅行和冒险的生活而不用担心家里的事，因为知道还有一个丹尼特会照顾好家里。我可以同时忠贞和不忠。我甚至可以给自己戴绿帽子——更别说我同事们苍白的想象力难以想象我身上发生的事情。我在俄克拉何马州的磨难（抑或是休斯敦？）让我不再那么冒险，我避开了这个机会（尽管当然我一直不太确定我有这样的机会）。

还有一个更令人不快的前景：备用的休伯特或约里克都可能会从福丁布拉斯分离，而得不到任何输入。还有一种情况下，会有两个丹尼特，或至少有两个丹尼特声称拥有我的名字和财产，一个是在福丁布拉斯躯体里，另一个甚至没有躯体。无论是从自私的还是利他的角度出发，我都应该采取措施防止这种情况的发生。所以我询问相关措施，以确保没有人能够篡改与收发器的连接，或在没有我的（我们的？不，我的）知情和同意的情况下切换总开关。我并不想待在休斯敦的装置中度过一生，我们都认为实验室里的电子连接必须被小心地锁定。无论那些控制约里克的生命保障系统还是为休伯特提供电力供应的设备都必须有可靠的看守，我将拿着唯一的总开关，配备无线电遥控，随时随地随身带着。无论我去哪儿都把它戴在腰间——等一等，它还在。每隔几个月，我切换频道观测我的情形。只有当朋友们在场的时候我才这么做，以确保如果其他频道发生阻断如死亡或以其他方式被占有的话，如果我无法操控开关的话，有关心我的人切换总开关，把我从虚空带回来。因为开关两头的情况并没有刻意的标记，我并不真正清楚我是在从休伯特切换到约里克或是相反。（你们有些人可能会认为在这种情况下我的确不知道我是谁，更别说我在哪里。但是这种情况并不会削弱我作为丹尼特的本质，从我自身来看我，还是丹尼特。如果我的确不知道我是谁，那么关于另一个我的哲学真相就极其重要。）

迄今为止，每次我切换开关的时候，什么都没有发生。所以就让我们试试吧……

“感谢上帝！我原以为你不会动那个开关！”你无法想象过去的两个星期多么可怕——不过你现在知道了，轮到你去炼狱了。我是多么渴望这一刻！你看，大约两个星期前——对不起，女士们，先生们，但我必须解释我的……嗯，兄弟，我想你可以说，但他只是告诉你们事实，你会明白的——大约两个星期前，我们两个漂移的大脑有点儿不同步。像你们一样，我也不知道现在我的大脑是休伯特还是约里克，但无论如何，两个大脑不在一起，当然，一旦这个过程开始，就如滚雪球，对于我们同时接受的输入，我有稍微不同的接受状态，这种差别很快就会被放大。我在控制我的躯体——我们的躯体——的幻象在任何时候都没有完全消失。我什么都做不了，没有办法告诉你。你甚至不知道我存在！就像被放在笼子里带在身边，或者就说是随身带着吧——听到我自己的声音说出我并不想说出的话，看到我自己的手完成我并没有意图完成的动作。你挠到我的痒处了，但是并非我会有的感觉，你辗转反侧让我无法入睡。我已经完全筋疲力尽，接近精神崩溃的边缘，无奈地被你的各种活动疯狂左右，我还在，因为知道有一天你会切换开关。

“现在轮到你了，但至少你安心地知道，我知道你就在那儿。”像一个准妈妈，我在吃——或者在品尝、细嗅、观看——为了两个人吃，我会试着让你轻松些。不要担心。正如一旦这个讨论会结束，你和我会飞到休斯敦，我们一起看看能不能为我们其中一个另找一个躯体。你会有一个女性的躯体，你喜欢什么肤色就什么肤色。但是我们考虑一下。我告诉你——公平地说，如果我们都希望要现在这个躯体，我保证会让项目总监以抛硬币的方式来决定，我们谁保留现在的躯体，谁选择一个新的躯体。这样才公平，不是吗？在任何情况下，我都会照顾你的，我保证。这些人都可以证明。

“女士们，先生们，我们听到的这次谈话不完全是我准备讲的，但我向你保证，他所说的一切是完全真实的。而现在，如果你不介意的话，我想我——我们——最好坐下来。”

做一只蝙蝠是什么样?

托马斯·内格尔

托马斯·内格尔（Thomas Nagel），纽约大学哲学教授。著有《本然的观点》（*The View from Nowhere*, New York: Oxford University Press，1986），《最后之辞》（*The Last Word*, New York: Oxford University Press，1997），以及许多其他具有影响力的哲学作品。在下面这篇具有煽动性和备受争议的文章中，内格尔论证了“减少”大脑结构的某些意识的目标，尽管我们无法做到，的确我们还没有——也不太可能——弄清楚如何着手这样的尝试。

意识问题令身心问题成为棘手的问题。也许正因为此，现今关于身心问题的讨论很少注意它，或者明显地误解了它。近来还原论者扬扬自得，情绪高涨，对精神现象和精神概念提出好几种可能性分析，试图解释唯物论、心物同一论或还原论。但是，他们所论述的问题是与这种或那种还原论相同的问题，使身心问题成为被忽视了的独特问题，这个问题不同于水—H_2O问题、图灵机—IBM机问题、闪电—放电问题、基因—DNA问题或橡树—碳氢化合物问题。

每一个还原论者都钟爱根据现代科学做出的类比。这些不相干的成功还原的例子都不可能说明心与脑的关系。但是哲学家有普通人的弱点，他们总想用人们所熟知的东西来解释人们所无法理解的东西，尽管二者是完全不同的东西。因为这些解释允许熟悉的还原，这导致人们会接受对精神的各种并不可信的解释。我想要说明，为什么常用的例子不能帮助我们理解身心之间的关系，为什么实际上我们现在还不知道对精神现象的物理本质能做怎样的解释。没有意识问题，身心问题也就没那么有趣。而有了意识问题，身心问题似乎就没有解决的希望。我们对有意识的精神现象的最重要、最典型的特征缺乏了解。大多数还原论理论甚至不想解释它。细致的考察表明，目前现有的还原概念都不适合它。或许可以设计某种新的理论形式来解决这个问题，但是，这样的解决办法如果存在的话，也只能存在于遥远的理解力发达的未来。

有意识的经验是一种普遍存在的现象。它出现在动物生活的许多方面，虽然我们不能肯定它是否存在于更简单的有机体身上，而且很难从总体上说有什么能够证明这点。（有些极端论者甚至准备否认人以外的哺乳动物具有意识。）它无疑会以各种我们完全无法想象的方式出现在宇宙其他星系的其他行星上。但是，不管形式如何变化，一个有机体只要具有有意识的经验，这个事实就意味着，从根本上说，存在作为那个有机体是什么样的经验。它也许还蕴含着这个经验的形式，甚至也许（虽然我抱有怀疑）还蕴含着该有机体的行为。不过从根本上说，当且仅当一个有机体具有作为那个有机体是什么样（对于那个有机体来说是什么样）的经验时，它才具有有意识的精神状态。

我们可以把这叫作经验的主观性特征。我们所熟悉的新设计的对精神的还原分析不可能把握它，因为它们在逻辑上全都与它的不在场兼容。不能用任何功能状态或现象状态的方法来分析它，因为它们可以归之于机器人或自动机，它们可以像人一样行动，却不可能具有经验，也许实际上不可能有这样的机器人。也许任何复杂到能像人一样行动的东西都会有经验。但，即使真是如此，仅仅通过对经验的概念分析也无法发现这个事实。同样的，我们也不能用涉及典型的人的行为经验的因果性来分析它。我不否认有意识的精神状态和事件引起行为，也不否认对它们做机能的特征描述的可能性。我只是不认为这类东西穷尽了对它们的分析。任何还原论的方法都必须基于它所要还原的东西的分析。如果分析遗漏了什么东西，就会提出错误的问题。如果对精神现象的分析不能明确地处理它们的主观性，那么以这种分析为基础来为唯物主义辩护就是无用的。因为没有理由认为，一种听上去可信的还原在不打算对意识做出说明的时候能够扩展到把意识包括在内。因此，不了解经验的主观性，我们就无法知道物理主义理论的要求是什么。

虽然对心灵的物理基础的解释必须说明许多事情，但是看来最困难的就是这一点。不可能在还原时排除经验的现象特征，如同在对一个普通的物质进行物理或化学还原时排除它的现象特征一样，即把它们解释成对一个人类观察者的心灵的影响。如果要为物理主义辩护，必须对现象特征本身做出物理的解释。但是，当我们考察它们的主观特征时，似乎不可能得出这样的结论。原因在于，每一个主观现象必然与某一观点相联，而看来无法避免的是，一种客观的物理理论将摒弃这个观点。

首先让我试着更确切地陈述这个争端，而不只是说明主观与客观之间的关系，或自为与自在之间的关系。这有些困难。关于作为一个X会是什样的事实是非常特别的，特别到人们可能怀疑它们的真实性或重要性。为了说明主观性与某个观点之间的联系，为了显示主观特征的重要性，用一个实例也许有助于探讨这个问题，它将清楚地表明主观与客观这两类概念之间的差异。

我假定我们都认为蝙蝠具有经验。毕竟它们是哺乳动物，不用怀疑它们与老鼠、鸽子、鲸鱼相比更具有经验。我选择蝙蝠而不选择黄蜂或比目鱼，是因为如果距离人类的谱系图太远，人们会容易失去对经验存在的信念。蝙蝠与我们的关系虽然比其他那些物种更近，但它呈现的活动范围和感觉器官与我们的大不相同，因而我准备提出的问题显得格外有趣（不过对其他物种当然也可以提出来）。即使没有哲学反思的帮助，任何一个人只要与一只活跃的蝙蝠一起在一个封闭的空间待上一阵子，都会知道遭遇一种全然陌生的生活方式是什么样子。

我已经说过，相信蝙蝠具有经验的实质在于，存在某种“做一只蝙蝠是什么样”的经验。我们知道，大多数蝙蝠（精确地说，小翼手目动物）对外部世界的感知，主要通过声纳，即回声定位功能。它们发出急速的、微妙控制的高频率尖叫，然后测定从音域范围内的物体发出的反射。它们的大脑结构能把向外发出的冲量与随后的回声联系起来，由此获得信息帮助蝙蝠精确地辨别距离、尺寸、形状及质地，可与我们靠目光做出的判断相媲美。但是，蝙蝠的声纳，虽然显然是一种感知的形式，它的作用与我们任何的感官都不一样，没有办法设想它在主观上与我们所能经验或想象的任何东西相似。这似乎使有关“做一只蝙蝠是什么样”概念产生了困难。我们必须考虑是否有方法让我们从我们自己的情况来推断蝙蝠的内心生活，如果没有，还有什么其他方法可以理解它。

我们自身的经验为我们的想象提供基本材料，因此我们想象的范围是有限的。试想某人手臂上有薄翼，因而能够在黄昏和早晨四处飞翔，并用嘴巴捕食昆虫；想象某人视力极差，凭借反射高频率声音信号的机能感知周围世界；想象某人白天躲在阁楼里，双脚倒挂头朝下，但这都无济于事。在我能够想象的范围里（不是很遥远的），它告诉我的无非是，如果我的行为像蝙蝠的行为一样，对我来说会是什么样。但是，这不是我所说的问题。我想知道的是，作为一只蝙蝠对蝙蝠来说会是什么样。然而，如果我尝试这样的想象，我受到自己的心灵资源的限制，现有的资源不足以完成这个任务。我无法通过想象来完成它，无论是在我现有的经验上增加一些想象，还是从现有的经验中逐步减去一些，或者是既增加又减少同时还做些修改，我都无法完成这个任务。

不改变我的基本结构，我的外表或行为可以做到像一只黄蜂或蝙蝠一样，但我的经验却不会同那些动物的经验有丝毫相像。此外，设想我具有蝙蝠的内部神经生理构造，这种设想是否有意义本身是值得怀疑的。即使我能够逐步变成一只蝙蝠，以我现在的构造，我也无法想象如此变形后的将来的我会有怎样的经验。如果我们知道蝙蝠的经验是什么样的，就可能从中获得最好的证据。

因此，如果从我们自己的情况做出推断，这种推断一定是不完全的，哪怕包括作为一只蝙蝠会是什么样的想法。对于它会是什么样，我们只能得出一个纲要式的概念。例如，我们可以根据这种动物的结构和行为把一些普遍的经验类型归之于它。于是我们把蝙蝠的声纳描述为一种立体传递的知觉；我们相信蝙蝠能感觉某种形式的痛苦、恐惧、饥饿和渴望，除了声纳之外，它们还具有其他更为常见的知觉。不过，我们相信，这些经验也各自具有一种特殊的主观性，那是超出我们的想象能力的。而如果宇宙的其他地方存在有意识的生命，很可能其中有些经验是我们现在所有的哪怕最普遍的经验术语都无法描述的。（然而，问题并不仅限于外来的实例，它还存在于一个人与另一个之间。例如，我无法感受一个生来又聋又瞎的人的主观经验，大概他也无法感受我的主观经验。这并不妨碍我们各自相信彼此的经验具有这样的主观特征。）

我们能够相信这样的事实存在，虽然我们无法构想它们的精确性质，如果有人想要否认这一点，他可以想想，当我们考虑“做一只蝙蝠是什么样”的问题时，我们所处的情况与聪明的蝙蝠或火星人一样，也许它们也在考虑做一个人类是什么样的问题。它们的心灵结构可能会令它们无法完成这样的任务，但如果它们得出怀疑的结论，否认作为人类的经验，我们则可以断言它们错了，因为我们知道作为我们是什么样。而且我们知道，虽然包括大量的、复杂的变化，虽然我们不具有恰当地描述它的词汇，但是它的主观特征是非常明确的，而且在某些方面只有用像我们一样的生物的语言才能理解并描述它。事实上，我们不能指望用我们的语言能详细地描述蝙蝠或火星人的现象，但我们不能由此就认为，蝙蝠和火星人具有的经验的丰富性和详细性，将之与我们的经验相比是毫无意义的，可以不予理会。如果有人打算提出某些概念和某种理论以使我们能够思考此类事情，当然不错；但是我们受天性的限制可能永远达不到这样一种理解力。而否认我们决不可能描述或理解的东西的现实性及逻辑意义，是一种认知失调。

这使我们触及一个需要做更多讨论的话题：事实与概念图式或表述系统之间的关系问题，在这里我不做过多论述。我的关于主观领域所有形式的实在论表明，我相信存在人的概念所无法把握的事实。对于某些事实，人们永远不会拥有表述或理解它们所必需的概念，人们这样想是理所当然的。事实上，由于人类期望的有限性，对此表示怀疑是愚蠢的。说到底，即使在康托尔发现超穷数理论之前，黑死病就夺去了无数人的生命，超穷数仍然存在。但是人们也可以认为，即使人类永远存在，有些事实也决不可能被人类所表述和理解——只是因为我们的构造不允许我们运用必需的一些概念。其他的存在物可能观察到这种不可能性，不过我们并不清楚这种东西是否存在，假设存在人类不可能知晓的事实的前提是很重要的。（说到底，能够接近人类无法接近的事实的存在物，它们本身大概也是一个人类无法接近的事实。）因此，思考作为一只蝙蝠会是什么样似乎使我们得出这样的结论：有些事实并不存在于可用人类语言表达的真实性中。我们可能无法陈述或理解这些事实，却不得不承认它们的存在。

不过，我不打算继续讨论这个问题。它与我们面临的问题（即身心关系问题）的关联在于，它使我们能够对经验的主观性做一个总的评述。不管作为一个人，或一只蝙蝠，或一个火星人是什么样的事实状态，这些事实都体现了一种观点。我不在这里评论所谓的经验对于其拥有者的私密性。我所说的观点并不是只有个别个体会有的。而是相反，它是一个类。人们可能经常采取某种并非自己的观点，因此对这种事实的理解并不限于某人自己的情况。在某种意义上，现象学的事实是完全客观的：一个人可以知道或说出另一个人的经验是什么样。不过，在下面的意义上，它们是主观的，尽管有可能做出对经验的客观描述，但也只有某些与描述对象足够相似因而能够采取其观点的人可以说，他既能以第三人称也能以第一人称理解该描述。其他人的经验与某人自己的经验越是不同，成功的机会就越小。就我们自己的情况而言，我们占有适宜的观察位置，但是如果我们从另一个角度看待我们自己的经验，就会像我们试图理解完全不同的物种的经验一样困难。[①]

这与身心问题直接相关。因为如果经验的事实——关于经验着的有机体是什么样的事实——只有从一种观点才可获得，经验的真正特性如何可能表现在有机体的物理动作中就是一个谜。后者是一个杰出的客观事实的领域，可以由具有不同的感知系统的个体从多个角度进行观察和理解。人类科学家要获得关于蝙蝠的神经生理学知识存在一些想象上的障碍，而聪明的蝙蝠或火星人对人类大脑的了解则不一样，也许甚至超过我们自己可能达到的程度。

这本身并不是一个反对还原论的论据。一位不理解视觉的火星科学家可能理解作为物理现象的彩虹、闪电或阴云，虽然他决不可能理解人类关于彩虹、闪电和阴云的概念，或这些东西在我们的现象世界所占有的位置。他能够理解由这些概念所澄清的事物的客观性，因为，虽然概念本身与某种特定的观点和特定的视觉现象连在一起，从这样的观点理解的事物却不是这样：它们可以从那个观点被理解，但却是外在于它的。因此同一个有机体或其他的有机体也能从其他的观点理解它们。闪电具有一种客观性，不是它呈现的视觉现象所能穷尽的，一个没有视觉的火星人可以研究它的客观性。精确地说，它具有一种比它呈现的视觉现象所表现的更多的客观性。说到从主观的特征描述转到客观的特征描述，我希望对目标的存在、对事物的完全客观的内在性质保持一种不确定的态度，人们可能达到也可能无法达到对这些性质的理解。把客观性看作人的理解可能前进的方向也许更准确些。而在理解像闪电这样的现象时，最好尽可能地远离狭隘的人类观点。

就经验而论，从另一方面看，与某个特定观点的联系似乎更密切一些。离开主体看待某一经验的观点和谈论该经验的客观性是让人难以理解的。说到底，如果离开蝙蝠的观点谈论作为蝙蝠是什么样还有什么意义？但是，如果经验除了它的主观性外不具备从其他观点看待它的客观性，那么又如何可能设想一个研究我的大脑的火星人能够从一个不同的角度观察本是我的心理过程的物理过程（就像他能够观察闪电的物理过程那样）？而且，这样的话，人类生理学家又如何可能从另一个角度观察它们？

看来我们面临精神物理还原的普遍困难。在其他领域，还原的过程是走向更多的客观性、向着对事物真正性质的更准确观点前进。完成这一步，必须减少我们对个体或人类关于研究对象的特有观点的依赖。我们不采用它在我们的感官投射的印象来描述它，而是采用它更普遍的影响和可用人类感官之外的方法来测定和描述的它的性质。对于人所特有的观点的依赖越少，我们的描述就越客观。之所以这样能行得通，是因为虽然在思考外部世界时，我们所用的概念和观念起初是从我们的知觉器官的角度出发的，但是我们用它们指称超出它们自身的东西，对于它们，我们持有现象学的观点。因此，我们可以放弃它而支持另一个，同时仍在思考同样的事物。

然而，经验本身似乎并不适合这种形式。从表象到真实的观点在这里似乎说不通。为了追求对同一现象的更客观的理解，放弃起初对它们抱有的主观观点，支持另一种更加客观但仍然是有关同一事物的观点，在这里有什么相似之处？当然，超出我们作为人类的独特视角，试图用那些无法想象是什么样的存在物所能理解的方法来描述，而使我们更接近人类经验的真正本质，这看上去是不可能的。如果经验的主观性只

① 此处删减了关于盲人的例子。——译者注

有从一种角度能被完全理解，那么任何向更大的客观性的转变（即较少地依附某种特殊的观点）都不能使我们更靠近现象的真正本质：它使我们更加远离这种本质。

在某种意义上，从成功还原的实例中已经可以看到反驳经验的可还原性的种子；在发现声音实际上是空气中或其他介质中的一种波动现象时，我们放弃了一种观点而采取了另一种观点，而听觉，我们所放弃的人或动物的观点，并未被还原。完全不同的两个物种的成员可能都能客观地理解同样的物理事件，这并不要求它们理解这些事件对另一物种的成员的感官所呈现的现象形式。因而，它们的独特观点不属于它们都能理解的一个共同现实，乃是它们指称这个共同现实的一个条件。只有当人特有的观点从准备还原的东西中排除以后，还原才能成功。

不过，虽然我们可以在探求对外部世界更充分的理解时撇开这种观点，却不能永远地忽视它，因为它是内部世界的本质，而不只是对它的一种看法。大部分近期哲学心理学的新行为主义，都是源自企图以一种客观的心灵概念代替真实事物而不让任何不可还原的东西留下。如果我们承认关于心灵的物理的理论必须说明经验的主观性，我们就必须承认，没有一种现有的概念能够告诉我们如何可能做到这一点。这个问题非常独特。如果精神过程的确是物理过程，那么本质上说，它就有经历某些物理过程的特征。这如何可能，仍然是一个谜。

从这些思考，我们应该得出些什么？下一步该怎么做？得出物理主义必然是错误的结论，不对。物理主义者假设存在心灵的客观分析，这并不足以说明一切。更真实地说，物理主义是我们无法理解的，因为我们目前并没有关于它如何可能为真的概念。如果它要求将此概念作为理解的前提，人们有可能认为这样的要求并不合理。毕竟，可以说，物理主义的意义是非常明显的：精神状态是身体的状态；精神事件是物理事件。我们并不知道它们是什么样的物理事件和物理状态，但是这不妨碍我们理解这个假设。还有什么比“is”和“are”两个词表述的更加清晰的？

但我相信，很清楚“is”这个单词是骗人的。通常情况下，当我们被告知 X 是 Y，我们知道它是真实的，但这依赖一个概念或理论背景，而不是由“is”单独传达的。我们知道“X”和“Y”所指为何，以及它们所包含的内容，我们有一个大概的了解，知道这两个路径指向同一个事物，它是一个对象、一个人、一个过程、一个事件或一个其他什么。但是，如果两个词所指向的完全不同，那我们可能就无法清晰地了解它是不是真的。我们可能连这两个路径大致包含的内容都不了解，我们不具备帮助我们理解的理论框架。没有这样的框架，识别和认同就被神秘的空气笼罩着。

这就解释了基本科学发现在当下流行的奇妙趣味，我们并不了解这些命题，却要去支持它们。例如，人们被告知，所有事物在早期都是（is）充满能量的。尽管事实上他们知道什么是“是”，但是他们大多从未形成使这个命题为真的概念，因为他们缺乏理论背景。

如果说是前苏格拉底的哲学家说出“是充满能量的”这个假设，那么目前物理主义的状态也差不多。我们并没有关于它如何为真的初始概念。精神事件是（is）物理事件，要理解这个假设，我们需要对单词“是（is）”有更多的理解。精神的术语和物理的术语如何能够指向同一观念，我们并不了解，和其他领域理论的同一性的类比并没有给我们提供什么帮助。因为如果我们在通常的模型中用物理事件来诠释精神事件，我们不会得到不同主体事件通过物理事件来确保解释精神事件的效果的再现，也可能我们得到一个错误的对精神术语的所指的解释（例如，一个因果行为主义者）……

感官经验是否具有客观性是一个基本问题，却很少被研究，在这个问题中，大脑完全不在讨论范围。换句话说，要问我的真实经验是什么样，而不是它们对我而言看起来是什么样，这样有意义吗？我无法真正理解这个假设，它们的本性只能以物理的描述来把握，除非我们理解它们关于客观性的更基本的观念（或者说客观过程具有主观性质）。

练习部分

1. 在你看来，什么对你来说印象深刻：上帝设定完美的前定和谐，不再需要介入，还是一个正确地常常干涉的上帝——每秒钟数十亿次干涉，只要有人有一个想法要“引起”一个事件或是一个事件要引起一个想法时？也就是，你认为是上帝设定了前定和谐还是偶因论者上帝最为荣耀？
2. 许多二元论者支持身心二分，因为这样的话心灵就可以和灵魂联系起来，而灵魂可以在肉体死后永生。但是，当然，身心二元论者并不一定需要相信灵魂或死后永生；也就是说，二元论者也可以坚持身体和心灵是不同的实体，而且死后身体和心灵一道归于尘土。但是，试着从其他方面思考这个问题：一个人有可能一直相信不朽的灵魂同时拒绝身心二元论吗？特别是，一个采取唯物主义观点（相对于唯心主义观点）的一元论者相信灵魂不朽吗？
3. 笛卡尔关于心灵的理论将身体和心灵区分为两种不同的实体；他关于知识的理论（他的认识论）坚持以固定的、不容置疑的确定性作为出发点。如果笛卡尔接受不同的关于知识的观点，你认为他是否就会采用不同的身心观点？
4. 计算机的发展带来了关于“人工智能”的探讨。一些哲学家和人工智能研究者提出一个观点即“强人工智能（strong AI）”。这种立场的支持者认为，关于思维，最重要的是程序。他们认为，如果有足够强大的计算机被编程，凭借程序设计它有可能进行思维：也许并非我们所想象的像人类那样思维，人类其实是非常不同的程序设计；但是尽管不是真正地思维，却类似于人类思维，甚至优于人类思维。约翰·塞尔（John Searle）是强人工智能的主要反对者之一：他坚决反对计算机程序可以实现人类思维或理性推理。按照塞尔的看法，计算机可以很好地分类材料，但是永远不可能真实地思维。有人可能会觉得塞尔的观点是基于二元论的：计算机是纯粹物理的，它不可能真正地思维，因为只有心灵能够思维。但是，塞尔表示自己并非二元论者，他并不反对物理的机器能够思维：

   我个人的观点是，只有机器能够思维，而且实际上只有一种非常特殊的机器能够思维，即只有大脑以及与大脑一样有因果联系能力的机器……不论有什么样的意向性，它都是一种生物学现象，它依赖它所源自哺乳期、光合作用或其他生物现象的特殊生物化学作用。

事实上，塞尔试图扭转与其对手的辩论形势，他指出，强人工智能的支持者才是身心二元论者：

强人工智能只是赋予二元论假设一种意义，即和心灵有关的地方，有没有大脑无所谓。在强人工智能看来……起作用的是程序，程序的实现不依赖机器……最惊人的发现是，我在讨论中涵盖了许多令人工智能工作者十分震惊的观点，即实际的人类精神现象可能依赖实际的人类大脑的实际的物理–化学属性。但是，如果你思考一下，你不应该感到惊讶；因为除非你接受某种形式的二元论，否则根本没有机会开始什么强人工智能项目。强人工智能项目恰恰再现和解释了设计程序的精神，但是除非心灵不仅仅是概念的而且是经验上独立于大脑的，否则你不可能实现强人工智能项目，因为程序完全独立于任何现实。除非你相信在观念上和经验上心灵与大脑都是相互分离的——强形式的二元论——否则你不可能指望通过编写和运行程序再现精神，因为程序必须独立于大脑或任何其他形式的实例编程。如果精神的运作存在于采用正规符号的计算程序，那么接下来它们对于与大脑的联系并无兴趣；唯一的联系只可能是大脑恰好是某些能够实例化编程的特定类型的机器。这种形式的二元论并非传统的主张两类实体的笛卡尔式的二元论，但是笛卡尔式在某种意义上坚持关于心灵的特殊精神与大脑的实际特质并没有本质性的联系。

——塞尔，《心灵、大脑和程序》，载于《行为与大脑科学》（*The Behavioral and Brain Sciences*），1980 年第 3 卷

这是塞尔和强人工智能支持者之间持续不断的争论。如果你对人工智能感兴趣，你会采取哪种观点？是否如塞尔所说，强人工智能是程序二元论者？或者塞尔对强人工智能的反驳恰恰是基于二元论立场的？都不是？都是？或是其他什么？计算机真的能够通过程序实现思维吗？

5. 与身心二元论相关的有趣主张还有我们对于我们自身的思维有“特许通路”。其他人可能比我自己了解我的大脑（例如，通过正电子发射计算机断层扫描即 PET 扫描技术）；但是，别人并没有办法知道我在想什么，至少无法获知我所拥有的特殊的即刻知识和确定性。许多人认同这一点，也有许多人认为这是错的；这并非我的问题。身心二元论者（当然你也许是也许并不是这类人）是否相信我们对于我们自身的思维有“特许通路”（身心二元论看上去能很好地解释这点）？即到底什么在先：身心二元论的信念，还是我们对于我们自身的思维有“特许通路”的信念？
6. 假设你相信其他人可以获得关于你的心灵的知识、你自己的思想，即至少几乎有你自身拥有的知识。如果你持有这种信念，是不是会觉得更难以接受身心二元论？
7. 近来，研究者试图找到对于严重的癫痫的有效治疗方法，在病人大脑中植入微型装置，用来控制大脑中瞬间的机电传送过程，并获得了一些小小的成功。有一个实验发布了如下报告（我们并不确切知道是否进行了这样的实验），研究者向被试主体展示一系列美丽的度假胜地的幻灯片：沙滩、高山、瀑布等。被试主体被告知如果想看下一页可以用按键操作，每按一下按键，幻灯片向

后翻一页。然而事实上，按键是不起作用的；不能操作幻灯片。实际上是通过植入他们大脑的装置检测到和做决定相关的大脑活动，这些装置放大脑电波触发幻灯片翻页。被试主体认为这是一种很奇怪的体验，幻灯片操控装置“猜测”他们的选择，而且就在选择真实发生之前。也就是说，和做决定相关的大脑活动的发生先于有意识的选择。如果这个实验结果是真实的，那么它能给身心二元问题带来怎样的启发？

8. 塞尔认为丹尼特的《我在哪儿？》是一篇很有意思的文章，但是不可能发生。塞尔说，如果丹尼特的大脑被计算机替代，那么思考着的丹尼特将不复存在。如果丹尼特所说的故事真的发生了，能够驳倒塞尔吗？
9. 如果你是一只蝙蝠而非人类，你会是什么样？这样的问题有意义吗？

补充阅读

基斯·坎贝尔（Keith Campbell）的《身体和心灵》（*Body and Mind*, New York: Doubleday Anchor, 1970）很好地概述和回顾了“身心问题”；杰尔姆·谢弗（Jerome Shaffer）的《心灵哲学》（*Philosophy of Mind*, Englewood Cliffs, NJ: Prentice-Hall, 1968）也研究了这个问题，以及为了解决这个问题做了努力和假设。约翰·奥康纳（John O’Connor）的《近代唯物主义：身心同一读本》（*Modern Materialism: Readings on Mind-Body Identity*, New York: Harcourt, Brace & World, 1969）收录了当代关于此问题的文章；戴维·罗森塔尔（David Rosenthal）的《唯物主义与心身问题》（*Materialism and the Mind-Body Problem*, Englewood Cliffs, NJ: Prentice-Hall, 1971）也很不错。当代最为著名的抨击身心二元论的是吉尔伯特·赖尔（Gilbert Ryle），他的书《心灵的概念》（*The Concept of Mind*, London: Hutchinson, 1949），在哲学和心理学领域都极有影响力。

关于心灵哲学的论文集，推荐B. 比克利（B. Beakley）和P. 勒德洛（P. Ludlow）主编的《心灵哲学：经典问题和当代问题》（*The Philosophy of Mind: Classical Problem, Contemporary Issues*, Cambridge, MA: MIT Press, 1992），汇编了历史上的和当代的文章；以及G. N. A. 维西（G. N. A. Vesey）的《身体和心灵：哲学读本》（*Body and Mind: Readings in Philosophy*, London: George Allen&Unwin, 1964）。还有一本不错的选集，主要收录的是新近的作品，那就是约翰·海尔（John Heil）主编的《心灵哲学：指南和选集》（*Philosophy of Mind: A Guide and Anthology*, Oxford: Oxford University Press, 2004）。另外，关于心灵哲学的不错的选集还有戴维·罗森塔尔 的《心灵的本质》（*The Nature of Mind*, New York: Oxford University Press, 1991）。

赫伯特·费格尔（Herbert Feigl）的二元理论参见他的《“精神的”和“身体的”》（*The “Mental” and the “Physical”*, Minneapolis, MN: University of Minnesota Press, 1967）；这本书的核心部分于1958年首次出版。约翰·塞尔（John R. Searle）的作品激化了心灵哲学和人工智能之间的争论，抨击流行的观点，论述清晰简明。要了解关于塞尔新近作品的介绍可以阅读他的《心灵的再发现》（*The*

Rediscovery of the Mind, Cambridge, MA: MIT Press, 1992）。

论述功能主义的作品很多而且仍然在增加，从正反两方面论述的都有。珍妮特·莱文（Janet Levin）的“斯坦福哲学百科全书”上有许多关于功能主义的文章，介绍了主要的立场和争论的问题，以及诸多相关主题文献资料，参见 http://plato.stanford.edu/entries/functionalism。

关于当代神经心理学和身心问题（包括自由意志）的文章选集，推荐本杰明·利贝特（Benjamin Libet）、安东尼·弗里曼（Anthony Freeman）和基思·萨瑟兰（Keith Sutherland）主编的《意志的大脑：通向自由意志的神经科学》（*The Volitional Brain: Towards a Neuroscience of Free Will*, Exeter UK: Imprint Academic, 1999）。这些素材中有些非常难以理解，但是参与者们的辩论非常令人着迷，而且文章的总体质量很高。当代神经心理学家丹尼尔·韦格纳（Daniel Wegner）的《有意识的意志的错觉》（*The Illusion of Conscious Will*, Cambridge, MA: MIT Press, 2002）是一部杰出的作品，可读性很强，主要论证他自己的副现象论。另一位神经心理学家安东尼奥·R. 达马西奥（Antonio R. Damasio）论述关于心灵哲学的问题很有意思，可以参见他的《笛卡尔的错误：感性、理性和人类的大脑》（*Descartes' Error: Emotion, Reason, and the Human Brain*, New York: G. P. Putnam's Sons, 1994），《寻找斯宾诺莎：愉悦、悲伤和有感情的大脑》（*Looking for Spinoza: Joy, Sorrow, and the Feeling Brain*, New York: Harcourt, 2003），以及《发生什么的感觉：意识产生时的身体和情感》（*The Feeling of What Happens: Body and Emotion in the Making of Consciousness*, New York: Harcourt, 1999）。达马西奥的所有作品都是平装本，很容易买到。帕特里夏·史密斯·丘奇兰德（Patricia Smith Churchland）的《神经哲学：心脑统一的哲学》（*Neurophilosophy: Toward a Unified Science of the Mind-Brain*, Cambridge, MA: MIT Press, 1986）富有洞察力地研究了新近神经科学作品对于心灵哲学和科学哲学的意义。安迪·克拉克（Andy Clark）的《在那儿：将大脑、身体和世界再次集合》（*Being There: Putting Brain, Body, and World Together Again*, Cambridge, MA: MIT Press, 1997）将许多不同学科的当代作品放在一起，为传统的身心问题提供了崭新的视角。

神经心理学家约翰·埃克尔斯（John Eccles）支持交互论立场，参见他的《人类的心灵》（*The Human Psyche*, New York: The Springer, 1980）；还有他的文章《大脑和心灵：为二还是为一？》（“Brain and Mind: Two or One?”），收录在 C. 布莱克莫尔（C. Blakemore）和 S. 格林菲尔德（S. Greenfield）主编的《脑电波》（*Mindwaves*, Oxford:Blackwell, 1987）。

弗兰克·杰克逊（Frank Jackson）发展了他的副现象论解释，参阅他的《副现象的感受性》（“Epiphenomenal Qualia”），发表于《哲学季刊》（*The Philosophical Quarterly*），1982 年第 32 卷，第 127—136 页。

道格拉斯·霍夫施塔特（Douglas Hofstadter）和丹尼特主编的《心灵的我：关于自我和心灵的想象和反思》（*The Mind's I: Fantasies and Reflections on Self and Soul*, New York: Basic Book, 1981）是一本精彩有趣的关于心灵哲学的论文集，包括哲学家、小说家、认知科学家的作品；它还有一个版本是 1982 年班坦图书出版公司（Bantam Books）出版的平装本。

乔治·格雷厄姆（George Graham）的《心灵哲学导论》（*Philosophy of Mind: An Introduction*, Oxford: Blackwell, 1993）介绍了关于复杂的心灵哲学问题的清晰了解路径。还有欧文·弗拉纳根（Owen Flanagan）的《重新思考意识》（*Consciousness Reconsidered*, Cambridge, MA: MIT Press, 1992）也是清楚地介绍心灵哲学问题的一本好书。还有保罗·M. 丘奇兰德（Paul M. Churchland）的《物质和意识：当代心灵哲学导论（修订版）》（*Matter and Consciousness: A Contemporary Introduction to the Philosophy of Mind*, revised edition, Cambridge, MA: MIT Press, 1998）。

托马斯·内格尔（Thomas Nagel）的《做一只蝙蝠是什么样？》（见本章阅读部分）引起了许多回应。彼得·M. S. 哈克（Peter M. S. Hacker）的《有什么是像做一只蝙蝠什么样的？》（“Is There Anything It is Like To Be a Bat?”）发表于《哲学》（*Philosophy*）杂志 2002 年第 77 卷，第 157—174 页，采用维特根斯坦的“语言学疗法”（linguistic-therapeutic）论证内格尔关于意识不可简化的例子是源于语言学上的错误。

戴维·查默斯（David Chalmers）汇编了关于心灵哲学的新近作品，非常全面，组织条理，易于查阅，包括大约从 1950 年开始的作品，标有注释。见 http://www.u.arizona.edu/~chalmers/biblio.html。他的主页还包括成千上百的在线文章，包括他自己的和其他作者的，都按照主题分类，方便检索。而且，还有一个板块是哲学幽默、哲学家们开会的照片，风险自负。

“心灵哲学的实地指导（A Field Guide to the Philosophy of Mind）”是一个很有吸引力的网站。最棒的是它丰富和出色的导览（Guided Tours），介绍了心灵哲学方面的丰富主题。这个导览非常清晰明了，对心灵哲学的历史和当下的研究都有不错的介绍。参见 http://host.uniroma3.it/progetti/kant/field/ 。

“MIT 认知科学百科全书（MIT Encyclopedia of Cognitive Science）”也是一个很有用的网站，网址为 http://cognet.mit.edu/MITECS/login.html 。

“Wifilosofia”网站的资源也很丰富，有关于心灵哲学的论文、讨论和网站链接，网址为 http://lgxserver.uniba.it/lei/mind/home.htm 。

www.Naturalism.org 上有很多不错的关于心灵哲学的论文、文章、评论材料，也有关于其他主题的。

第七章
人格同一性

我喜欢看儿童读物。我最喜欢的一个作者是劳拉·乔菲·努梅罗夫（Laura Joffe Numeroff）。他写过《要是你给老鼠吃饼干》（*If You Give a Mouse a Cookie*）和《要是你给驼鹿吃松饼》（*If You Give a Moose a Muffin*）。也许你还记得这些故事：你把一块松饼给驼鹿，他会想要在上面涂果酱。他不得不去外面寻找果酱，所以他穿上袜子。然后他考虑了一下袜子，他又想玩袜子手偶戏，手偶玩成了一出戏，最后他又折回到另一块松饼。我觉得这非常好玩，我很容易被逗得开怀大笑。还有一本儿童读物我也特别喜欢，是玛格丽特·怀斯·布朗（Margaret Wise Brown）写的《逃家小兔》（*Runaway Bunny*），初版于 1942 年，一直是儿童最喜欢的读物。故事是说，一只小兔子告诉他妈妈他想要逃走，而妈妈回答说她会跟随一起逃，"因为你是我的小兔子"。小兔子考虑着变成一条鱼来逃走，然后变成山顶的大石头，接着是花园的一朵花、一只鸟、一棵树、一艘帆船；他妈妈都保证会跟随着，无论他变成什么，"因为你是我的小兔子"。这是一则非常考究的故事，展示了母亲对孩子那无条件的爱。孩子们听到这个故事会很高兴，知道他们的父母无条件地爱着他们会深感安慰。无论我犯了什么错，做了什么坏事，经历了何种失败，我的父母会依然爱着我。这在心理学上很棒，但在哲学上是令人困惑的。

我会被无条件地爱着，想到这就很高兴，但是，当我们仔细考察"我"的同一性（identity）时，问题就来了。如果我变成小兔子，我的一个连续的同一性还有意义吗？如果"我变成一块石头"或一朵花、一艘船，那么，那块石头、那朵花、那艘船可能会非常开心，但它们都不是我了。我对于我的人格同一性或自我认同（personal identity）[①]，基本条件可能会有一点点不清楚，但是，不论这些条件是什么，一个石头不可能满足它们。

这可以引出对说明连续的来世的某些问题。我有贪得无厌的欲望，喜欢杜松子酒，热爱芝加哥蓝调音乐，以及有对宗教主张的严重怀疑。我自私、脾气坏，还小气。假设在来世我突然没有了这些贪

① 我们会根据具体语境翻译成"人格同一性"或"自我认同"。——译者注

欲，一点也不喜欢杜松子酒，宁愿喜欢赞美诗而不是蓝调，我还有着坚定的信仰。我热心，慷慨大方，极为耐心。那样的话，好像有天使的祝福住进了我，但我不确信那还是不是我了。

> 有一些聚焦自我认同的影片。比如，影片《似是故人来》（*Sommersby*）讲述了一个从南北战争中返回的年轻人的故事，他回到了自己的爱人、儿子身边和农场、社区中。实际上，他在十八九岁刚结婚不久，就前往战场；三年后，他退役了，成了经历残酷战争之后的伤痕累累的老兵。可是，他是和原来一模一样，还是一个冒名顶替者？妻子依然接纳这个丈夫，一些社区成员还是当他是原来的人。但也有人不同意，说这是另外一个人试图在冒名顶替——说不定那个年轻人在战场上已经死了——以便可以接管整个农场。表面情节是关乎前后是不是“同一人”（在相同 DNA 的意义上，由一个特定的母亲所生，有一个具体的名字的人）；但关键问题是，任何一个从这样一场可怕的经验（如内战）中返回的究竟还是不是“同一个人”。

人格同一性的实践意蕴

自我认同的争论往往有着科幻小说的丰富元素。可是，在试图精确定位何种特征决定了同一性时，为了把那些通常一起发生的因素分开，想象不太可能的剧情是有用的。我们的大脑和身体其他部分往往是彼此非常接近的；但是，如果我们试图选择出决定同一性的关键因素的话，那么把它们在特殊环境下暂时分开来设想是有用的。

> 宗教通常宣称，有人皈依叫变成“新人”；在福音派基督教传统里，他们是“再生”了。可能最著名的例子是圣保罗（St. Paul），他一开始是迫害基督徒（假设说赞同用石头砸死他们），可是忽然——去往大马士革（Damascus）的路上——经验到了一次炫目光亮，循着光线，上帝在对他说话，造成了他经历了一次脱胎换骨。他甚至连名字都从索尔（Saul）改成了保罗（Paul）。尽管故事很迷人，但这并不意味着在去往大马士革的经历中，真的出现了一个“新人”。如果上帝杀死了索尔，创造了一个新的个体来代替索尔，那将是一个有趣的故事，当然这就不是保罗皈依经历的故事了。为了成就这则皈依的故事，保罗无法真的变成一个新人，而是经历了巨大变化的同一个人。

但是，就算探究身份认同问题会牵涉一些相当新奇的剧情，自我认同的问题依然有重要的实践意蕴。设想一下这个非常真实的例子。琼在童年饱受虐待，15 岁时为逃脱继父的性侵、暴力而出走。她露宿街头，和小混混打成一片，养成了吸毒的恶习。为了买毒品，她和她的朋友时常在商店偷窃，然后是仓库，但未使用暴力。当朋友们进入仓库后，琼负责望风，如有人走近则给出信号。琼刚过 17 岁的一天夜晚，两个朋友又潜入了仓库，她负责望风时，看到一个保安走近，便暗示朋友逃跑。可是，令琼没想到的是，其中的一个朋友曾借来一把手枪，正当保安出现时，他惊慌失措并举枪射击。保安死了，琼被指控为一级谋杀。她自愿参加一次犯罪，其中一人被杀，这令她犯下谋杀罪。琼震惊了，她害怕暴力，根本不知道同伴带枪了。她离开同伴，另去他城，参加吸毒康复计划，完成高中学业，上了大学，最终在市中心的学校成为了一名一年级的老师。她献身于帮助学生获得成功，下班后花费很多时间义务帮助邻居家的孩子，遂因为杰出贡献而被授予“荣誉教师”称号。她婚后生有四个孩子，每个孩子都有成功的事业。如今，68 岁的她终于退休了，她会抽出时间照看她深爱的孙辈，为市中心的孩子做志愿辅导。但是，谋杀指控没有法律时效，一个侦探拿出了从一桩 50 年前未侦破的谋杀案中收集到的证据。在新的法庭辩护技术的帮助下，这些证据指向了琼。她被捕了，被指控为一级谋杀。被指控为谋杀罪的 68 岁的琼，与那位 17 岁女孩有着相同的指纹和 DNA，琼，这位退休的祖母还记得那个保安被枪杀的那个夜晚。但是，作为祖母和教师的琼，和那个年轻吸毒者还是一个人吗？

> 心理学上的连续性显然是……程度问题。只要我们认为同一性是一个更进一步的事实，我们倾向于认为的一件事是，要么是全部或皆无……一经反思，就明显可以看出，比如说，现在的我和明年的我，相比于 20 年后的我，是非常接近的。我所考虑的联系的种类是，记忆、性格、抱负和意图等所有这些。明年的我会比 20 年后的我更多地记得今年的事情，两年内的我在性格上更加相似。我将更多实施相同的计划、抱负。如果是这样，我们的道德信念和我们情感的多种可能影响，就存在多种合理的意蕴了……就我构想的观点看，我似乎更合理地去主张，人们应该受到更少的惩罚，甚至没有惩罚，这是出于他们多年前所做的和最近所做的相比而言的。之所以说是合理的，是因为现在的人和多年前犯下罪行的人之间的关系是如此的微弱。
>
> ——德里克·帕菲特（Derek Parfit），《大脑移植和人格同一性》（“Brain Transplants and Personal Identity”），选自《与戈弗雷·维西的对话》（*A dialogue with Godfrey Vesey*），1974

思考一下另一个例子，虽然有些悲伤，但也并非罕见。露丝是位出色的经济学家，她对自己广博的经济学知识和发现及分析经济趋势的敏锐能力颇感骄傲。她在自己的领域深受敬重，她的研究是一流的，但她也有困惑。她不但性情乖戾，而且非常不快乐。她常常面带愁容，从不开怀大笑，愁眉不展是常态。知道露丝的人都承认她智力卓越，但是他们也都相信她不会过着好的生活。因为露丝对自己理智能力的自信，她写了一份遗嘱，就她某天变得无法自己做决定时的治疗给出了简要的说明。假如她得了疾病，导致精神失常，她不想要任何治疗，希望被允许死于任何她感染上的疾病。不幸的是，露丝所担心的情况真的发生了：她患上了疾病，这损伤了她的理智能力与记忆力，在思考方面，她变得如同小孩。但是，精神受到重创的露丝似乎变得非常高兴。她经常大笑、哼唱、微笑，在把不同大小和颜色的积木分堆中感到其乐无穷。露丝现在患上了感染性疾病，尽管运用一般药物也能治愈，但她始终没有治疗，因为这会导致她死亡。生前的遗嘱是在她精神状态正常情况下写成的，露丝指示了不要治疗。但是，露丝所在地的护士则陷入了深深的焦虑。他们相信，以目前状态而言，露丝是个快乐的人，她会想要这样继续活下去的。但那个生前写下遗嘱的卓越的露丝，和目前快乐地玩积木的露丝还是一个人吗？如果还是，那么她生前的遗嘱似乎对此后发生的一切依然有效；如果不是同一人，那么作为经济学家的露丝是否能够为这个迥异的人做出生死决定，就变得完全不清楚了。所以，同一性问题远不止哲学家们在科幻小说中陶冶情操那回事了。它们通常是带有严肃意蕴的严肃问题。我们应当允许露丝死去吗？这犹如因为50年前年轻的琼所做的一件事而监禁已是祖母的琼公正吗？

有些人认为哲学的例子过于束缚我们往日关于人格同一性的概念了。如果你接受了大脑移植，或者如果你移植出去一半大脑到另一个身体上。在此情形下，你想确定同一性就有麻烦了。不过，在一般情况下，个体与个体之间的大脑并没有改变，我们对人格同一性有着完全充足的标准。但是，像琼和露丝的情况就会削减这样简单的自信。毕竟，琼和露丝都没有进行大脑移植，她们的故事没有一个是奇怪的或难以想象的。相反，它们都真实可信。但是，在每一个例子中，同一性问题都被证明是非常具有挑战性的。

理查德·道布尔（Richard Double）认为，因为我们希望存在着我们无法拥有的绝对同一感，所以我们都错了；至少，如果我们持物质主义观，我们就无法拥有一个绝对的同一感。

假设人类只是完整地包含他们的身体，而没有非物理形态的心灵，那么，随着身体的物质逐渐变化，我们也在变化。生物学家知道，随着新的分子进入活的细胞，代替旧分子，活着的有机体就会不断地自我更新。20年后，人的身体中几乎完全是新的分子……这说明，如果人类只是物质的，像物质主义者坚持的那样，一个人在20年后就不可能真的再是原来的人。这不仅仅是主张我们会有不同的信念、欲望与价值，而是说，我们会是完全不同的人……使用着你的名字的20年后的一个人将不再是你，而是从你长出来的替代者——如果物质主义是对的。

——理查德·道布尔，《开启哲学》（*Beginning Philosophy*）

身体同一性

所以，什么是自我连续同一性的有效标准呢？当然，最简单的一个标准是，身体的同一性。传统的犹太教和基督教信念都强调身体的复活：坟墓会让出他们的死者。不过在更仔细的考察下，其人格同一性标准还是存在问题的。如果我失去一只胳膊，我还是同一个人吗？失去两只胳膊和两条腿呢？两只胳膊和两条腿之外，我还把心、肺、肾、肝移植了：这还是同一人吗？是否存在一个临界点，过了这个临界点之后，我就失去了我的同一性呢？比如说，失去双肢还是我，但是第三肢再失去，我就不是自己了。任何这样的标准似乎都显得荒谬而任意。而且，我们知道，构成我们身体的细胞不断在死亡、更替，那么这意味着我们的同一性也在不断转变吗？

> 假设史密斯的大脑移植到了琼斯的身体内。我们会认定琼斯不存在（对于琼斯来说太糟了），但是对于史密斯来说是没问题的：史密斯还是同一个人，只不过有了新的身体罢了。活着的史密斯作为有新的、不同的身体的史密斯的问题，也许比这些想象出来的例子更加困难。下面的内容来自伯纳德·威廉斯（Bernard Williams）的著作：
>
> 设想一个魔术师在玩一个古老的把戏，让国王和农夫互变。他让国王和农夫在一间房子里，国王坐在王座上，农夫待在角落。什么算作成功呢？显然不是一阵烟雾之后，国王在角落而农夫在王座上。那将会是个非常无聊的把戏了。大致说来，要求应该是，国王的身体有着农夫的性格，却在王座上；农夫的身体有着国王的性格，却待在角落里。这意味着什么？具体说，声音怎么了？声音应该被认为是身体的功能，然而，农夫的破嗓音怎么会从国王的喉咙里发出，或者说国王的机智妙语怎么会从农夫的粗鲁嗓子讲出？同样，国王身体上的那张面孔无法体现出农夫的阴郁怀疑，农夫的面孔也呈现不出国王挑剔的傲慢之情。这些“无法”不仅是经验性的——关于这些特征的表达可能是不可思议的。
>
> ——伯纳德·威廉斯，《自我的问题》（*Problem of the Self*）

在科幻描述中（偶尔也在卡通故事里），大脑有时候被移植了。在这种情况下，我们倾向于认为大脑与所在的身体保持着自身同一性。假如把我的大脑移植到泰格·伍兹（Tiger Woods）的身上，我会想象我现在可以把高尔夫球打到300米，我还会变得又高大又俊俏。但是，如果泰格·伍兹的大脑移植到我的身上，泰格将再也无法赢得高尔夫锦标赛，“我”也不存在了。因此，对我的连续同一性而言，关键是大脑的连续性。但这也不是放之四海而皆准的。假如我被严重地洗脑，以至失去我当前的记忆和价值，可我的大脑——重新被装入了全新的思想、目标、价值和信念——连续嗡嗡作响。我的大脑还是以前的，但是不是我的大脑就成为疑问了。或者说，假设一记重击清除了我所有的记忆，彻底改变了我的性格，以至我记不得“我是谁”了。我的老朋友们认为“已经不是那个人了：他的性格全变了”。单凭大脑的连续性似乎并不能保证个体同一性。

灵魂与人格同一性

从柏拉图到17世纪，关于人格同一性的主导性观点都围绕非物质的灵魂展开。灵魂是单一的、看不见的实体。如果现存的人格同一性是被连续的、看不见的灵魂的显现决定的，这样，我们就不必担心身体的连续性或记忆的连续性了：灵魂可以轻松地超越二者。可是，我的灵魂的连续性究竟如何保证我的连续存在的呢？假设某个新的天使在死后出现，这个天使的位格没有我的任何记忆、信念或欲望，显然也没有我的身体。但是，假设我的灵魂依然继续存在，就我能理解的范围而言，那已经算不得什么我的连续存在了。声称“切换（channeling）”[①]，成某个来世新人的人（“猫王”埃尔维斯·普雷斯利在最后大约有十二个切换者），尽力

① 类似于汉语中的“死后投胎”。——译者注

在个体尘世生活或性格的记忆与知识的基础上，去建立这些主张。如此说来，这就不是偶然的了。（这就是为何我们会说，如果你希望在切换中赢得一些回报，切换成一个不为今人所知的古代消失的部落的某些成员，这将会更安全。）

记忆与人格同一性

最早仔细思考人格同一性的近代哲学家之一是约翰·洛克。他认为，人格同一性的标准必须是记忆的连续性。这个观点有着相当程度的合理性。人格同一性的心理上的（而非身体的）标准好像很有吸引力，并且记忆似乎比信念或价值是个更好的选项。毕竟，你可以在价值和信念方面经历相当根本的变化。你可能生长在美南浸信会家庭，如今变成了一个佛教徒；或者说，你曾相信吃肉是好的，可现在你却是一个虔诚的素食者。

> 每当彩虹挂在天边，心便雀跃欢然：
> 从前幼年时候如此；如今成年仍然如此；
> 若今后年老有改变，宁可一死！
> 孩童本是成人之父；但愿此生的每一天，
> 充满对自然纯真的敬虔。
> ——威廉·华兹华斯（William Wordsworth）

或者你曾是一个坚决的支持工会的民主派，如今则是一个支持商业的共和派。这差不多算是相当大的变化了，但这也只是在你身上发生的变化。你从 14 岁开始，就有非常不同的价值、视角和信念；但是当你回想过去的非常不同的 14 岁时，你的记忆还是自己的，你可以反思一下你经历了多大的变化。所以，约翰·洛克提出人格同一性的标准：如果你还有着正常的记忆，那么，你就还是同一个人。

个体记忆作为人格同一性标准虽然听起来很吸引人，但它也存在一些问题。

> 对于人格同一性被设定在记忆上产生的问题，托马斯·里德（Thomas Reid）发展出了哲学上著名的“勇敢士兵（brave soldier）”的例子。
>
> 假定有位勇敢的军官，小时候在学校里因为偷果子而被鞭打。在他的第一次战斗中，他从敌人那里夺了军旗，后来又成为一位将军。我们还假定（这肯定也会被认为是可能的），当他夺军旗时，他想到了自己在学校受鞭打之事；而当他成为将军时，他想到了自己夺军旗之事，但完全忘记了他在学校受鞭打之事。
>
> 有了这些假定，从洛克先生的学说中可以推出，在学校挨鞭子的他与夺军旗的他是同一个人，夺军旗的他与当将军的他是同一个人。据此可得——如果还存在逻辑真理的话：这位将军与在学校被鞭打的就是同一个人。但这位将军的意识并没企及他挨鞭子的事；因此，根据洛克先生的学说，他根本不是挨鞭子的那个人。因此，这位将军与那个在学校挨鞭子的人，既是与此同时又不是一个人。
>
> ——托马斯·里德，《论记忆》（“Of Memory”），引自《论人的理智能力》（*Essays on the Intellectual Power of Man*），1785

你可以回想你高中岁月的很多事情，对不对？有些事情你希望忘掉它们，但事实是你却记住了它们。所以，以通常的记忆标准来看，大学生和拥有这些（更加直接的）记忆的高中生是同一个人。这很好，对不对？自高中以来，你当然经历了一些变化，但你还是同一个个体。不过，设想一下 50 年之后的你吧，你愉快地回忆大学的快乐时光。那个老人如现在的你一样依然有着相同的记忆。但是，那个老人对高中时代的记忆有一些模糊，无法真正记得大学前的生活。现在，我们又有了问题。老人和作为大学生的你，是同一人。现在的你和高中的你，是同一人。但是，根据记忆标准，老人和高中的你已经不是同一人了。不过这很麻烦。毕竟，如果 A（高中生）和 B（大学生）是同一人，B 和 C（老人）是同一人，那么，A 和 C 必定是同一人。但是，根据记忆同一性标准，情况不是这样。所以，如果想要坚持同一性的记忆标准，你将不得不放弃基本的同一性法则（你不得不放弃这一主张，即如果 X 和 Y 是同一的，而 Y 和 Z 是同一的，那么，X 和 Z 是同一的）。大多数人认为，坚持人格同一性的记忆标准代价太大。

这里出现了人格同一性记忆说明的另一个问题。我们的大脑分成两个半球，尽管每个半球都倾向于负责具体的任务，但是，由大脑一部分先前完成的任务很可能又被另一健康的部分习得（比如，中风或脑局部受伤的人）。如果大脑的一个半球受到严重损害，而另一半球则硬挺着去有效工作，接管先前受损半球的基本活动，至少保留着记忆和信念的主体部分，那么，认为你依然是同样一个存续的个体似乎就是合理的。但请设想，假如你大脑的一个半球移植到一个身体，另一半则移植到另一个身体。两个半球都能有效发挥作用，保持大部分的记忆与信念。于是，就有了两个你了，而这两个你会迅速地分道扬镳，因为它们有了新的经验，收集到了新的记忆与信念。如果这两个个体——他们现在是相当不同的——都主张与早先有着这两个大脑半球的人具有同一性，那么，我们会又返回到同样的问题了：两个非常不同的个体不可能与某一个个体具有同一性。

科幻小说与人格同一性

一些最有趣的关于人格同一性的困境已经完全步入了科幻剧情——这对仔细考察我们关于究竟什么算作人格同一性的观念可能是有用的。假如我们设计出一款特别的扫描仪，它可以逐个分子地扫描你，记录你体内每个分子的结构和位置（当然包括你的大脑和神经系统），然后精确地复制你。我们广泛地测试过这个程序，它完美无缺地工作。伊万杰琳做完了扫描，在回家的路上于可怕的交通事故中丧生。运用这个扫描记录，她被复制了。她很确信就是同一个人——同一个伊万杰琳——最近刚刚接受过扫描，她的朋友都同意。最终，这项技术被用于更广泛的目的：你想去澳大利亚，但你不想忍受长途飞行。我们就扫描你，把你的数据传输到澳大利亚，这样你就在澳大利亚“被再造”了。当你经受这一切时，你在芝加哥步入扫描仪，几秒钟之后，你在悉尼走出扫描仪。（当然了，芝加哥的“原本”同时且无痛地被销毁；但你却在悉尼活着，享受美景。）我们一旦拥有了该技术，相同的程序将会快速、无痛、安全地带你去木星的卫星度假。只要你在功能上等同于在芝加哥步入扫描仪时的个体，我们似乎就容易得出结论：在悉尼或木星附近度假的你，还是你自己。

但是，假设有一天你步入扫描仪后，操作员按错了按钮。你原计划今天去悉尼，下个月去巴黎，下下个月去孟买，数月后去莫斯科。但是，操作员弄混淆了，把你的数据同时传输给了四个地方（有点像电子邮件同时发送给数个接收人）。现在你在悉尼，也在巴黎、孟买和莫斯科。四个你在记忆上相同。但是，你在四个地方获得的经验非常不同（比如，假设四个你都陷入了爱河，很显然是与不同的人——一个是与悉尼的学生，一个是与巴黎的爵士钢琴家，一个是与莫斯科的艺术家，还有一个是与孟买的商人）。如今，四个你都有着非常不同的经验，你变成了显著不同的四个人。可是，四个人却又都声称与芝加哥步入扫描仪的人是同一个人。假设四个你都决定永久地生活在这四个新地点，10年之后，因为经历10年的不同生活的巨变，你成了迥然不同的人。在孟买的“你”和在巴黎的“你”迥然不同，因此你就与居住在芝加哥的人无法保持同一性，因为你与每一个个体都不一样。所以，心理上的连续性——甚至记忆的连续性——也不足以保证人格同一性的连续性。

情况还会更糟。你在悉尼过得不错，回想你在芝加哥的生活。就目前你所知道的而言，存在一个独一无二的个体——你——与居住在芝加哥的那个人是同一人。但是，在孟买、巴黎和莫斯科的人都这么想！这样，虽然你自己还不知道——因为这些“复制品”存在着，但没有你的知识——你与曾住在芝加哥的人就不是同一个人。

所以，我们仅仅通过诉诸记忆和意识的连续性来解决人格同一性问题是做不到的；相反，除非我们更多地知道外在的世界，否则我们就无法把握人格同一性。具体而言，是否在周边存在一些复制品。不过，这一点把我们推进到了所有陌生的结果。如果一个复制品是几年前制造的，那么，在那一刻，我就失去了我的同一性——对此我浑然不觉，甚至不去怀疑这件事。现在我们假设，数年后，我的复制品被火车撞倒：我是不是又再一次突然失去了人格同一性呢（即使我从不怀疑我失去了人格同一性）？

超越人格同一性

这种令人困惑的案例已经导致一些当代哲学家认为，也许人格同一性并非真的如我们传统认为的那样重要。毕竟，即使我对我的同一性是否一直在维持着还没有把握（既然我怀疑曾有人暗地里复制了我），我依然会深切地关注未来。比如，我——无论是否对我的同一性感到自信——依然非常合乎理性地关切我不陷入某个想折磨我的恶毒者之手。我合理地相信，我和在北卡罗来纳大学教堂山分校学习哲学的人是同一个人——我认为我不可能在这期间被复制，我清楚地记得我在教堂山分校的岁月。但是，如果我确信我的另外五个复制品会在明天出炉（完全带有我的记忆和信念）——那么，我就丝毫不能确信明天以后我会保持自己的同一性。假设我知道六个我中的四个（我和五个复制品，合计起来是六个）会被一个将要折磨我们的可怕的坏人劫走，通过在今天采取某个预防措施，我才能防止这件事。那么，我是否——在目前的同一性情况下——会这样做，我肯定会关切着不让六个中的四个遭到绑架。不论他们中哪个是我，所有的四个都与我有着同样的经验连续性。因此，那才是我真正关心的：我关心的并非是人格同一性，而是经验的连续性。

我们关于人格同一性概念的问题

如果我们试图确定“人格同一性”的标准意义会告诉我们关于这些案例的什么内容，我们很可能会失望。我们关于人格同一性的标准概念被设计成为我们在普通情况下提供好的工具，尤其是有些出乎普通情况之外的例子中。你比自己在高一时候个子要高一些，但是你与高中时候的自己依然是同一人。当你回到家，你碰巧遇到你高一时候的英语老师和足球教练，他们会说你长高了。他们甚至会说对此他们感到骄傲（“我们早知道你在大学里会表现出色，从你在高中时候优异的表现就能看出这一点”）；他们甚至会断言——如果你长得更高些，或在增加一些体重——“你猜怎么着，我几乎认不出你了”。但是，他们与之对话的，和曾是高一时的你，前后依然是同一人。即使在人格同一性上存在一些疑问的情况下，我们的日子依旧：当我祖父的记忆完全消失时，他记不清家庭成员，甚至不能回忆起自己的名字，他依然是——在某种意义上——那个在我童年时为我阅读的人，依然是那个带着我去林中散步的人。我依然经常去探望他，而不是另外一个人。但是，我们的概念体系并未演化至处理大脑移植和人格复制机器的情况。于是，在这些情况下，我们对人格同一性的认识就不能通过诉诸我们人格同一性的“传统意义”加以解决。

实际上，我们对于人格同一性（即使是在普通的概念使用上）是否有着充足的说明，这一点还不清楚。至少，这是大卫·休谟的观点。休谟相信，我们的人格同一性之感从我们观念的简单变迁中发展而来，但该变迁有程度之别，并非同一性的清晰缔造者。因此，休谟认为，“我们并没有刚刚好的标准，凭借这个标准我们便可以裁决任何关于那一时刻的争论，此时它们（我们的一束观念）得到或失去同一性的名号”。我们能够去规定什么可以算作同一性的标准，但是，这时候，我们是在规定（休谟会说）同一性的定义，而不是识别出一个实际的同一性。

同一性与“太一”

如果你同意斯宾诺莎、道家或者至少佛教的某个版本，相信世界是“太一（One）”，那么你就相信所有独特的个体都是幻觉。自认为是道家的人会声称相信个体的转世（reincarnation，在过去的生命中你是拿破仑，此前你是消失在新英格兰海岸暴风雨中的捕鲸船船长，再往前你是意大利修道院的一位修女，如此等等）。当然，个体转世在真正的道家看来是毫无意义的，因为所有的人格同一性都会消逝于“太一”。照那样看，人格同一性问题就成为一个为何人们会错误地设想他们会有分别的个体同一性的问题；被误解的个体的概念也是错误的。问题就更像是：为何在“整全（One Whole）”里竟有着困惑的领域？

> 此时，你从哪里停止，外在的宇宙从哪里开始？或者说，外在的宇宙从哪里停止，你又从哪里开始？一旦你能看清所谓的“你”以及所谓的作为连续整体的“自然”，那么，你永远不会被这样的问题所困惑：是你在控制自然，还是自然在控制你。
>
> ——雷蒙德·M. 斯穆里安（Raymond M. Smullyan），《上帝是道家吗？》（“Is God a Taoist?”）

人格同一性的叙事说明

试图弄清楚人格同一性的一个方式是，把我们从大脑移植和想象出来的科学剧情引向我们作为讲述故事者的能力，因为作为个体，我们发展出叙事（包括我们自己和我们是谁）的能力。从这个视角看人格同一性，我们的人格同一性不是由一个具体的身体（不断在变化），或一套机器（也在变化）来设定的。而是说，确保一个真正的人格同一性的唯一方式是，把你的生活放在一个连贯的叙事整体中，用个体叙事的方式表达，涵盖了变化和连续性。全部故事也许有一些纠结或转折，比如说，一个人也许会经历较大的翻转经验，或者说一个人的生命会因为在"某个被施咒的夜晚"遇见一个陌生人，或者经历了可怕的审判（例如在战争中成为俘虏）而永远改变。你的叙事并不需要动作惊悚，一个相对平静的生活会把目的和价值很好地整合起来。我们不仅仅是被给予了人格同一性；而是说，通过把支离破碎的部分结合成一个合目的、前后连贯的叙事，我们积极设法创造同一性。我们生活中的事件不会获得其意义，直到我们赋予其意义，直到我们将它们编织成合目的的行为模式。正如心理学家杰罗姆·布鲁纳（Jerome Bruner）认为的："自我乃是一种观念上的结构，把选择过的记忆范畴化的体系，为了制造出期望，为了判断合宜性，等等。牵涉到自我构建的关键认知活动更像是'思考'而非'记忆'了。"［布鲁纳《"被记住的"自我》（"The 'Remembered' Self"），1994］赞同人格同一性的叙述说明者的要点是，我们无法正好找到或发现或记得作为被给予对象的人格同一性；而是说，我们必须通过把我们多样的经验编织进连贯叙事中的方式，创造出我们的人格同一性。这样的叙事对我们意义攸关。有人甚至主张，为了让我们的生活有意义，一个前后连贯的叙事是基础性的。

> 当我们在我们与他者中遭遇自我时，让我们扼要提及一下自我的另一种属性。自我是"故事化的（storied）"，或者说在结构上是叙事的。当你询问人们他们真正像什么时，他们讲述很多故事，涉及通常的叙事元素……：在一个具体场景中，某个主体为了达到一个目标使用了某一工具，出于某种原因，在这些要素之间我们跑偏，产生了麻烦。而且他们所讲述的故事都是类型相似的：有人遭遇了英雄故事……牺牲的故事，爱情故事，等等。奥斯卡·王尔德（Oscar Wilde）说，生活模仿艺术。如果有人曾对此怀疑，那么，阅读传记会减轻这一怀疑。
>
> ——杰罗姆·布鲁纳，《"被记住的"自我》

叙事真理

关于主张叙事同一性的一个严肃问题是叙事必须有多精确的问题。我们知道，人们对完全是错的事情也能够拥有生动的"记忆"。比如，"重获记忆"的悲剧例子，其中，人们"记得"被实施邪恶仪式者性侵了。一个人能够根据从未发生过的历史构造出一套叙事吗？如果我把和森林小精灵一起在蘑菇底下度过的日子，看成我生活中的关键的、明确的时光，那样也会形成一个构成我人格同一性的连贯叙事吗？即使我"记得"自己与小精灵相处得非常愉快，这样的一个叙事也不可能是很有效的，因为它会不断地遭遇相反的证据。但是，假设我是一个非常普通的运动员，幻想着成为运动明星，多年来，我的幻想凝结成我真正的记忆。如今我最重要的"记忆"是以高中棒球明星的身份打出三次全垒打，击败另一个区的对手。如果我现在住在波士顿，所有的高中同学都回到了爱荷华，我再也见不到他们了。所有波士顿的朋友现在都相信我曾是高中时代的棒球明星，那么，这个错误的记忆——我现在相信真的发生了那些事情——也许永远不会被证明为错的了。这样的一个错误信念可以构成我的叙事同一性的核心要素吗？

研究记忆的心理学家很清楚，就连我们的图像记忆也是多么的不准确。但是，他们有时候也许会把不准确的记忆看成具有积极效果的。心理学家迈克尔·罗斯（Michael Ross）和罗杰·比勒（Roger Buchler）在他们的论文《创造性记忆》（"Creative Remembering"）中对图像记忆总结道：

> 最后，我们应该强调，人们去创造过去的经验来满足当下的需要是完全健康和正常的。这种创造性可能在大部分时间内对我们都有作用……对过去的记忆是人们用来适应当前目的的资源。但当人们低估他们自己记忆的可错性时，就会陷入麻烦。可能心理学家对记忆的研究教益不是说，人应当少一些创造性，而是说他们应该对他们构造自己历史的准确程度保持清醒。
>
> ——乌尔里克·奈尔瑟（Ulric Neisser）、罗宾·菲伍什（Robyn Fivush），《记忆中的自我》（*The Remembering Self*），1994

罗斯和比勒做出的区分点是富有洞见的，但是他们对人格同一性的叙事说明提出了一个基本问题。如果我们的生活叙事是系统地不精确的、扭曲的，它们还可以有效地成为标明我们人格同一性的基础吗？就像丹尼尔·丹尼特指出的，"我们在一切时候都是交谈者，告诉与重复告诉我们自己生活过的故事，对于真理的问题缺乏注意"（丹尼特，1992）。

也许准确性不像我们所想的那样重要；或者说，也许存在比叙事准确性还要重要的其他因素。如果我们把自我的统一性（unity）和国家的统一性做一个类比，那么叙事准确性相比叙事本身的基本存在而言，也许就显得不重要了。叙事本身不过是把分散的诸元素合成一个或多或少连贯的故事。想想看形成美国历史的叙事，这些有助于把美国定义成一个国家。（发动美国独立战争的人早就不在了，国家数次改变了疆界，美国宪法也历经多次变化，持续进行中的叙事可以成为界定这个国家持续存在的最好备选项。）该叙事的根本要素是，美国建立在民主的基础上，尽管这远非真实。（无论民主国家是什么样子，它都要求所有的公民拥有平等地位，或至少在决定这个国家如何治理中能发出重要的声音。但是，在美国赢得独立之后，只有持有重要财产的白人男子才有资格投票，那也不过是三分之一的人口。女性直到20世纪20年代才有选举权；在美国的很多地方，黑人都被剥夺了选举权，直到20世纪末期。）另外一个美国叙事的重要元素是我们对全世界被压迫民族的民主运动的支持。但实际上，历史上，尤其是在拉丁美洲，我们有过支持残酷独裁制、反对人民革命运动的历史。比如，海地杜瓦列尔的独裁统治，尼加拉瓜索摩查的独裁统治，危地马拉曼努埃尔·卡布雷拉、豪尔赫·乌维科·卡斯塔涅达、罗密欧·卢卡斯·加西亚、埃弗拉因·蒙特的独裁统治，以及萨尔瓦多卡洛斯·罗梅罗将军和国家调解党的统治。因此，像大多数国家一样，美国叙事包含着刺眼的错误。不过，这个叙事——可能包括我们典型无法实现的理想——有助于将一个国家统一成为一种身份。同样地，也许我们的人格叙事，包括我们的错误和自发起作用的“记忆”，也能对我们的人格同一感提供某种连续的形式和统一性。

模块化的大脑

如果我们基本的心理学和神经心理学结构是由独特的心理运作之“束（bundle）”构成的，那么，这种统一性来源就变得格外重要了，因为该结构既非必然协调良好，也非处在彼此有效的互联状态。正如丹尼尔·丹尼特根据迈克尔·加扎尼加（Michael Gazzaniga）和朱利安·杰尼斯（Julian Jaynes）的研究所言：

……正常的心灵并非完美统一的，而是由部分自动的系统成问题地纠结在一起的束。心灵的每个部分在每个时间不是同等易感的。这些模块或系统有时存在内在的互联问题，解决这些问题要通过不同的精巧独特且迂回曲折的路径来完成……有时候，自说自话会有非常好的效果，没有其他方式可以替代。理解该理念所需的一切就是那个假设，即心灵的模块有做事情的不同能力和方式，且不是完美地交互感通。在此情形下，让自己解决问题的方式是聆听其声音，让听到问题的被最好地刺激的那部分大脑来运作解决问题。

——丹尼尔·丹尼特，《作为叙事重心的自我》（“The Self as a Center of Gravity”），引自 F. 凯塞尔（F. Kessel）、P. 科尔（P. Cole）和 D. 约翰逊（D. Johnson）主编的《自我与意识：多重视角》（*Self and Consciousness, Multiple Perspectives*, NJ: Erlbaum, 1992）

根据这一观点，并不存在给定的控制者，也没有指导或指示整个体系的具体部分；取而代之的是，特殊化的子系统一起工作，没有任何总体的控制者，尽管通常会显得好像有一个中心控制者。

> 把即时的意识看成多样而非单一是可能的，尽管我们常常称之为“统一的（unified）”。意识的“统一”并不是成为合一（oneness）的事情，而是表现出来的连贯性。这种连贯性……指向说明一个自我如何从大脑表现出来的活动的多重部分里浮现出来……我们可以合理推测，精神分裂症作为一种疾病，损害了产生经验连贯性的意识形成机制的能力。相反，失调的可能结果是，这些机制以自动的方式运作，产生出内容上彼此不衔接与不连续的经验。这导致了精神分裂的相似症状。比如，在思维插入妄想的例子中，主要原因在于大脑的一部分产生了一种想法，该想法与其他地方产生的精神内容在表现上不连续，病人会将其判断为陌生的，因此就不予承认。这里，我们看到的是，自我部分的分裂，但不是在无法成为单独个体意义上的分裂——在多轨视角上，这从来不是第一位的——而是在大脑产生的许多指向自我的表象不再集中为一个连贯系统的意义上的分裂。
>
> ——杰勒德·奥布赖恩（Gerard O’Brien）、乔纳森·奥佩（Jonathan Opie），《意识的多重性

与自我的发生》（"The Multiplicity of Consciousness and the Emergence of the Self"），引自帝罗·基尔舍（Tilo Kircher）和安东尼·戴维（Anthony David）合编的《神经科学和精神病学的自我》（*The Self in Neuroscience and Psychiatry*, Cambridge: Cambridge University Press，2003）

当遇到总监管者是谁的问题时，尼古拉斯·汉弗莱（Nicholas Humphrey）和丹尼尔·丹尼特给出了如下回答：

根据生物学和人工智能，这一答案是，复杂系统实际上发挥作用的方式，似乎是彻底地"合目的的和整合的"方式，各个子系统完成自己的工作，而不关乎中心监管。大多数系统似乎都有着中心控制者，但实际上并没有。白蚁群体的行为提供了一个精彩例子。作为整体的群体建造出精致的土丘，逐渐知道其领地，组织穴外觅食，派出袭击其他蚁群的蚁兵，等等。群体的协调一贯是如此精致，以至精明的观察者会假设存在一个蚁群之"群魂（group soul）"……然而，实际上，该群体的智慧仅仅是来自无数的单个白蚁。它们在不同等级上存在专门分工，忙碌于个体的事务——被交互影响着，而非受到总体规划的影响。

——汉弗莱、丹尼特，《为我们的自我代言》（"Speaking for Our Self"），发表于拉里坦《评论季刊》（*A Quarterly Rcview*），1989 年夏第 9 卷，第 1 期

如果这是真的，那么，这些不同的模块是如何统一成一个整体的呢？我们大脑的模块如何至少显得是形成了一个统一的自我的呢？也许叙事模块是处理这种不统一的最诱人的方式。一个错误的叙事依然还是叙事，并可以成为一个连贯而统一的叙事，尽管包含着错误的元素。这样的叙事——不太准确，甚至不太连贯——可以成为我们从这些多样的模块中建立一个统一性、一个"统一的"自我的最好方式。正如丹尼特所写的：

……我们都是出色的小说家，看到我们自己被编织在各种类型的行为里，或多或少地统一着，然而有时也是不统一的。我们永远把自己最好的"面相"朝向故事。我们尽力让一些材料连贯成一个精彩的故事。这个故事就是我们的自传。

——丹尼特，1992

对自我同一性的传统说明——至少从约翰·洛克时代起——都建立在自我意识的某些统一要素上（记忆是一个受人喜爱的备选项）。但是，假设不存在一个构成基础的统一的自我意识，相反，我们的意识是由许多独特的心理学模块组成的。这些模块并非一直彼此沟通。那样的话，一个统一的自我将必须被建构出来，而非发现出来。叙事建构就是一个可能的建构方法。

自我的叙事路径虽然识别出意识在建构自我的适当活动中的重要性，但它的作用不止如此。它还可以识别出，适当的过程典型地围绕着故事线索，其中，自我是剧情或生活情节的主角，他人只是扮演次要角色，物理的和社会的世界是领衔角色（自我）表演的舞台。对这种

自我的形成来说，最根本的是，在时间中稳定的同一性。通过在他相信自己被卷入的剧本中的表演而构成这样的同一性。

——约翰·巴雷西（John Barresi），《论成人》（“On Becoming a Person”），引自《哲学心理学》（*Philosophical Psychology*），第 12 卷，第 79—98 页

叙事的可解释性

彻底划分为“束”或模块的假设是对人格同一性的叙事解释的提示，但是，这还不是唯一的提示。阿拉斯戴尔·麦金太尔（Alasdair MacIntyre）将人格同一性的叙事陈述作为生活意义的基础：“当某人抱怨——如那些试图自杀的人就是这样——他的生活无意义时，他经常（或许，特别地）抱怨他们的生活对他们来说已变得不可理解，生活缺乏任何意义，不再朝向一个顶点或目的（*telos*）运动”（引自《追寻美德》）。但是，对于麦金太尔而言，更加重要的也许是生活的叙事陈述对可解释性来讲是基本的：“贯穿一个人自生至死的叙事主题……让一个值得叙述的人生的行动和经验成为可说明的”（引自《追寻美德》）。因此，对麦金太尔而言，叙事模式作为一个人的生活和行动有道德责任的因素是基础性的。

全世界是一个舞台，
所有的男男女女不过是一些演员；
他们都有下场的时候，也都有上场的时候。
一个人在他的一生中扮演着好几个角色……
——威廉·莎士比亚，《皆大欢喜》（*As you like it*）

你也许会对可解释性和道德责任是否都被叙事模式所支撑而感到疑惑。毕竟，总有可能给出一个叙事说明，来强调一个人在面对灾难时的总体无助感。一个宿命论者也许会认为他的人生处在反复无常的命运控制之下——很多古希腊人持有该想法——但同时也相信一个人的生活是一场连贯的叙事。

罗纳德·德沃金（Ronald Dworkin），是一位非常著名的当代法哲学家，他运用叙事模式来解释，如果在经受无痛苦的生活，一些人为何会宁愿死去，并解释了一些人为何不想在生命的最后阶段处于无意识状态中，依附于机器而度过一段较长的时间，即便不存在受苦的问题。他写道：

几乎在每一种情况下，永久性无意识或丧失能力的人都不是天生如此，悲剧发生在当事人最热爱的生命的末端。当我们问对当事人而言什么是最好的时，我们不仅仅在判断他的将来，也非忽略他的过去。我们担心他的人生的最后阶段在他整个人生中产生的作用，这犹如我们担心在整个富有创造性的作品中，如一个剧本的最后一幕或一首诗作的最后一段对整个作品而言产生的作用一样……

当病人存有意识时，他们的整体感以及生活的连贯感觉至关重要地影响着他们的判断：继续生活下去是否为他们最好的利益所在。运动员，或者其他以体育活动为自我概念中心的人，更可能会发现瘫痪的生命之难以忍受。当南希这位加拿大妇女赢得关掉呼吸机的权利时，她说到，她生活中拥有的一切就是电视机。她并不是说看电视是痛苦的，而是说那仅是一种被

动的生活，看电视正象征着这种被动性，这比一无所有还要糟糕。对这种人而言，丧失活动能力的生活是无法令人接受的，这并非出于经验词汇可以解释的原因，而是因为缺乏了一直以来生活围绕其构建出来的自我概念。先前围绕着活动而组织起来的生命，如果添加上好几十年的不活动，将会留下一个叙事败笔，没有结构或意义，还不如在活动中结束的生命。

——罗纳德·德沃金，《生命的自主权》（*Life's Dominion*），1993

思考一下约伯吧，他成了上帝和撒旦玩的宇宙游戏的木偶。在这场游戏中，约伯对事件或后果毫无控制。但是，约伯的生命是伟大的人类生命叙事陈述中的一部分。如此一来，人类的生命受到了超越约伯理解的力量的摆布。虽然这是一个悲剧的叙事，犹如在许多古希腊戏剧中描写的叙事一样，却不失为连贯的生命叙事。

所以，一则叙事说明可以不涉及相当程度的自主控制，尽管有些倡导者（如麦金太尔）会如此假设。但是，人格同一性叙事陈述的核心乃是人格同一性不是一个既定对象，而是通过未必有真实统一性的诸因素建构出来的。它乃是人格同一性的建构模式。心理学家杰罗姆·布鲁纳对此加以强调，把叙事建构看成自我意义的基础。

首先，我大胆地提出，从结果上看，并没有一个在直觉上明显而基本的自我可以认识，不存在一个正好坐在那里被语言描绘的自我。而是说，我们不断地建构和再建构出一个自我，来满足我们所遇到的情境的需要。在我们过去的记忆以及对未来的希望和担心的指导下，完成此项工作。把自我告诉自己，更像编织一则我们是谁、是什么、发生了什么、为何正做着我们所做的工作的故事。

……

我已经证明，正是通过叙事，我们才创造和再创造出自我。这种自我乃是我们讲述的产物，而不是往主体性深处深究的某个本质。如今有证据表明，失去构造关于我们自己的故事的能力，也就不存在什么自我了。

——杰罗姆·布鲁纳，《自我的叙事创造》（“The Narrative Creation of Self”），引自《故事的形成：法律、文学与生活》（*Making Stories: Law, Literature, Life*, New York: Farrar, Strauss and Giroux, 2002）

人格同一性似乎是一个最简单的问题。毕竟，“我是谁”似乎不是会造成大问题的问题。但是，像很多哲学问题一样，当我们更加深刻、仔细地看待问题时，简单的问题就不总是有着简单的答案。这乃是苏格拉底教给我们的教益，也许2500年后想起这个教益依然还是有用的。

阅读部分

人类理解论

约翰·洛克

约翰·洛克（John Locke，1632—1704）是近代哲学经验主义运动的一位领袖人物，也是最伟大的英国哲学家之一。他重视经验和观察的重要性，认为两者是知识的钥匙。在政治哲学领域，他也非常有影响力，他的社会契约理论的观点对政治理论（包括美国宪法）产生了巨大影响。在人格同一性问题上，洛克的著述在为启蒙时代构建这个问题上起到了至关重要的作用。实际上，洛克提出的人格同一性问题，在今天依然影响着我们思考该问题的方式。即使你得出结论说洛克关于人格同一性的说明存在一些问题，但你依然应当欣赏他论述该问题的严谨。下面的段落选自洛克的《人类理解论》第二卷。

人格的同一性——要确定人格同一性是由什么构成的，我们必须考虑“人格”一词所代表的东西。在我看来，所谓人格就是有思想、有智慧的一种东西，它有理性、能反思，并且能在不同的时间和地点把自己看作自己，看作同一的能思维的东西。它在思维自己时，只能借助于意识，因为意识与思想是分不开的，而且我想意识是思想所绝对必需的，因为人既然发生知觉，则他便不能不知觉到自己是在知觉的。当我们看到、听到、闻到、尝到、感觉到、思维到、意想到任何东西时，我们知觉自己有这些动作。因此，意识永远是和当下的感觉和知觉相伴随的，而且，只有凭借意识，人才是自己所谓的自我……

意识构成人格的同一性——不过人们还进一步说，它是不是同一的实体？……人们就怀疑，我们是不是相同的有思想的东西，是不是相同的实体？不过，无论这个问题是否合理，都与人格同一性完全无关。我们的问题只是，同一的人格是由什么构成的，并不是说，在同一人格中思想的那种东西是不是同一的实体，后面这个问题与我们现在的问题完全不相干。各种不同的实体，被同一的意识所统一（在这些实体入于意识中时）而成人格，正如各种不同的物体被同一的生命所统一而成动物似的。动物体中的各种实体虽然常变，可是有继续不断的同一生命就保存了动物的同一性。因为人之所以对他自己来说是他自己，是因为有同一的意识，因此，人格同一性就完全依赖意识——不论这种意识是附着于单一的实体，抑或能在一系列实体中继续下去。因为同一的自我之所以成立，乃是因为有智慧的东西在重复其过去行动的观念时，能伴有它以前对过去行动所生的同一的意识，并伴有它对现在行动所生的同一的意识……

各种实体虽变，人格同一性并不变——……你如果把一只手去掉，并且使它感受不到原来所感到的热、冷和其他感觉，则那只手便不是他的自我的一部分，亦正如同最远的物质部分不是他的一部分一样。这样，我们就看到，人格的自我此时所借以成立的那种实体，在另一时间虽然可以变化，可是人格的同一性并不因此也跟着变化。因此，各种肢体虽是一个人格者的一部分，可是它们在被割除以后，人格仍是同一的。

能思想的实体变化以后，是否还有人格的同一性——不过现在的问题是，能思想的同一实体如果变了，是否还是同一的人格？而且这个实体如果不变，它是否能成为不同的几种人格？……

……一个王子的灵魂，如果仍能记起作为王子时的生活，而且在一个鞋匠的灵魂离开鞋匠以后，王子的灵魂进入了鞋匠的身体，则人人可以因为他有王子的动作，认为他和王子是一个人格者，不过谁能说，这就是同一个人呢？所谓人也是离不了身体的，而且在现在这种情形下，人们都应当通过身体决定他是不是同一个人，因为现在的灵魂，虽具有王子的思想，可是它并不能使鞋匠成为另一个人。在人们看来，鞋匠仍是鞋匠，只有在他自己看来，不是如此。我自然知道，在平常的谈论中，同一的人格和同一的人是指同一东西而言，而且人们自然也可以随便谈话，任意以清晰的声音表示各种观念，并且常常自由改变它们。不过，我们现在既然要考察，同一的精神、人和人格是由什么构成的，因此，我们必须在心中把精神、人和人格三者的观念确立。既然我们确定了它们的意义，则我们便不难决定它们何时是同一的，何时不是同一的。说到别的东西，也是一样。

意识造成同一的人格——我们已经知道，灵魂，或同一的非物质的实体，不论在什么地方，是什么状态，并不能单独地形成同一个人。不过，我们仍然清楚地看到，任何时间，即使是过去几世纪，只要能被意识所扩及，则意识便能把距离很久的各种存在或行动统一起来，成为同一的人格，就如它能把方才过去的存在和行动统一起来一样。因此，不论什么主体，只要能意识到现在的同过去的各种行动，它就是同一的人格，而且那两种行动也都是属于他的……

自我依赖意识——自我就是有意识、能思想的东西（不论它的实体是精神的或物质的、简单的或复杂的，都没有关系）；它能感觉到快乐和痛苦、幸福和不幸，意识扩展到什么地方，则这个自我便对自己关心到什么地方。因此，人们会发现，自我如果就是意识，则一个小指亦正同一大部分一样，都是自我的一部分。在把小指割去以后，这个意识如果伴着小指而去，离弃了身体的其他部分，则小指显然会成人格，会成同一的人格，而且这个自我与身体的其他部分便全无关系。在各部分互相分离了以后，能形成同一人格的，能形成不可分离的自我的，既然在于那个随实体一块离去的意识，因此，在时间距离很远的各种实体方面，亦有同样的情形……

奖赏和惩罚的对象——奖赏和惩罚之所以合理、公正，就在于这个人格同一性。因为人人关心的只是自己的幸福和不幸，至于同那种意识不相连或不受影响的任何实体，则不论它变成什么样子，都无关系……

这就向我们指出，人格同一性只在于意识的同一性，而不在于实体的同一性。……这个就同你因为两个孪生子外貌相似，不易辨识，就根据此一个人的行动来惩罚其兄弟，是一样不合理的，因为他的兄弟或者并不知道他的行动。这类孪生子是我们所见过的。

……人类在庄严地宣示自己的意见时，就是本着这种意义，他们说人类的法律并不因为其清醒时的行动来惩罚疯时的人，也不因为其疯时的行动来惩罚清醒时的人，因而就把疯时的人和清醒时的人看成两个人格。平常的说法颇能解释这一层，就如说“那人不像他自己了，或魂不守舍”等。这些语句暗示我们，现在说这些话的人，或至少原来说这些话的人，以为那个自我已经变了，以为同一的人格是脱离了那个人的。

只有意识形成自我——只有意识能把远隔的各种存在联合成为同一的人格；实体的同一性并不能做到这一点。因为无论有什么样的实体，无论实体有什么样的组织，离开了意识是无所谓人格的。……因此，“自我”并不是由实体的同一性或差异性所决定的（自我并不能确知其实体是什么），乃是由意识的同一性所决定的。

自我确实可以想象，它现在所借以成立的那个实体是以前存在过的，是和同一个有意识的存在物相统一的。不过，去掉意识后，那个实体便不再是自我，也不是自我的一部分，正同别的实体不是那个自我一样。这可以从我们上面所举的例子看出来。一个肢体在割除以后，我们便意识不到它的冷、热和其他感觉，因此，它就不是自我的一部分，正如宇宙中任何其他物质一样……

……我们如果能假设，有一种精神完全没有过去行动的记忆或意识（我们常见我们的心灵往往忘却了自己行动的大部分或全部），则那个精神的实体无论联合还是分离，都不能使人格同一性发生变化，正如任何物质分子的联合或分离，不能使人格的同一性发生变化一样。任何同当下能思想的那种东西统一在一起的实体，都是现在自我的一部分：任何事物如果借着先前行动的意识同这个自我统一在一起，它也就是过去和现在都相同的那个自我的一部分。

人格是一个法律名词——所谓人格，在我看来，就是这个“自我”的名称。任何一个人如果发现了他所谓的他自己，则我想别人就可以称“他”为同一的人格。它是一个法律名词，表示行动和行动的价值。因此，这个名词只能属于有智慧的主体，而且那个主体是能受法律所支配的，是能感受到幸福或不幸的。这个人格之所以能超越现在的存在而扩及过去，只能通过意识。借着这种意识，它便可以关心过去的行动，对过去的行动负责，并且把过去的行动认为是自己的，一如其在现在的行动方面所可能的那样。……因此，他如果因为这种行动而得到快乐或痛苦、奖赏或惩罚，那正如同他在刚出生时，没有任何过失就变得幸福或不幸似的。因此，使徒就告诉我们，在末日时，人人都要“根据自己的行动受报，一切人心底的秘密都要被揭露出来”。那时的判决一定会因为一切人的意识，而达其公正的目的。因为人们都将意识到，他们自身不论曾出现在什么身体中，那个意识不论曾附着于什么实体中，他们仍然是从前实行那些行动的同一个人，并且应该因为那些行动而受到惩罚。

人性论

大卫·休谟

大卫·休谟（David Hume，1711—1776）几乎在哲学的每一个领域都写出了具有深刻影响力的著作，对哲学探究的经验主义路向的影响尤为显著。下面的段落（选自《人性论》）涉及了人格同一性问题。休谟否认决定人格同一性的潜在的“灵魂实体”概念，他提出，自我不过是“一束”知觉或不同知觉的集合；徒劳地寻求人格同一性的明确标准是由语词混乱导致的。

有些哲学家认为，我们每一刹那都能直接地意识到我们所谓的自我；认为我们感觉到它的存在和它的存在的继续，并且能超出证明的证据而确定它的完全同一性和单纯性。他们说，最强烈的感觉和最猛烈的情感，不但不会使我们放弃这种看法，反而会使我们更深刻地坚持这种看法，并且通过它们所带来的痛苦或快乐使我们考虑它们对自我的影响。要想尝试对这一点做进一步的证明，反而会削弱它的明显性，因为我们不能根据我们那样直接意识到的任何事实，得出任何证明；而且如果我们怀疑了这一点，那么我们对任何事物便都不能有所确定了。

……

由此可见，关于同一性的争论并不单是一种文字上的辩论。因为当我们在一种不合适的意义上把同一性归于可变的或间断的对象时，我们的错误并不只在于表达方式，而是往往伴有对一种不变的、不间断的事物的虚构，或是伴有对某种神秘而不可解说的事物的虚构，或者至少伴有进行那种虚构的一种倾向。要把这个假设证明得让每一个公正的研究者满意，必须要根据日常经验和观察指出，那些可变的或间断的、可是又被假设为继续同一不变的对象，只是由接续着的部分组成，由类似关系、接近关系或因果关系联系起来的。因为那样一种接续很显然是符合我们多样性的概念的，所以我们只是错误地把它归为同一性；而且使我们产生这种错误的那些部分之间的关系，实际上只是产生观念的联结并使想象在各个观念之间顺利推移的一种性质，所以错误的发生只是由于这种心灵活动和我们思维同一而继续的对象时的那种心灵活动有一种类似关系。因此，我们的主要任务就是要证明，我们没有观察到它们的不变性和不间断性而就把同一性赋予它们的一切对象，都是由相关对象的接续组成的。

为了证明这一点，可以假设我们面前有一团物质，它的各个部分是互相接近、联系着的；假设所有的部分都不间断地、不变地继续是同一的，不论我们在它的全体或在任何一个部分中观察到什么样的运动或位置有什么变化，我们显然一定会认为这个物质团有一种完全的同一性。但是，假设一个很小的或细微的部分加在那个物质团上，或者从那个物质团上去掉，那么严格地说，这绝对毁坏了全体的同一性，可是由于我们的思想很少那样精确，所以我们会毫不犹豫地断言，我们所见的那个变化很小的物质团仍然是同一的。由变化前的对象至变化后的对象，思想的进程是那样的顺利而简单，所以我们几乎觉察不到那种推移，而很容易认为，我们还只是在继续观察同一个对象。

……

我们如果再把部分之间的感应作用加到它们的共同目的上面，假设在它们的全部活动和作用中，彼此之间有一种交互的因果关系；那么上述情形就更加显著了。一切动物和植物都是这种情形；在这些物类方面，不但各个部分都和某种共同的目标有联系，并且也都互相依靠、互相关联。那样一种强的关系的效果就是，每个人虽然都必须承认，在几年的时间中，植物和动物都经过了全部的改变，而且其形状、大小和实质也完全变了，可是我们仍然把一种同一性归于它们。由幼小树苗长成高大树木的一棵橡树，仍然是同一棵橡树，虽然没有任何一个物质粒子或其各部分的形状是相同的了。一个婴儿长大成人，时而肥胖，时而消瘦，可是他的同一性并没有变化。

我们也可以考虑下面两种现象，这两种现象在其种类上也有显著之处。第一个现象就是，我们平常虽然能够相当精确地区别数目的同一性和类型的同一性，可是我们有时也会把两者混淆，在思想和推理中把一个当作另外一个。例如，一个人听到一种时断时续的声音时就说，那还是同一个声音，虽然那些声音只有一种类型的同一性或类似关系，而并没有任何数目的同一性，但是发出这些声音的那个原因是相同的。同样，我们也可以说（这也并不破坏语言的恰当性），原来一座用砖块建筑的教堂倾倒之后，教区又用沙石按照近代的建筑方式重建了同样的教堂。在这里，教堂的样式和建筑材料都已不是同样的了，前后两个教堂也没有任何共同处，所共同的只有两者对教区居民的关系；可是单是这一点就足以使我们称两者为同样的了。但是，我们不得不说，在这些情形下，在第二个对象开始存在之前，第一个对象可以说是已经消失了。借着这种方法，在任何一个时间点上就都不会有差异观念或多样观念呈现于我们之前；而且我们因此就毫不犹豫地把两者称作同一的。

第二，我们可以说，在相关对象的接续中，虽然需要各部分的变化不要太突然，不要很完全，才能保存同一性，可是当对象在本性上就是容易变化而无常的时候，我们就允许较为突然的一种转变，这种转变在其他情况下是和那种同一关系不相符合的。例如，一条河流的本性既然在于各部分的运动和变化，所以虽然在不到 24 小时的时间中，这些部分完全变了，而这并不妨碍河流在若干世纪中继续保持同一不变。任何东西的本性或本质都可以说是被人所预期的；而凡是被人所预期的东西比起不寻常的、奇特的东西来说，所造成的印象总是较浅，并且也显得没有那样重要。在想象看来，前一类中的重大变化比起后一类中的最细微的变化来，似乎要小一些；而且那种变化因为它所打断的思想的连续性较少，所以就其消灭同一性而言，影响也就较小些。

现在我们可进而说明人格同一性的本性，这个问题在英国，尤其是近年来，已成为如此重大的一个哲学问题；在英国，人们对一切比较深奥的科学都在以异常的热情和勤勉加以研究。显然，在说明植物、动物、船舶、房屋、一切复合的和可变的艺术产品或自然产品的同一性方面所曾经如此成功运用的那个推理方法，在这里仍然必须继续采用。我们所归之于人类心灵的那种同一性只是一种虚构的同一性，是与我们所归之于植物或动物体的那种同一性属于同样种类的。因此，这种同一性一定不可能有另一个来源，而是一定发生于想象在相似对象上的相似作用。

……

因此，现在所留下的唯一问题就是，当我们考虑一个心灵（或能思想的人格）的接续存在时，我们思想的这种不间断的进程是由什么关系产生出来的。这里，我们显然必须局限于类似关系和因果关系，而把接近关系去掉，因为这种关系在现在情形下的影响是很小的或是完全没有的。

先从类似关系谈起。假使我们能够清楚地透视他人的心胸，而观察构成其心灵（或思想原则）的接续的那一串知觉，并且假设他对于大部分过去的知觉永远保持着记忆；那么显然，再没有比这个情形更能有助于以一种“关系”给予层层递变中的这个接续现象了。因为记忆不就是我们借以唤起过去知觉的意象的一种官能吗？一个意象既然必然和它的对象类似，那么记忆把这些互相类似的知觉常常置于思想链条中，岂不就必然会使想象较为顺利地由一个环节转移到另一个环节，而使全部链条显得像一个对象的继续吗？因此，在这一点上，记忆不但发现了同一性，并且由于产生了知觉之间的类似关系，而有助于同一性的产生。不论我们考虑自己或别人，情形都是一样的。

至于因果关系，我们可以说，要想对人类心灵有一个正确的观念，就该把它视为各种不同的知觉或不同的存在的一个体系，这些知觉是被因果关系联系起来的，它们互相产生，互相消灭，互相影响，互相修正……

这个学说的全部使我们达到一个对现在的问题来说极为重要的结论，即关于人格同一性的一切细致而微妙的问题，永远不可能得到解决，而只可以看作语法上的难题，不是哲学上的难题。同一性依赖观念之间的关系；这些关系借其所引起的顺利推移产生了同一性。但是，这些关系和顺利推移既然可以不知不觉地逐渐减弱，所以我们就没有正确的标准，借此可以解决关于这些关系是在何时获得或失去同一性这个名称的任何争论。关于联系着的对象的同一性的一切争论都只是言语上的，实际上仅仅是部分之间的关系产生了某种虚构或想象的结合原则，正像我们前面所说的那样。

理性与人

德里克·帕菲特

德里克·帕菲特（Derek Parfit）是牛津大学万灵学院研究员，也在哈佛大学和纽约大学任教。下面的段落选自他的著作《理性与人》（*Reasons and Persons*, Oxford: Clarendon Press，1984）。

当帕菲特谈及还原论观点时，他是指人格同一性的事实是由能被不具人格地描述的更具体的事实组成。比如，一个还原论者可能会坚持认为人格同一性是由心理学上连续性的元素构成，或由活生生的大脑的具体部分的持续存在构成。这样，人格同一性就可以还原到这样具体的不具人格的事实。一个非还原论观点的例子是，我们的同一性需要特定的心灵或精神实体的持续存在；但是，非还原论者不必是个二元论者。帕菲特赞同人格同一性的心理学还原论观点，不过，他还证明，人格同一性对于我们来说并不是那么重要：重要的是经验的心理上的连续性，而非这些经验属于一个具体的持续的个体。

分裂的头脑

近来的一些医学病例提供了有利于还原论者观点的惊人证据。人的大脑有一个下脑和分成左右半球的上脑，这两个半球由神经束连接在一起。在治疗一些患有严重癫痫症的病人时，外科医生就切断这些神经，目的是通过把癫痫发作的病因局限在一个脑半球上而减轻癫痫发作的强度。这个目的达到了。但是，这样的手术产生了另一个无意的结果。用一个外科医生的话来说，这个结果就是创造了“两个独立的意识半球”。

这个结果被各种各样的心理测试所揭示。这些测试运用了两个事实。我们用我们的左半脑控制我们的右手，用我们的右半脑控制我们的左手。我们视野中右半域的东西是由左半脑看到的，而左半域的东西是由右半脑看到的。当某个人的左右半脑一经被分割开后，心理学家们就能够向这个人的视野中的两个半域出示写下的两个不同问题，而且能够获得这个人用两只手写下的不同的答案。

这里是这类测试所提供的此类证据的一个简化版

本。这些人中的一位被带到一个宽屏幕面前，屏幕的左半部是红色的而右半部是蓝色的。在每个半部上都有颜色略暗的“你能够看到多少种颜色?”这么几个字。这个人用双手分别写下“只有一种”。屏幕上的字现在变成了“你能够看到的唯一的颜色是什么?”，这个人用一只手写下“红色”，用另一只手写下“蓝色”。

如果这就是这个人如何反应的，那么，看来没有理由怀疑他正在拥有这样的视觉——正如他所声称的，他的确既看到了红色又看到了蓝色。但是，当他在看到红色时没有意识到看到蓝色，相反亦然。这就是为什么那位外科医生说有“两个独立的意识半球”。在他的每一个意识中心，这个人只能够看到一种单一的颜色。在一个中心，他看到红色；在另一个中心，他看到蓝色。

许多实际测试，尽管在细节上与我刚才表述的想象的测试有所不同，但是都表现出相同的两个本质特征。在看到他的视野中的左半域中的东西的时候，这个人没有意识到他正在右半域看到什么，反之亦然。在使他看到视野中的左半域而且意识到他在用左手干什么的那个意识中心，这个人没有意识到他正在用他的右手干什么，反之亦然。

……左半脑典型地支持或者“具有”一个成年人的语言和数学能力，而右半脑在这方面“具有”的能力只有一个小孩子的水平。右半脑尽管在这方面欠发达，但是具有其他方面的更大能力，诸如包含在图案辨识方面或者音乐方面的那些能力……人们还认为，少数人的两个半脑在这些能力方面没有任何差异。

假设我是这些少数人中的一位，有两个十分相似的半脑。而且假设我已经装备能够切断我的两个半脑之间联系的某种装置。由于这个装置是与我的眉毛连在一起的，它处于我的控制之中。通过皱起一边的眉毛我就能够分裂我的头脑……

值得重申还原论者观点的其他一些部分。我主张：

由于我们把思想归属于思想者，所以思想者的存在为真。但是，思想者不是独立存在的实体。一个思想者的存在只涉及他的大脑和躯体的存在，以及他的行动的实施、他的思想的思维、其他某些物理和精神事件的发生等的存在。因此，我们能以非人称的术语来重新描述任何个人的生命。在解释这个生命的统一性的时候，我们不需要主张它是某个特定的个人的生命。我们能描述在不同的时刻所想、所感、所看和所做的事情，以及这各种各样的事情是如何互相联在一起的。只有在描述许多思想、愿望和记忆等的内容时，个人在此处才会被提及。个人不需要被当作这些思想中任何一个思想的思想者。

这些主张得到其中我分裂我的头脑的那个事例的支持。不同经验的统一性不需要通过把所有的这些经验归属于我来解释这一点不仅在此处为真，而且我在每一个意识流中的经验也是不能以这种方式被解释的。只有两种选择。我们可以把每一个意识流中的经验归属于一个不是我因而不是一个个人的经验主体。或者，如果我们怀疑这样的一些实体的存在，我们可以接受还原论者的解释。至少在这个事例中，现在看起来这可能是最好的解释……

在这个事例中，我的大脑的两个半脑将分别成功地移植到我两个兄弟十分相似的躯体内。两个作为结果的人将在心理上完全与现在这样的我连续。我身上发生了什么?

……下面请注意，就像以前，就算我们实际操作这个手术，我们也不能发现什么。假设，例如，我的确作为一个作为结果的人幸存下来。我认为我已经幸存下来。但是我会知道另一个作为结果的人会虚妄地认为他是我，而且是他幸存了下来。既然我知道这一点，就会不信赖我自己的信念。我会是具有虚妄信念的那个作为结果的人。而且，既然我们两者都主张是我，他人就会没有理由相信我们中的一个而不是另一个。从而，就算我们实施了这个手术，我们也不会有所收获。

无论在我身上发生了什么，我们也不能发现发生了什么。这为我们的问题提出了一个更加极端的答案。它提示着还原论者的观点为真。这里大概没有不同的可能性，其中的每一个或许都是所发生的，尽管我们永远不会知道实际上发生的是哪一个。大概，当我们知道每一个作为结果的人会有我的大脑的一半，以及会与我在心理上连续的时候，我们也就知道了一切。例如，当我们提出作为结果的人中的一个或许是我的时候，我们在假设什么？什么会使这成为真正的答案？

我认为不能有不同的可能性，其中的每一个或许都是真相，除非我们是像笛卡尔式的自我那样独立存在的实体。如果我真正所是的是一个特定的自我，这就解释了作为结果的人中的一个是我这一点如何会为真。正是在这个人的大脑和躯体中，这个特定的自我重获意识，这可能是真的……

对笛卡尔式的自我的信奉者们而言，更加困难的问题是，我到底是否会生存。既然每一个作为结果的人会在心理上与我连续，就不会有证据支持对于这个问题的任何一个答案。即使我是一个笛卡尔式的自我，这个论证也具有力量。

就像以前，一个笛卡尔的信奉者可能反驳说，我误述了所发生的事。他可能主张，如果我们进行这个手术，事实上，作为结果的人两者不会都在心理上与我连续。可能的是，这些人中的这一个或者那一个在心理上与我相连续。在这两种情况下，这个人是我。也许两者中没有一个在心理上与我相连续。在这种情况下，我不会幸存下来。在这三种情况中的任何一种情况下，我们都会获得真相。

这是不是一个好的反驳取决于我们的心理特征和我们的大脑状态之间的关系是怎样的。正如我已经说的，我们具有有关心理连续性的承载者并不是不可分的决定性证据。在左右半脑业已被割裂的那些病人实例中，产生了两个系列的思想和感觉。这两个意识流在心理上都与原先的意识流相连续。心理的连续性于是已经在数个实例中呈现出一个分裂的形式。这个事实驳斥了刚才的反驳。它证明我的这一个主张是正当的，即在“我的分裂”这一个想象的实例中，两个作为结果的人都会在心理上与我相连续。既然如此，能够被提出的笛卡尔式的观点也只能是一种更加令人怀疑的版本，这个版本并不把自我与任何可观察的或者可内省的事实相联系。即使我是这样的一个自我，我也决不会知道我是否已经幸存下来。对笛卡尔的信奉者们而言，这个事例是一个不可解的难题。

假设，鉴于早先给出的理由，我们拒斥有关我们每一个人其实都是一个笛卡尔式的自我的主张。而且我们拒斥有关个人是与其大脑、躯体和各种各样的精神、物理事件相分离的其他任何种类的独立存在的实体的主张。那么，我们应该如何回答有关我分裂时发生什么的问题？……

依照还原论者的观点，这个难题消失了……我们知道这个结果是什么。将有两个未来的人，其中的每一个将拥有我的一个兄弟的躯体，而且将在心理上与我相连续，因为他具有我的大脑的一半。知道了这一点，我们就知道了一切。我可能问，“但是我将是这两个人中的一个呢，还是另一个呢，抑或哪一个也不是？”我应该将这个问题视为一个空洞的问题。下面是一个类似的问题。1881 年，法国社会党分裂。发生了什么？法国社会党不再存在了吗？还是作为两个新的党的一个或者另一个而继续存在呢？鉴于需要某些进一步的细节，这会是一个空洞的问题。即使我们对这个问题没有答案，我们也会知道究竟发生了什么……

我分裂时重要的是什么?

一些人会把分裂当作如同通常的死亡一样糟，或者几乎同通常的死亡一样糟。这种反应是非理性的。我们应该把分裂当作几乎与通常的幸存一样好。正如我已经论证的，这个手术的这两个“产品”会是两个不同的人。考虑一下我与这两个人中的每一个人之间的关系。这样的关系未包含在通常的幸存中包含的某个生死攸关的要素吗？显然不是没有。只要我与这些结果的人中的一个处于这样相同的关系中，我就会幸存下来。纵然一个人的大脑的一半被毁，他也能够幸存，这是一个事实。而且经再三反思，如果我的整个大脑被成功地移植到我兄弟的体内，我会幸存这一点是明显的。从而，如果我的半个大脑被毁而另半个大脑被成功移植到我兄弟的体内，我会幸存这一点也是明显的。在我们现在所考虑的事例中，我与作为结果的人中的每一个人之间的关系，于是包含我作为那个人幸存下来所需要的一切。在这个事例中，不可能是我与作为结果的人中的每一个人之间的关系的本性导致它不是幸存关系。什么都不缺。错误之处只能是在复制这一点上……

如果被独自提出的话，接受个人同一性并不重要这一观点会是很困难的。但是我认为，当我们考虑那个分裂的事例的时候，这个困难就消失了。当我们考虑为什么作为结果的人中没有哪一个是我的时候，我认为，经过再三考虑，我们也能够看清这并不重要，或者只是有一点重要而已。

那个分裂事例支持还原论者的观点的一部分，即我们的同一性并不重要这一主张。但是，这个事例并不支持还原论者的另一个主张，即我们的同一性是不确定的。如果我们舍弃同一性是重要的东西这一观点，我们就能够主张此处有一个对我的问题的回答。作为结果的两个人中没有一个将是我。我将要死去。当我们认为同一性是重要的东西的时候，这个主张难以置信地蕴含着，我应该把我的分裂当作几乎像通常的死亡一样糟。但是，如果我们转而主张这种死亡方式大约像通常的幸存一样好，这种难以置信就消失了……

……按照非还原论者的观点，一个人是一个与其大脑、躯体和经验相分离的独立存在的实体。按照其人所共知的那个版本，一个人是一个笛卡尔式的自我。按照我所捍卫的还原论者的观点，人存在着，而且一个人与其大脑和躯体，以及其经验相分离。但是，人不是独立存在的实体。一个人在任何时期的存在都寓于其大脑、躯体、思想的思维、行动的实施以及许多其他的物理和精神事件的发生中。

鉴于这些观点在有关人的本性方面意见相左，它们在关于时间中人格同一性的本性方面也是意见不同。按照还原论者的观点，人格同一性只涉及物理的和心理的连续性。正如我所论证的，这两者都能够以一种非人格的方式加以描述。这两类连续性都能够不通过主张经验为某个个人所拥有而得到描述。一个还原论者还主张，人格同一性是不重要的。人格同一性仅仅涉及某些种类的联系性和连续性，当这些保持一对一的形式。这些关系才是重要的。

按照非还原论者的观点，人格同一性是重要的。而且它并不是只涉及物理的和心理的连续性。进一步的一个事实是，在任何情况下，它必定要么完全成立，要么完全不成立。心理的统一性是由所有关系来解释的。任何时候的意识的统一性都是由数个经验正被某一个人所有这点来解释的。一个个人的生活的统一性也是以相同的方式来解释的。这数个主张，正如我已经论证过的，必定要么一起成立，要么一起不成立……

有些证据是由那些头脑分裂的人的实例提供的。由于他们的两个半脑被隔断了联系，他们都具有两个意识流，在其中的每一个中，他们都没有察觉到另一个。我们可能会主张，在这样的情况下，同一个躯体中有两个不同的人。这就把这样一些实例当作下文我要回顾的我的分裂的那个想象的事例一样对待。我们的备选方案是，就这些实例而言，主张存在着具有两个意识流的单独的一个人。

如果我们做出这样的主张，我们如何能够解释每一个意识流中的意识统一性？我们不能通过主张每一个意识流中的各种不同的经验正在被同一个人或者经验主体所具有来解释这个统一性。这就把两个意识流当作好像它们是一个来描述。如果我们认为意识的统一性必须通过把不同的经验归属于一个特定的主体来解释，我们必须主张，尽管在这些事例中只有一个单独的人，但是有两个经验主体。因此我们必须主张，在一个人的生命中能够有不是个人的一些经验主体。难以相信真的存在这样一些经验主体。这些事例通过还原论者的心理准则能够得到更好的解释。这个准则主张，任何时刻在一个意识流中都有一个对那些经验的意识状态，在另一个意识流中又有另一个对那些经验的意识状态。

尽管这些头脑分裂的事例为非还原论者的观点引出了这个难题，但是这些事例只不过是不利于这个观点的证据中的一小部分而已。没有什么证据表明心理连续性的承载者是某种像笛卡尔式的自我那样的其存在要么全有要么全无的东西。而且有相当的证据表明，这个连续性的承载者就是大脑。有相当的证据表明，我们的心理特征依赖我们大脑中的状态和事件。一个大脑的连续存在不一定要么是全有要么是全无。物理的联系性可以是一个程度问题。而且在数不尽的实例中，心理的联系性只是以某些方式维持着，抑或在某种弱化的程度上维持着……

到底什么重要——从自我中解脱出来

真相与我们所倾向认为的大为不同。即使我们没有觉察到这一点，但是我们绝大多数人是非还原论者。如果我们考虑一下我所想象出的那些事例，我们会强烈地倾向于认为，我们的连续性存在是与物理的和心理的连续性不同的一个深层的更进一步的事实，是一个必定要么全有要么全无的事实。真相并非如此。

真相令人感到压抑吗？一些人可能发现是这样。但是，我却发现它是令人感到解放和欣慰的。当我过去认为我的存在是这样一个进一步的事实时，我就好像囚禁在自我之中。我的生活就像一个玻璃隧道，我在其中一年比一年快地穿行着，而在隧道的尽头是一片黑暗。当我改变了我的观点时，我的玻璃隧道的墙壁就都消失了。我现在生活在露天中。在我的生活和他人的生活之间仍然存在着一种差异。但是差异变得小了。他人更加近了。我对自己余生的关心比以前少了，而对他人生活的关心则比以前多了。

……

追寻美德

阿拉斯戴尔·麦金太尔

阿拉斯戴尔·麦金太尔（Alasdair MacIntyre），1929 年生于苏格兰的格拉斯哥，是圣母大学哲学系奥布莱恩资深研究教授（O'Brein Senior Research Professor）。他是美德伦理学复兴的一位领袖人物，其社群主义立场在政治哲学领域影响深远。此外，麦金太尔强调人格同一性的叙事性理解在思想界的很多领域也颇有影响。下文选自他宏丰著述中最出名的《追寻美德》（*After Virtue,* Notre Dame, IN: University of Notre Dame Press，1981）。

马克思希望，人类社会生活叙事的呈现方式能够相容于这样一种生活观，即生活是以特定的方式为规律所支配的，并且是可以预见到的。然而，关键在于，在一个戏剧性的叙事的任何既定之点上，我们都不知道下一步会发生什么。我在第八章主张的那种不可预见性是人类生活的叙事结构所要求的，而且，社会科学家所发现的经验性的概括与探究，提供了一种可与这一结构完全相容的对人类生活的理解。

这种不可预见性与所有生活叙事的第二个最为重要的特征——某种目的论特征——相互共存。我们过着我们的生活，既是各自独立的，又是互相关联的，并且着眼于某种可能的、共有的未来的概念，其中，某些可能性召唤我们向前，某些则将我们拒之门外，某些似乎已经与我们无缘，某些却不可避免。所有的现在都渗透着对某个未来的某种想象，并且这种未来的想象总是以一种目的（*telos*）——或多种多样的目的或目标——的形式呈现自身，而现在的我们要么正向这个目的运动，要么没有。因而，不可预见性与目的论作为我们生活的组成部分同时共存；和虚构的叙事中的角色一样，我们不知道下一步会发生什么，可是我们的生活具有某种朝着我们的未来筹划自身的形式。由此，我们所经历的叙事，也就同时具有了一种不可预见的特征和一定程度的目的论特征。如果我们个人生活以及社会生活的叙事要可理解地持续下去——而这两类叙事都可以坠入不可理解性之中——那么始终存在两种情形：对于故事如何能够持续下去会有各种限制，并且，在这些限制的范围之内也存在无限多的方式使它能够持续下去。

于是，一个核心的论题开始出现：人不仅在他的小说中而且在他的行动与实践中，本质上都是一种讲故事的动物。他不是天性如此，而是通过他的历史逐渐变成了渴望真实的讲故事者。但是，对人来说，关键的问题不是关于他们自身的著作权问题；如果我能够回答先验的“在哪个或哪些故事里，我们发现自己是其中的一分子？”的问题，那么我只能回答“我要做什么？”的问题。我们进入人类社会，带着一种或多种被加之于我们身上的角色——我们被拟定的角色——并且，我们必须了解这些角色究竟是什么，以便能够理解他人是如何对我们做出反应的，而他们又是如何轻易地理解了我们对他们的反应的。正是通过倾听这样一些故事——邪恶的继母，无家可归的孩子，善良却误入歧途的国王，喂养孪生兄弟的狼群，没有得到遗产而独立自强的弟弟们，将遗产挥霍殆尽而离乡背井、与猪为伍的哥哥们——孩子们知道了何为孩子，何为父母，他们降生其中的那部戏剧的角色分配可能是怎样的，这个世界的方式是什么。失去这些故事，孩子们的言语和行为都会变成没有脚本而又渴望张嘴的口吃者。因此，除了通过构成社会的原始戏剧资源的那些储存的故事，我们无从理解任何社会，包括我们自己的社会。神话，在其最原始的意义上，乃是一切事物的核心。维柯（Vico）是正确的，乔伊斯（Joyce）也是正确的。而从英雄社会到其中世纪后裔的那一道德传统——按照这个传统，讲故事在道德教育中具有关键作用——显然也是正确的。

……

因此，自我的叙事性概念的要求是两方面的：一方面，我是在我历经从生到死的故事的过程中被他人所合理地认为是的那个存在；我是一个历史的主体，这个历史是我自己的而不是任何别人的，并且有其自身独特的意义。当某人抱怨——如那些试图自杀的人就是这样——他的生活无意义时，他经常（或许，特别地）抱怨他们的生活对他们来说已变得不可理解，生活缺乏任何意义，不再朝向一个顶点或目的（*telos*）运动。因此，在其生活中的那些决定性时刻这样做而不那样做的意义，对于这类人似乎已经全然丧失。

……

叙事性自我的另一方面与此相关：我不仅自己能够解释，而且还总是能够要求别人给出一种解释，能够向别人提出这种问题。我是他们故事的一部分，正如他们是我故事的一部分。任何一个人生活的叙事都是互相连接的叙事系列的一部分。而且，这要求解释和给出解释本身就在构造叙事中发挥了重要的作用。寻问你做了什么及为什么这样做，说我做了什么及为什么这样做，考虑你对我的所作所为的解释与我对我的所作所为的解释之间的差异，反过来，也考虑我对你的所作所为的解释与你对你的所作所为的解释之间的差异，这些就是几乎所有最简单、最基本的叙事的本质要素。因此，没有自我的可解释性，构成所有最简单、最基本的叙事的那一系列事件就不可能发生；而没有自我的可解释性，叙事就会丧失使叙事以及构成叙事的行动具有可理解性所必需的那种连续性。

有必要指出，这里我并不是主张，叙事概念或可理解性概念或可解释性概念比人格同一性概念更为根本。叙事概念、可理解性概念与可解释性概念预设了人格同一性概念的适用性，正如人格同一性概念预设了它们的适用性，也正如所有这三个概念各自都预设了其他两个概念的适用性。它们的关系是一种互相预设的关系。由此显然可以推出，独立于叙事、可理解性与可解释性概念去阐明人格同一性概念的所有尝试都注定要失败。事实上，所有这类尝试都已失败。

现在我们可以回到我们研究人的行为与同一性本性起点的那个问题：个体生命的统一性在于什么？答案是，其统一性就在于体现在某个单个生命中的叙事的统一性。追问“什么是对我来说的善？”就是追问我怎么能够最大可能地经历这种统一性并使之趋于完全。追问“什么是对人来说的善？”就是追问对前一问题的所有回答所共有的东西是什么。但是，现在有必要强调，正是对这两个问题的系统追问并且试图同时以语言和行动做出回答，才为道德生活提供了其统一性。人生的同一性就是一种叙事探究的统一性。探究有时会失败、受挫、被放弃或消散；而人生也可能以所有这些方式而告失败。不过，在作为一个整体的人生中，成功或失败的唯一标准是在一种已叙述的或要被叙述的探究中成功或失败的标准……

练习部分

1. 如果你相信构成个体同一性持存基础的并不是大脑的连续性，而是记忆、价值和信念的连续性，这是否意味着，出于连贯性的缘故，你必须赞同心灵的功能主义观点？

2. 你家有一把旧斧子，一项最珍贵的家庭财产。它在你家已有300年历史，代代相传。你的先祖在他们穿越大洋成为新英格兰殖民者时就买下了这把斧子。当然，几个世纪以来，斧柄至少被换过十几次了，而斧头也至少换过三次以上，但这还是那把斧子。嗯，也许不是了。毕竟，一把斧子只包含两部分：斧头和斧柄。如果两者都被换过很多次，你所拥有的乃是一把新斧子，而不再是那把殖民地时代购买的斧子了。

   但现在，想想看你的那辆老爷车吧。本来它是你父亲的，他开了若干年，然后在你初中时送给了你。如今，你自己也开了好几年。去年你换掉了制动器，前年它出了一次意外事故，你更换了引擎盖、前护板和前保险杠。你父亲开了十年，有过几次小剐蹭，不得不更换很多零部件，你上大学前传动装置更换了，而在此前一年发动机也更换成了新引擎。车子焕然一新，有了新方向盘、新座椅。实际上，当你发动后仔细一看，90%的部分已经不是原装配件了。这部车还是你父亲购买和驾驶的那部车吗？假设年复一年，车子100%都被更换过，那么，这还是原来的车子吗？当你告诉你的朋友，“这是我老爸的旧车”，这是否在说实话呢？

3. 为了算作人格同一性叙事，一个叙事陈述需要有多准确？比如，我现在说服自己，我去哲学系而没选择光鲜的职业如作为甲级联赛游击手的原因是，我的手肘受伤了。可实际上，我勉强加入了高中校队，从未打出过曲线球。这一点能够形成建立我人格同一性有效叙事的关键部分吗？

4. 假设一周前我犯下了罪（我假装给银行支票员一张支票兑换现金，然后我从支票员抽屉里抓了一把钱后跑出了门）。我用偷来的钱乘飞机前往里约，一周的派对生活中，我把钱挥霍一空。昨天我返回后，被完美地复制了。现在有六个我（五个是复制品，一个是原型，想法、观念、信念、记忆、指纹和DNA都一样）。今天，我们全部被逮捕。我们都该被指控为抢劫银行吗？

   假设只有一个人被捕，因为抢劫银行而入狱五年。然后，五人中又有一人被捕，那么，这第二个人也应该因抢劫银行而入狱吗？

5. 德里克·帕菲特发现，连续性对人格同一性概念来说是一个非常充足的替代概念。实际上，他认为连续性概念更可取，也令人满意。你同意这种观点吗？

6. 存在休谟和麦金太尔认可的关键点吗？麦金太尔会在同意休谟观点的同时，依然坚持他人格同一性的叙事观点吗？

7. 麦金太尔坚持认为，我们的叙事陈述必须包括目的性：我们的基本目标和价值。如果没有这样的目的，麦金太尔认为一个连贯而又有意义的叙事是不可能的。你同意吗？设想一个人说，

"好的，我的人生故事（我的人生叙事）基本上是随波逐流，自由如风。没有真实的目标，我只是静候生命来临，来去轻松自如。享受今天，不担心明天。"（也许《大人物勒布斯基》中的"督爷"是个好例子。）这样的人有一个连贯的人生叙事吗？

8. 拥护人格同一性的叙事陈述者往往会坚持，如此的叙事陈述包含一种个体作者身份（personal authorship）感：一则人生故事至少必须包含自由选择的基本元素。

可是，自由选择是人格同一性叙事陈述的基本元素吗？在艾略特（T. S. Eliot）的诗歌《J. 阿尔弗瑞德·普鲁弗洛克的情歌》（"The Love Song of J. Alfred Prufrock"）中，普鲁弗洛克正在给出自己的人生叙事，他暗示到，他的人生被命运固定，他那被给予的性格，而非自己的自由选择，"我非王子哈姆雷特，也没打算成为他；我不过是侍从爵士……"不过，毫无疑问的是，普鲁弗洛克视此为界定他基本人格同一性的叙事。对于某些人来说，会有可能在赞同人格同一性叙事陈述的同时坚决否认自由意志吗？会有人在对自身人格同一性给予叙述陈述的同时相信叙事的关键要素无关乎选择，而是一个人命定的要素吗？

9. 如果在关键点上我的人生叙事包含许多错误的记忆，那么，这也会建立起我的人格同一性吗？比如，假设我的人生中三件最有意义的事是：在州立高中足球比赛中打进了制胜球；在大学赢得最佳本科哲学论文比赛；在罗马与一个非常有魅力的陌生人度过了一个富有激情的夜晚。但是结果表明，尽管我相信这些都是我的经历，可实际上它们只不过是"期望性想象（wishful thinking）"的产物。是我的一个朋友打进了制胜球，另外一个我嫉妒的学生赢得了论文比赛，至于罗马浪漫之夜纯属来自我曾观看过的一部电影。这样的叙事可否建立我的人格同一性？

10. 有一个古老的客厅把戏——心灵咨询师用其获得巨大的优势——非常具有启发性，在导论性心理学课程中经常被用到。分给每个人一张纸，写下一则消息，你将会分析他们的书法，得出其个性描绘；或者令其写下日期与时间、出生地，然后你根据书法的分析给出他们的个性描绘。仔细的"分析"之后，你再给每人一张纸，写有他们的个性。当然，这个把戏在于，你给每个人完全一样的描述，就像下面的：

> 你需要他人来喜欢和欣赏你，然而你对自己则倾向于自我批评。当你有某种性格弱点时，你通常能够加以弥补。你尚有许多未被运用的才能，有待转化成你的优势。外表上，你是自律自控的；内心里，你处于担心与不安全的状态。时不时地，你对自己是否做出了正确的选择和事情，抱有严重的怀疑。当你被规矩和限制包围时，你宁愿出现一定程度的变化和多样性，并变得不再满足。你也想成为一个独立的思考者，没有满意的证据就不接受他人的陈述。但是，你发现把自己过于坦率地暴露给他人也是不明智的。
>
> ［这一段选自一篇在线论文《心灵的欺骗？》（"The Psychic Frauds？"），作者是杰尔姆·伯恩（Jerome Burne），最初发表于 1994 年

11 月的《焦点》(*Focus*)。其中的很多元素是由伯特伦·福勒(Bertram Forer)在 1943 年为了课堂演示研究技术而开创的。]

当拿到这份“描绘”时，很多人会坚持这就是为他量身定制的。这是一个多么令人惊讶的结果啊！当然，这则故事的教益是，我们是多么容易上带有欺骗性的“伪科学”宣传的当。但令人感兴趣的是，被这么多人接受的“描绘”的本质。它基本上讲出了不少特征，坚持认为你至少部分有着这些对应的特征。你相当贪婪，但是你也非常慷慨、出手大方。你看中稳定，但是你也渴望冒险与不安定。这种热情地认可这些不兼容的元素，是对我们心理结构的“多元之束(multiple bundles)”模式赞同的证据吗?

补充阅读

自我同一性的经典资源有约翰·洛克的《人类理解论》，1694 年第二版，第二十七章；巴特勒主教(Bishop Joseph Butler)的《宗教的剖析》(*The Anatomy of Religion*)，1736 年版，附录一；大卫·休谟的《人性论》，1739 年版，第一卷第四部分；以及托马斯·里德(Thomas Reid)的《论人的理智能力》(*Essays on the Intellectual Powers of Man*)1785 年版中的第三篇论文。

一本关于人格同一性话题的有影响力的优秀论文合集是由艾米丽·奥克森伯格·罗蒂(Amélie Oksenberg Rorty)主编的《人的同一性》(*The Identities of Persons*, Berkeley, Cal.: University of California Press, 1976)。由雷蒙德·马丁(Raymond Martin)和约翰·巴雷西(John Barresi)主编的《人格同一性》(*Personal Identity*, Oxford: Blackwell Publishers, 2002)是另一本不错的合集。该合著开篇就有编辑者的优秀历史梳理论述，包含关于该话题的近期重要的文章。还有一本很好的合集是由亨利·哈里斯(Henry Harris)主编的《同一性》(*Identity*, Oxford: Oxford University Press, 1995)。一个建立了同一性论题和伦理学问题的联系，尤其是关于道德责任问题的当代论文的优秀合集是由欧文·弗拉纳根(Owen Flanagan)和艾米丽·奥克森伯格·罗蒂主编的《同一性、性格与道德》(*Identity, Character, and Morality,* Cambridge, Mass: MIT Press, 1990)。关于人格同一性的女性主义视角的一本不错的合集是黛安娜·蒂金斯·迈耶斯(Diana Tietjens Meyers)、艾利森·贾加尔(Alison Jaggar)和弗吉尼娅·赫尔德(Virginia Held)主编的《关于自我的女性主义思考》(*Feminists Rethinking the Self*, Westview Press, 1997)。

约翰·R. 佩里(John R. Perry)的《关于人格同一性与不朽的对话》(*A Dialogue on Personal Identity and Immortality*, Indianapolis, Ind.: Hackett, 1978)是介绍人格同一性问题的一本可读性很强的书，包含与人格同一性和个体不朽问题的应用等有关的许多传统问题的讨论。此外，约翰·R. 佩里的《人格同一性》(*Personal Identity*, Berkeley, Cal.: University of California Press, 1975）是一本把关于人格同一性问题的经典与当代论述集合在一起的合集；佩里的介绍是一个非常有帮助的简要指南。另外一本介绍人格同一性话题的不错读本是哈罗德·W. 努南（Harold W. Noonan）主编的《人格同一性（第二版）》（*Personal Identity*, 2nd ed., London: Routledge, 2003）。

德里克·帕菲特（Derek Parfit）的《理性与人》（*Reasons and Persons*, Oxford: Clarendon Press，1984）是关于同一性的当代最有影响力之一的论著。克里斯蒂娜·M. 科斯戈德（Christine M. Korsgaard）的论文《人格同一性与个体的统一》（"Personal Identity and the Unity of Agency: A Kantian Response to Parfit"），刊登在《哲学与公共事务》（*Philosophy and Public Affairs*）杂志 1989 年春第 18 卷，第 2 期，第 101—132 页。该文认为，即使帕菲特的论证是对的，我们依然有强烈的、实践的和道德的理由，去相信我们作为理性个体的连续的人格同一性。首先，我们需要一种成为有效行动者的统一性；其次，统一性"隐含于你审慎考量与选择的立足点"，借此才构成真正的审慎的基础。托马斯·内格尔（Thomas Nagel）的论文《大脑的二分和意识的统一》（"Brain Bisection and the Unity of Consciousness"）也很著名。该文最初发表于《合成》（*Synthese*）杂志 1971 年第 22 卷，第 396—413 页，收录于内格尔主编的《人的问题》（*Mortal Questions*, Cambridge: Cambridge University Press, 1979）。其他几本合集也有收录。

伯纳德·威廉斯（Bernard Williams）一直引人注目，也是最好的哲学论者之一，他关于人格同一性的观点，请参看其《自我的问题》（*Problems of the Self*, Cambridge: Cambridge University Press, 1973）一书。

埃里克·T. 奥尔森（Eric T. Olsen）论证了人格同一性的生物学连续性："一个人只有在其纯粹的动物性功能（新陈代谢、呼吸和血液循环能力等）连续的情况下才能生存。"他的专著考察了大量的思想实验并设置了一些原始实验，参看《人类动物：排出心理考量的人格同一性》（*The Human Animal: Personal Identity Without Psychology*, New York: Oxford University Press, 1997）。

在关于人格同一性上最有影响力的当代哲学家著作之一是悉尼·休梅克（Sydney Shoemaker）的《自我知识和自我同一性》（*Self-Knowledge and Self-Identity*, Ithaca, N.Y.: Cornell University Press, 1963），《同一性、原因和心灵》（*Identity, Cause and Mind,* Cambridge: Cambridge University Press, 1984）；以及彼得·范英瓦根（Peter Van Inwagen）在该方面的论述，包含专著《物质存在》（*Material Beings*, Ithaca: Cornell University Press, 1990）和论文《当我说"我"的时候我在说什么？》（"What Do I Refer to When I Say 'I'？"），该篇论文收录在 R. 盖尔（R. Gale）主编的《布莱克威尔形而上学指南》（*The Blackwell Guide to Metaphysics*, Oxford: Blackwell Publishers, 2002）。

悉尼·休梅克（一个唯物主义者）和理查德·斯温伯恩（Richard Swinburne，一个二元论者）合著的《人格同一性》（*Personal Identity*, Oxford: Blackwell Publishing, 1984）一书围绕人格同一性问题提供了有力的论证和回应。

精神病理学领域的研究激发了关于人格同一性的难题和有趣的争论，参看马克·T. 布朗（Mark T. Brown）的论文《多重的人格与人格同一性》（"Multiple Personality and Personal Identity"），发表在《哲学心理学》（*Philosophical Psychology*）杂志 2001 年第 14 卷，第 435—448 页；丹尼尔·科拉克（Daniel Kolak）的论文《找到我们自己》（“Finding Our Selves: Identification, Identity and Multiple Personality”），发表在《哲学心理学》杂志 2001 年第 6 卷，第 363—386 页；R. W. 斯佩里（R. W. Sperry）的论文《脑半球的分离和意识的统一》（“Hemisphere Deconnection and Unity in Conscious Awareness”），刊登于《美国心理学家》（*American Psychologist*）杂志 1968 年第 23 卷，第 10 期；罗兰·普切蒂（Roland Puccetti）的论文《精神二元性问题》（“The Case for Mental Duality: Evidence from Split-Brain and Other Considerations”），刊登于《行为与大脑科学》（*Behavioral and Brain Science*）杂志 1981 年第 4 卷，第 83—128 页；乔治·格雷厄姆（George Graham）和 G. 林恩·斯蒂芬斯（G. Lynn Stephens）合著的《自我意识的破裂：外来的声音和被植入的思想》（*Self-Consciousness Breaks: Alien Voices and Inserted Thoughts,* Cambridge: MIT Press, 2000），以及二者合编的《哲学精神病理学》（*Philosophical Psychopathology*, Cambridge, Mass.: MIT Press, 1994）。

人格同一性叙事陈述发展中的一位领袖人物是阿拉斯戴尔·麦金太尔（Alasdair MacIntrye），著有《追寻美德》（*After Virtue*, Notre Dame, Indiana: University of Notre Dame Press, 1981）。其他运用此路向而思考的有查尔斯·泰勒（Charles Taylor）的《自我的来源：近代同一性的形成》（*Sources of the Self: the Making of the Modern Identity*, Cambridge, Mass.: Harvard University Press, 1989）和罗纳德·德沃金（Ronald Dworkin）的《生命的自主权》（*Life's Dominion*, New York: Knopt, 1993）。D. P. 麦克亚当斯（D. P. MacAdams）的心理学研究对叙事陈述也相当重要，参看其著作《我们赖以生存的故事：个体神话与自我的形成》（*The Stories We Live By: Personal Myths and the Making of the Self*, New York: William Morrow and Company, 1993）。在该主题上，另外一位有影响力的心理学家是杰罗姆·布鲁纳（Jerome Bruner），其专著为《故事的形成：法律、文学与生活》（*Making Stories: Law, Literature, Life*, New York: Farrar, Strauss and Giroux, 2002）。该路向的另一本著作是加里·D. 法尔曼（Gary D. Fireman）、特德·E. 麦克维（Ted E. McVay）和欧文·弗拉纳根合编的《叙事与意识：文学、心理学与脑》（*Narrative and Consciousness: Literature, Psychology, and the Brain*, New York: Oxford University Press, 2003）。对叙事自我的心理学考察参见约翰·巴雷西和 T. 朱克斯（T. Juckes）合著的论文《人格学与生命的叙事解释》（“Personology and the Narrative Interpretation of Lives”），发表在《人格期刊》（*Journal of Personality*）1997 年第 65 卷，第 693—719 页；杰罗姆·布鲁纳的《意义行为》（*Acts of Meaning*, Cambridge, MA: Harvard University Press, 1990）；乌尔里克·奈瑟尔（Ulric Neisser）和罗宾·菲伍什（Robyn Fivush）合编的《记忆中的自我：自我叙事中的构建与准确性》（*The Remembering Self: Construction and Accuracy in the Self-Narrative*, Cambridge: Cambridge University Press, 1994）；以及罗宾·菲伍什和凯瑟琳·A. 哈登（Catherine A. Haden）合编的《自传性的记忆与一个叙事自我的建构》（*Autobiographical Memory and the Construction of a Narrative Self*, Mahwah, NJ: Lawrence Erlbaum, 2003）。

对佛教路向人格同一性的一个细致说明，可以参看史蒂文·柯林斯（Steven Collins）的《无私的人：小乘佛教中的意象与思想》（*Selfless Persons: Imagery and Thoughts in Theravada Buddhism*, Cambridge: Cambridge University Press, 1982）。

“斯坦福哲学百科全书”关于人格同一性的论文，由埃里克·T. 奥尔森提供支持，包含了对该问题当代争论的不错的回顾，可以浏览网页 http://plato.standford.edu/entries/identity~personal/。

对人格同一性问题的一个非常有趣的介绍，敬请访问 www.philosophers.net.com/games/ 并点击“在世的（Staying Alive）”。

第八章

宿命论、决定论与自由意志

古代斯多亚学派哲学家爱比克泰德（Epictetus）建议他的门徒：

> 记住，你是如同那作者选择的一出戏的演员——如果出场时间短，那么就短吧；如果长，那么也就长吧。如果作者愿意，让你扮演成穷人，或跛子，或统治者，或一个市民，都要好好演。因为这是你自己的事——演好给定的角色，选择哪个角色却不是自己的事。
>
> ——爱比克泰德，《手册》（*The Enchiridion*），译自托马斯·W. 希金森（Thomas W. Higginson）英译本

宿命论

爱比克泰德在教导宿命论：我们生命中的重要特征和事件（我们的出生、死亡、重大成功与失败，我们的天命等）已被命运（fate）注定，我们无论做什么都无法改变我们的命运。你无法选择你的命运，但是你可以根据所注定的存在，活得体面、有尊严且有耐心。爱比克泰德是一位伟大的斯多亚学派导师，斯多亚主义往往伴随着宿命论。斯多亚哲学劝告我们保持坚定和平静：对好运不要过于激动，对待你的成功当然不应该吹嘘和自夸；同样地，以平和、体面，甚至是超然的态度对待你的失败和不如意。你无法控制世界，也不能控制自己会发生什么。一个傻子可能会获得财富和荣耀，而一个智者和有德之人可能会遭受损失和失败。这些都是命定的事情，超出我们的控制。但是，你能控制自己对成功和失败的反应，把你的角色过好，而不论命运为你选择了何种角色。

古代斯多亚学派——基本上都是宿命论者——提供了如下的比喻。你如同紧拴在车上的狗，车子被两匹强壮的马拉向市场。你的命运是走向市场，无论如何你也无法改变你的命运：不管是吠还是咬，或者拼命朝反方向拉扯，咆哮和哀嚎都无济于事，只能跟在车子后面随着飞扬的尘土走向市场。但是，你可以愉快地跟车小跑，享受春天和煦的阳光，嗅着花香，体面端庄而行；或者你可以又咬又踢又哀嚎，但还是极不体面地随车卷在扬尘中。不管你选择哪一条路，你都会抵达命定的目的地，但你旅程

的方式是非常不同的，这依赖你是否接受你的命运，并依照命运过最好的生活，或是在旅途的每一步做无效的抗争。

> 不要问事情是否如你所愿地发生，而是让你的意愿如事情实际发生的那样，如此你将找到宁静。
>
> ——爱比克泰德，《手册》

伊斯兰传统中有一则精彩的宿命论故事，表达了命运的不可避免与企图逃脱命运的徒劳。有个商人和他的仆人去往巴格达。到达以后，他叫仆人去市场买些日用品。仆人返回后，脸色苍白，异常恐惧：当他在市场时，他被一位老妇推搡。他转身一看，老妇是死神，并看了仆人一眼。仆人向主人哀求道："现在请把你的马匹借给我，这样我就可以骑马到萨迈拉，逃脱我的命运。"主人借了马给他，仆人骑马，疾驰飞奔，逃离巴格达，奔向萨迈拉。随后主人自己到了市场买了仆人因为惊恐而忘记买的日用品。他在市场遇见了死神，遂问道："你为何盯着我的仆人看？"死神回答道："我没盯着他看，这不过是一种惊讶的表情。我惊讶地发现他竟然在巴格达这里，因为我和他有一个约定在今晚的萨迈拉。"所以，命运不理会你骑得多快，也不理会你如何精明地逃逸。你的命运会等着你，你无法避免。

> 宿命论……认为我们的行动不依赖我们的欲望。无论我们希望什么，一个超级的权力或是一个抽象的天命都会管控它们，依照前定的方式迫使我们去行动，而不是随着我们的欲求。我们对善的爱，对恶的恨，都不影响这一点，尽管这些欲望自身可能是道德的，就行为而言，你去培育它们依然是徒劳的。
>
> ——约翰·斯图尔特·密尔（John Stuart Mill），《对威廉·汉密尔顿爵士哲学的考察》（*An Examination of William Hamilton's Philosophy*），1867，第二十六章

在古希腊悲剧里，俄狄浦斯（Oedipus）命定要去杀父（国王）娶母（王后）。他那高贵的父亲听到这个可怕的预言之后，指派一个护林员带着俄狄浦斯去森林，并杀死他，指望着避开命运。但是，护林员对孩子产生了怜悯，结果把孩子带到了一个遥远的国度，孩子在那里被一对夫妇收养。孩子将他们视为自己的父母。一听到自己身上可怕的谋杀命运，俄狄浦斯决定逃离命运，于是远离祖国。到达一个新国度时，他和包括国王在内的一群武士在途中遭遇了。俄狄浦斯奋起战斗，杀光了敌手。在新的国度，他取得了巨大的成功，不久被加冕为国王，和老国王的遗孀结婚。当然，他的煞费苦心都落空了，因为他的生父和生母——你可想而知——一个被他杀掉了，一个被他娶为妻子。

> 预定论（predestination）是一种宗教信条，由路德和加尔文（可能还包括瓦拉）等神学家提倡。该观点认为，上帝选择（预定）每个人或被拯救或被诅咒。被选为拯救的人收到了上帝恩典的馈赠，而未收到者则被诅咒。选择本身完全出于上帝，上帝的选择甚至在个体出生之前已经完成，同时上帝的决定和个体的选择、工作或个体价值毫无关系。

很多人在宿命论面前发抖：你的命运在前面高视阔步而行，你的一切努力和想法都被命运扭曲成诡计，用来毁灭你自己。如果宿命论是真的，那么，我们是无助和绝望的，我们做什么都没有真实的结果。我们在剧中扮演着角色，犹如爱比克泰德所言；但是我的台词和生活却已写好。我们可以演好或演糟角色，但我们不能改换台词，不能变成另外的性格，不能重写结局。另一方面，一些人，如爱比克泰德，也把宿命论看成安慰。接受你的命运，享受你的生活，不要担心会发生什么，因为对此你无能为力。将来的都会来（*Que será, será*）。不要担心，保持快乐。

在赫尔曼·梅尔维尔（Herman Melville）伟大的悲剧小说《白鲸》（*Moby Dick*）里，船长亚哈（Ahab）的宿命就是寻找大白鲸，但亚哈接受了自己的命运，他在其中发现了安慰：既然他的天命已注定，就算众神也无法更改，也改不了亚哈钢铁般的性格，如果众神自己不出错。于是，亚哈决定挑战，嘲弄命运的众神和他们的权力：

冲着我吗？你们无法冲着我，你们冲着你们自己吧！你们让人在这里。冲着我吗？通向我的既定目的之路已围上铁栏，我的灵魂会在轨道上前行。

宿命论是非常普通的观点。实际上，对于任何一神论宗教而言，神是全能、全知的，宿命论就是自然的、几乎不可避免的成分。

伟大的新教领袖约翰·加尔文（John Calvin）强烈拥护预定学说：

上帝预先规定了人类的一部分角色，出于他的荣耀和展示他的仁慈与公正，而不考虑人类的任何功德，直至永恒拯救；也安排了另一部分角色，惩罚其罪过，直至永恒诅咒。

附带地，这也是17世纪和18世纪美国殖民地流行的观点。谁要是否定这个观点，尤其在新英格兰殖民地，就被看成异教徒，往往在饱受折磨后而被逐出殖民地。

毕竟，如果上帝是一切万有的缔造者，拥有一切权能，知晓一切（包括早在你出生之前就知道你的未来），那么，你的人生故事在上帝创造世界之际就已经写好。犹如伟大的波斯天文学家、诗人奥玛·海亚姆（Omar Khayyam）写下的（菲茨杰拉德翻译）：

用地球的黏土，他们揉捏好最后一个人，
播下种子有了最后的收获；
创世记写下了第一个早晨
思忖最后的黎明会阅读的内容。

在犹太传统中，经典的约伯的故事是说，人只不过是一局伟大的宇宙之战中的小卒。约伯过得很好，遵循上帝的诫命，积德行善。然后，在上帝和撒旦之争中，约伯的一家被屠戮。他的所有财产或被毁灭、或被偷窃，他的身体满目疮痍，令人恐惧。当约伯要求上帝给出一个解释时，上帝迅捷地让约伯归于原处：上帝创造了世界，包括约伯，上帝可以如其所愿地处置这一切，无人有权质疑上帝的决定：

那时，耶和华从旋风中回答约伯说：“谁用无知的言语使我的旨意暗昧不明？……我立大地根基的时候，你在哪里呢？……你岂可废弃我所拟定的？岂可定我有罪，好显自己为义吗？你有神那样的膀臂吗？你能像他发雷声吗？

——《约伯记》，章 38—40

希伯来先知以赛亚（Isaiah）教诲了同样的教义：

祸哉，那与造他的主争论的！他不过是地上瓦片中的一块瓦片。泥土岂可对抟弄他的说，你做什么呢？所做的物岂可说，你没有手呢？

——《以赛亚书》，45:9

在基督教传统中，这种宿命论的成分——与《以赛亚书》的话语互相辉映——在保罗的教诲中变得更加清晰了：

神要怜悯谁，就怜悯谁；要叫谁刚硬，就叫谁刚硬。这样，你必对我说，他为什么还指责人呢？有谁抗拒他的旨意呢？你这个人哪！你是谁，竟敢向神强嘴呢？受造之物岂能对造他的说，你为什么这样造我呢？窑匠难道没有权柄，从一团泥里拿一块做成贵重的器皿，又拿一块做成卑贱的器皿吗？倘若神要显明他的忿怒，彰显他的权能，就多多忍耐宽容那可怒、预备遭毁灭的器皿；又要将他丰盛的荣耀彰显在那蒙怜悯、早预备得荣耀的器皿上。

——《罗马书》，章 9

德西德里乌斯·伊拉斯谟（Desiderius Erasmus，1466—1536）是最著名的文艺复兴学者之一，与马丁·路德是同一时代的人。尽管他支持天主教会的改革，但他并未加入新教——至少部分地是因为他反对马丁·路德的诸多观点，尤其是路德关于预定论的观点。下面的段落摘自他的《论自由意志》（*A Disquisition upon Free Will*），伊拉斯谟主张，相信预定论学说会有可怕的危害：

让我们假设这是真的……如路德所主张的，我们无论做了什么，都不是出于自由意志，而是出于纯粹的必然。还有什么比公开这个悖论更加不妥的呢？……假如这些主张在世界流行，这个说法将为无数人类的不敬敞开大门……软弱的人将保持何种力量来进行永久又疲倦的战斗，对抗自己的肉体？邪恶之人用什么来奋力修补自己的人生？谁又会劝说他的灵魂全力爱上帝呢？而上帝已经为地狱准备好了烈焰熊熊，他可以在那里对不义者因其恶行而施加报复，好像上帝对人类的折磨感到喜悦似的。

——译自玛丽·马丁·麦克劳克林（Mary Martin McLaughlin）英译本

因此，上帝制造了一些人享受荣誉，一些人承受毁灭，这都是他们的命运，无人可以抗衡上帝的无所不能的意志。为何上帝如此？不要问。你是何人，竟然质问上帝？陶工可以任意使用泥土，而泥土无权抱怨，无力反抗。

你呀，你做些陷阱蹄筌
阻塞着我徘徊的路径，
你不是四处散布魔障，
待我陷落后又加上我以罪名！

> 你呀，既然造人用的是劣土，
> 还在乐园里把蛇放出，
> 那么，人即使犯了天大的罪，
> 你也得宽恕人——同时得到人宽恕！
> ——奥玛·海亚姆，《鲁拜集》（*The Rubaiyat of Omar Khayyam*），第 87—88 节，译自爱德华·菲茨杰拉德（Edward Fitzgerald）英译本

宿命论与决定论

宿命论是一个迷人的立场，受到不同群体，诸如古希腊戏剧家、罗马斯多亚学派、犹太先知、穆斯林传教士以及基督教作家的认可。

一些人，如斯多亚主义者，发现其令人安慰的一面；而另一些人——描绘死神逼近仆人，而他徒劳地骑往萨迈拉去“逃脱命运”——发现这很令人害怕，甚至令人毛骨悚然。

宿命论在文学里是常见主题，从索福克勒斯（Sophocles）的戏剧到奥玛·海亚姆的诗歌，再到托马斯·哈代（Thomas Hardy）和西奥多·德莱塞（Theodore Dreiser）的小说。尽管宿命论就其自身而言是有趣的，但是，考察一下宿命论和决定论之间的关系也是重要的。有人认为，决定论和宿命论是一样的：同一回事的两个名字而已。可能你也会得出这个结论。但很多决定论者激烈反对他们是宿命论者，所以，考察决定论和宿命论是否为同实异名，抑或是截然不同是非常重要的。

决定论是指世上发生的一切——每个想法、每缕微风、每个行星、每个银河系、每片落叶、每片水池的涟漪——都是宇宙先前状态的因果法则的结果。这就是说，假如给定了当前宇宙的每一个细节，因果法则的运作都会精确地决定任何随后时间点宇宙的每一个细节和位置。显然，决定论者不相信我们知道或能预言宇宙的未来状态：我们不知道所有的相关因果法则，我们也不知道宇宙当下每个对象的位置和作用。但决定论者坚持认为，相信世界上的每一个事件都是被过去事件和世上运行的因果法则独一无二地决定的是更合理的，不存在因果性不适用的地方：所有的事件、思想和现象用因果法则最终都是可以解释的，即使我们不可能知道所有的法则。

所以，决定论真的和宿命论是一回事吗？虽然有人主张是，但是两者之间依然存在巨大的差别。宿命论者几乎不关心导致注定事件的细节，而决定论者则把这些细节看得极其重要。假设在某次飞机事故中，你注定要死亡。在那天，你避开了飞机出行，坚决拒绝乘上任何飞行器。实际上，你那天决定不去冒险，安全地在床上度过整个 24 小时。可是，在命定的日子里，一架喷气式飞机在你的房顶坠落，你和所有的乘客都丧生了。或者，你希望更加安全些，你安排好了，深深地躲藏在卡尔斯巴德洞窟（Carlsbad Caverns），在那里飞机坠落地面将毫无影响。但是，打算带你去卡尔斯巴德洞窟的人竟然是邪恶的绑匪，他们绑架了你，把你带上飞机，飞往他们的巢穴。他们计划勒索大笔赎金作为你安全返回的条件。但是，飞机引擎在途中发生了故障。好了，你知道下面的情节了，反正你逃脱不了你的命运，你的一切努力都是愚蠢的白费。与此不同，我们考察一下决定论的情况。你在高三时赢得了 1600 米长跑冠军。决定论者会认为你的获胜是被决定的事件。在一系列重要决定性因素中，最重要

的是你多年的认真训练。假使你没有如此刻苦训练，你就不会赢得比赛。根据决定论，黎明起床、下雨或下雪都去训练，以及训练多长时间都是被决定的：跑步的激情、支持你的家庭、教练的鼓励，以及其他因素。为何你训练刻苦，而其他人不这样？决定论者会说，对于你的坚忍和勤奋，存在着决定性的原因——很多因素可能是你没有意识到的，比如，其中一个因素是，当你8岁那年在花圃除草如此卖力时，得到了深爱你的祖母的表扬，这帮助你塑造了做任何事情都要做到最好的坚忍精神。如果你不以这种坚忍的精神坚持训练，你就不会赢，你自己的训练是你获得胜利的一个关键性的决定因素。但是，你的刻苦训练包括你生活和行为上的每一个细节，都是被决定的因果力量的产物。赢得比赛不是你的命运。如果你曾想要做别的，而不是跑步（比如组建一个摇滚乐队），你本来可以那么做：决定论没有强迫你做你尽力逃避的事。但是，你深切地欲求着赢得比赛，于是就刻苦训练，你也有着坚忍的意志力。所有这些因果性因素都是被决定的，它们（以及其他我们或许还不知道的因果性因素，包括基因和社会因素等）合在一起决定着结果。宿命论不担心任何干扰因素；相反，某种命运的神秘力量总会造成一个注定的结果，你的欲望和努力以及勤奋都与结果无关。如果你注定要赢得比赛，你是否训练过也无关紧要。如果赢得比赛是被决定了的原因之结果，那么，这些基本原因中的突出因素将是你的刻苦训练。对决定论者而言，这些原因——比如你的勤奋训练和获胜的持久欲望——都是基本的因果性要素；而对宿命论者而言，根本不存在因果性因素——注定的事情必然发生，先前的事件或细节什么也算不上。

> 宿命论是某个事件必定发生，对此没有进一步的解释，尤其是不需要因果性解释。相比之下，决定论是合理的科学思维，意指无论发生什么都可以用先前的原因和持存的条件（事实、事件、事态、内在结构和性情），再加上自然法则予以解释。
>
> ——罗伯特·所罗门（Robert C. Solomon),《论命运和宿命论》(“On Fate and Fatalism”), 2003

思考一下来自斯多亚学派的伟大的宿命论的例子吧，这在本章的开头部分已经描述过了。你如同紧拴在车上的狗，车子被两匹强壮的马拉向市场。你的命运是走向市场，无论如何你也无法改变你的命运：不管是吠还是咬，或者拼命朝反方向拉扯，咆哮和哀嚎都无济于事，只能跟在车子后面随着飞扬的尘土走向市场——这一切都取决于你本人，你如何度过一生走向注定的命运的细节都由你自己来选择。你可以选择高兴的默认或难过的沮丧。但是，决定论者对此的看法则非常不同。你欣然一路小跑还是又踢又咬的拒绝，这些都由各式各样的复杂心理原因决定。爱比克泰德说：“这是你自己的事——演好给定的角色，选择哪个角色却不是自己的事。”决定论者会同意：怎么行动是自己的事，但是你究竟如何行动——像世界上的其他一切——是决定性的因果事件的产物。如果乔以痛苦而忧郁的方式生活，而琼生活得快乐、兴高采烈、充满激情，这不是（根据决定论者）他们无缘无故地如此选择的。决定论者坚持认为，我们的性格、人格、坚忍、乐观、痛苦皆是被决定了的进程的一部分。对决定论者而言，一切都是由因果性进程来决定的：赢得比赛是基于原因，而非注定的命运；你刻苦训练也完全事出有因，这也是构成比赛结果的关键的因果性因素。但是，你的训练和比赛都不是注定的。你是体面的还是傲慢而令人生厌的比赛赢家，一个高兴还是坏脾气的队员——这一切，所有的细节都是因果性地被决定的。无论大事与小事，决定论者都将其纳入到因果范式中。最后，宿命论者接受一种神秘的进程，其中生命中的大事件（注定的事件，比如杀父、死亡的日子，或你重大的军事胜利）都由某种神秘的力量来设定（可能是上帝、命运或其他什么），似乎和世上发生的任何其他事件或原因都没有联系。决定论拒绝这类神秘，坚持认为所有的现象最终都可以纳入到伟大的因果性进程。很多因果性进程对决定论者而言是未知的，但没有一个是神秘的。

当然，对于宿命论和决定论，你都可以拒绝接受。很多人也确实如此。但如果上述论证是正确的，那么，你就正在拒绝两个观点，而不是同实异名的一个观点。

决定论

我们暂且把宿命论放置一边，聚焦于决定论吧。你相信决定论吗？如果你像大多数人一样，你的回答就是否定的。但请稍微考虑一下。假设你安静地坐在宿舍或公寓里，或可能是在空荡荡的教室里，高兴地阅读着你的哲学书。房间的门虚掩着，周围似乎没有人。当你正在看书时，门慢慢开了。

那么，发生什么事了？门怎么会慢慢开了？也许大厅有一阵微风。不，根本没有风。也许壁炉烧着，引发了气流，空气流动推开了门。不，根本就没有气流的流动。那么可能就是重力所致，门不平衡了。不，门始终保持在水平位置。好吧，有人用一根非常细的尼龙绳，跟我玩恶作剧。不，门上什么也没栓。嗯，可能是某个邪恶的恐怖分子，正在门上测试伽马射线。不对，我们检查了是否有伽马射线和其他奇怪的武器，都没有。于是，有可能是幽灵来造访了：几十年前某个可怜的哲学系学生，在阅读哲学教科书时因无聊致死。因为这场关于决定论的讨论，他受到了打扰，而逃离了房间。

好了，注意到发生什么事了吗：门开了，我们想知道为何门会开。什么导致了门打开了？我们想到了各种可能的原因，直到恐怖分子的伽马射线，甚至幽灵造访。但是还有一个可能性没有提及。这个可能性你认为是如此不合理，以至你在承认之前宁愿相信是鬼魂造访，即门“就这么开了”的运动的可能性，根本没有任何原因。所以，如果门开了、树倒了或电脑彻底死机了，我们相信必将有原因。

明天早上你去上哲学课，渴望看到热心肠的、和蔼可亲的、兴高采烈的哲学教授。你说：“早上好，教授。”教授回答：“见鬼去吧！”你一定深深地震惊了，于是你跑向同学：“琼斯教授怎么了？她往日都很友好啊。我向她问候早安，她却对我咆哮，叫我下地狱。”也许她所忙于的书稿被拒绝了。不，她的书即将出版，评论一直很好。也许她终身教授资格的申请被拒绝了。不，两年前她就是终身教授了。也许她和她丈夫打了一架，或者她的一个十几岁的孩子把车子弄坏了。不对，她家里没发生什么事。也许她还在可怕的宿醉中，头痛欲裂。不对，她喝酒从不过量，身体一直很棒。也许她被外星人洗脑了，或者是妖魔附体了。但是，又一次地，有一个选项从未被提及：古怪之举没有原因，它只是如此发生了。不可能。你宁愿相信外星人入侵或妖魔附体，也不愿相信不存在任何原因。

> 整个大自然、全部的行星都应该服从永恒的法则，但竟然有1.5米高的小动物蔑视这些法则，如其所高兴地、只根据他的性子而行动，这是多么奇特的事情啊。
>
> ——伏尔泰

所以，这则故事的教益是什么（首次被大卫·休谟说出的故事）？很简单。当有人问起你是不是一个决定论者时，不论你说什么，实际上你都确实相信决定论。当然，这不是决定论为真的证据。但这也确实表明，几乎我们每个人都会强烈地相信决定论是真的。这就是说，我们相信所发生的一切——无论是门关上了还是大树倒了，或者有人强烈批评我们，或者我们在哲学考试中的分数——每一个事件都存在充足的理由。我们没有任何理由认为原因是什么，但是，我们坚定地相信所发生的一切事情，都是一个原因导致的结果。这意味着我们相信决定论。我们相信决定论，而非宿命论。我们相信所发生的一切事情都是复杂的因果性进程的一部分，而非某种独立于因果体系而运行的“命运的无常之手”的产物。决定论不是哲学家追求的某种吓人的海外奇谈；相反（如休谟所论证的），这是我们都相信的共同信念，不管我们是否把我们自己称为决定论者。

毫不奇怪，休谟热情地信奉决定论。休谟生活的年代，牛顿刚刚对下列运动给出清晰的说明：行星绕太阳运动，月亮绕地球运动，从塔上坠落的球的运动，从堡垒发射的炮弹的运动；埃德蒙·哈雷（Edmund Halley）曾用牛顿原理去决定彗星轨道——这些奇怪的天体访问者挑战了一切秩序和预言。决定论似乎在正确的道路上，问题只是在于何种因果法则统治了世界的其他部分——包括人类行为——犹如牛顿法则统治行星、彗星和炮弹的运动一样。事实上，决定论对于这样的追寻的确是一个好向导：如果我们只是相信某些事“就这么发生了”，而不存在任何理由，那么，我们就不会努力发现复杂的因果性进程。如果彗星“就这么发生了”，那么，寻求理解重力是如何塑造它们复杂的轨道是毫无意义的。如果一个可怕的疾病“就这么发生了”，毫无理由，那么医学研究者试图发现什么造成了疾病以及如何防止再次发生，也是徒劳了。大多数人受益于盘尼西林，但它让你非常难受。我们并不说，哦，就这么发生了呗；而是持续寻求，直到发现什么造成了你的这个区别和特殊反应。于是，我们发现了——并学会控制——过敏。如果变得严重压抑也是“就这么发生了”，那么，我们永远不会懂得导致该令人虚弱的问题的原因，我们也永远找不到治疗和防治抑郁的有效方法。当一个重要事件——像一场流行病，或者犯罪浪潮，或者一次洪灾——发生，那必定存在原因的信念（如果我们足够努力就可以找到原因）是一种非常有价值的信念。还有一个与命定论构成对比的是：如果你注定在某个时刻死亡，那么，寻找你死亡的原因或者尽力弄明白为何发生，将无济于事。这就是你的命，没什么需要说的或去发现的。

对决定论的反应

就算我们把决定论和宿命论区别开来，承认决定论者促进研究的假设是有用的，很多人依然强烈反对决定论学说。实际上，很多人反感决定论。有人反对说，决定论剥夺了我们的自由意志，其他人担心决定论会消灭所有的新鲜感、原初性和创造性：决定论的世界将会是无趣的、枯燥的。有些人担心决定论会摧毁道德责任。尽管存在着对决定论的种种担心，它依然被广泛地接受。卡尔·马克思（Karl Marx）是决定论者，阿尔伯特·爱因斯坦（Albert Einstein）也是，不过也很难想象他们会持有其他信念。一些人出于宗教原因赞成决定论，但一些人接受决定论作为科学探究的一种重要因素。在斯金纳（B. F. Skiner）的《沃尔登第二》（*Walden Two*）中，弗雷泽（似乎是斯金纳的替身）说：

我不认为自由是存在的。我必须否认这一点——否则我的计划将是荒谬的。你不能对随意上蹿下跳的难题有一个科学把握。也许我们永远不能证明人不是自由的，这仅仅是个推测。但是，行为科学的持续成功会让它越来越合理。

在这一段话里，斯金纳把决定论和自由的缺失等同起来，这个问题我们将在第九章进行考察。但这里的要点是——对斯金纳而言——人类行为科学的进展需要我们从决定论假设中加以操作。所以，决定论可以出于多种不同原因而被坚持。这种决定论的信念所蕴含的是一个充满极大争议的主题，我们将在下一个章节加以讨论。

阅读部分

论自由意志

罗伦佐·德·瓦拉

罗伦佐·德·瓦拉（Lorenzo de Valla，1405—1457）是15世纪最伟大的意大利人文主义学者之一，他总体上赞同从早期教父思想如奥古斯丁（Augustine）到托马斯·阿奎那（Thomas Aquinas）的经院哲学。他用去一生中很多时间，作为一名受敬重的学者，在阿拉贡国王阿方索的宫廷中翻译其他语言的文献，同时也著书立说。他的《论意志自由》是其杰作之一，对后来几个世纪关于该议题的讨论影响深远。对话中，罗伦佐·德·瓦拉（简称“罗”）首先考察了上帝预知的问题，然后转向了更加复杂的上帝万能和人类自由意志如何协调的问题。罗伦佐得出的结论是，对该问题不可能有任何答案（答案是“诸神之食”，人类被给予的不是知识）。是否这个结论就是瓦拉赞成的确切结论，抑或是蕴含着瓦拉出于教会的谴责而不敢写出答案等还存在疑问。但你对此还是要得出自己的结论。（“安”在对话中指安东尼，这是罗伦佐设想出来的对话者。）

罗：你叫我向你解释什么？

安：上帝的预知和自由意志是否协调，波伊修斯（Boethius）是否对此有过正确的论证。

罗：我会在后面转向波伊修斯；但是，如果我用这种方式让你满足，我想要你做出一个承诺。

安：何种承诺？

罗：如果我在午餐时间好好招待你了，你就不会再要一顿晚餐。

安：这是何意，请我吃午餐，不吃晚餐，我不明白啊？

罗：就是说讨论了这个问题，你不能要求讨论下一个问题。

安：你说另一个？好像这个问题还不够似的！我承诺不会得寸进尺。

罗：那么继续下去，深入问题的中心吧。

安：你的忠告很好。要是上帝预见了未来，未来发生的事就不能和他预见的两样。举例说，假使他看见犹大将成为叛徒，那么犹大就不能不变成叛徒，也就是说，犹大必须背叛，否则就是我们假定上帝是缺少先见之明——但是，我们决不做如此假定。上帝既有先见之明，我们就必须毫无疑问地相信人类对自己的能力没有自由意志，我并不特指坏人，只要仍旧有好人或坏人，他们必然和强制的行为仍被认为是正确的或错误的，那么正如同坏人必须干坏事，好人相反地必须行善事。现在可以得到什么结果，你自己就瞧得见：因为上帝不是赞扬这人公正就是谴责那人不公，而且奖赏这人惩罚那人，既然人的行为是上帝先知的必然结果，不客气地说，这就是不公正的。所以我们应该放弃宗教、虔诚、义务、礼仪和牺牲，我们可以不期望上帝什么，不做祷告，根本不求他施恩，忽视我们思想的改进，并且最终只干我们爱干的事，因为上帝预知我们的正义或不正义。因此看来要么就是我们赋有意志而上帝不能预见未来，要么就是我们缺乏自由意志而上帝并不公正。这就是使我在此问题上产生怀疑的。

罗：你的确不单是扎进了问题的中心，甚至把问题摊得更广了。你说上帝预见犹大要成为叛徒，可是难道上帝因此诱他背叛吗？我不以为如此，因为上帝虽能预见人做的某些将来的行为，可是这行为不是在强制下干的，因为他可以自愿做。再说，凡是自愿的事就不能是强制的。

安：别希望我这么容易向你退让，或者不挥汗流血就逃跑了。

罗：祝你好运；让我们在手对手、脚对脚的肉搏中紧紧抗争！让我们用剑而不是用长矛决胜负吧。

安：你说犹大是自愿干的，所以不是必然的。的确，否认他自愿干，那是最无耻的。关于这点我说什么呢？这一意志行动肯定是必然的，因为上帝预见了它；况且既然上帝预见了这行为，犹大必须意愿去做它，免得他使预知成为虚妄。

罗：我还不明白为什么我们意愿和行动的必然性须从上帝的预知中引申出来。因为，要是预知某种东西将是就使它来临，那么知道某物现在是一定同样容易使这物是。当然，假如我知道你的天性，你不会说某物是，是因为你知道它是。比如，你知道现在是白昼；难道因为你知道现在是白昼，所以现在就是白昼了吗？或者，反过来，因为现在是白昼，你是否因为这个缘故才知道现在是白昼？

安：的确。请继续吧。

罗：同样的推理可用于过去。我知道 8 个钟头以前是黑夜，但我的知识并不使它成为黑夜。而是因为那时是黑夜，我才知道它是黑夜。为了使我可以更迫近这一论点，我还预先知道8小时之后又是黑夜；那时是否因此就成为黑夜呢？完全不然，只是因为那时将是黑夜，所以我才预知它；如今，假如人的预知并非某种正发生着的事情的原因，那么上帝的预知亦不然。

安：相信我吧！比较会欺骗我们；知道现在与过去是一回事，知道将来又是另一回事。因为当我知道某种东西现在是，它不能改变，就像现在是白昼，就不能使它不是白昼。而过去也和现在无异，因为我们不是在白昼已过去时注意到它，而是它现在正发生时注意到它的；我过去并不在黑夜已过去时知道黑夜，而是在过去是黑夜时知道黑夜。因此，就这些时间而言，我承认某物过去是或现在是，并非因为知道它；而是因为它现在是或过去是，我才知道它。但用在将来上的推理，可就不同。因为它是容易变化的，因为它是不确定的，所以不能肯定地知道它。又为了使我们不致骗取上帝的预知，我们必须承认未来是确定的，因而是必然的，这就剥夺了我们的自由意志。而你也不该说这方才说的话：未来并不仅仅因为上帝预见了它而注定，而是因为未来已事先注定，所以上帝才预见了它；这样一来你就暗示上帝必须预见未来，从而伤害了上帝。

罗：你兵甲俱全地参加战斗。不过，让我们看看谁受了骗，是你还是我？可是我首先要答复你说的这最后一点。如果上帝预知未来是因为它将是，他就必然预见未来。实际上不能把这点归之于必然性，应当归之于本性，归之于意志，归之于权能，除非是因为弱点，上帝不能犯罪、不能死亡、不能放弃他的智慧，而不是因为权能和神性。所以，当我们说上帝不能逃脱预见（这是智慧的一种形式），我们并未伤害他，而是赞扬他。所以我不怕上帝不能避免预见将来的事。我现在讨论你说的第二点：因为现在和过去是不变的，所以是可知的；将来是可变的，因此不能预知。我要问：从现在起，8小时之后黑夜将来临，夏天之后将有秋天，秋后有冬，冬后有春，春后是夏，这些都可以改变吗？

安：那些是永远走着同一条道路的自然现象，而我谈的是意志问题。

罗：关于偶然事件，你怎么说呢？如果它们不赋有必然性，上帝能预见它们吗？今天也许会下一场雨，也许我会发现一处宝藏。你承认没有任何必然性可以预知它们吗？

安：我为什么不承认呢？你难道以为我把上帝看得那么糟吗？

罗：你应当确保自己去说看重的时候，你并不在看轻。因为，要是你承认了这一种情形，你何必怀疑意志问题呢？难道是因为两类事件能按两种不同的方式发生吗？

安：问题并不是那样。因为这些偶然事件顺从着它们自己的某种本性。所以医生们、水手们、农人们惯于预见许多事情，因为他们从前提推出后果，意志问题就没有这种情况。试试预见我先动哪一只脚吧，不论你说出哪一只脚，都错了，因为我将移动另一只脚。

罗：我请问你，有谁像这位格拉里亚（Glarea）这样聪明呢？他认为他能欺骗上帝，就像《伊索寓言》的一个人问阿波罗，询问他藏在外衣底下的一只麻雀是否已死，为的是欺骗他。因为你没有让我预言，你让上帝预言。我的确没有你所赋予农民那样的本领，能预言葡萄是否将有好收成。但是你说了，而且相信上帝不知道你先动哪一只脚，你就使自己犯了大罪。

安：难道你以为我宁可肯定某些东西而不提出问题，就是为了争论的缘故吗？而且看来你似乎为你的讲话寻找借口，一面让步，一面逃避斗争。

罗：我倒像只为了取胜不为真理而战斗了！看我是怎样从我的阵地被赶出去吧。你是否承认上帝现在知道你的意志胜于你本人呢？

安：我确实承认。

罗：你也必须承认你只做意志决定的事。

安：当然。

罗：意志是行动的起源。如果上帝知道意志，他怎能不知道行动呢？

安：完全不是这样，因为尽管我知道我愿意什么，我并不知道我将做什么。因为我无论如何不愿意移动这一只或那一只脚，只意愿移动和上帝所宣布的不同的一只脚。因此要是你把我跟上帝比，那么正如同我不知道我将做什么，所以上帝也不知道。

罗：对付你这诡辩又有何难？上帝知道你准备回答的和他将要说的不同，知道要是他先点出右脚你将先动左脚，所以不论他说的是哪一只，他对于将要发生的全有把握。

安：可是他将说两只脚中的哪一只呢？

罗：你说上帝吗？把你的意愿告诉我，我一定宣布将发生什么。

安：往下说，试着说说我的意愿。

罗：你将先动右脚。

安：瞧，左脚。

罗：你何尝证明我的预知是错误的呢？因为我已经知道你将先动左脚。

安：你干吗说的跟想的不同呢？

罗：为的是以其人之道还治其人之身，为的是欺骗那骗人者。

安：可是上帝回答时不撒谎、不欺骗，而你代替了上帝回答也不对，因为上帝不作答。

罗：你不是让我“预言”吗？所以我并不为上帝代言，而是自己说自己的话，因为你请我说的。

安：你多么善变，刚才不久你还说我让上帝预言，不是让你预言，现在你倒过来说相反的话。让上帝回答我将先动哪一只脚吧！

罗：真滑稽，好像上帝会回答你似的。

安：什么？要是他愿意，他难道不能真实地回答吗？

罗：上帝就是真理，他怎么会欺骗！？

安：那么上帝怎么回答呢？

罗：上帝当然回答你将要做的，他说不定告诉我了，说不定告诉了别人，说不定对许多人说了，可你没听见。他这样做了以后，你不以为上帝已经确实地预言了吗？

安：对！的确，他将确实地预言了。但假如他对我预言，你又怎么想呢？

罗：你这图谋欺骗上帝的人，相信我吧，如果你听见或确实知道上帝说你将做什么，你不论出于爱或出于恐惧，都得赶紧做你知道上帝已预言了的事。不过这跟预知没有关系，让我们放过它。因为预知未来是一回事，预言未来是另一回事。撇开预言，只谈你对预知的想法吧。

安：算了，因为我说的那些事，与其说是为了我，倒不如说是为了反对你。我言归正传，回过来谈犹大必须背叛，除非我们完全取消先见，因为上帝预见必将如此。所以，如果某件事可能发生得和预见的不同，先见就毁了，如果没有这种可能，自由意志就毁了，对于上帝来说，这件事和我们取消他的先见同样不值得。就我所关心的问题而言，我宁愿上帝不够聪明，不愿上帝不够善良。后者有损人类，前者则不会。

……

罗：你又很想得到智慧和谦逊的称赞了，因为你又是你真正的自己了。所以，我要照你所需求的做，因为，我刚才所做的完全是出于我们自己的意愿。因为，已经说了的话，到现在为止还不是我决定要说的，而只是辩护本身所要求而必须说的。现在请注意我所相信的，也许你也会相信的一点，即，预知并不是自由意志的障碍。然而，你是让我简练地来说这一问题呢，还是更清楚、长篇地来解释这一问题呢？

安：实际上，对我而言似乎是，说得透彻就是说得最简练，而说得晦涩的人，虽然用了最简短的话语，往往也是冗长的。此外，表达的完整自身有其适当性，对劝说也适宜。因此，既然我从一开始就要你明晰地述说事情，你就不应该对我的希望抱有怀疑；但不论做什么对你来说都是更加宜人的。因为我从来不对你预先下判断。

罗：事实上，遵循你的希望对我而言是很重要的，并且无论你认为什么更加方便，我也照做。阿波罗在希腊诸神中也是这样被歌颂的，或者是通过他的本性，或者是通过其他诸神的让步。他对未来之事，无论是关乎人类还是关乎众神，都有着预见和知识；因此，如果我们可以相信传统，那么，什么也无法阻止我们立即接受。阿波罗对那些咨询他的人传递真理和预言。塞克图斯·塔克文尼乌斯（Sextus Tarquinius）咨询他的未来命运。我们可以假装他依照惯例用韵文回答：

你将被放逐，沦为贫贱，
为愤怒的市民杀戮。

一听到这，塞克图斯问道：“你在说什么，阿波罗？凭什么向我宣布如此残酷的命运，你为何安排我在这样悲惨的境遇中死去？收回你的预言，我求你了，预告些更欢乐的事情吧。我如此尊敬你，你应该更好地安排我才对。”阿波罗回答说：“哦，年轻人，你的礼物当然可爱，我欣然接受。作为回报，我给出了悲惨而哀伤的预言，我也希望有更好的，但是我无权更改。我知道命运，但不是我来决定命运。我能宣布时运，可无法改变它。我是天命的指示，但非天命的裁判。如果更欢乐的事情在前方等待，我自会宣告它们。当然，我甚至不能阻止我预见到的我自己的厄运，这也不是我的过错。要怪就怪朱庇特，诅咒命运，当厄运来临时诅咒时运。决定命运的权力归于他们的本座。至于我，仅仅是预知和预言。你热切乞求一个神谕，我给你。你询问真相，我无法说谎。你千里迢迢来到我的庙宇，我不应该三缄其口就打发你。两件事对我而言是最不陌生的：说谎和沉默。”塞克图斯能否就这样回答这番话：“是啊，实际上是你的错。阿波罗，你用智慧预见到了我的命运。如果你未曾预见，这一切说不定还不会发生。”

安：他说的不仅不公正，而且根本就不应该那么回答。

罗：那么，该如何回答呢？

安：你为何不说？

罗：他不应该这样回答：“实际上，我对你表示感激，神圣的阿波罗，你既没有用谎言欺骗我，也没有用沉默来蔑视我。但我还是要你告诉我：为何朱庇特这样不公，这样残忍，竟安排给我这样悲惨的命运，而我对众神是清白无辜的崇拜者？”

安：我要是塞克图斯我自然如此反问，但是阿波罗又会怎样回答呢？

罗：“你自称自己不当受罚、清白无辜吗？你也许知道你将要犯下的罪孽：通奸、背叛、作伪证、近乎是遗传的傲慢，统统要受罚。”塞克图斯会这样回答吗：“我的罪必定出于你的安排，因为这对我是必然的，你预见到我会犯罪”？

安：如果那么说，他一定是疯了，也不公正。

罗：你从他的角度有什么话要说？

安：绝对没有了。

罗：假如塞克图斯对阿波罗的预知没有任何争辩，当然，犹大对上帝的预知也没有任何诅咒。这样一来，你所谓的你感到困惑和烦恼的问题就被回答了。

安：这实际上已经回答了。我几乎不敢奢望得到充分解决，出于我既要给你感谢，还要给你一个几乎是不朽的礼物。波伊修斯不能解释的，你都解释了。

罗：我现在尽量说说他，因为我知道你期望这点，我保证这样。

安：你对波伊修斯会说什么？我很乐意听取。

罗：我们可以循着我们开始的寓言作线索。你认为塞克图斯对阿波罗无话可说。我问你，一个国王拒绝给你一个职位或位置，因为他说你在那个位置会犯下杀头的谋反罪，你会怎么说？

安："陛下，我向您发誓。以您最强、最忠实右手的名义，我绝不会犯罪。"

罗：同理，也许塞克图斯也会对阿波罗说，"阿波罗，我发誓我绝不会干出你说的罪过。"

安：阿波罗如何回答？

罗：当然不像国王的方式，因为国王不能像上帝那样预知未来发生什么。因此阿波罗会说，"我是说谎话者吗？我会不知道未来吗？我说话是为了警告你，还是给出一个预言呢？我再对你说一次，你会变成通奸者、背叛者、作伪证者，你将傲慢与邪恶。"

安：多么有价值的一番话！塞克图斯何以反抗？

罗：你忘了他会自我辩护吗？他会以温顺的心灵令自己遭受惩罚吗？

安：怎么不，如果他有罪？

罗：他无罪，他只是被预言到了未来如此。实际上，我相信如果阿波罗向你这样宣布，你会逃离去乞求，不是向阿波罗，而是向朱庇特，乞求他给你更好的心灵、改变你的命运。

安：我会那样做的，这样就把阿波罗变成说谎者了。

罗：没错，因为如果塞克图斯不能让阿波罗成为说谎者，他的乞求就白费了。他应该怎么做？难道不会被冒犯、激怒而爆发出怨言？"所以，阿波罗，我不能约束自己不谋反吗？我不能接受美德，我不能改变心灵，弃恶从善？我不能被赐予自由意志吗？"

安：塞克图斯说得很勇敢、真诚、公正。神怎么回复的？

罗："这就是情况为何是这样的原因，塞克图斯。朱庇特造狼凶狠，野兔胆小，狮子勇敢，驴子愚蠢，狗类野蛮，绵羊温顺。他让一部分人心肠硬，一部分人心肠软；让一些人有美德，一些人邪恶；让一些人自我纠错，一些人不可救药。对于你，他确实安排了一个邪恶的灵魂，万难更改。因为你那与生俱来的性格，你注定就要作恶。朱庇特出于你的行为及其邪恶的后果，将会对你施加严厉的惩罚，因此，他对地狱沼泽起誓，一切将会发生。"

安：同时，阿波罗完全在为自己开脱，他诅咒朱庇特更多，因为相比朱庇特，我更倾向于塞克图斯。他也许会公正地做出如下最好的抗议："为何是我而不是朱庇特的罪过？当我被禁止去做任何别的，只能犯罪时，为何朱庇特因为他自己的罪过而谴责我？为何他无辜惩罚我？无论我做什么，都不可以凭借自由意志，而只能根据必然。我能够反对他的意志和权力吗？"

罗：这是我希望为我的证明所说的话。这是我的寓言的要点，尽管上帝的智慧无法和上帝的权力、意志相分离，我也可以通过阿波罗和朱庇特来分离它们。一个神做不到的，两个神可以做到。每一个都有其适当的本性——一个创造人类的性格，另一个负责知识——这样天意就显得不是必然的原因了，而是不论是什么都必须关涉上帝的意志。

安：看看，你再次把我扔进了为我挖好的坑里，这个怀疑就像我为犹大设置过的那样。那里，必然归于上帝的预知，这里则归于意志。你如何取消意志自由的差别呢？自由意志被预知摧毁了，你实际上否认这一点，但是，你说通过神圣意志，问题又回到了原点。

罗：我说过自由意志被上帝的意志取消了吗？

安：如果你不澄清模糊，难道不是暗指这个吗？

罗：你祈求谁来帮你解决呢？

安：实际上，你不讲明白我是不会让你走的。

罗：但是，这样就违反了我们的约定，也与你要求的午餐不相符。

安：不是你欺骗了我，强迫我给出了一个带有欺骗性的承诺吗？带有欺骗的承诺是无法成立的，我也不认为你请我吃了一顿，就得强迫我把所吃的都呕吐出来。或者说得柔和点，你比请我吃饭之前更饿地打发了我。

罗：相信我吧，我可以不让你以这种我会欺骗你的方式承诺，因为那样对我有什么好处呢，既然我还没有被允许请你吃饭？既然你自愿接受，既然你向我表示感谢，那么，如果你说你被我强迫呕吐出来或者我打发你跟你没吃一样饿，你就不必感激我。那是要求晚餐，而非午餐，等着对午餐挑错，要求我在你面前铺开佳肴美酒，诸神的而不是人的祭品。我已经把我橱柜里的鱼和野鸡以及地窖的美酒拿出来摆在你的面前。你应该向阿波罗和朱庇特要求佳肴美酒。

安：佳肴美酒岂不是充满诗意和妙想之物？且让我们把这些空洞之物留给空洞和虚构的诸神——朱庇特和阿波罗。你从橱柜和地窖拿出了午餐，我要求同样的晚餐。

罗：你认为我会如此鲁莽地打发掉一个向我寻求晚餐的朋友吗？但是，既然我看到这个问题可能会怎样结束，我根据我自己原来的兴趣，强迫你给出一个承诺：你除了要求一样而不会苛求我任何别的。因此，我不是根据正确而是根据平等继续告诉你。也许你会从别人那里得到晚餐，如果友谊能被信任，别人也不会与我完全一样。

安：为了不让自己对施恩者不懂感激，对朋友失去信任，我将不会给你多添麻烦。但是你还是要向我建议，我可以向谁寻求？

罗：如果我可以，我就不会吝啬晚餐，但我会跟你一起去。

安：你认为没有人会有这些你所谓的圣餐吗？

罗：我何为不该这么想？你没有阅读过保罗关于利百加和伊萨的两个孩子的故事吗？故事说：

双子还没有生下来，善恶还没有作出来，只因要显明神拣选人的旨意，不在乎人的行为，乃在乎召人的主。神就对利百加说："将来大的要服侍小的。"正如经上所记："雅各是我所爱的，以扫是我所恶的。"这样，我们可说什么呢？难道神有什么不公平吗？断乎没有！因他对摩西说："我要怜悯谁，就怜悯谁；要恩待谁，就恩待谁。"据此看来，这不在乎那定意的，也不在乎那奔跑的，只在乎发怜悯的神。因为经上有话向法老说："我将你兴起来，特要在你身上彰显我的权能，并要使我的名传遍天下。"如此看来，神要怜悯谁，就怜悯谁；要叫谁刚硬，就叫谁刚硬。这样，你必对我说，他为什么还指责人呢？有谁抗拒他的旨意呢？你这个人哪！你是谁，竟敢向神强嘴呢？受造之物岂能对造他的说，你为什么这样造我呢？窑匠难道没有权柄，从一团泥里拿一块做成贵重的器皿，又拿一块做成卑贱的器皿吗？（《罗马书》，9:11—21）

稍后，好像上帝的智慧太过光芒四射而把他的眼睛弄得眩晕，他称颂道："深哉！神丰富的智慧和知识。他的判断何其难测！他的踪迹何其难寻！"（《罗马书》，11:33）因为，如果被选中的器皿，争抢进入第三天堂，听到了人类不准说，甚至不能说、不能感知到的密语，谁会最终希望他能够找出并理解呢？仔细注意了，没人说自由意志被预知阻碍，如同被上帝的意志所阻碍一样。实际上，最有价值的理由会引出上帝为何对一个人严厉，而对另一个人仁慈，就是说，他是最智慧、最善的存在。因为相信别的，而不相信上帝是绝对的善且行为公正，是不虔敬的。他做的是对的。

不自由的意志

马丁·路德

马丁·路德（Martin Luther，1483—1546）是新教改革傲慢而质朴的、斗志昂扬又坦率的领袖。在宗教改革最著名的冲突之一中，德西德里乌斯·伊拉斯谟（宗教改革时期著名的哲学家、神学家）与路德就自由意志展开了激战。伊拉斯谟是天主教会改革运动的领袖。人们都在期待伊拉斯谟会加入新教改革，反对教皇和等级制度，以及天主教会的腐败。尽管伊拉斯谟赞成教会改革，但是，他反对革命，主张用勤勉来代替更加适中的内在改革的努力。而且，伊拉斯谟从来就对路德的观点感到不舒服：伊拉斯谟乐于接受古希腊哲学（柏拉图和亚里士多德的观点）对基督教的影响；而路德认为所有的这些添加都是腐败。伊拉斯谟尽力与天主教权威和新教人士中的很多朋友保持友好关系，但随着冲突加剧，他再也无法保持中立了。天主教会要求他与新教思想公开决裂（面临逮捕，或因异端邪说而判处死刑）。伊拉斯谟同意写个小册子——《论自由意志》（*A Disquisition upon Free Will, De Libero Arbitrio Diatribe*），有时也被翻译成《针砭自由意志》（*Diatribe on Free Will*），1524 年出版，攻击新教神学。他选择了一个对自己和路德都很重要的话题，他也认为可以对新教观点给出温和批评，并打算加以协调，这就是自由意志论题。即使在其对路德观点的抨击中，伊拉斯谟也伸出了橄榄枝，并愿意做妥协："就我而言，我更愿意温和路线"，伊拉斯谟写道，并且他提出"这种温和方案"为善行留下了空间，也对人类的自由意志给出了一定的限制，尽管一切权能都属于上帝。相比伊拉斯谟提出的温和路线以及对自由意志的约束性捍卫，路德毫不妥协，横扫仇敌，坚决捍卫对自由意志的全面否定，极力拥护预定论。下面的段落摘选自他 1525 年的《不自由的意志》，译自亨利·科尔（Henry Cole）英译本。

你所说的这些话，没有提到基督，也没有提到圣灵，因而比冰块本身还要冰冷，所以，甚至连你那雄辩的光彩也都丧失了。可怜的小子啊！大概由于对众主教及暴君（教宗）的惧怕，这些话才从你嘴中脱口而出，以免你仿佛成了一位十足的无神论者！然而，这些话所坚持的主张是：在我们里面有各种能力，我们可以尽一切努力，上帝是怜悯人的，有乞求怜悯的方法，上帝的本性是公正的，也是最慈悲为怀的，等等。那么，如果有一个人，他不知道那些能力是什么，那些能力能成就什么，那些能力可以被动地得到什么，那些能力的努力有何意义，那些能力的功效如何，以及缺少了它又会怎样，那么他要做什么呢？你又会要他做什么呢？

你说，"想要知道我们的意志是否能做其中任何一件有关永恒救赎之事，或想要知道我们的意志是否在恩典的作用下只是被动的，这是不敬畏上帝的，是多管闲事的，而且是多此一举的。"然而，现在你又自相矛盾地说，基督徒的敬虔是指竭尽我们所能地努力，而且"没有上帝的怜悯，意志便失效了"。

在此，当你以努力来代表意志时，很显然你所坚持的主张是，意志能做其中某件有关永恒救赎之事（虽然当你表示，若没有怜悯，它便失效时，你使它处于被动）。然而，你并没有精确地陈述如何才能了解这个主动性及被动性，因为甚至当你在告诉我们上帝的怜悯和我们的意志能够成就什么的时候，你其实是刻意要使我们对此无知。因此，由于你说话谨慎，使你改弦易辙，决意不要把你自己投向任何一边，而是从前有女妖斯库拉（Scylla）和后有卡里布底斯大漩涡（Charybdis）的进退维谷的困境中安全地通过；结果，当你发现自己在海中遭到海浪猛烈地冲击时，你便又坚持每一个你所否认过的主张，而又否认每一件你所坚持过的主张。

在这本书中，我要努力敦促你及所有的诡辩家，直到你们为我阐释清楚"人有自由选择能力"的优点和效用为止；此外，我也要非常努力地敦促你（靠着基督的帮助），希望我能使你因出版了你的《论自由意志》一书而悔改。

并且，这里还有某件对一个基督徒而言根本上必须知道的，也是有益的事，那就是：上帝从不偶然地预知任何事，他是借着上帝不变的、永恒的和绝无谬误的旨意（意志）来预知、计划和执行所有的事。这真是一个晴天霹雳，把"人有自由选择能力"完全推翻而且粉碎了，所以，希望"人有自由选择能力"这个主张能得到坚持的人，必须不是用否认，而是用解释来除掉这个晴天霹雳，再不然就是用一些其他的方法摆脱它。然而，在我用自己的论据和《圣经》的权威建立这个论点之前，我要先用你的言辞来讨论它。

我所敬爱的伊拉斯谟啊！难道稍早坚持主张"上帝在本性上是公正的，在本性上也是最慈悲为怀"的人不就是你吗？如果这是真实的，难道它所遵循的不是"上帝的公正和慈爱是不变的——既然上帝的本性永不改变，所以上帝的公正和慈爱也是永不改变的"吗？但是，我们怎样表达上帝的公正和慈爱，也必须这样来表达上帝的知识、智慧、良善、意志，以及上帝其他的属性。因此，如果坚持关于上帝这些事的主张，如你所陈述的，是虔诚的、敬虔的而且是有益的话，那你究竟是中了什么邪，使你现在自相矛盾地又坚持说，称上帝必然地预知事情，是不敬畏上帝的、多管闲事的，而且徒劳无益的？你宣称，我们应当相信上帝的旨意是不变的，但是你又禁止我们知道，上帝的预知也是不变的。那么，你相信"没有意志，上帝仍能预知，或没有清楚地知道，上帝仍能意愿吗？如果上帝的预知是上帝的，上帝的意志就是永恒的而且是不可改变的，因为那是他的本性；如果上帝的意志是上帝的预知的一种属性，那么上帝的预知就是永恒的而且是不可改变的，因为那是他的本性。

你说，谁会为了纠正他的生活而吃苦呢？我的回答是：没有人愿意，而且也没有人能这样做，因为既然你的纠正者都是假冒为善之徒，若没有圣灵，上帝可是一点也不关心他们的。但是，选民和敬虔之人却会受到圣灵的纠正，虽然其他剩下的人因未被纠正而灭亡。奥古斯丁没有这样说：不是所有人的善行都会得到荣耀的冠冕，而是说：有一些人的善行会得到荣耀的冠冕。所以，总有一些人会纠正自己的生活。

你问，谁会相信他是上帝所爱的呢？我的回答是：没有人会或能够相信这点；但是，选民和敬虔之人会相信，虽然其余的人在不信、心中愤怒与亵渎上帝中灭亡（正如你在此这样）。所以，总有人会相信的。

至于你说的借着这些教义，打开了一扇通往不敬虔的窗，就随它如此吧！像这样的人，是属于上文所提到的，这种人必须忍受恶的麻风病。虽然如此，借着这些同样的教义，同时也打开了一扇通往公义的门，就是为了敬虔之人和选民所预备的一个通往天堂入口和通往上帝的路。但是，如你所忠告的，如果我们不管这些教义并且对人隐藏这条上帝的路，使得他们被一种对救赎虚假的保证所蛊惑，并且没有人学会要去惧怕上帝和谦卑，以便最终可以经由惧怕而来到恩典和爱，那么，我们最好关闭你的窗，但是，就在其位置上，我们应该为我们自己和所有的人打开水闸，或说得更恰当一点，是大的裂口和深沟，不只是通往不敬虔，而且也是通往地狱的深渊。我们从这条路应当既进不了天堂，也不允许那些正要进去的人进去……

上帝已经肯定地应许要把上帝的恩典赐给谦卑的人，也就是说，赐给那些对他们自己哀恸与绝望的人。但是，没有人能完全地谦卑，除非他知道他的得救绝对不是他自己的能力、方法、努力、意志和行为所能及的，而是全然地依靠另一位（也就是，唯独依靠上帝）的拣选、意志和作为。因为只要他相信，他自己能做任何一点（即使只是最小一点）有助于他得救的事，那么他就是保留了一些自信，并且没有完全地对他自己绝望，因此，他便没有在上帝面前谦卑下来，而是认为有或至少可能有希望或欲望——一些空间、时间和努力，是他最终可以赖以得救的。但是，当一个人毫不怀疑地相信，所有的事都取决于上帝的旨意时，那么他才是完全地对自己绝望，并且不会为他自己做任何决定，而是等候上帝的作为；那么，他就比较接近恩典了，同时能获得拯救……

就是为了选民的缘故要公布这些事，为的是当他们借着这个方法谦卑下来并且回归无，他们才可以得救。剩下的其他人则反对这种谦卑，事实上他们谴责这种自我绝望的教导，而希望有一些事，不论是多小的事，能留下来让他们自己来做；所以，他们仍然暗自骄傲，而且仍然是上帝恩典的敌人。我认为，这就是一个所谓的理由：敬虔之人心存谦卑，就可以认识、依靠并且接受上帝的恩典……

上帝把上帝永恒的良善与慈爱隐藏在永恒的愤怒之下，把上帝的公正隐藏在不法之下。当上帝拯救的人那么少，而毁灭的人那么多的时候，人们要相信上帝是慈爱的，而且当上帝按着自己的旨意使我们必须下地狱，而使得（根据伊拉斯谟所言）上帝似乎喜悦悲惨之人遭受折磨，并且似乎值得人去恨上帝，而不是去爱上帝。这时，还是要相信上帝是公正的，这就是信心的最高表现。此外，如果我能以任何方法理解这位表现出如此愤怒和不法的上帝怎么会是慈爱的和公正的，那么我就不需要信心了。事实上，既然那是不可能理解的，当这样的事传讲和公布出来的时候，就有操练信心的机会了，这就正如当上帝施行杀戮的时候，对生命的信心便在死亡中操练。

至于你提到的第二个悖论，就是“不管我们做什么事，都不是借着自由选择，而是全靠必然性”。让我们简单地考虑一下，同时不略过最恶毒的话。我要说的是：当事实证明“得救是靠我们自己的能力和方法所不能及的，而是要依靠上帝的作为（如同我希望在以下这个争论的主要部分能提出决定的证明）”，从这里不是可以推断出“当上帝不在我们身上起作用时，我们所做的每一件事都是邪恶的，同时，我们必然做的是对于得救完全无用的事”吗？因为如果在我们身上施行拯救的不是我们，而只是上帝，那么在上帝起作用之前，不论我们希望与否，我们都无法做任何对救赎有意义的事……

如果上帝在我们身上起作用，意志就会被改变，而且受到神灵轻轻一吹，意志就再度发动并且行动，这全是来自单纯的意愿和嗜好，并且是自动自发的，绝非由于强迫，而使得意志不可能因任何反对而转向另外一个方向，甚至地狱之门也不能征服或强迫它，而它却是继续心甘情愿并且欢喜快乐地爱慕良善，正如先前心甘情愿并且欢喜快乐地爱慕邪恶一样。这再一次可以借经验证明，因为经验显示，圣徒是多么地难以被征服且坚定不移，所以，当有外力来强迫他们转向其他事物时，反而格外刺激他们向善的意愿，正如火受到风就会更加旺盛而不熄灭那样。所以，只要上帝的灵和恩典仍然在一个人身上，那么，甚至在此就没有任何意愿或者自由意志，可以使他自己转向另外一个方向或有不同的意愿。

简言之，如果我们待在这个世界的神明之下，而没有神灵的操作，就如保罗说的，我们是被他以意志俘虏的，那么除了他以意志驱使我们要做的事之外，我们对任何其他事物都没有意愿。因为他是那个披挂整齐的壮士，把它自己的宫殿看守得使他所俘虏的那些人都平安无事，为的是防止在他们中间激起任何反对他的思想或感情；否则，撒旦的王国自相纷争，就不能站立得住了，然而，基督肯定它是站立得住的。所以，我们是欣然并且心甘情愿地这样做，这乃是根据意志的本性：就是说，如果是被迫的，那就不会是意志；因为强制反而（换句话说）是“非意愿”。但是，如果更强壮的来到，征服了他，并且把我们当作上帝的战利品带走，那么，经由他的灵，我们又再一次成为他的奴仆和俘虏——虽然这是王室般的自由——我们欣然地意愿并且做上帝意愿要做的事。

因此，人类的意志就像处于两种驾驭之间的野兽一样。如果上帝驾驭它，它就会意愿并且去上帝所意愿要去之处，就如《诗篇》所说：“在你面前如畜类一般。然而，我常与你同在”。如果撒旦驾驭它，它就会意愿并且去撒旦所意愿要去之处；它既不能选择跑向两个驾驭者中的一方，也不能去寻求他们，而是驾驭者自己来争夺对它的所有权和控制权。

我现在要结束这本小书了，虽然若需要进一步辩论，我也愿意奉陪到底。然而，我认为在此所做的，已经足以满足虔敬之人，即任何愿意承认真理而不固执己见之人的需要了。因为我们若相信上帝预知且预定万物，上帝既不会因他的预知和预定而受到欺骗，也不会因他的预知和预定而受到阻碍，以及除了根据上帝的意志（理性本身被迫承认此事），不会发生任何事，那么就理性本身而言，在人类、天使，以及任何受造物里，都不可能有自由意志。

人类理解研究

大卫·休谟

大卫·休谟（David Hume，1711—1776）为决定论以及自由意志（或“自由”）与决定论（或“必然性”）相容的相容论观点发展出了经典论证。实际上，休谟没打算为决定论论证，而是证明了每个人已经相信了决定论，该信念在决定论中是非常合理的，只是语词上的含混让人们不承认他们相信决定论。休谟不仅宣称决定论和自由意志相容，而且证明决定论对真正的自由是基础性的：一定程度上，在决定论中断的地方，自由意志受到损害。下面的段落引自“论自由和必然（Of Liberty and Necessity）”一章，出自休谟1748年出版的《人类理解研究》一书。

第二节

没有什么推理方法比在哲学争辩中借口某种假设在宗教和道德上有危险的后果，就试图来驳斥那种假设更寻常又更值得谴责的了。任何一种意见，如果使人陷于荒谬，则它必然是假的，但是，我们不能因为一种意见有危险的后果，就确定它是假的。对于这类论题，要完全克制，因为它并不能帮助我们发现真理，只能使反对者的人格显得可憎。我这是一般的说法，并不是想由此得到什么好处。我只是坦白地来接受这一类的考察，并且我敢大胆地说，上面所解释的必然和自由的学说不但和道德相符合，而且对于维系道德是绝对必要的。

必然可以按照原因的两种定义来定义，因为“必然”正是原因中的一个基本部分。必然性或者在于相似对象的恒常结合，或者在于由此物及彼物的理解的推断。在这两种意义（在根本上是相同的）上，必然性是在学校中、教堂中和日常生活中，被普遍承认（虽是缄默的）属于人的意志的。没有人假装否认，我们关于人类的行为也可以有所推断，而且那些推断是建立在我们经验到在相似的行为和相似的动机、倾向及环境之间有一种联系的基础上的。在这方面，人们或者会有所不同的独特的一点是，人们或者不愿意把人类行为的这种性质称为“必然”，或者他们主张，我们在物质作用中还可以进一步发现别的东西。说到第一层，我们如果了解了真正的意义，那我想名称不致造成伤害。

说到第二层，则我想，那种情形对于自然哲学或形而上学虽然有影响，可是它绝对影响不了道德或宗教。我们如果说，在物体的运动中，我们没有别的“必然”或联系的观念，那么我们也许是错了。但是，我们所给予心灵活动的那种性质，却是每个人所给予、所乐于承认的。关于意志，我们并没有改变公认的正统学说中的任何细节，只在物质的对象和原因方面有所改变。因此，我们至少可以说，没有比这个学说再为无害的了。

一切法律既然都建立在奖赏和惩罚的基础上，那就证明作为一个根本的原则，人们假设，这些动机对人的心灵有一种有规则的、一致的影响，并且能产生好的行为，阻止坏的行为。我们可以按照我们的意愿给这种影响以任何名称，但是既然它通常和行为结合在一起，所以它可以被认为是一种原因，并且把它看作我们在这里所想要证明的那种必然性的一个例证。

……

根据同样的论证，我们也一样容易证明，按照上面所述的那个定义（这是人人都承认的），自由对于道德来说也是一个必然条件，而且如果没有自由，人类的行为也就没有道德上的性质，因而也就不能成为赞赏或厌恶的对象。因为各种行为之所以能成为我们道德情操的对象，只是因为它们是内在品格、激情和感情的象征；因此，如果它们不由这些根源而来，而只由外部的强力而来，则它们就不能引起我们的赞赏或谴责。

练习部分

1. 决定论是乐观的信念还是悲观的信念?
2. 如果你是一名医生，决定论在你的临床实践中能否成为一个有用的假定?
3. 在传统宿命论中，你发生的一切，包括你的命运，与你的努力、行动、欲望、价值和性格等几乎没有联系。当命运之轮来临，你的努力无济于事：你处在更加强大的手的控制之下。你可以在巴格达休息，或者立马尽快去萨马拉，但你的命运在注定的时刻等候着你。你可以待在家里或逃向遥远的国度，但如果——像俄狄浦斯一样——你的命运是杀父娶母的话，那么你就无处可逃。你可以接受命运或者逃离，你可以带着勇气与坚忍，或者带着恐惧与绝望等待命运，但就是不能更改命运。你命运的一步步到来不依赖你的一切希望、计划、力量和努力。但在文艺复兴时期，至少一些作家发展出相当不同的命运观。他们不把命运看成一种外在的力量，而是认为命运是由既定的性格造成的，就是说是通过某种品质来决定的，以性格缺陷尤为典型——而被注定的人则不可能改变。因此，罗伦佐·德·瓦拉把塞克图斯·塔克文尼乌斯的命运描绘成不可救药。

   朱庇特造狼凶狠，野兔胆小，狮子勇敢，驴子愚蠢，狗类野蛮，绵羊温顺。他让一部分人心肠硬，一部分人心肠软；让一些人有美德，一些人邪恶；让一些人自我纠错，一些人不可救药。对于你，他确实安排了一个邪恶的灵魂，万难更改。因为你那与生俱来的性格，你注定就要作恶。朱庇特出于你的行为及其邪恶的后果，将会对你施加严厉的惩罚……

   所以，塞克图斯命定要为恶，但这个命运是由塞克图斯自己邪恶的性格招致，对此，塞克图斯没有改变欲求（那也构成朱庇特造他的一部分）。当宿命论以这种方式内在化时，它依然能和决定论区别开来吗?
4. 威廉·詹姆士说，自由意志（以及非决定论）是一种希望的学说，这构成其重大的意义。相比之下，许多行为主义科学家（如斯金纳）认为，决定论是一种重要的方法论原理，就是说，它在心理学研究中是非常实用的可操作的假设。在这两种情况下，决定论问题都与相信决定论是否有用、有益有关。这是通向决定论问题的合法路径吗？

5. 尽管争论往往都围绕决定论问题展开，但很多哲学家（以及心理学家）认为决定论不是重要的议题。可能在亚原子的层面上，像某些物理学家相信的那样，还存在着随机性。但是（哲学家会说）随机性在亚原子粒子的水平上和自由意志没有关联。毕竟，当你想到自由意志，你不是想到不可思议的微小粒子的无法测定的随机运动，而是在我们的行为中做出可观测到区别的宏观的意志行动。这是自然主义的一个问题，而非决定论的问题。就是说，问题在于我们的行为是否最终能以因果性因素（如遗传和环境调节以及社会影响）的术语来解释。自然主义，而非决定论，对自由意志而言是真正的问题吗？
6. 心理学家已经发现，相信命运的人——就是说相信他们无法控制生活中重大事件的人，也不能控制他们的未来进程——相比相信他们的未来根本上源自他们自己创造的人，更可能变得消沉。可以推想，心理学家在这一点是正确的，这个发现会与宿命论是否为真的问题有关系吗？
7. 假设你相信（犹如加尔文和路德相信的那样）预定论，就是说，你相信每个个体（出生前）都被上帝预先规定了是被惩罚还是被拯救。你去祈祷或努力让人们走拯救之路还有意义吗？这对你（预定论的相信者）尽力去过一种正直的生活还有意义吗？
8. 拿破仑，法国统帅、国王，他的军事侵略是传奇性的；他是一位宿命论者。这会让你吃惊吗？就是说，对于一个非常积极而富有野心的人竟然是一位宿命论者，你会感到惊讶吗？你如果绝对相信生活中的重大事件（包括婚姻、重要胜利、失败、欢乐、悲伤与死亡）都是注定的，这会改变你的生活方式吗？
9. 伟大的宿命论诗人奥玛·海亚姆给出如下建议：

> 成佛成仙渺果因，明朝身世付烟云。
> 携壶浪迹山林上，翠柏苍松供酒神。
> 风云一一安排好，世界如茶入眼来。
> 痛饮不闻狂客问，明朝何处化尘埃。
>
> ——引自黄克孙译本

　　这是一个好的宿命论建议吗：享受人生，因为你无论做什么也都无济于事？就是说，如果你相信宿命论，你会同意奥玛·海亚姆的观点吗？

10. 显然，路德和伊拉斯谟有着根本不同的观点。如果你试图弄明白两者的关键区别（也许比关于自由意志的区别还要深刻的区别，一种蕴含在自由意志的区别中的区别），你会认为这个区别是什么？

补充阅读

清楚而简明介绍决定论、自由意志和道德责任问题的读本是罗伯特·凯恩（Robert Kane）的专著《自由意志现代导论》（*A Contemporary Introduction to Free Will*, Oxford: Oxford University Press, 2005）；以及托马斯·W. 克拉克（Thomas W. Clark）的《遭遇自然主义：一种世界观及其使用》（*Encountering Naturalism: A Worldview and Its Uses*, Center for Naturalism, 2007）。凯恩主编了《自由意志牛津手册》（*Oxford Handbook of Free Will*, Oxford: Oxford University Press, 2002）一书，该书包含有关自由意志话题的大量极好的论文。凯恩还主编了另外一本合集《自由意志》（*Free Will*, Oxford: Blackwell, 2002）。关于自由意志有很多优秀的合集，最好的也是篇幅最小的也许是加里·沃森（Gary Watson）主编的《自由意志》（*Free Will*, Oxford: Oxford University Press, 1982）。一本不错的最近的合集是劳拉·W. 埃克斯特龙（Laura W. Ekstrom）主编的《个体与责任》（*Agency and Responsibility*, Boulder, Col.: Westview Press, 2001）；另一本最近的合集是由詹姆斯·E. 汤姆伯林（James E. Tomberlin）主编的《哲学视角》（*Philosophical Perspectives*）第 14 辑《行动与自由》（*Action and Freedom*, Oxford: Blackwell, 2000）。

罗伯特·C. 所罗门（Robert C. Solomon）的论文《命运与命定论》（"On Fate and Fatalism"），发表在《东西方哲学》（*Philosophy East and West*）杂志 2003 年 10 月第 53 卷，第 4 期，第 435—454 页，是对宿命论有趣的说明，尽管所罗门对宿命论的说明——编织进一种叙事模式——有一些非正统。一本对宿命论的研究著述是马克·H. 伯恩斯坦（Mark H. Bernstein）的《宿命论》（*Fatalism*, Lincoln: University of Nebraska Press, 1992）。

《不自由的意志》（可以参考多种版本和译本）是马丁·路德对严格的预定论观点给予热情论证的著作：上帝让一些人蒙恩，让一些人受罚。人类对此无能为力。

大卫·休谟在《人类理解研究》第八章和《人性论》（*Treatise of Human Nature*）的第二卷第三部分对决定论和相容论都给予了经典陈述。早期的托马斯·霍布斯（Thomas Hobbes）在《利维坦》（*Leviathan*, 1651）一书中的第二章进行了类似说明。更近期的关于相容论的证明，可以参看 A. J. 艾尔（A. J. Ayer）的论文《自由与必然》（"Freedom and Necessity"），收录在其专著《哲学文章》（*Philosophical Essays*, London: Macmillan, 1954）一书中。

否认自由意志存在的哲学家（通常是因为他们赞成决定论，相信决定论和自由意志是不相容的）包括巴伦·德霍尔巴赫（Baron D' Holbach, 1770）和亚瑟·叔本华（Arthur Schopenhauer）初版于 1841 年的《论意志的自由》（*Essay on the Freedom of the Will*, New York: Liberal Arts Press, 1960）。近期的约翰·霍斯珀斯（John Hospers）否定了自由意志（在他的论证中广泛使用了弗洛伊德心理学），参看其论文《自由意志意味着什么》（“What Means This Freedom”），收录在悉尼·胡克（Sidney Hook）主编的《现代科学时代的决定论与自由》（*Determinism and Freedom in the Age of Modern Science*, New York: New York University Press, 1958）。特德·杭德里克（Ted Honderich）在其专著《你自由吗？》（*How Free Are You*?, Oxford: Oxford University Press, 1993）一书中提供了对自由意志的有趣的当代否定；还有德克·佩里布默（Derk Pereboom）的《没有自由意志的生活》（*Living Without Free Will*, Cambridge: Cambridge University Press, 2001）。斯金纳的《超越自由与尊严》（*Beyond Freedom and Dignity*, New York: Alfred A. Knopf, 1971），以及他初版于1948年的乌托邦小说《沃尔登第二》（*Walden Two*, New York: Macmillan, 1976），通常一起被认为是拒斥自由意志的。实际上，他的作品是拒斥自由主义的自由意志（以及道德责任），但他强烈支持相容论自由意志。

关于自由意志有关问题争论的极为清晰而有洞见的指南（也包括对该争论非常有创造力的延伸），可以参考理查德·道布尔（Richard Double）的两本书：《自由意志的非实在论》（*The Non-Reality of Free Will*, New York: Oxford University Press, 1991）和《元哲学与自由意志》（*Metaphilosophy and Free Will*, New York: Oxford University Press, 1996）。

关于自由意志、决定论、宿命论和道德责任的一个极好的网站，是特德·杭德里克的“决定论与自由哲学网站（Determinism and Freedom Philosophy Website）”，网址是 www.ucl.ac.uk/~uctytho/dfwIntroIndex.htm，上面也包括大量优秀链接，有着不错的组织结构。关于自由意志非常不错的在线论文汇集（以及很多其他心灵哲学的话题）由戴维·查默斯（David Chalmers）和戴维·布尔热（David Bourget）编辑，网址是 http://consc.net/mindpapers/5.4。Naturalism.org（网址是 www.naturalism.org/freewill.htm），提供了大量优秀的论文和自由意志相关话题的评论。一个非常有趣的博客是“分叉路径的花园：关于自由意志和道德责任的博客（Garden of Forking Paths: A Free Will/Moral Responsibility Blog）”，它包含了不错的讨论以及很多优秀论文，参看 gfp.typepad.com。不幸的是，这个网址不再活跃，但是它依然包含优秀的资料。关于自由意志讨论的新的、很活跃的网站是“自由意志的摇曳（Flickers of Freedom）”，请访问 http://agencyandresponsibility.typepad.com/flickers-of-freedom/。

第九章

自由意志与决定论相容吗？

在前一章的最后，我们审视了人们强烈反对决定论的理由，这些理由包括：决定论毁灭了创造性和新鲜感；决定论败坏了自由意志；决定论摧毁了道德责任。这些问题将引导我们进入自由意志和道德责任的争议话题。正是这些问题引发了2000多年来的争论，就像它们对于柏拉图和亚里士多德的吸引力一样，在今天，它们依然令人着迷。

决定论毁灭了创造性？

所罗门王在《传道书》（*Ecclesiastes*）中绘出了一幅关于世界的悲伤图景：没什么是新鲜的，没什么是独创的。

传道者说："虚空的虚空，虚空的虚空，凡事都是虚空。人一切的劳碌，就是他在日光之下的劳碌，有什么益处呢？一代过去，一代又来，地却永远长存。日头出来，日头落下，急归所出之地。风往南刮，又向北转，不住地旋转，而且返回转行原道。江河都往海里流，海却不满；江河从何处流，仍归还何处。万事令人厌烦，人不能说尽。眼看，看不饱；耳听，听不足。已有的事，后必再有；已行的事，后必再行。日光之下，并无新事。"

——《传道书》，章1

这是一幅已被决定的世界通常被描绘的图景。决定论毁灭了新鲜感，消除了创造力，留下一个陈腐、贫瘠和无聊的世界，太阳底下无新鲜事。

> 在前哲学的层面上，我的信念更倾向于旧的原初的命运（Moira，命运女神，希腊命运三女神的统称，以纺线老太婆为形象，掌管人的生死命运），即荷马和悲剧诗人的概念。但是，荷马的命运女神和牛顿的或新牛顿（neo-Newtonian）的决定论是非常不同的。我对后者退避三舍是出于其陈腐和庸常的枯寂世界图景，其中的惊奇和真正的创新会最终被抛弃。
>
> ——威廉·巴雷特（William Barrett），《决定论与创新》（"Determinism and Novelty"），1958

这是对决定论很普通的一种反对；即便一些相信决定论的人也承认——并感到遗憾——生活在一个被决定了的宇宙中的可怕结果。奥玛·海亚姆虽然深信决定论，但似乎也同意决定论意味着任何真正新的、原初的、独一无二之物的终结：

人生莫惧终结账，
你我须知无二样；
永恒美酒大碗倒，
汹涌奔腾翻沫浪。

——引自黄克孙译本

> 实用意义上的自由意志意味着世界中的各种新奇，有权去期待在最深刻的要素和最表面的现象中，未来不会一模一样地重复和模仿过去……它至少支持了提高的可能性；然而，决定论确保我们相信整个的可能性概念是出于人类的无知；以及两者之间的必然性和不可能性统治着世界的命运。
>
> ——威廉·詹姆士，《实用主义》(*Pragmatism*)，第三讲，1907

但是，决定论真的如此致命地威胁到创造力和原创性了吗？一个万能的上帝在剧情落幕前会知道结局，犹如一个工程师远在建筑实际落成之前就可以知道它看上去是什么样子。但是，在这两个例子里，尘世剧本中的事件可以是真正地新的、独创的，犹如建筑落成后看上去也是新的一样。如果我们从更世俗和更自然主义的观点看决定论，那么，无人知道明天会怎样，对于来年或下一个世纪又会怎样，我们知道的就更少了：也许真的是全新的、独创的。当爱迪生发明电灯泡时，这当然是新事物。设想你是一位爵士音乐家，深受你所接受的古典音乐训练以及你深爱的爵士乐的影响。那么，你也许会发展出一种新的原创的复杂的蓝调乐，也许会根据巴赫的作品新编排出一种爵士乐（犹如现代爵士四重奏那样）。一位音乐学家会追踪出塑造你音乐的因果性影响（在你的古典音乐训练中学会演奏巴赫，聆听杜克·艾林顿等）；但发现因果性的历史——实际上发现，所有精彩的多元的原因合起来决定了你自己特殊的音乐作品——没有改变你的音乐是非常有创造性的、新颖的、原创的事实。

> 我不认为遗传或环境，或者两种力量的叠加，完全可以说明何西亚（Hosea）、查拉图斯特拉、耶利米（Jeremy）、佛陀、苏格拉底、耶稣、穆罕默德、阿西西的圣·弗朗西斯（Saint Francis of Assisi）等的行为。我相信这些“伟大的灵魂”的确是自由地采取了无法追溯来源的精神性行动。我也相信在每个人身上都存在这种创造性精神力量的火花。
>
> ——阿诺德·汤因比（Arnold Toynbee），《伟大的希望》（“Great Expectations”），引自哈维·惠勒（Harvey Wheeler）主编的《超越惩罚的社会》(*Beyond the Punitive Society*, San Francisco: W.H.Freeman and Co., 1973）

牛顿对物理学和星系给出了一个非常了不起的全新而又原创性的说明，但是，他承认他的原初创造是受到了在他之前的很多科学家的重大影响：“如果我比其他人看得更远，那是因为我站在巨人们的肩膀上。”这些巨人包括哥白尼、开普勒和伽利略。

牛顿用数学研究将巨人们的研究结合起来，其结果是异乎寻常地新颖和有创造性。我们能够追溯到牛顿作品的原因和影响因素而丝毫没有降低他的理论的原创性。保罗·克利（Paul Klee）和瓦西里·康定斯基（Wassily Kandinsky），20世纪两位最具原创性的艺术家深受“原始”艺术（尤其是非洲部落艺术）以及伟大的后印象派画家保罗·高更（Paul Gauguin）作品的影响，甚至受到他们工作的包豪斯（Bauhaus）工作室富有创意的氛围的影响。但是，他们对这些积极而丰富的影响报以深深感谢的认可，并未减低作品的原创性和精美程度。在这些（以及其他）一起来塑造克利和康定斯基独一无二的创作才华的影响前，世上没有任何东西和他们的作品相似。他们提供了某种“太阳底下真正崭新的”东西。当然，存在着共同塑造他们作品的原因，但是，诸原因的结合此前从未存在过，而结合所导致的作品则是新颖而原初的。

但是，决定论的对手也许会回答：那还不够。我不想只是成为创造进程的一部分，那不过是所有这些原因的叠加；我想成为终极的创造者。决定论者可能会回答：你想成为上帝，第一因，不动的推动者。忘了吧。你实际上完成工作，制作东西，创造东西，有着原初的理念，产生原初的理论、诗篇、歌曲和绘画。当然，你的工作存在着原因，正如你是谁有着原因一样。你有着你祖父的鼻子，你外婆的眼睛，你母亲的下巴，以及你父亲的高颧骨。但是，你那张脸依然是全新和唯一的。你的想法、信念、艺术取向是由你的家庭、社区、去大都会博物馆的旅行、你看过的电影、你三年级的艺术课老师、你高中的管弦乐老师、你大学的诗歌教授——数不尽的其他种种塑造的。但是，所有影响因素的独特组合产生了——甚至是决定了，当我们累加起无数的影响因素——一个完美的有创造力的人，他的作品是真正的原创。所以，你的问题是什么？你想从任何外部影响中完全解脱出来？也许降落在一个完全的沙漠孤岛上？或者也许你认为只有在一个气泡里生活，免于一切外部影响，你才是真正自由和原创的。但是，这毫无意义。那样的话，你就无法写出音乐或诗篇，做出科学发现，或拥有极妙的新概念；相反，你将成为可怜的孤独的动物，没有语言，也没有对音乐、艺术或诗歌的鉴赏。当然，有着塑造你的因素：基因、文化和环境。但是，它们塑造了一个唯一而原初的人，此人有着原初的想法，创造了原初的作品。你、你的工作以及你的想法是由过去的事件和因果性法则决定的（决定论者或许会这样坚持）；但你依然是唯一的、崭新的自我，一如这些因果性影响以一种新的、原初的方式组合在一起。

> 通过分析对我们的行为负责的基因和个体历史，我们可以知道如何更具有原创性。该任务不是去想着行为的新形式，而是去创造新形式可能会发生的新环境。
>
> ——斯金纳，《论作一首诗》（“A Lecture on Having a Poem”），收录在《累积性记录（第三版）》（*Cumulative Record*, 3rd ed., New York: Appleton-Century-Crofts）

有人发现这已足够，有人不这么认为。他们会坚持说，真正的原创和创造力需要那个终极的且非决定性的来源。这里就存在一个很深的冲突了，也许比哲学论证可以探究的深度还要深。威廉·詹姆士会说，我们已经抵达了基岩部分，即在态度和气质上到了一个基本分歧点。我们的气质（根据詹姆士的观点）不是基于证据的结论，而是影响我们把什么算作证据的基本取向。每个人的气质“这样或那样地担负着对他而言的证据”。从一个基本的视角或“气质”来看，决定论看上去颇有吸引力，也很强大。我们能理解原因，并运用该理解让世界更美好（以我们注定去追求的方式，但重要性却不减）。从其他视角看，决定论剥夺了我们最终的责任和尊严，以及真正的创造性。

> 一切自始至终皆被我们无法控制的力量决定。一切皆被决定，昆虫如此，星星亦如此。人类、植物或宇宙尘埃，我们都在神秘的旋律下舞动，在远得看不见的吹笛手的吟唱中翩跹。
>
> ——阿尔伯特·爱因斯坦

决定论败坏了自由意志？

决定论和真正的创造力、原创性相容吗？这是一个深如沟壑的论题，但还没有下面的问题更有分歧：决定论和自由意志相容吗？

对许多人而言，该问题是出奇得简单。他们发现一个再明白不过的问题，如果决定论是真的——如果我们的所为所想都由过去的因果性力量决定——那么，我们无法拥有自由意志。

强决定论

如果你相信决定论是真的，相信它和自由意志严格地不相容，那么，你就是一个强决定论者。强决定论者认为，因为决定论是真的，所以就没有人类的自由意志。这并不意味着我实际上什么也不能做，不能让事情发生；当然，这也不意味着我们都是僵尸。强决定论者没有否认我们做计划、给出理由、做出选择、感受情感以及实施项目；而是说，他们坚持认为，所有这些活动全部是由过去的因果性历史决定的，因此，尽管我们行动，但我们并不感到是自由地行动。我积累财富的欲望也许是我自己的欲望，根据该欲望的行动是我自己的目标；但是，欲望和来自欲望的行为，都是延伸到我出生前的因果性历史决定下的产物。一个因果链条显然不属于我的控制范围，我也无法逃离（欲望是我的，任何遏制这些欲望的希望也是被决定的、无可避免的因果性历史的产物）。决定论是真的，因此，自由意志是错觉。

强决定论者会发现这很令人沮丧；但更多的时候，他们发现这很令人高兴。忘记自由意志的神秘，如今我们能够识别无处不在、无时不发生作用的因果性因素——不仅对于行星和彗星如此，对于人类的行为和社会系统也是如此。如果我们理解了原因，那么，我们也能理解如何更好地改变事物。如果在我们的共同体中存在犯罪，那么别把犯罪归咎于无法解释的自由意志；相反，要去寻找犯罪的根源，并解决它们。如果人们不是如其应当所是地努力工作，不要哀叹他们可怜的自由意志的实践；相反，要去寻找他们懒惰的原因，那么你就能解决好如何让他们变得勤勉。如果我们的社会多贫困和萧条，去寻求其中的原因，这样你就能把社会建设得更好。当我们理解了疾病的原因——不良的营养，污染的环境，恶劣的卫生，等等——那么，我们就能改变这些原因，减少疾病。当我们理解了社会和个体存在的人类问题的原因，我们就能改变这些原因，促进进步。当然，我们欲求改变这些原因也是我们被决定的历史的产物，但这并不改变这个事实：我们确实想要做出这些改变，我们自己的因果性历史已经为我们提供了做出这些改变的资源。相信自由意志将会阻碍通向这些有效改革进程的道路。

斯金纳，一位支持决定论、反对自由意志的行为主义心理学家，曾在《超越自由与尊严》（*Beyond Freedom and Dignity*）一书中写下这样的总结性段落：

> 实验分析把行为的决定因素从自主人那里转到环境上，是环境支配着人类种族的进化，并提供了每个人类成员所获得的技能。早期环境论的观点是不完备的，它们不能解释环境如何起作用，这样就把许多功能留给了自主人去履行。不过，环境相倚联系现在已从自主人手中夺回了过去赋予他的那些功能，但这样一来便出现了一系列问题。人被“取消”了吗？作为人类的人或作为个体的人当然并未被取消。被取消的乃是自主的内在人，而这是一种重要的进步。但倘若如此，人岂不是成了纯粹的受害者或被动的旁观者，他对降临到自身的一切只能听之任之？人的确是由他的环境控制的，但我们必须记住，这种环境本身却主要是由他自己创造的。一种文化的演进正是人类的一种自我控制的规模宏大的实践。人们时常抱怨，关于人的科学观念会导致受损的虚荣心、绝望感和怀旧感，但是，没有任何理论能改变它所研究的对象。人依然故我。一种新理论所能改变的只是我们对它的研究对象能做的事。关于人的科学观提供令人振奋的可能性。我们还未看到人到底能将人造就成什么。

根据该观点，决定论废除了神秘，为理解、改变和提升我们的环境、生活和社会敞开了大门。

> 人们生来就不知道事物的原因；人们都有一种欲望要追求对自己有利的东西，并且自己意识到了这种欲望。由此可知，首先，人们因为意识到自己有意志和欲望，便自以为是自由的，但同时却对那些引起意志与欲望的原因，又茫然不知，甚至从未曾梦见过。
>
> ——斯宾诺莎，《伦理学》（*Ethics*）第一部分附录

强决定论者承认，我们通常感到我们好像在自由地行动，感到没什么在控制我们的选择和行为。但是——他们会说——那只是因为我们没能注意到实际上指导和控制我们的因果性力量。你根据自己的欲望来行动，对你而言似乎是你不依赖决定性原因而行动。但是，你的欲望又从哪里来的呢？如果你抗拒你的欲望（你想吃巧克力饼干，而你又在节食），那么，抵制吃饼干欲望的欲望的起源是什么？当然，欲望是你自己的，它在你之内（不像有人拿枪指着你的头）。但如果你仔细想想，你会意识到你所有的心理状态（以及你的理性反思）都有原因：你不是从虚空中把它们创造出来的。我们往往不太注意这些原因，因此我们设想它们对我们不起作用，我们的行为源自我们特殊的自由意志能力。但是，只是因为我们不知道所有的这些原因，不意味着这些原因就不存在。亚瑟·叔本华——19世纪决定论哲学家——非常雄辩地表达了强决定论对自由意志的拒斥：

> 让我们想象一个人，他正站在街上，对自己说：“晚上6点了，工作一天结束了。现在我能散步，或去俱乐部；我也能爬上高塔去看落日；我能去剧院；我能去拜访一个朋友或另一个朋友；真正说来，我也能跑出大门，跑向广阔的世界，再也不回来。这一切都严格地取决于我自己，这方面我有全部的自由。但是，我现在依然一事没做，单单带着自由意志回家见妻子。”这就像水在自语：“我能成为巨浪（没错，在海上的风暴中），我能从山顶冲刷而下（没错，直达河床），我能俯冲而下激起泡沫和浪花（没错，以瀑布的形式），我能自由地如水柱般升起进入空中（没错，在喷泉中），最后，我能沸腾并蒸发（没错，在某个温度条件下）。但是，现在这些我一个也没做，只是自发地在如镜子般的池塘里保持安静和清澈。”
>
> ——叔本华，《论意志的自由》(*Essay on the Freedom of the Will*)，1841，译自康斯坦丁·考伦达（Konstantine Kolenda）英译本

很容易想象我们有自由意志，强决定论会如是说，只要我们对我们行为的巨大而复杂的原因系统保持无知。

大多数强决定论者把自由意志看成有害的错觉，而把决定论看成理解和进步的通道。大多数强决定论者把决定论看作积极的善，而把自由意志看作他们乐意抛弃的障碍，这一点也许并不令人惊讶。毕竟，如果他们认为决定论是令人窒息和恐怖的——就像陀思妥耶夫斯基说的，决定论把人变成了一架荒谬的自动钢琴，剥夺了人的一切尊严和原创性——那么，他们接受强决定论是不可能的。

弱决定论 / 相容论

对许多人而言似乎很明显的是，如果决定论是真的，那么就没有自由意志。实际上，这对古代原子论者来说是更显然的，他们坚持认为一切事物由原子构成；但是，又怕失去了自由意志，所以一些原子论者提出某些特殊的原子（那些在人身上的）可以偏斜。大多数原子遵从预定进程，但是一些在人类身上的原子能够从规定的轨道上偏斜出来；这个偏斜——中断了一般决定了的范式——容纳了人类的自由意志。

但是，对很多哲学家而言，决定论会败坏自由意志这一点似乎并不是显然的。实际上，为当代哲学家广泛接受的观点可能是相容论，即决定论和自由意志是相容的。相容论有其悠久的历史，其最早的倡导者可能是一批神学家。宗教思想家竟会纠结于该问题，尤其是来自犹太教－基督教－穆斯林传统的宗教思想家，这一点是毫不奇怪的。思考一下出自该传统的上帝概念（很大程度上得益于亚里士多德）。最早的希伯来上帝的概念几乎不是一个一神论的、全知的、全能的神（毕竟，这个神是一个妒忌的神，当其选民崇拜他神圣的竞争者时便发怒起来；他也非全知，因为摩西可以提醒他曾疏忽大意而未考虑之事），直到中世纪，这些神学家已经把吸收了亚里士多德单一的、无处不在的、万能的神的观念，纳入了他们的上帝概念。但是，这个犹太教－基督教－穆斯林的上帝有着亚里士多德之神没有的特征。这个上帝也掌管天国的永恒奖赏和永恒惩罚。这会导致一个显而易见的问题：既然上帝是全知的，他在我们出生就知道我们将会在生后变得鄙俗（或者，我们将成为上帝的选民或有德之人），

并且因为他是全能的，一切权威驻于上帝，而我们无权自我塑造。犹如马丁·路德这位新教改革的领袖所言：

上帝所知道的一切都非偶然，而是上帝在预测、提议，所做一切都是根据其不变、永恒、从不犯错的意志。通过这一雷霆，自由意志被瓦解，化为粉末。因此，坚持自由意志的人必将否定这一雷霆，或假装视而不见，或强行坚持自由意志。

——马丁·路德，《不自由的意志》，译自亨利·科尔英译本

约翰·加尔文，新教改革的另一位领袖也同意：

上帝根据他的预定，拣选了某一些人，叫他们有生命的盼望，对另一些人，则判定归于永远的死亡。关于这件事，凡属虔敬的人，都不敢完全否认……预知扩展到整个世界和所有被造之物。所谓预定，乃是上帝永恒的旨意，就是神自己决定，他对世界的每一个人所要成就的。因为人类被创造的命运不都是一样的；永恒的生命是为某些人前定了的，对于另一些人，却是永远的罪刑。既然每一个人都是为着或此或彼的一个目的而创造的，所以我们说，他是被预定了或生或死的。

——约翰·加尔文，《基督教要义》（*Institutes of the Christian Religion*），译自约翰·艾伦（John Allen）英译本

因此，上帝知道（远在我出生之前）我将成为一个卑鄙的死不悔改的罪人；实际上是上帝令我如此；然而上帝以他造我的方式以及以他知道我所作所为的方式，给予我永恒的折磨来惩罚我。马丁·路德把这个问题考虑得很清楚：

这是最高程度的信仰——相信上帝是仁慈的，他拯救了这么少而惩罚了这么多；相信他是公正的，他根据自己的意志，让我们必然成为可恶的。犹如伊拉斯谟所言，他似乎是“乐于折磨悲惨的人，更像是一个憎恨而非爱的对象”。因此，如果我能以任何方式理解同一个上帝如何是仁慈而公正，却又带着如此愤怒和不公的外貌，这将不需要信念。但现在既然这无法被理解，于是就留下了信仰的空间……

——马丁·路德，《不自由的意志》，译自亨利·科尔英译本

当路德和加尔文都愿意说这是无法理解的时候，（以我们的方寸心灵之力）我们不应该试图去理解上帝神秘的方式（只应该通过信仰来接受），大多数神学家都勉为其难地接受这个答案。

> 理性是信仰最大的敌人，永远不会对属灵的事有助益。相反的，理性常要反抗上帝的话，对从上帝那里发出来的，常持轻慢的态度。
>
> ——马丁·路德，《桌边谈话录》，1540

他们可选择的回答基本上是相容论。没错，我们的性格、欲望和理性是由上帝赋予的；它们一起决定了我们会如何行动。如果我的性格造成我去寻求上帝，那么，我获得了拯救；如果我的性格造成我去寻求邪恶，但我也有希望忏悔和改造的性格品质，那么，我也会获得拯救。如果我有一种性格，

欲求罪恶，无力自我改造，那么我会遵从我邪恶的欲望而被惩罚。当然，上帝分配好了所有的性格（因为他不可思议的理性），并知道我们将做什么；但我们依然遵照我们自己的欲望，所以我们的邪恶之举均来自我们自己的自由选择。因此，自由意志和决定论以及决定了的性格是相容的。

休谟的相容论

很可能是神学家首先推进了相容论，相容论者论证的经典资源——当然是相容论最好的早期拥护者——来自大卫·休谟。休谟（先前章节所提及的）是决定论坚强的捍卫者；但是他也热忱地相信自由意志（或如他所言，自由）。事实上，休谟不仅相信决定论和自由意志相容，他也坚持决定论是自由意志的基础。

休谟认为，人们很容易被所有的词汇、术语和定义搞混淆，但是，当我们扫清了语词上的含混，实际上对自由行为的本质就不存在争议了。你何时在自由地行动？在你能做想做的事情时。如果你被拘禁，或被锁上，或有人拿枪指着你，或你瘫痪了，那么你就不是自由的。但是，当你做你所愿的行动，那么，你就在自由地活动。别让任何哲学的甜言蜜语蛊惑了你。自由不存在什么神秘，我们欲求的自由也是如此。这种自由就是按照你的欲求行动，并且这种行动是有效的。如果你欲求喝杯啤酒，你走向小酒馆，喝完一大杯冰爽啤酒，你就是在自由行动。如果你想喝啤酒，但是政府禁止你喝，因为你还不满 21 岁，那么，政府就对你的自由设置了限制。你喜爱啤酒，这一点也许是被决定好的（也许来自你之前的条件、环境或其他）；但是，那丝毫没有让喜爱啤酒不是出于你自己的欲望，也没有中断你溜达进酒馆并来一杯的自由。

为了更清楚地了解决定论和自由意志之间的相容论，让我们设想一个更加基本的决定论剧情。假如你是芝加哥小熊队（Chicago Cubs）的铁杆粉丝，你喜欢为球队欢呼，你把瑞格利球场（Wrigley Field）看成圣地，你热情地要靠近球员。你有一个去球场的机会，座位在球员休息区后面；当然，你太渴望去了。你是自由而往吗？“当然，我自由而往”，你会如是说，“我去是因为我热爱球队，发自内心地要看比赛。没人强迫我去，我想去，我自由而往。实际上，我从未像去看比赛这样体验过自由。”现在设想有人说：“不，你不是自由的，只是你认为你是而已。实际上，我们发现——根据最近基因配对研究的所有结果——热心成为球队粉丝的人（如你）有着球队粉丝基因。你是球队粉丝因为你天生注定就是一位球队粉丝。你认为当你去看比赛时你在自由行动，但实际上你的行为是先天注定的，你观看棒球比赛根本不是自由行动。”你也许会合乎理性地回答：“看，我是球队粉丝，我来看球，大声欢呼，因为那是我想要做的。我并不在意我喜欢球队的理由是出于先天遗传，或我所成长的芝加哥邻里环境，或我童年钟爱的玩具小熊带着球队的帽子，穿着球队的制服。我为什么是球队粉丝？让心理学家去研究吧。我所知道的是我就是球队粉丝，当我去看球时，我在自由行动，一切出自我的选择。”

当然了，这个“球队粉丝基因”的说法是无稽之谈；但是这个愚蠢故事的道德教益是重要的。即使你的欲望和行为是先天注定的，那也没有取消你的自由选择和自由意志。因此，如果我们假定你的性格和行为是被所有的因素所决定（你的童年、你的朋友和社区的影响、你上的课、你读的书、你的遗传基因以及许多其他原因的综合），在该决定了的历史中，什么也没有败坏你的自由。当然，你的欲望、希望、偏好和性格是被你复杂的历史所塑造（你实际上不认为你做出或选择了塑造你的程序；毕竟，谁在做选择，谁在塑造呢？）；但是这依然给你留下了余地，去遵循你自己的偏好，并基于这些偏好而做出自己的选择（只要你不是坐牢、被威胁或被限制了）。因此，你能自由地行动。

休谟走得更远。决定论不仅是和自由行动相容的，而且还需要自由行动。在无法持有决定论时，我们的自由也受到损害。尽管这个说法似乎有些自相矛盾，休谟认为这是一条简单的真理。假设没有决定论，事物都是偶然发生的。你想要去看棒球比赛，那是你的被决定的欲望引领你的方向；但突然你发现自己——因为可能性的介入——在水族馆附近。这当然似乎不像是自由的来临；相反，这个对你的欲望的随机干扰会中断你对自己自由（但是被决定的）选择的运用。当你去看棒球比赛时，因为你喜欢这个球队，因此你选择去了，那么你就是在自由行动。但是，如果你基于自己欲望的选择去看比赛，偶然性却经常跑出来捣乱，你就永远无法确定你所欲求的选择，会把你带到你要去的地方。那么，自由选择和自由行动就不可能了。你开车前往棒球场，跟随着你自己的欲望，可偶然性介入了，把你带着穿过密歇根湖。那也许会增添几分兴奋，但这当然会减损你运用你的自由选择。因此（休谟认为），偶然性是真正自由的敌人，而非同盟。

分层相容论

根据大卫·休谟的观点，自由意志是简单的：

> 所谓自由，我们只能说是一种根据意志的决定行动或不行动的能力；就是说，如果选择静止，我们可以如此；如果选择移动，我们也可以如此。现在这个假定的自由被普遍认为属于每个人，只要他不在监狱里、不在枷锁中。这里不存在争议的对象。

但实际上，还是存在着比休谟承认的更多的争议空间。毕竟，有时候，当我们“根据意志的决定行动时”，当我们如我们选择的那样行动时，根本不清楚我们是否在自由行动。考虑一下拼命想戒烟的人。他抽根烟是因为他想抽，他选择了抽烟。没人拿枪指着他，他也不在枷锁中，但他究竟是不是自由行动是根本搞不清的。实际上，他可能强烈赞同他不是在自由行动。休谟说得没错，监狱和枷锁能够剥夺人的自由。然而，枷锁并不总是由沉重的钢铁制成，它们也可能是上瘾或内在的冲动；我们虽然把上瘾或内在的冲动看成我们做出自己选择的原因，但是它们确实夺走了我们的自由。我选择抽烟是我自己做出的，但这很难感觉像是在实践自由。

认识到这一问题，分层相容论者就为分析自由意志增添了另一个层面。根据分层观点，如果你能如你所愿而为，你就是在自由行动。你是球队粉丝，你喜欢去看球，出于你自己的选择你去了。你并没有被捆绑起来，违背你的意志而被带入球场。你就是在自由行动。但是，假设如你考虑的那样，你意识到尽管你是一位铁杆粉丝，你现在又不希望做粉丝了。当你心爱的球队在第九局丧失巨大优势时，当他们在锦标赛最后一塌糊涂时，当他们发现新的令人抓狂的得分方式却在胜利关口惜败时，你伤透了心。你思忖道：如果我不去为球队欢呼，我会变得更快乐、更健康、心理上更稳定。我希望我从未关心过棒球，而是喜爱航行、观察鸟类或者是打网球。当然，你依然深爱球队（你不能通过希望它们都烟消云散而改变你深刻的欲望，犹如被弃的情人和尼古丁上瘾者所经历的那样）；当你为你的球队而欢呼时，你行动自由，遵从自己的欲望。但是（如哈里·法兰克福，一位分层相容论领袖所说）你并没有自由意志，因为你没有希望去的意志。为球队喝彩的欲望是你自己的，但是这不是你反思后赞同的欲望；这不是你在更高、更深层面上认可的欲望，不是你认同的一个欲望。

考虑一下另外一个例子吧。假设帕特（无论性别）是你生活中的挚爱。你热切地欲求着帕特，帕特经常让你魂牵梦绕，你白天黑夜都渴望着帕特。但是，帕特是一位歌曲和故事里“虚构的情人”，视你如尘芥。帕特对你撒谎，欺骗你，总之让你的生活一团糟。你依然爱着帕特，希望你们在一起。但你热切地、深深地、深思熟虑地希望你可以从对帕特毁灭性的欲求中摆脱出来。这样，当你在追求帕特时，你是自由行动（你根据自己的欲望而行动），但你显然没有你想要的自由意志，因为你的欲望不是你想要的、赞同的欲望。另一方面，如果你深深地欲求着帕特，你深深地赞同你对帕特的欲望（你知道帕特会令你生活悲惨，但是深深地赞同成为一个悲剧人物，过着糟糕的生活），那么，你在自由行动，你有自由意志。如法兰克福所言，你在自由意志的路上有你想要的一切。

法兰克福的最著名的例子是“自愿上瘾”。设想，乔吸毒上瘾，会根据对毒品不顾一切的欲望而行动。于是，当他吸毒时（根据欲望而行动），乔在自由行动；但是，这个“自由”也许并没让他感到非常自由。如果乔在明白一切之前就尝试了毒品，成为瘾君子，如今明白了这是一个戒不掉的上瘾的欲望，乔会感到被他热切地希望自己不想要的强大的欲望可怕地困住了。在这种情况下（法兰克福说），乔就是一个非自愿上瘾者。但是，假设乔深思熟虑后强烈地赞同他对毒品上瘾的欲望，他愿意做一个上瘾者，他愿意继续上瘾，如果他感觉到他对毒品上瘾的欲望减弱了，他会想尽办法来强化这种欲望。在这种情况下，乔就是一个自愿上瘾者：他有着他深思熟虑后赞同的意志，他享有着自由意志（法兰克福使用的短语）。

简言之，根据分层相容论者的观点，休谟并没有走得足够远。如你所希望地那样行动，这还不够，因为你欲求行动（尽管你不是被铁链控制着，你也许会被感到异己的、强迫的欲望控制着；你不赞同的欲望，尽管是出自你自己的欲望）。被外在枷锁控制是可怕的；但是被内在你鄙视的欲望枷锁控制说不定更糟糕，当然，这就不是自由意志的实践。所以，分层相容论者把休谟的分析往前推进了一步。你必须根据你自己的欲望自由行动，而且这些欲望必须是你反思过的、深深赞同的欲望。

分层相容论的挑战。设想你能有效地遵从你自己的欲望（你不在枷锁中），这些欲望是你反思后深深地、果断地赞同的欲望（它们不是异己的欲望，像一个不需要的瘾）。这样你就完全自由了？

可能。但是，把完全自由都归结于“自愿上瘾者”让一些人感到有点不对劲。法兰克福所说的“自愿上瘾者”可以据其欲望而为，那些也许是他深深赞同的欲望；但是，他“自由地”遵从的路径是一条引向他自己毁灭之路。任何人会自由地沿着这条灾难、毁灭之路走吗？

当我们单单聚焦于自愿上瘾者吸毒的选择时，

它显得像一个自由选择；但是，从更广的视角看，问题就出现了。考虑一下一个人是如何走上自愿上瘾之路的吧。非自愿上瘾是很简单的：我尝试了强力的毒品，相信我可以控制它们，而它们不会控制我。“我只是用来消遣一下，我可以在任何时候停下来。”但最终我发现，带着深深的遗憾，毒品做了主，我无法抵制我对它们厌恶的欲望：它们正在摧毁我的人际关系，夺走我珍视的人生目标和价值观（我希望与人建立起友爱、相互信任的关系，我的目标是成为有竞争力的马拉松运动员，我的价值观是帮助他人、让世界变得更美好）。此时，我吸毒不再是自由的了，正如分层理论者认为的那样。但假设随着我毒品上瘾的生活继续，所有的希望、梦想、情感都枯萎了，如今我只和我的毒瘾相伴。除了毒品，我一无所有。如果我失去了吸毒的欲望，我将没有任何欲望留下，我的生活将变得全然空洞。在这一点上，我紧紧抓住我的毒瘾，我深深赞同之，于是我深切地欲求成为上瘾者。但是，这个深深的、绝望的、头脑简单的对毒瘾的热衷似乎绝非自由行动，而且自愿毒品上瘾看起来并非是一个自由意志的好例子。

想一想萨拉，她被拘禁，残忍地被奴役。萨拉憎恨其奴役状态，奋起反抗，抓住每个机会脱离虎口。显然，萨拉是不自由的，正如分层相容论者认为的那样。但是，数年过去了，萨拉糟糕的处境慢慢销蚀了她的勇气。她逃跑的努力受到了残忍地惩罚，她的反抗导致了更加严厉的对待；随着她反抗的减少，她的严酷处境也稍有改善。慢慢地，萨拉的精神崩溃了，她默认了自己被奴役的状况。她越是接受现状，她受的罪越少。最终，萨拉放弃了所有关于自由的希望，逆来顺受。她变成了一个自愿奴隶，发现被奴役是最能忍受、最少恐惧的活法。她无法想象打碎身上的枷锁；相反，她最深的欲望就是忠诚而认真地服侍她的主人。萨拉，这位自愿的奴隶比反抗的奴隶，也许会生活得更舒适、更祥和。但是，她自愿受奴役并没有让她更自由。非自愿的奴隶是不自由的；但是自愿的奴隶，因为野蛮的待遇灭绝了他们追求自由的一切希望和欲望，也没有获得自由意志。倒不如这样说，萨拉的自愿为奴让她得到的自由更少，甚至比真正的奴隶还要少。

对分层相容论的批评，分层相容论者也许会这样论证。分层相容论的捍卫者会勉为其难，坚持认为这听起来虽然自相矛盾，但是自愿为奴和自愿上瘾者真的是自由的，确实有自由意志。杰拉尔德·德沃金（Gerald Dworkin），一位分层相容论的领衔拥护者，坚持认为：

> 一个希望被以很多方式限制的人，无论是通过僧侣式的规训、军队的组织化，还是通过强迫，仅就此而言，都不缺乏自主性……在我的理解中，自主的人可能是一个暴君或一个奴隶，一个圣贤或一个罪人，一个坚定的个人主义者或一个兄弟会的拥护者，一个领导或一个随从。
>
> ——德沃金，1988

我们到达了自由意志争论的关键点。分层相容论者把自愿为奴者和自愿上瘾者都算作自由的，而其他人则将他们看成自由意志的反例：自愿为奴者甚至比非自愿为奴者更加远离自由。这是一个从未停歇的争论，你将不得不得出自己的结论。但是，解决这个僵局并没有近路可走。证明自愿为奴者的残酷环境和自愿上瘾者被剥夺了理性能力（因此也被剥夺了自由，因为理性对自由来说是基础性的）

是无效的。毕竟，自愿上瘾者可以保留相当的理性能力：他可能是非常聪明，为了获得他欲求的毒品也能执行非常详尽和复杂的计划。这一点对自愿为奴者而言似乎是更加明显了。他们以深切的热情为主人服役，为了取悦主人，执行非常理性的计划，为主人设计、建造崭新的宅邸。一些宗教把对上帝意志的完全顺从看成最高和最光荣的善。这种观点的倡导者（如约翰·加尔文）写出了精美的哲学论文，来论证赞同这种深深的宗教臣服；而其他人创作了赞美诗来讴歌如此完全的臣服："相信并服从，因为别无他途"，一首赞美诗的作者这样写道。如此看来，最高的自由也许是成为一个上帝意志的永不质疑的、忠诚的、深切的自愿奴仆。上帝命令亚伯拉罕为上帝之荣耀而献祭其爱子，亚伯拉罕毫不质疑、毫不犹豫地服从。亚伯拉罕作为信念之王受到了称颂，成为一个被赞美、被模仿的典范。这样的自愿为上帝意志之奴能够算作真正的自由吗？

或者看一下作为贪欲之奴的这个人吧。埃比尼泽·斯克鲁奇（Ebeneezer Scrooge，守财奴）是一个贪得无厌之辈，反思后深深地认同自己的贪婪。当有人指责他热切又全身心地投入到积累财富中时，斯克鲁奇反驳道："这又有什么呢？即使我生得如此聪慧，又当如何？"他好像和一些当代肆无忌惮的商人很像，他们为了更多的财富而自愿牺牲荣誉、正直、家庭、朋友和尊严；我们会如此判断：他们对财富而言是"自愿为奴者"，虽然这种追求往往让他们痛苦、孤独以及难受。但是，《圣诞颂歌》中的斯克鲁奇和更加当代版本的守财奴们，往往有着更高的智商，也有更深的反思力。他们都自愿为所得而牺牲一切，一如自愿上瘾者为毒品而牺牲一切。但是，尽管我们可以质疑他们的价值观，他们精于算计的智力会保持完好无损、敏锐如初。

理性主义相容论

自愿为奴者和自愿上瘾者是真正自由的吗？理性主义相容论者的回答是，不是。实际上，正是这样的例子让理性主义相容论者认为，在分层相容论者对自由的说明上存在一个重要的遗漏。对理性主义相容论者而言，遗漏的要点不是智力或仔细而深刻的思考力，而是正确的推理能力。

莱布尼茨也是一位理性主义相容论者，正如下面节选自他的简写本的《神正论》（*The Theodicy*, 1710）中的段落所示：

> 真正的最完美的自由，是为了最好之物能运用他的自由意志，永远实践这种能力，一刻也不被外在力量或内在激情所左右；前者导致身体的受奴役，后者则导致灵魂的受奴役。一直被引导向善，一直遵从自己的旨趣，没有任何约束，也没有任何忧伤，这是最少奴役的状态，是与最高程度自由的一致。

尼古拉斯·马勒伯朗士（Nicolas Malebranche），莱布尼茨同时代的人，也持与莱布尼茨同样的理性主义观点，对真正的自由有着相似的看法：

> 真正自由的人……完全知道唯有神才是他的善，是他感受到快乐的真正原因……唯因享受至上之善，他方驻足：为此，他愿意牺牲其他的所有；没有什么比得上这种领悟的快乐……因为，当一个人爱神时，他才完美；当一个人享有神的荣耀时，他才快乐；当一个人

怀着喜悦而爱时，他将立即感受到快乐和完美。

——《论自然和恩典》，对话之三，《论自由》（*Treatise on Nature and Grace*, Discourse Ⅲ, "On Liberty"），1680，译自帕特里克·莱利（Patrick Riley）英译本

对于马勒伯朗士而言（对莱布尼茨也是），这种对上帝爱和崇拜的专一欲望是"最完美的自由"。

正如苏珊·沃尔夫（Susan Wolf）表明的，真正的自由和责任要求有"触及真和善的能力。换言之，让有责任的存在者变得特殊的是他们的能力，他们可以认识到与恶的价值截然对立的善的价值，以及以表达对该认识欣赏的方式而行动"（沃尔夫，《理性限度内的自由》）。

理性主义相容论者对自愿上瘾者问题有一个简单的解决方案。自愿上瘾者是没有自由、不负责任的，因为吸食毒品的生活不是人类正当的生活类型：全身心地投入到毒品中意味着一个人认可真正的善之外的东西，意味着一个人缺乏"触及真和善的能力"。并且只有当一个人为着正确的理由走在正确之路上时，他才是真正自由地行动。

大卫·休谟、哈里·法兰克福和苏珊·沃尔夫都是相容论者；就是说，他们都同意决定论和自由意志是相容的。但是，他们在真正的自由意志所需的条件问题上发生了分歧。根据休谟的简单相容论，当你不在"枷锁中"时你就是自由的；这就是说，当你没有受到强制时，当你遵从你自己的欲望时，你就是自由的。法兰克福认为，这还不够。毕竟，你自己的欲望——例如，你对毒品上瘾的欲望——可以被发现为异己的、强迫的。因此，法兰克福的分层相容论深入了一步：实践自由意志需要你能遵从你自己的希望和欲望，但你必须也（在更高层次上）认可你的欲望、承认它们是出于你自己的。苏珊·沃尔夫的理性主义相容论为真正的自由意志设置了更高的要求。根据沃尔夫的观点，要想拥有真正的自由意志，你必须深思熟虑地为正当的理性选择正确的道路。

理性主义相容论看起来要求更高，实际上，它确实也是如此。但是，理性主义相容论还有要注意的几点。假设你在晚间愉快地散步，享受着夜晚的微风以及蟋蟀、青蛙和小夜莺的鸣叫声。然而，你走的这条路有个你忽视的严重问题，前面有一个陡峭的沟，已经让很多没有注意的人受伤。如果你在晚间掉进沟里并且伤了你的腿，我们很难说是你自愿选择了通向灾难的这条路。你对这条路真正本质的无知削弱了你真正的自由。无知地沿着一条危险的路径跌跌撞撞地走不是真正的自由：真正的自由包括选择正确的路，因为你知道这条路是好的。

理性主义相容论有其魅力，但它也带来一些实实在在的麻烦。它要求有一个真和善，一个对何谓真正的正确而言固定的、客观的、普遍的标准。而且理性主义相容论把真正的自由变得如其精彩一样地稀少。唯有我们做正确的事情，循着真正的道路——因为理性地认识了真与善——才是自由行动。这导致了很多不自由的行动，带来了一个难题：当我不能为着正确的理由走正确的道路（比如，如果我盗窃了或做了某个其他坏行为）时，那么，理性主义相容论就认为，我不是在自由而为，因此也不

能担负起责任。就此我们可以得出，当我行善时，我是自由的和负责的，值得称赞；但是，当我做坏事时，那么我不再是自由而为的，因而也不应受谴责了。至少可以说，该结果显然有其魅力；但是总有些矛盾。[①]

理性主义相容论的另一个意蕴是，它将真正的自由行动限制在一条非常狭窄、严峻的道路上。唯有你的行动“追寻真与善”时，你才是行动自由的。从那条具体的预先规定的道路偏离，你的行动将不再自由。对一些人而言，这似乎是非常合理的结果。就像苏珊·沃尔夫所言，“为何一个人想要放弃苹果的能力（ability to pass up the apple），而当他这样做时却又只是意味着不高兴或任性？”（沃尔夫，1990）唯一真正值得欲求和真正有价值的事情，是遵循真与善，是遵循真正自由之路。

> 坦率而言，目标就是真与善。我们想要的自由是发现它们的自由。但是，这样的一种自由不仅需要我们作为行动者有着正确的能力——就是说，通过最本真的自我去指导和管控我们的行动。它也需要世界以这样的方式来配合，即我们最本真的自我有机会发展成它们应当所是的自我。
>
> ——苏珊·沃尔夫，《不对称的自由》

对真正的自由设想一个更好的说明必须牵涉到从至真之路偏离开来的能力，这就像设想一列火车因为它偶尔能够在铁轨上跳起才算更好的火车一样。

吉杜·克里希那穆提（Jiddu Krishnamurti）认同苏珊·沃尔夫的观点：一个真正启蒙了的心灵“就是无法选择”，因为它必须不变地遵循“真理之路”[吉杜·克里希那穆提，《全部自由：克里希那穆提思想精华》（*Total Freedom*: *The Essential Krishnamurti*, New York: HarperCollins, 1996）]。但是，就其所谓的真理和理性而言，有些人认为这条狭窄之路太过约束了。俄国伟大的小说家费奥多尔·陀思妥耶夫斯基甚至自愿去放弃真理和理性，如果它们限制了他走新的、不同的道路的机会：

> 他之所以硬要留住自己的虚妄的幻想，留住自己的极端卑鄙的愚蠢，唯一的目的就是为了向自己证明（倒像这样做非常必要似的），人毕竟是人，而不是钢琴上的琴键，可以根据自然规律随意弹奏……
>
> 但是不仅如此，甚至在这样的情况下，即使他当真是一架钢琴上的琴键，而且有人甚至可以利用数学方法向他证明了这一点，即便这样，他也不会变得理性一些，他非要反其道而行之……
>
> 假如你们说，这一切也都可以提前计算出来……这种计算能力就可以阻止这一切的发生，理性会占上风。哦，不！遇到这种情况，人就会故意变成疯子，为的就是不受理性影响！
>
> ——陀思妥耶夫斯基，《地下室手记》（*Notes from Underground*）

当然，苏珊·沃尔夫不认为人类只是“琴键”，而是和陀思妥耶夫斯基恰恰相反——为了避免单一的狭窄之路，便想要留住“虚妄的幻想”和“卑鄙的愚蠢”——沃尔夫发现，真正的单一的路是极度

---

① 苏珊·沃尔夫在《不对称的自由》（“Asymmetrical Freedom”，1980）一文中认识到这个问题的存在并提出了她的解决方法，但是她的回答仍有矛盾之处。

具有吸引力的。像沃尔夫一样，一些宗教人士显然是渴望着完全臣服上帝的状态，这样他们就永不希望从正确的路偏离了。实际上，一些画面将天国描绘成这样的所在，圣徒（或被拯救者，或选民）会发现那里是绝对不可能欲求任何邪恶的或者不可能以任何不完美的方式行动，因为他们会处在引人入胜的上帝之当下存在中。那将是自由的至高的、坚定不移的、单一的狭窄小径。像陀思妥耶夫斯基（与沃尔夫构成对比）一样，诗人卡明斯（E. E. Cummings）发现，理性的小径太过狭窄，提倡非理性的冲动，以便引领我们远离为理性所主导的单一路径：

> 如醉如痴，当春回大地，我的血液随之沸腾；
> 亲吻比智慧来得更合时宜……

沃尔夫强有力的理性版本是不是真正自由的基础，遵循一条理性的小径是否真的是自由之路都成问题，很多哲学家对此莫衷一是，你也将不得不得出你自己的结论来。

阅读部分

实用主义

威廉·詹姆士

威廉·詹姆士（William James，1842—1910）是一位心理学家、哲学家。他于1890年出版了《心理学原理》(*The Principles of Psychology*)，1897年出版了《信仰的意志》(*The Will to Believe*)，1907年出版了《实用主义》(*Pragmatism*)，1909年出版了《真理的意义》(*The Meaning of Truth*)。詹姆士是美国实用主义发展的领袖，实用主义强调，我们观念的真理必须建立在真理如何为我们服务以及如何成功地指导我们之上。下面的段落节选自《实用主义》一书。该书是詹姆士于1906年和1907年在波士顿和纽约发表的系列演讲的结集。这里，詹姆士运用了他的实用主义方法分析自由意志问题，聚焦于自由意志中信念的实用益处。

让我提出另外一个久经辩论的问题——自由意志问题。多数人按照理性主义的形式相信他们所谓的自由意志。它是加在人身上的一个原则、一种积极的能力或价值；有了它，人的尊严便莫名其妙地增强了。人应该为了这个理由去相信自由意志。决定论者否认自由意志，说个人不创造什么，人只是这个宇宙中一种极其渺小的表现，只能把过去宇宙的全部推动力传给将来。决定论者这样说是贬低了人的作用。去掉了这个创造性原则，人就不那么可羡慕的了。我想你们大半和我们一样是本能地相信自由意志的，并且把它作为一种尊严的原则来羡慕，这对你们的忠实有很大的关系。

……

因此，自由意志也是一个有希望的一般的宇宙学说，正如“绝对”“上帝”“精神”或“设计”等。抽象地来看，这些名词都没有什么内容，都没有给我们什么图景。如果一个世界的性质从一开始就是很明显地完美的，那么，在这样一个世界里，这些名词中没有一个会保留最少的实用主义的价值。如果世界已经是一个幸福的乐土，我觉得单是生存上的满足、纯粹的宇宙的感情和愉快，就足以使我们消除对那些空论的兴趣。我们对宗教的形而上学感兴趣，乃是因为我们感觉，根据经验，将来是不安全的，需要一些更可靠的保证。如果过去和现在是完全善的，谁又希望将来不也是这样的呢？谁会欲求自由意志呢？谁不愿意像赫胥黎那样说：“如果我也能像钟表那样每天上满发条，宿命地向前走，那我就宁愿不要自由。”在一个已经是很完善的世界里，“自由”只意味着变坏的自由，谁又会愚蠢地想要这种自由呢？认为世界会必然地照现状继续下去，而不可能是别的样子，就是给乐观主义的宇宙画龙点睛。可以肯定地说，一个人所能提出的唯一可能的合理要求，就是事物可能变得更好些。基本不用我说，就实际的世界而论，我们有充分的理由需要这种可能。

这样说来，除非自由意志是一个解救的学说，否则就没有什么意义了。正因为这样，它和其他宗教理论一样有其地位。那些宗教的学说都要重建古老的废墟，修整先前的遗弃。我们的精神关闭在这个感觉经验的庭院里，总是对站在望台上的理智说：“看守者啊！如果夜间有什么有希望的东西，请你告诉我们吧！”于是理智便把这些带有希望的话告诉了它。

意志的自由与人的概念

哈里·G. 法兰克福

哈里·G. 法兰克福（Harry G. Frankfurt），普林斯顿大学哲学系荣休教授，相容论的当代领衔倡导者之一，其相容论的分层版本对关于自由意志的当前讨论有重要影响。《意志的自由与人的概念》（“Freedom of the Will and the Concept of a Person”）一文，发表在《哲学杂志》（*Journal of Philosophy*）1971 年第 68 卷上，是法兰克福分层相容论版本的关键内容。

在我看来，人与其他动物之间的一个基本区分可以在人的意志结构中找到。不单是人类才拥有欲望、动机，或可以做出选择。他们和其他某些物种共享这些东西，其中一些物种还显得颇为审慎，会基于先前考虑而做决定。然而，这好像是人类特有的特征，它们能形成我将称为的“二级欲望（second-order desires）”或“第二级序列的欲望（desires of the second order）”。

除了想要、选择以及被感动着去做这做那，人们也会想要（或不想要）某种欲望和动机。他们能在偏好和目的方面，想要成为与当前他们的所是不同的样子。很多动物好像有我将称为的“一级欲望（first-order desires）”或“第一级序列的欲望（desires of the first order）”的能力，也就是单单欲求去或不去做这个或那个。除了人类之外，没有其他动物显示出有表现在二级欲望构成中的反思的自我评价能力。

I

……

首先考虑一下那些确定一级欲望的形如“A 想要 X”的陈述，即其中的“X”指代一种行动的陈述。这种陈述本身并没有表明 A 对 X 的欲望的相对强度。它没有说明这种欲望是否有可能在 A 实际上所做的或试图去做的事情中起到一种决定性的作用。因为即使在 A 对 X 的欲望只是他的一种欲望，而且它在他的诸多欲望中也根本不是最高欲望的情况下，仍然可以正确地说，A 想要 X。因此，情况就有可能是，当 A 强烈地想做另外的某件事情时，他却说想要 X；而且有可能，即使事实上当 A 采取行动，并不是他对 X 的欲望激发他做他所做的事情时，他仍然说他想要 X。另一方面，当某人说 A 想要 X 时，他也许是想传达这样的信息，正是这种欲望激发或驱动 A 做他实际上正在做的事情；或者，当 A 采取行动时，他的意志事实上将受到这种欲望的驱动（除非他改变了主意）。

假定我建议采用“意志（will）”这个特殊的用法，只有当它以上述第二种方式被使用时，这种陈述才确定了 A 的意志。要确定一个行动者的意志，不是要确定激发他施行某种行动的欲望（或多种欲望），就是要确定当他或者如果他行动时，将要或本来有可能激发他的欲望（或多种欲望）。因此，一个行动者的意志就等同于他的一种或多种一级欲望。但是，我正在使用的意志概念并不是一个与一级欲望的概念同样广泛的概念。它并不仅仅是在某种程度上使一个行动者倾向于以某种方式行动的某种东西的概念。毋宁说，它是一种有效的（effective）欲望的概念——一种驱动意志或将要驱动一个人完全行动的欲望的概念。因此，意志的概念并不是一个与行动者打算做的事情的概念同样广泛的概念。因为即使某人下定决心要做 X 这件事，他也许仍然做了另外的事情而不是 X 这件事，因为尽管他下定决心要做 X 这件事，事实证明他做 X 这件事的欲望比某种与之冲突的欲望要弱或不够有效。

现在考虑一下那些确定二级欲望的形如“A 想要 X”的陈述，即其中的“X”指代一种一级欲望的陈述。也有两种情况，A 想要 X 的欲望（A wants to want X）在其中可能都是正确的。在第一种情况下，A 的情况可能是，他想要有一种对 X 的欲望，尽管事实上他有一种避开如 X 之物的单义的欲望，尽管这种欲望是摆脱了冲突和矛盾情感的。换句话说，某人也许想要有某种欲望，但一心一意想要的那种欲望得不到满足。

假定一位治疗吸毒者的心理医生相信，如果他更好地理解了吸毒者对毒品的欲望，他就能提高帮助患者的能力。假定以这种方式他想要有一种对毒品的欲望。如果这是他想要的一种真正的欲望，那么他想要的就不仅仅是上瘾的人被他们对毒品的欲望控制住时典型地感受到的那种感觉。就这位医生想要有一种欲望而言，他想要的是，倾向于或被驱动着在某种程度上吸食毒品。

然而，情况完全有可能是，虽然他想要受吸食毒品的欲望驱动，他并不想要这种欲望是很有效的。他也许并不想让这种欲望驱使他完全行动。他不必对找出吸食毒品的感受感兴趣。而就他现在只是想要吸食毒品，而不是吸食毒品而言，毒品本身并不能满足他现在想要的。事实上，他也许现在有一种不吸食毒品的完全单义的欲望；而且他也许会做出审慎的安排，防止他去满足一旦他想要毒品的欲望得到满足后，有可能出现的欲望。

因此，从医生现在想要有吸食毒品的欲望这一事实中，不能推出他已经有吸食毒品的欲望了。他被驱动着吸食毒品的二级欲望并不蕴含他有一种吸食毒品的一级欲望。即使现在已经给他服了药，这也并没有满足，包含在他想要吸食毒品的欲望中的任何欲望。虽然他想要吸食毒品的欲望，他也许并无欲望吸食毒品；也许他所想要的全部就是，体会对毒品的欲望。也就是说，他对有一种他没有的欲望的欲望也许并不是使他的意志与现在完全不同的一种欲望。

只是以这种断章取义的方式想要 X 的一个人也许显得是我们刻意想象出来的，而他想要 X 的欲望的事实与他的意志的认同并不相干。但还存在着 A 想要 X 的欲望的第二种情况；而当 A 想要 X 的欲望被用来描述这第二种情况时，它是适合 A 想要他的意志成为的样子。在这种情况下，这种陈述意味着 A 想要 X 的欲望就是驱使他有效地行动的欲望，而不仅仅是在一种或另一种程度上，驱动或使他倾向于行动的众多欲望中的一种。他想要这种欲望是有效的——就是说，为他实际的行动提供动机。既然如此，当 A 想要 X 的欲望以这种方式使用时，它蕴含了 A 已经有一种对 X 的欲望。A 想要 X 的欲望驱动他行动和 A 不想要 X 不可能同时为真。只有当他确实想要 X，他才能一致地想要对 X 的欲望，这种欲望不仅仅是他的欲望之一，对他的意志更是决定性的。

假定一个人想要在他的工作中，被专注于他的工作的欲望所激发。那么，如果这个假定是正确的，他必定已经想要专注于他的工作。这种欲望已经是他的一种欲望了。但是，他的二级欲望是否得到满足的问题，并不只是取决于他想要的欲望是不是他的一种欲望，而取决于他想要的这种欲望，是不是他有效的欲望或意志。在万不得已的时候，如果是他专注于他的工作的欲望，驱动他做他要做的事情，那么他那时想要的（在相关意义上）的确就是他想要的。另一方面，如果在他行动时，实际上是某种别的欲望驱动着他，那么他那时想要的（在相关的意义上）就不是他想要的。即使专注于他的工作的欲望，仍然是他的一种欲望，上述结论依然是正确的。

Ⅱ

一个人有一种二级欲望的情况有两种，要么他只是想要有某种欲望，要么他想要某种欲望是他的意志。在后一种情况下，我把他的二级欲望称作“二级意志（second-order volitions）”或“第二级序列的意志（volitions of second-order）”。既然如此，我认为人的本质在于拥有二级意志，而不是泛泛而言的二级欲望。一个行动者有二级欲望，但没有二级意志，这在逻辑上是可能的，尽管事实上不太可能。在我看来，这种生物不是人。我用“顽物（wanton）”这个词来指代拥有一级欲望但不是人的行动者，因为不管他们有没有二级欲望，他们都没有二级意志。

……

Ⅳ

我关于意志自由的理论不难解释为什么我们不愿让任何低于我们的物种的成员享有这种自由。通过明确为什么意志自由应当被认为是可欲的，它也满足了这种理论必须满足的另一个条件。享有一种自由意志就意味着满足某种二级的或更高级的欲望；相反，没有自由意志就意味着这些欲望得不到满足。关键的满足是发生在可以说他的意志是他自己的人身上的那些满足。相应的挫折则是，疏远自己或发现自己是驱动他的力量的无助的或消极的旁观者的人经受的那些挫折。

一个自由地做他想要做的事情的人也许仍然没有他想要的意志。然而，假定他既享有行动的自由，又享有意志的自由。那么他就不但能自由地做他想要做的事情，而且能自由地想要他想要的欲望。在我看来，在那种情况下，他有了可能欲望或构想的全部自由。生活中还有其他好事情，而他也许得不到其中的某些，但他已经不缺任何自由了。

……

作为例证，考虑一下第三种上瘾者。假定他的嗜好与不自愿的和顽劣的上瘾者的嗜好有同样的生理基础，并且有同样不可抗拒的冲动，但他完全喜欢他的状态。他是一个不以其他方式做事的自愿上瘾者。如果他的嗜好的吸引力在某种程度上被削弱了，为了恢复这种吸引力，他就会尽其所能；如果他对毒品的欲望开始衰退，他会想办法恢复它的强度。

自愿上瘾者的意志是不自由的，因为他对毒品的欲望总是有效的，不管他是不是想要用这种欲望构成他的意志。但当他吸食毒品时，他是自由地并出于他自己的自由意志而吸食的。我倾向于认为他吸食毒品的一级欲望是由多种因素决定的。这种欲望是他的有效欲望，因为他在生理上已上瘾。但这种欲望之所以是他的有效欲望，也是因为他想要这种欲望。他的意志不受他的控制，他吸食毒品的欲望通过二级欲望成了他的有效欲望，他已经使这种意志成为他自己的意志。因此，既然他吸食毒品的欲望之所以有效，不只是因为他的嗜好，他也许对吸食毒品负有道德责任。

我的意志自由观念在决定论的问题上似乎是中立的。一个自由地想要他想要的欲望的人，应当受到因果上的决定，这似乎是可以理解的。如果这是可以理解的，一个享有自由意志的人也会受到因果性上的决定。“有些人有自由意志，而另外一些人则没有，这是不可避免地并由超出他们控制的力量所决定的”，在这样的命题中存在的只不过是无关痛痒的悖论的表面。“某种行为而不是一个人自己要对享有或没有意志自由承担责任（甚至是道德上的责任）”，在这样的命题中，也并没有什么不一致之处。有可能一个人应当对他因他自己的自由意志而做的事情承担道德责任，而另一个人应当对他已经在做的事情承担道德责任。

另一方面，一个人自由地拥有他想要的意志可能是偶然的产物，这似乎是可以想象的。如果这是可以想象的，那么有些人享有意志的自由，而另一些人则没有，这可能也是一件偶然的事。正如有些哲学家相信，以既非偶然也非自然因果序列的结果的方式发生的事态，也是可以想象的。如果以第三种方式发生的相关的事态确实是可以想象的，那么一个人以第三种方式享有意志的自由，也是可能的。

不对称的自由

苏珊·沃尔夫

苏珊·沃尔夫（Susan Wolf）是北卡罗来纳大学教堂山分校的哲学教授。她赞同对自由意志的理性主义相容论说明，坚持认为真正的自由，要求出于正确的理由做正确的事情；她从自己观点中得出的意蕴既非常有趣，也相当惊人。她的《理性限度内的自由》（*Freedom Within Reason*, New York: Oxford University Press, 1990）特别清楚而且富有吸引力地阐述了她的观点。下面的段落选自她的文章《不对称的自由》（发表于《哲学杂志》1980 年 3 月第 77 卷）。

一个人为了成为在道德上负责的人，他必须满足两个条件。首先，他必须是一个自由的行动者，就是说，他的行动处在自己控制下。因为，如果他实施的行为不是自己决定的，他对自己的所作所为就谈不上受到认可或指责。其次，他必须是一个有道德的行动者，就是说，道德要求对他应当适用。因为，如果他实施的行为既不是正确的也不是错误的，那么，任何赞许和谴责都不能归于他了。我把第一个条件称为自由条件（condition of freedom），而把第二个条件称为价值条件（condition of value）。害怕第一个条件从来不会满足的人担心自由意志问题，害怕第二个条件从来不会满足的人担心道德怀疑主义问题。许多人相信价值条件依赖自由条件——只有当自由意志的概念是清楚明了的，道德规定才有意义。下面我将讨论反过来也是正确的——自由条件依赖价值条件。我们对真正的道德价值存在的怀疑将不得不暂且放置一边。

我将说明，一个行动者的行动在心理上是被决定的，如果他的行动是由他的兴趣——即他的价值和欲望——决定的，并且他的兴趣是由他的遗传或环境决定的。如果我们的行为是如此决定的，那么，心理决定论的主题就是对的。应当承认，这个描述是粗鲁而简单化的。一个对心理决定论更合理的描述包括在更广泛的心理状态范围中可能的决定性因素。比如，存在一些不能被当作价值或欲望来分析的信念、情绪，而它们在我们为何如此行为的心理学解释中显然扮演着角色。但对我的目的来说，把心理决定论的描述放在一旁，将会变得更容易些。相关背景足以让有意义的应用变得清楚明白。

很多人相信如果心理决定论是对的，那么，自由的条件就永不会得到满足。因为，如果一个行动者的兴趣是被遗传和环境所决定的，那么，他们会说，问题就不在于行动者拥有他所拥有的兴趣了。并且，如果他的行动是被他的兴趣决定的，那么，他就需要一如既往地行动了。为了让一个行动者满足自由的条件，那么，他的行动必须不能被他的兴趣所决定，或者说他的兴趣一定不能由外在于他的任何东西来决定。因此，他们得出结论，自由的条件需要心理决定论退场才成立。他们认为当我们以行动者“本来可以做别的”要求说出自由的条件时，这就是我们意欲表达的一切。

但是，让我们想象一下，满足该条件的行动者将必须是什么样子。首先考虑的是，对一个行动者而言，不被其兴趣而决定意味着什么——因为换句话说，行动者有能力不按照其兴趣行动。我想这意味着，行动者有能力去反对任何他相信和他关心的一切。这表示，比如，如果行动者的儿子在一所着了火的房子里，行动者将只是会隔岸观火。或者说，尽管行动者认为他的邻居是个挺好的、有礼貌的人，但他也可以在某天起床后，按响门铃，跑过去冲着邻居的鼻子来一拳。有人会认为这类行为根本就不该被当作行为来看——这些举动更像是行动者无法控制的痉挛抽搐。倘若它们也算行为，至少它们也是非常离奇古怪的，做出这种行为的人必定是疯了。实际上，如果一个人竟然如此而为了，他会认为自己肯定是疯了。因为做出这类如此无理性行动的人的理性，肯定是被一根极度脆弱的细丝悬挂着呢。

让我们做另一种假定，他的行为是由其兴趣决定的，但他的兴趣又不是由任何外在于他的东西决定的。那么，他碰巧拥有的任何兴趣，必定是他不必拥有的。尽管他可能深爱其妻子，可是对他而言不爱其妻子的可能性必然存在。尽管他可能普遍地关心人，但对他而言不关心任何人也必将是可能的。而且，这个行动者对其兴趣也会没有理由——至少没有那种我们通常所谓的理由。他无法爱其妻子，比如说，因为他的妻子的存在方式——因为其妻子的存在方式不是由他来决定的。假设这样的行动者也不可能对任何事做出承诺，他的兴趣必定犹如某种幻象。这样的人也必定不能关心自己的生活了。有人会想，一个无法关心这类事情的行动者，只能说是疯了。还有，有人也许会认为他必定是疯了，如果竟然有能力不去关心这些。

无论如何，这好像是说，如果我们需要一个心理学上被决定的行动者，我们就无法指望他是一个道德上的主体。因为，如果我们要求他的行为不被其兴趣决定，那么，它们更无法被他的道德兴趣来决定。并且如果我们要求他的兴趣不被任何事情所决定，那么，它们更无法被他的道德理由所决定。

当我们想象出一个实施正确行动的主体时，我们似乎在想象一个被正确地决定的人：就是说，他的行为是由正确的兴趣决定的；同时他的兴趣也是被正确的理由决定的。但是，一个不是心理学上被决定的主体，无法实施在这种方式下正确的行动。如果他的行动永远不是适当地正确的，那么，在没有实施正确行动时，他永不会出错。问题似乎是，被决定的主体是如此自由以至可免于道德理由的追问。因此，自由条件的满足好像是排除了价值条件的满足。

这表明，自由的条件在先前被过于强烈地表达了。当我们要求一个负责任的行动者“本来可以做别的”时，我们不可能是指，他为其所为这一点不是被决定的。我们已经提出，“他本来可以做别的”应当被分析成一个条件。比如，我们会说“他本来可以做别的”（即他本来可以不这样做）意指他本可以做出其他的事情，假如努力便会如此。因此，抢银行的人对抢劫银行是负有责任的，因为如果他努力，他本可以约束自己。但是，一个被锁起来的人不对其逃脱负有责任，因为他本就不可能阻止自己，即便他努力如此。

但是，非相容论者会马上指出，这样的分析是不充分的。对一个本来如果努力就可以做别的的行动者而言，如果他没有努力，就不应因其行动而受到谴责。相容论者会试图以一种新的条件分析对“他本来可以做别的”进行反驳。比如，他会说，“他本来可以做别的”应该被理解为意指，他本来会努力做出别的行为，如果他曾选择了。但是，非相容论者现在又有了一个新的反驳，即假如行动者本来就不能选择，又当如何呢？

很明显，这个争论会随着条件和反驳的升级而没有休止。但是，如果一个行动者是被决定的，没有谁提出的条件会成为他本来会满意的条件。

因此，任何对“他本来可以做别的”的条件性分析似乎都因太微弱而无法满足自由的条件。然而，如果“他本来可以做别的”不是一个条件，那么，这似乎又太强烈了，以至无法容许满足价值条件。我们好像认为我们自己一方面是这样的，当我们在思考自由时；一方面又是那样的，当我们在思考道德时。当我们在思考自由的条件时，我们的直觉表明，非相容论是对的。因为他们主张，一个行动者只有在行为不被心理上所决定时才是自由的。但是，当我们思考价值的条件时，我们的直觉告诉我们，相容论是对的。因为他们主张，一个行动者只有在行为是心理上被决定时才是道德的。如果我们的直觉要求这两种主张都对，那么，道德责任的概念就必定是不自洽的。因为，一个自由的行动者无法是道德的；而一个道德的行动者又无法是自由的。

可实际上，我相信哲学家在总体上弄错了我们的直觉。在我们关于被一般地忽视了的自由的直觉上，存在着一个不对称现象。结果就是，对自由意志问题的回答将只能在两个可选项之间挑一个：要么一个行动者的行动是被决定的这一事实，总是和他对此负有责任相容；要么一个行动者的行动是被决定的这一事实，总是把责任排除在外。我将证明，解决方案不在这里，而在别处——相容论者和非相容论者都错了。要想成为有责任的人，我们所需要的是决定论和非决定论的适当结合。

当我们尽力唤醒我们关于自由的直觉时，有几个常备的例子立马会出现在脑海。我们考虑一下海洛因上瘾者和盗窃癖者，以及被催眠的受害者和被剥夺童年的受害者。我认为这些例子为我们非相容论者的直觉提供了强有力的支持。因为，就一个盗窃癖者来说，可以成立的是，如果他努力（克制自己），他本来可以做别的。盗窃癖者是不负责任的，因为他本没有努力过。就被催眠的受害者而言，可以成立的是，他本来可以做别的，如果他曾选择的话。被催眠的受害者是不负责任的，因为他本没有选择过。

比方说，被剥夺童年的受害者盗窃了一些钱，这是最鲜活的一个例子。因为此人不是被迫，也非出于不可抗拒的冲动。他有着正常成年人所具有的理性能力和观察力。他好像实际上和我们一样，能对自己的行为加以控制。他基于自己的选择而行动，而选择则又基于他的理性。如果存在此人为何不负责任的任何解释，都像在说，该解释必定和他的理性是被决定的事实相符合。

然而，这些例子都是特殊的，因为它们都是做坏事的例子。如果在这些例子中，行动者对其行为负责，这都将证明他们该受谴责的观点。另一方面，我们几乎很少看到其行动在道德上为善的例子。我们很少问一问，一个行动者是否真的负有责任，假如他负责，就值得赞扬。

缘何如此，则存在着几个原因可以说明哲学家们的疏忽。首先，道德上应受责备的行为比道德上应受赞扬的行为，更与惩罚联系在一起，后者则与赞扬相联系。因此，道德上应受责备的行为很可能更加大众化，相应的例子更加容易上手。其次，我认为也是更重要的，我们更强烈地希望要正当地对待应受责备的行为。如果我们责备某人或惩罚他，我们很可能会造成他的某些痛苦。但是，如果我们表扬某人或奖励他，我们很可能只会增添一些他的快乐而已。不当地责备了某人，在任何情况下都是对他的不公正。可不当地赞扬了某人，很可能只是一种无害的错误罢了。为此，我认为，我们关于赞扬的直觉要比我们关于责备的直觉来得更加弱一些。我们也确实有着关于受表扬的直觉，完全忽视它们也是不对的。

当我们追问一个行动者的行为是否值得表扬时，我们似乎并不要求他本来可以做别的。如果一个行动者出于正确的理由而做出正确的事情，追问他是否本来可以做出错事，这好像很荒唐。“我不能说谎”，“他不会伤害一只苍蝇”（他极度善良的意思）不是免于受表扬的例外，而是受表扬的证据。如果一个朋友给你一个礼物，说“我没法抗拒（禁不住要给你礼物的意思）”，这表明了友谊的力量，并不是他意志的薄弱。如果一个人感到自己是“别无选择”，只好毫无保留地反对不正义，那么一个人就不应该对其信念感到不安。我似乎应该对此心存感激，即如果我陷入了麻烦，我的家庭“别无选择”，只有赶过来帮忙。

当然，如果这些语词是用来表示行为人是值得受称赞的，就必须对此加以适当的解释。“他不会伤害一只苍蝇”必定是暗指某人的和善——用它来指代一个铁石心肠的人肯定是没有道理的。如果乔治·华盛顿不能说谎，是因为他的口吃抑制了他说谎的企图，那么这就不能构成令人羡慕的一个品质。“他本来不会做别的”用在表扬的场合，必定是意味着“因为他太好了”的意思。一个行动只有是出于正确的理由时，才是值得称赞的。因此，必须是出于这些理由，值得称赞的行动者“情不自禁”而只好做出正确的事。

但是，当一个主体出于正确的理由而做正确的事情时，有正确的理由而做正确的事的这一事实丝毫不减损他应受到称赞。假设他无法做别的事的理由是，他的德性是如此可靠，或者说他的道德信念是如此强。

对于如果一个主体真的不会做出别的，是因为他的德性必定是太可靠，或者说他的信念实在是太坚定了，有人可能会感到担心。有人会想，比如，如果一个人真的无法抗拒去买个礼物给朋友，他的慷慨可能不再是一个德性——他可能是中邪了。因为可以想象这样一个场景：如果那个主体确实抗拒了会更好些，比如，他花费在买礼物的钱急需用在其他目的上。假定，还是在这个例子中，尽管那笔钱并非急需——我们称赞他是因为他给朋友而不是自己买了礼物。但是，从这个人在此情景中无法抗拒的事实看，并不能自动推出他在另一场合也无法抗拒。他为何在此情景中无法抗拒的部分解释是，于此情景中他没有理由去设法抗拒。我们推想，此人有个慷慨的品质——就是说一种做出慷慨之举的性情。但如果他处于一个机会绝好的场合，也无互相冲突的动机，他又将如何做出别的行动呢？

有人或许依然关心的是，如果他的动机是被决定的，那么，此人就不值得表扬了。如果他别无选择，只好拥有一个慷慨的品质，那么，他慷慨这一事实就不应归功于他了。如果一个人的动机是被决定的，他会想，他无法控制动机，于是他的动机就算是善，也不能将赞誉归之于他了。但是，一个人是否控制了其动机，是不能这么简单下定论的。我们不仅一定要知道，他的动机是否被决定了，而且要知道动机是如何被决定的。

比如，我们可以想象一下，有个人有个慷慨的母亲。为了获得母亲的爱，他也变得慷慨了。假如他母亲不是这样的话，他本不会如此慷慨。如果其母亲不欣赏慷慨，他本不会发展出这个品质。我们可以继续想象，一旦此人的慷慨品质发展出来了，他就不会对此质疑或改变它。他的品格会保持不假思索地坚定，从童年时代开始直到他无须刻意为之。像他发展出慷慨的倾向一样，我们说，他也发展了每天刷牙两次的习惯，以及避免与犹太人为伍的倾向。对他为何发展出这些品质的原因的解释，和对他为何发展出别的品质的原因的解释多多少少是一回事。这些倾向对他而言，只不过是他从未想过去破坏的习惯而已。实际上，它们都是些习惯，通过假设可知，他从未想过要去破坏它们，这也是被决定了的。此人的慷慨也许不值得称赞，因为他的慷慨可以被认为是无感觉的、盲目的。但是我们也可以设想一幅不同的图景，其中，上面的一切声称都是假的，一个慷慨的品质也许是被决定的，是在主体控制之下的。

我们可以再次从一个有个慷慨母亲的人开始设想。出于得到母爱的欲望，他开始发展他的慷慨品质。但是，随着他逐渐长大，发展慷慨品质的理由不再是保持慷慨品质的理由。比如，他可能注意到，他的慷慨行动为他提供了一种被信赖的快乐，这种快乐与受此慷慨恩惠者的快乐相联系。他会发现，保持慷慨促进了同伴关系，相比不这样来说，这会让他更容易与人相处。而且，他也喜欢别人慷慨，当别人极端小气时，他会感到受伤。总之，他的慷慨似乎和他的其他价值取向是一致的。他的价值观和一个人应当如何生活的理念相一致。

我认为，这幅图景也与前一幅一样，都是被决定的。但是，它和善的意识的实践以及心灵的开放结构是相容的。之所以是被决定的，乃是因为相比于之前慷慨的理由，主体并没有创造出新的理由。在实施慷慨之举时，他不再决定去感受被信赖的快乐，也没有决定这样做是否对交友来说会更容易。他发现这些就是慷慨品质的后果——如果他善于观察和感受，他将别无选择，只好发现这点。他没有选择去成为他人慷慨之举的对象，也没有选择去成为不具德性者悭吝之举的受害者。他也没有选择去对前者抱有感激、对后者深感受伤。他别无选择，只好经受这些经验——它们都超出他的控制。因此，这就好像是，他的慷慨之举的理由竟依赖存在着什么理由。

如果一个人的性格是这样被决定的，那么说它不在其控制之下又似乎是荒唐的。他的性格在其理性的基础上被决定，而他的理性又被存在着的某种理性决定。那么，不在他控制之内的慷慨是一种德性，并且只能是因为他意识到他是一个慷慨大方的人。但是，不能凭借这个理由就说其慷慨之举不值得赞扬。这是一个做慷慨的人能有的最好理由。

因此，似乎是一个行动者在道德上是值得被称赞的，就算他被决定着做了事。但我们已经看到，如果一个行动者是被决定做了什么事，就不能在道德上受到责备。那么决定论就和主体做出善举的责任是相容的，但是和主体做出恶行的责任是不相容的。主体责任所需的形而上学的条件会随着他所实施行为的价值变化而变化。

自由的条件，就像在主体本来可以做别的的要求中所表达的那样，需要一个条件分析。但是，条件必须是那种把好的和坏的行为区别开来的分析——就是说，条件必须是实质上承载价值的。对会造成麻烦的自由的条件的分析是：

假如当时有好的、充足的理由的话，他本来可以做别的。

在分析中，“本来可以做别的”根本就不是条件。因为，假设一下，只有不存在做别的的好的、充分的理由时，一个行为才是道德上值得称赞的；只有存在做别的的好的、充分的理由时，一个行为才是道德上值得责备的。因此，当一个主体做出善举时，自由的条件是一个反事实的（counterfactual）：虽然它要求主体本来可以做别的，假如曾存在好的、充足的理由，做好事的主体实际上发现他自己所在的情境是一个不存在这样理由的情境。因此，这与该情形下主体不可能超过他实际所做，而做出别的的自由条件的满足，是相容的。但当一个主体做了坏事，自由的条件就不是一个反事实的。做坏事的主体面对好的、充足的可做别的的理由，只是做了他所做的。因此，自由的条件要求，该情形下的主体本来可以做别的，就像他实际被置于的情境一样。那么，一个主体能被决定去实施善举，也依然是值得称赞的。但是，如果一个主体是应受责备的，那他必须是无条件地能做别的。

如果我们转回先前分析失败的情况——就是说，被剥夺童年的受害者的例子，我们可能更容易地看到，这个分析是怎么运作的，看看它是怎么与先前表明的条件分析不同的。

我们具体地想象了一个例子。一个人盗窃了一些钱财，完全明白他自己在干什么。他既不是被迫也不是出于一个不可抗拒的冲动，他完全拥有一个正常成年人的理性和观察力。然而，他似乎不应该因其犯罪而受到谴责，因为从他的观点看，不能合理地期待他看出他行动的任何错误。我们可以假设，在其童年，他缺乏关爱——他被父亲殴打，被母亲忽视。当他长大后，他看到的只是邪恶和自私的例子。从他的观点看，很自然地得出尊重他人财产是愚蠢的结论。可以想到，没有任何人曾尊重过他的财产，对于他来说，把他人当作敌人看是很自然的。

这样一来，好像是这个人不应该因为我们知道是错的事情而受到责备。因为，如果我们经历了他的童年，我们也不会知道那是错的。然而，这个主体对他生活的控制能力似乎和我们对生活的控制一样多：如果他努力的话，他本来可以做别的。如果他曾选择，他本可以尽力做别的。如果他曾有理性，他本会选择做别的。正是因为他本没有理性，所以这个主体不应当受到责备。

尽管这个主体的童年与我们的不同，但其约束力似乎是或多或少一样的。我们童年时代的幸运不是我们应当被称赞的根据，正如他的不幸童年也不应该成为其受责备的根据一样。因此，如果他出于他经历的童年之故而不是自由的，那么，我们好像也不是自由的了。所以，好像是没有自由意志的条件分析可做的——因为主体的内在不存在任何区别于我们的东西。

但我的分析设定了一个对于主体而言不属于其内在的条件。这让我们可以清楚地说出相关差别：就是说，我们的童年处在正常的体面范围之内，而他的童年则被严重地剥夺了。造成的后果是，他（不像我们）本不会有各种理由，即使手边现成存在着各种理由。问题不在于他的理性发挥失调，而是他的素材偶然地呈现了选择性：既然他的世界不是合宜地协调的，他的理性就无法获取其适当的目标。

坦率地说，他的目标乃是真和善。我们想要的自由是自由地发现真和善。但是，这样的自由不仅仅需要作为主体的人具有正确的能力——就是说通过我们最根本的自我来指导、控制我们的行动的能力。它也要求世界给予配合，以使得我们最根本的自我有机会发展成其应当的样子。

如果道德责任所必需的自由是被真与善所决定的自由，那么，显然我们无法知道我们是否拥有这个自由，除非我们一方面知道存在着一个真和一个善，另一方面还知道存在着发现它们的诸能力。这样一来的结果是，自由的条件无法通过纯粹形而上学的术语来加以表述。因为我们不能知道何种能力与环境是自由所必需的，除非我们知道何种能力与环境将使得我们形成正确的价值观并实施正确的行动。严格说来，我还没有足够重视推理能力——我们也需要一种感知和觉察能力。但我想它们应当是我们大多数人都具备的能力。所以，当世界是协调地运转时，我们在道德上就是负有责任的。

我已经指出，自由的条件无法通过纯粹形而上学的语言加以表述。更具体地说，自由的条件是无法以价值中立（value-free）的术语来说明的。因此，自由意志问题就其被认作一个纯粹形而上学问题而言，已是被错误地表述了。也许这就是为何自由意志问题，对我们而言似乎一直是无望得到解决的原因。

但是，问题本应像是一个纯粹形而上学问题，这一点并非是不自然或令人吃惊的。因为，被真与善决定着截然不同于被普通的诸多原因决定着。我认为，感到一个似乎排除了另一个，这不是不自然的。因为被善决定着，就不是被过去所决定着。出于其自身正确做某事，就不是出于被教导着做某事。那么，一个人会认为，他只能通过一件事或另外一件事被决定。因为如果一个人打算做只是正确的事情，那么好像不论是否被教导他都会做出这件事，那么，一个人好像会不管它是否正确都会做出这件事。

但实际上，这个推理依赖一个范畴错误（category mistake）。这两种解释都不是必然完整的，因为它们是不同种类的解释。考虑一下这个例子。在如下情境中：你要我说出内华达（Nevada）的首府，我回答说“卡森城（Carson City）”。我们能够解释为何我的确像以以下两种方式之一给出答案的：首先，我们能够指出，当我读五年级时我必须牢记 50 个州的首府。我被教导着相信卡森城就是内华达州的首府，而且随后被积极地这样强化。其次，我们能指出卡森城是内华达州的首府，这毕竟是你想要知道的。因此，一方面，我给出我的答案，因为被如此教导过；另一方面，我给出答案，因为它是正确的。

假设这些解释是不相关的。因为，如果卡森城不是内华达州的首府，我本不会如此被教导。如果我没有被教导认为卡森城是内华达州的首府，我本不会知道它就是。实际上，一个人会认为，如果我给出的回答不对，我本不会给出它，因为我被教导过。因为没有一个学校董事会会雇用一名如此事实不清的教师。如果我没被教过卡森城是内华达州的首府，可能我就不会给出这个回答，因为这是对的。因为，卡森城是内华达州的首府这一点并不是先天就知道的。

相似地，我们可以解释一个人是以以下两种方式之一行动的：首先，我们指出，他被教导要举止得体，随后也被积极地如此强化了。其次，我们能指出举止得体是对的，并继续说为何他知道如此。重复一下，这些解释很可能是彼此联系的。因为，如果举止得体是不对的，这个人很可能不会被教导。如果这个人未被教导应当举止得体，此人就本不会自己发现这一点。当然，对该例子的这两种解释会比对此前例子的解释更加复杂。但这里相关的是，这些解释都是相容的：一个人能被善决定，以及能被过去决定。

对一个主体而言，为了成就道德上的自由，他必须能让自己被善决定。被善决定，可以说是我们需要自由来追寻的目标。我们需要自由来让我们的行动被善决定，我们需要自由成为或变成其行为将继续被如此决定着的人。这样一来，应该清楚的是，关于道德责任的条件没有标准的非相容论者的观点是对的，因为根据这些观点，只有当一个主体的行为完全不是因果性地被决定的，他才是自由的。因此，一个主体的自由和意识到自由所需的目标是不相容的。主体固然不是处在萨特说的“被诅咒为自由的”意识中——他不会同时是自由的，又意识到一个道德理想。

因此，提供有能力做别的的条件分析的观点，就像我这里说的，把自由包含在以特定方式被决定的能力里，一般都是相容论者的观点。就一个主体以正确方式被决定而言，主体能被说成是自由行动者。像相容论者一样，我主张一个主体是否在道德上是负有责任的不取决于主体是不是被决定的，而取决于是如何被决定的。我的观点不同于其他人的地方在于，我采取决定论令人满意的一面。

但是，从我的观点看，既然决定论令人满意的一面是由一个主体应该有的理性决定的，就可以得出结论说，只有当主体实施了应该实施的行动，主体就是既被决定的，也负有责任的。另一方面，如果一个主体实施了不道德的行为，他的行为就无法以适当方式被决定着。因此，如果一个主体因一个恶行负有责任，则必定是他的行为在心理学上根本就没有被决定。根据我的观点，为了让道德称赞和道德责备都可以证成，心理学上的决定论必定是错误的。

这个论题是错的，这样说是合理的吗？我认为是。因为，尽管好像我们的一些行为是心理学上被决定的，一些则不是。就好像我们的一些行为不是被我们的兴趣所决定，以及我们的一些行为根本不是被决定的。就好像我们的一些行为是这么一回事，以至没有一套心理学事实足以解释它们。有时候，一个人实施了一个行为，但似乎说不出他为何不做另一个行为。

比如，我们有时做出了任意的选择——穿绿衬衫而不是蓝衬衫，喝咖啡而不是喝茶。我做出这样的选择没有基于什么理由——在这些情形下，似乎我们可以做出其他选择。

一些不太琐碎、更深思熟虑的选择也可能是任意的。因为一个人在两个方面都有相同分量的理由。因此，我们也许有好的理由从学校毕业，同时也有好的理由不如此；有好的理由要结婚，也有好的理由独身。尽管，在这些例子中，我们或许想要基于理性而选择，可是我们的理性并未帮我们解决问题。其他的心理事件或许也类似地是非决定的，诸如思想和观念的偶然发生。一个人突然想起一个观点，但这并不是出于某个具体理由——一个人或许很容易地有了另外的一个想法或根本没有想法。或者说，一个人就是忘记了一个说好了的约会，即使他当时并没有被其他具体的事情分了心。

通过反省，一些非决定的现象可能是虚假的。我们决定，把在无意识动机下做出的选择看成任意的选择。或者说，我们忽然想起来的许多观念表明了一个范式，该范式太过不寻常以至我们认为绝非巧合。但是，如果一些非决定的现象是虚假的，我认为我们没有理由相信一切都是如此。

那么，就让我们转向非道德行为吧，看看它们又是何种非决定的种类。对于这里的非决定事件，是指许多相当特殊的选项——如果一个人的选项是不适当的，非决定事件将不足以被证明为在道德上是可责备的。比如，知道一个碰巧抢劫银行的罪犯很容易地转而做出了抢劫卖酒的商店的选择，这是不够的。具体而言，我们需要知道的是当一个主体实施了错误行为时，他本可以出于正确的理由实施正确的行为。就是说，首先，该主体本可以有一个主体应该有的兴趣；其次，该主体本可以根据行为应该根据的兴趣而行动。

与这两种可能性相应，我们能够想象两种道德失败。首先是对应于一种过失的形式；其次是一种软弱的形式。道德过失是一种失败：没有意识到一个人应当意识到的道德理性的存在。比如，一个人听说他的朋友在住院，但在安排晚间活动时并未考虑到去探望。他没有停下来想一想他的朋友在医院可能有多孤独和无聊——他只是根据收视指南来看电视或读他的小说。如果一个人本可以意识到朋友的难过处境，他对自己的道德过失会感到内疚。另一方面，道德软弱是指没有按照他应当知道的理性而行动。比如，一个人也许会下结论说：他真的应该去探望一下生病的朋友，但是想到要开车穿过整个市区，这个念头还是被待在家里看书战胜了。如果一个人本可以去探望，那么他会对自己的道德软弱而感到内疚。

应当承认，在确立实施道德上坏的行为者的自由的条件上还存在一些困难。我们很难知道一个做了某事的人是否本来可以做别的。但假设我们现在在统计的证据基础上决定了这些问题——实际上，如果这些行动不是被决定的，这就是能有的最好的方法。换句话说，我们决定认为，一个主体本来可以做别的，如果其他人在其处境中已经做出别的，以及像他一样的这些其他人以明显相关的方式本来可以做别的。或者我们决定认为，一个主体本来可以做别的，如果他自己在此类情境下以明显相关的方式本来可以做出别的。

应该强调的是，我们在这里关注的非决定情形是指只是在心理学解释层面上的非决定情形。这种非决定性是和在其他解释层面上的决定论相容的。具体地，一个对我们行为的亚心理（sub-psychological）或心理的解释也可以是决定论的。有人认为如果属于这种情况，对我们行为的心理学解释的本质就与自由意志问题不相干了。尽管我倾向于不同意这个观点，我也没有篇幅和能力来在这里加以争辩了。

但是，由于适当地限制解释的类型，我已经表明，对于为何一个负责任的主体实施了道德恶行的解释在一定层面上必定是不完善的，这是自由条件的一个后果。没有什么让一个主体实施他所做的行为，也没有什么阻止他不去实施一个道德上更善的行为。应该注意的是，对于值得称赞的行为，对它的解释却类似地也是不完善的。因为，本可以实施了道德恶行的主体实际上实施了道德善行的观点，相比一个主体本可以做出道德善行但实际上却做出了道德恶行的观点，并没有更不合理。由此可推测的是，一个出于正确理由而做了正确行为的主体，值得因其行动而受到称赞，不论其行动是不是被决定的。但是，非决定论和一个主体值得称赞的主张是相容的，这对证实一个主体是值得责备的主张是必要的。

从某种视角看，这种对待表扬和责备的方式看起来有点不公正。具体地，我们会认为，如果一个特定的主体在特定的情境下，是实施一个善行还是一个恶行真的是非决定的，那么，该主体最终做其所做就必定是概率问题了。如果行为真的是非决定的，那么它也不是由主体自己决定的。有人会认为，在这种情况下，主体对其行为的道德品质，就不比在其他任何事情上有更多的控制。

但是，一个主体是否会为善或为恶并非是决定的事实，并不意味着他实施的哪个行为能恰当地被看作概率事件。当然，在一些情况下，一个主体会选择去让其成为概率事件。比如，一个在决定完成道德义务和做他非常想做的某个不道德行为之间挣扎的主体，会最终决定通过投币来做判决。但是，在正常情况下，主体做决定的方式不涉及统计程序或把事件随机化。情况倒像是，对本可以做得更善而实际上做得更恶的主体，或者说为何一个本可以做得更恶而实际上做得更善的主体，都不存在完整的解释这一点，甚至排除了这是一桩概率事件的解释。

为了对其行动的道德品质加以控制，一个主体必须有着某种必要的能力——具体来说，必要的看清和理解他应当看清和理解的理由和兴趣的能力，以及必要的指导其行为与这些理由和兴趣相一致的能力。而且，如果对主体运用这些能力并不存在任何干扰——就是说，没有阻止他运用它们的决定性的原因，没有统计学上的程序，可以说是让他对自己是否运用它们不加控制——那么，情况就似乎是，这些都是主体需要拥有的能力了。但是，主体有这些能力和主体不受干扰地运用这些能力又是相容的，无论主体会为善或作恶都是不被决定的。为恶但又负责任的主体没有充分实施这些能力，尽管对其为何未实施不存在完整的解释。为善但负责任的主体确实实施了这些能力——这可能是也可能不是他实施它们是被决定的。

那么，要求道德责任的自由是为善的自由。只有这种自由才会是不太多也不太少。因为主体并未自由至免于道德理性的程度，也没有不自由至让这些理性毫不起作用。

练习部分

1. 在一个冬天的黄昏，你往家走，忽然听到了哭声。一个孩了在结冰的湖面上独自玩耍；冰面裂开，孩子滑入了水中，正在冰面挂着。附近没有其他人。你放下书，跑向湖面接近孩子。你能听到在你爬向孩子时孩子所在位置的冰面的破裂声，但你依然靠近了孩子，将其从冰水里拖了出来。正当你把孩子从冰面带回时，一辆救护车到了，下来一群人。孩子被迅速带进救护车，送到医院，孩子无恙。一名警察过来拍拍你的肩膀，“你方才真是英勇之举，你救了孩子的命，但你本可能会失去生命。如果你不去挽救那个孩子，那个孩子会丧命。你真是个大英雄。你为何这样做？”你回答说：“我必须如此。我不会让这个孩子死掉，即使我自己的生命会有危险。我没法让孩子滑入水面而无动于衷。我不可能做出别的。”如果这是真的，出于你的身份，你不可能做出别的，那么，你在自由行动吗？
2. 我在节食，想减掉几斤。今天下午我参加了部门聚会，有人端过来一个大盘子，堆放着热乎乎的巧克力布朗尼，上面盖着奶油糖霜。我吃了四块。显然没有人强迫我这样。我之所以吃它们，是因为我酷爱巧克力布朗尼。但我感到不舒服，当我吞下布朗尼时，我深深地后悔自己沉溺于布朗尼的口味。我真的希望自己没有对巧克力的热衷吗？在吃巧克力布朗尼时，我在自由地行动吗？
3. 你热爱打网球。到目前为止，这是你最爱的运动、最喜欢的娱乐。你几乎天天打，宁愿打网球也不去海边或海上游弋，或做任何其他事。你打网球是出于享受，你很高兴你能如此享受。你认为这是好的、健康的运动。当你打网球时，似乎你当然是在自由地行动。

   假设我们可以追溯你对网球的热爱至你的童年。你父母在你还是婴儿时，给你买了一个手持柔软网球拍的泰迪玩具熊。他们在你还是小孩蹒跚学步时给了你一只小网球拍，你玩得非常高兴。他们强烈鼓励你打网球，当你打网球时给予你很多赞扬。他们并未禁止你玩足球，10 岁时你也玩过；但是很明显，父母对此兴趣不大。他们从未错过你的网球比赛，但几乎从未参加过你的足球比赛。把你对网球的爱好追溯为社会原因会减少你的自由吗？

   假设，我们没有追溯你的早期童年环境，我们发现你有着“网球基因”——存在着特殊的基因导致人热爱网球（你从父母那里继承而来，他们经过测试都有网球基因）。不具有网球基因的人也喜欢网球，但是有网球基因的人都强烈地热爱网球。当你从事你最钟爱的运动——打网球时，这会在任何方式上减少你的自由吗？

   再换个剧情吧。美国网球协会担心没有足够的年轻选手会选择网球作为自己最喜爱的运动。因此他们雇用一名极坏的药剂师配置出一种药水，任何人服用了都会爱上网球。（好吧，这需要一点想象力了，但你能做到。毕竟，很多人相信存在一种“爱情药水”，可以使人们坠入爱河。而这个则是一种特殊的爱情药水，可以让人们爱上网球。）去年你还在深爱着足球，而且表现优秀；但在一次比赛后，美国网球协会把这种药水混进了给他力（Gatorade）运动饮料。喝完之后，你逐渐发展出对网球深切而永久的喜爱（你现在对足球的兴趣几乎荡然无存）。而且，你现在打网球是出于热情地喜爱网球。那么你是自由地行动吗？

4. 苏珊·沃尔夫坚持认为真正的自由需要一个我们可以精确追溯的“真与善”。与之相反，存在主义哲学家让-保罗·萨特坚持认为，如果存在客观价值，那将会剥夺掉我们的真实自由。这根本冲突的根源是什么？他们为何会得出如此不同的结论？
5. 你已经考察过路德对伊拉斯谟关于自由意志说明的激烈反击。对威廉·詹姆士提供的自由意志的说明，你能设想路德将会如何回应吗？路德对苏珊·沃尔夫的自由意志观又将如何回应？

补充阅读

威廉·巴雷特（William Barrett）声称，决定论摧毁了真正的创新力或创造力，参看其著作《非理性的人》（*Irrational Man*, New York: Random House, 1958）；以及威廉·巴雷特的论文《决定论与创新》（“Determinism and Novelty”），收录在悉尼·胡克（Sidney Hook）主编的《现代科学时代的决定论与自由》（*Determinism and Freedom in the Age of Modern Science*, New York: Collier Macmillan, 1958）一书中。心理学家斯金纳认为，相信决定论能有利于促进创造力；参看他的论文《论作一首诗》（“A Lecture on Having a Poem”），收录在其著作《累积性记录（第三版）》（*Cumulative Record*, 3rd ed., New York: Appleton-Century-Crofts, 1972）。

“分层相容论”的立场是由哈里·G. 法兰克福首创的。法兰克福在很多论文中说明了他的观点，所有的这些论文都结集在《事关己者》（*The Importance of What We Care About*, Cambridge: Cambridge University Press, 1988）。另一优秀的分层相容论资源是杰拉尔德·德沃金（Gerald Dworkin）的《自主的理论与实践》（*The Theory and Practice of Autonomy*, Cambridge: Cambridge University Press, 1988）。

理性主义相容论被苏珊·沃尔夫最有效地表达在其专著《理性限度内的自由》（*Freedom Within Reason*, New York: Oxford University Press, 1990）中。约翰·马丁·费希尔（John Martin Fischer）发展出一种有趣的相容论形式，强调一种对理性控制的更多限制。对该观点不错的说明可以参阅其论文集《我的方式：关于道德责任的文章》（*My Way: Essays on Moral Responsibility*, Oxford: Oxford University Press, 2006）。

戴维·怀德克（David Widerker）和迈克尔·麦克纳（Michael McKenna）编选的《道德责任和可选择的可能性》（*Moral Responsibility and Alternative Possibilities*, Burlington, Vermont: Ashgate, 2003）是一本极好的论文集，收录了关于选择可能性（以及是否选择的可能性对自由意志和道德责任是必要的）话题的原创论文。

布鲁斯·N. 沃勒（Bruce N. Waller）的论文《自

由意志的一种元相容论解释：调和相容论与非相容论　》（“A Metacompatibilist Account of Free Will: Making Compatibilists and Incompatibilists More Compatible”），发表在《哲学研究》（*Philosophical Studies*）杂志 2003 年第 112 卷，第 2/3 期，第 209—224 页。该文试图在自由论和相容论观点之间找到某些共同的基础。

丹尼尔·丹尼特（Daniel Dennett）写过两本对自由意志采取相容论立场的非常有趣而且可读性很强的书：《活动余地》（*Elbow Room*, Cambridge, Mass.: Bradford Books，1985）以及《自由的进化》（*Freedom Evolves*, New York: Viking, 2003）。P. F. 斯特劳森（P. F. Strawson）的论文《自由与愤恨》（“Freedom and Resentment”）发表于 1962 年，如今被收录在加里·沃森（Gary Watson）主编的《自由意志》（*Free Will*, Oxford: Oxford University Press, 1982）一书中。斯特劳森的论文对于相容论非常有影响力，论证了无论科学家们在决定论上会发现什么，没有自由和责任的基本概念，我们就无法前进。

第十章
我们负有道德责任吗？

自由论的自由意志

自由论者相信，如果决定论是对的，那么就不存在自由意志；但是，他们坚持认为，至少存在某个豁免于决定论的狭窄空间。在一些情形下，自由论者认为，做出不被任何因果法则或因果历史决定的选择的能力，让我们变得非常特殊，甚至像神一样。文艺复兴时期的哲学家乔瓦尼·皮科·德拉·米兰多拉（Giovanni Pico della Mirandola）声称，神授权人类以特殊的自由意志能力，这样我们就可以真正地让自己成为诸神，这一点在下段文字中得到了充分表达（其中，米兰多拉想象神在晓谕人类）：

> 其他造物的本质都被我们定的法则所约束。但你不受任何限制的约束，可以按照你的自由意志决定你的本质，我们已把你交给你的自由意志。我们已将你置于世界的中心，在那里你更容易凝视世间万物。我们使你既不属天也不属地，既非可朽亦非不朽；这样一来，你就是自己尊贵而自由的形塑者，可以把自己塑造成任何你偏爱的形式。你能堕落为更低等的野兽，也能照你灵魂的决断，在神圣的更高的等级中重生。①

罗德里克·奇泽姆（Roderick Chisholm），一位当代美国哲学家，也有着相似的观点，尽管不是非常富有想象力：

> 如果我们负有责任……那么，我们就有着某些专属于神的属性；当我们真实地行动时，我们每个人都是最初的不动的推动者。在我们的所作所为中，我们造成了某种事件的发生。不是别人，也没有别人，只有我们自己使我们造成了这些事件的发生。（奇泽姆，1975）

---

① 乔瓦尼·皮科·德拉·米兰多拉《论人的尊严》（"Oration on the Dignity of Man"），由保罗·O. 克里斯特勒（Paul O. Kristeller）翻译，收录在恩斯特·卡西尔（Ernst Cassirer）、保罗·O. 克里斯特勒和约翰·H. 兰德尔（John H. Randall）合编的《文艺复兴时期人的哲学》（*The Renaissance Philosophy of Man*, Chicago: University of Chicago Press, 1948, 224—225）一书中。

这种自由意志的自由论模式，也许是当人们想起自由意志时，大多数人持有的观点。它是神一般的、朴素的个人主义，是自由意志的夸张版本："我是我的命运的主人，我是我的灵魂的舵手"，除了我的自由选择，其他一切都不能决定我做什么，或者不做什么——而我的选择，也不被决定，不受任何约束。

尽管这个想法对很多人都有吸引力，但也牵涉到一些重要的问题。第一个问题是直接而明显的：虽然该版本的自由意志论可能是激动人心的、催人奋进的，但却似乎不是真实的。我们自己做出奇迹般的不受影响的选择意向这一观念，和我们从心理学、生物学以及社会学得出的结论不太匹配。假如你步入餐厅，发现主菜是烤狗肉炒饭，你可能会感到心理和道德上的双重恶心，可是在很多东方文化中，这又是一道可口的名菜。同样地，如果餐厅的早餐供应培根猪肉卷和鸡蛋，大多数美国学生都会大快朵颐；但在许多中东文化里，这顿早餐会引起与你看到烤狗肉时一样的道德和心理上的不舒服。显然，一些人拒斥他们的文化传统——我知道，一个吃烤牛肉长大的得克萨斯人，如今是个热情的素食者——但这并未改变我们的文化对我们发挥重大影响这一事实，而这些影响是无法被自由选择的。（你总不会故意选择令你恶心的烤狗肉的。）考虑一下你的性倾向吧。有人建议我们选择成为同性恋或异性恋，但该主张是荒唐的。如果你回想你的少年时代，你也许记得那性欲的悸动；你当然不会对自己说，"我要选择对女孩、男孩、还是对双性感兴趣？"因此，这些强烈的具体性倾向来自哪里？它们是先天根植的，还是你早先生活条件的产物，抑或是两者组合的产物？我不知道。但我知道不是因为你的选择才发展起来的。考虑一下你的兴趣和价值。你喜爱蓝草音乐或爵士乐，或可能是莫扎特；但是，你选择那种音乐偏好了吗？你喜欢棒球，可你又是何时选择去喜欢上棒球的呢？你坚信民主和言论自由，同时致力于民主是你最强烈的价值之一，可你选择那个价值了吗？考察一下由社会心理学家们做出的很多实验吧。在一个由 A. M. 伊森（A. M. Isen）和 P. F. 莱文（P. F. Levin）于 1972 年设计的著名实验中，一些被试"偶然地"在公用电话亭发现了一角硬币，而另一些人则没有。当所有被试离开电话亭后，一人带着些纸张走过（被试并不知道这个人是实验的一部分）并且纸张掉落。发现一枚硬币的被试几乎都停了下来，帮助捡起纸张；而没有发现硬币的被试则只是走了过去。那些发现硬币且停下来帮助捡纸张的被试会真诚地说，他们是"自由地选择"去帮忙的，没有什么影响到了他们的选择。然而，很清楚的是，一个像发现一枚硬币一样小而愚蠢的影响，却对他们的"自由选择"产生了巨大影响——一个他们都没意识到的影响。当我们仔细考虑此事时，我们意识到，对我们的性格、行为以及"选择"存在着大量的影响：有追溯到我们一般尚不能记住的非常有影响力的早期童年环境的影响；有可能我们基本上一无所知的基因方面的影响；有我们错误地认为对我们不构成影响的影响（如发现了一枚硬币）。因此，究竟这些"完全自由且不受影响的"选择，还有存在空间吗？

早期的自由论者——例如，文艺复兴时期的哲学家乔瓦尼·皮科·德拉·米兰多拉——想象着我们可以完全"塑造我们自己"，免于外界影响：神已经赋予人类一种特殊的礼物，授权人可以"以人所欲求的方式让一切发生、成形和起作用"。但随着时间的推移和科学的发展，很清楚的是，我们正被我们生活过程中的很多强力塑造，同时我们的选择并不能独立于这些影响。当代自由论者倾向于把自由选择的领域变得更小、更具体。我们不是“塑造自我”，而是我们能够——在某些非常特殊的环境下——做出显著例外于一般起作用的因果力量的选择。

> 我们要求自由必定是断定了一个带有秩序和规律性印记的宇宙。生活犹如玩桥牌。我们被给予了游戏中若干张牌。我们不是选择了它们。它们可以追溯到过去的业力（Karma），但是，我们自由地如我们认为适合地那样以任何搭配方式在打牌游戏中出牌。我们只被游戏的规则限制着。当我们开始游戏时，我们是更自由的，后来随着游戏的进展，我们的选择变得受限了。但直到最后，总存在着选择。一个好的玩家将会看到一个拙劣的玩家看不到的可能性。一个玩家的技巧越高，他感受到的可选择性就越多。一把好牌也可能因没有技术含量的出牌而变得支离破碎，玩的不好也无须归咎于运气不佳。即使我们的生活可能不像洗牌的方式那样，但是我们喜欢这个游戏，我们也想要玩。有时，风浪实在太大，即便是最高贵者也会倒下。伟大的灵魂在意识中也能找到那深邃的宁静。他们意识到了，世界庄严的秩序，现在是如此可爱、闪耀，现在又是如此幽暗、可怖，在其中，人发现了他的义务、天命，不能屈就于已知的目标。宇宙似乎有着自己的但我们一无所知的目的。不幸不是注定的，而是天意。
>
> ——萨瓦帕利·拉达克里希南（Sarvepalli Radhakrishnan），《业力与自由》（“Karma and Freedom”），1932

最著名的当代自由论论述家是 C. A. 坎贝尔（C. A. Campbell），他把自由意志的行动压缩在非常狭小的范围内。对坎贝尔来说，我们的自由意志能力是一种特别的创造性力量，它只在很特殊的条件下才发挥作用：当我们最强烈的欲望或癖好和我们的道德原则与信念在关于我们应该做什么方面发生冲突时。比如，假设我有强烈的欲望与某人交谈（我向一个陌生人出售我的旧车，我可以隐瞒车子的所有缺陷，获取物超所值的利益。不久，买家意识到他被骗，而我真的需要那笔钱）；但我认识到并相信欺骗这个人在道德上是不对的（我相信，在我不希望被欺骗的意义上，欺骗他人是错误的；而欺骗他人正好属于此）。在此情况下，在我强烈的欲望（为了那笔钱）和我的道德义务之间存在冲突。根据坎贝尔的观点，唯有如此，反因果的自由意志（contra-causal free will）能力才真正登场。在这些特殊情形下，我有能力做出或撤回上升到义务的意志上的努力，来克服我的最强欲望，从而做出符合道德的行为。这完全取决于我是否发挥了必要的意志上的努力。在选择发挥或撤回需要去克服我的欲望并做出德行的选择中，我做出了非凡的选择、独立的选择，决定了事情发生的方式，以及世界运行的方式。坎贝尔不是说，如果我的欲望不同，或我有不同的道德修养，或情形不是目前所是的另外的样子，那么，我将会做出不同的选择。根据坎贝尔的观点，在这些特殊的情形下（欲望对战义务）我确实可以选择两种方式之一，没有什么（我的过去、我的基因或我所处的环境）决定我会选择哪种方式；没有什么决定我是运用还是撤回意志努力，除了我的选择本身。这就是为何坎贝尔称之为反因果的自由意志的原因：这个特殊的自由意志的努力不被任何过去的原因控制，它不依赖全部的世界的因果历史，以及我们自己的基因与历史而独立运作。

反因果的自由意志是一种非常特殊的能力。如先前提到的，罗德里克·奇泽姆将其特征概括为如神一般：

> 我们有着某些专属于神的属性；当我们真实地行动时，我们每个人都是最初的不动的推动者。在我们的所作所为中，我们造成了某种事件的发生。不是别人，也没有别人，只有我们自己使我们造成了这些事件的发生。

坎贝尔相信，反因果的自由意志是一种非常特殊的能力——他强调这是一种特殊的创造力——但他想将其运用保持在最小的限度内。那就是说，他同意大多数当代自由论者的观点：认可强有力的生物学的、心理学的、社会学的原因能够说清楚我们大部分的性格和行为。但是，坎贝尔也想保留某些很小可又极其重要的缺口，令其独立于这些起决定作用的因素。

当坎贝尔和奇泽姆不惮于让这个特殊的自由意志的领地成为非自然的，或者说有些神圣时，大多数当代自由论者在把这种创造奇迹的能力归结到人类时，变得犹豫不决了。如果我们问，在哪儿找到这个特殊的非决定的，但又自然（既不神奇也不神秘）的自由论的自由意志的小块领地时，当代自由论者给出了多样的回答。罗伯特·凯恩（Robert Kane）界定其位于，以某种方式放大在人类行为的不定量的范围。伦道夫·克拉克（Randolph Clarke）提出，我们的因果能力自身不引起自由事件，但相反还会强化或支持一个存在着的倾向，让其产生影响。卡尔·吉尼特（Carl Ginet）在行为者直接引起或产生某结果的强烈知觉的意义上，界定自由行动；而休·麦卡恩（Hugh McCann）则发现，自由行动的基本要素在于有意识地做出决定的意图。所有的这些观点都是有趣的，同时它们也都非常详尽而复杂——远复杂于本章篇幅所能容纳的范围。

对比大多数当代自由论者——他们想要大大地限制自由意志运作的领域——存在主义者走到了相反的方向，把自由行动的范围扩展到超出大多数人愿意看成自由的范围之外了。

> 你生活中没有什么是发生在你身上的；而是说，你选择了它。萨特就如此坚持：
>
> 在一个生命中就没有偶然的意外，一种突然爆发的和驱动我的社会事件并不是来自外部。如果我被征调去参加一场战争，这场战争就是我的战争，它在我的意向内并且我与之相称。我与之相称，首先是因为我随时都能够从中逃出，或者通过自杀或者通过当逃兵：当涉及面对一种处境的时候，这些极端的可能性就应成为总是我们在场的可能性。由于我没有从中逃离，我便选择了它。
>
> ——萨特，《存在与虚无》
>
> （*Being and Nothing*），1943

存在主义根据著名的存在主义者信条“存在先于本质”而得其名。就是说，我们的本质并未先于我们的存在而被规定；相反，我们规定了我们自己的本质，我们通过我们的选择而造就了我们自己。对这些选择而言，不存在什么指导，也没有限制，没有边界：我们是完全自由的。如让－保罗·萨特指出的：

如果上帝不存在，一切都是允许的，因此人就变得孤苦伶仃了，因为他不论在自己的内心里或者在自身以外，都找不到可以依靠的东西。随即他会发现他是找不到借口的。因为如果存在确实先于本质，人就永远不能参照一个已知的或特定的人性来解释自己的行动，换言之，决定论是没有的——人是自由的，人就是自由。另一方面，如果上帝不存在，也就没有人能够提供价值或者命令，使我们的行为合法化。这样一来，不论在过去或者未来，我们都不是处在一个有价值照耀的光明世界里，都找不到任何为自己辩解或者推卸责任的办法。我们只是孤零零一个人，没有借口。当我说人是被逼得自由的，我的意思就是这样。人的确是被逼处此的，因为人并没有创造自己，然而仍旧自由自在，并且从他被投进这个世界的那一刻起，就要对自己的一切行为负责。[①]

因此，我们对我们自身、我们自己成为什么以及选择成为谁，都承担完全的负责。

> 人是这样的存在，他是其所不是，同时又不是其所是。在人那里，存在先于本质。或更好些，人的本质是自由本身，是让他的本质成为他所意愿的样子的选择。他自为地根据他自己的观点来决定对与错。他的任务是自我塑造，帮助准备好人将成为什么的定义。
>
> ——黑兹尔·巴恩斯（Hazel Barnes），《一个存在主义者的伦理学》（*An Existentialist Ethics*）

存在主义是一种大胆、脆弱而又引人注目的自由意志理论，远远超过了“我是我的命运的舵手，我是我的灵魂的主人”。对存在主义者而言，我通过我自己自由如神般的选择，成为我的灵魂的塑造者。存在主义有其魅力，但也有其问题。其主要问题是：很难理解，通过你自己的选择而“塑造自己”究竟意味着什么。显然，你做出的选择对你的生活和性格有深远的影响。你选择上大学，而不是找工作；你选择一所大的州立大学，或一所小的私立学院；你选择社会学专业，或教育、土木工程专业；你选择放弃你家庭的信仰而成为道教信徒；选择离开你那不幸福的婚姻……这些选择是重要的，它们塑造着我们的生活和性格。但是，谁在做出这些选择呢？在萨特的体系里，在我们拥有价值、偏好、理想和性格之前，我们做出了这些自我规定的选择。我们是纯粹的存在之点，我们做出的选择，设置了我们的性格将要画出怎样的轨迹。但是，不带着价值、信念和偏好的选择又是如何可能的呢？这似乎根本不是我的选择，相反，倒是一个随机、任意事件了。我能理解做出一个反映我自己的价值和深刻偏好的选择；我也能理解做出一个反对我先前坚持的某些价值的选择（因为我已经改变，现在赞同一种冲突的价值体系）。但是，在我们有任何价值、方向或偏好之前做出选择，又是什么样的呢？谁在做选择？萨特可能会回答说，存在有两种基本范畴。

---

① 让-保罗·萨特《存在主义是一种人道主义》，见 W. 考夫曼（W. Kaufmann）主编的《存在主义：从陀思妥耶夫斯基到萨特》（*Existentialism from Dostoyevsky to Sartre*, New Arena Library: New York, 1975），第 352 页，初版于 1946 年。

不具有自由意志能力的事物，缺少真正的自我塑造的能力，属于“自在存在”的范畴；这类客体——房子、行星、石头和仓鼠——有其自己被给予的本性。对比之下，我们作为有自我意识的存在，能自由做出自我塑造的选择，则属于“自为存在”的形而上学范畴，是规定其自我性格的存在。但是，那只是给问题赋予了名字，这并未告诉我们“自为存在”是如何“选择自己”的，如何能在拥有任何性格或价值构成选择的基础之前，选择其自身价值和道路的。

该问题在萨特那里是最明显的，不过，我们如何控制自由论者的选择——这些特殊的非决定的发生在自由意志的特殊领域的选择——则是所有自由主义理论都面临的一个问题。自由选择显然必须是我的选择，但是，它也不能只是我之所是的产物：它不能出自我的因果性历史、我的性格、我的环境或我的价值。对于相容论者而言，自由选择是出自我的性格、价值的东西；但是，这些对自由论者来说还不够。他们坚持认为，这些特殊的自由主义选择必定不是我的性格和价值的产物；但如果不是，在什么意义上它们又还是我的选择呢？如果我发现自己选择做与我自己价值没有密切关系的某事，这可能更像一个疯狂的症状，而非自由意志下的行动了。如果我是一位大力支持工会的社会民主人士，我突然发现自己“自由地选择”投票支持反对这一立场的候选人，这更可能是感到妖魔附体，而非自由意志了。当然，我也可以逐步改变我的政治观点，但如果我正在改变我的信念和价值观，那么，我可以追溯导致该变化的因果性的、审慎的过程。如果变化通过某个特殊的、不属于我性格产物的自由选择发生了，我就很难承认这是我的选择了。

许多自由论者强调自由感（the feeling of freedom）——或者对自由的特殊的内省意识——作为我们有自由意志能力的重要的甚至是决定性的证据。萨特声称，我们都深深地知道我们有自由意志，但认可这个深层的责任需要超过许多人有的勇气，因此许多人都否认自由的深层知识，进而活在“坏信念”中。卡尔·吉尼特把自由行动的强烈的知觉感（strong phenomenal sense）理解成自由意志的真正本质。C. A. 坎贝尔则高度信任个人的内省观察：一切都取决于我自己去选择运行或撤回意志的努力：“没有作为道德主体行使职责的人能相信他拥有自由意志。理论上，他可以完全被决定论者的论证说服，但是，当实际面临义务和欲望之间冲突的情境时，他非常有把握的是，义务感是否升起关键还是在于他自己。”当回应反因果的自由意志的批评时，坎贝尔坚持道：“从内在观点反思作为被理解的道德决定的行为，会强迫他（那个批评者）承认一个……有创造力的行动；其中……没有什么决定了行动，除非行动主体做出一个行动。”但是，这种内省证据有多可靠呢？我们的“内在情感”并没有保持十分可靠的优良记录：你认为是纯粹的永恒之爱的深层情感，当次日早晨醒来后你迅速认识到你情感的下一个目标时，你竟会发现（深层情感）是纯粹的贪欲。我也会真诚地相信我完全忘记了莫娜，丝毫不关心她，对她毫无情感了，可我所有的朋友都清清楚楚地知道，我依然在为她而痴狂。我们几乎不需要提及，在不同时代和文化中男性抱有的确信感，即女性从政是错误的；更不需要提及很多人对大量相冲突的宗教信念感受到的深层直觉确信感了。

除了对我们关于我们的“内省证据”的日常怀疑，一些最近的神经心理学和社会心理学研究，对自由论者依赖自由选择的深层内心知识的理论，提出了严肃的挑战。社会心理学家设计了大范围的精巧实验，揭示出强有力的却未被认识到的我们做决定时所处情境的影响；他们证明，即使是非常琐碎的因素——比如，在电话亭发现的细小变化，被催促，或闻到令人愉快的味道等——也能对我们的选择和行为产生深远的影响。犹如先前提到的硬币实验所阐明的，很显然，发现硬币是一个细小因素。但问题在于，即使是一个在反省中的人不可能认识到的细小因素，作为影响他选择的因素，对主体做出的选择也有着深远的影响。实际上，社会心理学家前后一致地发现，微小的情境因素比“潜在性格”对我们的选择和行为有更大的影响。我们的选择源自我们深刻的内在自我（而非源自我们发现自我所处的情境）的普通信念，在社会心理学家看来，只不过是一个流传广泛的内省错误而已：社会心理学家所谓的“根本归因错误（fundamental attribution error）”。也许社会心理学家是错的，但是，他们的研究为那些将其信念置于自由选择的内省而知的经验者，提出了重大挑战。

当社会心理学家从一个方向上挑战了自由论者的内省时，当代神经心理学家的研究在另一条战线上威胁着自由论。不久前，我们只能猜测大脑活动，随着今天科学技术的不断涌现，我们实际上能在一个人谈话、思考、行动和做出选择时，观察其大脑活动了。在本杰明·利贝特（Benjamin Libet）进行的一个著名实验里，被试在进行一项简单手部运动时，被要求自由选择，在完成选择后精确记下（通过观察一个时钟的巨大指针）。利贝特发现，在他们有意识地去移动他们的手的半秒前，大脑活动能被探测到可以预见他们的选择。那就是说，在我们有意识地做出选择前，大脑激活了选择。该故事的道理是浅显的（根据大多数神经心理学家的观点）：我们有意识的意志活动的经验（一些自由论者坚持给我们的反因果的自由意志的最好证据）是在有意识的意愿活动之前发生的大脑活动的结果。就是说，有意识的意志活动的经验不是引起我们自由行动的特殊的反因果推动力，而仅仅是无意识大脑活动的副作用，同时，无意识的大脑活动在进行真正的因果性工作。或者如哲学家和心理学可能说的那样，有意识的意志活动的经验是附现象（epiphenomena）：它们是由发生在我们大脑里的实际的无意识的意志活动引起的，但是，它们自身不是因果性进程的一部分。在没有我们意识知觉的情况下，我们选择的真正原因出现了。

本杰明·利贝特（设计了上述著名实验的神经心理学家）坚持认为，特殊的自由意志能力仍有一个存在空间。利贝特指出，当一个人对意志活动有意识时与实际活动之间存在非常短暂的间隙，这样就有机会对我们的行为自由实施否决力。行动过程大致如此：该隐（Cain）选择去打亚伯（Abel）（该选择的原因在于该隐的大脑，而该隐对此没有当下直接的意识）。然后，该隐的（无意识的从大脑产生的）选择对该隐来说变得有意识。但是，在该隐实际抬手打亚伯之前，还存在一个非常短暂的时刻；在此时刻，该隐可以否决打亚伯的选择。正是出于这个否决，我们特殊的自由意志能力运行了。但是，如果那种有意识的否决力的运行，被引起否决力量的无意识的大脑活动推后了，又会如何呢？涉及的时间是如此短暂，以至我们无法设计出一个方法来检测这是不是事实。但是，如果否决选择本身是无意识大脑活动的结果，那么，对利贝特来说，这将消除自由意志的可能性。

实际的选择在大脑里无意识地发生了，有意识的经验是真实原因的后果：根据这些神经心理学家的观点，真实的选择在大脑里无意识地发生，而有意识的经验仅仅是告诉我们，我们自己的大脑引发了一个行为（那就是说，当我“有意识选择”活动我的手臂，有意识的自由选择的情感通知我：手臂运动出自我自己的活动，而不是某个移动我手臂的外力的结果）。犹如发热是感染的症状，而非疾病的原因；有意识的意志活动的内省经验是选择的症状，而非选择自身。

把意志指称为人自身的引起这个人行动的一种力量，这和说上帝造成了一个事件一样。这种解释压倒了任何其他解释，但是在预测的意义上，那似乎根本没有解释什么。正如我们不能说出上帝打算做什么一样，我们也不能预言意志可能会做什么。

——丹尼尔·韦格纳（Daniel Wegner），《有意识的意志的错觉》（*The Illusion of Conscious Will*）

毫不奇怪，有很多人会对我们自由意志的有意识经验的神经心理学的说明感到非常不舒服。约翰·塞尔（John Searle）是心灵哲学的领衔人物，他认为，神经心理学的说明是最合理的进化论解释的对立面。如果这个复杂而有意识的自由意志感没有真正造成我们的自由选择，那么它为何会进化呢？为何演化论竟会对我们开了这样一个糟糕的玩笑？正如塞尔描述的那样，在这种神经心理学的说明上，一个人：

有自由意志的经验，但是，在神经心理学的层面上则不存在真正的自由意志。我认为，大多数神经心理学家会感到这可能是出于大脑是如何实际工作的，我们虽然有自由意志的经验，但这只是错觉；因为神经元程序在因果性上足以决定大脑随后的状态，假定没有来自外部刺激的输入或身体其他部分的影响。但是，该结果在理智上是非常令人不满意的，因为它给了我们一种附现象论。神经心理学表明，我们的自由经验在我们的行为中没有扮演因果性的或解释性的角色。它完全是错觉，因为我们的行为全部被决定肌肉收缩的神经生物学所固定。根据这个观点，进化论就对我们开了一个天大的玩笑。进化论给我们自由的错觉，但除此之外什么也没有，仅仅是一个错觉。

——约翰·塞尔，《自由与神经生物学》（*Freedom and Neurobiology*）

因此，为何进化论“对我们开了一个天大的玩笑”呢？

神经心理学回答说，没有。我们关于自由的经验没有引起我们的选择，但它确实起着很重要的作用：它向我们发出信号，我们发起的行为——移动我们的胳膊或手——是我们自己的行为，源自我们的选择，而非某个外力的产物。如果你的胳膊因为被绳子拉扯而移动（甚至因为一个突然的拉拽），拉动经验则是一个非常不同于自由选择移动胳膊的经验。你有意识的“自由选择”经验是一个非常重要的反馈机制，告诉你身体的运动是由你发起的（这是神经生物学家韦格纳赞同的解释）。你的运动是无意识引发的，但仍然是你自己的运动，而非某外力引起的运动。进化论在给予我们自由选择的意识感方面没有开下作的玩笑，而是说，它提供给我们一个有用的工具，来区分我们自己有意识的运动和外力作用的运动。如果有些哲学家坚持误解，作为自由意志的特殊能力的有用的有意识的经验导致我们的选择，那也不是进化论的错。

> 为充分理解一些个体在面临非常令人难堪的情境时是如何以及为何能够展示自我控制的，我们将这种行为归结为意志力，某种超自然的实体，或者归结为一种潜在的个性品质。这种思考问题的方式不幸地妨碍了理解力，也让研究受挫。一个坏的重言式或循环产生了。通过抵制重大诱惑而成功展示自我控制者——比如，突然停止吸烟的烟瘾很大的人——一般被描绘成有意志力。我们如何知道他有意志力呢？是，他戒烟了，不是吗？观察一种自我调节行为，推导出意志力，然后使用后者来“解释”前者的这种循环论证在自控讨论中是再经常不过的方式了。我们没有得到超出被解释的行为本身的任何内容。而且，这个重言式断言阻碍了对影响自控因素的深入探究。
>
> ——迈克尔·马奥尼（Michael Mahoney）、卡尔·托雷森（Carl Thoresen），《行为的自控》（*Behavioral Self-Control*），1974

某种形式的自由论理论能否应对这些当代心理学提出的挑战，依然是一个开放的问题。当然，意愿去努力的自由论者从来都是前赴后继的。正如塞缪尔·约翰逊（Samuel Johnson）所言，“所有的理论都反对自由，而所有的经验又都支持自由”。相信反因果的自由意志经验的信念是非常强大的，自由论的自由意志成了自由意志的候选之一，并伴随不同形式的相容论。

道德责任

有几个明显不同的“责任”概念，在涉及道德责任的棘手问题前，从几个层次来区分道德责任是很重要的。道德责任是和正当的回报相联系的责任：惩罚与奖赏，表扬与谴责。说某人对某行为有道德责任，就是评判该人在道德上正当受到的惩罚或奖赏。

责任的第二个含义是因果责任。说乔在因果性上对某事负责，就是说乔造成了这件事。在原始文化中，有时把因果责任和道德责任混在一起：“打人以致打死的，必要把他治死”（《出埃及记》，21:12）；“打死人的，必被治死”（《利未记》，24:21）。以眼还眼，以牙还牙：造成他人死亡，你有道德责任，你应该被处死。这就是法典，言简意赅，免除了因果责任和道德责任的差别。如果我遭到打劫，造成我猛打方向盘，驶向人行道，轧死路人，那么，我在因果性上负责；但是几乎没有人认为我有道德责任。如果吉尔用一个啤酒瓶殴打杰夫，因为吉尔正在听收音机讯息：杰夫是一个邪恶的外太空人，打算毁灭世界。如果他没有被打的不省人事，那么，吉尔对打了杰夫的头负有因果责任，但他的道德责任是非常令人怀疑的。（即使有一个人非常冷酷，以至认为吉尔负有道德责任而应受到惩罚，也一定会意识到，吉尔的道德责任是在知道他有因果责任后的下一步，这也足够区分两者了。）

因果责任和道德责任之间的区分是非常明显的，但另外一种意义上的责任则更费解些。20世纪英国法哲学家H. L. A. 哈特（H. L. A. Hart）称这第三种类型的责任叫角色责任。角色责任是出于一个角色或一个职务的责任。如果你是一个组织的财务，你就有管理该组织账目的角色责任。假如你作为财务，玩忽职守：账目乱作一团，甚至更糟，你还偷窃了一些组织的款项。你的角色责任虽然没有问题，但你的道德责任也许就处在疑问之中。比如，有人会说："真的，珍妮弗挪用了我们的款项，她真是一个糟糕的财务。但我们真的不该谴责她：珍妮弗染上了可怕的赌瘾，她无法控制自己去赌博，这是造成她挪用公款的原因。"或者这样说："珍妮弗作为我们的财务，她没能履行她的角色责任，但她不该受到谴责（她实际上没有道德责任），因为当她担任财务时，患上了早发型阿尔茨海默症（即老年痴呆症），她记不清怎么记录财务账目了。"可能你认为珍妮弗真的负有道德责任，因其失职而完全应受到谴责；但问题在于，那将是一个进一步的判断，超出了珍妮弗有角色责任的事实。如果我们都同意，詹妮弗负有角色责任，但依然存在一个争议：她是否负有道德责任，那么很清楚，角色责任和道德责任不是一回事。如果我们来考虑，作为在角色上负有责任的珍妮弗作为我们的财务因为工作极为出色，是否正当地值得奖赏（在道德上负责的）。假设有人说："珍妮弗不配享任何特殊褒奖；没错，她作为财务是干得很出色，但她的妹妹——是位优秀的会计——事实上做了所有的工作。"或者——拿一个更加不合理的案例说吧——假设有人针对珍妮弗特殊的赞誉提出这个反驳："是的，作为我们的财务，珍妮弗确实干得很出色；但她不配享任何特殊的赞誉，因为她天生就有财务基因，任何具有那个特殊基因天赋的人，都会在财务角色上自动干得非常漂亮；珍妮弗只不过幸运地有着该项工作适合的基因罢了。因此，她并不配享任何特殊的认可。"再一次地，也许你认为珍妮弗有道德责任，确实配享褒奖（不论她的基因与此毫无关系还是大有关联）。但同样地，关于珍妮弗道德责任的说法和大家同意的她有角色责任的说法，毕竟不是一个说法。

如果我们拓展哈特的角色责任概念，我们可以认为，对一个人自己的生活来说，他存在角色责任。这是我的人生，我对管理我的人生负责；如果我想要你的建议，我将向你咨询。当然，存在着那些不希望为他们自己的生活承担角色责任的人：也许是一些信奉军事上受控和受严格管理的人，或宁愿让别人为他们管理他们生活的僧侣。但大多数人都希望为了他们自己的生活而承担角色责任：他们要做出他们自己的选择，根据他们自己的判断、想法和计划来生活。（心理学家告诉我们，在大多数情况下，对管控好自己的生活、行为和选择，以及对如何生活而承担角色责任存在强烈的感觉，这在心理学上是健康的。就是说，一个人如果不能对如何生活进行有效控制，通常都与严重的抑郁联系在一起。）因此，总的说来，为了你自己的生活而承担角色责任，是一桩好事，这也是我们大多数人都想要做的。如果有其他人试图代替我们管理我们的生活，我们会强烈地感到厌恶："别告诉我如何过我的生活！这是我的生活，怎么安排是我的（角色）

责任。”无疑，总有不少人能够比我自己更好地管理我的生活，但这并没有改变这个事实：我不想要那种管理。但是，正如财务对她的职务的角色责任，并没有使她担负道德责任一样，同样地，你过自己生活的角色责任，也没有让你对过得好坏担负道德责任。

考虑一下我们极其独立的朋友萨姆。他自己做决定，厌恶干涉。无疑，他对他自己的生活负有角色责任。但判断他的道德责任则是非常不同的另一回事了。萨姆犯了几个大错误，做出了不幸的选择。他和一群人交往，开始阅读哲学书籍，最后竟选择专攻哲学。有人会说：“好啊，萨姆自己做出选择，有着完全的角色责任；但谴责他没有管理好他自己的生活是不公平的。毕竟，他母亲是一位富有激情的哲学家，他最喜欢的叔叔喜爱哲学；深爱他的祖父是一位专注的哲学家，其大部分年华都花费在昼夜讨论哲学上，他最爱的玩具是一个松软的、毛绒绒的苏格拉底熊。考虑到他家里所有的哲学家，也许他对哲学有着先天的性情。令人难过的是，他选择了这条不幸的路。但当你懂得了塑造他性格的所有影响之后，那么，谴责他成为一个哲学家是没有意义的。”有人会争论说，萨姆对他的生活和选择负有道德责任（当然，自由论者会这么想）；但是，那就需要进一步的论证了，超出了仅仅对萨姆角色责任的关注。设想萨姆有角色责任但没有道德责任，可能是错的；但是，这在概念上并不是前后矛盾的：即便你认为那个论断不对，你可以了解那个论断的意义。这足以对一个人生活的角色责任和道德责任做出区别了。

当人们说承担责任时，显然，他们在说承担角色责任。你能对一个角色或职位负责，通常是自愿地或只是主张：“我来负责组织我们的野餐”，或者“如果没其他人想当财务，我就来当”，或者“怎么经营生活是我的事，所以别干涉”。（显然，你不可能对任何职位都负责。你对成为美国总统没法负责；要想得到该职位，你得赢得——或窃得——大选。但是，还有大量的只要你愿意就可以得到的角色和职位。）对比之下，你不可能因为想承担就承担起道德责任。回想一下我们的朋友珍妮弗吧，作为财务，她做出了这么出色的业绩。如果有人说：“好啊，珍妮弗确实干得不错，但她不值得任何特殊的赞誉或奖赏，因为她的妹妹包揽了所有的工作。”如果珍妮弗对此这么回答就是愚蠢的：“不，我确实配享赞誉，因为我要求负道德责任，我也承担了道德责任。”或者，假设珍妮弗工作一团糟，她的朋友塔玛拉过来帮腔：“别责怪珍妮弗财务工作干得差劲了，你们应该怪我，因为我才该负道德责任。”我们会反过来说：“听起来很感人，塔玛拉；你对珍妮弗很忠诚。但是，不对，你对工作的一团糟承担不了道德责任。那可不是道德责任归属的方式。”

政治家通常在模棱两可的意义上使用“责任”一词。当然，当政府的运作出现糟糕局面——腐败、无能或不忠——长官或总统就会上电视，摆出一副严肃而真诚的姿态说：“我对这届政府的问题，承担全部责任。”当然，他会急忙说，“我本人与这些问题毫不相干，我个人什么也没有做错；但是，我依然对发生的一切承担责任”。不过，这仍然是一个看上去高尚，实际上是躲避责难的聪明方法：我高姿态地认可我的角色责任（“我是总统嘛”），同时又躲避了任何道德责任（我可不该受到什么谴责）。注意，政治家一般说“我承担责任”。他们几乎不说

“我不对，我应当受到你们的谴责”。

当试图弄清楚道德责任的概念时，“责任”一词的多重含义是造成混淆的一个原因。问题的另一个来源在于“这是我的错”的双重含义。我们往往说“这是乔的错”，来指称“乔不对，乔该受罚，乔负有道德责任”。实际上，这一普通用法令下一句听起来有些奇怪：“都是乔的错，但乔不该受谴责。”但是，当我们更仔细地想一下我们的错误，马上就会产生这样的问题：我们是否该因为出自我们的错误的行为而被谴责。戴维是一个胆小鬼，他的胆小的行为——源自他自己的怯懦性格——对他的人际圈造成了伤害。当然，这表明了戴维身上的一个错误，我们或许会说，造成的伤害是由于戴维的错误。但是，戴维对其性格缺陷且因此而造成的糟糕行为负有道德责任吗？设想戴维曾受到过严酷的拷打，使其丧失了精神和勇气。（心理学研究表明，把动物——无论是人还是其他动物——置于一个场景下，令其遭受重复的、长期的、无法逃避的痛苦一段时间，这会产生“习得性无助”，受折磨的主体最终会变得严重消沉，不再反抗，停止逃脱的尝试。）在这样的遭遇下，戴维变成了懦夫。其实，换成你我，结果都一样。戴维当然有缺陷。他现在有严重的性格缺陷，他胆小的行为源自他怯懦的性格。他究竟应该因为他的怯懦性格还是因为他的胆小行为而被责怪，这一点还不是完全清楚。该问题在戴维身上很容易看出来。但是，对于弗兰克，他的缺陷性格不是源自一个月所受的折磨，而是源自长年累月被虐待的童年。弗兰克也有严重的缺陷。但是，在弗兰克对这些行为负有道德责任的意义上说他的糟糕行为是“他的错”是有严重问题的。戴维非常不幸落到了折磨他的恶棍之手；弗兰克有着很不幸的童年（显然，弗兰克并非选择有一个受虐待的童年）。但是，除非我们选择了我们自己，我们都是一个或好或坏的构成性历史（formative history）的或幸运或不幸的产物。我们的错误和美德是我们自己的，但是，道德责任判断的基本公正并不是简单地锁定在这些错误和美德上。或者有可能的是设定在这些事情上：戴维因为不幸地受到折磨而导致了胆怯，但他现在是一个胆小鬼，那是他自己的性格，他应该对性格造成的缺陷行为负有道德责任。无论一个人怎样描述这个问题，要点在于有个问题在那儿需要决定，“有缺陷”和该受到责怪，还不是一回事。

根据目前讨论过的区分，我们可以更加清楚地看明白道德责任和造成真正的道德责任的条件。通常假设，一旦自由意志的问题解决了，道德责任的问题就自动随之而来了。因此，精神病理学家威拉德·盖林（Willard Gaylin）毫不含糊地说“自由需要责任；自主需要罪责”（盖林，1983）。但是，这个连接并不是对每个人都显而易见。比如，马丁·路德就否认我们有自由意志，但又坚持我们对我们的邪恶性格负有道德责任，因我们的罪过而完全地受惩罚。好像完全有可能走向另一个方向：承认自由意志，但否认道德责任。比如，回想一下“快乐的奴隶”的案例，受此残忍对待者完全消除了任何逃跑的欲望，深深地欲求着当奴隶，强烈赞同奴隶制（也许因为她的残忍遭遇已经令其丧失了价值感；她如今相信她那卑下的性格最适合奴隶制）。一些哲学家把这个不幸的个体看作有自由意志（她自由地遵从保持奴隶制的欲望，深深地赞同她成为奴隶的欲望）；但是，就算有人认为这个快乐的奴隶有自由意志，这也与设想因为她在道德上令人反感地拥抱奴隶制而负有道德责任，还不是一码事（当我们想到那个残忍的使其自愿为奴的遭遇，我们就很难想象她应该受到责难——在道德上是有责任的——因为她默认了奴隶制）。

如果我们在存在意义上是通过我们自己的自由选择“塑造自我”的——不是由我们的因果性的和环境的历史——可以为道德责任建立充足的根据（尽管对于我们如何先于我们的本质来“塑造自我”，尚存在令人困惑的问题）。或者有可能，一些更现代的自由主义理论为道德责任奠基。但是，如果我们相反地在自由意志问题上都是相容论者，这样的相容论自由意志对道德责任来说是否足够，也是不清楚的。设想我是一个彻头彻尾的恶棍，冷血又贪婪：考虑一下埃比尼泽·斯克鲁奇，距离魔鬼还有一步之遥。查尔斯·狄更斯（Charles Dickens）创造了这个声名狼藉的人物，清晰地刻画了他的形象。斯克鲁奇坚决地走在贪婪之路上，运用他的顽强和机敏来积累每一笔财富。许多相容论者会坚持说，我们需要知道的是，斯克鲁奇有自由意志，他因为他吝啬的性格和行为完全应该受到谴责。当狄更斯向我们表明了塑造斯克鲁奇性格的残酷过程时，他依然显得是行动自由的，但是一些人会对他是否负有道德责任感到疑问（怀疑谴责他是否公正合理）。极度贫困的早年生活给斯克鲁奇带来了时刻降临在他贫苦生活中的残酷遭遇：“这世界上没有什么比贫困更让人难过了”，斯克鲁奇说。他失去的爱人贝尔（Belle）对斯克鲁奇所变成的人给出了尖锐而痛苦的描绘：“你太害怕这个世界了……你所有其他的希望已经汇聚成一个希望：超越卑污的责骂。我目睹你高尚的希望，一个个破灭，直到主人该隐赋予你的激情也破灭为止。”但是，斯克鲁奇看着自己的性格和野心，并反省地赞同道：“‘那又如何？’他反驳道，‘即使我变得更聪明些，又当如何？’”斯克鲁奇正遵循着自己深深的欲望，他反省地而又决定性地认同这个“主人的激情”。作为相容论者，我们能以自由意志的方式提问的并不多（除非我们意愿接受理性主义相容论的狭窄之路）。但是，当我们反思塑造斯克鲁奇可怕性格的可怕环境时，关于谴责他是否公平的问题会产生吗？如果会，那么，这些问题就楔入在了相容论者的自由意志和道德责任之间，确立道德责任需要超过确立相容论者的自由意志更多的东西。

强烈情感与道德责任

自由意志和道德责任之间的关系也许会造成一些困惑；但对很多人来说，何谓道德责任以及关于自由意志本质的裁决，都是没有疑问的。我们只是知道我们负有道德责任：我们在我们的罪过中感受到它，在基本的正义要求对于错误的行为进行谴责和惩罚中深深地领会它。无疑，存在着发自内心的道德责任的情感，以牙还牙。大卫·休谟则没有把这样的情感看成道德责任的证据，相反，这种情感反应如此激烈，以至竟不需要证据了：

> 人类心灵是如此天然地构成，以至某种性格、性情和行为一出现，就会马上形成赞同或谴责的情感，即使它们不是任何对其框架和结构更基础的情感……这些感情不会被任何哲学理论或思辨所控制或修正。
>
> ——休谟，《人类理解研究》，第八卷

我们强烈的报应性的情感可以算作道德责任的

证据吗？这将是在我们对伦理学的考察中的一个中心问题：情感或情绪在我们的判断中，尤其是在我们关于伦理学的判断中，可以合法地充当什么角色（更具体些，在目前的情况下，在我们关于道德责任和正当回报的判断中）？如果我们对关于伦理学的议题完全可以做出判断，那么，很清楚，至少在一些情况下，我们强烈的情感应当被我们反思的判断超越。实际上，我们普遍地并不把这样的情感当成提供了很好的证据。种族主义“情感”在这个国家根深蒂固，但是，如果说这有什么错误的话，这可是一种糟糕透顶的错误情感了。它导向畸形的，并且几乎是难以置信的行为：比如托马斯·杰斐逊（Thomas Jefferson）这样的蓄奴者，把自己的子女当成奴隶；有些人甚至从孩子母亲那里带走孩子，将其卖掉。“把他们卖到南方”，在南方路易斯安那的甘蔗田工作。在那里，残酷的工作环境和到处肆虐的疟疾共同诅咒着一种悲惨的生活和夭亡。赞同“回报正义”的情感是非常强大的；真正说来，即使一个人相信善恶有报和道德责任是错误的，那也不会根除这种情感。如果有人伤害了你，你会感到发自内心的冲动去回击，即便你相信根据那种冲动来行动是错误的。但接下来，我们通常感到我们最好不根据它来采取行动的欲望（我保证你邪恶的想象力可以就此填满细节）。道德责任的情感是否属于这种你应该受反省支配的情感，还是一个开放的问题；但是，在任何情况下，源自强烈情感的论证，都犹如一根细芦苇一般，不能支持这个作为道德责任的重要学说。当然，如果关于道德责任的情感是绝对占主导的，那么，理性的反省就没有反对它的力量。所引起的关于道德责任的疑问将仅仅是一个理智上的、毫无实际影响的消遣。但是，当我们想到其他非常深刻的情感——女性永远不能担任权威职位，一个国家必须由一位强有力的国王来统治，等等——那么，很清楚的是，至少某些我们曾经广泛持有的深刻情感，应该被放弃，甚至根除。当然，这不是建议说，在道德责任上强烈的情感信念，是那些如种族主义、性别歧视一般的恶俗情感的道德等价物。但是，问题在于，强烈的情感往往能随着时间的进程而改变；关于道德责任的强烈的内在情感可能会被调整——不管怎样，真正的问题不在于我们是否抱有这种强烈的情感，而在于我们是否应当被它们支配。一些强烈情感是美妙的：大多数人对婴孩持有的自然情感就是一个好例子；你很可能想到你赞同的其他一些强烈情感，正如诗人卡明斯下面的诗句所言：

> 如醉如痴，当春回大地，我的血液随之沸腾；
> 亲吻比智慧来得更合时宜，
> 女士，我以百花的名誉起誓。

一些强烈情感是很坏的：种族主义就是很明显的例子。情感当然是重要的，它们是我们伦理生活的主要源泉。但是，挑选何种情感来培育、何种情感来削减，或者有可能去根除，这就需要除情感之外的某种东西了。也许道德责任的情感也能被根除，或至少被减轻；或更少点，人们会逐步意识到这一无法消除的情感是我们不应该据此而行动或用此作政策的。或者有可能也不是这样。但是，先于这个问题的是，我们是否应该努力的问题。当然，我们应该学会去限制我们的报复情感，以及由此而产生的行为。如果你被突然病情发作的人打了一下，这一击在痛觉上和故意为之是一样的，你的当下情感也许是回击；但是，当你明白了情况，你会做出判断，回击是不公正的，甚至回击的欲望也会消失。对性格和行为的原因有更好的理解，是否能够或应该导向一个更普遍的反对道德责任情感和行为的判断，依然还是一个富有争议的问题。

自由意志和道德责任的问题是哲学中最重要、最复杂的问题之一。这不应该令我们惊讶。很多世纪以来，我们关于自由意志和道德责任的概念一直在被重塑着。当生物学研究刚刚起步时，大脑研究是无法做到考虑周到的，科学的心理学研究尚不存在。如今，我们生活在基因如何影响行为以及大脑程序如何发生作用等研究的爆炸时代（这些与我们曾想象的非常不同），在很多细微的方式上，我们的行为被大量的因素塑造和影响着。越来越难以相信有一个不依赖或超验于所有这些因素的“意志”了。我们能给出一个关于意志自由的与我们当代心理学、生物学研究保持一致的前后一贯的说明吗？鉴于我们如今所知道的人类性格和行为的复杂原因，我们能明白传统的公正回报和道德责任的概念吗？当我们思考人类行为的心理学、社会学和生物学原因，因为人们的过错而惩罚他们是公平的吗？在哲学里，没有比这更难、更富有争议或更重要的问题了，何谓公平与正义的问题引出了下面的章节：我们的伦理判断、原则和义务的本质是什么？

阅读部分

论人的尊严

乔瓦尼·皮科·德拉·米兰多拉

乔瓦尼·皮科·德拉·米兰多拉（Giovanni Pico della Mirandola, 1463—1494）是一位意大利青年贵族，1486 年来到罗马。在罗马，他公布了 900 个论题，邀请学者在 1487 年 1 月就这些论题展开公开辩论。他创作了一篇公开演说——《论人的尊严》——显然他打算用该文作为他辩论的开场白。不幸的是，天主教会审查了这 900 个论题，宣布其中很多论题都是异端学说，因此禁止了辩论会。尽管他试图捍卫自己的观点，但这只是让情况变得更糟。他逃到了法国，但不久即被捕。最终被释放后，他返回意大利，定居在佛罗伦萨，受到了强大的美第奇家族的庇护，直至终老，在 1494 年可能死于砷中毒。在下面选自《论人的尊严》的段落里，米兰多拉对人的自由意志提出了一种自由论者的说明，其中，人类有能力把自己塑造成他们选择的任何形式——甚至是神的形式。

人的尊严

最尊敬的长老们，我读到阿拉伯人的古文献中写道，有人问撒拉逊人（阿拉伯人的古称）阿卜杜拉，在世界这个舞台上，什么最值得赞叹时，他回答说，没有什么比人更值得赞叹了。赫尔墨斯·特利斯墨吉斯忒斯（古埃及智慧之神）的说法与此一致，他说："阿斯克勒庇俄斯（古希腊神话中的医药神）啊，人，是一个伟大的奇迹。"许多人提出了关于人类卓越品质的论证，然而，当我考量这些说法的理由时，我并不感到满意。他们说，人是造物之间的中介，既与上界为伴，又统治下界；因为感觉的敏锐、理性的洞察力及理智之光而成为自然的诠释者；人是不变的永恒与飞逝的时间的间隔，（正如波斯人所言）是世界的纽带，或如大卫所言，只略低于天使。这些属性很重要，但并不是最重要的，人并不是借此获得了最高赞叹的特权。否则，我们为何不去更多地赞叹天使自身和天堂里最有福的唱诗班呢？终于，我似乎明白了，为什么人是最幸运的生灵并因此配享所有的赞叹，他在宇宙秩序中的处境究竟是什么，不仅让野兽，甚至让星体和世界之上的心智都羡慕。这件事难以置信，又奇妙无比！为何不是呢？这就是人被恰当地称为并看作一个伟大的奇迹、一种配享所有赞叹的生灵的原因。长老们，请听听这个处境到底是什么，请你们友善地倾听。

上帝，至高的父和建筑师，已经按照他神秘智慧的法则，建造了我们眼前的这个尘世家园，这是他的神性的最崇高的殿宇。他已用心智装饰了天外之天，用永恒的灵魂使以太的高空充满生机，并使诸种动物充满下界污秽肮脏的部分。然而，当作品完工后，这位工匠还渴望有人来思索这整个杰作的计划，去爱它的美丽，赞叹它的广袤。于是，当一切都完成后，摩西和《蒂迈欧篇》均可为证，他最后考虑造人。但他没有借以造新后代的原型，他的宝库中也没有什么可以让他的新子继承，世界之中也没有这个宇宙沉思者的一席之地。那时处处皆被填满；万物已被分配到最高、中间、最低的秩序中。然而，父的权能不会在创造的最后一步失败，好似已精疲力竭；他的智慧不会在面临要务时迟疑不决，仿佛不知所措；他的仁爱也不会让本要赞颂其他事物中的神圣慷慨的人，一转向其自身就不得不谴责这种慷慨。最后，造物主决定，这个他不能给予任何专属之物的造物，要与每一其他造物共享其特有的属性。因此他把人这种本性未定的造物置于宇宙的中间，对他说："亚当，我们没有给你固定的位置或专属的形式，也没有给你独有的禀赋。这样，任何你选择的位置、形式、禀赋，都是照你自己的欲求和判断拥有和掌控的。其他造物的本性一旦被决定，就都为我们规定的法则所约束。但你不受任何限制的约束，可以按照你的自由意志决定你自己的本性，我们已把你交给你的自由意志。我们已经将你置于世界的中心，在那里，你更容易俯瞰世间万物。我们使你既不属于天也不属于地，既非可朽亦非不朽；这样一来，你就是自己自由而尊贵的形塑者，可以把自己塑造成任何你偏爱的形式。你能堕落为更低等的野兽，也能按照你自己灵魂的决断，在神圣的更高等级中重生。"

……

谁不会赞叹我们自身中的"变色龙"呢？谁还会更多地赞叹其他的生灵呢？雅典人阿斯克勒庇俄斯说，因为人的性情和能力不定，导致他的本性发生变化，在神话中便用普罗米修斯（希腊神话中最具智慧的神明之一）来象征，这并非没有道理。

自我与神性

C. A. 坎贝尔

C. A. 坎贝尔（C. A. Campbell，1897—1974）是一位苏格兰哲学家，任教于格拉斯哥大学。下文选自《自我与神性》（*Selfhood and Godhood*, London: Routledge, 1957），坎贝尔发展出一种20世纪最广为人知的自由论立场。坎贝尔的自由观（与存在主义构成对比）是非常适度的：他愿意认可存在着塑造我们生活大部分方面的因果性因素，但是，他也坚持保存一个虽小但也极其重要的特殊的创造性的"反因果的"（非决定的）自由意志领域。

1. 在哲学探究中，一个问题的确切构想往往要走一段很长的路才能抵达最终的解决，这已经是老生常谈了。在自由意志问题上，我认为特别需要一个仔细的构想。因为有很多种人类自由；一个人劳神费力地证明或反驳一种和传统自由意志问题的自由几乎不搭界的自由，这样的事也常常发生……

幸运的是，带上相当的自信，我们至少能再次起航。所讨论的自由的种类通常在一定意义上被认为是道德责任的前置条件，这一点恐怕不会引起争议。很清楚，在说明与道德责任的整体关联上，这种特别的重要性总是关涉到自由意志问题。但是，在何种精确的意义上，自由意志构成道德责任的前置条件，因此在总体上是道德生活的先决条件？这是一个极度麻烦的问题；但除非我们对问题的答案自己都感到满意了，否则我们就没有立场说，更不用说决定，"自由意志"在其传统的、伦理的意义上是否为一个现实。

那么，我们首先的工作是要问，道德责任需要的究竟是何种自由？至于在这个追问过程中的方法，我似乎还没有确切的选择。我知道只有一种方法才有成功的希望，即根据适当反思去批判比较，那些我们据此而对行为人给出道德赞誉或谴责的行为。根据这些行为，在适当的反思下，我们认为这些判断不恰当。在我看来，最终的试金石只能是，在我们更具批判性和深思熟虑的道德判断中显现出来的道德意识……

2. 需要注意的第一点是，所论及的自由（确如在那个"自由意志问题"名称中所示意的）基本上不关乎外部行为，而只是关乎内在行为。事物的本质已经决定了，即使在一个人的情况下，一个人能够直接观察的也只有外部行为。但是，稍微反思一下就能发现，在我们对别人做出的道德判断中，他们的外部行为之所以被看成重要的，是因为它们是内在行为的表达。我们不考虑一个机器的行为是不是在道德上负有责任的行为，我们也不考虑如同机器的人的行为，除非他们在反思选择的内在生活上有别于机器。相似地，从另一方面看，如果我们感到满意（因为我们或许偶然地如此，至少只在面对自我的时候），因为一个人坚决地选择去遵循他相信是不对的道路，但是又被外在环境阻止他把内在选择变成外在行为，我们依然把他看成在道德上可谴责的。这样一来，道德自由就关乎内在行为了。

第二点初看上去是一样显而易见、毫无争议的。但是，如我们将看到的，如果我们真实地渴望它时（几乎无人如此），它则有着令人尴尬的含义。很简单，行为必须是能够被看成单独主体的被判断者做出的。

如果存在任何其他行为的决定者，外在于自我，那么如此一来，行为不是自我决定出来的，同时自我也不能因此承担道德责任，这是足够简单明了的了。自我只是行为的一部分主体，他的道德责任也只能逻辑地截止到他是单独主体的行为（假设这些行为在不同的时间都是可以分开的）。

这个老生常谈的关于行为的令人尴尬的含义会轻而易举地受到欢迎。因此，如果我们对遗传和环境施加的影响，留心观察的话，我们会感到一些忧虑：是否会存在一个人能真实地说自己是单独主体的任何意志行为。没有人在决定构成他遗传禀赋的冲动和能力的原材料方面可以置喙；无人对他注定必须生活的物质和社会环境，曾有一丝一毫的控制权。然而，否认这两个因素确实可以持续且深刻影响一个人选择的本质，则又是荒谬可笑的。既然如此，我们都认可，在我们的道德判断中，我们“默许”，如果一个人罪恶的行为是因为一个糟糕的遗传或一个不好的环境，可以减轻他的道德责任。显然，在我们的道德判断中，我们尽力（虽然残酷）去赞扬或谴责那个我们只考虑是他全部主体的情况。同样明显的是，我们确实认可，一个道德责任所要求的在全部意义上是行为的主体时，仅仅是他“意愿”或“选择”某个行为还不够，因为甚至遗传和环境最不幸的牺牲者，作为一个规则，也确实“意愿”了他所为。但重要的是，普通人尽管也清楚地知道遗传和环境对选择的影响，但并未感到因此就要被迫放弃道德判断依然适用的设想。他只是简单地相信，总是存在着一个人在道德上负责任的东西，存在着我们能公平地说他是独立主体的东西。这个东西是什么呢？对这个问题而言，常识不能立刻给出一个显然的答案——尽管我认为答案隐含在道德评判的依据里。我将尽我所能在这篇文章的后面部分给出一个明确的回答。同时，如果我们真的去探究明白我们的道德意识，就很难否认独立主体是道德责任行为的必要条件。

第三，我们要指出诸多最近流行的争议。我们可以通过提出如下问题来切入这一话题。假设一种行为是独立主体的行为，这个“独立主体身份”足以让行为变成道德上的自由行为吗？我们或许倾向认为是，直到我们思考了这种可能性：独立主体的行为，是作为行为人本质的必要表达而发生；比如，一些哲学曾假设的神创世的方式。这个考虑引出了一个合理的疑问；因为这远不是说，根据一个人情不自禁做出的行为——即使是出于他本人必然如此的“本质”，也不能就把一个人看作道德上值得称赞或谴责的。难道我们不应该把它看作道德上行动自由——行为人“本来可以做别的”而不是他实际上做的——的条件吗？实际上，我们有时候赞扬或谴责一个人，是依照我们关于他性格的认识，他“只能如此”。但我认为，稍稍反思一下就会发现，在此情况下，我们不是严格根据他现在的所为而赞扬或谴责他的，而是因为他过去的行为，过去的行为已经锻造了他心灵的习惯，而现在的行为“必然地”遵从着这一习惯。换句话说，我们的赞扬或谴责，就像已经证实的一样，是回溯过去的，不是指向行为人完成的当下的行为，而是指向形成了行为人当下性格的过去的行为。考虑到我们假设他本可以不如此行动，在他面前就存在各种开放的可能性。因此，这些情况对我来说似乎不构成有效的例外，因为在这里，我将此视为一条规则，就是说，一个人只能因为他可以做别的而选择如此的行为才能够在道德上被赞扬或谴责……

3. 那么，让我简单总结一下，我们已达成的关于需要证成道德责任的自由类型问题的回答。说一个人在道德意义上实施了自由意志，是说他所选择做出的行为是他作为独立原因或主体的行为，仅当——在直接的、无条件的意义上说——他“本来可以选择做别的”。

4. 我承认这个回答在某种意义上是一个令人困惑的答案。之所以说令人困惑，乃是因为我们大部分人，无论我们在思考时多么反对，我们也愿意相信道德责任是真实存在的：道德责任所要求的自由（根据我们给出的分析），比我们自己发现有义务去拒绝所需要的自由，要更难以建立。比如说，道德自由只需要我如果选择其他的行为，我就可以做出其他的行为，根本不存在“问题”。我在正常情况下是“自由的”，没有外部障碍阻止我把各种可能的选择变成一个行动，在别的情况下感到不自由。更不成问题的是，如果所有的道德自由都意味着，我本可以做出别的行动，如果我是被以不同方式构造的人，或者处于不同的环境下。很清楚，在这种自由的意义上，我总是自由的。但是……这些所谓的“自由”没能给我们的道德责任提供前置条件，因此留下了传统自由意志中的那个自由问题，人们真正关注的自由，它究竟在哪儿……

5. 这把我带入本讲座的第二个也是更有建设性的部分。从现在起，我将考察，相信人实际上确实拥有讲座第一部分中具体化的某种自由意志是否合理。如果有，在意志生活的复杂构造里，我们打算怎样和如何来安放它呢？——因为，尽管自由意志必须假设属于（如果还在某处的话）人类经验的意志一边，从我们被迫去界定它的方式可知，它不仅只关乎这种意志，甚至关乎通常冠之以“选择”之名的所有意志。我认为，这是自由意志问题有益讨论的最严重的阻碍之一。自由论者和决定论者一样是如此经常地不能欣赏那个相对狭窄的地带，在该地带，对“拯救”道德来说必要的自由意志需要去发挥作用。这并不是说这种不欣赏会对自由主义的情况构成严重的损害。因此，我把很多的重要性归结于在意志轨道上正确安放自由意志的问题。我相信，它的解决预先阻止了决定论者批评的令人生厌的陈词滥调，并使之无效。

我们早先看到，在道德判断中“默许”的常识做法，因为遗传和环境的影响指示出的常识的信念，说明一个正当的道德判断必须削减行为人控制不了的选择的决定性因素，以及（既然它依然接受道德判断为合法的）道德相关性的某物超过能被看成真正自我发生的。我们现在尽力发现这个“某物”是什么。我认为我们依然可以拿常识作为我们的向导。假设一个人问一个普通智力的市民，为何他认可为 X 做出默认是适当的，X 的遗传或环境是不幸的。我想他将倾向于以如下一些话语去回答，X 比在正常情况下成长起来的 Y 或 Z 有更多、更强的诱惑从何谓正确中逃开，这样，他如果想达到相同的外部行为，他就必须做出一个更强的道德努力。言下之意似乎是，如果 X 只是表现出了等同的道德努力，X 与 Y、Z 一样在道德上是值得赞赏的；即便他或许没有在让他的意志和“具体的”义务要求相符合上取得相同的成功。这也蕴含着常识的信念，即在道德努力中，我们有一个人没有严格限制条件下需要对此负责的东西，某种不被遗传和环境影响的，但又只依赖自我的东西。

现在，在我看来，常识在原则上击中了一个只能捍卫的回答。这里且仅仅在这里，就我所见而言，在决定给出还是拒绝需要抵制诱惑并升起义务的道德努力的行为中，发现了一个在道德责任所需的意义上的行为。自我是该行为独立的主体。在该行为里，说“它将会是”（或在事后，“本可能会”）“做出别的行为”是真实的。这就是我们现在将要努力确立的论题。

6. 我认为，适合建立这种论题的论证类型应该分成两个阶段。首先，对道德行动者的自我内心经验的证据，应该加以考虑。道德决定的行为是什么，从实际参与者的立场看，这又蕴含着什么？既然，无法知道道德决定的行为——或者为了任何其他活动形式的那种事件——除了通过在其中的实际参与者，主体或行动者的证据，就构成这种特别重要的议题。但是，它几乎不能就其自身被看成结论性的。因为，即便那个证据应该无可争议地达到一种效果，即道德决定确实拥有了为道德自由所要求的特征，该问题也注定会被提出——在从其他指向相反考虑的视角里，也一样会被正当地提出来——我们能相信内在经验的证据吗？这又把我们带入了论证将要呈现的第二个阶段。我们将不得不继续表明：如果我们要好好利用我们的案例，不相干的外在考虑通常被设想成对道德自由的信念是致命的，而实际上是无害的。

依据上一讲我们的讨论，对于作为创造活动的道德决定的自我经验，我们也许会从第一阶段的详尽论述中免除责任。诉求遍布于，他在道德诱惑中实际采取的道德决定的亲身经验。我们必须追问，“处于此境的任何人，都不相信他可以做出别的决定，这可能吗？”回答当然是肯定的。当我们决定运用道德努力去拒绝诱惑时，我们感到非常有把握的是，我们可以撤回努力而顺从欲望——否则，我们不应该在事后因屈服而自我责备。实际上，这个信念或许只不过是自欺欺人罢了。但是，这不是目前我们要关心的。目前，确立决心运用或撤回道德努力的行为（如我们从实际道德生活中所知道的那样），属于“本来可以做别的”的行为范畴，这就足够了。

加以必要的变通（*mutatis mutandis*），如果我们问，“道德行为者在采取决定时，不相信他是独立的决定主体，这可能吗？”相同的回答也会随之而来。很清楚，他不能不相信，正是他自己采取了决定。然而，这在自身上也不足以使他通过反思，把自己看成对行为是唯一负责任的。因为我们相信，他业已形成的“性格”也许成为做决定的一个因素，而且没有人能假设，他“性格”的构成未受他无能为力的遗传和环境条件的影响。但是，如我们在上一讲所指出的，所经验到的道德决定的真正本质是，是否与我们最强的欲望战斗的决定，而我们最强的欲望是在我们业已形成的性格的情境下的表达。现在很清楚的是，我们的性格不能成为下决心是否要去反对性格决定的一个因素。我认为我们现在有资格说，因此，道德决定的行为是这样的，其中自我是自为的，不仅仅是“主体”，而且是“唯一独立的主体”。

7. 那么，我们可以转向我们有建设性的论证的第二阶段了。这一阶段将需要更加精心细致的对待。即使一个作为在“诱惑”情境下做出道德决定的道德主体，情不自禁地相信他在所讨论的意义上有着自由意志——在真实选择之间以及在真正开放的各种可能性之间的道德自由——然而，会存在着反对这种自由如此有说服力以至我们注定会不相信“内在经验”的证据吗？

我在开始时，提醒大家注意一个简单的论点。我认为，该论点的意义有点被低估了。如果我们所提供的现象学分析在构成支撑作用的意义上是正确的，没有人在发挥道德行动者作用的同时，可以相信他运用了自由意志。理论上，他也许完全被决定论者的论证说服了，但是，当实际面临义务与欲望之间冲突的个人情境时，他非常清楚，此时此地他是否会升起义务感，还是取决于他本人。我们可以得出结论，如果决定论者在反驳这种自由意志上可以提供令人信服的理论论证，那么，这令人尴尬的窘境就会导致，作为理论存在者的一个人不得不否认作为实际存在者断言的东西。现在，我认为决定论者应该比他通常做的更担心这一点。他似乎想象着，在一般理论基础上的一个强有力的情况足以证明，自由意志下的“实际的”信念，即使对我们作为实际存在者而言是无法逃离的，该信念也仅是错觉。但实际上它丝毫没有证明出来。我们发现，我们自己必须保持作为实践的存在者的信念，为何必须要为作为理论的存在者的信念让路，或者反过来也一样，这都是没有任何理由的。决定论的理论论证所能证明的——除非它们通过对支持自由主义的现象学分析的驳斥得到加强——不过是在人的本质的理论和实践之间有一个根本的冲突，自我的内心深处存在一个自相矛盾。这就是事态的状态，其中无人可以轻松地安心满足。因此我认为，决定论者为了表明（如果他能够），自由意志的确实存在并不是人的实践意识里无可辩驳的成分，相比关注现象学分析，他应该更多地关注自己。尽管他的理论论证或许是可靠的，但他们也有义务令人信服地揭示出自由论者的现象学分析的错误；就像尽管我们的自由论的现象学分析或许是可靠的，但我们也有义务令人信服地揭示出决定论者的理论论证的错误。

8. 然而，我们必须马上卸下我们自己的义务。讲座的剩下部分将致力于表明，似乎给决定论者带来最重压力的论证，实际上只不过是说出了最少的内容，远未构成任何强制……

我认为，原则上，这些论证可以简化为两点：首先是来自“可预见性”的证明；其次是来自所谓的行为的无意义（被假定为自我的行为但却不是自我性格的表达）。对自由意志的当代批评，在我看来好像几乎只是这两个主题的变换，别无其他。我将分别加以讨论。

9. 对于第一点，在早先的阶段我们已经谈到了。当然，当我们与一个人很熟，我们可以较准确地预测他在至少是绝大部分实践情境中如何做出反应。不过，问题（批评者主张的）已经超越这一点了。当一个人在预测其喜欢养狗的伙伴将不会用他的靴子来击退对着他后跟乱叫的小狗，或者一个人的妻子将不会毫不关心地经过（或者只是路过）城市新开的衣帽商店，他会很有把握。如此举止不（如我们所说）“符合性格（in character）”。但是，批评出现了，持有“真正开放的可能性”信条的你，有能够使得自我从自己的性格中偏离的自由意志的你，从这样的预测中根除了所有的理性基础。你要求我们做出荒谬的假定：以往这种不计其数的预测的成功，都只不过是出于偶然。如果你真相信你的理论，那么如果对烈酒表现出出名痛恨的你的朋友，明天竟然突然对威士忌和苏打水表现出激情，或者如果迄今为止一直只阅读报纸上体育专栏的你的朋友竟然在一个周六的下午被发现在细读黑格尔的大作，你将不会感到惊讶。但你当然会惊讶。如果不存在有充分根据的社会预期，社会生活将全部变得混乱不堪。不过社会并未如此混乱。你的理论在显而易见的事实面前无望地不堪一击。

现在，这个评判是否对自由论的一些版本构成了很好的反驳，我不需要在这里讨论了。如果我能把讲座里提到的反对的版本——据此自由意志被置于一个相对狭窄的运作领域——说清楚，就足够了，这样批评就没有任何相关性了。

让我们简要地回想一下那个场景。根据我们的观点，自由意志将在这个场景中发挥作用。X 是我们认为应该遵循的路线，Y 是我们的欲望感觉最强烈的那个路线。行为者身上的自由，是推进或抑制用来抵制欲望的压力并做他认为应该做的事情的道德努力的自由。

但接下来，当然会有一个范围广大的实践情

境——涵盖目前生活的大部分——在此情境中，自我在最欲求做什么和认为应该做什么之间不存在任何冲突。实际上，这样的冲突对大多数人而言是一个相对罕见的现象。然而，超过那个范围，在我们的自由论版本看来，根本不存在什么能阻止我们赞同性格决定行为。当任何“道德的”论题（无论真实或假设）不在场时，经过深思熟虑后，一个人所选择的将是最符合他欲求的那条路，也可以说是他当前的性格使他倾向于的那条路。

到目前为止，在人类选择的更大领域之外，我们的理论在基于性格做出成功预测方面并不会比其他理论造成更大的障碍。因为，如果最强的欲望与义务之间没有冲突，我们正在捍卫的自由意志就无所事事了，因为确实没有什么是它可以做的了。

但是，情境呢——尽管它们或许足够罕见——在情境中存在这种冲突吗，自由意志确实因此而发生作用吗？我们的理论引起过任何如批评者似乎假设的“任何事都有可能发生”吗？

无论如何都不会发生。首先，根据事情的本质，行为者可能的选择的范围，一方面受到他认为他应该做什么的限制；另一方面受到他最强的欲求的限制。对他而言，所主张的自由是决定做出或撤回要求他做其应做的自由。不存在以某种“狂野的”风格而行为，与其特有信念和欲求完全脱钩的自由问题。这所谓的“无常的自由”，经常被用来指控以反对自由论者，直率地讲，这纯粹是批评者想象中的臆造，在严肃的自由论的理论中没有立足之地。即便在自由意志的确发挥作用的情境中，按照我们所给出的观点，根据对一个人性格的适当认识来有限度地预测他将如何回应是绝对可能的。

但是，我认为，在这种情境下的“可能的”预言会走得更远。显然，在欲望和义务不一致时，我们感受到的两者之间的“鸿沟”（如其曾经那样）也许在不同的情况下宽度会变化极大。适度饮酒的人和酒鬼也许都还想再来一杯，而且每个人都把戒酒看作其义务，但是，在前者的情况下所感受到的欲望和义务之间的鸿沟和在后者的情况下所感受到的相比，前者是微不足道的，而后者则是巨大的沟壑。因此，为了达到相同的戒酒的外部结果，酗酒者要比适度饮酒者付出远为艰难的道德努力。这些都是我们普遍认同的事情。我想我们在预测中有必要把这一点考虑进来，即根据简单的原则，要求控制欲望的道德努力越艰难，发生的可能性就越小。因此，在所举的例子中，大多数人会预测说，酗酒者将非常可能屈服于他的欲望，而适度饮酒者则非常可能会做出相对较小的努力来控制欲望。只要预见没有打算超出可能的尺度，我们的理论就不会不承认这一点。

因此我主张，我提出的自由意志观点，与在非常大的范围内基于性格对行为做出的预见是一致的。我还进一步主张，该范围将覆盖所有的人生境遇，在此范围内存在着关乎成功的预见是可能的经验证据。

10. 让我们接下来考虑一下批评的第二个要点。我想，这是两个中更富有启发性的。如果只是因为该要点迫使自由论者阐释清楚那些对他们而言不可避免的但表述清楚又显得极度困难的概念，这一点就根本没必要说了。批评者的基本观点可以被表述成如下内容：

你描述的自由意志是完全不能理解的（unintelligible）的。你没有给出任何理由，因为确实没有理由可以回答为何一个人决定运用而不是撤回道德努力，或者相反。但是，这种行为——或者更确切地说，这种“发生（occurrence）”——说它是自我的行为是毫无意义的。如果不管是在原则上还是在任何可追寻的道路上，自我的性格与此行为没有任何关系，那么，自我就与此无关。于是，你所谓的“自由”，远不能支持自我的道德责任，就和最粗鲁的决定论一样肯定会摧毁它。

如果我们仔细讨论这个批评，我想很重要的是，从澄清词汇“可理解的（intelligible）”的两个不同的含义开始。

首先，如果我们用“可理解的”行为指称一个人行为的发生在原则上是能够被推理的，因为它必定是从某个东西（尽管我们实际上或许不知道是什么）必然得出的，那么可以肯定的是，自由论者的自由意志是不可理解的。但这只是说，自由论者的“自由的”行为不是从某个东西必然得出的行为。这一点几乎不能看成对自由论的批评。这只不过是对它的描述。在这个意义上没有什么是不可理解的，这一点是决定论者已经证明过的。

然而，令人惊讶的是，自由论者的这种批评经常使其自身卷入循环论证中。经常地带着极大的胜利口吻用这一点来反对自由论者，但根据他的观点，他无法说我现在为何决定按照我的义务，或者现在决定不管义务而去遵从我最强烈的欲望。他当然不能。如果他能，他就不能成为一个自由论者。“说明”一个“自由的”行为在语词上是有矛盾的。如果自由意志被假设为是那种需要解释的东西是很荒谬的。假设一个解释在原则上能够说明道德决定的行为，完全可算作古代“乞题（begging the question）”谬误的经典例子。

但是，批评者在观念中对单词“不可理解的”往往还有另外一种理解。他倾向于想当然地认为，在上述意义上（如自由论的道德上的自由行为）不可理解的行为，在更深层的我们无法把意义添附进去的意义上，就是不可理解的。这是更严重的问题。如果自由论的“自由意志”在这个无意义的意义上是不可理解的这一点真的可以被表明出来，这一点对我自己而言无论如何都将是问题的终结。自由论将被终结性地受到驳斥。

但这一点无法被表明，这对我来说似乎是很清楚不过的。我承认，批评者已经允许他自己成为广泛被接受但根本上又是恶意的预设的牺牲品。他预设，任何有意义之物必须向从外部观察的立足点来看待这一点的人展示其意义。现在，如果一个人因此选择去限制他的自我为外部观察者的角色，我认为完全可能的是，此人无法添附任何意义到这个行为上。对该行为，我们称之为“自我”，然而从自我的性格又没有得出任何东西。但是，当考虑的是一个主观的行为时，我们为何应该如此限制我们自己呢？为了对主观的行为加以理解，我们还有一个立足点，即实际发挥功能的内在经验和实践意识。如果我们的自由意志应该是某个东西，我们在上述立足点上能添附一个意义在上面的东西，那么就不再需要其他东西了。也不应当再期望什么了。因为我必须重复一下，只有根据内在活生生的经验，“活动”的本质才能被直接地掌握。在问题的本质上，不据此而进行的观察，就无法理解作为活动的活动。我们不据此就能够观察前后相继的状态。如果我们把活动放在这些东西中加以考察（就如我们有时候所做的那样），这也只能从内在立场在关注我们自己的基础上进行。紧接着的是，如果任何人坚持采取只是根据外部观察的立场的标准，他实际上就在证据之前决定了活动的概念，这是“毫无意义的”，更别说自由意志的概念了。他通过在本质上不能揭示自由行动的中间物中寻求自由行动，因为他不可避免地无法发现它，所以他就宣布它不存在！

但是，就像我们在这个语境中应当做的那样，如果我们采纳了内在立场，那么，事情（我想）就会以完全不同的样子出现。根据内在立场，在我看来很显然的是，把意义添附到一个自我的但又不基于自我性格做出的行为上，是不存在任何困难的。到此为止，通过这里以及先前部分讲座的现象学分析，我已经建立起面对道德诱惑的道德决定的行为。问题被推进到非常清楚的轻松部分，这里的道德决定是做出引发义务的道德努力。因为道德努力的运作，就像在行动中的行动主体展现的那样，是让自我能够抵制诱惑，抵制性格的强烈倾向。但是，如果自我在这里是有意识地与其形成的性格战斗，那么他当然不能指望行为（尽管是出于自己的）是由于形成的性格而产生吗？我是承认的，因此，自我实际上知道的很清楚——根据内在立场——作为自我的行为的行为以及却又不遵从自我性格的行为，意味着什么。

这一点所蕴含的是——对我来说，就任何旨在超越肤浅的自我的理论而言，该蕴含启示着最重要的意义——自我的本质是自为之物，而不只是业已形成的性格。自我的“本质”以及我们通常所谓的自我的“性格”决不是一回事，不把它们混为一谈是极为重要的。自我的“本质”包含着其“性格”，但不是完全归约于性格；如果我们在我们的经验证据上是正确的，自我的“本质”必须被看成也包括真正塑造和再塑造“性格”的创造性力量。

我相信，虽然是被误导的贬低，但作为完全未经批判的规则，对由内在经验提供的证据，自由意志反对者提供的更多糟糕的论证，相比任何其他单个因素，都更应对此负有责任。比如，我们发现决定论批评者在结果上说：“要么是行为必然遵从先前状态，要么是行为只不过是可能性而已，于是乎就没有了道德的意义。”这个析取式是无效的，因为它没有穷尽可能的选择。批评者这么做似乎只是因为他在处理物理世界时，意愿限制自己至合适的真正可能的立场，那个外部观察者的立场。如果他能允许自己假设，对主观活动的领会来说不仅是适合的而且也是必要的立场，实际发挥作用的实践意识的内在立场，他将发现自己不得不认可其析取式的虚假。作为从内在立场领会到的对道德决定行为的反思，会迫使他承认第三种可能性，远离必然性与可能性的一种可能性，那就是说，在创造性的活动中（正如我曾冒险表达过的那样），什么也没有决定行动者的行为。

……

道德运气

托马斯·内格尔

托马斯·内格尔（Thomas Nagel）是纽约大学哲学与法学教授。他的著作通常遵循康德路线，但是，他最著名的也许是提出了严肃的哲学难题，并尝试给出试探性的解决方案。在哲学上，关于道德运气的著名论文就是其中一例。内格尔的主要著作包括《利他主义的可能性》（*Possibility of Altruism*, Princeton: Princeton University Press, 1970），包含《道德运气》在内的《人的问题》（*Moral Questions*, Cambridge: Cambridge University Press, 1979），以及《本然的观点》（*The View From Nowhere*, Oxford: Oxford University Press, 1986）。内格尔的所有著作读起来都令人愉快，不过所提出的问题却不容易回答。

康德认为，运气的好坏不应当影响我们对某人及其行为的道德判断，也不应当影响他对自己的道德评估。

善的意志之所以是善的，不是由于它所造成或达到的结果，也不是由于它对实现某种预定目标的适当性；它之所以是善的，仅仅由于它的意愿，就是说，它本身是善的。而且，就它本身来考虑，对它的估价应当无可比拟地高于它所可能带来的任何结果，任何有利于某一倾向甚至所有倾向之总和的结果。即使万一发生如下情况，由于命运特别不济，或由于继母般的自然界提供的必需条件严重不足，使这种意志竟然完全没有力量实现其目标，如果尽最大努力也不能使它达到它的目的，如果剩下的只有那善的意志（不是作为一种单纯的愿望，而是使尽我们所掌握的所有方法），它仍会放射出宝石般的光芒，因为它自身拥有它的全部价值。无论是富有成效还是毫无结果，都既不会增加也不会减少这种价值。

对于恶的意志，大概他也会说同样的话：它是否达到它的罪恶目的，在道德上是不相干的。如果某一行为有坏的结果本当受到谴责，就不能因为碰巧结果变好而证明是正当的。不能有道德上的冒险。这个观点看上去是错的，但它是在回答一个有关道德责任的根本问题时出现的，对这个问题，我们还没有满意的答案。

问题产生于道德判断的通常条件。不经过思考，人们会直觉地相信，在并非由人们的过错引起或由超出他们控制能力的因素引起的事情上，不能从道德上对人做评估。道德判断不同于说某件事情是好事还是坏事这种评价，即对事态的评价。除了道德判断之外，后一种评价也可以存在，但是当我们因为某人的行为责备他时，我们并不只是说发生这些行为不好，也不是说他活着不好：我们是在对他做判断，是在说他不好，这不同于说他的存在是件不好的事。这类判断只用于某种对象。虽然无法确切地解释为什么，但我们觉得，只要发现行为或属性不在人的控制之下，那么不管它是好是坏，道德评估的适用性多半就丧失了。虽然其他的评价仍然存在，道德判断却似乎失去了立足点。因此，由无意的行为、自然力或不了解环境所造成的明显的失控，就成为人的行为不接受道德判断的理由。但是，除了这些方面，我们的所作所为还在更多的方面取决于不受我们控制的（用康德的话说，不是由善的意志或恶的意志造成的）因素。而通常并不认为，在这个更大范围内的外部影响可以作为人的行为不接受道德判断的理由，不管是肯定的判断，还是否定的判断。

让我举几个例子，就从康德所想的那种情况说起。我们想要做的事是成功还是失败，几乎总在某种程度上取决于某些不受我们控制的因素。谋杀，自我牺牲，革命，为了其他人而放弃某些利益——几乎任何道德上重要的行为，无不如此。做了些什么事，什么事要接受道德判断，部分是由外部因素决定的。不管善的意志本身多么可贵，从燃烧的大楼里救人，同在救他时把他从十二层楼窗口扔下去，两者之间存在道德上的重大差别。同样，莽撞驾车同过失杀人之间存在道德上的重大差别。但是，某个莽撞的司机是否撞上一个行人，取决于在他莽撞地闯红灯时行人偏巧在那个地方出现。我们所做的事也受到我们所面对的机会与选择的限制，而这些大事由不受我们控制的因素所决定。如果纳粹从未在德国掌权，那个曾在集中营里当军官的人本来也许会过着平静无害的生活。而某个在阿根廷度过平静无害的生活的人，如果当初没有为了做生意而在1930年离开德国，也可能会成为集中营里的军官。

……

道德上的运气与此相像，因为道德评估的自然对象有许多方面不受我们控制，或者说受到不由我们控制的因素的影响。在我们考虑这些事实时，不可能不失去对判断的把握。

大体上有四种情况，使道德评估的自然对象令人不安地受运气摆布。一种现象是生成的运气：你是这样一种人，这不只是你有意做什么的问题，还是你的倾向、潜能和气质的问题。另一种是人们所处环境的运气：人们面临的问题和情境。还有两种涉及行为的原因和结果：人们如何由先前环境决定的运气，以及人们的行动和计划结果造成的运气。它们全都呈现一个共同的问题。有一种观念与它们全都对立，那就是，人们最应该为之受到谴责或敬重的事情应当是受他控制的那个部分。由于某人无法控制的事情，或者由于它们对他在一定程度上能够控制的结果的影响，而给予或免除对某人的信任或责备，看来是不合理的。这类事情也许会产生行动的条件，但是只能在行动超出这些条件而不只是由它们产生的方面对它进行判断。

我们首先从事情的结果方面考虑好运和坏运。在上面引用过的那段话里，康德心里想着一个这样的例子，不过这种情况包括范围很广。它包括那个意外地撞倒一个小孩的卡车司机，那个抛弃妻子和五个孩子而献身于绘画的艺术家，以及其他的成败可能性都更大的例子。那个司机如果一点过失都没有，他会对他在事故中充当的角色感到害怕，但不必责备他自己。因此这个行为者遗憾（agent-regret）的例子还不是道德上的坏运的事例。但是，如果那个司机为了他的哪怕十分细小的疏忽而内疚（例如近期内没有检查他的刹车），如果这一疏忽与小孩的死有关，那么他就不会仅仅是感到害怕了。他会为小孩的死而责怪自己。这就成为道德上的运气的一个例子，因为如果没有出现要求他突然猛力刹车以避免撞倒小孩的情况，为了那个疏忽本身他本来只需轻微地责备自己。在两种情况下，那个疏忽是同样的，那个司机无法控制一个小孩是否跑到他行车的路上来。

对于更高程度的疏忽，情况同样如此。如果某人饮酒过度，他的车突然转弯冲到人行道上，如果路上没有行人，他可以认为自己在道路上是幸运的；如果路上有行人，他将为他们的死亡受责，并且很可能以过失杀人罪被起诉。而如果他没有伤到人，虽然他的疏忽完全一样，他的违法程度却要减轻很多，他对自己的责备以及其他人对他的责备当然都要减轻很多。再看另一个法律上的例子，对企图谋杀的处罚要比谋杀既遂的处罚轻得多，虽然在两种情况下，行凶者的意图和动机可能是相同的。他的有罪程度似乎取决于受害者是否正好穿着防弹背心，或者是否有一只鸟正巧进入子弹飞行的弹道，这些都是他无法控制的。

最后，还有在不确定的情况下做决定的例子，这在社会生活和私人生活中都很常见。安娜·卡列尼娜与渥伦斯基一起出走，高更离开他的家庭，张伯伦签署《慕尼黑协定》，十二月党人说服他们管辖的军队起义反抗沙皇，美洲殖民地宣布从英国统治下独立，你介绍两个人想让他们结婚。在所有这些例子中，人们总是感到，根据当时所了解的情况，做出某种决定应该是可行的，不管事情的结局如何，指责他们都会是不合适的。但是情况并非如此，当某人以这些方式行动时，他就把他的生活，或者他的道德立场，掌握在他的手中，因为事情如何结果决定他已经做的究竟是什么事。从当时所能了解的情况的观点出发评估该决定也是可能的，但是故事并非到此结束。如果十二月党人在1825年成功地推翻尼古拉一世并建立起一个立宪政体，他们将成为英雄。事实上，他们不仅失败了并为之付出代价，被他们说服跟他们走的军队也受到了可怕的惩罚，对此他们也负有一定的责任。如果美国革命受到更强大的镇压而遭到血淋淋的失败，那么，杰斐逊、富兰克林、华盛顿就得继续做崇高的努力，甚至可能义无反顾地走上绞刑台，不过他们也还会为由此给他们的同胞带来的后果责备自己。（或许努力走和平改良的道路最后能取得成功。）如果希特勒没有蹂躏欧洲，没有屠杀几百万人，相反，在占领苏台德以后死于心脏病突发，张伯伦在慕尼黑的行动依然会是对捷克人民的严重出卖，不过它将不会成为道德上的一个大失败，不会使他的名字变得家喻户晓。

在许多困难的选择中无法确定地预见结果。事先对选择做某种评估是可能的，但另一种评估必须等结果出来，因为结果决定已经干的究竟是什么。对于意图、动机或关注中应受同样责备或赞扬的东西，可适用的判断范围极广，包括肯定的或否定的判断，取决于在做出决定后究竟发生了什么。犯罪意图在没有任何后果的情况下存在，但是这并没有穷尽道德判断的理由。在包括疏忽大意乃至政治选择的一大批确凿无疑的伦理案例中，实际结果对谴责还是敬重产生影响。

这些是真正的道德判断而不是暂时态度的表达，这一点很明白，因为事实上人们可以事先说明道德裁定将如何取决于结果。如果某人粗心地打开浴缸水龙头放水，把小孩放在浴缸里自己却跑开了，后又忽然想起来，急匆匆往楼上的浴室跑。如果小孩被水淹没了，他就做了件极可怕的事，而如果小孩没有被淹，他就只是粗心了一点。某人发动一场暴力革命来反对某个极权主义的政权，他知道，如果他失败了，他将为许多无谓的痛苦承担责任，但是如果他胜利了，结果将证明他是正确的。我不是说，任何行动都可以倒过来由历史来证明。有的事情本身就那么糟，那么危险，没有任何结果能使它们变成好事。不过，当道德判断确实依靠结果而做出时，它是客观的、永恒的、不会随着由成败而产生的观点的变化而变化。事后的判断从一个可以在事先做出的假设性判断推出，这种判断，不仅是行为者，其他的人也一样可以轻易地做出。

从那种认为责任取决于控制能力的观点看来，所有这一切似乎都是荒谬的。罪行的大小取决于一个小孩是否跑到某人行车的路上来，或一只鸟是否撞到某人的枪口上来，这怎么说得通？或许实际已做的事的确不仅取决于行为者的心理状况或意图。于是问题就成为：为什么在广义上把道德评估的根据放在人们所做的事上是不合理的呢？这就等于不仅要他们承担他们自己的那份责任（假定一开始他们有某些责任），而且要他们承担命运的那份责任。如果我们考虑疏忽犯罪或企图犯罪的案例，其模式似乎是：全部罪行相当于心理或意念过错的产物以及后果的严重性。在不确定的情况下做出决定的案例就没有这么容易解释了，因为总的判断似乎可以随结果而变换，甚至可能从肯定的判断变为否定的判断。不过，去掉选择之后出现的偶然因素，即仅在当时可能的因素的影响，根据概率集中对实际的决策做出道德判断，这似乎也是合理的。如果道德判断的对象是人，那么坚持要他在广义上对他所做的事负责就类似于严格的责任，这在法律上也是有用的，但是作为一个道德命题似乎是不合理的。

这一条思路的结果是，把每一个行为削减到它的道德上的基本内核，一种用动机或意图来评估的纯粹意志的内在行为。亚当·斯密在《道德情操论》里提倡这样一种观点，但他指出，它与我们的实际判断背道而驰。

但是，当我们在按这一方式抽象地思考时，不论我们如何地似乎会被这条公正的公理说服而相信它的真理性，然而，当我们碰到具体的实例时，在任何行为之后发生的实际后果都会极大地影响我们对行为的功过所持有的意见，而且几乎总是会增强或减弱我们对功过的感觉。也许在任何一个例子中，经过仔细考察后，都很少会发现我们的意见完全受这一规则控制，虽然我们全都承认应当用这条规则来控制它们。

乔尔·范伯格（Joel Feinberg）进一步指出，把道德责任的范围限制到内心世界不会使它变得不受运气的影响。行为者无法控制的因素，例如一阵咳嗽，完全可能影响他的决定，就像它们可能影响他枪膛里射出的子弹的路线一样。不过，削减道德评估范围的倾向是反常的，并且没有把它自身局限于结果的影响。可以说，它想通过分离生成的运气，把意志同其他方面隔离开来。我们下一步就考察这一点。

……

虽然我无法界定主动的自我这个概念，它的基础已被削弱，但却可以谈谈它的起源。我们对于自身的感情与我们对于他人的感情之间有一种密切的联系。内疚与愤慨，羞愧与轻蔑，骄傲与赞赏，都是同一种道德态度的内外两个方面。我们不可能把自己看作仅仅是世界的一部分，什么是我们与什么不是我们，什么是我们干的与什么是我们碰上的，什么是我们的人格与什么只是偶然的障碍，对于它们之间的界线，我们内心都有一个大致的概念。我们把同样的基本上是内在的自我概念用到他人身上。对于我们自己，我们感到骄傲、羞愧、内疚、悔恨或遗憾。我们不认为我们的行为或性格仅仅是侥幸的插曲，虽然它们也可能是那样。我们根本不可能用一种外在的观点来评价我们自己、我们最本质的东西和我们所做的事。甚至当我们看到我们不能为我们自己的存在、我们的本性、我们必须做的选择以及给我们的行为造成后果的环境负责时，仍然是这样。那些行为仍然是我们的，我们仍然是我们自己，尽管那些似乎要让我们不再存在的推理很有说服力。

在对其他人进行道德判断，对他们而不是他们的可欲求性或有用性进行判断时，我们把上述内在的观点延伸到其他人身上。我们拒绝把自己局限于外在的评价，也把这种拒绝延伸到其他人身上，我们承认他们的自我就如承认自己的自我一样。但是在这两种情况下，这种态度突然碰上了令人不快却又无可否认的问题：人们以及与人有关的一切都被包括在一个世界里，他们无法与这个世界分离，他们不过是这个世界的某些成分。在我们抗拒外在干预的同时却把自己强加给我们。强加的一种方式就是通过删减偶然发生的事来逐渐侵蚀我们所做的事。

把后果包括在我们所做的事情这个概念中，也就是承认我们是世界的一部分，不过由此出现的道德上的运气的自相矛盾性，说明我们不能采用这样一种观点，因为它使我们无法承担任何人的责任。决定论取消责任这个现象也说明了同样的问题。一旦我们把我们或其他人所做事情的一个方面看作偶然发生的，我们就无法理解它已被做出的概念，无法理解我们能够对行为者而不只是偶然发生的事做判断。这可以说明为什么意志力的作用这个概念更容易接受有决定论存在，而不再是不存在决定论，这一点经常受到注意。

在这两种情况下，人们都是从外部去看行为，把它看作事件过程的一部分。

不考虑意志力作用的内在观点以及它跟与其他价值类型对立的道德态度的特殊联系，就无法理解道德上的运气问题。我没有提供这样一种解释。要确定这个问题在多大程度上得到了解决，只能看这一概念与那些使得我们无法控制我们的所作所为的诸多方面之间的互不相容性，是否在某种程度上清晰可见。在那个主题上，我也没有能提供任何东西。不过，光是说我们对自己和其他人的基本道德态度由现实决定，这是不够的；因为它们也面临着那个现实性的来源的威胁，受到从外部看待行为的观点的威胁，当我们看到我们所做的一切如何属于一个不是我们创造的世界时，就不得不接受这种外部的观点。

活动余地

丹尼尔·丹尼特

丹尼尔·丹尼特（Daniel Dennett）是塔夫茨大学奥斯汀·B. 弗莱彻教席哲学教授和认知研究中心负责人，主要著作有《达尔文的危险观念》（*Darwin's Dangerous Idea*, New York: Simon & Schuster, 1995）；《活动余地》（*Elbow Room*, Cambridge, Mass.: MIT Press, 1984），下面的内容就节选自该书；《自由的进化》（*Freedom Evolves*, New York: Viking, 2003）；以及在心灵哲学和认知科学领域的其他著述。在下面的节选中，丹尼特捍卫了道德责任。其捍卫的根据来自（如内格尔）运气基础上的寻求削弱道德责任的论证，即从坚持认为因为运气在我们生活中扮演如此重要的角色，以至运气中断了道德责任的主张。

运气是一个稀奇的概念。当有人告诉我们发生的某事只是运气，我们应该自问：运气与什么相对呢？我们知道，相信“实际上存在着运气”将会是很迷信的——幸运之物（a rabbit's foot）也许会也许不会带来——但我们认为存在着非迷信和非误导的方式描述事件和属性的特征，而不是仅仅看作运气。两者的对比可以通过思想实验来呈现。

假设美国和俄罗斯同意，今后他们将会通过在日内瓦掷硬币的方式解决所有的分歧和冲突。每个国家会为那个伟大的国际投币派出选手。谁应该代表我们？我期望某人会突然想起这个主意，无论民主党还是壮观的国家投币锦标赛，都把每个人包括妇女和小孩卷入了有系统的淘汰赛。当然，胜利者将成为派往日内瓦的理想人选，他本人也将成为美国最幸运的公民，连续在 28 次投币中胜出而无一次失手！当然，该选手在日内瓦将比任何随机选出的公民有着远为更高的获胜机会。如果有某种如运气一样的东西存在——就是说，如果运气是人或事物的可抛掷的财产——那么，这个想象出来的锦标赛将成为一个很好的运气过滤器或放大器。但是，运气当然不像这样（除非我们大错特错了），运气只不过是运气，不是真正的可投掷的天赋。

……

当运气趋于平均，技巧将告诉我们最终答案。一旦我们确信，运气扮演重大角色，但是认为一切失败最终都可解释为运气糟糕，以及把所有胜利都归结于好运气的人，只不过是误用了运气的概念……

我们都是“有天赋的（gifted）”人。这就是说，我认为我所有的读者，如我一样，都是理性给予者和深思熟虑者共同体的成员。我们都有审慎思考能力的天赋，否则我们就不会在这里（书籍和读者的成人世界里）。我们的一些朋友和亲戚不在这里。他们中的一些人还是孩子，还有一些尽管自身没有过错，但是太幼稚或者缺乏理性能力。他们的一些人也许应该遭受他们不幸的状况——比如，一些人也许明了地用毒品或烈酒损害了他们的大脑，他们从更深的责任中被解除了责任。我们采取措施，让他们走出那个他们也许会对自己或他人做出严重损害的环境。

我们作为有天赋的人，擅长审慎思考和自控，因此我们在这些方面对彼此期望很多。在这些期望的基础上，我们把有天赋者放在信任和责任的位置，然后，我们指望他们做正确的事。既然他们有天赋，当他们做出正确之事时我们不称之为运气。他们越是卓越，实际上，纯粹的运气在他们审慎思考的结果上扮演的角色就越少。

当然，我们对成为有责任的人，也不是完全负有责任的，这不比明星球员是完全超越运气的多出什么。毕竟，一个劫匪明天也许会从一个胡同里窜出来，打破我的头。那样，我就不幸地失去了作为负责任的公民的状态了，虽然我自己没有任何过错。但是，如果那是最不走运的事，没有遭遇绑匪并不只是关于运气的事情，我很擅长避开麻烦。我们都是负责任的行为主体这一事实是如此很好地被设计好了，以至我们倾向避免于这样的情境，其中很可能的是，我们将会失去我们的高超技艺，并因此失去我们作为有责任的公民状态的地位。我们照看好我们自己。我们是系统状态的保持者，但是，当然了，有时候我们会遭遇艰难的时光。有时候，无法预料和不可避免的事情会发生。于是乎，我们不再幸运。

我们能想象（我想仅此而已）一个人，他经历了做出“正确的”人生抉择的时光，但他总只是认为这出自纯粹的运气，而从未感谢过他的技巧。在每一个转折点，他只是碰巧地转向了正确的路，远离恐吓，远离诽谤和不体面。一个不走运的失误及其迅速滋长——就酿成了人生的耻辱。但那不是我们想要的方式。

“凭借上帝的荣誉我才如此。”……一种非常稀奇的情感。这句话在我们的生活中经常被重复，伴随着更加稀奇的意思：实际上我有可能如此不走运；我也会遭受一些这样的厄运。但是，需要一个诸事件的极其不可能的合力才能把我变成（比如说）一个杀人犯——然而，一个可能的、常规的、日常事件的转变，对于一个粗暴的年轻恶棍来说会产生天大的区别，因为他一直以来都从严重的麻烦中死里逃生。有人碰巧犯了侮辱他的错误的日子，正是他一生中暴力犯罪开始的日子。如果那种可以使他变成杀手的诱因在我的眼前闪现，我几乎肯定会不予理睬。如果我抵制不住了，我除了自己谁都不能怪。我应该擅长抵制这类诱惑——实际上，那些大多数不过是孩子式的把戏。我有很好的节制，我甚至不认为它们是机会（诱发大错）。考虑一下优秀的棋手，他们从不注意愚蠢的走棋机会……不止是运气让他们没有成为棋艺平平者。

如果那个恶棍在生活中是其貌不扬的平平者（也确实如此），这对他来说就太糟糕了，这也许正是他的不善于做决定的霉运。然而，我们的确能体谅。我们把对平庸棋手的期望值调低。比如，对于孩子来说，我们会把他们保持在错误的境地之外，因为他们幼稚的审慎思考能力会导致他们进入可怕的、会后悔的境地。对他们而言，能够算作运气的东西对于成年人而言则不能算作运气。

不平的起点与公正的回报

布鲁斯·N. 沃勒

布鲁斯·N. 沃勒(Bruce N. Waller),本书的作者,在扬斯敦州立大学任教哲学。下面的文章——原初以“不平的起点与公正的回报”为题发表于《分析》(*Analysis*)杂志1989年10月第49卷第4期上——批评了丹尼特等提出的论证,捍卫了道德责任,并论证了对于道德责任的信念让我们从最好的孕育成功的令人满意的自由行为之路上迷失。

在人生的竞赛中,人们取得的不同结果出于“不平的起点(uneven starts)”。既然人们起点不等——就起点而言,它不是人们自己选择或造成的——他们对终点无法承担道德责任(无法公平地承担责备与赞誉)。这个不平的起点是由约翰·罗尔斯(John Rawls)优雅地表述出来的:

> 没有一个人应得他在自然天赋的分配中所占的优势,正如没有一个人应得他在社会中的原初的有利出发点一样——这看来是我们所考虑的判断中的一个确定之点。认为一个人应得能够使他努力培养他的能力的优越性格的断言同样是成问题的,因为他的性格在很大程度上依赖幸运的家庭和环境,而对这些条件,他是不能要求赞誉的……

罗尔斯的主张是,不平的起点损害了公正的回报(deserts),这一点最近受到来自两方面的攻击。丹尼尔·丹尼特与乔治·谢尔(George Sher)二人对公正的回报提供了有区别但也相似的捍卫,每个人对不平起点问题都发出了激烈的挑战。

对丹尼特和谢尔来说,关键点在于即使起点不是完全整齐的,但至少在一些我们所为的情况下——我们所取得的——也确实依赖我们自己的努力。虽然不是每一项成就都对每个人开放(我怎么也不会成为赛马骑师),但也依然存在对大多数人开放的成功大道(如果不是对所有人的话),这取决于我们如何对待这些开放的机会。因此,根据丹尼特和谢尔,我们能够对我们成功的果实公正地加以配享(也许还包括失败之果的酸楚)。在起点上存在区别,但是,这些区别并未消除道德责任。

丹尼特为了否认道德责任而挑战了不平起点的基础,他说:

> 不过,一个人依然会被诱导着说,在行为者的环境只是运气的情况下存在两种区分。一个人足够幸运地天生就有的多少原初的力量,或才能,或性格;一个人在他的自我创造期间有多少运气会中断这个过程。似乎是,这些因素必定是以这样或那样的方式合力促成那个失败,即任何以自我为风格的行为者对出于自己性格的个体责任的主张的失败。让我们对此逐一考察。
>
> 假设一下,当然这似乎是真的,人们天生有着引人注目的不同认知禀赋以及发展性格品质的倾向,一些人有着才华出众的祖先(或热血,或肌肉良好)一路下来的遗传,比如,似乎有着迥异于当代人的原初禀赋。用威廉姆斯的话说,这是个“天大的不

公（hideously unfair）”，或这注定导致某种天大的不公吗？不尽然。

然后，丹尼特给出了隐秘而迷人的例子去表明，起点上的差异和随之而来的幸运的突变并未削弱公正的回报和道德责任：

设想起跑线参差不齐的竞走比赛。一月份出生的比二月份出生的提前1米，比十二月份出生的提前11米。当然没有人能够选择在某个月份出生，而不选择其他月份。难道这不是明显的不公吗？是的，如果比赛是100米冲刺。不，如果比赛是马拉松。在马拉松中，这种相对领先优势将算不得什么了，因为一个人能够可靠地期望其他偶然的东西产生更大的作用。实际上，在大型的马拉松比赛中，最善跑者典型地是种子选手，且被给予了可观的领先，但我从未听任何人抱怨说这不公平。在一群人后面起跑的好选手，如果他真的足够好到赢得胜利，他可能有大量机会克服起跑的劣势。有人会怀疑这是公平的，尽管存在流行的认可。但他们必须认同，刚才描述的任意生日体系更公平。这足够公平以至不值得担心吗？当然。毕竟，在长跑中，运气趋于平均。

捅破丹尼特这个光鲜的例子似乎有点不识时务，但真正说来，在长期性格发展中的微小的领先差别的效果，和马拉松比赛中起跑点错开位置的情况根本不构成任何可比性。在人生竞赛上的起步领先差别更多地是被放大而非取消了。起步领先上更敏捷的个体从事强化了的探索活动，因此变得日益钻研。好奇心强的学生因为老师之故积极地提高自己，并受到了额外的关注；而偷窃了几枚硬币的少年当有其他硬币丢失时就成了怀疑对象；更好的运动员在竞争中磨炼技术，发展出了毅力；而其他才华逊色的队员的技术、毅力和信心慢慢在板凳上（作为候补队员）被侵蚀。小小的缝隙被拉大了。当然也不是一直如此。我并未断言一个下滑的斜面，起步有劣势就无情下滑。继起的影响——后来的“比赛运气”——有时候反超了起点劣势。但是，微小的起步差别在基本上“公平和平等”的人生马拉松中不应当被轻描淡写或者无视。不是丹尼特所言的运气等同的马拉松，一个更好的类比是泥泞路上的赛马。迟出发者会额外受到早出发的赛马的马蹄践踏飞出的泥巴的阻碍。

谢尔发展了和丹尼特相似的论证。像丹尼特一样，他认为这样的区别是存在的；为了保留公正的回报和道德责任的主张，他试图把区别中立化。但是，谢尔不仅仅诉诸“比赛运气”，而是为如何克服起点区别提供了具体建议。谢尔建议，较少努力的个体可以用更多警觉，或通过采取特殊步骤增加内在动力而避免分心的方式让劣势不再构成干扰。他后来拓展到“在起点能力上的其他差异”。

即使M比N在起点上更强、更聪明，如果两者之间的区别导致N无法取得像M一样的成绩，这个区别只能导致M相对于N不配享其所得。但是，在力量、智力以及其他原始天赋方面的区别几乎没有被说成是造成了这种效果。这种区别的更加普通的效果只是造成了较少禀赋者获得给定成就更困难而已。他必须更加努力工作，更加勤勉地开发他的资源，更加精打细算，等等……

这是一个吸引人的剧情：迟缓的乌龟运用更大的

毅力险胜野兔，弱小的兔子智胜强大的熊，才华一般的选手通过实践和努力胜出。这些故事很能温暖人心，甚至很励志，但是它们往往都是错的。较少天赋不太可能发展出更大的注意力和毅力，因为这些品质是过去成功努力条件下的产物。而天赋较少的人很可能经历更少的成功，结果就对他们的努力出现更少的正强化。因此，较少天赋者更经常地是与无精打采联系在一起，而非毅力。同理，较少的天赋不太可能通过更大的勤勉来抵消；相反，更多天赋者有着更多机会来学习游戏策略。精明的游戏与游戏时间相关，与原始才华相关。

丹尼特和谢尔都把个体特色化了，好像他们一次一人被分发一张彩票。实际上，才华和能力（也包括过失和阻碍）有着累进的效果。不是野兔的速度被乌龟的耐力所抵消，而是飞快的野兔很可能成为更成功的跑者，因此更能被正强化而成为更快的竞赛者，从而处于更好的条件下。

设想“运气区域平均”，一个人能力上的不足会被他另一方面的力量弥补而获得平衡，以及主张道德责任和正当回报能得到平等对待等都是错误的。但是，告诉我们的孩子坚强的乌龟险胜懒散的野兔则是对的；强调出于起点劣势的人能克服不足，有时候也真的如此，这么说也是对的。在两个理由上说，这是重要的。首先，这有助于克服任何对宿命论挥之不去的恐惧。有时候，存在着决定论（或自然主义）导致的，让我们感到自己是我们早先环境–基因影响下的无名小卒的恐惧。但是，那当然不是很多人害怕的不可避免的结果。如果一个人强烈意愿去打破早先条件的影响和习惯的力量，那么，通过努力和规划，一个人也确实能够做到。一个因为缺少教育而感到窒息的人可以采取措施纠正这个状况，（通常地）通过努力和工作，个体能够弥补教育上的不足，取得他欲求的教育。因此，一个人不必感到被所处的环境困住。但是，努力工作克服不足的能力，规划教育项目的智力，实施出来的毅力，以及尤其是获得教育的原初欲望，所有这一切都是条件约束下偶然因素的综合产物，一个人对这些都没有道德上的责任。艰苦的努力确实能够让这些事情发生。但随之而来的并不是一个人对努力或其结果的道德责任。

第二个原因值得强调。那些“真的尝试过”的人能取得的是——甚至克服了坏运气和起点劣势——对成就可能性的强调可以培育那些成就。这些口头上的鼓励不应该被过分强调。励志性的睡前故事不能替代组织良好的、令人感兴趣的、个体通过施展努力在逐步增加难度的任务中取得成功的早期经历。早年逐步提升努力的经历是发展毅力的关键（重复性的早期失败是后来懒散的关键）。还有，励志性故事和鼓励性话语有其用武之地。我童年时代最喜欢的一个故事是迪克·威廷顿（Dick Whittington）的故事。主人公从贫困崛起，成为“三次蝉联伦敦城的市长大人”，只是运用了他的智慧、勤奋和幸运的捕鼠猫。这是一个不错的童话，蕴含有用的信息。如果你坚持尝试，幸运将从天而降。通过勇气和智慧，外加一点运气，一个人可以克服无数困难，取得巨大成功。这个故事很不错，除了以下事实：在现实中，孩童时期的贫困很可能产生懒散，因为早期的贫穷导致早早的失败，因而断除了做出努力的行为，窒息了欲望和梦想。还有，我们应该继续讲述迪克·威廷顿的故事。拥有好运气聆听到这个故事的孩子在某种意义上更有可能发展出毅力。但是，我们不应该从故事中得出错误的道德教训。人们能够通过勇敢、努力和智慧获得成功；如果一个人有好运气去发展这些特点（通过聆听正确的睡前故事以及经历适当的早年成功），那么，一个人真的能够做成事，完成重要目的。但是，这些有价值的成就并没有得到特别的赞誉和奖赏，因为取得它们（毅力和智力）的手段是一个人好运的结果。

总之，存在着很多提升（相容论者的）自由意志和个体努力的重要性的理由。我们能够让这些事情发生，有好运气去学习那个道德教训的人更可能做出成功的努力。但是，这样的相容论者的自由并不能建立道德责任。无论结果是勤奋的成就还是懒撒的失败，不平的起点和不平等的竞赛车道的影响切断了赞誉和责备。

练习部分

1. 几年前，当美国联邦最高法院对死刑议题加以考察时，他们事实上设置了暂停。在美国重新开始执行死刑后，约翰·斯本克林克（John Spenkelink）是美国佛罗里达州 1979 年恢复死刑后第一个被处决的人。斯本克林克曾是一个相当乖巧的男孩，11 岁时，他放学回家发现了他最崇拜的父亲自杀身亡。此后，约翰开始逃学，惹麻烦，最终被学校开除，在南部地区游荡。他犯下了一系列轻罪，最后在一次争论中杀死了流浪汉同伴。在他被执行死刑的前不久，斯本克林克说："是他自己选择成为什么人的。他选择了自己的样子。"即使在他悲剧的人生后，等待执行死刑之际，他仍然坚信他是根据自由选择而行动。通盘考虑斯本克林克的故事，他的故事支持还是削弱了道德责任？
2. 神经心理学研究（例如本杰明·利贝特和丹尼尔·韦格纳）表明，当我们有着做出有意识的自由选择的经验时，尽管我们没有意识到，选择过程在我们大脑中已经有了起源。如果该神经心理学的说明是真的，那么，当你做出"有意识的选择"时，你还是在自由地选择吗？神经心理学的证据是否会对自由意志的相容论观点构成挑战？
3. 本杰明·利贝特说，存在一个余地让意识对我们无意识的大脑活动投反对票。在无意识的意志活动和无意识的大脑活动引起的实际肌肉运动之间，有一个略微超过十分之一秒的间隙。利贝特表明，那个非常短暂的间隙容纳了有意识的心灵去反对无意识的意志。

   > 有意识的自由意志的角色将不会是发动一个自发行为，而是控制行为是否发生。我们可以把为了自发行动的无意识的初动（initiatives）看成大脑的"冒泡（bubbling up）"。那么，有意识的意志挑选这些初动哪一个会继续促成行为，哪一个会被否决和放弃，从而不会导致行为。
   >
   > ——利贝特，《我们有自由意志吗？》（"Do We Have Free Will?"），收录在利贝特、安东尼·弗里曼（Anthony Freeman）和基斯·萨瑟兰（Keith Sutherland）主编的《意志的大脑：通向自由意志的神经科学》（*The Volitional Brain: Towards a Neuroscience of Free Will*, Thorverton, Exeter: Imprint Academic, 1999）

这个看法存在一些问题（比如，有意识的否决将必须是我们无意识大脑活动的产物吗，等等）；但是，设想利贝特的看法有效吧。如此一刹那的否决对自由意志来说够吗？自由意志需要这个吗？如果对无意识大脑的有意识控制是不可能的，我还能自由行动吗？我们依然在道德上承担责任吗？

4. 杰伊和雷是孪生兄弟，性格十分相似。他们从高中正常毕业，但不是非常杰出，他们都是不错的运动员，从高中时代就是防守端锋的首发。他俩都有一个小超速罚单，并无其他问题。他俩也不是强有力的队长，但也都在团队里相处很好。哥俩决定参军，一起通过基础训练。就像运气发生的那样，杰伊报名进入了某部，去孟加拉国的震后灾区帮助修建公路、学校、诊所。该部的工作得到了当地市民的认可，长官鼓励大家去帮助当地人，以礼相待。杰伊服从领导和部队运作的模式，他干得不错，对重建灾后当地人的生活贡献很大。另一方面，雷参加了在伊拉克的军警，戍卫阿布·格莱布（Abu Ghraib）监狱。像杰伊一样，他服从长官的领导以及部队运作模式。但在这里，雷卷入了虐囚事件。雷不喜欢他所做的，但他听命于此。

相似的性格、价值观和能力，杰伊和雷的人生朝着不同方向前进。雷被指控侵犯狱囚基本人权，被判处数月监禁，然后从军中开除。杰伊因为在孟加拉国人道主义地帮助当地人而受到嘉奖。如果他们当初入伍参军颠倒一下，雷将受到嘉奖而杰伊将会坐牢。杰伊在他的入伍阶段很幸运，而雷则很倒霉。他们因为自己的所作所为而受到的惩罚和表彰是公正的吗？

5. 约翰·多丽丝（John Doris）赞成情境主义（situationist）观点，相信心理学研究已经展示出，我们行为的关键决定要素不是我们的性格、美德或道德原则，而是我们具体所在的情境。多丽丝的结论是，伴随我们的情境主义的理解，我们应该把道德注意力放在避免糟糕的情境上（而非依赖道德德性或伦理原则）：

> 设想有个同事，你对他颇有好感，他邀请你吃饭，提供了有趣的食物和高档酒水作为诱惑。你暂时感到孤独，你的配偶不在城里。让我们推测阅读这个文本的显而易见的方法是正确的方式，并进一步推测你把将会导致的不忠看成伦理上不值得欲求的后果……你也许认为几乎没有需要考虑的原因。毕竟，你是正直的人，一壶红葡萄酒决不会对人造成伤害。另一方面，如果你把情境主义的教训牢记在心，你就会像躲避瘟疫一样逃避这个晚宴，因为你知道你无法信心十足地基于先前的价值在有问题的情境下预测你的行为。你不会质疑你实际上把忠诚看得很重，你感到疑问的只是，一旦蜡烛燃起，红酒斟满，你根据这个价值采取与之相符的行为的能力。你知道的，一旦在该情境中指望着品格就是一个错误。获取伦理上可欲求的结果的方式是，承认情境压力可以太轻易地颠覆性格，因此要避免危险的情境。
>
> ——约翰·M. 多丽丝，《性格的缺陷》（*Lack of Character*, Cambridge: Cambridge University Press, 2002）

设想有人得出结论说，我们依然应该对我们的行为承担道德责任；但是，道德责任的关键训练在于选择避免（或不是）在道德上有危险性的情境。你同意该结论吗？

6. 在《圣经》的记录中，以色列的子女在埃及为奴多年。在某个时刻，法老显然考虑到要释放他们，但是上帝“让法老的心刚毅起来”，因此法老拒绝释放以色列的奴隶。肯定地，我们大多数都会说，法老的所为在道德上是错的：把人奴役起来是不对的。但是，如果万能的上帝让法老的心坚强，那么，很难设想法老是带着自由意志而行动的。因此，自由意志对道德上错误的行为是必需的吗？如果你依然相信自由意志对行为对错来说是基本的，你将如何解释这个明显的反例？

7. 你的朋友索尔是拖延大王。如果学期论文截止周三上午 8 点交，他决不会在周二晚上之前开始写。他还更有可能申请延期，从周三下午开始写。他的伦理学学期论文的截止日期是 11 月 15 日。10 月的头一天，你发现索尔桌边有一堆伦理学书籍围着他，他在键盘上拼命敲击。看着屏幕，你发现索尔才写到 12 页，没有 6 个星期是完不成的。

你觉得很不可思议，说道：“你怎么啦？马上就要交论文了。你总是不到最后绝不动手。这是怎么回事？”

索尔回答：“没什么，我只是在实施我的自由意志，选择如期写论文，不会拖延的。”

你会说：“当然，如果你再有一门课挂科，我打赌你的父母会威胁不再给你提供零用钱。或者也许系主任会跟你严肃地谈谈。或者我知道，你的老师会对你的低分数暴跳如雷。不，我明白了。艾莉森说过，如果你不改进，不好好干，她就跟你分手。是不是这回事？”

索尔回答道：“不是，不像你说的那样。我知道我有拖延的倾向。我很痛心地被诱惑着直到最后时刻才交论文。但是这次我选择了不这样。这是一个自由意志的行动，其他的都没变；这是我能给的唯一的解释。”

你发现这是一个合理的解释吗？或者你会假设一定存在你朋友索尔没有告诉你的东西吗？关于你自己的自由意志观，你有何说法？

8. 如果心理学家接受了坎贝尔的自由论自由意志观，那会意味着心理学永远不会成为完整的科学吗？会永远存在科学的心理学对此完全不能解释的人类行为吗？

9. 假设你拒绝道德责任。你相信，你从未因为任何好的或坏的行为负有道德责任（你或许有因果责任，或角色责任，但是根据你的信念，你从没感到有道德责任）。假设你在做一件你认为是道德上的恶行（一个朋友向你透露了一个秘密，你在承诺永不告诉任何人之后，背叛了她对你的信任），你会真诚地因为这个恶行而道歉吗（即使你对道德责任是不认可的）？

10. 设想一下，仔细的研究使你相信，消灭犯罪和预防未来犯罪行为的最佳方式是，把罪犯送到非常令人愉快和舒适的监狱，在那里，他们的住所舒服，享受有趣的招待，吃着美食，参加有趣的课程，拥有大量好玩的休闲机会。这些令人愉快的监狱设施，相比严厉、丑陋、拥挤的当代监狱来说，是更加有效的矫正环境（并且设想，宜人监狱的成本和当前严厉监狱是差不多的）。也许，你认为这很荒唐。宜人的监狱从来不会产生有效的矫治。这不是问题所在。假设你相信这样的宜人监狱会提供最好的矫治。你会赞同把囚犯送进去吗？

补充阅读

来自意大利文艺复兴时期对自由意志吸引人的自由论说明，请参看乔瓦尼·皮科·德拉·米兰多拉的《论人的尊严》（有时被称为“关于人的尊严的演说”）；可以从数本文艺复兴的合集中读到。C. A. 坎贝尔的《自我与神性》（*On Selfhood and Godhood*, London: George Allen & Unwin, 1957）是经典的现代自由主义论证。彼得·范英瓦根（Peter van Inwagen）的《论自由意志》（*An Essay on Free Will*, Oxford: Clarendon Press, 1983）是一本非常有影响力的对自由论的自由意志的捍卫之作。罗伯特·凯恩（Robert Kane）对自由论的自由意志提供了复杂而吸引人的捍卫，参看他的著作《自由意志和价值》（*Free Will and Values*, Albany: SUNY Press, 1985）和《自由意志的意义》（*The Significance of Free Will*, Oxford: Oxford University Press, 1996）。另外两个非相容论的自由意志观的有影响力的资源是，威廉·詹姆士的论文《决定论的困境》（“The Dilemma of Determinism”, 1884，在很多合集中可以读到）以及让-保罗·萨特的《存在与虚无》（*Being and Nothing*, New York: Philosophical Library, 1956）。彻底而精细地对待自由论的自由意志且区分了很多自由论的立场的是伦道夫·克拉克（Randolph Clarke）的《自由意志的自由论说明》（*Libertarian Accounts of Free Will*, New York: Oxford University Press, 2003）。

一些集中关注道德责任的不错的合集包括约翰·马丁·费希尔（John Martin Fischer）主编的《道德责任》（*Moral Responsibility*, Ithaca, NY.: Cornell University Press, 1986）；费迪南德·舍曼（Ferdinand Schoeman）主编的《道德责任、性格与情感：道德心理学新文章合集》（*Responsibility, Character, and the Emotions: New Essays in Moral Psychology*, Cambridge: Cambridge University Press, 1987）；以及约翰·克里斯特曼（John Christman）主编的《内在要塞：论个体自主》（*Inner Citadel: Essays on Individual Autonomy*, New York: Oxford University Press, 1989）。汇集了关于自由意志和责任的重要历史著作，包含许多重要法律论文的著作合集，参看赫伯特·莫里斯（Herbert Morris）主编的《自由与责任》（*Freedom and Responsibility*, Stanford, Cal.: Stanford University Press, 1961）。

许多最近的著作从生物学和心理学的最新研究方向思考自由意志和责任问题。约翰·M. 多丽丝（John M. Doris）在其《性格的缺陷：个性与道德行为》（*Lack of Character: Personality and Moral Behavior*, Cambridge: Cambridge University Press, 2002）一书中整理并评论了近十几年来的心理学研究（尤其是社会心理学研究），在自由意志和道德责任领域得出了有细节、有深度的哲学意蕴。关于自由意志最令人感兴趣和最重要的著作之一是由一位神经心理学家丹尼尔·M. 韦格纳（Daniel M. Wegner）撰写的《有意识的意志的错觉》（*The Illusion of Conscious Will*, Cambridge, Mass.: MIT Press, 2002），这是一本可读性非常强的书，指明了几十年来神经心理学研究的意义，以及令人吃惊的结果。关于当代神经科学对自由意志的意蕴的极佳论文集及其评论，参看本杰明·利贝特（Benjamin Libet）、安东尼·弗里曼（Anthony Freeman）和基斯·萨瑟兰（Keith Sutherland）主编的《意志的大脑：通向自由意志的神经科学》（*The Volitional Brain: Towards a Neuroscience of Free Will*, Thorventon, Exeter: Imprint Academic, 1999）。艾伯特·R. 米尔（Albert R. Mele）在《自由意志和运气》（*Free Will and Luck*, New York: Oxford University Press, 2006）一书中对自由意志和道德责任提供了丰富的说明，同时对最新的神经心理学研究给予了详细的批判；在《有效的目的：有意识的意志的力量》（*Effective Intentions: The Power of Conscious Will,* New York: Oxford University Press, 2009）一书中对该研究提出了更广泛的批评。布鲁斯·N. 沃勒（Bruce N·Waller）的《自律的自然选择》（*The Natural Selection of Autonomy*, Albany: SUNY Press, 1998）运用了生物学和心理学的最新研究成果，试图揭示自由论者和相容论者自由意志观中共同的动机，反击对道德责任的传统论证。

H. L. A. 哈特（H. L. A. Hart）在《惩罚与责任：法哲学文章》（*Punishment and Responsibility: Essays in the Philosophy of Law*, London: Oxford University Press, 1968）一书中对角色责任和道德责任做出了重要区分。

一个相当不错的围绕惩罚和正当回报议题的论文集是由杰弗里·G. 墨菲（Jeffrie G. Murphy）主编的《惩罚与矫治》（*Punishment and Rehabilitation*, 2nd ed., Belmont, Cal.: Wadsworth, 1985）。与其他优秀的论文相比，墨菲的选集包含了对“正当惩罚”的捍卫；赫伯特·莫里斯的论文《人与惩罚》（“Persons and Punishment”），最初发表于1968年。更近一些支持正当惩罚的论文是安德鲁·奥尔登奎斯特（Andrew Oldenquist）的《对于应得惩罚的解释》（“An Explanation of Retribution”），发表在《哲学杂志》（*The Journal of Philosophy*）期刊1988年第85卷，第464—478页。对该观点的更流行的解释可参看C. S. 刘易斯（C. S. Lewis）的论文《惩罚的人道主义理论》（“The Humanitarian Theory of Punishment”），被收录在他的《非欺骗》（*Undeceptions*, London: Curtis Brown, 1970）一书中。

两位杰出的哲学家就这些问题进行了讨论，就对手的观点给出了公平而真诚的考量，并以优美而有力的方式得出了自己的结论，参看杰弗里·G. 墨菲和琼·汉普顿（Jean Hampton）合著的《宽恕与怜悯》（*Forgiveness and Mercy*, Cambridge: Cambridge University Press, 1988）。四位真知灼见的参与者就这些议题的精彩讨论，参见约翰·马丁·费希尔、罗伯特·凯恩、德克·佩里布姆（Derk Pereboom）和曼纽尔·瓦尔加斯（Manuel Vargas）的《关于自由意志的四种观点》（*Four Views on Free Will*, Malden, MA: Blackwell Publishing, 2007）。

第十一章

伦理学：理性与情感

萨姆和威尔是“上门送餐服务”项目（“Meals on Wheels”program）的志愿者：每个工作日早上11点，他们匆忙结束哲学入门课后去“上门送餐服务”中心报到。在那里，他们每人驾驶一辆卡车，派送热餐给城市的人们——高龄老人、残疾人或者整天无营养热餐可吃的人。下午2点，他们完成了派送后再匆忙赶回校园，继续下午的实验室工作。他们没有外部动机：他们不打算以此填写他们的学校申请表，不是为了给经营该项目的美女留下好印象，也不是为了邀宠于年长的残障人士，希望他们在其遗嘱上写上他们一笔。萨姆和威尔对所做的很在行。他们总是面带微笑，与受餐人有几分钟亲切的交谈（既然这些人大多数都相当孤独，和风细雨式的社交也许比热餐更重要）。两人都受到受餐人的喜爱，他们都是志愿者的典范。从大一时候起，两人就开始了志愿者活动，如今已经大四了。四年里，他们没有中断过一天的志愿者工作。四年，每周15小时，一年52周，他们总是面带微笑、说话和蔼可亲。萨姆和威尔大大改善了他们服务路线上人们的生活。

大四的一天下午，他们早早地到达他们的哲学课堂——带着参与自由意志激烈讨论的渴望——进入了关于他们四年志愿者生涯的讨论。萨姆说：“你知道，我很喜欢大学，尤其是这个哲学班。它很棒，有许多好朋友，当我毕业离开后我将怀念这一切。但是，我将最怀念的是一天3小时的送餐上门工作。我从来没有做过这么令我喜欢的工作：人们看到你很高兴，几分钟的谈话可以点燃他们一天的生活。这让他们开心，也让我开心。真是太棒了。”

威尔笑了笑，但摇了摇头。“关于如何得到快乐，你和我有着非常不同的观点。我也享受大学生活，但我已经做好了离开的准备。让我高兴地离开的主要事情之一即是上门送餐服务。别误会，对我来说，做这件事当然是正确的，我毫不后悔。我有时间，我也擅长去帮助他人，令他们感觉更好。我坚信尽我最大努力做好这份工作也是我的道德义务。所以我才这么做，我遵从了帮助有需要的人的义务，但这跟享受无关。我只是对这份工作要结束了感到愉快，除此无他。”

萨姆惊讶不已。“道德义务！道德义务从未在我脑海中出现过！我每一分钟都在享受这份工作，从不把它看成一项道德义务。帮助这些有需要的人，看到他们从悲伤变为愉快——我想不到有任何其他事情可以如此令我高兴。我不认为我曾真的反思过：我是否在遵从某种道德规则，完成我的道德义务。”

威尔回答说：“如果你想要开心，让我带你去冲浪或滑雪。送餐给独居老人是一个重要的义务，但也仅仅是义务，和开心无关。”

设想萨姆和威尔对于他们的送餐志愿者工作干得一样好。显然，如果威尔送餐时皱着眉头，从未说出和蔼的话语，而萨姆总是面带微笑，表情友好，那么，萨姆就比威尔做得更好。（如果萨姆在工作中找到了巨大的快乐，而威尔没有找到。事实上，很可能萨姆是在以更友好的方式工作。但是，假设事实上他们是一样地友好、温和与热情，干得一样好。）于此，你认为哪一个在道德上更优越？

这不是判断一个人有德行而另一个人邪恶的问题。根据我的理解，他们都令人感动：大学生涯中一周 15 小时的志愿者服务绝非小菜一碟的贡献。这不是分发奖赏的问题。萨姆和威尔都不是为了追求荣誉。但稍等，请思考一下你自己的结论。即使你判断两人都很棒——那就是说，让我们假定一下帮助有需要的人是善、有德行的行为——有一个人在道德天平上对你来说更有分量吗？

这个问题在伦理学上处于某些基本区分的核心地带。从一个视角看，萨姆很明显在道德上是更优越的个体。萨姆因为他享受做善事而做善事。我们或许说，“他的内心处在正确的位置”，或者“萨姆是个热心肠”。萨姆不需要一条道德规则来促使他为善。在为善与助人中，他感到高兴，他有一种为善而乐的品质或本性。当你在学习打棒球时，你也许会尽力按照你的教练教你的规则：右脚站稳，以前脚掌的球状部位为中心猛转。在这个阶段，你击球的努力很可能很弱。但是一旦一套动作变得根深蒂固、感觉自然了，你就不再考虑规则了，你的摆动变得更有效。道德行为也是如此。作为一个新手意义上的道德行动者，你或许需要规则，但当道德行为仿佛是自然而然的且对你而言感到是正确的时，那么作为一个道德人，你就远远地超越了。

这个观点有着漫长而显著的历史。亚里士多德教导过，通过适当的教育和实践，我们变得有德行——就是说，我们出于习惯和倾向而做正确的事。我不是紧绷着、斗争着去活得好，活得有德行，而是发现这样的生活模式是自然的、令人满意的。任何有强烈欲望去做坏事（或缺乏做好事的欲望）者在德性上都有着不好的早年实践。一个相似的视角在许多宗教文本中也可以找到。在《圣经·诗篇》的一开始就写到，大卫王“不从恶人的计谋，不站罪人的道路，不坐亵慢人的座位。唯喜爱耶和华的律法，昼夜思想，这人便为有福”。遵从道德法则为义务是善；但是根据法则而生活，因为你在何谓善中感受到了快乐则更好。圣奥古斯丁为基督教传统引入了一些观念：“爱上帝，如你希望地爱。”这就是说，如果你真的爱上帝（对奥古斯丁而言，上帝就是善的真正本质），你就会自然地去行善。这个观点甚至更加深刻地植根于道家传统里。在更高的感悟层次上，一个人意识到我们都是彼此联系的；害人即害己，与人为善，自然感到内在充实。

所有这些善与义务的话语，这些永恒的针砭令听者身心俱疲，受到激怒。你最认真地学过，天地是如何地保持天长地久，太阳与月亮光芒照耀，群星密集，飞禽走兽成群，乔木灌木矗立其位。因此你也应该学会根据内在力量来指导自己的步伐，遵从自然设置的方式亦步亦趋，如此下去，你就不再需要费力张罗着传播善与义务。

根据这种道德观点，理想的道德行动者是享受道德行为的人，对他而言，好的道德行为自然地而来、轻松地获得，既不要求知道何谓善的道德法则加以反省，也不要特别努力地去做善的和慷慨的有德行为。

一方面的观点是——至少对理想的道德人而言——有德的行动是简单和自然的（至少不需要仔细的理性筹划）；于此针锋相对的观点是，道德行为需要特别的努力：道德之路狭窄而艰难，为善之路从来都不是简单的。没有人比16世纪的哲学家、神学家蒙田（Michel de Montaigne）表达的更清楚了：

那简单、温和且斜坡的路……却不是真正的德性之路。真正的德性之路充满崎岖和荆棘。

——《蒙田随笔》（*Essays*），第十一卷，1580

没有人比伊曼努尔·康德更加有力、更不妥协地表达过这样的观点，他那坚定的理性主义伦理学观点没有为任何情感留下空间。

康德的理性主义伦理学

康德的理性主义路径的一个主要刺激是他致力于回答大卫·休谟率先提出的根本的反对立场。休谟认为，在伦理学的基本运作上，不存在理性的任何空间。伦理学是情感的领域，处理着我们认为是愉快与不愉快的情感，以及我们的同情和欲望。理性只扮演着辅助的角色。一旦我们的感情设置了一个基本目标，理性可以帮助我们找到达成目标的最佳手段。理性能够告诉我们，我们的事实判断是否错了（比如，如果我们正在讨论死刑是否可以震慑谋杀行为，理性可以帮助我们回答这个问题；但是如果我们追问死刑是不是正当的、在道德上合法的，那么理性就无能无力了）。在设置我们的价值的基本层面上，休谟坚持认为："理性是并且也应该是情感的奴隶，除了服务和服从情感之外，再不能有任何其他的职务。"休谟认为，当遇到真正的基本价值问题时，我们受到我们的情感推动，而理性则在问题之外："宁愿毁灭整个世界也不愿伤害自己的手指头，这并不违反理性。"幸运的是，我们普遍地拥有社会互利情感："人类的心灵是如此自然地构成，在某种品格、性情和行为的表面上，心灵立即感受到赞同或谴责的情感……让我们赞同的品格主要是那些构成人类社会和平与安全的……"确实，休谟相信，自然足以智慧地在我们的情感和感情中放置了如此重要的动机，而不是指望我们的理性。因为理性的力量是有限的、不可靠的。如果理性构成道德的基础，那么，道德就建立在非常不牢靠的基地上。情感也许不是百分百地牢靠，但是它们比理性更好。

大卫·休谟关于伦理学必须建基于情感的观点最近得到了来自神经心理学研究的支持。安东尼奥·R. 达马西奥（Antonio R. Damasio），一位神经心理学研究者最近写道：

从人类的图景中把感情和情感抹去，会造成随后的经验构造的贫乏。如果社会感情和情感使用不当，如果社会情境与苦乐感之间的联系断裂，个体在其自传性记忆保存中（根据感情和情感标记出那些经验所承载的“善”或“恶”），就无法把事件的经验范畴化。这会阻碍往后的任何善恶概念的水平或结构，就是说，通过推理而来的东西应该被看成善或恶的文化结构，即使它有好或坏的结果。

——《寻找斯宾诺莎》（*Looking for Spinoza*）

休谟对伦理学的说明让康德震惊（正如他对休谟对知识的说明，或者说休谟对我们缺乏知识的说明，也类似地大吃一惊一样）。对于康德来说，感情和情感是极端靠不住的、多变的以及不确定的。就我们大多数人而言，我们的经验证实了康德的评价。你发现六月份时你认为某人是你今生挚爱，九月份时你就无法想象，到底他身上的哪一点吸引了你。也许“构成人类社会和平与安全”的情感更加恒常，但是，当我们想起腐败的政客是多么轻易地煽动对社会构成毁灭性影响的战争的欲望火焰时，我们会充分怀疑这种情感的力量和可靠性。当然了，也存在另外的情感——比如种族主义与性别歧视——都对“构成人类社会的和平与安全”造成深刻的毁灭。不单情感是出名地不可靠，它们也是不普遍的。我深信，我们大多数人强烈感受到歧视女性是可怕的错误，但悲哀的是，存在很多认为女性应该永远处于从属地位的社会意识（这在我们自己的社会中已经存在很多年）。对康德来说，伦理原则必须是普遍的，不是与文化关联的。存在另外一个可能对康德来说最重要的因素：情感不是专属于人类的。当你从大学回到家，你的狗会兴高采烈——我们会非常自然而正确地说，“罗弗肯定很高兴见到你”，当它看到你在机场离开时，它会陷入难过。但是，对康德来说，伦理学是独特的人类现象，因此伦理学必须建基于专属人类的东西之上：我们的理性能力，尤其是我们根据原则的抽象推理能力。

我们的情感是有帮助的抑或是更基本的道德指导，或相反地构成道德生活的阻碍？康德把情感看成完全不可靠的，甚至更糟糕，是理性地理解伦理学的障碍，是伦理行为原则化的阻碍：

……至于道德情感，这个假定的特殊感觉，当那些无法思考者相信情感会帮助他们，甚至在涉及普遍法则的情况下，诉诸它是真正的肤浅。除此之外，自然地在程度上无限区分的情感无法形成关于善恶的统一标准，人们也无权通过自己的情感对他人形成判断的权利……

——康德，《道德形而上学原理》（*Fundamental Principles of the Metaphysics of Ethics*）

诗人雪莱（Percy Bysshe Shelley）捍卫了相反的立场：

道德的重大秘密在于爱；或者是我们自己本性的流露，以及自我和存在于思想、行为或不是我们自己的人格……的美的统一。

——雪莱，《诗的辩护》（*A Defense of Poetry*），1821

但是，对于纯粹理性来说，发现客观伦理真理真的可能吗？康德坚持认为是的。对康德来说，这种伦理真理必定存在一些鲜明的特征。首先，它们必定是定言式的。这就是说，它们不仅仅是有条件的原则，比如，如果你想要健康，你应该吃大量的水果和蔬菜；或如果你想要得到尊重，你应该说真话等。在定言式的真理中不存在条件："说真话"和"履行诺言"，而不是"如果你不想惹麻烦，请讲真话"或"如果方便的话，请履行诺言"。其次，它们必须是普遍的。它们对任何人在任何地方都永远适用。普遍性的特征意味着，这个真理必须是理性的产物，它们不是来自经验或观察或实验。我们从经验、观察和实验中知道了重力法则，因此我们有好的理由去认为它们在我们的宇宙中适用。但是，在某个其他宇宙（也许存在平行宇宙，或者也许上帝创造了其他几个宇宙），可能不存在重力。这很容易想象到。但是，我们不能设想二加二不等于四的一个宇宙。我们能设想一个每次你在两个苹果上加上两个苹果结果是五个苹果的宇宙（在这个新宇宙里，每次四个苹果放在一起，第五个苹果就自动生成了）。我们却不能想象二加二等于五的经验，因为这不是从经验学会的东西，相反——作为一条普遍真理——这必须来源于理性。

> 康德伦理学是伦理学道义论（deontological theory）的一个范例。"道义的（deontological）"一词来自希腊词汇"*deon*"，意指约束，特别是一个有约束力的义务。根据道义论，伦理规则的本性是将你约束于义务之下；同时，约束并不依赖后果。你有义务去履行诺言，即使有一个更好的对价给出了。你受到义务的约束，无论其结果是高兴还是痛苦。义务不是建立在令人高兴或收益或好处上，而是在责任自身的本性上。尽管康德理性主义伦理学是最著名的道义论，但是，这也不是唯一的。神学意志论（theological voluntarism，伦理学神圣命令理论）是另一种道义论。根据神圣命令理论，一条法则因为上帝如此命令而有道德上的约束力。遵从上帝法则的结果——无论是喜是悲——是不相关的。

康德坚持认为，当我们仔细推理时，我们能理性地发现一条在根本上正确的伦理学原则，康德称之为绝对命令（categorical imperative）：要以你意愿你的行动能成为普遍法则的方式行动。你意愿你应该受到欺骗吗？嗯，也许。可能你是一位受虐狂，喜欢受到虐待。那种思考方式太肤浅、太具体，要普遍地思考。不要考虑我在黑板画出的对角线，那些也许没有相等的对角；而是要想象理想的对角线，如你在几何学或在数学里做的那样。如果我有两个甜饼在左手，另外两个在右手，那么我把它们放在一起，然后我可以，也许不可以，得到四个甜饼。可能甜饼怪兽正潜伏在附近，一旦四个甜饼出现在一起，它就抢走三个；或者也可能甜饼有自动生成的特殊能力。一旦你把四个甜饼放在一块，它们就以某种罕见的神奇方式产生另外两个甜饼。这样，两个甜饼加上两个甜饼就成了六个甜饼。但是，这将不会改变二加二等于四这个事实。没有任何实验或经验上的结果能够改变这个数学事实。（你也许通过回忆之前的章节记得，那种类型的知识——不是来源于经验的——叫作先天知识。）因此，让我们回到康德的伦理学。也许你会意愿你被骗与受到鄙视，但是，我们不是考虑带有你的具体心理问题的具体的你；而是说，我们在考虑你作为一个人，有着推理能力，能够理性地发现与遵从原则，自主地选择遵守道德律。你的性别，你的种群，你对芝加哥小熊队的忠诚，你喜欢巧克力饼干，所有这一切都不相干。思考一下，把你自己当作拥有道德主体特征的人：有理性能力，有意志能力。拥有这些特征让你变得非常特殊，无论你身上的其他偶然特征如何。作为一个理性的自主的道德存在者，你不能一致地意愿你应该受到鄙视的或欺骗的对待。这会与你的本性矛盾。但是，当然，在你与他人之间也不存在道德上有意义的区分。你们也许在种族、性别、健康状况、财富甚至智力上不同，但是，你们共同拥有作为理性道德主体的基本的道德特征。假设，有人说，欺骗我是错误的，但我欺骗别人是没问题的。这句话的荒唐（康德认为的）就犹如说，这两条交叉直线的对顶角相等，但这不适用于另外交叉的两条线的对顶角。这好像是说，“二加二对我来说等于四，对你不必然也是”。简单的连贯性要求我们对待他人如同我们自己希望被对待的那样。我们的行动应该永远如此：我们能意愿每个人如此行动，包括他人对我们的行动。

因此，通过一个纯粹的理性程序，相似地得出了一个几何学的证明，我们到达了定言式的伦理学原理：康德的绝对命令，要求我们永远如此行动，我们应该能够意愿我们的行为应该成为一条普遍法则。康德当然没有发明那个原则。该原则非常类似于伦理学的“黄金规则”。你应该“如你愿意他们对你一样对待他人”，或者说（如犹太传统表达的那样）“己所不欲，勿施于人”。但是，康德相信他能纯粹通过理性来建立那条原则，而不依赖任何情感、启示或经验观察。康德为他的绝对命令提供了另一种陈述，也被看成相等价的公式：永远将他人当成目的自身，永远不要当成你目的的手段。这不意味着你不能雇用人来设计你的网站或给你房子装电线。但是，这的确意味着，你必须尊敬地、诚实地、公正地对待他们——你显然不能欺骗他们，更不用说奴役他们。

康德的伦理学是纯粹理性的伦理学。如果萨姆做出的善举是出于乐于助人，并在为他人带来快乐时感受到快乐，那么康德会认为萨姆的行动是令人高兴的、令人愉快的，但是没有任何道德价值。

许多人很富于同情心，他们全无虚荣和利己的动机，对在周围播撒快乐感到愉快，对别人因他们的工作而满足感到欣慰。我认为在这种情况下，这样的行为不论怎样合乎责任、不论多么值得称赞，但不具有真正的道德价值，它和另一些爱好很相像……

——康德，《道德形而上学原理》

诗人奥格登·纳什（Ogden Nash），在一首有点古怪的、名为“一种义务颂（Kind of an Ode to Duty）”的诗中写道：

啊，义务，

为何你没有一副甜蜜或可爱的脸庞？

对我们大多数人而言——也包括亚里士多德——如果我们的义务对我们的欲望存在吸引力将是极大的欢喜。如果我探访病友的义务和花费一个下午在海滩游玩一样有吸引力，那么，义务就是美差了。这犹如清蒸西兰花有热巧克力圣代冰激凌的美味一样。

但是，康德则对此有不同的看法。如果义务总是和欲望相匹配——如果义务“有一副甜蜜或可爱的脸庞”，而非道德要求的严肃态度——那么，我会只通过爱好做正当的事情，而非通过我们的意志的强力与奉献。康德认为，根据爱好的行动毫无道德价值；我们独特的人类意志力能使我们克服欲望，服从理性道德法则的要求。这正是那个将人类从机械世界区分开来的能力，让我们拥有独特的地位。

对康德来说，情感在伦理学里毫无地位，甚至由慷慨情感如关怀和同情推动的行动，也没有积极的道德价值，而是相反，阻碍了真正的道德行动之路。真正的道德行动，必须纯粹地来自服从道德法则义务的理性认可：

……假定，自然并没赋予某人以同情心，这个人虽然诚实，在性格上却是冷淡的，对他人的困苦漠不关心，很可能由于他对自身的痛苦具备特殊的耐力和坚忍性，于是他认为或者要求别人也是如此。假定，自然没能把这样一个决不能说是坏人的人，塑造成一个爱人的人，那么，与有一个好脾气相比，他不是在自身之内更能找到使自身具有更高价值的源泉吗？当然如此！那高尚无比的道德品质的价值正由此而来，也就是说，他做好事不是出于爱好，而是出于责任。

——康德，《道德形而上学原理》

如果我们必须理性地看待道德义务，不掺杂情感和爱好的助力，那么，推动我们履行严格的义务、服从道德法则的动机和力量是什么呢？对该问题的回答构成康德道德理论的最后一块。我们严格根据行动的意志来履行我们的道德义务，而不能追溯到我们的情感或希望或我们偶然的历史。服从道德法则的意志力，与认识道德法则的理性力量一起，让我们摆脱牛顿物理学的决定论世界，让我们摆脱粗鄙的物质世界：令我们成为特殊的、如神般的存在。

理性和情感之间的争斗是个老生常谈的话题，不但哲学里有，文学里也有。威廉·华兹华斯（William Wordsworth），英国18世纪后期和19世纪早期的大诗人，站在了情感这一边：

春日林中树木的搏动
会更多地教导你如何做一个人
道德罪恶和善良
这是世上的智者能教你的。
自然带来的歌谣如此甜美
我们那讨厌的所谓的知识
已经把万物美好的本态歪曲——
我们更是在分解中将它们谋杀。

够了，够了，那些科学和艺术；
合上那些贫瘠的书页；
来吧，带上一颗心
愿意观察和吸收的心。

康德以最纯粹、最严格的形式呈现了理性主义伦理学。休谟对情感和同情的强调与康德的纯粹理性主义相比，存在深刻的差异。一个倾向于把道德行为看成自然的现象；另一个则把道德行为看成几乎像神一样的力量的要求。休谟发现，为道德发展寻找自然的解释是合理的；康德则不是。前者认为一些非人类的动物的行为充当道德也是合理的；后者则认为这是荒唐的。前者倾向于把情感和自然的同情看成伦理学的主要源泉；后者则典型地把理性和服从原则当成伦理行动的基本条件。

功利主义伦理学

康德坚持认为，真正的伦理行为要求服从通过纯粹理性发现的伦理原则；休谟认为，在伦理学中没有理性的角色，因为伦理学是一个情感和激情的王国。另一个在很多重要的方面与此两者都不同的主要的伦理学视角是功利主义观点。尽管功利主义者也讲理论建基于情感，但是，相比休谟而言，他们倾向于把伦理学看成更加理性的事务。像康德一样，功利主义者强调了仔细推理的重要性，然而，被功利主义者赞成的那种推理和康德所要求的是非常不同的。对功利主义者而言，基本的目标是最大化快乐、最小化痛苦。推理在帮助我们发现找到目的的最佳手段上是有好处的，但是理性不能确立快乐是善与痛苦是恶——功利主义者倾向于认为这一点是明显的事实。

功利主义伦理学版本广泛而多样。如果你浏览哲学杂志，你将发现更多不同类型的功利主义理论，超过了在高档咖啡厅里的咖啡选择。但是，功利主义伦理学的基本观念是相当简单的：正确的行动是产生最好的总体后果的行动（包括对每个人，也包括长期后果）。对绝大多数功利主义者而言，寻求的结果是快乐超过痛苦的最大可能净额。但是，也存在“理想的”功利主义者，他们想要的不是最大化快乐，而是“善”。也存在偏好功利主义者，他们想要尽可能地满足很多偏好（即使有些偏好有坏的结果，比如偏好抽烟）。还存在其他多种版本，不一而足。

康德主义者会发现，功利主义观非常令人不快，甚至是招人反感的：一种腐化的伦理学以及对伦理理想的背叛。康德主义者把那些否认伦理客观性的人视为敌人；但是，功利主义者——他们把伦理理想的崇高还原到最大化快乐的庸俗计算——被鄙视为背信弃义。康德主义者把合法的道德看成功利主义计算的直接对立面：“道德不是我们如何让我们自己快乐的学说，而是我们如何让我们自己配享幸福的学说。”（康德，《实践理性批判》，1788）

我不知道我们为何在这里，但我相当确信的是，我们不是为了享受而在这里。

——路德维希·维特根斯坦（1889—1951）

如果你在寻找带有辉煌理想的伦理学理论、绝对的原理、一个超越我们日常动物性存在的粗陋世界的人类伦理行为的概念，那么，功利主义很可能不是你要找的伦理学理论。另一方面，如果你意愿你的伦理学是尽可能地实用，并对我们所生活的社会和环境给予认真的关注，那么，你会发现功利主义理论是相当不错的。功利主义不是起源于上帝的诫命，也非求助于纯粹理性；相反，功利主义起步于一个非常平常的观察：动物（包括人类）喜欢快乐并厌恶痛苦。于是，我们的伦理目标应当是很明显的：以产生对每个人来说快乐超过痛苦最大净额的方式行动。（如果你认为痛苦是善，因为痛苦给我们精神上的深度；或者说快乐是糟糕的，因为快乐让我们对生活的更深层的意义感到心不在焉，那么，功利主义理论对你而言就无甚吸引力了。）我应该说谎吗？也许不应该，毕竟，我们从不舒服的经验得知，说谎往往导致很多痛苦。但是，在某些情形下，说谎可以是正确的事情（比如，当隐藏逃跑的奴隶使其免于被搜捕者抓到时）。如果你想知道何种行为是对的，不要诉诸伦理理想或绝对规则；而是要仔细察看情境，认真考虑在这些场合下，何种行为最可能产生快乐超过痛苦的最大总净额。

功利主义伦理学是目的论（teleological theory）伦理学的一个范例。“目的的（teleological）”一词来自希腊词汇“*telos*”，意指目的或目标。该种理论有时候被称为后果主义理论，因为它们把伦理规则和判断建基于后果。大致地，一个行为如果产生善的后果，或者有有价值的目的，就被判断为善。功利主义伦理学（正确的行动是为每个人产生最大利益的行为）是主导性的后果主义观点，利己主义（正确的行为是为个体产生最大利益的行为）也是后果主义伦理学。目的论和道义论（基于义务）之间的对比是伦理学理论中最根本的区分。道义论者从根本上相信伦理学中的后果无关紧要（或者说，至少不具有首要地位）；目的论者相信后果是唯一重要的事情。

有人喜欢功利主义伦理学，因为该伦理学理论关注实际后果而非绝对的理想；有人讨厌功利主义，也正是出于同样的原因。但是，无论爱与恨，功利主义伦理学不应该被看成短视的、为了当下而生活的、只考虑自己的伦理立场。那是对功利主义伦理学的一种粗暴歪曲。首先，功利主义不是只关注自我的、利己的观点。当计算要做的正确行为时，你当然应该衡量你自己的快乐与痛苦的净额，但是，你千万不要——像一个好的功利主义者那样——对自己的苦乐的计算超过对别人的计算。如果少量地降低你自己的个人快乐会导致他人的巨大快乐，那么，你在道德上就有义务去做那个利他的行为（即便这会让你处于不利地位）。在决定你该做什么的过程中，你必须考虑的不仅是当下的苦乐，而且也有长期的利益与问题。抽烟是令人愉快的，但一个好的功利主义者不仅会考虑即时的快乐，也会考虑承担之后可怕而痛苦的长期癌变的风险，以及给他人强加吸二手烟的风险。一晚上的酩酊大醉会带来实实在在的当下快乐，但是考虑到明天的宿醉，更不用说伦理学考试泡汤的不快以及可能引发的肝损伤的长期痛苦，一个深思熟虑的功利主义者会得出结论说，这样醉酒的快乐与未来的痛苦比，得不偿失。不要问醉酒是否“就其本身而言有错”，功利主义者会说，如果醉酒产生快乐，那么，在那个范围内它是善的。但是，当我们权衡了所有相关的苦乐后，我们会很好地下结论：醉酒不是一个好的选择。

功利主义者坚信，我们基本的道德义务是努力为每个人争取最大的快乐和最小的痛苦；但是，在那个总框架下，功利主义者之间也存在一些重要的争议。首先，一些快乐比另一些快乐计算值更高吗？就是说，当进行功利主义计算来决定何种行为是对的（何种行为会产生苦乐的最大净额）时，我们应当对一些快乐比其他快乐给予更大权重，还是说所有的快乐都一视同仁地看待？我们应该在考虑快乐的数量之外，也要考虑快乐的质量吗？杰里米·边沁（Jeremy Bentham），19世纪英国一位伟大的改革家、哲学家，近代功利主义之父，坚决反对在快乐的质量当中做区分："玩图钉游戏和诗歌鉴赏一样快乐。"边沁对此坚持不移（或用当代术语说，电子游戏和诗歌鉴赏一样快乐）。你聆听莫扎特（Mozart）与巴赫（Bach）的音乐感受到快乐，而我喜欢的是"小甜甜"布兰妮（Britney Spears）的音乐。显然，你有更加复杂而有教养的音乐品位，你能聆听和鉴赏音乐上我全然不知的细节，但是，只要我们从我们的音乐偏好中获得了相等数量的快乐，边沁就把这些快乐算作同等的。（当然，如果我很快就对听"小甜甜"布兰妮的音乐感到了厌倦，而你从巴赫的音乐上获得了长久的快乐，我们将不会得到相同的快乐总量。但是，如果我在布兰妮的音乐中获得的快乐与你从巴赫那里获得的一样强烈，那么，边沁就视其为同等的。）约翰·斯图亚特·密尔（John Stuart Mill）是紧随边沁之后下一代功利主义的领袖人物，但是在那个关键点上，他不同意边沁的观点：密尔坚持认为快乐的质量也必须被考虑进功利主义计算之内。"做个不满意的人比一头满意的猪要好；痛苦的苏格拉底好于快乐的傻子。"密尔相信，能够欣赏高品位快乐的人不会愿意用这些快乐交换低品位的数量更多的快乐；因此，关于质量的计算应该成为功利主义判断的一部分。

把快乐质量的判断增加到功利主义计算中引发了一个基本问题：我们如何给快乐的质量排序？测量数量已经够粗暴的了，而测量质量则会引发更大的困难。在伊丽莎白时代的英国，花费一晚上在莎士比亚的戏剧上被看成相当低级的快乐形式，而打牌的质量则会被高估很多。今天，大多数人会颠倒那个质量评估。密尔声称，在评估两种快乐形式的质量时，只有那些两者都可以欣赏的人才有资格判断。但是，找到这样的判断者也许是困难的。有很多人喜欢赛车，其他人则热衷莫扎特的音乐；但是，能享受两方面的快乐且对何种快乐质量更高给出可信的评判的人，可能少之又少。

功利主义阵营中的第二个区分是行为功利主义和规则功利主义。行为功利主义是标准的功利主义立场。正确的行为是对每个人来说产生的快乐超过痛苦的最大净额的具体行为。如果说谎比说真话会产生快乐超过痛苦的更大的净余额，那么，说谎就不仅仅是道德上可接受的，甚至是道德上必要的。规则功利主义者相信，功利主义计算必须衡量出比如信守诺言实践中更大的益处，以及这些实践让悬置行为功利主义计算成为必要。考虑一下我们信守诺言的实践吧。如果你承诺请我吃午饭，那么，我可以据此做安排：拒绝其他午饭邀请，穿越城区与你相见，预定餐馆，并且也许还买一套新衣服。但是，为了让这些安排有效，我必须能指望你信守诺言。当然，如果出现紧急情况——你在去餐馆的路上碰到糟糕的交通事故，或者你必须载着你的好友去医院——那么，你就可以合法地免于午餐的承诺。把这些借口考虑在内是我们信守诺言实践的一部分。但是，假设没有任何紧急事情发生；相反，你只是收到一个更好的邀请。你在请我吃午饭的路上，一个更加有吸引力、更令人愉快的人请你去吃午饭。你掂量一下所有涉及的苦与乐：如果你对我食言，我将感到失望；但是，那会被另一个事实抵消，即如果你为了与我吃顿没趣的午饭而不得不放弃这个更有吸引力的午饭机会，那么你将感到失望。当你把婉拒这位魅力人物的午饭邀请而带来的痛苦，加上你与这位新人在午餐中将会享受到的巨大快乐的因素，那么很显然，快乐超过痛苦的最大净余额将会导致你食言。因此，通过行为功利主义的计算，你应该食言；相反，你在道德上有义务信守诺言。但是，如果人们每次有一个更好选择出现时都选择食言，那么承诺就变得一钱不值了。如果“我承诺请你吃午饭”仅意味着“我将请你吃午饭，如果没有什么更好的事情出现”，那么我们承诺的实践就不再起到这个作用了：承诺也将不再使我们做出有把握的安排。

因此，如果我们认为信守诺言是有价值的、有益的，那么，我们千万别信守诺言，除非当功利主义计算支持我们这么做。相反地，我们必须把信守诺言当成我们要做的事情，即便功利主义计算反对这么做。规则功利主义者认为，我们应该通过功利主义标准，通过决定继续那个实践与其规则比中止那个实践是否有可能产生快乐超过痛苦的最大净余额来衡量实践，比如信守诺言。但是，如果我们的功利主义计算支持这个实践，那么，采纳该实践将意味着，当我们在这个实践内运作时，我们必须遵循该实践的规则，而非做出功利主义计算（因为唯有通过遵循实践惯例的程序，以及当在实践内运作时悬置功利主义计算，我们才能使实践有效）。如果我们想要享受信守诺言实践带来的功利主义益处，那么，我们必须遵循该实践的规则。因此，对于行为功利主义支持的严格根据每个情形进行功利主义计算的例外，规则功利主义反倒会支持了。

对功利主义的批评

功利主义伦理学仍然是一种流行的伦理学理论，但也有对它的批评。如先前提到的那样，康德主义者把功利主义伦理学看成整个伦理事业的根本堕落：聚焦伦理学于快乐的最大化把伦理学从崇高降低至琐碎。还存在其他有趣的批评。最基本的批评之一是功利主义犯了心理学上的错误：人类把最大化快乐和最小化痛苦看成至善是不对的。在了无人烟的严酷条件下攀爬一座非常有挑战性的山峰通常会产生可怕的痛苦；可能我们会给出某种说明：视如此一项严酷的工作为追求快乐，但这说明听起来很可能是勉强的、貌似合理的。更清楚的例子可以在浴血奋战的革命者推翻他们认为是不合法政府的努力中找到。纳尔逊·曼德拉（Nelson Mandela）奋起反抗实施野蛮的种族隔离政策的南非政权，这使得他遭受了多年残酷的牢狱之灾，这无法合理地被看成为追求趋乐避苦。行为主义心理学家为在这个意义上的批评提供了强力支持。

> 行为主义心理学家，如斯金纳指出，幸福的关键不在于获得利益或回报，而在于这些利益是怎么得到的。如果你在一个项目上努力工作，你通过自己所做出的努力而得到回报，最终通过出色完成工作而被回报或强化，那么，你得到了回报之乐以及强化了的努力而出色地工作的倾向。于是，工作本身变成了享受。另一方面，如果你取得的利益、快乐或“回报”与你自己的努力无关——你努力工作，但是回报甚微；或者不劳而有获——长期结果将会是没精打采、了无趣味以及倦怠消沉。因此，对行为主义心理学家而言，功利主义过于聚焦在“最大化快乐”上；相反地，它应当聚焦于得到快乐或强化的方式，以及何种强化方式塑造了精力充沛的努力与持久的兴趣。如斯金纳所言：

最大多数人的最大的善也可以是最大的厌烦，功利主义者跑了题，正是因为他们忽略了构成我们通过说我们幸福来描述的条件的强化偶然性。

——斯金纳，《助人的伦理学》（"The Ethics of Helping People"），1975

行为主义研究表明，当我们经验到与我们努力无关的快乐时，其结果往往是无趣和沮丧。我们喜欢做受到积极强化的事情，我们喜欢做那些导致快乐和满足情感的事情；但是，快乐和我们的努力无关，对我们人类而言在心理学上是不健康的。快乐对于我们所实施的行为是一种重要的强化手段；但是，我们实际上看中的是（令人愉快的强化刺激所塑造的）致力于导致快乐的行为。你当然从踢足球中获得了快乐，但是你看中的是踢足球，而不是踢足球所导致的快乐。如果有人为你的大脑提供刺激，以至你能感受到当你踢足球时所经验到的快乐，但条件是你停止踢足球，你会发现这不是一个有吸引力的提议。

考虑一下有个人——如果可能，可以是你自己——面临一个重要的自我决定。如果你是一位女士，有机会开始一份十分吸引你且要求颇高的事业，但需要牺牲与你的孩子共度的时光，你会怎么选择？或者说，如果你是一位法学院的毕业生，收到了一份来自某个颇有实力公司的录用通知，你会因为后面还有个挑战性较小但可能会通往——但谁也无法确定——后来的政治生涯的录用通知而拒绝它吗？或者说，如果你是一个犹太人，你应该放弃你在洛杉矶安逸的生活，为了坚定地让你自己与该民族的命运联系在一起而移居到以色列吗？人们不会通过判断哪一种选择会带来多少快乐而对此做出重大的决定。

——罗纳德·德沃金，《生命的自主权》

对功利主义的批评，在20世纪后期美国哲学家罗伯特·诺齐克（Robert Nozick）设计的著名思想实验里得到了更深入的发展。想象一个“快乐机器”：当你进入机器后，机器会清除你进入该机器的记忆。你所能说出的是你身处于真实的世界。在机器里，你将经验到巨大的成功与莫大的快乐。你将写出杰出的小说并获得诺贝尔文学奖；你将在绿湾包装工橄榄球队（the Green Bay Packers）担任四分卫，6分直落“超级碗”（Super Bowl，美国国家美式足球联盟，也称美国国家橄榄球联盟年度冠军赛，胜者被称为“世界冠军”）；你将在温暖的海滩度过一个充满野性而快活的夜晚，我保证你的想象力会天马行空地充实细节。你自信满满地操控机器（一旦你被锁在里面，他们不会对你施行可怕的实验）。你被假定为，没有家人和朋友会因为你的不在场而想念你，或担心你，或受到伤害。你愿意走进这个快乐机器吗？也许一天可以，甚至一个长长的周末也行，但是，你会愿意在那里度过你的一生吗？虽然有诱惑，但是几乎无人会选择走进里面。你想要的不仅仅是幻想或感情，你想要让事情在世界上真实地发生，对现实有影响。但是，如果你拒绝在快乐机器里度过一生的机会，那么很清楚，最大化你的快乐和最小化你的痛苦就不再是你的主要目标。如果情况是这样，那么，功利主义理论的基本前提就受到了威胁。

即使你对作为个人伦理学理论的功利主义伦理学持怀疑态度，你也可以发现，在更大的社会层面上它是有用的。事实上，这也是功利主义伦理学为何最初被发展出来的原因：作为社会伦理学的一个向导，在更大的公共层面通向正义。特别是，对想要在社会中做出重要变革的社会改革家而言，功利主义作为一种伦理体系而得到了发展。想想 19 世纪早期处在工业革命顶点的英格兰：由查尔斯·狄更斯描写的巨大两极分化的残酷世界。少数人拥有巨大财富，穷奢极欲：在伦敦居住豪宅，有庞大的夏季度假乡村别墅，用于猎狐的宽大而稳当的马车，拖拽着豪华的车厢，壁橱塞满了缝制考究的衣着以及制作精良的靴子，餐餐三巡五味。但是，很多人过着惨淡的生活，贫困而绝望，无处安身，食不果腹，无机会看病。孩子天不亮就到了烟雾缭绕的危险的工厂和矿井，一直待到天黑，日复一日，直到过早夭折为止。没有公共教育，也没有机会逃出这可怕的境地，甚至那最残酷的功利主义计算也会让这一点昭然若揭：马斯塔德大人（Lord Mustard）拥有两座豪宅，而很多贫民甚至连茅舍也没有；他每天吃着山珍海味，而很多人却忍饥挨饿；他拥有巨大的不动产只是为了猎狐，而其他人却渴望得到一小块耕作的土地；那么该制度就不是快乐的最大化与痛苦的最小化。或者，我们举一个更当代些的例子：一方面上千人生活奢侈，拥有豪宅、别墅、私人飞机，另一方面上百万人生活贫困，没法获得基本的卫生保障，那么，一个迅速的功利主义计算表明，这个制度对提高每个人的生活而言并不是最好的制度。哪个更有可能产生一个快乐超过痛苦更大净余额的制度呢：在沃尔顿继承人的 16 卧室公馆两翼建立一个新的豪宅，还是为无家可归者建造一打舒适的房子？功利主义计算并不需要高深的数学技术。所以，功利主义伦理学对我们伦理生活的细节而言可能少一些效果，但作为一个砸开我们社会的最明显不公的铁锤又是非常有效的。这就是当代功利主义者的领军人物、动物权利的倡导者彼得·辛格（Peter Singer）使用功利主义伦理学的方式：你从食用小牛肉中获得的快乐超过了一头禁闭在牛栏里孤独的然后被运往屠宰场的小牛的痛苦吗？无论功利主义伦理学的局限性是什么，它都有推动我们严肃思考我们的生活和社会的伦理维度的力量。

阅读部分

人性论

大卫·休谟

大卫·休谟（David Hume，1711—1776）也许是最伟大的古典经验主义哲学家，下面的段落摘引自他的《人性论》(*A Treasie of Human Nature*，1738）一书。他反对任何伦理学的理性主义说明，坚持认为伦理学是基于我们的感情和情感，伦理学也不能从理性中得出。正如休谟为理性主义知识论设置了巨大的挑战一样，他也成了理性主义伦理学伟大的对手。

论影响意志的各种动机

在哲学中，甚至在日常生活中，最常见的事情就是谈论理性和情感的斗争，就是重视理性，并且说，人类只有在遵循理性命令的范围内，才是善良的……为了指出这种哲学的谬误，我将努力证明，第一，理性决不能单独成为任何意志行动的动机；第二，理性在指导意志时并不能反对情感。

知性通过理证或概然性来做出判断，所以它的作用方式有两个；一方面，知性所考虑的是我们观念的抽象关系；另一方面，它所考虑的是仅仅由经验提供给我们的那些对象的关系。我相信，很少有人会说，单是第一种推理就可以成为任何行为的原因。第一种推理的合适的范围既然是观念世界，而且意志既然永远把我们置于现实世界中，所以理证和意志因此就似乎是完全彼此分离的。数学在一切机械运动中，算术在每一种技艺和行业中，的确都是有用的；不过并不是数学和算术本身有任何影响。力学是依照某种预定的目的或目标调整物体运动的技艺；而我们之所以要用算术来确定数的比例，只是为了我们可以借此发现出数的影响和作用的各种比例。一个商人想知道他和任何人的账目的总额；为什么呢？只是为了想知道，多大的总数才可以有偿还债务并到市场购货（合计全部货物在内）的那个结果。因此，抽象的或理证的推理，只有在它指导我们有关因果的判断时，才能影响我们的行动；这就把我们引到了知性的第二种活动。

……

由此可见，永恒的、理性的是非标准的体系所需要的第一个条件是不可能满足的，因为我们不可能指出那样一种是非区别所依据的那些关系；第二个条件也同样不能满足，因为我们不能够先验地证明，这些关系如果真正存在并被知觉的话，会具有普遍的强制和约束力。

道德的区别不是从理性得来的

不过为了使这些一般的考虑更加清楚而有说服力，我们可以用人们普遍承认为含有道德的善、恶性质的一些特殊例子加以具体说明。在人类可能犯的一切罪恶中，最骇人、最悖逆的是忘恩负义，特别是当这种罪恶发生在父母的身上，表现在伤害和杀害的尤其罪恶昭彰的例子里。一切人，不论哲学家还是一般人，都承认这一点；只是在哲学家中间发生了这样一个问题，就是：这种行为的罪恶或道德上的恶是被理证的理性所发现的呢，还是被一种内心的感觉、通过反省那样一种行为时自然地发生的某种情绪所感受到的呢？如果我们能够指出，其他对象中虽然也有同样的关系，而却并不伴有任何罪恶或非义的概念，那么这个问题就立刻被决定了，而前一个意见就被否定了。理性或科学只是观念的比较和观念关系的发现；如果同样的关系有了不同的性质，那么明显的结果就是：那些性质不是仅仅由理性所发现的……

对于这些推理，我必须要加上一条评论，这条评论或许会被发现是相当重要的。在我所遇到的每一个道德体系中，我通常注意到，作者在一个时期中是依照平常的推理方式进行的，确定了上帝的存在，或是对人事做了一番评论；可是突然间，我却惊讶地发现，我所遇到的不再是命题中通常的“是”与“不是”等联系词，而是没有一个命题不是由“应该”或“不应该”联系起来的。这个变化虽是细微的，却是有极其重大的关系的。因为这个“应该”或“不应该”既然表示一种新的关系或肯定，所以就必需加以评论和说明；同时对于这种似乎完全不可思议的事情，即这个新关系如何能由完全不同的另外一些关系推出来，也应当给出理由加以说明。不过既然作者们通常不是这样谨慎从事，所以我倒要建议读者们要注意；而且我相信，这样小的注意就会推翻一切通俗的道德体系，并使我们看到，恶行和德行的区别不是单单建立在对象的关系上，也不是被理性所感知的。

道德形而上学原理

伊曼努尔·康德

伊曼努尔·康德（Immanuel Kant，1724—1804）捍卫了完全基于理性主义的伦理学体系——简言之，他的观点与休谟赞成的立场直接相反。康德坚持认为，存在纯粹通过理性（与休谟相反，情感与真正的伦理行为没有任何关系，而真正的伦理行为必须建立在规则的合乎理性的应用上）而被知晓的绝对的普遍的道德原则。下面的部分内容摘自他发表于1785的《道德形而上学原理》；最后的部分选自他发表于1788年由托马斯·K. 阿博特（Thomas K. Abbot）翻译的《实践理性批判》。

从普通的道德理性知识过渡到哲学的道德理性知识

在世界之中，甚至在世界之外，除了善良意志，不可能设想一个能被称为善的东西。理智、才智、判断力，以及不管如何称呼的心灵的其他才能或者说勇敢、决心、毅力等那些性格上的素质，毫无疑问，从很多方面看是善的并且值得欲求。然而，如果使用这些自然天赋并且构成我们称为性格的意志不是善的，那么这些自然天赋也可能变成相当坏的并且有害的。这个道理对幸运所致的东西同样适用。如果没有一个善良意志去正确指导它们对心灵的影响，使行动原则和普遍目的相符合，那么权力、财富、荣誉甚至健康和全部生活境遇的美好、如意，也就是那名为幸福的东西，就会使人自满，并由此经常使人傲慢。大家都知道，一个毫无偏见的、理性的观察者，看到一个丝毫没有纯粹善良意志的人却总是获得成功，并不会感到高兴。这样看来，善良意志甚至是值不值得幸福的不可缺少的条件。

……

道德的第一个命题是：只有出于责任的行为才具有道德价值。第二个命题是：一个出于责任的行为，其道德价值不取决于它所要实现的意图，而取决于它所被决定的准则。因此，它不依赖行为对象的实现，而仅仅依赖行为发生时所遵循的意志原则，与任何欲望对象无关。这样看来，我们对行动所可能有的意图，以及作为意志动机和目的的行动的后果，不能给予行动以无条件的道德价值，这一点是十分清楚的。如果道德价值不在于意志及其预期的效果，那么，它体现在哪里呢？它只能在意志的原则之中，而不考虑通过行动达到的目的。意志好像站在十字路口一样，站在它作为形式的先天原则和作为质料的后天动机之间。既然意志必须被某种东西所决定，那么它归根结底要被意志的形式原则所决定，如果一个行动是出于责任去做的，那么，在这种情况下，它就抛弃了一切质料原则。

第三个命题，作为以上两个命题的结论，我将这样表述：责任就是由于尊重法则而产生的行为的必要性。作为我之前行动后果的对象，我可能爱好它，然而从来不会尊重它，因为它只不过是意志的结果，而不是意志的作用。同样，我也不会对爱好表示尊重，不论它是我自己的还是其他人的，我对自己的爱好只能是随其所好，而对别人的爱好有时会喜欢，因为把这种爱好看作有利于我的。只有那种作为原则而永远不会作为效果——不是助长我的爱好而是抑制它，至少在做出选择时把它排除在计算之外——和我的意志相联系的东西，换句话说，只有法则本身，才是尊重的对象，才是命令。一个出于责任的行为，必须完全摆脱爱好的影响以及与之相关的意志的对象，所以，客观上只有法则，主观上只有对这种实践法则的纯粹尊重，也就是准则，才能决定意志，才能使我服从这种法则，抑制自己全部的爱好。

行为的道德价值并不在于它所预期的效果，也不在于以这种预期效果为动机的任何行为原则。因为，这些效果，比如，处境的舒适，甚至他人幸福的提高等，都可通过另外的原因产生，而并不需要有理性的东西的意志，而最高的无条件的善却只能在这样的意志中找到。我们称之为道德的这种卓越的善，只在于法则本身的概念，这种概念当然只有在理性的东西这里才是可能的，因为正是这种概念，而不是预期的效果，决定了意志。这种善自身已存在于按照法则而行动的人身上，因此，我们不需要从效果中去发现它。

……

结论

有两样东西，人们越是经常持久地反思，它们就越是使内心充满常新而日增的钦佩和敬畏，这就是：我头上的星空和我心中的道德律。对于这两者，我不会去寻找和猜测，好像它们隐蔽在黑暗中或是在我的视野之外；我看到它们在我眼前，并把它们直接与我存在的意识联结起来。前者从我在外部感官世界中所占据的位置开始，并把我身处其中的联结扩展到世界之上的世界、星系组成的星系这样无限的程度，此外还扩展到它们的周期运动，即它们开始和延续的无穷时间。后者从我的不可见的自我、我的人格开始并把我呈现在这样一个世界中，这个世界具有真实的无限性，但只有通过知性才可以觉察到，并且使我认识到我与这个世界（但由此同时也就与所有那些可见的世界）不是像在前者那里只是处于偶然的联系中，而是处于普遍必然的联系中。前面那个无数世界堆积的景象仿佛取消了我作为一个动物性被造物的重要性，这种被造物在它（我们不知道怎样）被赋予了一个短时间的生命力之后，又不得不把它曾由以形成的那种物质还回给这个（只是宇宙中的一个点的）星球。反之，后面这一景象则把我作为一个理智者的价值通过我的人格无限地提升了，在这种人格中，道德律向我展示了一种不依赖动物性，甚至不依赖整个感性世界的生活，这些至少都可以从我凭借这个法则而有的目的中推导出来，这种目的不受此生的条件和界限的限制，而是延伸到无限的。

哈克贝利·费恩的良心

乔纳森·贝内特

乔纳森·贝内特（Jonathan Bennett）曾在剑桥大学、英属哥伦比亚大学、雪城大学任教哲学。他在哲学的很多领域都已经出版了有影响力的论著。这篇文章《哈克贝利·费恩的良心》（“The Conscience of Huckleberry Finn”），最初发表在《哲学》（*Philospphy*）杂志 1974 年第 49 卷，第 123—134 页。该文因为精彩而迷人的写作风格和丰富的哲学内容而被广泛重印。贝内特对康德理性主义伦理学路径和休谟伦理学强调情感的基本冲突，提供了一个非常细致但又可读性很强的当代分析。

I

在这篇论文中，我将不仅提供对哈克贝利·费恩的良心的分析，而且还有另外两个人的。其中之一是海因里希·希姆莱（Heinrich Himmler）。他在 1923 年成了一名纳粹分子，他单调乏味、安安静静、但又勤勤恳恳地服役，被授予了与日俱增的责任和权力。在其生涯的顶峰，他担任很多要职，其中最有权威的是当上了党卫队的魁首——纳粹统治的主要警察力量。在此权能下，希姆莱指挥整个集中营制度，负责对所谓“犹太问题最终解决”的执行。对我的目的来说，很重要的是，这个社会工程应当不是被抽象地思考，而是用犹太家庭的具体术语来完成。这些犹太家庭被征往他们所认为的浴室，伴随着留声机的《风流寡妇》（*The Merry Widow*）和《霍夫曼的故事》（*The Tales of Hoffmann*）等名曲的选段，被毒气杀死。前前后后，希姆莱杀害了 450 万犹太人，以及数百万非犹太人（主要是波兰人和俄罗斯人）。

接下来讨论的另一种良心是加尔文主义的神学家、哲学家乔纳森·爱德华兹（Jonathan Edwards）。他生活在 18 世纪上半叶，当仁不让地被看成美国第一位严肃且名副其实的哲学思想家。多年来，他是北美殖民地新英格兰地区声誉广泛的传道者、圣公会牧师。1748 年，和他的圣公会的一场争论使他辞职（他无法接受不信教者应被允许领取期望人可以改宗的圣餐）。此后他以传教士身份工作数年，通过翻译向印第安人布道；然后于 1758 年，他接受了今天成为普林斯顿大学的教席职位，两个月之内死于天花接种。一路走来，他写出来一些一流的哲学文章；他那攻击自由意志概念的书至今依然时常被阅读。我为何对爱德华兹的良心感兴趣将在下文适当的地方加以解释。

我将用海因里希·希姆莱、乔纳森·爱德华兹和哈克贝利·费恩的例子来阐明一个单一主题的不同方面，就是说一方面是同情与另一方面是坏道德之间的关系。

II

我所指称的“坏道德”是一种我极力反对其原理的道德。当我称一个道德为坏的时，我并不能证明我的就更好；但是，当我在这里称任何一种道德是坏的时，我认为你会同意它就是坏的。这就是我需要的一切。

对于某人的行动的发起是否构成道德，也许还存在争议。我认为，尽管我们必须承认，某人以与我们的道德相冲突的方式行动，也许有着他自己的道德——一系列他自己认同的行动原则，这样对他而言，好的、正当的或服从良心的行动的问题就是与这些原则相一致的问题。坏道德可以激烈引起良心问题，正如可以引起其他问题一样。败坏的原则会像合宜的原则一样难以恪守。

至于“同情”，我使用该术语来指称每一种同胞感，当一个人对别人的孤独感到怜悯，或对他人的痛苦感到恻隐之心，或一个人对会给他人造成不幸的行为感到不忍。对于这些情感，千万不要和道德判断混为一谈。对处于不幸中的他人表示出我的同情会导致我帮助他，甚至使我想到应该帮助他。但就其自身而言，这还不是一个我应该做什么的判断，而仅仅是对他所处境况的情感。当我们考察哈克贝利・费恩的情况时，我们需要明白情感和道德判断的区别。

显然，情感可以推动我们行动，道德判断也会如此。在具体案例中，同情和道德可能方向相反，彼此对拉。这不只是在坏道德下会发生，而且在如你我的那样的好的道德中同样会发生。比如，一个孩子生病了，十分痛苦。当母亲把孩子交给医生做检查时，孩子紧紧抓住他的母亲，惊恐地哭喊。如果母亲的同情心主导一切，也就是，她对孩子的痛苦和恐惧表示同情，那么她就会抱紧孩子，不让医生靠近。但是，难道我们不会同意说她根据此感情的行动可能是错的吗？一般说来，任何人的道德原则适用于一个具体的情景时，可能以一种与他所面临的同胞感的具体推动相反的方式而进行。我直接的关注是同情与坏道德的关系，但并不是因为这样的冲突只发生在道德是坏的时候。

现在，假设接受了一条坏道德的一个人在努力让自己与一个特定情境相一致地行动，而他的同情却将其引向另一方向。他把该努力看成做正确的、合乎良心的事情与错误的、软弱的行动之间的状态，像那位不让医生靠近她那生病的、恐惧的孩子的母亲一样。既然我不接受这个人的道德，我们可以非常不同地看待那个情景，完全不同意他认为是正确的行动，认可那些从他的观点看是软弱和倒退的行为。

同情和坏道德之间的冲突不总是像这样，因为我们不同意每一个坏道德的独断专行。它可能以我描述过的方式发生，即行为人的正确行为却是我们的错误行为，反之亦然。那正如在《哈克贝利・费恩历险记》第十六章某个片段里发生的那样，该片段出色地介绍了小说如何指导现实生活。

Ⅲ

哈克贝利・费恩一直帮助他的奴隶朋友吉姆逃离其主人华珍小姐。在他们沿着密西西比河的小木筏旅程中，他们靠近了吉姆会变成法律上自由的地方。现在，让哈克来讲述故事：

吉姆说，眼看自由就快来了，他浑身发抖、发热啊。我要说的是，听他这么一说，也叫我全身发抖、发热。因为在我的脑子里，也开始在形成一个观念，这便是，他快要自由了。那么，这事该怪罪谁呢？啊，该怪罪我啊。不管怎么说，不管用什么办法，凭良心说，这一点就是去不掉。这可让我坐立不安啊。在过去，我从没有想到这一点，从没有想到自己正在干的究竟是怎么一回事，可是现在想到了，认真想过了，这让我越来越心躁。我试着用真诚感动他，也为自己洗脱，说这不该怪罪我，因为我可没有叫吉姆从他那个合理合法的主人那里逃跑啊，可是辩解也没有什么用。每一回，良心都会站出来，大声说道："可是你明明知道他为了自由正在逃跑啊，你尽可以划到岸上去，向人家告发他啊。"这话说得不错，这个理是我绕不过去的，也无法绕过去。这是直刺良心的，良心对我这么说，"可怜的华珍小姐有什么地方对不起你，你居然可以明明看见她的黑奴在你的眼皮底下逃掉，却从未说过任何一个字？那个可怜的老妇人有什么地方对不住你，你竟然这样卑鄙地对待她？啊！她用尽全部身心让你读书学知识，要你有规矩，她一桩桩、一件件，凡是能见到的，总是想尽办法对你好，她可就是那样对待你的啊！"我只觉得自己太卑鄙了，太难受了，还不如就此死了的好。

吉姆说起他攒钱买媳妇、生孩子然后逃离奴隶身份的计划；他继续说，如果孩子不能被买回来，他将安排着偷回来。哈克深感害怕：

我心想，这完全是因为我没有好好地想一想，才会有这样的结果啊！在我的面前，如今正是这么一个黑奴，我一直等于在帮着他逃跑，如今竟然这么露骨地说他要偷走他的孩子们。这些孩子原本是属于一个我不认识的人的，而且此人从来也没有伤害过我啊！

听到吉姆说出这样的话来，我非常难过。这也是吉姆太不自量力才说出了这样的话。我的良心触动着心底处仅存的真诚，到后来，我对自己的良心说："别再怪罪我吧，还来得及呢，见了灯光，我就划过去，上岸去告发他。"于是我马上觉得满心舒坦、很高兴，身子轻得像一根羽毛似的，我全部的烦恼也都烟消云散了。

这就是坏道德了。在他的早年，哈克没有被教会任何原则，他唯一遭遇到的是在密苏里乡下，那里蓄奴只是一种所有制而已，且并不承担批判的压力。哈克从未想过去质疑这些原则。因此，对我们而言是可怖的行动，即把吉姆交还给当局的行为，对于哈克来说很明显的是，他在做他认为正确的事情。

对我们来说，道德和同情两者都在指示着帮助吉姆逃脱。如果我们感受到了任何冲突，那是因为我们把这些放在一边，而把某个东西放在了另外一边——贪求回报，或畏惧惩罚。但是，哈克的道德则与他的同情相冲突，那就是说，与他的未经论证的、自然的对朋友的情感相冲突。这个冲突开始于哈克在独木舟向岸边航行的时刻，他假装打算侦察地形，实则计划交还吉姆：

当我划船的时候，他对我说："马上我就要欢呼啦！我要说，这一切都得归功于哈克。我是个自由人啦，可要不是哈克，我哪里会自由呢，全是哈克才成功的。吉姆一生一世都忘不掉你，哈克。你是我最好的朋友，你也是我吉姆唯一的一个好朋友。"

我刚把小船划开，急着想去告发他，可是他这么一说，我就完全泄气了。我的动作缓慢起来，也不知道我心里是高兴呢，还是不高兴。我划了大约有 50 米，吉姆说：

"你去吧，对朋友忠心耿耿的哈克。在所有白人绅士先生里面，你是对我老吉姆唯一守信用的人。"啊，我只觉得心里很不是滋味。但是我心想，我还是非得这么干不行，这事我躲不过啊！

结果，同情战胜了道德。哈克没有意志去做他真诚地认为应当做的事。两个追捕逃奴的人问他，在其木筏上的人是黑人还是白人：

我并没有立刻回答，我想要回答的，可就是话说不出口。一两秒钟以后，我决定鼓起勇气说出来，可是我作为一个男子汉大丈夫的气概不够，连一只兔子的勇气都没有，我知道自己正在泄气，便干脆放弃了原来的念头，直截了当地说：“一个白人。”

因此，哈克让吉姆成功逃脱，表现得软弱而又不情愿——他认为。在他的同情与道德之间的冲突中，同情胜出了。

一位批评者在证明哈克遭受“诚实和体面之间摇摆的极度时刻”的论述时曾引述过这段话。那是绝望的错误，我同意另一位批评家对此给出的有理解力的评论，他说：

发生在哈克身上的冲突是非常严重的：他几乎不在意什么体面，对于放弃体面，他从不犹豫，但他确实在意诚实与感恩——诚实与感恩要求他应该放弃吉姆。在哈克那里，不是诚实与体面之战，而是对吉姆的爱和同情与他良心之间的抗争。他的决定是为了吉姆，也是一个地狱：在哈克永远冲不破的精神锁链里做出的正确的决定。他对吉姆的关心是且保持着非理性。哈克找到了放弃吉姆的很多理由，而且没有一个是陷他于不义。最后，哈克把他对吉姆的恻隐之心看成软弱的、无知的和邪恶的重罪。

这完全正确——它有着那个美德，只是因为马克·吐温（Mark Twain）带着这样无误的精确性写出了这个章节。关键点是一切发生在冲突一边的理性。在良心的一边，我们有着原则、论证、考量和看待事物的方式：

“在我这样做之前，我根本不明白。”
“我试着指出我不应该受到责备。”
“良心说，但是，你知道……我绕不开……”
“可怜的华珍小姐有什么地方对不起你？”
“这是我没有想到的。”
“这些孩子原本是属于一个我不认识的人的。”

另一方面，情感的一面，我们从未遇到那样的情感。当吉姆把哈克当成唯一的朋友而高兴时，哈克并未思考友谊这个词语，或者说他有对他自己而言的情境，即在不同意义上理解“回家”的含义。所发生的是：“我就完全泄气了。我的动作缓慢起来，也不知道我心里是高兴呢，还是不高兴。”再一次地，吉姆的关于哈克对他承诺的话语，没有为哈克改变他的计划提供任何理由。在他的道德里，向奴隶做出承诺可能是不算数的。对他起的作用是不同的类型：“呃，我只是感到不舒服。”当最后抉择的时刻到来时，哈克没有在好坏结果之间加以权衡：他只是没能做出他相信是正确的事情——他还不够强大，没有“兔子的勇气”。小说的这一段文字是值得注意的，不仅是因为它是精心构制的讽刺（使哈克做出正确事情的意志的软弱），而且也是因为高超地处理了普遍道德原则和具体的非理性的情感牵扯之间的差异。

Ⅳ

现在考察一下和人类同情相冲突的另一则坏道德的例子：令人作呕的希姆莱的案例。

他对某个党卫队首领的发言中表明了他内心道德

的内容：

一个俄罗斯人、一个捷克人发生了什么，对我来说丝毫不构成牵挂。每个民族能够提供一种我们类型的鲜血，如果绑架他们的孩子在这里喂养是必要的，我们将这样做。各民族人生活富裕还是像牲口一般饿死，只是在我们需要他们作为我们的奴隶上有意义；否则对我来说毫无意义。一万个俄罗斯妇女在挖反坦克战壕中累死是否让我操心，关键要看德国的反坦克战壕是否竣工了。

可是，这番话还有道德基础吗？如果有，在希姆莱的心灵中还有道德和同情的冲突吗？是的，有。下面还有更多选自他同一篇演说的内容：

我也想以非常严肃的方式诚恳地告诉你们……我的意思是……犹太种族的灭绝……你们大多数人一定知道100具，或500具，或1000具尸体横陈意味着什么。坚持住，与此同时——除了人类软弱导致的例外——保留正派的人，这是使我们感到困难之处。这是在我们的从未书写过并且将永不会被书写的历史中的光荣的一页。

希姆莱把他的政策实施看成艰难的，同时依然保留着他的人类同情——同时还保留一个“正派的人”。他在说，只有弱者会选择简单的道路并压抑了他们的同情，以及赞美更强者、更加光荣的保持同情的事业，同时又以践踏人类的方式行动。以同样的精神，他下令，当在集中营中死刑执行完毕，这些负有责任的“将在他们的品格与精神态度中以不承受负面影响的方式被影响”。一年后，他吹嘘说党卫队已经清除了犹太人。

没有我们的领导，他们在其心灵和灵魂上也未遭受任何损害。危险是显然的，因为在他们变成了不能继续珍爱生活的冷血无情的暴徒斯库拉海妖（Syclla），和变成柔软无力、遭受神经衰弱的吞噬女妖卡律布狄斯（Charybdis）之间，只有一条狭窄通道。

毫无疑问，希姆莱政策的基础是一系列构成其道德的原则——有病的、坏的、邪恶的道德。他把自己描述成囚禁在“意志和义务之间冲突的古老悲剧”。当他的医生科斯腾（Kersten）在意图灭绝犹太人上申辩说，涉及的痛苦是“未经深思熟虑的”，科斯腾报告了希姆莱的回答：

他知道，这对犹太人来说意味着巨大的痛苦……“这是必须踏过死者尸体、创造新生活之伟大的诅咒。然而，我们必须洗涤土地，否则大地就不会长出果实。对我来说承受这个是项巨大的负担。”

我承认，这是道德的语言。

所以，在这个例子中，很悲剧地，坏道德战胜了同情。我确信，很多希姆莱的杀手的确泯灭了他们的同情心，变成了“冷血无情的暴徒”，而非“体面的同胞”；但希姆莱自己却不是。尽管他的政策反人类到了极点，但他并没有磨光他的情感面，以至不存在任何颗粒，让其行为轻易滑过。毕竟，他确实承受了骇人听闻的负担，甚至为此付出了代价。他遭受了很多神经的、身体的伤害，包括失眠和反胃。当科斯腾说这些是“在其一生中延伸的精神分裂的表现”时，他无疑是正确的。

同样的分裂一定在某些宗教官员身上出现过，他们下令让异端经受酷刑，以便令其改变神学观念。在这些兽性和冷血的野心家中，一定有些操心过的人，一定有经受过他们的同情与他们的坏道德之间冲突的人。

V

在同情与坏道德的冲突中，胜利一方也许站在同情一边，如哈克贝利·费恩的例子；或胜利属于道德一边，如希姆莱的例子。

另一种可能性是，冲突通过放弃而被回避，或从来没有出现过可以干扰一个人原则的同情。这似乎就是乔纳森·爱德华兹的例子了。说不定我会不公正地对待爱德华兹的很多美德、伟大的智能与创造力。因为我关注的只是发生在他身上最糟糕的事情——比希姆莱还要糟糕的道德。

根据爱德华兹，上帝让一些人处于无法想象的痛苦境地，万劫不复，尽管他会任意地宽恕别人——“任意地”是因为无人配得上宽恕：

> 自然人，是被握在神的手中，到了地狱的坑上。他们该当下火坑，并且已被判定下火坑。他们促动了神的忿怒，神对他们发怒，正如对那些正在地狱里受苦的人发怒一样……魔鬼正在等着他们，地狱正在向他们张口，吐出火焰来围绕他们，烧灭他们，吞噬他们……在他们身边没有什么可以使他们得到安全。总之，他们没有避难所，没有安身处；那暂时保存他们的，只是那受了冒犯之神的任意意志与自律，而那自律却是不为任何义务所约束的。

注意一下，他说“他们该当下火坑”。爱德华兹坚持认为人类应当被诅咒承受永恒之痛苦；人类处于这样的位置，不是因为这是对的，所以上帝才要如此；而是上帝要这样，所以这才是对的。对他而言，道德标准独立于上帝，上帝能够依照它们而被评价（当然会被发现是完美的）。比如，他说：

> 恶人该被投入地狱，所以神的公义并不阻止，也不反对神随时施展能力来毁灭他们。反倒公义要大声疾呼，要求永远惩罚恶人的罪。

在另外的一些地方，他给出了精致的说明，认为上帝正在公正地惩罚犯罪者。比如，他论证说，一个惩罚应该和正在被惩罚的犯罪一样坏。上帝是无限完美的，因此任何反对他的犯罪也是无限的坏，所以永恒的诅咒作为惩罚是完全正义的——这是无限的，但是，正如爱德华兹也仔细说出的那样：“这还不止是无限”。

当然，爱德华兹自己并不惩罚受诅咒者，他的同情是否没有与他赞成永恒的惩罚发生冲突的问题却出现了。难道他没有发现，注视着任何被永远折磨的同胞是令人痛苦的吗？显然不是：

> 那将你们悬在地狱火坑上，如将一个蜘蛛或其他可憎的虫子悬在烈火上的神，恼怒你们，被你们大大地激怒了。他对你们发怒，如同火烧一样；他看你们值不得什么，只配丢在火中。神的眼睛太圣洁了，以至不愿看你们，你们在神的眼中，比最可恨的毒蛇在我们的眼中，还要可憎万倍。

当上帝被表达为如此憎恨人类的存在时，我们不禁怀疑在神学家那里的憎恨人类了。这种怀疑随着爱德华兹声称“神明知你们不能承当全能者沉重的践踏，然而他不理会，不施怜悯”而递增。他部分地将此建立在人性观上，而人性的丑陋他似乎没有看见：

看到他人的种种苦难会倾向于加强我们自己的享受感。所以，当处在祝福中的善人看见恶人的悲哀状态，这将多么强化他们自己状态的幸福感……当他们看到他们的同胞是多么的悲惨……当他们看到他人受苦的浓烟……听到了他人痛苦的哀嚎和哭喊，考虑到他们自己同时也在最幸福的状态，肯定意愿这会到永远；他们将多么欣慰啊！

我希望这不是全部的真相！爱德华兹关于为何善人在看到恶人受苦会感到欣慰的其他主要论点中说，他们这么做是正当的：

天国的居民们……对恶人不会有爱或怜悯……（这不是表明）在他们当中缺乏爱的精神……因为天国的居民们会知道，他们竟然爱恶人是不适当的，因为他们会知道，上帝对他们没有爱，对他们也没有怜悯。

当然，人能够调整自己的怜悯情感，以便他们可以与某个权威的命令保持一致。这种意蕴难道并没有表明，普通人的同情在爱德华兹的生命中只扮演着很小的角色吗？

Ⅵ

哈克贝利·费恩的同情既深且广，他从来不能避免那种方式的冲突，但是，他决定去避免冲突，因此他选择唯一他能理解的备选——放弃道德。在他施计打发掉捕奴人之后，他返回木筏，经历了一种特殊的危机：

我又上了木筏，心里头可真不是滋味，因为我很清楚，自己这是做了错事。我也明白，我这个人要想学好也是做不到的了：一个人从小起，没有一开始就学好，以后就再也成不了气候，一旦危急临头，也没有什么东西能支撑得住他，把事干好。这样，我们一定会输得一败涂地。我又思量了一会儿，就对自己说，等一等，假如说你做对了，把吉姆交了出去，你心里会比现在这个时刻好受些么？不，我说，我会伤心的，我会有像眼下一样的感觉。我就说，这么说来，既然要学好，做得对，需得费劲，做错不必费劲，而代价都是一样的：不多一分，不少一分，又何必学着做对的事呢？这个问题可把我给难住了，我回答不出来。我就想，从今以后，别再为这个操什么心了吧。从此以后，不论遇到什么事，只要是怎样办方便就怎样办吧。

哈克不能清楚地构想任何其他道德，除了他学会的道德——他认为太迟了——从他的社会。他不是那种道德的完全的牺牲品，因为他毕竟还是拒绝了它。但对他而言，那是一个放弃这样的道德的决定；他无法想象去修正他的道德，面对道德经受的种种压力（包括来自同情的压力），而修改道德的内容。比如，他并未开始走向奴隶制应该在道德基础上被拒绝的想法，或者他所做的不属于盗窃（因为一个人不能被拥有，因此也不能构成偷盗）的想法。

基本的麻烦在于，他无法，或者说将不会，让自己进入任何类型的抽象理智活动。在第三十三章，他发现自己“无缘无故地感到有过错”，因为他知道有些事他插不上手。他认为这种感情是良心的解脱；在他的良心不应被听取的信念中，这一点得到了他的确证：

世上的事往往如此，不论你做得对也罢，错也罢，根本无关紧要。一个人的良心反正不知好歹。如果我有一条黄狗，也像一个人的良心那么个样子，分不清好歹，我就会把它毒死拉倒。一个人的良心占的地方比人的五脏六腑还多，可就是没有优点。

这个轻快无奇的轻视和回到木筏后对道德的整体拒绝是非常吻合的。但是，这是一个插叙。

在木筏上，哈克并未决定依照原则而生活，只不过是“从此以后，不论遇到什么事，只要是怎样办方便就怎样办吧”——永远根据当下的心情而行动。既然他正在拒绝的道德是狭隘的、冷酷的，而他的同情心是宽广的、和善的，其结果也将是好的。可是，拥有道德原则是好的，因为这些原则可以帮着保护一个人在同情碰巧临时失效的关键时刻，免于做出坏举动。在一个人的同情心应该有的角色的最大可能性的判断上，一个人依然可以让原则作为他的最佳情感、最宽广最敏锐的同情心的体现。那样说来，原则能在人的情感在低于最佳状态的时候，帮人通过那个失效区间，即通过憎恨人类或卑贱或自我中心或沮丧或愤怒的时刻。

哈克所没有看到的是，一个人能够依照原则而生活；也没有看到人类对他们生活的内容有着终极的掌控。这种掌控的一种方式，可以通过根据一个人的同情来检验他的原则来加以施行。这有时候是一个非常直接的事情。某个道德原则变得难以维持——字面上的意思是一个人无法继续坚持该原则——因为原则和遗憾或厌恶，或者任何当一个人看到原则所引向的结果而产生的感觉，发生了无法容忍的冲突，这样事情也会发生。一个人的经验在这里会扮演很大一部分角色。各种经验会引起情感，而情感会迫使一个人去调整原则。诸如此类的情况正巧发生在英国诗人威尔弗雷德·欧文（Wilfred Owen）身上，他参加第一次世界大战的经验使他从热情的士兵变成一个真正的和平主义者。我无法记录他良心改变的细节，但我想呈现一些他写过的，关于经验能够给道德带来压力的方式的东西。

拉丁诗人贺拉斯（Horace）写过，为祖国捐躯美好又体面（*dulce et decorum est pro patria mori*）——欧文关于经验如何引导一个人放弃某个具体的道德原则写过一首精美的诗。他描绘一个在毒气袭击中的人，如何过于迟缓地捐献出他的防毒面具——欧文写道，“当我目睹他，在蔚蓝的海水下，渐渐沉溺”。诗歌的结尾是这样的：

在我所有的梦中，在我感到无助和恐怖的时刻，

他总是冲向我，一会儿在水中左右摇摆、挣扎，被水淹没。

如果在令人窒息的梦中你也能迈步，跟随我们将他扔进的那辆大车，

望着他的脸上白色的眼珠不停地转动，他的一张吊死鬼的脸，就像恶魔一样可怖；

如果你也能听见血液随着每次颠簸咕咕地从被泡沫腐蚀的肺部涌出，

猥琐如癌症，苦涩如那反刍物，无药可医的恶疮感染了无辜的舌头，

我的朋友，你就不会带着如此高涨的豪情向那些燃烧着荣耀欲火的孩子们宣谕，

那古老的谎言：“美哉！宜哉！”为祖国捐躯美好又体面。

从所有的这些材料中得出我们自己的道德，还是

一个困难。我设想我们都一致同意：反对奴隶制、永恒惩罚、集体屠杀以及未经批判的爱国主义的自我牺牲。因此，我们将一致赞同，哈克贝利·费恩、乔纳森·爱德华兹、海因里希·希姆莱，以及诗人贺拉斯都出色地把他们的某种原则置于普通人同情心的严肃压力之下。但是接下来，我们可以说这一点，因为我们能说这一切都是坏道德，然而，我们无法看着我们自己的道德，并宣称它们都是坏的。这不是一种傲慢。对一些人来说，宣称他接受的道德原则的体系是坏的，这显然是前后矛盾的，正如一个人不能不矛盾地说他相信的一切都是错的一样。

还有尽管我不能指着我任何的一个信念说，“它是错的”，但我不怀疑其中的一些是错的。这样我应该努力对矫正保持一个开放态度。相似地，我接受我的道德里的每一条——这是不可避免的——但我确定我的道德是可以提升的，也就是说，我的道德还可以改进，一旦我已经做出我应该感到高兴的变化。因此，我必须尽力保持我的道德是可修正的，将其暴露在任何有效的压力下——包括来自我的同情的压力。

我不会让我的同情开出任何空白支票。在原则和同情之间的冲突中，原则有时候会胜出。例如，我认为参加第二次世界大战的同盟国一方是对的。存在许多可怕的偶然情况，会导致一个人怀疑他参战的正义性，我认为对这样的一个人来说，在这样的偶然场合下把他的同情心保持在一个辅助位置，而不让同情心以一种令其成为和平主义者的方式，来修正他的原则是对的。

还有，一个人的同情心应当尽可能地保持敏锐、清醒而不迟钝，不仅是因为它们有时候能够影响一个人的原则，或一个人的行为，或者两者兼而有之。无论如何，欧文说情感和原则是极其重要的，即使它们除了带来痛苦和烦恼之外什么都不能做。在另外一首提及情感麻木的因祸得福的诗中，他说道：“被杀死之前的人是幸福的，这能让他们的血脉慢慢流向冰冷。”那些是没有经受过任何恻隐之情者，正如欧文写的，“让他们的脚，在挤满同胞的小巷里疼痛”。他把这些“失去所有想象力的幸福的”人和自己，以及和其他“思想污秽，血溅灵魂的人”做对比。然而，诗人的宣判是反对这些“幸福的”人的。欧文没有说，他们会比因其对于人类痛苦的敏锐知觉而灵魂受到血污者表现得更糟。他只是说，他们是失败者，因为他们把自己与人类的状况切断了联系：

> 通过选择他们让自己
> 对怜悯，以及对任何人类的在最后一片海和晦星前的呻吟变得麻木不仁；
> 当很多人离开这片海岸，无论为何哀恸；
> 无论分享了何种永恒而相濡以沫的眼泪。

功利主义

约翰·斯图亚特·密尔

约翰·斯图亚特·密尔（John Stuart Mill，1806—1873）是19世纪英国最重要的哲学家，他的著作在伦理学、逻辑学和政治理论上影响巨大——事实上，至今也非常有影响力。密尔也是一位政治改革家，他致力于很多重要的社会事业（比如，改善和拓展英国的义务教育，减少贫困，以及改善工作条件）——特别是提高妇女的机会和平等地位事业。杰里米·边沁是密尔父亲的好友，也是那一代功利主义伦理学的领军人物。尽管密尔对边沁的功利主义伦理学早期版本提出了许多重要的修订，密尔依然是功利主义路向伦理学理论的热情捍卫者。下面的材料选自密尔第七版的《功利主义》(1879)，而初版发表于1861年。

把“功利”或“最大幸福原理”当作道德基础的信条主张，行为的对错，与它们增进幸福或造成不幸的倾向成正比。所谓幸福，是指快乐和痛苦的免除；所谓不幸，是指痛苦和快乐的丧失。要清楚地揭示这个理论所建立的道德标准，还有很多东西要说，特别是要说明，痛苦和快乐的观念究竟包含了哪些东西，在多大程度上这是个未解决的问题。不过，这些补充说明并不影响这种道德理论所根据的人生理论——唯有快乐和免除痛苦是值得欲求的目的，所有值得欲求的东西（它们在功利主义理论中与在其他任何理论中一样为数众多）之所以值得欲求，或者是因为内在于它们之中的快乐，或者是因为它们是增进快乐、避免痛苦的手段。

……

根据上面所说明的“最大幸福原理”，人生的终极目的，就是尽可能多地免除痛苦，并且在数量和质量两个方面尽可能多地享有快乐，而其他一切值得欲求的事物（无论我们是从我们自己的善出发还是从他人的善出发），则都与这个终极目的有关，并且是为了这个终极目的的。至于对快乐质量的判定，以及有别于数量衡量的质量衡量规则，则全靠那些经历丰富的人的偏好，加上他们的自我意识和自我观察的习惯，此外，最好再辅以比较的方法。在功利主义者看来，这个终极目的既然是人类行为的目的，就必然也是道德的标准，因此道德标准可以定义为这样一些人类行为的规则和戒律：只要遵守这些行为规则，那么所有的人都有最大的可能过上以上所描述的那种生活，不仅仅是人类，而且在事物的本性认可的范围内，有感觉的生物也都有最大的可能过上上述生活……

我必须重申，构成功利主义的行为对错标准的幸福，不是行为者本人的幸福，而是所有相关人员的幸福，而这一点是攻击功利主义的人很少公平地予以承认的。功利主义要求，行为者在他自己的幸福与他人的幸福之间，应当像一个公正无私的仁慈的旁观者那样，做到严格的不偏不倚……

练习部分

1. 设想这样一个人，他没有帮助人的欲望，但他认识到道德法则要求提供帮助，于是他发挥意志力，提供了道德上所要求的帮助。康德会认为此人在道德上是善的（远优越于根据快乐欲望而助人的人）。现在，假设有这样一个人，他有强烈的欲望去折磨孩子，但他认识到道德法则是禁止折磨孩子的，于是他发挥了意志力，约束了自己不去折磨孩子。康德会认为这个人在道德上优越于因为他一想到折磨孩子就感到难受而不去折磨孩子的人吗？或者这样说一下这个问题：为了前后一致，康德一定会把必须运用意志力约束自己不去实施折磨的人，看成道德上的优越者吗？
2. 康德坚持认为，我们必须永远将他人自身当成目的，永远不要仅当作我们的手段。这意味着，雇用人帮我造房子是没问题的：我正在雇用他们作为建造房子目的的手段，但是（只要我们真诚地、敬重地把他们作为完整人格的人来对待）我就不是仅把他们当成我目的的手段。设想我们采纳了一项“客座工人”计划，来自他国的人们（这将大致意味着，来自贫穷的拉美国家的人们）将被允许入境工作，但不被允许成为市民，且被要求完工后离开。这样的政策违背了康德永远把他人当成目的自身的绝对命令吗？
3. 康德推导出两个版本的绝对命令，尽管他主张它们只不过是同一原理的不同公式。对某人来说，前后一致地坚持第一命令（永远这样行动，你能意愿你的行动应当成为普遍法则），但反对第二命令（永远把他人当成目的自身，而非仅仅是手段），这是可能的吗？
4. 安东尼奥·R. 达马西奥是一位神经心理学家，在对于神经心理学对哲学和伦理学研究问题的意蕴兴趣强烈。在他的《笛卡尔的错误》（*Descartes' Error*, New York: G. P. Putnam's Sons, 1994）一书中，达马西奥描述了菲尼亚斯·盖奇（Phineas Gage）的1848年案例。盖奇是一个快乐的、容易相处的、工作勤奋的、非常有责任心的人。他因为遭受了严重的头部创伤，结果损害了他感知情感的能力。尽管他的理智能力显得完好无损，但盖奇很快就放弃了他先前生活的积极的道德生活，变得尖酸刻薄、冲动和暴力。

   很难确切知道盖奇究竟发生了什么，尽管他的伤害发生在150年前。但设想一下，这（以及达马西奥讨论的其他案例）意味着，当人们的情感能力受到损害，他们一般而言就变得无法合乎道德地行动了。你还记得康德坚持认为，真正的道德行为不依赖情感或感情。这些案例反驳了康德的观点吗？它们提供了任何质疑康德地位的基础吗？康德会如何试图解释这些案例呢？
5. 托马斯·内格尔（Thomas Nagel）是一位当代的康德论者，他坚持认为，出于在社会科学领域的一些发现而质问我们的基本道德原则是非理性的：“放弃或证实他只是基于历史或人类学的道德推理的基本方法的人，和放弃基于非数学的数学信念的人，是一样非理性的……道德考量在思想体系中占有着地位，而思想体系让其支持任何其他东西成为不合法。”根据内格尔的观点，我们的数学体系有其自身的论证和证实体系；因此，如果有人对我们的数学体系如何起源给出一个人类学的说明，那将没有给我们提供拒绝我们数学信念的理由。同样地，道德推理也有其自身的论证体系；如果有人就我们的道德原则给出一个论证良好的人类学说明，那也不应该促使我们质疑我们的道德体系。比如，如果一个人类学家证明，我们相互协作的伦理原则在部落冲突中有其渊源，这对于质疑我们的伦理观不构成任何根据。你同意内格尔的观点吗？你能想象在心理学、人类学或生物学中的发现，可以让你放弃道德推理的基本路向吗？（当然，如果科学家向我们证明，树木有复杂的情感和错综难解的推理体系，当其枝桠被砍削会感到痛苦，这当然会引起我们改变我们的一些伦理信念：我们将开始考虑我们对待树木的伦理学问题。但是，这不会改变我们伦理推理的基本路向；也就是说，这只会扩大伦理考量的边界。）在生物学、心理学或人类学中的任何发现，会为我们改变我们对伦理学的基本理解，提供好的根据吗？或者说，内格尔和康德坚持的没有科学发现能在修订我们伦理思考的基本方法上提供好的根据，是正确的吗？

6. 你有一则非常可靠的消息：一群恐怖分子正藏在新罕布什尔的一座小镇（别担心你是如何知道这条消息的，你只是知道而已）。这些恐怖分子是保密和伪装的高手，你无法发现他们是谁，无法封锁该镇以确保他们不离开那里。匪徒们正策划在中西部城市释放可能杀死成千人的毒气。唯一阻止这次袭击的方法是，地毯式轰炸新罕布什尔的这座小镇，杀死包括恐怖分子在内的每一个人，但也殃及尚不知道有恐怖分子隐藏在他们当中的数百无辜者。你在道德上能够证成轰炸小镇吗？

   你有自己的答案了吗？仔细考察你是如何得出你的答案的。你是由理性指导的吗？抑或是情感？两者兼有？还是另有其他？

7. 你是某大学室内管弦乐队的一员，该乐队正在几座南部城市进行为期一周的春季巡演。你的好友之一 J，不在巡回演出之列。J 并非你世上最亲密的朋友，然而肯定也是你的一位好友。J 的情侣 K 也在乐队里。J 和 K 保持情侣关系不止一年了，且好像是很认真的关系。假如他们毕业后一年结婚，你也毫不奇怪。你和 K 都在管弦乐队中演奏中提琴，你们在这次行程中度过了很多时光。春天里，鸟语花香；经过漫长冬季后，在阳光灿烂的南方享受日光，感觉很棒。一周即将过去，你忽然发现你已经被 K 深深吸引，同时 K 也感受到了相互的吸引。在你们住处的旅馆，你有私人的房间；如果你订了一瓶香槟，并邀请 K 前往，一起看电影——那么，后果将不难想象。你和 K 都非常谨慎，J 不可能对此知道半点消息。和 K 来一次放纵是错误的吗？现在，请比较你得出问题 6 和 7 的答案的程序。在两个问题上，你遵从同样的程序吗？抑或是你使用了不同的方法？你的情感在一个案例中比另一个中扮演了更大的角色吗？

   假设有人说：“第一个案例必须运用理性来回答，而第二个最好通过情感来处理。”这说得通吗？抑或是，所有的伦理决定都需要相同的处理程序（如果情感对一个伦理问题是重要的，那么，情感对所有伦理问题都是重要的）？

8. 心理学家乔纳森·海特（Jonathan Haidt）写过一篇论文，名为“有情感的狗和它理性的尾巴（The Emotional Dog and Its Rational Tail）”，发表在《心理学评论》（*Psychological Review*）杂志 2001 年第 108 卷，第 4 期，第 814—834 页，指出“道德推理几乎不是道德判断的直接动因”；相反，道德决定是当下（或“直觉地”）做出的，然后，道德推理被用来证成该决定。在海特看来，大多数道德推理在道德决定已经做出之后才发生；我们想象我们的道德决定是基于推理，事实上，推理是在道德决定之后才发生的。典型地，根据海特的观点，推理是被用来辩护我们的道德决定的，而不是做出或造成道德判断的。这是心理学研究的一个领域，其中也存在大量可观的反例；但假设一下海特是对的。这会给休谟的伦理观提供多少支持？这会给康德的理性主义立场造成大问题吗？如果有人声称，这是反对康德伦理观强有力的证据，一个康德主义者会如何回答？

9. “为饥饿者提供食物，因为你希望得到回报——或者是‘北方州立大学杰出的全面发展生’，或者是天国的财富——在道德上是空洞的。为饥饿者提供食物，因为你相信这是你的义务（你完成你的义务，但从中不感到快乐）在道德上是最低的。为饥饿者提供食物，因为你在安慰他们中分享了苦乐，这才是真正的善人。”你对此同意还是不同意？

10. 考虑一下问题 9 的陈述。一个功利主义者会说，这些都是不构成区别的区别，三种情形下的行动在道德上是相当的吗？一个功利主义者必须持此观点吗？

11. “有道德的行动犹如打高尔夫球。当看上去是轻松、自然和舒服时，你才知道你做对了。”是这样吗？康德会怎样思考这句话？

12. “任何真正而深刻地懂得何谓对何谓错的人，将从来不会被诱惑着做错事。”是这样吗？

13. 功利主义伦理学的一个反对意见是，它把一切事情都变成了伦理学话题。如果我在棒球游戏上花费一晚上，但去听音乐会将有更多的快乐，那么，我犯下了一个道德错误吗？一切都不能免于道德评估。这是一个公正的批评吗？

14. 一天晚上，你接到一个来自医院的电话。你深爱的年迈的哲学教授鲁思·芝诺（Ruth Zeno）病危，并希望与你谈谈。你急忙赶到医院。主治医生证实了芝诺教授实际上只有几小时的生命了。当你进了屋，教授孤身一人。她亲切地抓住你的手，轻声对你说，她有个最后的请求。从她身后的桌子上，她拿出一个旧鞋盒。她打开盒子，你发现其中装满了百元美钞。“这里差不多有 50 万”，教授说道：

> “我没有亲戚，没有债务，也无特别的义务。钱当然是我的，是在我生命过程中一点一点积攒的。所有税费都付清了。我想要你拿着这些钱，为我心爱的赛马建一座纪念碑。赛马叫‘卷尘而奔（Run Dusty Run）’，在皮姆利科（Pimlico）赛马场。我保证皮姆利科的官员们会答应的。‘卷尘而奔’是我最心爱的赛马。它不是超级马匹，几乎没有人记得它。但我有一次在迈阿密漂漂亮

亮地在它身上压了一回，我就是喜欢它。它不是超级快，但它总能终结比赛，它全速前进。我想要你用这些钱——没人知道这些钱的存在——为‘卷尘而奔’建座纪念碑。请个雕塑手，为它的荣誉做个漂亮的青铜纪念碑。你不会欺骗我，对吗？不要把钱存入账户，再提取利息50年，而后最终建成纪念碑。也不要只花10000美元办事，剩下的用作他用。尽快地用所有的钱，为‘卷尘而奔’建造一座纪念碑。我剩下的时间不多了，我需要你立刻回答。”芝诺教授伸出骨瘦如柴的手，抓住你的胳膊，声音变得焦躁不安。“你是我最欣赏的学生，我一直当你是好朋友。你愿意现在答应我，根据我的希望来办吗？”

好了，听起来好像是个挺愚蠢的要求。但是，你亲爱的老教授从来都是非同寻常的，你知道她酷爱玩马驹。虽然她的身体危在旦夕，但她的心智似乎依然清晰而敏锐。你回答道，“好的，我答应依照您的意愿办好此事”。你的教授露出了微笑，抓住你胳膊的手松开了，然后短暂地与你谈了一会儿时间的本质——从来都是她钟爱的哲学问题——她又不知不觉地昏睡过去，几分钟后，与世长辞。医生进来，宣告了她的死亡。

你拿着里面有50万美元的鞋盒，离开医院，返回寓所。你思忖道：“我到哪里找一个为赛马建造纪念碑的雕塑家呢？”然后，一些其他念头涌上心头。

“没有其他人知道这笔钱。我是唯一知道的人，我也是唯一知道芝诺教授这个古怪请求的人。当然，我应当信守承诺……或者我猜我会信守承诺的……或者，我真的应当信守承诺吗？

“当然，这对芝诺教授而言已不是问题了。她去世了。如果有来世，她端坐天国，她已经得享永乐，多一个或少一个纪念碑不构成障碍。如果她在地狱，除了一座愚蠢的纪念碑，她尚有很多东西要担心。如果不存在来世，她只不过是亡故，随风而逝，我还是其他人对她而言至少都毫无意义。‘卷尘而奔’对以它的荣誉而建造纪念碑而感到高兴，这是极不可能的。至于在皮姆利科的玩马人，他们所关心的是在下一次赛马中相中一匹黑马。你在跑道上建造一座高仿真的泰姬陵，他们大多数也不会注意。另一方面，用50万美元可以做很多有意义的事情。可以在芝诺教授的大学设立好几个慷慨的奖学金，或者在城市医院添加好多急需的烧伤病房，或者在城市启动一个铅筛查计划，从而挽救许多孩子免于铅中毒。这些想法都很棒。我们可以称之为芝诺奖学金，或芝诺烧伤救治中心。这些将是花钱的极好方式，将会实实在在地有益于人们。实际上，我们很难想到比建造那座愚蠢的纪念碑更加无用的花钱方式了。

“当然，我的确向芝诺教授承诺过。假如我食言，什么会受到伤害？芝诺教授显然无法在意了。没有其他人知道那个承诺（我可以说，芝诺教授安排我，为了急需的哲学系学生而设立奖学金）。所以，不会有任何人在守信或者践行守信中丢掉自尊。当然，我会知道我自食其言，但这不会让我感到罪过。相反，我会因为把芝诺教授的钱花在了值得的地方而备感欣慰。实际上，如果我真的把钱浪费在愚蠢的纪念碑上，我反倒会感到更加后悔。所以，当我再三斟酌时，一切似乎很清楚了，我应该违背我向临终的芝诺教授做出的承诺。”

你同意这个结论吗？

本案例中受托者的思路似乎很可能是行为功利主义的。但你的答案又是如何？是基于行为功利主义伦理学？规则功利主义伦理学？康德伦理学？还是以上都不是？（本案例大致基于功利主义伦理学家 J. J. C. 斯马特的例子。）

15. 在庞德（Ponder）教授的电影课上有一个公开交流的机会。一个选庞德教授课的朋友对此赞叹不已：“我真的通过选庞德教授的课，学会了欣赏电影的艺术潜力。选课前，我看过的每部片子我都喜欢。如今，我从庞德教授这里学会如何理解和欣赏电影制作艺术的精妙之处，我曾喜欢的很多片子现在想想都非常愚蠢和业余。但是，因为我对电影新的欣赏角度，我如今深深地喜欢好几部我曾根本无法欣赏的片子。从这几部精彩影片中，我获得了深切的愉悦，我从不认为你在看电影时可以这样感受。当然，我现在很少去看电影了——我现在看的大部分电影给我的印象都是糟糕的，甚至是痛苦的。但当我真的在屈指可数的场合看了一部好片——哇哦，那真是绝佳的经历啊。选庞德教授的课将会永远地改变你看电影的经历。”如果你认为选择庞德教授的课，你有可能也有自己的结论，你会选这门课吗？你的回答支持了还是挑战了密尔的功利主义说法中的快乐的质量？

16. 赞成密尔的功利主义说法中数量的功利主义者，能够同时还是一位平等主义者吗？

17. 卡伊·尼尔森（Kai Nielsen）是一位当代加拿大哲学家。他注意到，在某些场合，后果论者（功利主义者）的计算结果会与我们的道德“常识”相违背。尼尔森声称，“如果考虑到综合性、可行性，以及后果论的整体合理性，推翻一个甚至是深感为道德的信念（如果与这样的理论不一致的话），这也不是不合理的……”你同意吗？

18. 2003 年秋，加拿大律师协会在编纂新的伦理行为准则时，他们考虑的议题之一是，律师是否应当被禁止与其当事人同居。为医生、心理学家制定的伦理行为准则都禁止执业者与客户 / 病人之间的性关系，律师也应该采纳相同的原则吗？

加拿大的律师伦理准则要求，律师必须永远把当事人的利益摆在首位。并且，律师也同意，至少在某些时候当事人是深深地依赖着律师，他们非常脆弱，因此，可能在律师和当事人之间存在严重的不平衡性。鉴于此，加拿大律师协会考虑了四种选择。第一，他们可以简单地无视在新理论准则中的议题。第二，他们可以禁止律师通过利用权力上的差别对当事人发生“趁人之危”的性关系。第三，他们可以禁止性关系，除非双方一致同意的性关系先行存在于律师 – 当事人的委托关系。或者第四，他们可以禁止所有的律师与当事人之间的性关系。

在处理这个议题时，加拿大律师协会征求了意见。因此，也请给出你的意见：他们应该采纳何种准则？四个中的哪个？还是其他的某个准则？

在做出你的推荐时，你是仅仅依照我们讨论的伦理模式（功利主义、理性主义、休谟式）之一，还是综合使用了这些模式？

19. 康德主义者和功利主义者往往似乎可以在伦理议题上达到相同的结论，尽管两者采用的路线非常不同。比如，两者都反对撒谎，尽管是基于不同的理由。但是，在一些案例中，他们的结论可能会根本不同。假设我们正在对谁是非治疗性医学研究的最佳人选做出伦理决定。（治疗学研究是做出的一个实验程序，因为医生判断其为治疗病患的最佳可获得治疗方案。比如，如果我得了致命的疾病，而目前还没有现成的有效的治疗方法。一个新的实验性治疗展现了可能挽救我生命的一线希望，那么，我的医生可能会为了治疗的目的，推荐实验性治疗，作为治愈我的最佳希望。当然，在实施实验性治疗过程中，我的医生会对新的治疗获取有价值的知识，但基本目的还是治疗我，而非获取知识。对比一下，非治疗研究只是研究——通常在健康的人身上实施的——基本上旨在获取知识，而非为实验主体提供好处。比如，如果我们在检验一种新的治疗关节炎的药品，看看人类是如何新陈代谢、会产生何种副作用，我们典型地会在一小群并未患有关节炎的健康者那里首先测试该药。然后，我们当然会在关节炎病患者身上测试，可也只是针对关节炎早期患者。其基本目的依然是获取知识，而非提供治疗——虽然我们也当然地希望会有一些治疗的好处。）因此，假设我们正在对一种我们希望可以有效治疗关节炎的强力的新药进行非治疗研究；我们担心会有副作用，并可能引起某些风险（我们相信这些风险是不严重的——但我们从未在人类身上测试过该药，因此我们也没有十足的把握）。从伦理学观点看，谁将是最佳研究主体？（这不是问谁会给我们最可靠的结果，而是问谁在伦理学意义上最能被接受为在实施该有价值的医学实验中冒风险。）[本案例是基于汉斯·乔纳斯（Hans Jonas）关于医学研究的文章。]

功利主义者也许会说：选择老、弱的人作为研究主体，他们无论如何也不会活太久的。这样说来，如果出了差错，主体死亡了，至少我们没有杀死还有许多年可活的人。或者是找癌症晚期患者，他们的寿命不管怎么说也是很短了。（显然，功利主义者也许会不同意，但这不会成为功利主义给出的不合理回答。）

对比之下，康德主义者可能会说：挑选聪明伶俐，致力于科学研究，愿为医学目标奉献的人。如此一来，你正选择的不仅是被用来作为研究对象的人，而是与研究目的一致的人（康德主义者坚持认为，我们必须永远把人当目的自身，该原理比任何后果都重要）。对康德主义者而言，最好的研究（伦理上最好的）主体可以是研究者自己：他显然和研究保持高度一致，同意研究目的，且没有被用作他人目的的对象。

在该案例中，康德主义者和功利主义者一定是互相反对的吗？一个功利主义者会否前后一致地选择更加年轻又健康的医学人选？在本案例中，伦理学理论应该胜过“直觉”或“常识”吗？可能存在这样的情况吗？

补充阅读

在伦理学一般性论著中，彼得·辛格（Peter Singer）主编的《伦理学指南》（*A Companion to Ethics*, Oxford: Blackwell Publishers, 1991）是对伦理学理论与应用中许多论题极好的指导。一本优秀的文章合集是由休·拉福莱特（Hugh LaFollette）主编的《布莱克威尔伦理学理论指南》（*The Blackwell Guide to Ethical Theory*, Oxford: Blackwell Publishers, 2000）。另一本杰出的当代论文合集是由斯蒂芬·达沃尔（Stephen Darwall）、艾伦·吉伯德（Allan Gibbard）和彼得·雷尔顿（Peter Railton）三人合编的《道德论述与实践》（*Moral Discourse and Practice*, Oxford: Oxford University Press, 1997）。

一个相当好的伦理学网站叫"伦理学更新（Ethics Update）"，由圣地亚哥大学哲学教授劳伦斯·M. 欣曼（Lawrence M. Hinman）主持。该网站是非常综合性的，有很多优秀的链接，也提供范围很广的优秀案例研究、伦理学讲座视频以及大量的伦理学论文（包括众多网络在线经典资源）。对几乎所有的伦理学话题（特别是应用伦理学的），本网站都是开启你网络探究的好地方。敬请访问 http://ethics.sandiego.edu。

斯蒂芬·达沃尔，前密西根大学约翰·杜威杰出大学哲学讲席教授（John Dewey Distinguished University Professor of Philosophy），现在是耶鲁大学安德鲁·唐尼·奥里克哲学讲席教授（Andrew Downey Orrick Professor of Philosophy）。他已经在他的主页上提供了有关他的好几门课的授课笔记，请点击 www-personal.umich.edu/~sdarwall。该网站包含关于霍布斯、休谟、康德、边沁和密尔的优秀资源。

大卫·休谟有两部著作是关于伦理学和情感（尽管两部著作也包含很多其他内容）的。第一部是《人性论》（*A Treatise of Human Nature*），初版于 1738 年。一个考究的版本是由 L. A. 塞尔比 – 比格（L. A. Selby-Bigge）编辑的（Oxford: Clarendon Press, 1978）。第二部是《人类理解研究》（*An Inquiry Concerning Human Understanding*），初版于 1751 年。同样，L. A. 塞尔比 – 比格编辑了《休谟的人类理解研究（第二版）》（*Hume's Enquiries*, 2nd ed, Oxford: Clarendon Press, 1902）。

当今大卫·休谟的主页是 http://www.cpm/ehime-u.ac.jp/AkamacHomePage/Akamac_E-text_Links/Hume.html。该网站架构良好，包含丰富的链接。

在康德的经典著作中，关于伦理学的著作是《道德形而上学基础》（*Groundwork of the Metaphysic of Morals*），《道德律》（*The Moral Law*, London: Hutchinson, 1953），二者都由 H. J. 佩顿（H. J. Paton）翻译成英文，L. W. 贝克（L. W. Beck）翻译的《实践理性批判》（*Critique of Practical Reason*, Indianapolis: Bobbs-Merrill, 1977），以及 T. M. 格林（T. M. Greene）和 H. H. 赫德森（H. H. Hudson）合译的《单纯理性限度内的宗教》（*Religion Within the Limits of Reason Alone*, New York: Harper and Row, 1960）。

关于康德伦理学的优秀论著包括 L. W. 贝克的

《康德实践理性批判评论》(*A Commentary on Kant's Critique of Practical Reason*, Chicago: University of Chicago Press, 1960);以及奥诺拉·奥尼尔(Onora O'Neill)的《理性的构建:康德实践哲学阐释》(*Constructions of Reason*: *Explorations of Kant's Practical Philosophy*, Cambridge: Cambridge University Press, 1989)。对康德伦理学体系发起挑战的是雷·兰顿(Rae Langton)的论文《玛利亚·冯赫伯特对康德的挑战》("Maria von Herbert's Challenge to Kant"),可以在彼得·辛格编著的《伦理学》(*Ethics*, Oxford: Oxford University Press, 1994)中找到。

许多杰出的当代哲学家跟随——至少在一定意义上——康德的伦理学传统。这包括库尔特·贝尔(Kurt Baier)的专著《道德观点》(*The Moral Point of View*, Ithaca, NY.: Cornell University Press, 1958);斯蒂芬·达沃尔的论著《公正的理性》(*Impartial Reason,* Ithaca, NY.: Cornell University Press, 1983);艾伦·多纳根(Alan Donagan)的《道德理论》(*The Theory of Morality*, Chicago: University of Chicago Press, 1977);以及托马斯·内格尔的《本然的观点》(*The View from Nowhere*, New York: Oxford University Press, 1986)。

康德的伦理学似乎有点冷漠和严厉。要想了解更多康德伦理学的研究经验,可以尝试参考小托马斯·E. 希尔(Thomas E. Hill, Jr.)的文章,他很明显是康德主义者,但在许多伦理学议题上笔法优雅,富有魅力,表达清晰。可以参考他的论文集《尊重、多元化与正义:康德视角》(*Respect, Pluralism, and Justice*: *Kantian Perspectives*, Oxford: Oxford University Press, 2000);以及《人类幸福和道德价值:康德视角》(*Human Welfare and Moral Worth*: *Kantian Perspectives*, Oxford: Oxford University Press, 2002)。

关于伊曼努尔·康德资料的优秀网站是"网站上的康德(Kant on the Web)",网址是 www.hkbu.edu.hk/~ppp/Kant.html。上面有非常好的链接,包括关于康德伦理学教学的有价值信息。

经典的功利主义著作有边沁的《道德与立法原理导论》(*An Introduction to the Principles of Morals and Legislation*, London, 1823),以及密尔的《功利主义》(*Utilitarianism*, London, 1863)。也许最有影响力的当代功利主义者,无疑也是最可读的论者之一当属彼得·辛格。他的《伦理生活文集》(*Writings on an Ethical Life*, New York: HarperCollins, 2000)是他作为哲学家对伦理义务的缜密思考,而他也努力以正确的伦理标准来生活。无论你对辛格的观点持什么态度——他对堕胎、动物权利、富裕者对贫困者的义务、安乐死等议题持有非常有争议的立场,一度超过任何其他当代哲学家成为抗议的靶子——甚至连他最激烈的批评者都不否认辛格非常认真地依照理论而生活。该书展示了一个专注的功利主义者与棘手的伦理问题的真诚较量。了解辛格对诸多伦理议题的观点,还可以参考他的《实践伦理学》(*Practical Ethics*, Cambridge: Cambridge University Press, 1979)。

了解对功利主义伦理学的批评,参看塞缪尔·谢弗勒(Samuel Scheffler)的论著《否决后果论》(*The Rejection of Consequentialism*, Oxford: Clarendon Press, 1982)。关于功利主义伦理学的高质量争论可以阅读斯马特(J. J.C. Smart)和伯纳德·威廉斯(Bernard Williams)的《功利主义:赞成与反对》(*Utilitarianism*: *For and Against*, Cambridge: Cambridge University Press, 1973)。

迈克尔·斯托克(Michael Stocker)的论文《现

代伦理学理论的矛盾》（“The Schizophrenia of Modern Ethical Theories”），发表在《哲学杂志》（*Journal of Philosophy*）1976年第73卷，第453—466页，对后果论提出了尖锐批评。对此一个有趣的回应是彼得·雷尔顿的论文《异化、后果论和道德要求》（“Alienation, Consequentialism, and the Demands of Morality”），刊登在《哲学与公共事务》（*Philosophy and Public Affairs*）1984年第13卷，第2期，第134—171页。伯纳德·威廉斯对功利主义有影响力的批评可以参看其论文《人、性格和道德》（“Persons, Character, and Morality”），收录在其著作《道德运气》（*Moral Luck*, Cambridge: Cambridge University Press, 1981）一书中。埃莉诺·梅森（Elinor Mason）的论文《后果论者所持的一种观点太多了吗？》（“Do Consequentialists Have One Thought Too Many？”），发表在《伦理学理论与道德实践》（*Ethical Theory and Moral Practice*）1999年第2卷，第243—261页，回应了威廉斯和斯托克的一些争论。罗伯特·诺齐克（Robert Nozick）的快乐机器论证（旨在反对一种形式的功利主义，雷尔顿对此进行了讨论）在其论著《无政府、国家与乌托邦》（*Anarchy, State and Utopia*, New York: Basic Books, 1974）第42页开始讨论。对诺齐克的回应——以及关于功利主义的其他有趣论文——可参看弗雷德·费尔德曼（Fred Feldman）的《功利主义、享乐主义和美德》（*Utilitarianism, Hedonism, and Desert*, Cambridge: Cambridge University Press, 1997）；可特别留心其中的论文《关于快乐的两个问题》（“Two Questions About Pleasure”）。

罗伯特·E. 古丁（Robert E. Goodin）的论文《功用与善》（“Utility and the Good”），结集在彼得·辛格主编的《伦理学指南》（*A Companion to Ethics*, Oxford: Blackwell, 1991）一书第241—248页，提供了特别清晰的说明，认为功利主义最好被看成公共与立法（而非个人的）伦理学的一个指导。还可以参看菲利普·佩蒂特（Philip Pettit）的论文《后果论》（“Consequentialism”），同在该卷的第230—240页，对当代后果论给出了极好的简要检视。

迈克尔·斯洛特（Michael Slote）的“令人满意的后果论”（satisfying consequentialism）概念出现在其论文《令人满意的后果论》（“Satisfying Consequentialism”）中，发表在《亚里士多德学会学报》（*Proceedings of the Aristotelian Society*）1984年第58卷，第139—163页；以及专著《常识道德和后果论》（*Common-Sense Morality and Consequentialism*, London: Routledge and Kegan Paul, 1985）中。

关于后果论与功利主义的优秀合集有阿玛蒂亚·森（Amartya Sen）与伯纳德·威廉斯合编的《功利主义及其超越》（*Utilitarianism and Beyond*, Cambridge: Cambridge University Press, 1982）；塞缪尔·谢弗勒主编的《后果论及其批判》（*Consequentialism and Its Critics*, Oxford: Clarendon Press, 1988）；菲利普·佩蒂特主编的《后果论》（*Consequentialism*, Aldershot, Hants: Dartmouth, 1993）；布拉德·胡克（Brad Hooker）、埃莉诺·梅森和戴尔·E. 米勒（Dale E. Miller）合编的《道德、规则和后果：一种批判阅读》（*Morality, Rules, and Consequences: A Critical Reader*, Lanham, Md.：Rowman & Littlefield, 2000）；以及斯蒂芬·达沃尔主编的《后果论》（*Consequentialism*, Malden, Mass.：Blackwell, 2003）。

由马西娅·W. 巴伦（Marcia W. Baron）、菲利普·佩蒂特和迈克尔·斯洛特合编的《伦理学的三种路向：一种争论》（*Three Methods of Ethics: A*

Debate, New York: Oxford University Press，1993），在众多关于康德伦理学、功利主义和美德论的富有思想和才华的论述中，是本高水平争论的合著。

沃尔特·辛诺特–阿姆斯特朗（Walter Sinnott-Armstrong）在“斯坦福哲学百科全书（Stanford Encyclopedia of Philosophy）”上提供了一个在线的当代后果论的极好资源，请访问 http://plato.stanford.edu/entries/consequentialism。

获取更多关于功利主义的信息，还有几个有趣的网站。http://www.laits.utexas.edu/poltheory/cuws/ 是古典功利主义的网站，提供了大量的古典功利主义资源，以及一些最近的论文。www.utilitarian.org/one.html 是一个促进功利主义原理实践应用的网站。www.utilitarianism.com 集合了关于功利主义伦理学的相关链接。

第十二章
伦理学理论

伦理学的神圣命令理论

在《圣经·出埃及记》中，上帝给以色列子民们发布他那著名的十条诫命，其中第八条是你不可以偷盗。没错，大多数人都同意：偷盗不是件好事。但如果你是一位笃信上帝者，相信上帝颁布了这些诫命，那么请思考一下这个问题：上帝命令我们不准偷盗是因为偷盗是错的吗？抑或是，偷盗之错是因为上帝命令我们不可如此为之吗？进言之，上帝命令我们不准偷盗是因为上帝在其智慧中看到偷盗之道德错误吗？抑或是，偷盗之错仅仅是因为上帝命令我们不准这样做？也许你从未如此想过该问题，那么，请对此做片刻思考吧。

伦理学的神圣命令理论也被称之为神学意志论（theological voluntarism）。这么说乃是因为它把伦理学完全建立在上帝意志之上，建立在上帝的自愿选择上。某件事是善的，那是因为上帝如此意愿，而非上帝认识到它是善的。根据这种观点，上帝的意志或上帝的命令是全部的伦理学：一条法律或一个原理是公正的，当且仅当它被上帝如此意愿或命令。

对大多数人而言，前面一个回答是更加合理的：上帝命令我们不准偷盗，是因为上帝在其伟大的智慧里知道偷盗是错的，故而命令我们去遵循那道德正当之路。但对一些人而言，这会引起一些严重的问题：如果上帝命令我们不准偷盗是因为他看到偷盗是错误的，那么这就意味着存在一个独立于上帝之外的道德法则，一条就连上帝（作为道德存在）也必须遵守的道德法则。可是，这就和至高无上的缔造万有（也包括道德法则）且本身不在任何约束之下的上帝之理念发生了冲突。新教领袖马丁·路德对上帝竟受制于超越正义原则而非自身意志的理念强烈拒斥："是什么让陶工有能力去制作他意愿的器皿，如果他竟受控于德行与规则，不被允许依照他的意愿行事，却被要求像他应当的那样？"（马丁·路德，《不自由的意志》）把上帝的荣耀和人类的渺小相比，上帝概念荣耀了上帝的权能与伟大。由此观之，上帝的道德法则有时候对人类而言显得生疏与任意就毫不令人吃惊了。我们的角色不是理解上帝的伦理法则（上帝的方式远远超越我们卑微的能力），而仅仅是服从法则。

> 我没有丝毫感到自己是被迫相信这一点：赋予我们感觉、理性、理智，以及安排我们放弃使用这些的，乃是同一个上帝。
>
> ——伽利略·伽利雷（Galileo Galilei）

根据伦理学的神圣命令理论，质问上帝道德法则是不是善或公正是毫无意义的，因为不存在其他判定它们的道德标准。上帝所命令的在道德上是善的，别无其他。那深深地困扰人的亚伯拉罕和以撒的故事似乎正是从一个神圣命令视角来写的：上帝命令亚伯拉罕：

> 你要带你的儿子，就是你所爱的独子以撒，往摩利亚（Moriah）地去，在我指示你的一座山上，把他献为燔祭。

亚伯拉罕不假疑问地带上他的儿子前往祭坛，缚住儿子，拿起利刃要割断他的喉咙。根据神圣命令视角，上帝的残忍命令在道德上是善的，亚伯拉罕对命令之不假疑问的服从在道德上也是善的。但是这表明了神圣命令伦理学的根本问题：这样的伦理规则可能是极其任意的（某天上帝命令你不该杀人，杀人乃道德之过；另一天上帝命令亚伯拉罕杀掉以撒，于是杀人又变成道德之善了）。从神圣命令视角来看，如果亚伯拉罕说“这样一条残忍的命令本不该来自上帝，因为上帝是公正的上帝”，就没有意义。之所以没有意义，是因为神圣命令统摄了伦理学，根本不存在除了上帝命令之外的公正判断。

> 一个人的伦理行为最终应当建立在同情、教育以及社会关系与需要上，不带宗教偏见是必须的。如果人类不得不受缚于惩罚的恐惧和死后奖赏的希望，那么人类真的就在一条可怜之路上。
>
> ——阿尔伯特·爱因斯坦，《纽约时报杂志》，1930 年 11 月 9 日

假设某人认为，“上帝命令我们对邻国发动战争”，或者是“上帝命令我们把那些意大利血统的人变成奴隶”，那么匆忙开战或接受奴隶制之前，我们想要搞清楚这些命令是否真的来自上帝，而不是某人自称的为上帝代言。但如果我们努力判定：来自上帝的命令是否存在、所提出的命令是否公正、它们在伦理学上是否可靠，这将并不是一个好的测试。因为该项测试恰恰使得神圣命令理论本身变得不再可能了。

因此，就伦理学的神圣命令理论而言，伦理原则将会是任意的，至少对我们的理智来说。然而这又导致了对伦理学神圣命令理论的第二个反对：它令人类伦理行为变得不再可能。在神圣命令模式上，我们无法尝试理解何谓对错，同时我们小心谨慎地给出我们的道德义务；毋宁说，道德行为必须不理性地与任意规则相一致。然而，亦步亦趋地遵循规则并非是合乎伦理的行动。一个人不假思索地遵循另一个人的道德指示，无论对方是神圣的还是

可朽的人，这个人都将是个机器而不是个伦理上的行动者。

> 神圣命令理论坚信无论上帝命令什么都是对的。这样一来，以理性方式来试图评估上帝的诫命就无望了，甚至是亵渎。于是，不少拥护神圣命令理论者都一致拒绝理性，甚至视依靠理性为极度的邪恶。马丁·路德，一位热烈拥护神圣命令伦理学的人，为这种立场提供了好的例证：
>
> 理性是最大且邪恶的娼妓，在本质与方式上都是有害的娼妓……她，连同她的智慧，应该被踏而毁之。
>
> ——马丁·路德，《威登堡的布道词》（*Sermon at Wittenberg*）

有些人主张，无上帝就不可能有伦理学。从神圣命令伦理学视角看，这显然是正确的。但也存在对伦理学的神圣命令理论的重要反对，而且如果我们拒斥该理论，那么伦理学就不依赖神圣信条。通过是否与伦理原则一致来判定来自上帝的诫命的主张，而非试图将伦理原则建立在神圣诫命基础上，对大多数人来说似乎是更加合理的。当然，这不意味着宗教与伦理学无关。一些宗教以及宗教教士们给出了重要的道德指导：比如，拿撒勒的耶稣教导我们，所谓至善是为饥饿者提供粮食、为无家可归者提供家园、抚慰受苦者；积累更多财富的贪欲完全是过道德的令人满意的生活之阻碍。马丁·路德·金曾诉诸宗教原则与宗教教诲，如，我们都是兄弟姐妹、生而平等、皆为上帝之子民，旨在反抗美国长期流行的种族主义和宗族歧视。但更合理的是假定这些都是合法的宗教教诲（或者被神圣激发的），因为它们提供了好的道德指导，而非假定所谓道德善即是由上帝命令的一切。由此观之，你可以评估耶稣的伦理教诲，而不依赖耶稣的神圣性。

相对主义

相对主义来自方方面面。一些哲学家使用“相对主义”来指称那种观点，即伦理原则之对错只与给定体系有关，而且该体系（或每个体系的基本原则）既不能被证明也不能被证伪，进言之，一切伦理体系最终都是非客观的。比如，对一个伦理学上基本的平等主义体系来说，你可以在那个体系内给出所有形式的正确陈述和逻辑关联，可是一旦你遇到一个激进的不同的体系（比如，贵族或精英主义体系，它们都是从一些人天生优于另一些人的原则出发的），那么你就不能说一个体系是对的，另一个是错的。最后，所有合法的伦理学主张都只具有体系相对性罢了。这就是伦理学中“相对主义”的一个含义；可这也令人困惑，因为“相对主义”也有其他含义。称相对主义形式的一个更方便且更普通的术语是伦理非客观主义，这也是我们将要使用的术语。伦理非客观主义在稍后章节将被仔细考察，但目前且让我们先看看另外的两种“相对主义”吧。

> “相对主义”是个非常令人迷惑的术语，用法多样。有时意指“所有的伦理判断都是相对的”，这意味着没有伦理判断是真正客观的；也即，最终是不存在客观的道德真理的。在这个意义上，“相对主义”则是伦理非客观主义的一种类型。“相对主义”的第二种含义是非常不同

> 的，乃是由社会学家与人类学家给出的描述性使用。“社会相对主义”不过是显而易见又很齐全的观点，表示不同的文化有不同的价值体系：在当代，波士顿的主导性价值体系已不是殖民地时代的价值体系了；同样也不同于阿富汗山地部落地区流行的价值体系。社会相对主义对差异之孰好孰坏，以及是否要遵循我们文化的规则与习惯均不做判断，而只是注意到了那些不同文化确有不同价值体系这一可观测的事实。文化相对主义意指，那种我们该做的道德之正当是遵循我们所生活的文化之规则与习俗：每一文化的伦理规则只在该文化内是伦理上正确的，这样，践踏一个人所生活的文化中的伦理原则在伦理上就是错误的。

社会相对主义意指不同的文化有时有不同的价值。这个立场几乎不存在争议：巴基斯坦崎岖不平的山区里部落族群秉持的价值非常不同于多伦多城郊的主导性价值；宾夕法尼亚州农村阿米什（Amish）社区的价值观和迈阿密黄金海岸一带的就不是一回事。尽管文化相对主义是一种不同的观点，但也是很富有争议的。文化相对主义者坚信，伦理原则仅在给定文化内成立，每个文化环境内的伦理原则与文化习俗只在那个文化内正确；而伦理原则也仅在该文化内适用，即它们只有文化的相对性而无普遍性。在每个文化的内部，那些伦理原则都是正确的。

> 大流士（Darius）在加冕之后，召见了身边的一些希腊人，问道：“怎样才能让你们吃掉你们父亲死后的尸体？”众人回答道，什么也不能诱使他们这么做。大流士转向了一些来自卡提安人（Callatians）部落的印度人，他们吃了他们的父亲。当着希腊人的面，大流士问道：“怎样才能让你们火化掉你们已故父亲的尸体？”印度人大声惊叫，恳求国王收回成命。这正是人类之习俗所在。在我看来，当品达（Pindar）说“习俗万岁”时，他是对的。
>
> ——希罗多德（Herodotus，公元前 485—425）

文化相对主义有其魅力与好处。它可以提醒我们，文化习俗往往非常复杂，局外人如果没有对该文化的全面了解就判断这些习俗与价值就要格外小心。在局外人看起来似乎是非常残忍的习惯在文化内却可以发挥重要功能。比如，在一个以狩猎为基础的社会里，成年人也许吃掉超过他们的份额，而让孩子们带着几分饥饿。这非但不是对孩子残忍的意思，反倒是基于他们生活方式严酷性的习俗：猎手们为了打猎必须保持体力，如果他们没有充足的力气完成追赶猎物，那么全家将立马会挨饿。

> 尊重文化多样性的一个理由取决于这个观察，即，除了与科学、实在相关的象征物的合法性之外，社群成员身份、活动参与以及共享的象征精神是人类幸福与健康的重要来源。
>
> ——凯特·布朗（Kate Brown）、安德鲁·詹姆顿（Andrew Jameton），《文化、治疗与职业义务：实况报道》（“Culture, Healing, and Professional Obligations: Commentary”），《黑斯廷斯中心报道》（*Hastings Center Report*），1993

社会学家和人类学家们明智地提醒我们，在从事文化改革，尤其是针对非本土文化时，应当非常小心。文化是复杂的，看似微不足道且无伤大雅的变化也能演化成重大的毁灭性灾难。加拿大北部的因纽特人（Inuit），在严酷的气候下，艰苦劳作，生活了世世代代，他们在严酷条件下艰难生存，其子女几乎没有机会接受正规教育。加拿大政府在关心他们过上好日子的误导下，对这些以游牧、狩猎为生活方式的部落实施重大“改革”：为其提供小型永久性居所、供给食物，中断了他们与传统生活方式与已适应的文化之间的联系。结果造成了他们的知识之根基、目标感、秩序感的毁坏以及变得更无助，而最终结果则是文化的崩溃、独立性丧失、日益萎靡不振、酗酒。每每“改革运动”自称其动机高尚时，许多外部“文化改革”的设计实际上是一种利用而非给身处文化其中的人带来好处。美国针对美洲印第安人的文化“改革”曾被设计成从白人需要的土地驱赶出他们，将其迁移到将会削弱他们的边远地区。在美国和加拿大，针对“印第安学校”的“文化改革”（迁走学生，禁止他们学习本土语言和习惯）并非为改革而设计，而是为了毁灭土生土长的文化。在美国中心地带的“文化改革”则强迫农民离开土地，以便让这些地带的耕作区变成超级国际公司的巨大种植园；而曾经为独立自耕农的失地农民也变成了种植园的实际农奴。在中东强力推行的“文化改革”与其说是为了文化改良，倒不如说是为了窃取石油。

在提醒我们文化本质复杂性与外部判断的危险性上，文化相对主义的观点是有用的。但是，作为伦理学理论，它也遭遇到一些重要的质疑。问题之一就是，在精彩纷呈的文化多元的世界里，我们往往同时生活在多个文化圈中。你大学里面的文化也许与你家乡的文化不同；你所在的当地的文化，尤其是带有强烈的种族身份时，也与你所在城市或地区的更大文化圈不同；而后者又与更大的民族文化不同，当一名好的文化相对主义者将变得困难。如果你是一个生活在北卡罗来纳州（信奉吃烤猪近乎为圣礼）的正统派犹太人，那么根据文化相对主义原则，你该不该吃猪肉呢？当不同“文化规则”相互冲突时，你又该遵守哪一个呢？

对文化相对主义来说，一个更加严肃的问题是，它在道德上会谴责所有文化改革的努力。当马丁·路德·金奋力反抗美国的种族主义时，从文化相对主义视角看，他的行动在道德上竟是错误的，因为该文化传统就是带有强烈种族歧视倾向的。当苏珊·B. 安东尼（Susan B. Anthony）为女权而战时，她正在反对一个根深蒂固的文化传统，于是她改革的努力正好违背了文化相对主义伦理学。当甘地展开运动反对古印度严厉的种姓制度以及被当成可怕的“贱民”对待的传统时，根据文化相对主义，他也是个道德上的败坏者。任何一个不自觉谴责针对所有伦理改善努力的伦理学理论，都是含有严重缺陷的。

就算我们拒斥文化相对主义的基本伦理学理论，它依然存在一些值得学习之处。文化是复杂的，对待文化要小心谨慎、要尊重；文化身份对我们的社会福祉与心理健康都意义重大。这样，一些人类学家，比如克利福德·格尔茨（Clifford Geertz）和埃尔文·哈奇（Elvin Hatch）就为“反‘反相对主义’（anti-antirelativism）”而奔走呼号。他俩注意到，那样的一些人，他们强烈反对相对主义［故称“反相对主义者（antirelativist）”］、坚持绝对主义者立场、谴责并干预他者文化而不去理解他者的价值与复杂性，因而往往导致灾难性后果。但是，认识到文化的价值，以及在文化习俗中加以干涉的危险，并不意味着我们必须把所有的文化习俗在其内部看成道德上合法的。假如仅仅是：你说番茄（tomato）我说西红柿（tomahto），我说电梯（elevator）你说升降机（lift），这倒也可爱了；如果你喜欢辛辣而我钟爱清淡，那也没问题。可是，如果你的文化赞同奴隶制抑或是维持女性无权，或是相信同性恋者应当被枪毙，那就不是温和的宽容的无差别能一笔带过的了。就算我们最后得出结论：外部人士改革文化的努力弊大于利，我们也依然认定这些文化习俗是糟糕透顶的。

利己主义

跟相对主义概念一样，"利己主义"指称两种非常不同的理论；同样，跟相对主义一样，一种理论是描述性的，另一种是规定性的（prescriptive）。你可能还记得社会相对主义是社会学的理论，表示不同文化有不同的价值，这就是一个描述性陈述。它对世界给出了事实性的陈述，描绘了世界存在的方式。相比之下，文化相对主义则是规定性的：它宣称对错都是相对于文化而言的，我们应当遵循我们生活其中的文化规则与习俗。同样，利己主义也呈现两个显著不同的面向。心理利己主义是描述性的理论，它主张实际上所有人的行动都严格地为了自身利益。换句话说，它是心理学理论，认为每个人在根本上是利己的。伦理利己主义则是规定性理论，认为所有人都应该排他性地寻求自身利益，于是利己就成了一项美德。是心理利己主义者同时又反对伦理利己主义，显然是可能的。就是说，你可以相信每个人都是利己的，但视此为伦理上的不幸，因为你相信人们不应该利己。从另一个角度看，你可以是一个伦理利己主义者，相信人们应该力争上游，但是也相信事实上人们并没有充分地为了利己而行动（艾茵·兰德似乎就持有此观点）。假如你是兼具心理与伦理利己主义者，也许你会认为要把世界看成美妙的所在：每个人都像他们道德上应当的那样生活，因为每个人都一成不变地利己地行动。

> 利己主义是这样的术语：用来指称两种观点，各自有非常不同的含义。心理利己主义关乎人类心理本质：认为所有人类总是利己地行动着的。心理利己主义对利己性不置道德判断，这跟说人类是哺乳动物是一回事；后者也不是道德判断，而是道出了人类的生物学本质。心理利己主义的合理性或不合理性对于心理学家和生物学家来说都还是一个问题，可伦理学家则不然。伦理利己主义的意指完全不同：它并不认为人类是利己的，而是认为每个人都应当如此；利己性是道德之善，而非利己行为则是道德之恶。

就某个角度看，心理利己主义似乎是显而易见的、毋庸置疑的。我们毕竟很清楚，我们通常都在追求自身利益，诸多反例可以解释得清清楚楚：我的好友詹妮弗怎么样？她放弃了她向往已久的海滩之旅，在我发生交通事故后来到我所在的医院病房，读书给我听。显然，詹妮弗是那种认为给朋友读书比去海滩得到更多快乐的人。那么，乔怎么样呢？他用掉自己为买新车的积蓄，帮助卡特里娜飓风的受害者，牺牲他的春假自愿在新奥尔良的受灾者避难所忙活。乔从帮助他人中获得了比购置新车更大的满足。显而易见，乔还是利己地行动着的。好吧，那么我亲爱的妈妈呢？她花费长长的不眠之夜，为发烧的我降温，关怀备至。哦，你母亲正在做她的利己之事：相比休息，她更想要照顾你。如此说来，詹妮弗、乔、你母亲最终都是在利己地行动。可是这样对上述案例简单的“解释”会引起我们的怀疑。毕竟，心理利己主义是一种经验描述性的理论：描述了世界，而非规定性的界定。因此，什么能算作一项非利己的行为呢？如果心理利己主义者认为非利己行为不可能有，什么行为都不构成非利己行为，那么，心理利己主义就根本不是关于世界的看法，因而只是个特殊界定（special definition）罢了。

假设我声称所有的企鹅都不会飞。这是个关于世界以及在世界上什么存在（以及什么不存在）的真正主张。什么能够证伪我的看法，这一点是很容易说出的。给出一只在空中飞翔的企鹅，我就放弃了我的看法。但假如你给我一个企鹅——通过仔细的 DNA 分析证实，它是一对完全不会飞翔的企鹅的后代——它居然优美地展翅高飞如海鸥，那么我依然拒绝放弃我的看法，说：“那不是企鹅，因为真的企鹅都不会飞。”在这个意义上，我的看法就不再是关于企鹅的经验事实陈述了，而是一种对企鹅特征的特殊界定。同样地，如果一切都不能算作非利己行为，那么，每个人都是利己地行动也不再是关于人类行为的事实陈述，而是一个特殊并且奇怪的界定或规定了。实际上，这是一个非常奇怪的界定。毕竟，当人们出于对他人的友善与关怀行动时，他们发现，慷慨无私的行动自身就是令人满足的，那么此时我们就正常地称这些行为为慷慨的、非利己的（无私的）。当然，如果我做了慷慨之举仅仅是因为我想要沽取慷慨之名，或因为要赢取童子军荣誉徽章，或只是因为相信上帝会为了我的小小善举而反馈巨大的回报，那么对我的行为是否属于真正的慷慨而非自私就存在合理质疑了。

初看上去，心理利己主义显得是意志坚定的现实主义，但在仔细检视下却又无法自圆其说。我们人类极具社会性并以社会的方式互相依赖，我们的生存（尤其是幼小人群）需要广泛的互相支持和协作，因此，如果每一个个体是像心理利己主义者所说的那样，排他性地只关注自我的利益，这将是非常令人惊讶的。那么，伦理利己主义的规定性假定呢？人们应该只关注自己的利益而行动吗？这又如何合理呢？

伦理利己主义确有诱惑力。因为毕竟存在着一种确定的诉求：当你利己而为，从不帮助朋友与他人，只寻求对你一人有益之事，那么你实际上就是道德的。就像发现热巧克力圣代是健康食品一样。“我得到我的，我尽可能地多占有，他人的关心、需要、遭受都无所谓。”毫无疑问，世上确有这种人，可是为何人们要认为此是道德行为或德性生活呢？

就伦理利己主义是正确的伦理学理论，一个人能给出何种根据？大多数伦理利己主义者又跌回那个立场：我们总是实际上在利己地行动。但是，正如刚才表明的那样，这又搅乱了心理利己主义的描述性命题，把它和伦理利己主义的规定性主张混为一谈。即使心理利己主义是合理的描述性理论，那也无法提供规定性的支持。

> 从社会交往中退回到个体关注，对于享乐来说绝对是必要的。人可以坚定地把目光锁定在自身利益上，不管是什么事，仿佛那些事阻碍

> 他享受他力所能及的满足，而他人则保持心灵的自由开放。过分溺爱孩子总体上不被看作为了孩子之故。如果从表象上看还有疑惑，那么无疑，我们称之为利己的那种品格也不是最有希望达成幸福的。该心情显然是在某种程度与方式上竭尽全力，但也产生了不必要的和无用的孤独与焦虑，并妨碍我们得到享受的手段和物质，从而限于匮乏。过分的自爱（self-love）伤及个人利益。无论这看起来是多么悖谬，然而从自爱立场看，我们应该努力克制过分的自我关注。
>
> ——约瑟夫·巴特勒（Joseph Butler，1692—1752），《十五次布道集》（*Fifteen Sermons*），第十一次布道

对伦理利己主义最普通的证实是社会达尔文主义的粗陋形式。当一个人为自己所得而尽力时，对弱者毫无怜悯，于是最强壮、最具才能的个体将升到顶端，创造更好的世界和物种；弱小的、不适应的就被剔除出局。因此，毫无悲悯的利己之举是个体通向最强壮、最具才能的最佳成功之路，他们的成功变强是自然、正当的。自然是残酷的，但也正是这一残酷的进程，赤裸裸的尖牙利爪，令我们更好地并把最佳人选推至顶端。对享受成功的人士而言，这个立场听起来颇有吸引力：让他们从与不幸者共享成功的义务中解脱出来，确认他们高高在上的正当性；让他们不再记得成功可能来自财富继承，或早先环境与教育的优先特权，或来自有力支持的家庭和社群关系，而非个体的杰出品格。前得克萨斯州农业委员会主任吉姆·海托华（Jim Hightower）常说，乔治·布什是，“天生的三垒（third base），如今他想的是打个三垒安打（hit a triple）”。如果你做出了重大科学发现，你就必须在全社会的支持下，运用世代积累的巨大的科学知识储备。让你有重大发现的教育是全社会协作的结晶，因为它提供了你所需要的师资力量、出版了供学习的书籍，并维持着使这一切成为可能的一定的社会、经济、知识结构。有众多才华横溢的科学家，但几乎不可能有人是狼抚养长大的，没有他们所生活在其中的社会的支持，就没有一个人能做出任何发现。

社会契约伦理学

也许我们并未找到伦理学的真理，也没有发现通向该真理的理由与方式，来自上帝的话语也无济于事，好像是我们发明了伦理学的真理，此乃社会契约伦理学的基本立场。除了我们发明的社会的规则体系，并以社会的方式加之于人类，别无其他。这种类型的观点有时也被称之为伦理学的建构主义路径：伦理学不是自然现象，不是我们发现之物，不是通过直觉或演绎程序被给予之物，而是作为需要规则体系去调控我们彼此行为的社会性动物的我们自己建构出来了它们。

> 社会契约伦理学的意思是，伦理学的原理与规则是由生活在其中的人们通过有强制力的一致同意所设定的。尽管社会契约伦理学表现形式多样，但基本观念如下：伦理规则乃是我们的人造发明。社会契约伦理学家们有时也相信，先于并独立于社会契约之外，我们存在着

伦理性情感与倾向，但是他们都坚持伦理学的基本原则是通过人类一致的同意建构的。这样，社会契约伦理学有时也被叫作伦理学的建构主义：伦理学是人造发明的，而非发现的。

社会契约理论主要是政治学理论，在西方政治思想中占有突出地位。但是其中也包含与政治学解释平行比肩的伦理学理论。我们为何要服从政府的法律？这并非由于法律来自被神圣选定的国王的命令，而是由于我们都同意过。我们协定一致遵守法律是因为我们视此为自身利益所在。如此看来，合法的政府管辖只能是通过管辖之下人们的一致同意。同样，我们一致同意遵守伦理规则乃是因为，为了我们自己的利益，在一套规则下与他人互相约定共同遵守。社会契约理论的伦理学版本意味着，没有一致同意的协定就没有伦理规则：伦理学的规则存在仅仅是因为我们发明它们并与他人协商一致地遵守它们。

我们的社会建立在哺乳动物式的规划上：单个人首当其冲的努力是赢得自己生殖的成功，其次是亲属同类；虽进一步却勉勉强强的合作则表明为享受群体成员身份所带来的利益的妥协。

——社会学家 E. O. 威尔逊（E. O. Wilson）

英国 17 世纪哲学家托马斯·霍布斯（Thomas Hobbes）为社会契约理论提供了关键的近代资源。在霍布斯之前，契约理念早已存在（古希腊时期就曾提出过一些社会契约理念），但正是他充分发展了社会契约理论。霍布斯从人类生存的原初状态开始他的说明，那是一切人对抗一切人的战争，“每个人反对每个人”的状态。原初状态里存在着“持续的恐惧和暴力死亡的危险”，生活是“孤独、贫穷、肮脏、野蛮而短寿的”。人必须时刻自卫，时刻准备先发制人。你遇到的某人也许看起来无害，可是对方总是一个潜在的威胁，因此为了防止未来的袭击，你必须致残或杀死可能的仇敌。即使你是最强壮、最令人害怕的个体，你也在充满持续恐惧的短暂而野蛮中生活，因为你总要睡觉，此时最弱小的仇敌就可以杀死你。实际上，如果你强壮、充满危险，你将会在酣睡时成为特别诱人的袭击目标，因为你周遭的人都害怕你下一个回合的攻击。

社会契约实践是由易洛魁联盟（Iroquois Confederation）以非常复杂又引人注目的方式开启的，大约始于 1450 年。易洛魁社会契约也影响了美国独立战争之后 13 个殖民地起草的政府社会契约模式。

在此背景下，即使是最强者也欣然签署一份互不侵犯协定：如果你不犯我，那么我也不犯你。就是说，我们都意识到如果全社会一致同意、有强制力地保证不去相互劫杀，我们也将不会被别人伤害，生活将更好。这就是社会契约伦理学的基本理念：出于我们自己的利益，我们都去遵守一些基本道德规则。我们在根本上同意：在别人不伤害我们的条件下，我们也不去伤害社会上的其他人。这或许是一种相当袖珍的伦理学，但请注意，该伦理学不再诉诸慷慨冲动、伦理直觉、神圣诫命、理性原理、热情却模糊的情感。相反，霍布斯的出发点是人性的残忍与利己。原初状态下，由于不存在社会规则与约束，我们彼此杀戮、劫掠，因而该状态是糟糕的、残酷的。但即便从人类的黑暗、严酷又悲观的观点出发，霍布斯却能表明与强制规则相符的社会协作（认可、遵从一些基本道德规则）是为了我们自己的私人利益。于是乎，在不诉诸神圣法则、自然美德或人类慷慨的条件下，道德体系就能被证成。

> 对社会契约非常严厉的批评观点来自赫伯特·乔治·威尔斯（Herbert George Wells）在1899年发表的《爱与路易山姆先生》（*Love and Mr. Lewisham*）一书：
>
> 社会契约理论不过是人类的巨大共谋，撒谎诓骗，自欺欺人，只为普遍之善，而这些谎言就是把盲目而野蛮的个体黏合到社会整体建筑的灰泥。

当然，人类并未在如此野蛮而孤独的状态下生活过。我们非常深刻地进行社会交往。幼小一代需要大量的保护和照料；相比之下，人类弱小、迟缓，缺少利爪去攻，亦无体格来守，唯有通过社会协作，我们人类才能生存繁衍。但是霍布斯并不是为人类社会和伦理体系的发展给出历史学或人类学的说明，毋宁说，他所证明的是即使从最严酷、最狭隘的自我利益角度，也能建立一套彼此都能接受的合理而有益的伦理规则体系。当然，如果我亲自起草伦理规则，这些不是我愿意的选择；我将会倾向于那些我可以如愿地欺诈、抢劫、伤害他人，而别人则不能这样对我的规则。我也许会认为这样的规则是极好的，可是显然没有其他人会接受这些规则。如果我们是作为理智的自我利益关注者，我们能建构、同意合理而有益的普遍规则：无人在社会上可以被允许欺诈、抢劫、杀害。就是说，每一个人都尽力争取他最大的利益，我们就能达成一个大家都认为不错的协议。

20世纪后期，约翰·罗尔斯（John Rawls）把社会契约伦理学提升到一个新的境界。社会契约理论家已经把社会契约理念推进一层：即使是狭隘的自利个体也能为支持道德规则找到好理由。罗尔斯运用社会契约理论为正义和公平确立了标准。并非是考虑假如你与他人一同坐下来起草社会契约，你应该采取何种规则；而是考虑假如你不知道你是谁，你应该采取何种规则。

设想你在为你将要生活的社会起草规则，但动笔之前，你无法知道你在该社会里属于何种人。你仅知道你将作为人类之一，有着一般的欲望、恐惧、需要和弱点。可你却不知道自己的种族、性别或族裔；你也不知道自己是体格强健还是极度虚弱，是聪明还是蠢笨，是勤快还是整天昏昏沉沉，是笃信宗教还是怀疑一切，是自由还是保守。你也不知道喜欢哲学还是物理学或诗歌；是伟大的音乐天才还是听觉失聪；是健步如飞还是步履蹒跚，或根本就无法跑动；是出生贵胄，还是天生寒门。在此背景下，也即罗尔斯所谓的“无知之幕”，对你将生活的社会你会采纳何种规则？我或许倾向于唯有白种男性异性恋哲学家治理国家的规则，可是一旦想到我也许是一个黑种女性同性恋物理学家，那么先前的规则就绝非好主意了。也许我会考虑唯有我信的宗教可以信奉下去，可是想到在新社会里说不定我会坚持多元信仰立场，那么我就可能被剥夺掉信仰自由了。

因此，在无知之幕背后，丝毫不带你具体的特征和情境，你将赞成何种社会规则？我会要求言论自由、宗教信仰自由，因为当压制我反对的言论与宗教时是赏心乐事，但是就被压制的一方（我也许正好处于此境）而言将会是糟糕透顶。我会要求有发展我的才干的真正机会，因此（因为我也许是社会上最贫穷的）我会坚持每个人都有接受优良教育的机会。也许我还会想的更多。我不知道在新社会里自己是穷是富。无疑，生活在有20间卧室的豪宅、顿顿饱食珍馐是非常宜人的，但是流离失所、食不果腹岂不太遭罪吗？所以，想到在新社会有沦为最贫困的可能性，我也许会坚持这样一条规则：在任何人享受奢华之前，每个人都有像样的居所与充足的饭食。

> 某个惯例如果与原则相符才是正义的，因为原则是我们可以合理指望所有参与者提出或认可的；参与者被给予了相似情境并被要求预先做出可靠承诺而不知各自的具体条件。因此，当满足了各方因公平而接受的标准之后，他们才有机会讨论其是非曲直。考虑到参与者们本人，一旦人们有意地采纳了一个他们都认可为公平并接受采纳的益处的惯例，轮到他们这样做的时候，他们就受限于公平竞争的义务而遵守这种规则，这就意味着惯例对他们在具体事务上追求自我利益构成了限制。
>
> ——约翰·罗尔斯，《正义论》（*Theory of Justice*），1971

可见，这就是罗尔斯版社会契约理论的基本理念。如果剥离掉一切歧视、偏见与特殊利益（在一道无知之幕背后，想想看你将赞同什么），考量你会赞同何种社会、何种伦理规则，你将在到达真正公平的标准、规则和政策后才能止步。设想你还是个孩子，在六个饥饿的朋友之间切分一块美味披萨。你如何确保切分公平？那就让切分者拿最后一块吧；抑或是随机分配吧，这样切分者也不知道自己会得到哪一块。这样，每块也许就不必全等，但是每个人都同意该程序是公平的。看看我们的社会：你愿意掷骰子而成为社会中最差的人吗？如果不愿意，这就会引起社会是否为公平正义的严肃追问。所以，社会契约理论，尤其在诸如罗尔斯这样的当代社会契约理论家那里，就成为非常有用的工具，促使我们严肃检视什么规则以及社会结构才是真正正义的。

社会契约伦理学有其魅力和拥护者，但也有批评。社会契约伦理学的要义是表明即使是十足的自利个体也能为接受并遵从道德体系找到好的理由。对社会契约伦理学的主要批评之一是其鲜明的狭隘个人主义基础。当然，社会契约伦理学家们并未假设我们恰恰就是自利个体。即使是最坚定的社会契约理论家们也非常清楚：我们在家庭和社群中被抚育成长、长期依赖照料和保护。而且，社会契约理论设定纯粹自利个体为伦理学理论的出发点；由于作为伦理行动者，我们从严格的个体自利出发，所以社会契约伦理学就把这个观念彻底固化了。对社会契约伦理学的批评认为，这样的出发点注定扭曲了伦理学的视角：伦理学源于家，[①] 可社会契约伦理学忽略并贬低了基本的伦理学领域。

> 玛莎·努斯鲍姆（Martha Nussbaum）对社会契约理论给出了强有力的批评，其中最有力的批评是，社会契约伦理学的逻辑严重不足：
>
> 社会契约理论的基本理念是人们聚在一起，

① 在英语中，"伦理学"一词的词根是"锅灶"，表示安身立命、互相照料、熟悉而无忧。——译者注

在某种条件下为基本政治原则订约。在该条件下，他们可以期望互惠，从协作中获得利益。为了把少有的处在优先地位的富人，或对群体福利贡献远低于大多数者的人包含在内……（结果）将会与全体参与的逻辑背道而驰。如果为了相互利益，人们做出了彼此协作的安排，他们会与他们可以指望从协作中获利的那些人一起订约，而不愿劳神费力地去和那些对社会产品贡献无几的人订约，因为会降低社会福利的水准。

批评者称，社会契约伦理学是为陌生人在彼此漠不关心的市场或立法机构而设计的。显然，我们需要在这样场景中的伦理学，如果在金融与政府腐败高发条件下，很明显我们需要大量良好的伦理反思。可是，伦理学并不是从冷漠的市场出发，而是在家庭内和朋友间的关心照料中发展和维持的。与朋友和家人的关系与市场人际关系是非常不同的。社会契约伦理学是竞争场景中的个体伦理学：其中的每个人都追求自身利益的最大化。与亲友的关系则不然，与其说是竞争和订约关系，倒不如说是互助与养育关系。偶然地，母亲会“坚持罢工”，或者父母会要求孩子守约：不饮酒、不发生性关系或吸毒。类似的新闻报道常令我们高度关注，但那只是因为它们是如此地不同于爱的规范，而不是因为它们是契约式的家庭关系。当家庭必须诉诸契约时，它是功能失调的家庭；在这里，市场规则为互相协作的温情关系提供了可怜的替代物。当你和你的恋人开始讨价还价解决分歧，算计着谁亏欠了爱，那么你就知道双方情感基础已在危险境地。正是在家庭以及与朋友、爱人相处的场景下，我们发展出了协作与情感能力，从而构成伦理行为的基础。无论市场利益是什么，市场都不是发展基本伦理行为的地方；相反，形成协作式的社会契约关系的能力至少需要最起码的相当良好的伦理养育。孤僻者就订立社会契约而言不会是好伙伴。假如我们把社会契约看成伦理学的核心部分，那么，我们就一定低估、否认或忽略了亲友间非常不同的伦理关系。

对社会契约伦理学的第二个批评与第一个密切相关。伦理学对施加威胁以及能互惠互利且又维持协定者而言是大致对等的。但是小孩则不是大致对等者，他们亦非羸弱老者。我们生活的相当一部分是用在易受伤害的孩子与老弱者身上。把伦理体系单纯建立在生活的某一个维度（在漠不关心他人的成年人之间），必将导致对该伦理体系生活的一些最重要方面的无视。

对社会契约伦理学最后一个批评是隐含在前两个批评之中的，也许是最基本的。社会契约伦理学把人类抽象为独立行动的激进个体，其基础是对人类行为与人类需要的极大误解。我们并非源于原子个体，而是社会群体中的成员；也并非源于粗暴的斗士，而是非常容易受伤害的微小单个人。契约模式意味着我们的“自然”状态是孤立的个体，可是我们是深刻的社会种类。将人置于禁闭中是非常严厉的惩罚，会造成长期的令人衰弱的心理阴影。赞成社会契约伦理学的人会回应说，这不是心理学或社会学理论，而是一种以最经济的方式证成伦理学的说明：就算我们是严格且不关心他人的、自我寻求的个体，对家庭和社群没有任何责任，我们也能证成一整套伦理原则。批评者们仍然坚持认为，社会契约伦理学把人类全部的伦理事业（毕竟牵涉到社会性动物的人类）勾勒成误导人的画面，也忽视或遮蔽了我们伦理生活的一些至关重要的方面。

关怀伦理学

关怀伦理学的拥护者突出地表现在社会契约伦理学的批评者当中，这也几乎没什么好奇怪的。社会契约伦理学从激进的独立的自利个体出发，而关怀伦理学家们则相信这样的起点把伦理学弄颠倒了。（关怀伦理学家坚持认为）伦理学植根于关怀、情感和人际关系。伦理规则有其运用空间，尤其是在我们社会生活的漠不关心的交往中：在市场上、立法议会大厅、法庭、城市规划委员会、沿街驾驶中。但伦理学的基础和灵魂是在我们家庭、朋友和爱人之间的关怀、友谊和情感的相互关联中。

> 关怀伦理学有时也被称作女性主义伦理学，但叫“关怀伦理学”也许更好些。首先，一些领衔的关怀伦理学家是男性，比如劳伦斯·布鲁姆（Lawrence Blum），而很多女性哲学家则又拒斥关怀伦理学，比如克里斯蒂娜·科斯嘉德（Christine Korsgaard），就是一位持康德立场的主要的当代拥护者，和关怀伦理学格格不入。尽管毫无疑问不是所有的女性都是女性主义者，男性也能成为女性主义的支持者，但也明显存在着潜在的误解。赞成使用关怀伦理学的第二个理由是，很多强有力的女性主义作家都激烈反对任何突出“女性主义”的伦理学理念。比如琼·格里姆肖（Jean Grimshaw）：
>
> 如果伦理关切和优先性来自社会生活的不同形式，那么，产生于女性总是从属于男性的社会体系的想法就一定是可疑的。假定“女性（female）”价值不仅是女性之间的少有的一致同意的主题，它们也是深陷在依赖“男性”与“女性”两极对立之类的“女性（feminine）”概念中，而这个对立的两极也和女性从属性紧密相关。不存在一个自治领域，让女性价值与女性行动可以为公共层面产生“另类（alternative）”价值。任何一个依赖这样观念的“女性伦理学”概念，我认为都是无法切实可行的。

关怀伦理和排斥个人情感的康德伦理学、社会契约伦理学或功利主义伦理学的区别可以在两位心理学家的道德发展研究中找到：劳伦斯·科尔伯格（Lawrence Kohlberg）与卡罗·吉利根（Carol Gilligan）。科尔伯格是道德发展长期研究的领军人物，跟踪许多孩子的道德观点，考察孩子们从少年时代、大学年代、直到下个十年的成熟过程。研究集中于海因茨（Heinz）的故事，他妻子生病了，强烈需要珍稀又昂贵的药物。海因茨买不起，药剂师也不提供，那么，他能做什么呢？多年来研究的主题为故事提供了回应：讲述了海因茨该做什么、为什么。

> “关怀伦理学”并不好界定，它指称一大群观点各不相同的伦理学家们的意思。下面的意思也许并不是关怀伦理学的显著特征，但是这些观点在这群人中被广泛共享着：人际关系（通过抽象的普遍法则是无法全面把握的）是伦理学的非常重要的部分；众多重要伦理议题都关涉于此，在确定什么行为是对的上，情境的细

节至关重要（假如我们通过考虑身处在抽象本质的人来试图决定何谓正确，那么我们将会忽略重要的伦理考量）；情感与关怀是伦理学的重要起点，这些情感是如何被培育和维持的问题也是非常重要的伦理问题。

科尔伯格主要对道德发展的水平与阶段感兴趣，他的研究揭示了如下阶段：作为孩子，他们考虑最多的主题是其自身的兴趣，然后提升至关心他人，直到认识到规则的重要性；就一些主体而言，最终达到合理地演绎出普遍正义法则的认识。主体们在道德发展中达到不同阶段，但科尔伯格注意到，女性几乎很少像男性一样达到最高阶段。为何女性比男性更少可能达到道德发展的最高阶段（在此阶段中，人可以理解抽象普遍伦理规则的超越性）？科尔伯格的假设是，女孩子们的道德发展可能受阻，因为，相比之下，她们更少花费时间在排斥人情感的周边事务与更广阔的世界上，而更多地投入到处理小而私密的与家庭和朋友有关的事务中。和科尔伯格研究项目合作共事的心理学家卡罗·吉利根有着不同的看法。她没有追问为何女性不能发展到最高阶段，而是反问科尔伯格为何设定排斥人情感的普遍原则置于伦理学顶点的基本分析模式。吉利根争辩道，关怀伦理学的路径对伦理学有不同的定向，而不是次等的视角。关怀伦理学更加强调维护和保持相互关系与共同体价值，更加着眼于人际关系和个人需要，而不是聚焦于普遍法则。从普遍伦理规则和原理视角看，个人细节是无关紧要的干扰。从关怀伦理学视角看，个人细节是极其重要的。在家庭与朋友层面上，我与具体的人和独特的关系打交道，而非一般类型的“目的王国成员”或“能感受苦乐的任何人”或“同意社会契约的所有人”。在科尔伯格研究海因茨的案例中，女性比男性在寻找可选择的路径上更加感兴趣，即，找一个方式对每个人都有效，了解更多的细节，寻求这类特殊问题的解决方案。

尽管有所区别，但主要的伦理传统（康德式的、功利主义的以及社会契约的）都从规则是伦理学的基础之假定出发。关怀伦理学就是在挑战这个基本视角。不带个人情感的规则本身并没有问题，它们在公共市场领域以及其他与陌生人打交道的背景下是相当有用的，而在这些场合下是不用考虑个人关系的。但对于关怀伦理学家们而言，德性的要点和基础只在关怀与情感中存在，而非在不带个人情感的普遍规则里。从关怀伦理学的视角看，伦理学的规则与原理悲哀地扭曲了大部分伦理学，实际上也低估甚至忽视了关怀伦理学所要构建的核心。

许多道德理论家……运用那个假定：增加个体效用是值得做的好事（善）。但如果追问为何增加效用或满足欲望或提供快乐是好事，或者为何如此计算是好的，问题就不好回答了。这个看法被当成一种没有更进一步理由可提供的起点假设。它似乎依赖人们寻求快乐或我们能意识到快乐有着更多的内在价值的看法。可是假如女性意识到了可能更有效的非常不同的假设，这肯定对伦理学有着重要意义了。我们也许把创造更好的关怀和关切关系、把我们自己与孩子们之间的信任，以及把创造一个孩子们被有价值地看待和更好地被照料的社会安排看得更重要，而不是个体效用的最大化，并将此作为自己的起始假定之一。那么，与此相匹配的道德理论就与那些我们熟悉的道德理论大相径庭了。

——弗吉尼亚·赫尔德（Virginia Held），《女性主义与道德理论》（“Feminism and Moral Theory”），节选自伊娃·费德·基泰（Eva Feder Kittay）与戴安娜·T. 迈耶斯（Diana T. Meyers）合编的《女性与道德理论》（*Women and Moral Theory*, Totowa, N.J.: Rowman & Littlefield, 1987）

你最好的朋友在有机化学期末考试中挂科了，想考医学院的梦想岌岌可危，她坐卧不安。你去安慰她，用了一晚上尝试让她情绪好点。假如有人问：“你为何花了一晚上安慰朱莉？”你也许会说“因为她是我最好的朋友，我深深地牵挂她”；而不是“因为通过功利主义的计算，我认为，安慰朱莉将获得除去痛苦剩下快乐的最大余额”；也非因为康德式的或社会契约的规则——“忧伤中的每个人都应该被安慰”。你出自友谊和情感而安慰她，而不是义务。如果你不得已考虑到该遵守什么规则或做出功利主义的计算，这就不是道德崇高的象征；相反，这表明你在道德基本情感以及对朋友守信上的羸弱。显然，康德会非常不同地认为，只有严格依据义务而非情感的行动才是道德的；但关怀伦理学家们则视此为可怕的扭曲，减低了伦理的实在性。事实上，假如朱莉认为你花费一晚上陪她是出于义务而不是友谊，这将令你出现一个晚上的价值大打折扣。在市场条件下，我们也许需要抽象的规则，社会契约和康德理性主义以及功利主义都可以提供。可是把一切道德都压缩到一个规则统治的箱子里，就会有许多遗漏，包括道德的基础以及诸多有价值的方面。假如你从义务感的视角为孩子提供照料，这仅仅是聊胜于无了，将大大逊色于出于爱和情感的关怀；而且也无法为健康的少儿心理发展提供所需的基本支持和养育。假如你通过规则来关联到你的所爱，那么，这终有所失。当你的关系变成一种“该谁做这个，谁对谁亏欠什么”时，关系也正驶向礁石。对商业关系而言这挺好，甚至对政治关系而言也无所谓；但不适合人际关系。我们的社会结构也许大得足以需要规则，但是伦理的起始点则是人际关系以及对该关系的培育和加强。这才是伦理学起始点的本质基础，而不是不带个人情感的规则或社会契约。

内尔·诺丁斯（Nel Noddings）是一位哲学家、教育家，她对解决道德议题的关怀伦理学路向（往往是女性遵从的）给出了如下的特征：

女性，也许是大部分女性，都宁愿在具体情境下讨论道德问题。她们把道德问题并不是看作通过抽象推理解决的理智问题，而是看作在生活中必须经历与解决的具体人类问题……

面临一个假定的道德两难，女性往往询问更多的讯息。显然，问题不是说女性不会有次第地安排原则，逻辑地导出结论。更可能的是，她们认为这个程序对道德行为来说是边缘的，甚至是不相干的。她们需要更多的讯息，我认为这是为了构成一幅图景。理想地，她们需要和参与者交谈，观察他们的眼神和表情，把握整个情境。毕竟，道德决定是在情境中做出的，它们在定性上和几何学问题的解决方案完全不同。女性……为她们的行动给出理由，

> 但是这些理由都指向情感、需要、情境条件，以及对个体观念的感受，而不是普遍原理及其原理的应用。
>
> ——内尔·诺丁斯，《关怀：伦理学和道德教育的女性视角》（*Caring: A Feminine Approach to Ethics and Moral Education*, Berkeley: University of California Press, 1984）

康德伦理学与关怀伦理学形成鲜明对比。假设哈萨德最好的一个朋友在住院，哈萨德知道他感到孤独、甚至有点害怕，真的需要有人来访，给他鼓鼓劲。因为把对方以及友谊看得很重，即他在意这位朋友，宽慰朋友的苦恼并为其鼓劲是重要的，所以哈萨德去探望他。现在看看另一个案例吧。吉尔的朋友生病住院了，深感苦闷；但吉尔不想去探望，不想给他提供安慰、陪伴和支持。吉尔发现前往医院探视很难受，况且他学期论文的成绩不好，目前他不想见任何人，不论是不是朋友。但是吉尔又相信探视朋友是义务，这样他带上鲜花、杂志和鼓舞，探视了朋友。康德伦理学会判定吉尔的行为是伦理上的典范：出于对义务与普遍道德原理的理性反思而行动，而不是出于偏好与情感，这就是康德伦理学的观念。从康德伦理学的立场看，哈萨德基于情感的行动根本不算伦理行动。关怀伦理学家们相信吉尔的行动也是符合伦理的，但和出自真正的关怀与情感比，在品质上更低了；哈萨德则是通向伦理行为的更好路径（至少在人际关系的重要层面上）。对于关怀伦理学家们而言，当情感冲动缺失，考量伦理规则也许是有用的，因为在不带个人情感交往互动的公共领域，规则是基本的；但被情感指导的行动、看重人际关系是基本的伦理基础。显然，这也不意味着我们总是应该跟随当下的情感，即使在处理亲密关系时。我对孩子的情感或许令我感到不快，当我不得不带他接种令他难受又害怕的疫苗时，我当下的情感冲动是跳过打疫苗。但是对孩子的关心及对所有风险和效益的仔细考虑会让我立即选择保护孩子，不受短期不愉快的困扰。如果你们之间的关系很糟，也许会存在你把关爱之情收回的时刻。这些案例并不是表明关怀伦理学是不充分的，而是仅仅指明关怀并非要排斥理性反思。

相比更不带人情的伦理学理论（康德伦理学、功利主义伦理学和社会契约伦理学）对于普遍规则的强调，更强调情感与人际关系的关怀伦理学是一个改善吗？这是个引起激烈争论的话题，你必须做出自己的结论。但是，仔细考虑并对比不同的理论将会帮你形成自己的选择，为你的赞成或反对提供更好的理解。还有其他的伦理学理论将在下一章加以讨论。

阅读部分

上帝与人类态度

詹姆斯·雷切尔斯

詹姆斯·雷切尔斯（James Rachels）在阿拉巴马大学伯明翰分校教授哲学，撰写了大量非常有影响力的伦理学著作。他的《创自动物：达尔文主义的道德意蕴》（*Created from Animals:The Moral Implications of Darwinism*, Oxford: Oxford University Press, 1990）是一本可读性强且对达尔文主义的道德意蕴足具洞察力的书。在如下的段落中，雷切尔斯不仅拒斥了伦理学的神圣命令理论，而且更深入一步论证了任何把伦理观基于上帝诫命的伦理学原则都让人类道德行为变得不再可能。

跪倒或卑躬屈节于地上，甚至为天国之物表示敬畏，都是与人类尊严相违背的。

——康德

上帝（假如他存在的话）是值得崇拜（worship）的对象，必然是对的。任何不值得崇拜的存在都不可能是上帝，正如任何不是万能的存在或不完美者都不可能是上帝一样。这一点在宗教信仰者的态度中被反思到了，他们看到无论上帝是什么，人类都应该在他面前弯腰鞠躬。而且，上帝是独一无二的，崇拜别的就是对上帝的亵渎。在这篇论文里，我将给出一个先天的论证，反对基于作为恰当崇拜对象的上帝概念的上帝的存在。上帝不可能存在，因为没有任何存在者可以成为合适的崇拜对象。

但在我提供论证之前，有几个预先需要注意的事情。首先一点是对崇拜概念的考察，这对论证有一定的独立意义。尽管该概念具有极大的重要性，但却几乎没有被宗教哲学家们给予足够重视；他们的回答路向往往是通过援引上帝的令人敬畏（awesomeness）或神秘（mysteriousness）：崇拜意味着在“令人恐惧的、神秘的”存在者面前“默默地鞠躬”。但是这两点都没有解释崇拜这个概念。敬畏显然和崇拜不是一回事，一个人可能因为《李尔王》的演出、目睹日蚀或地震、遇见钟爱的电影明星而深感敬畏，却不崇拜。我们对其没有丝毫崇拜倾向的众多事物，既令人恐惧又神秘。我想，黑死病（Black Plague）对许多人来说正好也符合敬畏。我将给出对崇拜的说明，该说明对那些令人敬畏且神秘的概念将构成替代。

看看麦克布兰克（McBlank），他努力反对自己的国家卷入第二次世界大战，拒绝入伍而被判处监禁。他在20世纪50年代的“禁止核武器（ban the bomb）”运动中表现活跃：发表演说、写传单、领导游行示威而再次被投入监狱。最终，他又踊跃反对越南战争。所有的这一切，他都是出于原则而行动：他认为所有的战争都是罪恶的，没有一个是正义的。我想对麦克布兰克的和平主义行动做三点评论。(1)他发现历史充满了战争，而战争造成生命与财产的大规模毁灭；人类在战争中遭受不可比拟的巨大痛苦；大国拥有可以摧毁人类的武器(假如使用的话)。这些都是任何正常的人都不会反对的事实。(2)但是这些也仅仅是事实而已，而别人可以以不同方式来看待。这些事实对人类有着特殊的重要性，对人们的生活构成不祥的且具威胁性的背景，但即便如此，对一些人而言，这也仅仅是背景。可对于麦克布兰克来说，却不是这样，他把这些问题的累积看成行动的激进暗示。他以一种非常不同的方式行动，好像不是因为这些事实似的。他的整个生命变得非常不同，他的行为改变了，不只是细节上的变化，而是行为模式的变化。(3)不仅他的行为受到了影响，而且他对所处世界的思考方式也受到了影响。他的自我形象是不同的。他视自己为一个具有自我毁灭的疯狂家史的成员。他反对穷兵黩武只因为他是个父亲或音乐家罢了。当一些存在主义者说我们通过选择“创造了我们自己”时，他们头脑中大概就有这样的想法。

因此，至少存在决定麦克布兰克反对战争的三个原因。第一，他认为某些事实是正儿八经的事实；第二，他认为这些事实有着行为的重要暗示；第三，在生活中回应这些事实构成了他的自我形象。我第一个关于崇拜的论点就是，崇拜者对上帝存在一系列信念，他们对上帝的看法犹如麦克布兰克对战争的看法。

首先，崇拜者相信某些事情是实实在在的：世界是由叫作上帝的全能全知的存在者创造的，他知道我们的每一个想法和行动，关心我们，视我们为其子民；我们被创造是为了回馈他的爱、与他颁布的律令相一致地生活，假如我们不能取悦他，我们将受到严厉惩罚。如今，这些信念并不是被所有有理性者所共享；相反，许多深思熟虑之士只不过是将其看成幻象。但宗教信仰者却深信不疑，这一点至关重要。我不是说这套特殊信念在总体上是明确的宗教，或者是具体的犹太教、基督教；这只是西方宗教信仰者信念的典型样本。然而，他们让相信上帝、崇拜上帝成为可能。

其次，犹如关于战争的一些事实，它们并不是可有可无的，而是对行为来说非常重要的暗示。无论是人类还是个别的人都必须努力发现上帝的旨意，为此，信仰者就诉诸教会权威和神学家、阅读经卷并祈祷。神意修正信徒的公开行为的程度取决于：他决定上帝会要他做什么；以及在任何情况下，他的行为遵从规定模式的范围。

最后，相信者对这些“事实”的看法会影响他的自我形象以及对所处世界的思考方式。世界会被认作为了完成神圣目的的使命而创造的；人生之苦难会被看成或是某种意义的“测试”或是因为罪责的惩罚。而且最重要的是，相信者会将自己看成“上帝之子”，把自己的行为看成对基于天国之父的荣耀或羞耻的反映。

崇拜意味着做了什么，但崇拜时究竟做了什么则不是很清晰。别的行为，诸如扔一个球或伤害邻居似乎是非常清楚的。而崇拜却并非如此。例如，当我们在罗马天主教堂参加弥撒时，除了享用维夫饼干与饮酒，我们究竟还在做什么呢？当我们在新教教堂吟唱圣歌，除了歌咏，我们又在做什么呢？什么使得这些行为表现为崇拜行为？人们会很容易认为，这些举动以及其他诸如此类的行为在本质上是仪式性的，因此，在我们对崇拜的理解获得进展之前，追问一下仪式的本质是有帮助的。

首先，我们需要把一个仪式的礼节形式和人们假定从仪式中取得什么区分开来。比如，为英国王子授职仪式。王子下跪，女王或国王把冠冕放置在王子头上，王子宣誓：“我誓死成为你的臣子，对你的威严保持人间的崇拜，终身对你保持效忠和信任，拒斥庸碌，死而后已。”通过这个仪式，王子被提升到他的新地位；通过他承诺的宣誓，他将要敬畏女王。在一定意义上，仪式的礼节性形式是相当无足轻重的，很可能有其他的程序来充当，而仪式的意义丝毫不受损害。不是将王冠置于王子的头顶，女王或许打一只鸡蛋置于王子的掌心，这也可以象征着什么，不是吗？一旦这被确立为必须遵从的程序，也就与其他操作一样了。只要人们理解通过仪式确立了王子的地位，打鸡蛋依然会成为授职仪式。在某种意义上，仪式操作犹如使用语言：说话时，声音被发出，因为语言习惯，某事某物被说出、确认或达成等。在仪式操作中，人们制定礼节，同样地，某事某物被达成、确认或庆祝等。

我们如何解释授职仪式的意义？我们或许解释道，仪式中很多部分象征具体东西。比如，王子于女王面前下跪象征王子对女王的臣服，而不只是为了让女王更容易把冠冕戴在王子头上。实质上，在解释作为整体的仪式的意义时，我们得出结论：王子正被确立，从今往后，他因为王子的身份拥有某种权利，因为自己的承诺而承担义务，如对女王的完全效忠与忠诚等。如果一个听众已经知道女王、王子与隶属之间的复杂关系，那么我需要告诉他的是王子正式地被加冕；假如他不知道这些社会系统且又想知道发生了什么，我们必须告诉他许许多多。

所以，一旦我们理解了女王、王子及其从属关系等社会系统，也就明白了系统里指派的角色，于是我们可以如此总结授职仪式上发生了什么：某人被封为王子，那人接受该角色。若稍加变通，这也同样可以解释结婚仪式。

就崇拜仪式问出的问题也可以通过类比解释加以理解。仪式的礼节形式根据宗教共同体的习惯可以变化，包括歌咏、饮酒、数珠、正襟危坐、舞蹈、献祭或者你能想到的一切。可是这又意义何在？

如我所述，崇拜者认为自己居住在由一个全知全能全善的上帝创造的世界里。因为上帝的意图，他和其他人在这世界中占有一席之地，扮演着“上帝之子”的角色。我关于崇拜的第二个论点是，在崇拜上帝中，崇拜者认可并接受了他的角色，这也构成崇拜仪式的基本功能。正如从授职仪式中根据女王、王子及其从属关系的社会系统导出其意义，崇拜仪式从神人关系构成的所谓系统导出了意义。授职仪式中，王子假定了一个角色：尊敬女王与市民；崇拜仪式中，一个人也确认了自己的角色：尊敬上帝。

崇拜预设了对象的优越地位，这个结论可以从不存在互利互惠的崇拜中逻辑地反映出来，除非是一方错认了另一方的地位。我们可以很好地理解人们的相爱与尊重，但不理解（除非被误导了）人们的崇拜。这是因为崇拜者必然认为自己地位卑微；既然卑微是不对称关系，那么崇拜亦然。这里关涉到的“尊贵”与“卑微”显然是成问题的，在我呈现的说明里则可以理解成社会系统中的尊卑关系，这一点后面还有详述。这也说明了为何谦卑在崇拜者一方是必须的。他所承诺的角色是低微的奴仆，“连他长袍的下摆也不配触碰”。跟上帝的荣耀比，“所有的义都像污秽的衣服”（《以赛亚书》，64:6）。因此，在承诺自己的角色中，崇拜者认可了上帝的伟大，自己的相对低微。这种谦卑的态度不仅仅是仪式中的装饰；相反，崇拜（不同于爱与尊敬）需要这种谦卑。骄傲是罪，在上帝面前骄傲与崇拜上帝格格不入。

在我看来，崇拜的功能乃是“荣耀”或“赞美”上帝，这通常也被看成崇拜的基本功能，也许也可以被看作更为根本的崇拜本质的源泉：承诺作为上帝之子的角色。“赞美”上帝就是给他荣耀，因其卓越地位而尊敬他，犹如一个人对国王忠诚一样表示尊重和荣耀。

简而言之，崇拜者在其位置上相信，存在着上帝且是宇宙的全善全能全智的创造者；认为自己是“上帝之子”，为了上帝的目的而被创造，通过行动对上帝负责。崇拜仪式根据信仰共同体习惯也许还有着大量礼节性形式，都包含对自己作为上帝之子角色的认可与承诺。假如这个说明成立，那么崇拜行为与崇拜其他活动就没有神秘之处。崇拜并非要看成周日早上发生的孤立行为，好像与一周内其他时间的行为没有必然联系似的，而应该看成仪式性的表达、对支配一个人全部生活之角色的承诺。

角色的一个重要特征是它们可能受到践踏。我们可以与角色一致地行动与思考，抑或是与角色相冲突地行动与思考。比如，王子的行为也许与其角色不一致：他关心自己的利益与福利多于女王；这样一来，他就不是她的“臣民”了。不关心孩子福利的父亲就与其父亲角色不一致，至少社会上都是以关心孩子来规定父亲角色的，等等。这里，我想问的问题是，对于承诺崇拜上帝，什么能算作践踏呢？

在《创世记》里有两个相似的且都关乎亚伯拉罕的故事，与此有关。第一个是以撒献祭的故事。书上说亚伯拉罕被上帝“引诱”，上帝命令他用以撒来献祭。亚伯拉罕毫不犹豫地服从：准备祭坛、绑缚以撒到前，正要动手献祭时上帝中止了；书中写道，“你不可在这童子身上下手。一点不可害他！现在我知道你是敬畏神的了；因为你没有将你的儿子，就是你独生的儿子，留下不给我”（《创世记》，22:12）。所以，亚伯拉罕通过了测试，但是假如他失败了会怎样？这个“引诱”究竟何意？显然，引诱旨在不服从上帝；上帝已经命令他做与其希望和是非感觉相反的事情。他本可以反抗上帝，但他没有，而是向上帝的命令屈从自己，包括自己的欲望和判断力，即使引诱是如此强烈。

有趣的是，在这方面，亚伯拉罕的记录并不完美。也有他就拯救索多玛和娥摩拉城免遭毁灭与上帝在条件上讨价还价的故事。上帝说，这两座城如此邪恶，他要把它们夷为平地；但是亚伯拉罕让上帝同意：如果可以从那里发现五十位正直的人，城池将得到保全。然后他劝服上帝降低至四十五人，直到四十、三十、二十人，最终是十个人。这里，我们看到亚伯拉罕的另外一面：不是奴仆式的服从，而是愿意挑战上帝，与其谈条件。即便如此，亚伯拉罕意识到这里存在极度的不恰当，他说，“看啊，我虽然是灰尘，还敢对主说话……求主不要动怒”（《创世记》，18:27，18:30）。

事实是，亚伯拉罕无法把作为上帝子民的角色和自己反对上帝的判断与意志统一起来。在关于这点上，《创世记》的作者肯定是正确的。我们无法在分辨出任何像上帝一样的存在的同时又将自己置于上帝的对立面。问题不仅是挑战上帝权威是鲁莽的，因为我们肯定逃不脱惩罚；而是在于这里涉及更强的、合乎逻辑的一点，就是说，如果我们辨认出任何像上帝一样的存在，那么因此我们就要承诺去服从他。

要想弄清缘何如此，我们必须首先注意到，“上帝”并不是像“理查德·尼克松”一般严格的名称，而是如同“美国总统”或“国王”一样。这样，“耶和华是上帝”并非是把一个具体的存在“上帝”之称呼赋予耶和华的重言式陈述，正如“美国总统是尼克松”

中把“美国总统”之称呼赋予了一个具体的人。这令我们理解了诸如“上帝是全智的”陈述如何能成为逻辑真理，如果“上帝”是一个严格的名称，那么这里面就大有问题。任何一个具体的存在是全智的，此陈述不可能是一条逻辑真理。这样一来，假如有任何一个存在是上帝（就是说，假如任何存在严格地拥有那个名称），那么该存在就是全智的。这等于非常类似地去说：尽管理查德·尼克松有权力去否定国会立法这一点不是逻辑真理，但是，如果理查德·尼克松是美国总统，那么他就有权力这一点就是逻辑真理。

顶着上帝头衔的光环，一个存在就必须满足某些资质。比如，他必须在全智之外，也是全能全善的。同理可知，把“上帝”之名赋予某存在就是要服从他。退一步来看“国王”，把某人认作国王就是认可他有权威，忠诚地服从他。认可任何存在为上帝就是承认他有无限的权威，要无限效忠于他。因此，我们可以看到，亚伯拉罕不情愿地挑战耶和华权威不仅是出于畏惧耶和华的愤怒，也是他接受耶和华为上帝的逻辑结果。加缪（Camus）认为，“从人类在道德判断上服从上帝的那刻起，人也在内心杀死了上帝”，这无疑是正确的。人通过挑战甚至质疑所“杀死”的上帝，并不是假定的上帝，而是人类赋予那个存在的概念。那个（真正的）上帝不是用来判断、挑战、藐视或反抗的，此乃逻辑真理的最底线；任何妄为之举都与视他为被崇拜对象不相容。

任何存在可能成为值得崇拜的理念比我们首先能想象的还要成问题。在承认某存在为崇拜对象时，我们也同时认可他要求了我们无条件地服从。那么，问题在于，要求我们无条件服从是否存在。应该注意到，对某存在全能全智等的描述并未自动解决疑难，因为即便承认如此令人敬畏的存在，我们也会追问：是否应该承认其可以无限要求我们服从。

实际上，在道德哲学里，从柏拉图到康德一直存在着一个悠长的传统。据此传统，一个道德主体从不能如此承认；成为道德主体就要成为自律的或自主的行动者。不像法律规诫或社会习俗（外在的），道德规诫是行动者自我强加的。违背后的惩罚用康德的话说叫“自我轻视和内在憎恨”。君子因而就是正直者，即，于反思中根据内在良心认可的规诫而行动。尽管这是道德上高度个体的路向，但绝非会招致无政府状态，因为人被看成或多或少的理性存在，同时被看成欲求我们正常能设想的与他人共存的体面生活。

就此看来，诉诸道德权威寻求指导与道德主体是不相容的。说“无论他们是谁，无论自己的良知会如何指导，我都要遵从某某某的指示”，就是放弃道德思考，放弃道德主体的角色，无论这里的“某某某”是法律、社会习俗或上帝。当然，这么说并不意味着否定就道德疑难方面寻求建议，以及在某些场合下因信任对方的良好判断而百分百地采纳其建议。但是这在个别案例的细节上将得到验证，比如，出于无知或新手之故，在处理某类型问题上无法形成自己的合理判断时。应该杜绝的是，当一个人拥有自己的理智，却用接受建议代替自己做决定当作生活的总体策略；或者在任何能够形成自己合理且有把握的判断场合下，却放弃自己的判断。

这样，我们就得出了崇拜者角色与道德主体角色的冲突：一个是在根本上承诺对上帝的全部服从，一个则必然涉及自主抉择。问题的关键在于，崇拜者角色先行于其他角色，即崇拜者对上帝的承诺优先于他本可以有的其他承诺，这就会产生冲突。但是，道德主体的首要承诺是做根据内心认为是正确的事情。于是，如下的论证得以建立：

（1）假如任何存在是上帝，他必定是崇拜的适当对象。

（2）没有一个存在可以充任崇拜对象，因为崇拜需要一个人放弃自己作为道德主体的角色。

（3）因此，不可能有称作上帝的存在……

上述的论证并不会劝说人放弃信仰上帝，一个论证也难如此作用。在明确这个论证有望成立之前，还存在许多问题需要阐明，因为这的确引起一个问题。神学家们早已习惯于宣说神学信仰与承诺，并提升信仰者至“超越道德”之境，我想他们是对的。问题是，这究竟是否不被看成一个严重的尴尬。

旧时代宗教的新视角

乔治·N. 施莱辛格

乔治·N. 施莱辛格（George N. Schlesinger）在北卡罗来纳大学教堂山分校任教哲学。他著述内容涉猎广泛，包括宗教哲学、科学哲学、时间哲学和形而上学。施莱辛格基于宗教奉献和信任的概念，至少在适度的意义上捍卫了神圣命令理论的合理性。

在一篇有影响力的文章里，帕特里克·洛埃尔－史密斯（Patrick Nowell-Smith）提出，宗教道德基本上是错误的，因此被贴上“幼稚的道德”之标签是不过分的。他援引霍布斯的语句“公正地说，上帝乃是不可抗拒的力量，主宰一切”，并发现这很令人反感，因为这等于说上帝因其强力而正义了。在洛埃尔－史密斯看来，一个行为要成为道德行为，主体必须是出于对行为的内在欲求，而不是出于畏惧惩罚、希望奖赏或其他外在动机——当然大多数哲学家也持此立场。

洛埃尔－史密斯对宗教道德为何基本上是幼稚的原因的解释首先是，犹如一个小孩或许会不再拉扯他妹妹的头发不是出于这会伤害妹妹，而是出于母亲禁止他这么做（他明白挑战母亲将有痛苦的后果）；因此一个相信宗教的人克制自己不作恶不是出于事情本身的邪恶性，而是出于他们践踏了神圣命令。其次，对孩子而言，道德不过是对自己意志的限制，他无法理解为何他不可以做他非常喜欢的某些事，因而是被强迫盲目服从父母的权威。宗教的情况也是如此：

> 这是对所需意志的彻底放弃：亚伯拉罕必须根据上帝命令来准备献祭以撒。我这么说是指，如果上帝需要，我们必须准备好牺牲掉我们最深刻的关切。假如我敢问为何，唯一的回答是“秉持忠诚”，而忠诚在本质上是他律的概念，因为它不是理性导出的对某人的信任，我们有充分的理由予以信任的。宗教信念则是盲目的信念，要求我们的理性和意志服从它。

但是，一个真正的道德行动者并不违背自己的意志而行动。他的行动是基于对欲求什么和反感什么的理解。该理解产生了与道德规则相一致的意志，并发展成合适行为所需的保证，确保能祛恶扬善。

其他哲学家使用了相似的论证，进一步得出了激进的结论：有神论是错的。比如，J. 雷切尔斯（J.

Rachels）就强调一个真正的道德主体在根本上是自主的。但是，服从神圣命令则要求作为自主的道德主体的服从。宗教道德与真正的道德势不两立。因此，雷切尔斯为无神论构建了如下紧凑的演绎论证：

（1）假如任何存在是上帝，他必定是崇拜的适当对象。

（2）没有一个存在可以充任崇拜对象，因为崇拜需要一个人放弃自己作为道德主体的角色。

（3）因此，不可能有称作上帝的存在。

当然，有神论者能够捍卫自身，反对这些攻击。但我们有兴趣地看到，他是否能够这么做，即便他承认这些哲学家所有关于伦理学本质的预设。因此，让我们不要质问那个假定：存在着或多或少构成道德的公认的一套规则；也不需要合法性来证明这些规则有普遍约束力。而且，我们也会明确认可：不自主的行为充其量只是实践了低等道德类型，甚至毫无道德可言。然而，除非合理，我们不应当认可任何关于宗教诫命的立场。现在，考虑一下宗教道德是什么的问题，一个人无法指望借助先天推理通达正确答案；本质上，我们熟悉了相关宗教教义。比如，关于一个虔敬者必须为之奋斗的目的的最基本的理念之一，以及被所有宗教教义所强调的是，一个个体要侍奉上帝乃是出于那无法估量的巨大满足和幸福，因而虔敬行为注定会为虔敬者馈赠满足与幸福。出于对神圣者的恐惧而服从宗教诫命或许是典型的新信徒的态度，他们对以上帝为中心的生活的意义只有粗浅的理解。根据对于虔敬概念的本质的更完整的意识，一个人获得更高尚的情感，通过爱和渴求神圣共同体的精神，他的虔敬行为得到了充实。真正的崇拜者的侍奉总是伴随着精神上的自我提高感以及深深的满足感，这些都是爱与喜悦行为的自然结果。这里摘引一条该理念的表达：

> 因为爱上帝是人的最高幸福和祝福，以及一切人类行为的目的，所以随之而来，他只通过神圣法则而生活，爱上帝不是出于畏惧惩罚，亦非爱其他的对象……而是唯一地出于他有着上帝的知识。

似乎可以很充分地指出，克制自己不作恶者的原因只是出于畏惧神圣惩罚不仅降格了道德，而且在真正的所有宗教权威看来也是宗教的降格。另一方面，相比较完全的非信仰者，这种人更容易被选中，因为他们在通往拯救的阶梯上已经爬了首要的一级，即使他们爬到了阶梯的顶层，他们（也不会像后面的人那样）至少也有适当的约束而免于任何作恶。

一旦我们的注意被吸引到什么构成了充分实现的宗教态度，我们就必定认识到对服从神圣命令者的描述的错误：他们悬置了人类的自主性，完完全全地盲目屈从意志，像机器人一样执行任何事而彻底不去过问为什么、什么原因。假如有这么一个人，我对他应该充满感激，我也热爱并仰慕他。某天他告诉我他必须今天去华盛顿，由于航班人员罢工且他又不会驾驶，于是请我开车带他去。再让我们进一步设想，出于急着还人情，我立马取消了当天所有的安排，通知我的儿子我将不去参加由他领衔的学校的演出等，毫不犹豫地载他去华盛顿。我不敢相信的是，很多人坚持说，相比完全不知晓旅行目的，我首先要求好友就旅行的目的给出充分说明，以便使旅行有充足的理由，这样做才更高尚。

我也相信，把我描述成像机器人那样行动、毫无目的地放弃自主性并听从他人意志，这是没有意义的。应当承认，我对朋友去华盛顿的目的是什么一无所知，但是这些是不相干的。我确切知道的是（这一点也是至关重要的），他紧急需要自己到场；同时也确切知道，他是我有理由相信和热爱的相当正派的人。因此，如果我是个正派的人，我也欢迎这样一个机会：毫不犹豫地帮他一次。所有被迫的、放弃自主性的情感不仅是完全不适当的，而且相反，我应该很高兴做出明晰的、充分自主的决定：尽可能地当即欣然地执行好友的期望，而不把他置于一个不适当的审讯（即，问清朋友为何去华盛顿，能不能缓几天等）中。类似地，一个虔敬者对他不得不臣服的对象没感到压力，亦未感到强迫；相反，毋宁说他非常渴求这样的机会，参与对他而言是人类行动最高尚的事，即，侍奉上帝。

……

相对主义好的一面

埃尔文·哈奇

埃尔文·哈奇（Elvin Hatch）是加利福尼亚大学圣塔芭芭拉分校的人类学系教授。他捍卫相对主义立场的积极面，主要关心对反相对主义的挑战。哈奇看到了伦理学普遍主义路向的危险，相信该路向往往无法理解不同于西方价值的诸文化。

伦理的文化相对主义有其优势

伦理相对主义在美国人类学家中的繁荣发生在20世纪三四十年代，当时，本尼迪克特（Benedict）和赫斯科维茨（Herskovits）是最为瞩目的倡导者。他们的相对主义结合了两种原理。首先是与西方价值有关的怀疑主义态度，因为他们坚持认为西方标准在关于诸如性别与工作方面受到历史制约而无法确保提升到普遍原理的水准。其次是宽容的价值观，他们主张，不管处于何地，人们都应当自由地选择生活。

不言而喻，一开始这种相对主义就遭到了反对，但是直到20世纪50年代，美国的一些领衔人类学家才正式提出反对。第二次世界大战刺激了一些回应，因为在美国，当人们面临当下发生的事件时很难不以普遍或终极价值去思考。战后的20年里，知识界也出现了许多意向，似乎都在向相对主义宣战。这些意向涉及殖民主义的终结、不发达国家经济发展的机会以及表面上对西方科技的普遍欲求。于是，在战后，人类学的领军人物，如拉尔夫·林顿（Ralph Linton）、罗伯特·雷德菲尔德（Robert Redfield）以及艾尔弗雷德·克罗伯（Alfred Kroeber）对道德相对主义给予了批评；同时，众多哲学家强调了本尼迪克特和赫斯科维茨在伦理推理上的致命错误。强烈的反对持续至今。今天，伦理相对主义与其说受到了拥护，倒不如说受到了更多的攻击。对于20世纪30年代在美国人类学领域由主要倡导者清楚地提出的相对主义理论，我不确定今天是否还有人充分愿意去接受它。

在这种语境下，我想为伦理相对主义提供辩护。这个辩护将是非常有限的，我也不打算重复本尼迪克特或赫斯科维茨的理论。但我相信，当急于把我们与他们思想的道德与哲学问题拉开距离时，我们也许会丢弃太多，以至无法看清他们思想的遗产，而这份遗产在今天的其他伦理学理论中依然继续着生命。不管怎样，注意到他们曾关注的议题对我们来说都是重要的。

我承认存在着伦理相对主义站不住脚的情况，因为它会导致道德中立以及在无法容忍情况下的不作为。当伦理相对主义教导我们在关乎处决政治犯、大屠杀、割礼、荣誉谋杀（honor killings）等话题时不做判断，它就是错误的。最近，在尼日利亚，对肯·萨洛维瓦（Ken Saro-Wiwa）及其他人执行死刑的消息刚一报道就引起了国际社会的关注，这类情况就属于此。一个严格的相对主义者会说，西方的道德反应是毫无根据的，可是我们又怎能无动于衷呢？再说一次，面对前南斯拉夫部分地区的强奸和集体屠杀的报道，我们焉能不表达价值判断呢？但是，伦理相对主义并非是简单的铁板一块，以至一个论证就可以驳倒；因为它乃是有着许多特征需要逐一评估的复杂概念。可想而知，大多数人类学家都是某种意义上的伦理相对主义者以及其他意义上的非相对主义者。

构成我为相对主义辩护（抑或是我对相对主义的积极面抱有兴趣）的基础是我认可在我书写时美国似乎正在经历一个文化上的向右转向，至少文化右倾在国家政治舞台获得了重大支持。我们目睹了学校和大学里对文化多元主义的一致攻击，比如，对语言多元主义、移民、平权法案的攻击等。虽然这种反对呼声造成的压力在美国从未缺席，但此次比最近记忆中的显得更加强劲。所以，该压力促使我们对相对主义要重新审视。由此而引发的哲学问题并不是独立于现实世界所发生事件的语境的；随着这些事件的变化，我们用全新的眼光看到构成所谓相对主义复杂特征的诸元素。简而言之，关于伦理相对主义的判断是被历史定位的。

伦理相对主义的悖论

我们先从我所谓的伦理相对主义悖论开始讨论吧。一方面，该理论在这种意义上被误解：它否定就不同文化做出道德判断以及发展出人权架构的可能性；另一方面，我们关切的博厄斯学派传统（Boasian tradition）问题还挥之不去。这些问题之一就是对他者行为做出道德判断确立合理而普遍的基础；另一个是在世界上的强者在与人交往中用自己的或对自己有利的标准的强烈倾向。何种标准对我们适当，我们该如何捍卫这些标准，我们又如何知道这些标准可以在今天或未来通过与我们看法不一者的检测？在反对相对主义上尚未取得突破，没有一种道德理论可以充分令我们相信可以充当超越其他的可选择的理论；其结果，我们不能有信心地在道德判断、确立普遍标准以及一套人权规则方面预先编造一种理论。无论何时，只要一套标准提出，我就会自感被各种各样的疑惑拖回。伦理相对主义的悖论在于，没有了它，我们无法生活，但是如何避免背后的怀疑主义却又不清楚。

这个悖论有助于把关于道德判断和人权问题的争论结构化，这可以从伦理相对主义话题在关于普遍标准的论著中占据突出地位的事实得到呈现。众多论著把伦理相对主义看成自己的起点或主要底色……如果搜索一般道德原理或人权（无论它们是否建基于功利主义、康德基于权利的理论或其他根据），好像在其他语境之外，我们就无法构想出别的什么了。按照德里达（Derrida）的论证，人权和普遍伦理判断标准的问题从来不是一个单纯的“在场”，即在他们自己的权利之内确立的某物，而是只在与其对立面（相对主义）的关系中方才存在。

我曾提及我在试图确立普遍道德标准上的疑虑，我所引用的悖论，其背后的伦理相对主义是怀疑论的一种形式。而且，与本尼迪克特和赫斯科维茨一样，博厄斯学派道德理论都有着重要的怀疑论成分，尽管不是所有的人类学文献资料的相对主义形式都是如此。比如，怀疑论似乎在马林诺夫斯基（Malinowski）的相对主义中没有扮演什么角色，马林诺夫斯基的立场建立在其他文化也是成功的或发挥作用的这一原理上，同时相应地假定了善的普遍标准。比如，他对巫术的分析就包含了这样的意思：传教士和殖民统治者不应该侵犯巫术信仰，因为这些仪式使个体消除其焦虑，这样他们完成手头的工作就变得更加有效率了。马林诺夫斯基的相对主义不是建立在怀疑论形式上，而是建立在一种功利主义的版本上：建制的现实利益起到了做出价值判断的作用。对马林诺夫斯基来说，非西方社会的建制适合于为人们的生活提供条件；而关于性别与婚姻等方面的西方价值并不构成普遍标准。

博厄斯学派人类学的相对主义对所有的跨文化标准都采取了怀疑态度，包括马林诺夫斯基的功利主义。博厄斯学派在指责马林诺夫斯基不加批评地接受这个标准上是合理的，因为一个标准需要比马林诺夫斯基所提供的更好的哲学基础，人们还想知道马林诺夫斯基对问题给出多少关心。我们的问题依然存在，依然无法达成一个可被普遍接受且又能充当理智基础的道德理论，因为普遍人权是值得关注的。

在下述意义上，我是不同意本尼迪克特与赫斯科维茨的：他们坚持认为无根据的跨文化的判断根本无法达成，这仅仅是因为行动的失败在于其自身，这种行动有着对于他人来说无法接受的结果。但是，我对本尼迪克特与赫斯科维茨就其他方面的说法又是赞同的。第一是他们的怀疑论：我们没有一套在理性上有保证以及被熟悉这些问题者可普遍接受又普适的伦理原则。当出现我们被迫采取伦理立场的情况时，确保我们这么做的根据必然是特别的、有限的。我也同意他们在怀疑论和宽容之间做出的连接：当我们找不出好理由判断他者行为或生活方式时，我们应该对他们保持宽容，我们应该如此是基于如下道德原理：人们应当自由选择他们的生活。有人或许会争辩道，任何伦理学理论在它缺乏足够理由回应的情况下都要求宽容。在我看来，在其适当的意义上，该理论包含了相对主义。伦理相对主义甚至在反对相对主义的伦理学家们中也受到了拥护。但是，我的讨论还不止这些，因为我在表明，至少在这一点上，没有一个寻求建立普遍价值标准的伦理学理论是完全吸引人的。结果，我们不得不面对相对主义的悖论：我们没有道德理论可以取而代之，但也存在这样的情形：除了宽容，无法采取一种道德立场又是明显无法令人接受的。

可归责性问题

相对主义甚至在如下情形下也许有着默许的存在，即我们决定道德判断是有根据的，因为判断他者行为是无法忍受的意味着挑起什么出错了的附加问题：谁或什么要对我们发现有异议的行为负责呢？换句话说，道德判断可以在两个层面上产生。首先一个关乎到我们想要评估的事件本身，这里的问题是要找到对这些事件做价值判断的充分根据。第二个关乎到当事人，这里的问题是他们对这些事情的责任。相对主义在两个层面都成问题，这一点很重要。这里我直接转向第二个层面，即责任问题，我将用爱德华·泰勒（Edward Tylor）的著作来说明。

泰勒当然不是第一个层面上的相对主义者，因为他根据建制在提升人类幸福和物质福利上的有效性，参考道德完善的级别为人类社会进行排序。然而，相对主义的形式似乎在第二个层面上，因为他论证了原始社会不应该根据欧洲思想的标准来下判断。原始人没有欧洲人聪明，他们没有像欧洲人那样从经验得出相同的道德结论的理智能力。因此，他们的制度应该根据他们的理性标准得到理解，而不是个人的理智。这意味着较低水准社会的人们对他们的道德错误没有责任。就像孩子一样，他们不知道更好的。这是一种相对主义的形式，因为一个社会的正义标准与人们的智力水平有关，同时，与社会相应的体制在一个水平上，比如，塔斯马尼亚人的体制也不适合在另一个水平上的社会，如不列颠人的。换个方式说，当他批评了较低社会的体制时，他也坚持认为个体行动不应该参照较高文明的标准来下判断。

在鲁思·本尼迪克特的著作里，我们发现了两种道德判断水平之间相似的分野。促使埃尔金·威廉姆斯（Elgin Williams）对她 1947 年的《文化模式》（*Patterns of Culture*）一书批评的是，企鹅出版社刚刚发行了她的 25 美分版著作，如威廉姆斯所说，该版本令其成为普通人的可读书。这本书在全国随处都是唾手可得。威廉姆斯表明，当本尼迪克特著作的正式论证是一种相对主义和宽容时（她明确说所有文化都同等合法），在另一种意义上这本书是深刻的非相对主义论，因为它提供了过剩的价值判断。威廉姆斯对此深表赞同。比如，本尼迪克特把战争描绘成具有反社会的、毁灭性的特征；相比普莱恩斯人（Plains）嫉妒满肠，更倾向于非暴力的祖尼人（Zuni）的婚姻关系，并且赞成祖尼人对犯罪情结缺乏罪感是与清教主义联系在一起的。

我们也在本尼迪克特著作中发现了与相对主义的分道扬镳，包括她论及她所谓的丧亲情境，或与一个人亡故有关的文化模式。她在处理丧亡与悲痛的现实与非现实方式上做了区分。她说，美国西南地区的普韦布洛（Pueblo）人以现实的方式治丧，因为个体行为指向失亲本身以及尽可能不带干扰地正常地度过悲伤。形成对比的是，纳瓦霍（Navajo）人是非现实地充满了染污观念。他们对来自亡者的染污抱有强烈的恐惧，生怕有亡者鬼魂来勾取的危险。

这些例子反映出本尼迪克特放弃了相对主义，但又在另外一个层面上出现了相对主义。比如，当她对普莱恩斯人的冲突不怀好感，同时把纳瓦霍人对去世的反应看成非现实的时候，这里隐含着当事人自身不应该被指责什么。然而，她否认他们有责任的立场与支持泰勒思想的内容是不同的。问题不在于那些人不知道何谓更好，而在于他们依附于大规模控制他们生活的文化传统，而个体行为是文化调控下的产物。当泰勒认可其他民族的正当性，但又因其较低智识而不予归责时，本尼迪克特则认为所有人都智识平等，但又在文化适应基础上否认他们应被归责。换句话说，个体责任不应该参照外在于其文化的标准而被判断。

这揭示了我们关于文化、社会与人类行为的预设是如何影响我们做出价值判断的，同时这也表明：当我们发展道德判断时，头脑中对这些问题保持清晰是至关重要的。这同样揭示了把道德评价的两个层面分开是重要的。考虑一下最近在尼日利亚发生的死刑问题。一方面是谴责尼日利亚政府的行为，但另一方面是如何归结道德责任。伦理的、政治的以及法律的判断都可以在两个层面上做出，但是在两种情形下的推理是不同的，而且相对主义悖论在两个层面都适用。可以想见，一个人会为了引起尼日利亚的政策转变而赞同对其政府的强制制裁，并同时也承认死刑背后的人们并不是道德上可归责的，因为他们在合理地行动，假如该文化在支配他们的行为。

不仅是伦理相对主义在两个层面上发挥着作用，其他伦理学理论也是这样。当我们考察其他理论时，这就是本尼迪克特所谓的文化调控。当他们在这个基础上免除个体责任时，他们就在运用相对性的原理：个体行为应该诉诸文化内历史地变化的标准来判断，而不是外在标准。

宽容与怀疑论

博厄斯学派的相对主义者们会因为批判性不足而受到指责，他们本应该更加关注做出道德论证的问题。首先，他们是公然的不自洽。一方面，他们认为道德标准受到历史条件的制约，这如同陶器设计或民间故事一样是所有文化的特征，价值随着社会不同而有变化，因此，做跨文化判断是不正当的。但另一方面，博阿斯学派又做了他们坚持认为不应该做的事情，即给出了普遍的道德标准。这就是宽容标准：就文化差异，我们不应当下判断，而是应该允许人们选择他们的生活。

其次，他们假定达成普遍有效道德原理的手段应该是对文化的对比研究，而这一点是不对的。价值问题是哲学的，而非经验的。没错，判断现实（与判断价值截然不同）确实要合法地使用价值标准，因为个案的经验事实需要在价值标准被运用于给定情境之前被理解。但是，达成价值标准的程序是理性的而非经验的，而且通过文化比较研究是无法走近的。确切说来，如果博厄斯学派前后一致地运用比较方法，那么他们肯定会不得不放弃要求宽容，因为宽容更是一个普世规范。

尽管有很多问题，但也需要宽容，因为宽容是是人们应该自由地选择他们的生活的依据。但是，这个理念需要以博厄斯学派将其概念化的不同方式架构起来。与我们应该对他者生活保持宽容这样显而易见的原理不同，在缺乏能让我们做出道德判断的有说服力的论证时，我们应该替换更加有限的原理。宽容应该构成支配我们今天伦理判断的默认的思想模式。比如，我们应该抱有非判断的态度对待烹饪风格、衣着样式、人们的生活目标以及人际关系处理方式。我们应该如此，除非我们找到了不同回应的更有说服力的理由。如果我们在这些场合不保持宽容，那么我们的行为必将是任意的，也违反了自由的道德原则：人们应当能够选择他们的生活。作为默认的相对主义概念是至关重要的：与相对主义相关涉的非判断主义（nonjudgmentalism）是一个对美国人来说不容易的态度，也许对全世界人来说都不容易。当然，对美国的宗教权利以及当今美国国会许多成员来说，也是不容易的。

如果我们记住博厄斯学派要求宽容作为默认模式，那么博厄斯学派的怀疑论怎么办？我们将如何将其纳入进我们的思考？一如埃尔金·威廉姆斯对本尼迪克特的评判所揭示的那样，博厄斯学派相对主义者并非如看起来那样一以贯之地保持怀疑。我们应从本尼迪克特那里获取的原则（像威廉姆斯表明的那样，就连她自己也不是非常仔细地对待的）对我们在做价值判断时使用的标准保持高度批评的态度非常重要。我们不必对否认做出任何有效判断的可能性这一点保持怀疑，但是我们也应该让评估服从严格的审查。我们也不需要诉诸这些显而易见的例子，就像宗教权利的道德信念，因为人类学自身已经提供了说明。这一点很关键：善良而又富有同情心的、见多识广之士会因为无法尽量小心谨慎地去怀疑而备受指责。

我认为，相对主义没有让我们意识到不能对其他民族进行毫无根据的判断，当然，今天的任何伦理学理论都会考虑到民族中心主义的细微差别问题。但我认为，相对主义的有限形式表明，怀疑主义的态度应该是我们在面对道德判断时的第一反应。

我想通过考察厄内斯特·盖尔纳（Ernest Gellner）最近的著作来介绍一下与道德判断有关的民族中心主义的细微差别和基本的怀疑论的意义。他的《理性与文化》（*Reason and Culture*）一书是关于合理性而非伦理学的，但是核心论述对伦理相对主义有重要的意义。在一个层面上，他拒斥普遍合理性，因为他认为理性不在文化之外。同时，他还坚持认为，在一种重要意义上，现代科学是一种非理性的努力，这正如波普尔派（Popperian）科学哲学的评判所揭示的一样。但是，盖尔纳在另外一个层面上接受普遍合理性。他论述道，因为西方的思想比其他思想显然优越。让西方的合理性四分五裂的是，其得到更好的结果，且不管其价值真理。他写道：

> 脱胎于西方理性探究的令人惊讶且毋庸置疑的技术力量令大多数人都急于效仿，尤其是意欲增加他们的财富与（或）权力者为甚。

这种新的西方思想形式，这种以理性的方式正在征服世界的无根据的合理性，其特征是什么？正是两种看似对立的哲学理论的融合：西方理性主义和西方经验主义。该思想形式是经验主义者的，因为经验被看成了互相竞争的理念的仲裁者，可该经验主义却又在理性主义的控制之下。

运用韦伯对西方社会历史的分析，盖尔纳继续描述作为生活方式或样式而渗透在西方社会和文化里的西方合理性。比如，现代经济的运行是根据效率与成本－效益来判断的，这一点非常显然。盖尔纳很清楚，不是所有的社会或文化领域都被理性主义者的理念完全控制。因为在许多领域里，比如礼节仪式，规则就无用武之地。不仅如此，他还说道，就算是道德自身也无法通过如科学和经济产品可以证成的方式来进行实用的考察。

由于在总体上缺乏对西方价值的捍卫，盖尔纳对西方合理性的价值化进程停止了；但是，我认为，他对西方合理性的强调可以帮助令某种思考形式规范化，当然这么做也许会存在有害的伦理后果。一个例子就是，源自西方的高度合理化、高度经验化、高度价值化的经济模式，运用于世界其他地方的发展项目。盖尔纳对此批判的回应是，这忽视了他论证中的关键部分，这一点对判断非西方的民族而言是很重要的。正是他们对西方合理性成果（药物、新的作物形式、盒式录音机、电视机、来福枪、导弹）的需要确认了西方思想形式的普适性。如果一个他们不需要的经济指令强加给了他们，那么他们的判断就应该被重视。然而，界定这些真正被他者欲求之物与区分他们被强加之物是极其困难的，因为优先权、荣誉和权力具有不对称性。盖尔纳思想的怀疑论并不充分。

可以看看阿巴拉契亚的案例。田纳西河流域管理局（Tennessee Valley Authority）是 1933 年由国会的一个法案设立的，其首要目的是规划并发展被看成欠发达和贫困的整个田纳西河流域。计划建立大坝来提升航运、防洪与发电能力，实施环保项目，同时引入农业与工业发展计划。在戴维·惠思南（David Whisnant）看来，田纳西河流域管理局以进取的、理想的、民主的以及综合的努力为起点提高该地区的发展水平。但其理想的目标立马被强大的商业利益翻转，尤其是在 1944 年大坝竣工之后。惠思南论述到，即使那个原初目标没有被翻转，田纳西河流域管理局项目也是毁灭性的。该组织的领头人物相信，通过开展理性的、非政治性的、非利益性的经济和社会工程，项目会成功地提升这些落后民众的生活。简言之，项目是建立在占统治性的社会的一系列文化假设上：把边缘生活方式的人带入主流的发展与道德水平。惠思南写道：

> 在田纳西河流域管理局巨大的技术的超大架构背后，我感觉到文化价值和假设的次级架构，该假设比田纳西河流域自身的地形学更确信地控制行动主体。

这种规范化在阿巴拉契亚与更大社会之间关系的特征上表现明显，大城市倾向认为阿巴拉契亚人是落后的、贫困的。毫无疑问，那里的人显然遭受贫困，比如从健康和教育数据上来看。但是主流的、美国中产阶级所设想的阿巴拉契亚的落后与贫困是另外一回事。从一方面看，就像评判田纳西河流域管理局一样评判该项目是对当地人一种“系统性诽谤”。把阿巴拉契亚描绘成贫困落后满足了占统治地位的社会某些个体和机构的利益。从另外一方面看还远不止这些，一些阿巴拉契亚模式在主流的美国中产阶级看来是落后的。阿巴拉契亚人中不断激增的会众当中的宗教事奉的情感形式就说明了这一点。这些被占统治地位的社会感受为容易受骗上当者的表现。相似地，一种阿巴拉契亚模式是经济生活的一种形式，在那里，人们严重地依赖非正式的经济领域（比如赖以为生的园艺、劳作和食物交换）；他们百样精通，倾向于回避长期工作承诺与固定雇用关系。汤姆·普劳特（Tom Plaut）论述道，虽然有许多对阿巴拉契亚文化的研究，但“理性主义、进步导向、‘科学的’文化”却没有机会受到关注，而这些在一地区都是压倒性的。“科学的”文化已经“拉平、漂白并长期敲诈太多阻挡其道路的人类生存方式”。普劳特把阿巴拉契亚人的生活方式看成在其自己范围内是值得称道的、无可厚非的。

之前我曾说过，有时候很难在他者真正想要的西方社会特征与被强加给他们的西方社会特征之间做出区分。我的意思是，该问题的一个方面是，主流西方人倾向于在构想我们与他者的关系时进入一种转喻思维，因为技术在呈现社会之间更一般的关系方面起到了修辞的效果。比如，西方技术形式如盒式录音机、电吉他以及来福枪的成功，为思考西方经济和非西方经济的关系提供了模式。我们往往会省略具体科技形式（经济效率的价值）与工作伦理之间的区分。我们在本尼迪克特和赫斯科维茨著作中发现的怀疑论主题在今天依然有着意义。

结论

在世纪的转折点出现的相对主义是与西方世界观和西方身份认同的哥白尼式的转变（Copernican shift）相联系的。关于我们的文明矗立在整个人类社会里的西方思想经受着深刻的变化，这部分地发生在博厄斯人类学语境里，也是新兴的相对主义视角的一个方面。然而，之前人类学家们想象他们自己的社会处在发展的塔尖顶点，博厄斯式的世界观认为，西方处于非常模棱两可的尴尬地位，因为西方人比其他人享受着更大的物质力量，可是又并不享有道德优越性。这个相对主义的面向是极为关键的，它保留了核心的遗产，而不管我们对建立一般伦理标准或普遍人权的感受。而且，发展出有根据的人权实体的努力正被该原理构建，因为我们现在假定非西方人的观点在确立一般标准上与西方人的观点一样有分量。因此，正是今天对普遍人权的寻求构成了相对主义的基础。甚至拒斥相对主义的伦理学理论也反映了在博厄斯学派帮助下取得的哥白尼式的转变。

利维坦

托马斯·霍布斯

托马斯·霍布斯（Thomas Hobbes，1588—1679）不是第一个社会契约理论者，但是他是第一个构造理论细节的人，提供了广泛的论证来支持该学说。霍布斯相信，为了防止邪恶和混乱的“一切人反对一切人的战争”，一个强有力的统治者——一个“伟大的利维坦”——是必须的。因为我们都能看到逃离“自然状态”的野蛮和好战处境的个人优势，我们都发现，为了获取保护，牺牲我们自由的一部分是合理的。尽管霍布斯是君主制的强烈支持者，但是他拒斥国王的神圣权利。这一点令他在英国革命期间两边都不讨好，他为了避开危险去了法国。当查理二世复辟，霍布斯重返英格兰，并在宫中大受青睐。

论人类幸福与苦难的自然状况

自然使人在身体和心灵两方面的能力都非常相等，以至会发现有时某人的身体显然比另一人强壮，或是心灵比另一人敏捷；但这一切加在一起，也不会使人与人之间的差别大到使这人能要求获得别人不能像他一样要求的任何利益。因为就身体的力量而论，最弱的人通过密谋或者联合其他处在同一种危险下的人，就能有足够的力量来杀死最强的人。

……

所以，在人类的天性中，我们发现，有三种造成争斗的主要原因存在。第一是竞争，第二是缺乏自信，第三是荣誉。

第一种原因使人为了求利而侵犯，第二种原因使人为了求安全而侵犯，第三种原因则使人为了求名誉而侵犯。在第一种情形下，人们使用暴力去奴役他人及其妻子、孩子与牲畜。在第二种情形下，人们是为了捍卫这一切。在第三种情形下，人们则是为了一些琐事，如一个微笑、一个不同的意见，以及任何其他的藐视，或者是直接对他们本人的，或者是间接对他们的亲友、民族、职业或名誉的。

因此，很显然，在没有一个共同权力使大家敬畏的时候，人们便处在所谓的战争状态。这种战争是每个人反对每个人的战争。因为战争不仅存在于战役或战斗中，而且也存在于以战斗进行争夺的意图普遍被人相信的一段时期中。因此，要把时间的概念考虑到战争的本性中去，就像在考虑天气的本性时那样。因为正如同恶劣天气的本性不在于一阵雨或两场雨，而在于一连许多天下雨的倾向一样，战争的本性也不在于实际的战斗，而在于整个没有和平保障时期中人所共知的战斗意向。所有其他的时期则是和平时期。

因此，在人人相互为敌的战争时期所发生的一切，与在人们只能依靠自己的力量与创造能力来保障生活的时期所发生的是一样的。在这种状况下，产业无立足之地，因为其成果不稳定。这样一来，也将没有土地的栽培、航海、海外商品进出口、宽敞的建筑、移动与卸除需费大力气物体的工具、地貌的知识、时间的记载、艺术、文学、社会等。最糟糕的是，人们处于持续的恐惧和暴力死亡的危险中，人的生活是孤独、贫穷、肮脏、野蛮而短寿的。

……

同样的状况还会产生如下结果，那便是没有财产，没有统治权，没有“我的”“你的”之分；每个人能得到的东西，在他能保住的时期内便是他的。以上所说的就是单纯的天性使人实际处在的恶劣状况，然而却有一种可能逃离这种状况。这部分要靠人们的激情，部分要靠人们的理性。

使人们倾向于和平的激情是对死亡的恐惧，对舒适生活所需的事物的欲望，以及通过自己的勤劳取得它们的希望。于是，理性便提出人们可能会同意的方便易行的和平条件。这种和平条件在其他场合下也被称为自然律，在下面的两章中，我将更详细地加以阐述。

论第一自然律与第二自然律以及契约法

作家们一般称之为自然权利（*Jus Naturale*）的，就是每一个人按照自己所愿意的方式使用自己的力量保全自己的天性——也就是保全自己的生命——的自由。因此，这种自由就是用他自己的判断和理性认为最适合的手段去做任何事情的自由。

对于“自由”这一语词，按照其确切的意义来说，可以理解成外部障碍不存在的状态。这种障碍往往会使人们失去一部分做自己所想要做的事情的力量，但却不能妨碍他按照自己的判断和理性所指出的方式运用剩下的力量。

自然律（*Lex Naturalis*）是通过理性所发现的诫命或一般规则。这种诫命或一般规则禁止人们去做损毁自己的生命或剥夺保全自己生命的手段的事情，并禁止人们不去做自己认为最有利于保全生命的事情。谈论这一主题的人虽然往往把权利（*Jus*）与规律（*Lex*）混为一谈，但二者应当加以区别。因为权利在于做或不做的自由，而规律则决定并约束人们做或不做。所以，规律与权利的区别就像义务与自由的区别一样，两者在同一事物中是不相一致的。

……

论其他自然律

根据这一自然律，即人们有义务将那些保留起来就会妨碍人类和平的权利转让给其他人，就产生了第三自然律——“所订契约必须履行”。没有这一条自然律，契约就会是徒劳的，成了空话，而所有的人对一切事物的权利也会仍然存在，我们也就会仍然处在战争状态中。

……

这一自然法中就包含着正义的源泉。因为先前没有契约出现的地方就没有权利的转让，每一个人也就对一切事物都具有权利，于是也就没有任何行为是不正义的。在订立契约之后，违背契约就是不正义的，而不正义的定义就是不履行契约。任何不是不正义的事物，就是正义的。

契约论思想的两个面向

琼·汉普顿

琼·汉普顿（Jean Hampton）是加利福尼亚大学戴维斯分校的哲学教授。她的写作涉及伦理学、正义和政治哲学论题，她在社会契约传统方面的著作尤具影响力。她的著作包括《霍布斯与社会契约传统》(*Hobbes and the Social Contract Tradition*, Cambridge: Cambridge University Press, 1988）和与杰弗里·G. 墨菲（Jeffrie G. Murphy）合著的《宽恕与怜悯》(*Forgiveness and Mercy*, Cambridge: Cambridge University Press, 1988）。在这篇文章里，汉普顿仔细考察了内在于社会契约伦理学的个人主义的基本假设。

社会契约理论：对伦理学不充分的说明

尽管霍布斯的杰作《利维坦》基本上是在关注为某种国家（拥有绝对主权）建制提供一个契约式论证，如果有人对此做仔细考察，他也会看到一种探究道德的契约式路向的草图。这一点深刻影响了当代的道德理论家，比如高蒂尔（Gauthier）。

霍布斯探究道德的路向并未假定存在着我们可以运用理性和直觉即可洞察的自然道德法则或道德权利。这不是那种假定世界自然存在道德行动可以服务的并且人们应该追求的善的对象（比如亚里士多德的至善）的路向。这也不是那种把道德行为解释成比如由强烈的利他情感产生的“自然的”路向，霍布斯不相信那种情感在人类生活中是非常重要的或有力的。这也不是那种道德正当性出于一套上帝所命令的法则的路向，尽管霍布斯相信他给出的道德命令也可以作为上帝命令被证成。运用他的契约论方法，他通过人类的欲望和理性能力来寻求规定道德命令的本性与权威，这样不论人们的宗教信奉如何，所有人都会明白他们有理由去做出道德行动。所以，虽然霍布斯没有抛弃法则的神圣起源，但他为了发展出一个完整的道德的人类合法性证明而借助契约语言。

让我们在这里简要说明我所讨论的霍布斯式道德理论的一些特征。

1. 有价值的是一个人的欲求，而不是他应当欲求什么（因为并没有规定性的强大对象的存在）；理性行动是获取欲求满足最大化的行动（事实上，自保的欲求是我们的基本欲求，人类在总体上是互相漠不关心的）。

2. 道德行动对行动者来说是理性的，当且仅当该行动促进了他的利益。

3. 道德部分上是一套关于人类何种行动会导致和平的因果性知识，以及具有普通知识的人们欲求的并可以分享的目的，这样，该行动对他们而言就是理性的、“一致同意的”（这个规定建基于霍布斯的信念：人们不是自足的，并且他们在力量和心智上大致平等）。

4. 产生和平的行动仅仅是单个人理性地去完成（因此只有道德行动），此时共同体存在着人们完成该行为的约定（这样我可以知道如果我与他人合作地行动，那么他人也会如此，反之亦然）。这些约定构成我们社会道德的机制。于是，行动的合理性需要满足两个规定。

规定 1：为了成为道德的，一个行动必须不仅能产生和平、在他人也愿意如此的认识下完成，而且对行动者不产生净损失。

规定 2：人类作为群体还不足以理性到能够缔结道德约定的程度，因此必须创造一个能够运用他的权力来产生约定的主权。

5. 界定冲突情境的正义或平等交往是通过考察当事人“能同意”何种正义原则或“他们会拒斥何种不合理”的正义原则完成的，而拒斥的合理性通过比较接受仲裁者裁决与诉诸暴力解决冲突的利害大小来决定。因此，根据“对每一方看其在战争中是否有威胁性优势”原理的不偏不倚的裁决来公断。

……让我们就这个道德理论结构的令人感兴趣的特征与力量来反思片刻。考虑一下，首先霍布斯的路向非常强烈地依赖个体性概念。根据霍布斯的观点，合作式的社会互动的呈现既不是不可避免的，也不是人们就其自身价值的看重，而是自私限定下的个体发现他们的基本欲求（非社会地定义的）的工具性价值。认为合作的行为需要鼓励与证成，这样我们必须被劝服对他人社会性地行动，这就意味着相信，即便社会对我们有一定影响，但也不会决定我们作为人类根本的或“固有的”本性。我们的本性是“令我们互相分离，易于互相侵犯和摧毁”(《利维坦》，第十三章)。

而且，应该注意到存在着道德契约式理论使用“同意”概念的两种非常不同的方式。特征2和特征3使用了被霍布斯自然法则所命名的行为是“一致同意的”理念，就是说，该行动有助于确保每个人最欲求的对象以及（或者）事态。特征5所运用的理念是出于道德契约是很好的，即，道德的某些特征（如冲突的公平解决）能被理解为一致赞同的对象。然而，在霍布斯前后使用的同意概念之间有着联系。通过使用仲裁者和同意程序解决冲突，就意味着，以对各方有比暴力解决程序造成的损失小得多的和平方式解决。对争议各方，在个体合乎理性的意义上，霍布斯推荐使用仲裁者，并提醒仲裁者：他们对争议方的用处依赖他们的和平解决方案比战争解决方式更令人接受的程度。因此，使用合作式同意程序解决冲突有利于自保，这样，对霍布斯来说，通过一致同意界定道德行为究其自身而言是彼此赞同的，即，它是彼此的自保行为。

但也许最重要的是，我们应该领会到，霍布斯道德观的全部五个特征正好符合这样的一种道德理论：道德是人为的建制，仅当其致力于有效增进人类利益时，其正当性即获得辩护。那就是说，霍布斯通过诉诸人类约定缔结活动来寻求解释道德的存在，故而主张任何人类社会的道德合法性都取决于其道德约定如何更好地服务个体欲求。

实际上，霍布斯契约式路向的国家理论与道德理论之间存在着联系。在一个前政治社会里，通过参考人们“能同意”什么来判定一个绝对主权是否合法，是一种对国家权威的解释与认可的尝试，他既不是借助上帝，也不是诉诸任何人类的自然特征，上帝或自然也许被认为是解释了人与人的臣服关系；他单独地诉诸将要成为政治王国中臣民的人的需要与欲求。同样地，他坚持认为现存的道德规则之所以对我们有约束力，是因为它们都是对行为的社会约定（这里，霍布斯也将会证明这些约定只因为主权的权力才存在）。

但是，霍布斯并未假定现存约定究其自身而言或通过其自身就是合法的。通过考虑“我们能同意什么”，如果我们有机会重估并重新缔结社会上的协作约定，我们就可以决定，我们目前的约定在多大程度上是“互相同意的”以及在何种程度上对我们来说是理性的以至我们愿意接受并照此行动。因此，霍布斯的道德理论自身在不同方面既借助实际的同意（即约定），也借助假设的同意（牵涉到何种约定能成为“互相同意的”）。前者是他相信我们道德生活实际包含的内容；后者是他相信我们道德生活应当包含的内容，就是说，我们实际的道德生活应该成为的模式。契约式方法论在界定道德和证成道德上是有用的。这令人相信道德是人造的，因为考虑到道德法则是“人们会同意的”（法则也是他们所同意的），这是一种道德乃人造的确认方式，也是评价当下建制如何服务于我们强烈关注的而最终又是我们拥有的利益的方式。

注意到假定的同意在语言上的含义使同意的磋商成了一种比喻，而不是在其自身之内和通过自身而揭示道德或正义本性的工具。理性行动者所能一直同意的是确保对象与（或）事态的利益他们可以分享，并为了该利益之故，存在着使用所有理性行动者将此视作审慎行动前提的理性论证。因此，决定这些行动者“能够一致同意”什么，一个人必须开展实践理性的推演，对此，霍布斯相信在其《利维坦》的第十四章和第十五章，他已经完成了。

因此，契约或协议概念在霍布斯式的道德理论里并不是自身就是正当合法的。我们所“能同意”什么对霍布斯而言有着道德约束力，并不是因为在假设的世界里使人相信的承诺有任何约束力，而是因为这种协议是一个工具，它可以揭示基于赞同的后果对我们所有人来说都是合理的。这种契约理论的正当合法性因此是内在的，但也出自别的来源，即理论上的契约或协议。

……

在霍布斯理论里不存在免费之物或搭顺风车的情形，你得到根据你的利益所得以及根据他人利益让你有所得。我认为，这种思路的结果并不是很有吸引力。当代霍布斯式的思想家如高蒂尔试图接受理论上的自利的基础，但是否认霍布斯所谓的强迫一个人得出的结论。我尝试表明霍布斯在坚持它们上是对的。我表示怀疑的是，是否高蒂尔或其他对霍布斯的理论结构表示出同情式理解的理论家，比那些想在霍布斯之外找到一个非霍布斯式的基础的人，渴望一个“更精致”的道德和正义原则。正如我现在所讨论的，有迹象表明，高蒂尔自己就对此表示怀疑。

考虑一下很多人对霍布斯式的道德的具体“难看的”一面发现了什么：激进的个人主义。回想一下，在霍布斯或高蒂尔契约世界的人，他们是充分发展的且自私的个体。但是当《利维坦》首次出版时，一些读者被我们与他者关系建基于利益这一本性惊呆了。亚里士多德式的批评声称，霍布斯的理论在试图呈现我们与他者在根本上是分离的这方面走得太远。他们的担忧也是许多20世纪批评者的担忧。我们与我们父母、子女、朋友的关系假如不这样界定，至少部分地不这样界定，那么我们是谁？我们独特的口味、计划、兴趣、特征与技艺都是在社会语境里被界定、被创造的，难道不是这样吗？因此，一个不把这些纳入考虑的道德理论如何能成为一个准确呈现我们的道德生活的道德理论？似乎我们必须把我们的道德理论引入与他者非工具性的关系上；而该关系并非基于我们的情感，因为正是通过这个关系我们变成了个体……

霍布斯要么不理解，要么就拒斥我们定义社会的主张。但是，与我们同一时空的高蒂尔则接受它们，这让他的道德理论带有令人奇怪的结果。有批评认为，运用我们的分配程序比如市场，在社会允许（甚至是鼓励）的环境下分配物品，一个阶级的人会去阻止另一阶级有才干者的发展，因为有才干者允许一个人在运用该分配程序的体系里干得不错。这是不公平的。高蒂尔被这个批评打动了。因此，他提出我们在合作的公平意义上看待他的契约，并非作为在确定的、已经被定义的个体当中的协议，而是在“原型人（protopeople）”中、在一个假设的“阿基米德点”上的协议；而“原型人有着某种天生的禀赋，并关心挑选的原则以便建构出他们将会发展良好的社会”。

因而，从阿基米德点选出的原则必须提供一个人期望得到彼此关联的社会互动成果的份额，而不仅是他实际所贡献的部分（因为他实际的贡献也许反映了在任何社会结构中都可以找到的按情形的许可与禁止)，而是在那个非常有利于将他的能力和品质现实化的社会结构中他将做出的贡献，以及他的偏好的满足，假如这个结构在满足他者阿基米德式选择的需要上是个可行的选择。

高蒂尔的契约对话不再假定完全确定的个体，任何契约的对象也不再是为了个体间冲突的解决方案。如今，契约方法论被用来选择一个“为了”在构建个体中扮演重要角色的社会系统的原则。像罗尔斯一样，高蒂尔宣布道德事业的首要秩序是定义社会正义。

这不是对高蒂尔的霍布斯式道德理论的一个温和的添加，毋宁说该添加在根本上摧毁了作为霍布斯式理论的品质。当然，它削弱了原初霍布斯式理论的个体主义；许多人会认为这无伤大雅。可是理论所预设的其余大部分正是个体主义。考虑一下，比如，一个霍布斯式的理论对“为何行道德”之问的回答将是，“因为这是你的利益所在”。但这个回答对被设计旨在寻求运用在原型人中的社会正义之本性来说，已不再有任何意义了。假设那个理论的结果要求给有才干者开放一个更加平等的资源分配，而社会则试图发展所有成员（而不是少数有才干者）。如果我是社会上的一个白人男子，而社会上白人男子享有优先发挥才干的机会，这将允许他们赢取丰厚，那么对我来说，追求社会机制的重构让一切（白人男子之优势地位）不再真实如何是合理的呢?

实际上，假如他们的发展已经发生，那么为何对成年少数成员或女性而言支持该重建还是合理的呢?所有的这些人都已经被“构造”了。重构这样的社会世界对创造个体的下一代来说是一项更公平的工作，也是种代价高昂并虑及他者的努力。考虑到代价，除非他们碰巧被对同种族或同阶层或同性别的其他成员表示的同情心所感染，从而享受这一斗争，为什么这些个体应当理性地承担这项工作? 但是，高蒂尔鼓励与他讨价还价者采取的不同寻常的视野也鼓励他们因他们的行动而对他者的利益进行打折。所以，认可霍布斯式的或高蒂尔式的合理性理论，“原型我（proto-me）”同意于社会之外的讨价还价上何谓合理的，对确定的我（determinate-me）现在接受何谓合理的就显得似乎无关紧要了。

因为确定个体的自利好像还不足以解释对原型人当中讨价还价的结果的承诺，人们会想知道，高蒂尔在为社会系统中个体发展才干而界定公正原则上的最终兴趣是否会背叛了对个体自身内在价值的承诺。个体有内在价值这一点在霍布斯的路向上不见踪迹。我相信，在回答“为何行道德”上援引霍布斯式的自利，一个人不仅做出协作式行动；而且与人合作的只是工具价值，此乃霍布斯道德理论的隐含特征，而这一点具有中心意义。现在，霍布斯可以理直气壮地面对这个事实，“人的价值或身价正像有其他东西的价值一样就是他的价格；也就是使用他的力量时，将付与他多少。因之，身价便不是绝对的，而要取决于旁人的需要与评价”（《利维坦》，第十章）。但这种看人的方式不是我们，甚至高蒂尔能够平静接受的。在高蒂尔著作的最后两章，高蒂尔对这个事实公开表示了担心：为何我们根据霍布斯的立场评价道德命令的原因在于，它们在我们追求我们看重的目标中具有工具价值。但是应该注意到它们为何具有工具价值：出于我们身体与智识上的不足，我不可能自足存在，为了发展，我们需要与人协作。如果存在我们可以弥补不足且可以变得自足的某种方式，例如通过变成超人，或通过裘格斯的魔戒（Ring of Gyges）让我们隐身盗窃他人的商店而免于受罚，那么，我们就似乎不需要再看重或敬重道德约束了，因为它们对我们已失去用处，除非我们碰巧喜欢它们。但是，在这种情况下，情感而非理性将会激发出友好的对待。如果没有这种情感，人们将只会为我们“祈祷”了。

即使在一个我们不是自足的世界里，霍布斯的道德理论也没有给我们提供一个尊重我们不需要与之合作者的理由；以及尊重相比之下我们显得足够强壮可以支配的如老人、残疾人、我们不想养育的智障儿童，或我们没有兴趣与之交往的来自另一个社会的人的理由。我坚决认为，这表明了霍布斯式的道德契约论在一种非常严肃的意义上无法抓住道德的本质。无论一个人是否会与他者进行有利的协作式互动，道德直觉都会促使我们同意这一点：一个人值得他人尊重仅仅是因为他是人这个事实。这似乎是我们道德生活的一个特征：无论一个人是否有工具价值，我们都把他看成总是具有内在价值的。真正说来，霍布斯的道德理论的结果在一定程度上是可以接受的，因为一个人想与另一个自己无法支配的人合作，会导致他以模仿尊重的方式而行动，这种表示出的尊重仅仅因为，作为人类，对方有其价值……

在道德理论中女性想要什么？

安妮特·拜尔

安妮特·拜尔（Annette Baier）一直是匹兹堡大学有杰出贡献的哲学教授，直到她最近退休返回故土新西兰。她的全部著作，包括这里转载的文章，都极具可读性、非常有趣，同时又保持了哲学上的严谨与论证的最高标准。在本文中，她考察了在道德哲学里经常被忽略与低估的元素，并且考虑了把这些元素包含在内的最好的手段。

女性有着独特的伦理视角

当我读完卡罗尔·吉利根（Carol Gilligan）的《不同的声音》（*In a Different Voice*）一书后，作为一个哲学读者，我自问这样一个显而易见的问题：假设吉利根作为女性榜样的代表，同时假设她对她们的道德态度和道德发展的分析是正确的，人们应当在女性哲学家的道德哲学中期待何种差异？人们应当指望女性要去创造道德理论吗？如果是，那么这是何种道德理论？她们创造的任何道德理论与男性创造的将如何不同呢？

显然，人们不必把这个问题变成一个完全先天的、假设的问题。人们可以看看女性已经为道德理论做出了何种贡献。我想，如此的一瞥证实了吉利根的发现。人们所能发现的是，与跟随伟大道德哲学家（都是男性）的男性提出的道德哲学的标准类型，在语气和路向上稍有不同……我听到了吉利根听到的声音，听到了吉利根做出的反思的、哲学的声音。女性在道德哲学中想要的，是她们正在提供的；而她们正在提供的，对我而言，又证实了吉利根关于女性的论述……

尽管我们通过看清她们提供的观点找到了女性想要的是何种道德哲学，如果我们真去翻看道德哲学，我们得到的回答似乎是“什么也没有”。没有任何来自女性对道德哲学的贡献可以真正算作道德理论，从贡献的作者看也不能发现什么……

道德理论的典范样式——那些作者所谓的“道德理论”——不是通过其内在连贯说明的综合性，而是通过针对相当宽广领域的那种连贯性，才是杰出的。他们的方法不是马赛克的方式，而是概括意义上的一挥而就的方法。道德理论，正如我们所知，是为了改变艺术形式、拱顶，而不是墙面——它们不是通过一砖一瓦辛苦地堆积而建造的。在这个意义（对道德的广大领域的相当紧凑的系统说明，以基石支撑整个系统）上，就我看来，女性道德哲学家尚未创造出道德理论，或主张她们已经创造出了……

对于由一位具有反思精神的、已把道德理论化为一种召唤的吉利根式女性假设性地创造出来的道德理论，何种关键概念或指导性主题会一起把握住该道德理论的结构？对于构建一个女性比男性更易拥有的道德洞察力的道德理论，同时对道德问题的回答女性也比男性更加操心方面，什么将是一个适当的中心问题、原理或概念呢？我假设，主要表达了女性洞察力和关切的女性理论将成为一种爱的伦理学。当然，这个假设似乎也是吉利根的，因为从《不同的声音》开始，她持续写出关于弗洛伊德对爱的理解的局限性（像女性知道的那样）。但是假设女性理论家足以像男性一样，想要把她们的道德理论变得对所有人都可接受，包括具有反思精神的女性和男性。像任何一个好的理论一样，它不必忽略先前理论的部分真理。因此，它必须既要适应男性比女性更容易拥有的洞察力，也要适应女性比男性更容易拥有的洞察力。它应当扬弃其先前的理论……因此，女性理论家需要把她们的爱的伦理学和男性理论家关注的东西（即义务）连接起来。

当今伟大而有影响力的道德理论家已经把义务当成关键的与成问题的概念，他们追问什么证成将人理解成具有道德上受约束的存在或有义务做某事。既然受约束就是变得不自由，通过让义务变得重要，一个人同时也提出了重要的强制的正当性问题，即强制或试图强制一个人以特殊方式行动。作为证成自由的有限性的义务概念正好达到了一个人希望一个好的理论概念发挥的作用，就是说，分开整个领域（正如一个人以不同方式看待自由），同时又把所分开的部分整合起来。在一个理论中，必然存在某种一般性、某种特殊性或者多样性，一个好的内涵丰富的关键概念既可以指导一个人辨认出多样性，又可以指导一个人辨认出其中的统一。义务概念在其涵盖的道德领域就很好地发挥了这个功能，因此我们关于这个领域有着一些精致的理论。但是，正如亚里士多德学派和基督教徒（女性也一样）知道的那样，有许多道德——对于义务概念涵盖领域来说非常重要——尚未被那个义务概念所涵盖。

如果看一下为我们知觉到的信守承诺的义务背后是什么，我们就很容易看到这一点。除非有某种好的道德理由来说明，某人为何应当假定抚养孩子至有能力认真地接受承诺的责任；一旦她明白什么是承诺，遵守诺言的义务将不再有效拘束她时，当她违反了承诺或做出欺骗行为，任何对其运用惩罚的强制力将会变成有问题的正义。一个人有义务去让孩子成为在道德上有能力做出承诺吗？如果是这样，那么是谁的义务呢？当我们说在没有父母之爱或其他关爱下长大的战争孤儿到达法定成人年龄后，非常容易信口雌黄，那么又是谁没有履行义务？在所有那些不那么极端的未遂的案例中，又算谁的道德教育的失败？……我们基本道德义务的自由版本，对道德共同体新成员中谁有何种责任往往保持相当程度的沉默，如果把亲切地抚养孩子成长的义务添加到义务目录上，它会让大多数义务正当性证明的理论变得迷惑。孩子确实成功地学会了他们作为成员所在的共同体的道德，我们拥有这样的证据表明，我们在假定的额外需要义务的场合，不能用“负责”代替“亲切”。但是，爱的义务在所需的强的意义上，结合大家都接受的那个说法“应当意味着能够”，对理论家来说将会是一个尴尬……

信任一个公认的义务，把自己变成好的父母，或者逃避成为父母，将是一个成问题的解决方案。好的父母往往意味着是好的父母的孩子，因此这个义务将会在避免成为父母的义务里崩溃，除非一个人期望成为一个好父母。假如避孕的方式是可以做到的，那么其自身会转变义务，一个人竟会希望不要成为好的父母，希望禁欲，或者选择绝育，或者避孕失败时求助于堕胎。视情形而选择的堕胎义务，实际上也是视情形而选择的绝育义务，就落在女性身上。也许理性道德选择存在于义务性禁欲与义务性绝育之间，但是义务性堕胎（正如当今中国女性面临的）在我看来似乎是一头道德怪兽……

就我所知，没有一个自由主义道德理论家在提倡义务性堕胎或义务性绝育，以避免怀上父母不希望去爱的这个将要出生的孩子。我的观点是，他们只是通过回避这样的一个议题来逃避这个结论，该议题是，什么确保道德共同体的新成员获得他们成长为有道德能力者所需要的关爱。自由主义道德理论家假定女性在遇到她们热爱自由的丈夫时，要么为孩子提供母爱，要么就劝服丈夫为孩子提供父爱，要么就在怀孕时决定终止妊娠。换句话说，这些理论利用了文化上受到鼓舞的母性本能，或者是利用了文化上受到鼓舞的女性的顺从。自由主义的系统会遇到一个棘手的麻烦：女性经她们的选择自由在堕胎问题上选择不堕胎，然后把新生儿留在孩子父亲的门阶上。那将检测自由主义道德为自己提供理论正当性的能力。

在这个意义上，每一个道德理论对被强加义务者的自然心理必须采取一些假设这一点，也许会被拒斥。为何自由主义理论不应该期望善良的母亲所提供的持续又充分的关心，正如它期望持续的自利那样，或者期望能够并愿意变成好士兵的好斗男子来提供关心，同时又没有把这些变成道德义务？为何浪费道德资源把一个人能够无道德压力期望得到的看成义务的或有德的？在道德秩序里，如果一个人能够“免费”得到足够的善良的母亲与好的勇士，那么，为何不高高兴兴地利用自然与文化的历史所提供的东西呢？我在这里不能充分回答这些问题，但我的讨论确实依赖那个假设：一个体面的道德为了稳定性无法指望一种给不出道德认可的强力。道德使用说明应该公开接受审查，同时不应该有未结清的债务，也没有无指望偿还的借贷。我也认为，一旦我们对此清楚了，清楚地知道了牵涉的相关性，我们的正义原则将不允许我们认可每一个女性杀死她怀上的孩子的特殊义务，她和她的配偶应当是，或者认为他们将是，在父母之爱上存在不足，或者认可每一个年轻人有杀死长者们所谓的国家公敌的特殊义务。如此的两项“义务”初看上去都是值得怀疑的，很难与在现代道德理论中假定生成义务的任何原则一致。我也认为，经过反思，我们不希望将引领男性与女性提供“免费”的生与死的服务的品格认可为美德。母亲的受奴役和果敢都不需要通过杀死孩子来阻止他们无爱地长大，也不需要简单的出去杀人的意愿；当有权威命令这么做（杀掉婴孩）时，这对我来说似乎是一个品格，一个体面的道德会通过认可它为美德来加以鼓励。但是，如果自由主义道德的稳定性依赖足够多的人来展示它们，那么，它就必须在某种意义上鼓励这一品质。于是，这就存在一个可以理解的动机，即自由主义逃避回答这些品质在道德上被赞同与否，以及有这样品格者愿意时是否存在任何如此行动的义务。

对于是否要抗争的问题，是否要堕胎的问题，或者是否要成为无酬劳却操劳的母亲的问题统统留给了个体良心，许多人对此都加以捍卫，这构成自由主义道德的糟糕信念的症候。既然不存在自由主义道德就此给出的连贯的说明，而这些问题又不是道德上无关紧要的事情；自由主义道德往往告诉我们，“选择是自己的事情”，希望足够多的人会选择自我牺牲的生活与自我牺牲的死亡来满足其他人的目的……

假设男性义务的理论需要完善，有更多正直与前后一致的可能，而女性的假定的理论会包含义务与爱，那么，什么概念会把它们联系在一起呢？我尝试给出的回答是适当信任这个概念，这个概念在道德理论中往往被奇怪地忽略了。这个概念也巧妙地调节理性与情感，以及那些对道德权威而言陈旧的选项，因为彼此信任既不是非常相信被相信之物，亦非必然地对它们保持任何情感，而是保持一个对信念了解的和对行动有影响的态度。为了使之成为可行，被忽略的适当信任的概念对启蒙的道德理论家变得有重大意义是很好的，我需要表明或我开始表明，如何让其能够包含义务，实际上阐明了义务及其正当性，也包括爱，吉利根所指的女性的其他道德关切，以及女性道德哲学家选择去说明以及使之变得流行的众多话题。我也需要表明，这会用维持综合而广泛的道德覆盖的承诺方式将它们连接起来。审视我们所有人表现的不同类型的适当信任的条件，审视何种理由可以说明这种诱人的信任、给予信任、满足信任，我相信，这样的道德理论不可避免地把目光转向它认可的实践的存在条件，所以，这种道德理论会避免那种当前许多自由主义理论好像带有的令人不快的选择，即在前后不一致与糟糕的信念之间的选择。一旦我们提出了我认为应当提出的问题，我并非假装我们会很容易地达成一致，但是，至少我们有充足的语言来表达男性与女性的道德观。

我在信任概念中所指的信任部分地是基于我自己试图重述与考虑男性理论的对错，尤其是休谟的理论——我认为是众理论中最好的理论。我发现自己在重构他的正义乃人为这一说明，将此理解为彼此信任不断进展的增大，同时也发现了观察它的有益方式。存在一些文本上的基础，但是这确实是一个重构，同时我所发现的正是一个当仁不让的推进。因此，正因为我尝试了这个概念，探究了它的一些维度，我才对其作为理论的而非注解的工具备感希望。这些维度包括：我可以相信他人不会从我们这里拿走各种商品，我们行动时我们有的安全与保障，我们彼此信任时我们放弃的自卫与潜在的防卫，各种有理由相互信任的诸条件。当我在女性话题上做出一个简单而大胆的尝试，即关心（也是应一位男性哲学家之邀，我应当说）时，我也发现自己正需要使用它。我合理地相信，信任的确可以总结一些认可约束性义务与道德美德以及爱的重要的道德特征，以及其他重要人际关联，比如师生之间、委托人与被委托人、工人与同事、从业人士与客户。实际上，相当明显的是，女性想要参与的主要道德现象均涉及信任，因此我希望这一点得到一致同意。就是说，如果我们有一个道德理论为适当的信任与不信任清楚地说明了条件，那么在它所有的变量中都包含着爱的道德——父母之爱、爱父母、爱兄弟姊妹、爱朋友、严格意义上的情侣之爱、同事之爱、爱国、爱领袖、爱典型女英雄与男英雄、爱女神与众神。

爱与忠诚都需要最大限度的某种信任以及最大限

度的可信度，在为最大限度的信任和最大限度的风险确定条件时，我们必须考虑爱的伦理学。更多的争议也许就是我所主张的义务伦理学也将被包含在内。我认为义务伦理学被包含在内是因为，认可一套义务就是信任一群人给他们灌输义务，要求他们满足义务，否则有可能会受到制裁，并且这是去信任对他人有着非常重要强制力的那些人。较少带有强迫性但却依然重要的权力被那些人占有着，他们塑造美德的概念，希望我们展示出美德，当我们这么做时他们赞同，当我们不这样做时他们就不赞同或者回避我们。这种对他人的强迫和操纵力量需要正当性，只有在我们有理由相信那些人时才成立。他们能够恰当地、随时随地带着审慎地，并且以服务道德控制下的整个系统为目的方式来运用这种强力，而不是仅仅服务自己或者为了道德上的不当目的。既然强迫的正当性问题至少在部分上，成为这样一个问题，即有智慧地相信强迫者会适当地从事他的工作，这样，义务的道德因为被还原成了强迫的道德，因而就被包含在适当的信任的道德之内了。其他形式的信任也可以包括进来，但是信任的施加者对强力的运用则是相关信任的最成问题的形式。

在某种意义上，对我们所有人而言，强迫者和操纵者追问我们的义务是什么，以及我们应该展示何种德性，就是在问，有理由地信任我们去要求什么、期望什么以及设法彼此满足什么。这在部分上变成这样一个问题：我们能合理地相信自己会适当运作何种权力。可是，自我信任是可疑的，或者说是信任的有限情形，因此我宁愿延迟对适当的自我信任概念的考察，直到对他人的适当信任被更清楚地理解。如果我们聚焦于这些案例，即道德制裁和道德压力，以及道德操纵都不是适用于自我的，而是适用于别人的，尤其是长者用在年轻人身上，我们就不会过于扭曲事情。大多数有影响力的道德压力，都发生在孩提与青少年时代。道德制裁可以持续地、正式地或非正式地适用于成年人，但是除非刑事法庭应用它们，否则成年人会很容易忽略它们，对它们视而不见。变成一个精明的恶棍，铁石心肠，以便对受害人，以及对受害人抱有同情者的道德谴责充耳不闻，这是不难的。唯有在道德形成阶段适用的压力，给人以勇气，去反抗那种无情地不管他人的想法时，一个人才能没有理由忽视道德谴责，才能不把道德谴责看成无力的话语与微不足道的东西。谴责精明的恶棍和与他们争论一样都无济于事，我们能明智地做的是尽量保护孩子免受其害，保护我们自己免受其害。加上刑法，也不是对付后者的办法，因为这个举动只会刺激精明的恶棍找到新的刁钻与漏洞，而无法保护我们免于被精明地算计。精明的恶棍就是没有违法地坑害我们的那些人。所以，不同种类的、一般形式的、改良形式的、惩罚性的道德压力应当何时以及由谁运用的全部问题，就纳入到信任谁、何时、用什么、基于何种好的理由的问题了。

在聚焦于义务而非美德上，现代道德理论家已经选择了审视是否存在如下情形：更多的信任给予施加义务者，而不是给予普通道德行动者——义务的承担者。如契约论者那般将契约义务看成义务的模式，他们聚焦于那个最低信任被给予义务人的情形，而将相当程度的惩罚权力赋予了义务相对人（我在这里推想，当休谟说我们彼此承诺、订约时，我们就正式地认可了一旦失败将服从惩罚、作为允诺者永不再被信任，在这里，休谟是对的）。这是分配不同类型信任的有趣的例子，但是这肯定会扭曲我们的道德视野，以至假设所有的义务都与不正常的强迫性的模式相一致，而不管在我们强加给他人的道德压力下的各种期望。有把握地相信人对他人施加惩罚就需要非常特殊的成立条件。在该条件里，我们或许相信施罚者拥有必须的美德，让惩罚变得明智又公正，或者我们可以信赖有效的威胁，让无德性的施罚者不滥用其权力——这就是说，我们信赖其他人强迫那第一个强迫者变得行为得当。但是这种信赖本身或者被采信，或者不得不依赖免于强迫者的威胁，如此下去。这种模式的道德便是令人讨厌的（假如在理智上也是迷人的）彼此互相纠正的威胁的游戏了。谁应当剥夺谁的自由以及何种自由的中心问题，立马就变成谁的愤怒应该让谁担心的问题了（根据义务理论），并且伴随着谁的利益应该被谁寻求的事后考虑（德性理论）。

无疑，道德的某些重要部分，确实部分地依赖威胁与收买的体系，至少为了道德在艰难条件时生存下去，此时，正常的善良意志和正常的美德性情或许不足以推动道德关系网络的保存和正义所要求的行为。但是，同样无疑的是，假如那就是道德所是的一切，即使道德的强迫结构被看成支柱，而不是随手可得的拐杖，那么，主要的支撑也应当会坍塌，生活也会变得令人讨厌，情感上将变得糟糕，比野蛮还要糟糕。因为主要的支撑必须来自我们以养育与训练人的工作所托付的对象，以便他们可以以不同方式被信任。一些人以异乎寻常的强迫力量被信任；一些人以公共决策力量被信任；所有人都以承诺方被信任；大多数被爱他们的人信任或被更愿意与之成为父母一方的人信任；或者说大多数被不独立的孩子、不独立的稍大些的亲戚、生病的朋友等信任。一个非常复杂的大量不同类型的信任网络架构起我们与伙伴们的道德关系，假如这个网络存在一个主要的支撑，那么，它就是一种信任，我们相信那些道德共同体新成员（即孩子们）会对该信任加以回应，我们为他们准备了新的信任形式。

一个把“谁应该相信谁、相信他什么、为什么”作为中心问题的理论将不必放弃先前理论家保有的不同道德悖论的理智乐趣和游戏，为增加自由而克制自由，为更好地满足自我利益而克制自我利益，为了更加幸福而不以幸福为目标。因为很容易让一个信任悖论伴随着总结自由、自利和享乐主义悖论。去信任就是去让自己比那些从他人那里受到伤害的人变得更加容易受伤害，因为这给他们一个伤害人的机会，并自信他们不会这么做，因为他们没有好理由这么做。为何一个人要如此冒风险呢？因为它一直是风险，对我们而言的推理和我们所信任以及与之合作者的动机都是不完全透明的。我们的信心也许错置了，甚至经常错置了。这就是当我们给予信任时我们所面对的风险。冒这个风险的最好理由是有保证地预期利益，该保证来自彼此信任的氛围，那么，在信任中，我们总是为了更大的安全保证而放弃掉较小的安全保证，于是也把我们的咽喉暴露以便他人对不去撕咬一口感到习惯。一个将适当信任当成自己中心关注的道德理论可以拥有自己的绝对命令，可以将服从替换成自我规定的法则和对自由采取自由选择的约束，伴随着安全上安全感日益增长的牺牲，不再相信造成不信任氛围者，如此等等。

这种对一个人中心概念的反思性使用，无论是否定的或肯定的，都是一个理智上令人满意的活动，并注定要诉诸那些想要构建道德理论的体系爱好者，这也许会帮助他们以理智上令人愉快的方式来设计理论。但是，我们应该对沉迷于我们的口号或为了理智优美而牺牲真理保持清醒。任何适当信任的理论都不应该预先判断何时不信任为适当的问题。相比恰好成为合理不信任氛围的引发者，我们会发现更多适当不信任的对象，就像自由应该被限制不仅是出于增加人类自由，也是为了保护人类免于伤害与杀戮。然而，我怀疑，一切合理的不信任对象，都更有理由被看成符合某些人的范畴：相比一切有理由受强制把自己看成犯下不法强制罪行的人，他们在信任的适当范围内造成了信任的降低。而且，即使所有适当信任结果都是为了增加合理信任状况的范围和稳定性之事的那些人，以及所有适当不信任都是为了增加合理不信任范围之事的那些人，过度信赖这样一个精致的反思程序，会把我们从追问所有关于信任的问题上分散注意力，因为应该被问起的是，是否一个围绕着那个概念的充足道德理论会被构建出来。这些问题应当包含何时带着不信任去回应一个信任，何时去邀约信任以及何时不邀约，以及何时给出与拒绝信任。我们不应该推定鱼龙混杂的信任比不分青红皂白的不信任更有美德。适当信赖、相信、鼓励可成为美德的，正如做出明智的不信任、选择性拒绝信任、有区别地不鼓励信任。

女性尤其是天生地欣赏这些后面的美德的，因为她们有时候需要她们自己进入一个立场思考如何成为道德理论家。由男性主导的对女性悠久的利用和支配历史建立在男性对女性信任以及女性完成其分配角色的可信赖性上，以便长久保持她们自己和她们女儿的受奴役状态。但是，敏慧的女性如今都要结束现代道德哲学的无爱状态，她们不可能忽视适当不信任的谨慎美德（cautious virtue），或对剥削者信任的刚正拒绝的强硬美德（tough virtue）。

吉利根式的女孩和成年女性视道德为维持与他人有价值的联系的事情，为了关怀和相互关怀的条件，而没有这个条件人类生活将会黯淡、孤独，随后，就像成年男子在她的研究中发现的那样：无论在实现既定的自我目标方面多么成功，然而却没有自我肯定。男孩和成年男性视道德为为了自我维护找寻切实可行的交际规则的事情，以便他们可以不再陷入不必要的彼此挫败中，同时能够（也应当如此选择）为了彼此利益而以更积极的方式来合作。对女性而言，有时与他人未加选择的和有价值的联系，以及对男性而言，彼此尊重自主性和共同服从最简约的道德规则（也是为了他们和谋利者更自愿和更有选择性的联系），信任都是重要的。女性与男性都关注合作，关注不同合作关系都强调的信任 – 不信任结构的维度（dimensions of trust-distrust structure）。当我们努力捍卫任何关于一个具体合作形式（带有独特的信任和不信任形式）的适当性问题的答案时，多种考虑随即产生了。那就是说，当我们深入到所有合作形式的条件时，即在不同信任情形中的信任，以及以何种公平条件，何谓信任增进与信任保持条件，都有很多是合适的，也存在丰富的相互关联。一个使信任成为其中心问题的道德理论（或者是诸理论家族），可以比当下流行的男性理论更加公正地对待女性和男性的道德直觉。即便我们很难一致赞同许多问题的答案（谁应该信任谁的什么，谁应该接受以及谁应该满足多样的信任类型，为什么），相比把道德中心问题化约成我们必须追求谁的利益以及我们必须担心谁的愤怒，这些问题也能使我们更好地进行道德推理。

练习部分

1. 在柏拉图的《游叙弗伦篇》(*Euthyphro*)里，苏格拉底提出了如下问题给游叙弗伦：

   我们都同意神喜爱虔敬的事物是因为它是虔敬的，同时那不是虔敬的而是因为神喜爱它。难道不是这样吗？

   用更加现代的术语来解释一个相似的问题，我们会说："我们都同意上帝喜爱正义行为因为它们是正义的，同时那些不是正义行为而是因为上帝喜爱它们，对不对？"如果你同意上帝爱正义是被正义的善性决定的(而不是上帝的意志决定什么算作正义的)，这会在任何方式上减低上帝的全能和威严吗？
2. 神学意志论的经典案例是亚伯拉罕和以撒的故事，记载于《圣经·创世记》第二十二章。上帝命令亚伯拉罕杀掉以撒，亚伯拉罕所挚爱的儿子，给上帝作献祭；没有任何质疑，亚伯拉罕服从了上帝的命令："亚伯拉罕在那里筑坛，把柴摆好，捆绑他的儿子以撒，放在坛的柴上。亚伯拉罕就伸手拿刀，要杀他的儿子。"因此，如果上帝命令亚伯拉罕杀掉以撒，然后杀死以撒就变成了道德上的善，至少从神学意志论的视角看是如此。然而，克尔凯郭尔，19世纪中期丹麦的神学家、哲学家，以不同方式解释了这个故事：在选择去服从上帝这一可怕的命令中，亚伯拉罕超越了所有伦理学的考量，超越了一切知性，超越了理性：他超越了伦理学。这样(根据克尔凯郭尔)，亚伯拉罕就没有采纳神学意志论的伦理学，而是通过他的信念行动超越了所有的伦理学。这是对故事的一个更加合理的解释吗？
3. "我们应当总是服从上帝的诫命，无论诫命是什么。上帝所诫命的一切都是对的。但是我们知道上帝诫命的方式是通过理性的，因为理性是上帝给予人类的特别馈赠。如果一个命令是非理性的，比如杀掉小孩的命令，那么我就知道它不是来自上帝。"假如有人采取这个立场，那么，这仍然可以算作神圣命令理论吗？
4. 我们大多数人生活于其中的西方文化一般而言是赞同吃肉的。但是处在文化之内的很多人又属于反对吃肉的群体，至少是某些肉食形式。耆那教徒(Jainist)反对一切肉食，穆斯林和犹太教徒拒绝猪肉。如果我是生活在得克萨斯州的相对主义者，且又是一个耆那教徒，那么，我拒食烤肋排，我做了什么错事吗？我会不会做了什么错事——从文化相对主义视角看——我是否要拒食烤肋排呢？
5. 在美国，人工堕胎曾一度广泛地受到谴责，同时也是非法的。如今，人工堕胎被广泛地接受了(当然，少数人激烈反对选择性堕胎)。如果你是一名名副其实的文化相对主义者，在哪一点上你认为堕胎从错误变成了正确？大多数美国人是何时赞成堕胎合法化的？是不是在联邦最高法院裁决了《罗伊诉韦德案》(*Roe v. Wade*)之后？还是另外的时间？

6. 对青少年执行死刑在全世界普遍受到谴责，因为这是对人权的严重践踏：只有在索马里和美国才被法律允许。其他国家对美国施加压力，令其改革对青少年处以极刑的文化习惯，这是合法的吗？该种压力有效吗，或者是适得其反？

7. 社会契约理论通常用在证明对违法者的惩罚是合法的（他们已经认可了利益，但是又违反了遵守社会契约的约定，因此契约的其他方就可以合法地处罚这些违约者）。杰弗里·G. 墨菲就主张，在我们的社会里存在财富上的巨大悬殊以及机会上的巨大差异（正如市区贫民区学校和郊区学校之间强烈反差所证明的那样），因此社会契约不能被用来证明惩罚的合法性。至少社会契约就不能证明惩罚处在最低经济社会阶级的人所犯的财产犯罪是合法的，因为处在该种环境下的人不可能同意把他们置于如此严重不利地位的契约。当然，也许存在惩罚的合法性的其他论证，但是，墨菲的论证有效地削弱了社会契约中惩罚（犹如在我们自己所在的社会里）的根基了吗？

8. 社会契约理论家一般地都相信我们的道德规则是人为的，而非发现的。规则是我们所起草的或者在我们社会契约里一致同意的。然而，许多社会契约理论家，比如约翰·洛克，也相信存在着客观的道德真理，犹如数学和物理原理一样的事实为真的道德原理。这些信念在根本上是矛盾的吗？或者说它们能被协调吗？事实上，美国的《独立宣言》就明显地包含了一个社会契约的政府观，但是它开头是那自明的且不依赖社会契约的伦理真理的著名宣告："我们认为下述真理是不言而喻的：人人生而平等，造物主赋予他们若干不可让予的权利。"这是一个前后连贯的还是前后不一的立场呢？

9. 玛莎·努斯鲍姆是当代社会契约理论的批评者，她认为，社会契约理论要求把"特别的需求者或特别的损害者"看成二等公民。这是社会契约理论的一个内在暗示吗？有没有任何形式的社会契约理论可以避免该批评？就是说，社会契约理论可以通过适当的调整来避免把人看成二等公民，还是这是该理论中不可或缺的一部分？

10. 假如有人建议"关怀伦理学"在家庭和亲朋中是重要的，但是正义的伦理学必须管控我们更大、更不带人际关系的伦理生活。你认为安妮特·拜尔对此将如何回应？

11. 社会契约伦理学和关怀伦理学被普遍看成互相冲突的道德观。有可能合并它们吗？（不是通过领域划分的方式：社会契约伦理学对应公共领域，关怀伦理学对应家人、亲朋的私人领域；而是说通过真正的合并，将两者归于一个前后连贯的整体，这可能吗？或者说两者在根本上就是格格不入的？）

12. 你是一个组织配对实验室的内科医生。本·托马斯约好了要来做测试。本的女儿丽贝卡今年25岁。丽贝卡因为在一次骑自行车爆胎事故中受到重创，失去大部分的肾脏功能。她需要一周两次透析，身体状况很弱。肾脏移植非常可能重建她的健康，她也在排队等候一个肾供体，然后那是一个长长的名单，丽贝卡获得一个肾的机会不大。因为亲戚有最大的可能性完成组织匹配（因此大大减少病体对供体肾的排异反应的可能性），本希望自己的肾可以匹配。本身体状况良好，两个肾正常，如果存在好的匹配度，他就打算捐出一个给他的女儿丽贝卡（一个越来越普通的程序）。既然丽贝卡在等待肾移植，你已经采集好了她的相关数据，剩下的就是对本进行测试了。

你开始了测试，应本的要求，不幸的是，测试表明，本不能提供配型，不能把自己的一个肾移植给丽贝卡。同时，测试还表明了一些既不是你也不是本所期望的结果：本原来不是丽贝卡的生物学意义上的父亲。你应该告诉本这个附加的信息吗？在决策中你是根据何种因素或原则来权衡？本有权知道这个信息吗？关怀伦理学家和康德主义者有可能就此得出非常不同的结论吗？他们必须得出不同结论吗？

13. 思考一下“医生帮助下的自杀”这个最近经常争论的问题吧。赞成“医生帮助下的自杀”的人相信，当人生晚期的垂危病人选择死亡时，他们应该能够要求并接受来自医生的帮助去结束他们自己的生命（俄勒冈州目前就允许医生帮助下的自杀）。反对医助自杀者相信，医生永远不应该帮助病人结束其生命，相反，他们应该提供安慰和缓解措施直到病人自然死亡。在医助自杀合法化议题上，关怀伦理学家和康德主义者有可能得出不同的结论吗？两个关怀伦理学家对此会持有不同观点吗？

补充阅读

柏拉图的《游叙弗伦篇》（有许多译本和版本）为反对神学意志论的论证保留了古典资源。卡伊·尼尔森（Kai Nielsen）《没有神的伦理学》（*Ethics without God*, London: Pemberton Press; and Buffalo, N.Y.: Prometheus Books, 1973），也许提供了反对把伦理学建立在宗教上的最好、最清楚的当代论证。一个非常复杂而有趣的反对观点（论证了伦理学上的宗教思考的重要性）出现在乔治·N. 施莱辛格（George N. Schlesinger）《旧时代宗教的新视角》（*New Perspectives on Old-Time Religion*, Oxford: Clarendon Press, 1988）一书里。对伦理学如何建基于宗教的简要论证是由乔纳森·伯格（Jonathan Berg）在《伦理学如何建基于宗教》（“How Could Ethics Depend on Religion? ”）一文中给出的，收录在彼得·辛格（Peter Singer）编著的《伦理学指南》（*A Companion to Ethics*, Oxford: Blackwell, 1991）一书中。菲利普·L. 奎因（Philip L. Quinn）在《神圣命令理论》（“Divine Command Theory”）一文中发展出了对神学意志论的详细而复杂的捍卫论证，参见休·拉福莱特（Hugh LaFollette）编著的《布莱克威尔伦理学理论指南》（*The Blackwell Guide to Ethical Theory*, Oxford: Blackwell Publishers, 2000）。在这个主题上，有两部非常优秀的选集：保罗·赫尔姆（Paul Helm）编著的《神圣命令与道德》（*Divine Commands and Morality*, Oxford: Oxford University Press, 1981）以及 G. 奥特卡（G. Outka）和小 J. P. 里德（J. P. Reeder, Jr）编著的《宗教与道德：文章合集》（*Religion and Morality*: *A Collection of Essays*, Garden City/New York:

Anchor/Doubleday, 1973）。

心理利己主义由霍布斯在《利维坦》一书中加以捍卫，而伦理利己主义是由伯纳德·曼德维尔（Bernard de Mandeville）在《蜜蜂的寓言：私人的恶德，公众的利益》（*The Fable of the Bees,or Private Vices, Public Benefits*, London, 1723）中推进的。相比流行的对伦理利己主义的当代捍卫，曼德维尔的书写与论证都更加优秀，超过了小说家安·兰德（Ayn Rand）的《自私的美德》（*Virtue of Selfishness*, New York: New American Library, 1961）。对利己主义的经典批判是由约瑟夫·巴特勒主教（Bishop Joseph Butler）在《十五次布道集》（*Fifteen Sermons upon Human Nature*, 1726），尤其是“布道十一”中进行的。另外一个对心理利己主义出类拔萃的批评是 C. D. 布罗德（C. D. Broad）的论文《作为一种人类动机理论的利己主义》（“Egoism as a Theory of Human Motives”），收录在《伦理学与哲学的历史》（*Ethics and the History of Philosophy*, New York: Humanities Press, 1952）一书中。对伦理利己主义的反对论证，参见劳伦斯·托马斯（Laurence Thomas）的论文《伦理利己主义与心理意向》（“Ethical Egoism and Psychological Dispositions”），发表在《美国哲学季刊》（*American Philosophical Quarterly*）1980 年第 17 卷。托马斯·内格尔（Thomas Nagel）的杰作《利他主义的可能性》（*The Possibility of Altruism*, Oxford: Clarendon Press, 1970）对此话题内容也是有帮助的。

人类学家鲁思·本尼迪克特（Ruth Benedict）的《文化模式》（*Patterns of Culture*, New York: Penguin, 1934）一书是文化相对主义的主要倡导文献。玛丽·米奇利（Mary Midgley）的《心与心灵》（*Heart and Mind*, New York: St. Martin’s Press, 1981）对文化相对主义提出了一个精致的批评。更加成熟的相对主义版本，以及对该观点的捍卫，参见吉尔伯特·哈曼（Gilbert Harman）的《道德哲学中的价值解释及其他》（*Explaining Value and Other Essays in Moral Philosophy*, Oxford: Clarendon Press, 2000）。道德相对主义与道德客观主义清晰而引人入胜的争论，可以参见两位当代杰出的哲学家吉尔伯特·哈曼和朱迪思·贾维斯·汤姆森（Judith Jarvis Thomson）的著作《道德相对主义与道德客观主义》（*Moral Relativism and Moral Objectivity*, Oxford: Blackwell, 1996）关于吉尔伯特·哈曼对相对主义的更多论述可以在他的《道德相对主义的辩护》（“Moral Relativism Defended”）一文中找到，发表在《哲学评论》（*The Philosophical Review*）1975 年第 84 卷，第 3—22 页；以及他的《道德的本质：伦理学导论》（*The Nature of Morality: An Introduction to Ethics*, New York: Oxford University Press, 1977）一书。斯蒂文·达沃尔（Steven Darwall）在《哈曼和道德相对主义》（“Harman and Moral Relativism”）一文中批评了哈曼的相对主义，该文发表在《人格主义》（*The Personalist*）1977 年第 58 卷，第 199—207 页。休·拉福莱特的论文《伦理相对主义的真理》（“The Truth in Ethical Relativism”），刊登在《社会哲学杂志》（*Journal of Social Philosophy*）1991 年春季第 22 卷，第 1 期，第 146—154 页，该文对“理性的相对主义伦理学”给出了英勇的捍卫。史蒂文·卢克斯（Steven Lukes）是一位社会学家，对哲学议题颇有洞见。在《道德相对主义》（*Moral Relativism*, New York: Picador, 2008）一书中考察了相对主义及其内在意蕴。

尼古拉斯·斯特金（Nicholas Sturgeon）在论文《道德的不一致和道德相对主义》（“Moral Disagreement and Moral Relativism”）中批判了“来自意见不一致的论证”（文化上的意见分歧为规范的文化相对主义提供支持），该论文发表在《社会哲学与政策》（*Social Philosophy and Policy*）1994 年 第 20 卷， 第 80—115 页。詹姆斯·A. 瑞安（James A. Ryan）重构了该论证，根据斯特金的批评，在《道德相对主义与来自意见不一致的论证》（“Moral Relativism and the Argument from Disagreement”）一文中对此加以捍卫，该文发表在《社会哲学与政策》2003 年第 34 卷，第 377—386 页。

赫伯特·费格尔（Herbert Feigl）提供了强大的论证，认为我们最基本的价值原则是“相对的”，在此意义上，没有真正的论证能够被用来赞同或反对它们，同时在该水平上的分歧无法被理性地解决，参见他的论文《确认与澄清》（“Validation and Vindication”），收录在 C. 塞拉斯（C. Sellars）和 J. 霍斯珀斯（J. Hospers）合编的《伦理学理论读本》（*Readings in Ethical Theory*, New York: Appleton-Century-Crofts, 1952）一书中；以及《正义的意义和限定在原则上是不容争辩的吗？》（“ ‘De Principiis non Disputandum…？’ On the Meaning and the Limits of Justification,”），收录在马克斯·布莱克（Max Black）编著的《哲学分析》（*Philosophical Analysis*, Ithaca, New York: Cornell University Press, 1950）一书中。

一本不错的选集——包含哲学家和人类学家的著作——是由迈克尔·克鲁茨（Michael Krausz）编著的《相对主义：阐释与争论》（*Relativism: Interpretation and Conflict*, Notre Dame: University of Notre Dame Press, 1989）。另外一本合集是由保罗·K. 莫泽（Paul K. Moser）和托马斯·L. 卡森（Thomas L. Carson）合编的《道德相对主义读本》（*Moral Relativism: A Reader*, New York: Oxford University Press, 2001）一书。

对道德相对主义近期著作的评论，且基本上考察了哲学家们的著作的是罗伯特·M. 斯图尔特（Robert M. Stewart）和林恩·L. 托马斯（Lynn L. Thomas）合著的论文《伦理相对主义的近期著作》（“Recent Work on Ethical Relativism”），发表在《美国哲学季刊》（*American Philosophical Quarterly*）1991 年 4 月第 28 卷，第 85—100 页。

关于跨文化论题的大量的生物伦理文献包含在 A. 瑟博恩（A. Surbone）的论文《来自意大利的信：告诉病人的真实》（“Letter from Italy: Truth Telling to the Patient”），刊登在《美国医学会杂志》（*Journal of the American Medical Association*）1992 年第 268 卷，第 1661—1662 页；以及 N. S. 杰克（N. S. Jecker）、J. A. 卡雷斯（J. A. Carrese）和 R. A. 珀尔曼（R. A. Pearlman）合著的论文《跨文化环境下的病人关怀》（“Caring for Patients in Cross-Culture Settings”）， 载于《黑斯廷斯中心报道》（*Hastings Center Report*），1995 年第 25 卷，第 6—14 页；还有伯纳德·弗里德曼（Bernard Freedman）的论文《提供真实：对待不知情癌症患者的一种伦理学路径》（“Offering Truth: One Ethical Approach to the Uninformed Cancer Patient”），收录在 G. E. 亨德森（G. E. Henderson）、N. M. P. 金（N. M. P. King）、R. P. 斯特劳斯（R. P. Strauss）、S. E. 埃斯特罗弗（S. E. Estroff）和 L. R. 丘吉尔（L. R. Churchill）合编的《社会医学读本》（*The Social Medicine Reader*, Durham, N. C.:

Duke University Press, 1997），第 333—340 页。

对相对主义强烈而广泛的反对论证可以在鲁思·麦基林（Ruth Macklin）的《反对相对主义：医学中的文化多样性与对伦理普适规则的追寻》（*Against Relativism: Culture Diversity and the Search for Ethical Universals in Medicine*, New York: Oxford University Press, 1999）一书中找到。反对麦基林立场的论证（至少是针对其中的部分观点）可参见埃尔文·哈奇（Elvin Hatch）的专著《人类与文化理论》（*Theories of Man and Culture*, New York: Columbia University Press, 1973）和《文化与道德：人类学中的价值相对主义》（*Culture and Morality: The Relativity of Values in Anthropology*, New York: Columbia University Press, 1983），以及论文《相对主义好的一面》（"The Good Side of Relativism"），刊登在《人类学研究杂志》（*Journal of Anthropological Research*）1997 年第 53 卷，第 371—381 页。在那些并不是十分典型的相对主义者，而是对相对主义的攻击给予反击的人中，当前最强有力的代言人是人类学家克利福德·格尔茨（Clifford Geertz），参见其论文《反"反相对主义"》（"Anti Anti-Relativism"），发表在《美国人类学家》（*American Anthropologist*）1984 年 6 月第 86 卷，第 2 期，第 263—278 页，收录在迈克尔·克鲁茨主编的《相对主义：阐释与争论》一书中，以及克利福德·格尔茨的论著《借鉴之光：哲学主题上的人类学反思》（*Available Light: Anthropological Reflections on Philosophical Topics*, Princeton, N. J.: Princeton University Press, 2000）。

梅里利·H. 萨蒙（Merrilee H. Salmon）的论文《人类学和考古学中的伦理考量，或相对主义与为了全人类的公正》（"Ethical Considerations in Anthropology and Archaeology, or Relativism and Justice for All"），刊登在《人类学研究杂志》1997 年第 53 卷，第 47—63 页，认为人类学家对他者文化的尊重不应该导致他们走向伦理相对主义，人类学家提出的价值——比如，保存考古遗址的价值——暗示了超越个体文化价值的价值信念。约翰·J. 蒂利（John J. Tilley）的《文化相对主义》（"Cultural Relativism"）一文发表在《人类权利季刊》（*Human Rights Quarterly*）2000 年第 22 卷，第 501—547 页，批评了许多规范的文化相对主义论证，坚持认同伦理普世主义。

《人类学研究杂志》1997 年第 53 卷的一个论题是关于相对主义、多元主义和人权的。阐述该论题的文章包括伊丽莎白·M. 泽切尼特（Elizabeth M. Zechenter）的《以文化的名义：文化相对主义与个体的滥用》（"In the Name of Culture: Cultural Relativism and the Abuse of the Individual", pp. 319—347），提出了对文化相对主义伦理学的尖锐批评，细致描绘了一些"文化习俗"所导致的"对女性长久糟糕的对待"，坚持认为文化相对主义伦理学损害了朝向基本人权的运动，因此造成了大量的苦难；卡萝尔·纳格斯特（Carole Nagengast）的论文《女性、少数派与土著：文化的普世主义与相对主义》（"Women, Minorities, and Indigenous Peoples: Universalism and Cultural Relativity", pp. 349—369）充分认识到处理文化习俗和个体权利上的真正困难，她那深思熟虑又充满信息量的论文有意地回避了浅薄的口号和不充分的解决方案；另外，埃伦·梅瑟（Ellen Messer）的论文《人权的多元化路径》（"Pluralist Approaches to Human Rights", pp. 293—317）综合了广泛而有洞见的人类学与伦理学知识，支持人权的多元主义路向，避免了西方个体主义价值的伦理相对主义和过分简单的普世化。还可以参见埃伦·梅瑟的论文《人类学与人权》（“Anthropology and Human Rights”），载于《人类学年度评论》（*Annual Review of Anthropology*）1993 年第 22 卷，第 221—249 页。

社会契约理论的经典来源是托马斯·霍布斯的《利维坦》（*Leviathan*），约翰·洛克的《政府论（下）》（*Second Treatise on Government*），以及让－雅克·卢梭的《社会契约论》（*Social Contract*）。霍布斯的《利维坦》首次出版于 1651 年，当前的版本有 Bobbs-Merrill（Indianapolis: 1958）版。洛克的《政府论（下）》首次出版于 1690 年，当前可读的版本是 Indianapolis: Bobbs-Merrill, Library of Liberal Arts, 1952。卢梭的《社会契约论》首次出版于 1762 年，当前可以参看的版本是 R. 马斯特斯（R. Masters）主编的《社会契约论》（*Social Contract*, New York: St. Martin's Press, 1978）。

对社会契约论理论传统的讨论包括琼·汉普顿（Jean Hampton）的专著《霍布斯与社会契约传统》（*Hobbes and the Social Contract Tradition*, Cambridge: Cambridge University Press, 1986）；以及帕特里克·赖利（Patrick Riley）的专著《对霍布斯、洛克、卢梭、康德和黑格尔社会契约论的批判性阐释》（*A Critical Exposition of Social Contract Theory in Hobbes, Locke, Rousseau, Kant, and Hegel*, Cambridge, Mass.: Harvard University Press, 1982）。对社会契约论一个有力而范围广泛的批评来自玛莎·C. 努斯鲍姆（Martha C. Nussbaum）的著作《正义的前沿》（*Frontiers of Justice: Disability, Nationality Species Membership*, Cambridge, MA: Harvard University Press, 2006）。

也许 20 世纪后期关于社会契约理论最为著名的哲学著作是约翰·罗尔斯（John Rawls）的《正义论》（*A Theory of Justice*, London: Oxford University Press, 1971）。对该书的评论，参见钱德兰·库卡瑟斯（Chandran Kukathas）和菲利普·佩蒂特（Philip Pettit）合编的《正义论及其批评》（*A Theory of Justice and Its Critics*, Polity, 1990），以及维多利亚·达维翁（Victoria Davion）和克拉克·沃尔夫（Clark Wolf）合编的《一位政治自由主义者的理念》（*The Idea of a Political Liberalism*, Rowman and Littlefield, 2000）。戴维·高蒂尔（David Gauthier）关于契约论的论述参见其专著《一致同意的道德》（*Morals by Agreement*, Oxford: Oxford University Press, 1986）以及《道德行为》（*Moral Dealing*, Ithaca, N. Y.: Cornell University Press, 1990）。对戴维·高蒂尔理论的讨论与批评，参见彼得·瓦伦坦（Peter Vallentyne）编著的《契约主义与理性选择》（*Contractarianism and Rational Choice*, New York: Cambridge University Press, 1991）。

对于社会契约理论和其他话题，可以访问保罗·莱顿（Paul Leighton）的网站 www.paulsjusticepage.com。莱顿是东密西根大学犯罪学与社会学教授，研究兴趣广泛。卡罗尔·吉利根（Carol Gilligan）的专著《不同的声音：心理学理论与妇女发展》（*In a Different Voice: Psychological Theory and Women's Development*, Cambridge, Mass: Harvard University Press, 1982）对当代关怀伦理学发展产生了重要的影响。内尔·诺丁斯（Nel Noddings）的著作在哲学和教育两个方面都有影响，参见她的论著《关怀：伦理学和道德教育的女性视角》（*Caring: A Feminine Approach to Ethics and Moral Education*, Berkeley, Cal.: University of California Press, 1984），以及《培养有道德的人：以关怀伦理替代品

格教育》(*Educating Moral People: A Caring Alternative to Character Education*, New York: Teachers College Press, 2002)。关于本话题，安妮特·C. 拜耳（Annette C. Baier）是一位清晰而又令人信服的论者，在把关怀伦理学置于更大的哲学视野上显示出特别的洞察力，参见她的《道德偏见》(*Moral Prejudices*, Cambridge, Mass.: Harvard University Press, 1994）一书。关怀伦理学中最有力的倡导者是劳伦斯·A. 布卢姆（Lawrence A. Blum），参见他的著作《友善、利他主义与道德》(*Friendship, Altruism and Morality*, London: Routledge & Kegan Paul, 1980)。弗吉尼娅·赫尔德（Virginia Held）编著的《正义与关怀》(*Justice and Care*, Boulder, Colorado: Westview Press, 1995）是关于该话题的一本极好的合集。一个非常好且涵盖范围广阔的选集是伊娃·费德·凯蒂（Eva Feder Kittay）和黛安娜·T. 迈耶斯（Diana T. Meyers）合编的《女性与道德理论》(*Women and Moral Theory*, Totowa, N. J.: Rowman & Littlefield, 1987)。

在关怀伦理学或女性伦理学的优秀网站中，“女性理论网（Feminist Theory Web)”是其中的翘楚，请访问 www.cddc.vt.edu/feminism/eth.html.。

第十三章

存在客观的伦理真理吗？

“我不关心你是谁，你只是知道对错的区别。”这是一句老生常谈和一个普遍信念，一个由相当多伦理学家赞同的观点。我们关于伦理真理的基本知识——我们应该做什么以及我们不应该做什么——并不需要多深的理性考虑：它是我们直觉到的和当下直接就有的知识。

> 直觉主义观点认为，存在着伦理真理，只要我们仔细关注它们，我们就能马上识别并知道它们：这样的伦理真理是自明的。了解这些伦理真理不是通过一个理性演绎过程，而是通过直接、即刻和确定的内在知觉，该内在知觉是一种特别的感知能力。

直觉主义

谋杀是错的。如果你仔细想，你就会对为何谋杀是错的得出强有力的理由：康德式的理由是基于普遍法则，功利主义的理由是基于最大化的快乐和最小化的痛苦，以及社会契约论的理由是基于理性自利的缔约人会赞同的契约类型。但是，无论你对谋杀是错的给出了何种理由，没有哪一个会与你的基本直觉（谋杀是错的）一样强烈。也许你在反对谋杀的论证的力度上还抱有相当的自信，但是无论这些论证的力量何在，你都知道谋杀是错的，并且远在你听过任何反对理由之前你早已知道谋杀是错的。假如我提供给你一个为何谋杀是好事的论证，你将发现检查该论证并努力发现其缺陷是有趣的；但你已经知道该论证是错误的，因为你知道该结论是错的。你明白谋杀是错的，相比于知道任何伦理论证的可靠性，对此你有更大的把握。你的伦理知识的基本源泉不是论证、理性，也非权威，相反，它来自你关于伦理真理的根本直觉。

> 去行动的义务感，或某种行动的正确性，绝对是非派生的，或者说是当下直接的……比如，我们可以分辨出，X 的一项行动满足了我们的需要，正是出于对象也是潜在行动者的缘故，我们就也应该满足 X。这个领会是当下直

> 接的，与下面的意义相同，比如，对于三角形的领会，由于它有三个边，则必有三个角。这两种领会都是当下直接的，好比说两种情形下对对象本质的洞察使我们辨认出其谓词的占有（possession of the predicate）；同时，这仅仅是从另一个角度而言的事实：在两种情形下，所领会的事实都是自明的。
>
> ——H. A. 普理查德（H. A. Prichard），《道德哲学依赖错误吗？》（“Does Moral Philosophy Rest on a Mistake？”），1912

请注意，这些基本的伦理直觉不是情感（feeling），甚至不是非常强烈的（strong）情感。因为在新奥尔良附近长大，我对新奥尔良圣徒队（New Orleans Saints，一支位于美国路易斯安那州新奥尔良市的美式橄榄球球队）有一种强烈的情感；但这些都不是道德直觉。也许你经历过性欲的强烈情感，也许经历过其本身，但是，无论你对这些情感判断为幸运还是不幸运，你都不会将它们与道德情感混淆。如果你把巧克力酱放在西兰花上，我说不定会有强烈的反感情绪；但是这不是对道德错误的道德直觉。如果你折磨一个孩子，我也会有强烈的厌恶和反感情绪，但更多的是有某种本质的区别：你所做的在道德上是错误的直觉。

> 如下命题对我而言存在高度可能性——就是说，无论什么动物，只要被赋予了明显的社会本能，包括父母与子女之间的情感，都不可避免地获得一种道德感或良知，只要其理智力量充分发达或接近发达，犹如人类……
>
> 也许首先假定一个前提是很好的，即我不希望坚持认为，任何严格意义上的社会动物，假如其理智能力变得和人类一样活跃而发达，它将会获得与我们一样的道德感。同理，许多种动物都有一定的美感，尽管它们欣赏的对象广泛而有别，它们会有一定的是非感，尽管它们被是非感导向遵从非常不同的行为指导。如果，假设一种极端的案例，人类在与蜂巢蜜蜂一样的环境下被抚养长大，毫无疑问，我们的未婚女性会像工蜂一样，认为杀死兄弟是一项神圣的义务，而母亲们则会奋力杀死她们有繁殖能力的女儿，那么，没有人会想到进行干预。然而，蜜蜂或者其他社会性动物，都会获得在我们假设的情况下的是非情感或良知，至少对我来说看起来是如此。
>
> ——查尔斯·达尔文（Charles Darwin），《人的演化（第二版）》（*The Descent of Man*，2nd ed.），1875

这就是直觉主义伦理学的根本特征：最终，我们的伦理知识源于我们当下直接即可辨认出为真且决定性的伦理直觉。但是直觉主义者在细节上还存在一些区分。我们究竟直觉了什么？一些直觉主义者相信我们直觉了具体行为的对错。H. A. 普理查德认为，我们必须仔细看清每一个情境，就此尽可能地加以学习，尽可能客观面对，然后参照在此情境下的何种行为为正确的直觉。但是，大多数直觉主义者坚持认为，我们的直觉在更高的、更具原则化的层次上运作。一位具有特别影响力的直觉主义者是 W. D. 罗斯（W. D. Ross），他认为，我们直觉到了数个基本的伦理原则或真理：我们直觉地知道我们应当信守承诺，回馈帮助，尽量帮助他人。当我们处在具体情形下，我们也许只有很少的确定性。设想你答应下周六早上帮一个朋友搬家，然后，另外一个人——上个月花费了整整一个周末帮你搬家——也恰好在同一个时间搬家，这样你只能帮助其中一个人。很可能你信守承诺的义务很强，但是你对此很难确信。无论你在一个复杂情境下如何决定具体的义务，毫无疑问的是，你的确有信守承诺的义务以及有回馈帮助的义务。那些基本义务原则都是我们所直觉到的，根据罗斯的观点，我们都对此十分明确。不明确的是，我们何时去设法运用原则到具体情境中，但对这些原则本身，我们的直觉知识不存在任何不确定性。我知道信守承诺是对的，即使当某个其他义务超过了这个义务。在那种情境下，我依然知道信守承诺是对的：那不会变。你是如何知道信守承诺是对的呢？参看一下你自己的直觉经验，那么你将辨认出你拥有这个基本的直觉知识。

这种直觉来自何处呢？直觉主义者对此也不太确定。也许它们是由上帝灌注给我们的。但是，我们无法解释它们的起源的事实不构成质疑其存在的理由；毕竟，我不明白我的视觉系统如何工作，但是我不怀疑我能看或者可以通过我的视觉能力获得知识。

假如通过内省我没有发现信守承诺是对的直觉知识，又当如何呢？直觉主义者会回答说，你在否认；仔细看，你就会看到的。但是，不，我真的没有这样的直觉。直觉主义者很可能会总结说，你正在变得不诚实。但是，也许你是一个道德怪物，缺少这些基本的道德洞见；或者说你很可能长久地忽视了你的道德直觉，不断地做你知道是错误的事情，最终你失去了辨认出这些基本直觉的能力。但是，对大多数人而言（直觉主义者会坚持认为），基本道德直觉的存在是清楚的、不可抗拒的。如果一些人盲于道德直觉，那也不能算作对其存在的反对。

假设我经验到这些强烈的直觉，但我不确定它们是道德真理的向导。毕竟，许多人曾有着他们认为是很清楚的道德直觉，而如今在我们看来是极其错误的：比如，杀死“女巫”或“异教徒”是我们的道德义务，过失杀人者也当处死，对我的“荣誉”的污损者必须被处死，肤色不同者必须被当作低等人，女性不应该占据权威地位等。当然，直觉主义者会坚持说，那些并非是道德直觉。但是，问题在于，如果我们在我们的道德直觉上犯错误，那么，我们如何知道我们在何时发现了真正的道德直觉呢？什么是真正的道德直觉的标识呢？显然，不可能是这样的：它们广泛被相信为是明显给出的道德真理，因为我们刚才审视了满足那个条件的可怕的错误信念。

作为一个在小农场长大的孩子，我认为农场的动物经常被残忍地对待，对我而言，这似乎是当下直接而又显然的：那般地对待动物是错的。随着我逐渐长大，我接受了我的乡村农场社区的主导观念：动物遭受痛苦是不幸的，但这不是一个道德问题，农场动物仅仅是为了利益以及人类使用的对象。很显然，当我们仔细观察时，人类才是唯一真实的道德存在者，为了我们的利益，非人类的动物遭受痛苦是没有什么不对的。在我的生命中出现了不同的观点，两种观点在直觉上似乎都是显然的。同意我“成熟的”观点的直觉主义者会说，我童年时代的直觉被我的情感笼罩了，随着我长大，我就能够更清楚地看到直觉真理。赞同我童年时代观点的直觉主义者会主张说，童年时代的直觉是纯洁的、准确的，但最终被更强的压倒我直觉的文化价值遮蔽了。还存在其他方式来判断哪一个是真正的道德直觉，哪一个是冒充的道德直觉吗?

> 在两恶之间选择时，我总是愿意尝试那个我此前从未尝试过的。
>
> ——梅·韦斯特（Mae West，1892—1980）

有人建议，我们把“最好的人”的直觉作为我们的向导。W. D. 罗斯坚持认为：

> 关于正当和善以及关于什么是正当的和善的事情，相比思考它们而言，我们没有更多直接的方式去走进它们。对深思熟虑且教育良好人士的道德信任是伦理学的素材，正如感觉知觉是自然科学的素材一样。正如后者中的有一些必须被驳斥为幻象一样，前者中的有一些也是这样；但正如后者只有当其与某些其他更精确的感觉知觉相冲突时才遭到驳斥一样，前者也只有当其与那些更能经受反思的信念相冲突时才遭到驳斥。现有的最好的人的道德信念大部分是许多人道德反思的累计产物，这种反思已经发展出了对道德区分进行鉴别的一种极端精细的力量；而这是理论家无法提供给人们处理那些最伟大方面之外的事物的。他必须把最好的人的道德意识的种种判断作为他的学说构建的基础……

但是，我们如何识别那些“最好的人”呢？在美国内战前的南方，许多人会认为大种植园奴隶主为“最好的人”：他们强有力，是地区的领袖，是受教育最好的（他们的儿子往往去最好的新英格兰的大学就读）。但是，现在我们把他们看成极大的道德盲目的突出典型，而非道德模范。如果我们说，“最好的人”是那些带有真实直觉的人，那么，我们只不过是在原地打转。如果我们使用其他标准——正确的直觉可以推动整体利益，或者可以得到理性捍卫，或者可以促进人类繁荣——那么，我们就正在放弃直觉主义，倾向于某种其他理论，比如康德的理性主义或者功利主义。直觉主义作为一种伦理学理论，它有着当下直接且广泛的吸引力，但是，当你试图将其用作伦理指导时，仔细考察将会揭示出一些严重问题。

美德伦理学

我们已经考察了广泛而多样的伦理学理论，从康德的理性主义到关怀伦理学，从社会契约伦理学到功利主义，再到直觉主义。尽管这些理论存在重要区别和基本冲突，但它们都起步于一个相同的基本问题：我应该做什么，我应该怎么行动，以及何种行动是对的或错的？它们也许不同地回答了该问题，但是，又都把该问题当成伦理学的基本问题。美德伦理学起步于一个不同的问题：我想要成为什么样的人，或者这么说，对人类而言什么是最好的生活？

> 美德伦理学把伦理学理论的关注点从何种行动是正确的问题上挪开，转向何种人类生活是值得过的，以及我想要成为何种人的问题。美德伦理学强调品格的发展，同时还强调塑造一个有德性的品格，以及真正的善和令人满意的生活的条件。

当决定是否要去欺骗一个人时，一个功利主义者也许会问，这样的行为是否会产生快乐超过痛苦的最大净额；一个康德主义者会问，我能够欲求的行动类型可否作为一条普遍法则；一个美德伦理学家则会这样发问，我真的想要成为一个骗子，一个不值得令人相信的、偷偷摸摸的人吗？欺骗的人生真的算作是好的人生吗？你也许会试图回答：我不想过一种欺骗的人生，不过这仅是特例，我只在今天欺骗，明天我将会变得诚实、成为正直的模范。美德伦理学家发现这是荒谬的。你所实践的就是你将成为的。别指望在大学期间欺骗，毕业之后就会成为一个正直的人；你可以说谎、欺骗，但在内心深处，你实际上还是一个值得信赖的人。这等于说，尽管我从不运动，甚至连轻快的步行也逃避，食用垃圾食品，但在内心深处，我实际上还是一个优秀的马拉松运动员。假设圣奥古斯丁祈祷说，“主啊，赐给我纯朴和节制吧，但不是现在。”这就是说，我希望自己变得有德性，但是，我不想现在就开始操练德性，而是等到以后。美德伦理学家可不买这个账。你通过你的选择和行为，创造你自己和自己的品格。除非你在波士顿马拉松开幕式现身，然后选择成为一个优秀的马拉松运动员，否则，你根本无法在某天选择做一个诚实的人。

> 美德不在于节制自己不作恶，而在于根本不欲求恶。
>
> ——乔治·萧伯纳（George Bernard Shaw），《致革命者的箴言》（*Maxims for Revolutionists*）

因此，美德伦理学家建议，与其盯着你应该做什么事，倒不如考虑一下你要真正成为什么样的人。美德理论把伦理学理论推向了深水区：做出好的道德决定涉及对你想要过的生活，对你希望成为何种类型的人，对你认为何种生活是真正有价值的等做出审慎的考量。在你养成一个将会塑造你并不真正赞同的品格和人生的选择模式之前，停下来仔细反思一下你真正看重的是何种品格与人生。当你老了，你可堪回首何种品格、职业、成就，并且诚实地说，“我过了好生活”？仔细考虑一番，而不是在习惯和模式中任意漂流，它们将会如同无舵之舟一般地载你而行，最终抵达一个目的地，养成一个固定的你将对此感到极度失望的品格。T. S. 艾略特（T. S. Eliot）在其《J. 艾尔弗雷德·普鲁弗洛克的情歌》（“The Love Song of J. Alfred Prufrock”）中，以韵文的方式刻画了普鲁弗洛克那可怕的自责，他带着深深的追悔回首一生。普鲁弗洛克一生过着漂浮的优柔寡断的生活，决定、推翻决定、平凡琐事：“我用咖啡调羹测量我的人生（过于谨小慎微）”，从不敢果敢定夺、一以贯之遵从。其结果是当人老了，只剩下对自己严酷的记述：

> 我曾看到我伟大的时刻闪烁，
> 我曾看到那永恒的“侍者”拿着我的外衣暗笑，
> 一句话，我有点害怕。

所以，如果你把伦理学看成遵守基本社会规范的肤浅的、无反思性的程序，那么，美德理论将提醒你要仔细考虑一番了。

> 人的善就是灵魂的合德性的实现活动……我们还要加上“在一生中”。因为一只燕子或一个好天气造不成春天，一天的或短时间的善也不能使一个人得享福祉。
>
> ——亚里士多德，《尼各马可伦理学》（*Nicomachean Ethics*）

美德理论追问何种行为构成一个好生活，而不是何种行为是正确的。但是，究竟什么是对人类而言的好生活呢？回答该问题对美德伦理学家提出了挑战。亚里士多德回答说，好生活就是真正幸福的生活，但是他所说的幸福是有特殊含义的：真正的幸福是至福（*eudaimonia*），在亚里士多德的语境下，意指与我们本性中最高或最好的部分相符合的生活（对亚里士多德而言，我们本性中最高的部分当然是我们的理性能力了）。其他的美德伦理学家为什么可以算作真正的好生活提供了其他标准：当代领衔美德伦理学家罗莎琳德·赫斯特豪斯（Rosalind Hursthouse）把好生活的特征概括为一种特别的人类繁荣（flourishing），这是与具体的植物或动物相类比意义上的繁荣。但是，无论美德伦理学家是如何回答什么可以算作好生活的问题的，他们共同的观点是：我们所正在寻求的是对人类而言的好生活。那就是说，不是作为某种抽象理想意义上的好生活，而是对作为理性社会动物的人类的好生活。这就需要仔细考察人类的本性以及人类能够成功地生活的条件。试图去决定何种生活是人类最好的生活：这是一项心理学家、社会学家、人类学家、生物学家、城市规划者、经济学家和哲学家都面临的任务；的确，美德伦理学家正是视此为唯一的任务，所有问题中最基本的问题。

伦理非客观主义

美德伦理学家相信，正确的行动是那些塑造好生活的行动。康德主义者相信，正确的行动是那些能够被理性地证成为普遍法则的行动。功利主义者相信，正确的行动是那些促进最大幸福的行动。虽然他们有着尖锐的区别，但他们都共享着一个信念：存在着正确的行动。在回答“我应该做什么”的问题时，你可以从中获得正确结果，你也能得到错误结果，正如你在物理考试中得到正确或错误的答案一样，或者如同解出一道数学题，或者如同在小测验中回答出了问题。构成对比的是，伦理非客观主义者拒斥伦理学中存在任何客观事实的信念。我们可以强烈地感受伦理问题，我们或许会为之奋斗，我们或许会热情支持它们，但就是不存在解决我们争议的伦理事实。

> 道德判断上假定的客观性因此就是一个妄想，在该术语一般理解的意义上，根本不存在道德真理。造成这一结果的终极原因在于，道德概念是基于情感的，而一种情感的内容又完全落在真理范畴之外。
>
> ——爱德华·韦斯特马克（Edward Westermarck），1906

尽管对大卫·休谟的理解不同，但大多数人把休谟看成非客观主义的典范。根据休谟的观点，当我们到达真正的基本价值问题层面时，就不存在客观事实，也没有推理程序可以解决这些问题：“宁愿世界毁灭也不愿擦伤我的手指这一点并不违反理性”，休谟断言说。

> 伦理非客观主义的观点是，对伦理陈述而言，不存在客观的事实基础。如果你说偷窃是错的，或每个人都应被当成目的而非工具，那么，你正在提出一种没有客观事实支撑的主张。

这并不是说伦理学中不存在推理。如果我们同意，为饥民和无家可归者提供食物与居所在伦理上是可欲求的，那么，我们就能竭尽我们的理性力量去找到完成那个伦理目标的最佳方式。如果我们同意，因为非本质的目的而造成痛苦在道德上是错误的，那么，我们就能运用理性来考察我们对待农场动物原则的含义。那就是说，假如就伦理目标与原则达成了一致，我们就能运用理性去得出对策和含义。进一步来说，如果我持有错误的事实信念，那么纠正这些错误将导致我在道德判断上的改变。比如说，我错误地相信狗是复杂的机械装置，它们没有神经系统，感觉不到疼痛，那么，我也将相信抽打一条狗在道德上并不比抽打一只发条玩具更可恶。但是，如果你纠正了我关于狗的错误概念，向我解释说狗确实能感受疼痛，那么，我就会把抽打一条狗在道德上看成错误的。但是，如果我们的分歧超过了某个真正的道德价值——我就看不出对非人类动物给予非常痛苦的残忍对待有什么过错，而你则相信这是一个严重的道德错误——那么（根据非客观主义者的观点），就不存在合乎理性的争议的空间，因为不存在可以争论的客观事实。如果你能找到某个其他我坚持的伦理原则，而该原则与我关于对待非人类动物的观点相矛盾，那么，就存在着合乎理性的审慎的空间。但是，如果我们已经达成了根本的伦理原则、信念与承诺，那么，我们就到达了客观事实是不存在的层次，分歧就不可能用理性加以解决了。

> 情感主义（emotivism，也有人主张翻译成情绪主义）是伦理非客观主义的一种特殊类型。情感主义的观点是，看起来显得是，伦理陈述（显得像真正的伦理主张），实际上根本不是陈述：它们是伪装的祈使句（诸如命令你不准偷盗）或者说它们是情感反应的表达（在情感上表达对偷盗的反感或对诚实的赞同）。根据情感主义者的观点，压根就不存在真正的伦理陈述，因此，关于伦理学就没有客观上的真实陈述。尽管情感主义在20世纪中期的非客观主义者中是一个流行立场，但是，在当前也几乎没有多少拥护者了。

多样性论证

对道德非客观主义最常见的论证是来自多样性的论证。不同文化、地域与个体持有非常不同的道德观点。在一些文化内，食用动物在道德上被看成合法的，可是在另外的文化里，则被看成道德上的错误。在一些文化中，言论自由被给予很高价值，可是，在另一些文化中，言论自由却受到谴责。也许在个体层面存在着更多的分歧：一个人认为死刑是一种野蛮的错误，另一个人认为死刑是和正义的基本要求一样的行为；一个人认为同性恋是道德上的败坏，另一个人则把同性恋关系看成完全合法的。面对这些大量的多样观点，我们如何能够合理地假定存在着指导我们道德审慎考量的客观道德事实呢？假如真有道德事实，难道我们不会期望找到更大的共识吗？

反对道德非客观主义的人对来自多样性的论证至少有两个不同的回应。首先，有一些人提出，相比表面的第一眼看上去而言，存在着更大的伦理一致性。就拿堕胎争议来说，这也是当代社会最激烈的争论之一了。即便如此，我们也可以发现更多一致性，而非分歧。争议双方都同意，杀死胎儿是不对的（当然了，尽管对于一小块没有神经的，但会在某天有发育成婴儿能力的细胞簇算不算胎儿问题本身还存在争议）；双方还一致认同女性拥有决定她们自己身体的权利（尽管一方相信胎儿权利超过了女性对自己身体控制的权利）。通常地，伦理分歧根本不会演化成伦理议题，相反，会演化成某个其他问题。在对死刑的强烈争议中，一个关键的分歧完全落在死刑是否有效构成威慑力这一点上，但这是一个社会学的而非伦理学的争论（因为双方都一致同意威慑犯罪在道德上是善的）。

其次，尽管在伦理原则的问题上存在真正的区分，但这并不证明不存在伦理真理。毕竟，我们大多数人都相信，在科学领域里存在着客观对象和客观真理，尽管我们意识到，关于科学问题还存在着真正的争论。在宗教教条的影响下，一些人相信宇宙只存在了数千年，但是该分歧并不能使我们大多数人相信关于宇宙已存在数以万年不存在科学事实。同理，在一些宗教教义的影响下，存在一些人否认女性拥有平等权，但是这个分歧也没有证明关于女性权利不存在客观的伦理事实。（也许客观道德事实不存在，但道德信念上的多样性的存在并没有表明它们的不存在，正如在当代物理学里观点的多样性也没有表明物理学领域不存在客观事实一样。）

古怪论证

支持道德非客观主义的一个更加复杂的论证是由20世纪英国哲学家约翰·L.麦基（John L. Mackie）提出的。麦基称之为“古怪论证（argument from queerness）”，有时也被冠之以“简单论证（argument from simplicity）”。麦基论证的基础是基本的解释原理。“节俭原则（principle of parsimony）”告诉我们：所有其他情况相等，越简单的解释越好。也就是说，假定最少实体的解释是更好的解释。在14世纪的哲学家和神学家奥卡姆的威廉（William of Ockham，有时也写成“Occam”），在论证中对该原则给予了极大的运用后，该原则也被称之为“奥卡姆剃刀（Ockham’s Razor）”。这条原则可以被表述成好几种方式：“如无必要，勿增实体”，或“用更少假设可以完成的，用更多则徒劳”。其中的基本意思很简单：如果在我的解释或理论中让我假设额外的实体，那么我可以“解释”一切；但是，只有更简单、节俭的解释才是更加合理的。附加精灵、鬼怪和奇迹到我们解释体系里诚然会让解释更加简单，但这种解释违反了奥卡姆剃刀原则，于是，多出来的复杂性让整个解释变得不合理、无效。

就伦理非客观主义而言，从奥卡姆剃刀到麦基的简单论证是一个简单步骤。如果我们没有设置客观的道德事实来解释所有的伦理现象，那么，相比增添道德事实的复杂性而言，我们将得到一个更简单以及——依照节俭原则——更好的解释。麦基为该证明增加了一个有趣的弯儿：道德事实（麦基认为）不仅是正当的附加的实体，它们同时也是非常奇怪和特殊的实体，带有古怪的性质（这就是为何麦基称之为古怪论证的原因）。它们是古怪的，因为它们不依赖我们而存在（它们是客观的事实，因此不依赖我们对它们的认识而存在），它们也（这是特殊的属性）不变地命令我们去赞同、促使我们在识别它们时追求它们。麦基认为，那是一个道德上善的事实的一条规定性属性。如果我承认某事在道德上确实为善，但我对谁促进、保持或追求该善又不感兴趣，那么，你可以下结论说，我实际上不懂或不欣赏该善性的道德事实。

在回答麦基的简单论证时，道德客观主义的捍卫者也许会承认道德事实的的确确是复杂的，但是，就说明被观察到的道德行为的现象而言，也没有更简单的解释是现成在手的。像当代物理学一样，道德客观主义并非是一个简单理论，但正是最简单的理论才会充分地说明道德。然而，一直就存在着对道德给出简单说明的努力。迈克尔·鲁斯（Michael Ruse），一位当代生物学家、哲学家，对道德提供了一个进化论式的说明，而没有诉诸专门的道德事实：

> 我们是我们所是，因为我们最近从热带–亚热带草原灵长类（savannah-dwelling primate）进化而来。假设我们从穴居进化而来，如此等等，我们也许拥有作为道德义务的最高原则，奉命去食用彼此的粪便。没有简单的欲望，只有义务。
>
> ——迈克尔·鲁斯，《认真对待达尔文》（*Taking Darwin Seriously*, Oxford: Basil Blackwell，1986）

关于这种对道德的进化论上的生物学说明，不管一个人对其充分性下什么结论，有一点是清楚的：这是一个更简单的说明。它只诉诸生物学原则，而没有添加任何特殊的道德事实的范畴。心理学家也提供了道德发展和道德行为的说明，也没有诉诸客观的道德事实。回顾你的童年吧！在幼儿园玩耍时期，你们兴高采烈地玩着闪闪发光的红色玩具消防车，争抢消防警铃和可以上上下下的玲珑剔透的梯子。苏茜也对新玩具备感兴趣，她从你的手中拿走了玩具。你立马尖叫反抗，把一个高大的成年人叫到现场，他把玩具还给你，训了苏茜一顿："别那样，苏茜，人家先玩的，从别人那里夺东西可不是一件好事。"不错，这当然是一个令人愉快的结果。但是几分钟后，这个高大的成年人返回到现场，"你已经玩了一会儿消防车了，现在还不愿意让苏茜玩一会儿吗？"不，实际上你并不情愿，你更愿意保留消防车的拥有状态，你恨不得苏茜正在被一头大蟒蛇吞掉。但是，尽管你很小，你依然知道这个高大的成年人实际上并不是问你是不是愿意分享你的消防车，而是告诉你必须让苏茜玩。你也可以对着干，尽最大音量嘶喊"这是我的"，然后死死抓住消防车。可是，你之前曾那么尝试过，并不怎么奏效。结果往往是你长时间坐着，手中已没有了消防车，感觉痛苦而无助。因此，你这次尝试走一条不同的路。你体面地和那个该死的苏茜分享消防车，也许你会有机会继续玩——你可以玩警铃而她爬梯子——你高尚的行为说不定还会让你在吃甜食时间多得到一块小甜饼。最美妙的是，你感到你在因为你自己的选择而分享，而不是痛苦与无助，你感到自己充满力量、懂得把控以及有品德。所以，在很小的时候，你就学会了"像自己希望被别人对待的那样对待别人"可以提供实实在在的利益。当然了，在幼儿园里你尚未将此认作一条道德原则，但是你的社会环境已经把你塑造成沿着这条道路而行动了。当后来你被教导，知道这是一条道德原则时，你已经先入为主地将此看成一个显而易见的真理，甚至是直觉的真理了。社会努力将这样的规则内化到每个成员心中，毕竟，社会协作对于一个功能良好的社会来说是基本的。同时，假如社会成员已经把社会协作内化了，而不是出于外在强力跟随规则亦步亦趋，社会协作就会进行得更好。这也许能构成对道德的充分说明，也许构不成，但是，就像生物学的说明不需要客观道德事实一样，根据奥卡姆的简单原则，社会协作的说明也会得分很高。这些更加简单的理论为道德提供充分说明了吗？这又是一个相当有争议的问题，你将必须得出自己的结论。

当代道德实在论

在回应对道德客观主义强有力的攻击中，当代道德实在论者为捍卫道德客观主义发展出一条新路向。当代道德实在论者坚持认为，客观道德事实的问题并非像麦基以及其他非客观主义者所说的那样直接。考虑一下赞成与否认客观道德事实存在的双方之间的竞赛，这可不像赞同与否认尼斯湖水怪（the Loch Ness Monster）的存在的双方之间的直接冲突。在尼斯湖深处是否存在某种奇怪又隐遁的海怪呢？我们想到的某些海洋动物的小型聚居地很久之前就灭绝了，但是，在苏格兰的湖泊里不知怎么地就存活着呢？我对此怀疑，但也许我错了。如果某个声誉良好的科考探险队从尼斯湖捕到了尼斯湖水怪，并在电视上展示，而且水怪被专门的水生物学家彻底检验并宣称是真的，那么，那就确立了尼斯湖水怪与其家族的真实存在。我将感到惊奇，这与大多数科学共同体成员的感受一样。但是，这并不关乎尼斯湖水怪的发现在生物科学领域里将引起重大的变化。我们有安放尼斯湖水怪的准备。如果这个生物存在，它们是我们曾经认为灭绝的物种，我们只是把它们从灭绝切换到濒危的位置。我们必须决定怎样足够的繁殖群体可以在那个环境下生存这么久，但这是一个生物学家可以容易处理的问题。但是（返回到第五章讨论认识论的例子）假设不是尼斯湖水怪，而是某个深入到一个从未被探险过的雨林的生物学家探险团队返回，带回来梅杜萨一家（a family of Medusa）：凶猛的类人生物，头皮上长着异常攻击性的蛇，而不是头发。我们一直都认为梅杜萨只是神话中的生物，如今我们发现它是真的生物存在。这将是非常不同的情境。我们在生物上为尼斯湖水怪准备好了位置，但是我们认为尼斯湖水怪不可能充实该位置。但是，在我们当代生物科学体系中，梅杜萨是无处安放的。一个也部分地爬行的哺乳动物会摧毁我们的生物学体系。只要看看最显然的问题吧，怎么可能有既是温血又是冷血的生物呢？认可梅杜萨将意味着，不仅是对生物学体系的修正或添加，而是以一个激进的不同系统来替换了。

因此，关于尼斯湖水怪和神话怪物的长长的故事，什么是其道德呢？道德实在论者会说，在道德实在论者和道德非客观主义者之间的争执犹如发现了梅杜萨的情境，而非发现尼斯湖水怪。就是说，道德实在论者和道德非客观主义者之间的冲突不仅是关于我们是否应该增加另一组对象（客观道德事实）到我们关于世界存在的列表中，毋宁说，冲突乃是道德的基本体系的观点之间的冲突。在这个冲突中，我们必须不仅考虑简单化问题，而且还要考虑每一个体系的整体利益的问题，以及采纳互相竞争的世界观的相对优势的问题。一个允许客观道德事实的体系比否认这些事实的体系总体上更加有用吗？哪一个体系可以更好地指导我们，哪一个体系可以产生最有用的结果，哪一个体系可以为理解道德提供最好的进展机会？这些都是非常复杂的成体系的问题，简单化只是在比较各种理论时的考虑之一。不存在决定论题的单一实验（道德实在论者如是说）；相反，两种体系（实在论和非客观主义）必须被各自的拥护者发展和利用，最终我们会知道哪一个体系最有效。但是，对于它们全部的功绩下结论，实在论者会认为这依然为时尚早。

何种证据可以强化道德实在论体系？假设当人们冷静、清醒且反思地看待伦理论题，关于伦理判断就会慢慢达成共识。这样的话，道德实在论的观点会很好地为伦理信念的共识提供直接而有用的解释。共识之所以能达成，是因为每个人逐渐认识到相同的客观道德事实。通过平静的理性反思可以达成共识吗？也许会。毕竟，几乎每个对此平静思考的人都会下结论说：在种族、性别或性取向基础上把人区别开来是不对的；种族灭绝是错误的；人们应该自由坚持和表达他们自己的观点；奴隶制是错误的；等等。这并不是说每个人，或者几乎每个人，都已经接受这些道德主张。但是，显然不是每一个人都会冷静、清醒且反思地思考这些论题：民族主义的华丽言辞、爱国主义热忱、宗教灌输、压迫传统和等级偏见等都会对反思性的思考发生消解作用，同时对很多人而言，平静而仔细地思考伦理论题的能力被这些约束、激情和压力绑架了。但是，当人们能够把这些干扰性外力搁置起来，平静而仔细地思考时，就某些基本伦理原则似乎就会存在新出现的共识。如果是这样，那么，也许对新出现的共识的最佳解释是对客观道德事实的普遍承认罢了。

> 根据道德实在论关于提供救助的说明，我只在我有理由提供饥荒赈济时才提供我的饥荒赈济，这是对的；我只在如下情形下有理由：如果我在反思的理想化条件下（见识广博、冷静、清醒、镇定），我将欲求提供饥荒赈济。你也同样如此。
>
> ——迈克尔·史密斯（Michael Smith）

或许也存在着不需要安放客观道德事实的更好的解释。但是，道德实在论者坚持认为，判断这些激进的不同的实在论视角和非客观主义视角之间的最好方式是，通过允许它们去互相竞争，然后看看哪一个体系会指导我们通向更好的伦理理解。也许伦理实在论体系被证明是最好的，也许不是。但是，道德实在论者认为，道德实在论是一个合理的有效假设，同时，判断哪一个视角会最终成功还为时太早。道德实在论假设仍然是一种强有力的假设。

这不是你祖母的道德实在论。当祖母告诉你说谎是错误的时候，她没有把这看成一个合理的假设，而是作为一个绝对的事实。但是，当代道德实在论确实提供了防御当代道德非客观主义的抵抗线。当你发现这种不确定的道德实在论让人满意，或者你赞成某些更确定的道德实在论形式、某种温和的构成主义、某种关怀伦理学的形式，或者你拥护道德非客观主义，就存在一个你可以仔细考虑的问题。实际上，你会发现你自己对此已仔细考虑很久了，对反复思考而言，还存在更糟糕的话题。

阅读部分

正当与善

W. D. 罗斯

W. D. 罗斯（W. D. Ross，1877—1971）任教于牛津大学，可能是最著名、最具影响力的当代伦理直觉主义倡导者。下面的内容节选自他的《正当与善》（*The Right and the Good*，1930）一书。

当一个普通人因为认为应该这么做而履行承诺时，看起来很清楚的是，他根本就没有想过它的全部后果，更别提考虑一下这些后果可能是所有可能的后果中最善的。他实际上想到过去比想到将来要多，使他认为以某种方式行动为正当的，是如下事实：他已经承诺要这么做了——通常就是因为这个，没什么别的原因。这种行为会产生所有可能的后果中最善的后果，不是他称其为正当的原因。那么，使我们考察的理论（功利主义）看起来似乎有理的，就不是那些行为（它们很有可能形成了我们的行为的一大部分）——在这些行为中，像“我承诺过”这一类的反思是我们给予自己认为某种行为正当的唯一理由——而是一些例外情况，在这些例外情况中，（比如说）履行承诺造成的后果对其他人是如此灾难性的，以至我们判断不去做它才是正当的。当然，必须承认，这样的情况是存在的。如果我答应为了某件小事在某个特定的时候跟朋友碰面，如果不碰面能阻止一桩严重的事故或者为事故受害者减轻伤痛，我当然会认为自己不遵守约定是正当的。而支持我们现在所考察的观点的人认为，我这么想是因为我认为我应该通过一种行为而不是其他行为，带来更多的善。尽管如此，对这件事情可以给出另一种解释，我相信这种解释会表明自身是正当的。人们可能会说，除了履行承诺的义务外，我负有并且认识到了一种减轻伤痛的义务，即我认为以不做前者为代价来做后者是善的，不是因为我认为应该借此创造更多的善，而是因为我认为它是一种义务，在那种情况下是更大程度上的一种义务。这种解释当然与我们在这样一种情况下实际想到的更为一致。如果我能预见，履行我的承诺和帮助一个我没做过承诺的人，会带来同样多的善，我会毫不犹豫地将前者看作我的义务。然而，根据“正当者是因其能产生最多的善才成其为正当”的观点，我就不应该这么看。

有两种理论（每一种以其自己的方式而言都是简单的）为这种良心方面的事例提供了解决方案。根据康德的观点，有一些带有完全责任（perfect obligation）的义务，比如履行承诺、还债、说真话的义务，这些义务不允许有任何有利于带有非完全责任义务的例外，后一类义务包括减缓伤痛的义务。另外一种是——比如说——摩尔教授（Moore）和拉什多尔（Lashdall）博士的观点。这种观点认为只有产生善的义务，而一切“义务之冲突”都应该通过追问“通过哪种义务你能产生最大的善？”得到解决。但更重要的是，我们的理论适合于事实，而不是它的简单与否；而且我们上面给出的解释（在我看来）要比这两种简单理论都更符合我们所想的，亦即，正常地遵守诺言——比如说——要先于仁慈，但当且仅当仁慈行为产生的善相当巨大，而诺言相比起来很琐细的时候，仁慈的行为才成为了我们的义务。

事实上，"理想功利主义（ideal utilitarianism）"理论，如果我可以这样简明地指称摩尔教授的理论的话，似乎不恰当地简化了我们与我们的伙伴们的关系。它实际上是在说，我的邻居对我具有的唯一在道德上重要的关系是，成为我行为的可能的受惠者。他们确实与我处在这种关系中，而且这种关系在道德上也是很重要的。但他们也可能与我处在立约人与受约人、债权人与债务人、妻子与丈夫、孩子与父母、朋友与朋友、同乡与同乡一类的关系中；而每一种这样的关系都是一种显见义务（prima-facie duty）的基础，显见义务视情境的不同而赋予我或轻或重的责任。如果在一种情况下，不止一种显见义务使我负有责任，这时我要做的就是尽可能充分地了解该情况，直到我形成了成熟的意见（没有更成熟的）：在那种环境下，这些义务中的一种比其他义务更使我负有责任；那时我就必定会认为，尽这种显见义务是我在该情况下的直接（*sans phrase*）义务。

……

我们关于我们在具体情况下的实际义务的判断，根本不具有我们对一般义务原则的认识所具有的确定性。只有在如下的一种或两种情况下，一种陈述才是确定的，亦即才是一种对知识的表达：当它或者是自明的，或者是由自明的前提而来的有效结论时。而我们关于我们的特殊义务的判断并不具有以上两种特征：（1）它们不是自明的。当一种可能的行为被视作具有两种特征，借由其一，它成为显见地正当的行为，借由另一特征，它成为显见地不当的行为，这时（我认为）我们就非常清楚，我们不知道该不该做这一行为了；不管我们是否做这一行为，我们都在冒一种道德上的风险。经过考虑之后，我们最后开始认为一种义务要比另一种更为紧迫，但我们对它是否真的如此并不确信。而尽管我们并不总能认识到，一种可能的行为有两种这样的特征，尽管可能存在着它并不具有两种特征的情况，我们永远无法确信任何特定的可能行为是没有这两种特征的，因此也永远无法确信它是正当的或不当的。因为不需要再深入分析，仅仅指出下一点就足够了：任何特定行为都很可能会在时间进程中有助于为许多人带来善或恶，因此也具有一种我们一无所知的显见地正当或不当。（2）还有，我们关于我们特定义务的判断，都不是从自明的前提而来的合乎逻辑的结论。唯一可能的前提是，陈述它们那些作为"具有它们确实具有的各种不同特征"的显见地正当或不当的一般原则；而即便我们能够（这么说是因为我们事实上不能）领会一种行为，一方面，（比如说）将对我们的恩人们带来好处，另一方面，将给那些不是我们恩人的伙伴带来损害的程度，那也不存在我们据以得出以下结论的原则：它完全是正当的，或完全是不当的。在这方面，涉及对特定行为正当的判断正像涉及对某一特定自然对象或艺术作品之美的判断。比如，一首诗就某些方面而言是美的，就其它某些方面而言又不美；而我们涉及它在整体上具有的美的程度的判断，就永远无法从对其特定的美或特定的缺陷的领会中，经过逻辑推理得到。在这个例子中和在道德的例子中，我们都具有一些或多或少可能为真的意见，这些意见并不是从被认可为自明的一般原则合乎逻辑地论证出来的结论。

……

在前面，我们大量利用了关于道德问题“我们实际所认为的”；某种理论遭到了反对，是因为它与我们实际所认为的不一致。也许可以说，这在原则上是不当的；我们不应该满足于阐释我们当前的道德意识所告诉我们的东西，而应该以根据理论对现存的道德意识进行批评为目的。现在我并不怀疑，由于道德理论的作用，关于我们认为正当的事物，人们的道德意识在各个方面经历了大量的修正。但如果我们被告知，比如说，因为唯一的义务就是产生尽可能多的善这一点是自明的，所以我们应该放弃我们认为有某种与遵守诺言相连的特殊义务存在的观点，那么我们必须问问自己，当我们反思的时候，我们是否真的对它是自明的这一点是确信的，我们是否真的能够摆脱我们认为遵守诺言具有一种与产生最大量的善无关的约束力的观点。在我自己的经验中，我发现我无法做到这一点，尽管非常诚心地尝试过这么做；而且我斗胆认为大部分人也会发现如此，而正因为他们不可能失去对特殊义务的感觉，他们也就不能接受那些要求他们这样做的理论为自明的，或者甚至为真的。事实上，经过反思之后似乎显得自明的是，仅仅一种这样的承诺就是某种显见地应该被遵守的事物，而经过反思之后并不显得自明的是，产生最大量的善是唯一使一种行为成为义务的事情。而要求我们按照一种理论要求放弃我们对什么是正当的和什么是不当的实际领会，似乎就像要求人们按照一种理论要求否定他们对美的实际体验——该理论要求说，“只有满足这样那样条件的事物才是美的”。如果我所说的我们的实际领会真的是（就像我会主张的那样）一种领会，亦即知识的一个实例，这种要求就实在是荒唐了。

事实上，我会主张，我们都倾向于将其描述为关于道德问题“我们所认为的那样”的事物，包含着相当数量我们并非认为但却了解的成分，而且这形成了借以检验任何道德理论真理而不受任何道德理论检验的那种标准。我希望我在前面已经指出，在我看来，这些包含在我们的日常道德意识中的知识因素是什么。

尼各马可伦理学

亚里士多德

近 2000 年以来——从古希腊到启蒙运动——亚里士多德对西方哲学最具影响力。除了关于自然、上帝存在、宇宙结构以及获得知识的方式的观点之外，亚里士多德的写作也广泛影响了伦理学。他的伦理学的美德理论路向主导了伦理学的思想很多个世纪。对亚里士多德而言，关注点不是我应该或不应该采取什么行动，而是我真正想成为什么样的人，以及我如何成为这种人。在决定我想真正成为什么样的人时，亚里士多德建议我们必须仔细考察对一个人来说何谓真正的善以及何谓真正的幸福生活。当代美德理论家在某些新方向上发展了亚里士多德的观点，但是，美德伦理学的根本问题依然是由亚里士多德在许多世纪前提出的。

第一卷，第七章

我们再回到我们所寻求的善，问问它究竟是什么。它看来在不同的活动与技艺中都不同……我们把那些始终因其自身而从不因它物而值得欲求的东西称之为最完善的。

与所有其他事物相比，幸福似乎最会被视为是这样一种事物。因为，我们永远只是因它自身而不因他物而选择它。而荣誉、快乐、理性和每种德性，我们固然因它们自身而选择它们（因为即使它们不导致进一步的好处，我们也会选择它们），但是我们也因为幸福之故而选择它们，因为我们判断，通过它们，我们将变得幸福。然而，却没有一个人是为着这些事物或一般地说，其他别的什么事物自身而追求幸福。

从自足的观点考察也会得出同样的结论。人们认为，完满的善应当是自足的。我们所说的自足不是指一个孤独的人过孤独的生活对他而言是自足的，而是对于他的父母、儿女、妻子，以及一般地说，他的朋友和同邦人，因为人生来是有公民身份的。但是，这里又必须有一个限制。因为如果把我们的要求扩展到一个人的祖先和后代，以及朋友的朋友，那就没完没了了。不过，这个问题还是留到后面讨论。我们现在所说的自足是指一事物自身便使得生活值得欲求且无所缺乏，我们认为幸福就是这样的事物。不仅如此，我们还认为幸福是所有善的事物中最值得欲求的、不可与其他善的事物并列的东西。因为，如果它是与其他善的事物并列的，那么显然再增添一点点善，它会变得更值得欲求。因此，添加的善会使它更善，而善的事物中更善的总是更值得欲求的。所以，幸福是完善的和自足的，是所有活动的目的。

不过，说幸福是最高的善似乎是老生常谈……现在，如果人的活动是灵魂遵循或包含一个理性原则的实现活动；如果我们说一个什么什么人的活动同一个好的什么什么人的活动在根源上同类（例如，一个竖琴手和一个好竖琴手，所有其他例子类推），且后者的德性上的优越总是被加在他那种活动的前面（一个竖琴手的活动是演奏竖琴，一个好竖琴手的活动就是出色地演奏竖琴）；如果是这样，并且我们说人的活动是灵魂的一种合乎理性原则的实现活动或实践，且一个好人的活动就是良好地、高尚地实施这种活动；如果一种活动在以合乎它特有的德性的方式实施时就是实施得好的；那么，人的善就是灵魂的合乎德性的实现活动，如果有不止一种德性，就是合乎最好、最完善的德性。

不过，我们还要加上“在一生中”。因为一只燕子或一个好天气造不成春天，一天的或短时间的善也不能使一个人得享福祉。

……

第二卷，第一章

所以，德性分两种：理智德性和道德德性。理智德性主要通过教导而发生和发展，所以需要经验和时间。道德德性则通过习惯养成，因此它的名字“道德的（*ethike*）”也是从“习惯（*ethos*）”这个词演变而来。由此可见，我们所有的道德德性都不是由自然在我们身上造成的。因为，由自然造就的东西不可能由习惯改变。例如，石头的本性是向下落，它不可能通过训练形成上升的习惯，即使把它向上抛千万次。火也不可能被训练得向下落。出于本性而按一种方式运动的事物都不可能被训练得以另一种方式运动。因此，德性在我们身上的养成既不是出于自然，也不是反乎于自然。而是说，自然赋予我们接受德性的能力，而这种能力通过习惯而完善。

另外，自然给予我们的所有能力都是先以潜能形式为我们所获得，然后才表现在我们的活动中（我们的感觉就是这样，我们不是通过反复看、反复听而获得视觉和听觉。相反，我们是先有了感觉而后才用感觉，而不是先用感觉而后才有了感觉）。但是，德性却不同：我们先运用它们，而后才获得它们，这就像技艺的情形一样。对于要学习才能会做的事情，我们是通过做来学习的。比如，人通过造房子而成为建筑师，通过弹奏竖琴而成为竖琴手。同样，我们通过做公正的事而成为公正的人，通过做节制的事而成为节制的人，通过做勇敢的事而成为勇敢的人。

这一点也为城邦中发生的事所确认。立法者通过塑造公民的习惯而使他们变好。这是每一个立法者心中的目标。如果一个立法者做不到这一点，他也就实现不了他的目标。好政体与坏政体的区别也就在于能否做到这一点。

同时，德性因何种原因和手段而形成，也因何种原因和手段而毁灭。这也正如技艺的情形一样，好竖琴师与坏竖琴师都出于弹琴，建筑师及其他技师的情形也是如此。优秀的建筑师出于好的建造活动，差劲的建筑师出于坏的建造活动。若非如此，就不需要有人教授这些技艺了，每个人也就天生是一个好的或坏的技师了。德性的情形也是这样。正是通过同我们同邦人的交往，我们成为公正的人或不公正的人。正是由于在危险中的行为不同和所形成的感到恐惧或自信的习惯不同，我们成为勇敢的人或懦夫。欲望与怒气也是这样。正是由于在具体情境中以这种或那种方式行动，有人变得节制而温和，有人变得放纵而易怒。简而言之，品质源于实现活动。这就是为什么我们应该展示一种特定的实现活动，因为我们的性格取决于我们的实现活动的性质。我们从小养成这样的习惯还是那样的习惯绝不是小事。正相反，它非常重要，或者可以说，它最重要。

……

在行为上公正便成为公正的人，在行为上节制便成为节制的人……如果不去这样做，一个人永远无望成为一个好人。

但是，多数人不去这样做，而是满足于空谈。他们认为他们自己是爱智慧者，认为空谈就可以成为好人。这就像专心听医生教导却不照着去做的病人的情形。正如病人这样做不会使身体好起来一样，那些自称爱智慧的人满足于空谈也不会使其灵魂变好。

第二卷，第五章

我们接下来讨论德性是什么。既然在灵魂中发现的事物有三种：感情、能力与品质，德性必是其中之一……

德性与恶不是感情。因为首先，我们并不是根据我们的感情，而是根据我们的德性或恶而成为好人或坏人的。我们被称赞或谴责也不是根据我们的感情（一个人不是因感到恐惧或愤怒而受到谴责，也不是因生气本身而受到谴责，而是因以某种方式发怒而受到谴责），而是根据我们的德性与恶。其次，我们愤怒或恐惧并不是出于选择，而德性则是选择的或包含着选择的。最后，我们说一个人被感情“感动”，可是对于德性与恶，我们则不说他被“感动”，而说他被置放于某种状态中。

同样由于这些原因，德性也不是能力。因为首先，我们不是仅仅由于感受到这些感情的能力而被称为好人或坏人，而被称赞或谴责。其次，能力是自然赋予的，善与恶则并非自然使然。这一点我们已经在前面谈过了。既然德性既不是感情也不是能力，那么它们就必须是品质。这样我们就从种类上说明了德性是什么。

第二卷，第六章

但我们不仅要说明德性是品质，而且要说明它是怎样的品质。可以这样说，每种德性都既使得它是其德性的那种事物的状态好，又使得那种事物的活动完成得好。比如，眼睛的德性既使得眼睛的状态好，又使得眼睛的活动完成得好（因为有一双好眼睛的意思就是看东西清楚）。同样，马的德性既使得一匹马的状态好，又使得它跑得快，令骑手坐得稳，并迎面冲向敌人。如果所有事物的德性都是这样，那么人的德性就是既使得一个人好又使得他出色地完成他的活动的品质。

……

总之，快乐与痛苦，都可能太多或太少，这两种情形都不好。而在适当的时间、选择适当的对象、对于适当的人、出于适当的动机、以适当的方式感受这些感情，就既是适度的又是最好的。这也就是德性的品质。在实践中也同样存在过度、不及和适度。德性是与感情和实践相关的，在感情和实践中过度与不及都是一种失败，适度则是一种成功并受人称赞。成功和受人称赞都是德性的特征。所以，德性是一种适度，因为就像我们看到的，它以选取中间为目的。

另外，失败可以是多种多样的（因为，正如毕达哥拉斯派所想象的，恶属无限，而善属有限），成功的路却只有一条（所以，失败易而成功难：偏离目标易而射中目标则很难）。也是由于这一原因，过度与不及是恶的特点，而适度则是德性的特点。

因为人们只能通过一种方式成为好人，却可以通过多种方式成为坏人。所以，德性是一种选择的品质，存在于相对于我们的适度中。这种适度是由理性原则决定的，就是说，是像一个明智的人会根据这一原则做的那样决定的。德性是两种恶即过度与不及的中间。在感情与实践中，恶要么达不到正确，要么超过了正确。德性则找到并且选择那个中间。所以，虽然从其实体和定义来说，德性的本质是适度，对于最好的、最正当的来说，这是最高点。

……

第二卷，第九章

我们已经详尽地说明了道德德性是适度，以及它在何种意义上是适度，也就是，它是两种恶即过度与不及的中间；它以选取感情与实践中的适度为目的。因此，做好人不是容易的事。因为要在所有的事情中找到中间都是不容易的。比如，不是每个人都能找到一个圆的圆心，只有一个懂得这种知识的人才能找到。同样，每个人都会生气，都会给钱或花钱，这很容易，但是要对适当的人、以适当的程度、在适当的时间、出于适当的动机、以适当的方式做这些事，就不是每个人都做得到或容易做得到的。所以，把这些事做好是难得的、值得称赞的、高尚的。

……

第十卷，第一章

接下来我们似乎应该谈谈快乐。因为，它似乎与我们的本性最直接相关。所以，我们用快乐与痛苦来教育青年人。而且，我们把爱所应当爱的、恨所应当恨的看作养成德性品质的最重要的内容。快乐与痛苦贯穿于整个生命，对于德性与幸福至为重要。因为人总是选择快乐，躲避痛苦……

既然实现活动有好坏的不同，有的应该选择，有的应该避免，有的既不应该选择也不需要避免，快乐也是如此。因为每种实现活动都有自身的快乐。所以，实现活动是好的，其快乐也是好的，实现活动是坏的，其快乐也是坏的……

每种动物都似乎有它本身的快乐，正如有它本身的活动。也就是说，每种动物都有相应于实现活动的快乐……也许，这需要联系实现活动才看得清楚？因为快乐跟随着实现活动。所以，完善的且享得至福的有一种或多种实现活动，他的快乐在严格的意义上就是对人来说最充分的快乐。其他的快乐，也像其实现活动一样，只在次等的或更弱的意义上是人的快乐。

第十卷，第六章

现在，我们已经谈过了德性、友爱的形式和各种快乐，接下来我们要扼要地谈谈幸福的本质。因为我们把幸福看作人的本性的目的……幸福是不缺任何东西、自足的。而那些除自身之外别无他求的实现活动是值得欲求的。合德性的实践似乎就具有这种性质。因为高尚的、好的行为自身就值得欲求。

但是，令人愉悦的消遣也是这样。因为我们选择它们不是因为别的事物。因为它们使人忽视自己的身体与财产，所以我们从它们身上得到的伤害大于益处。而且，被视为享受着幸福的很多人都喜欢在消遣中消磨时光……幸福不在于这类消遣，就如前面已经说过的，在于合德性的实现活动。

第十卷，第七章

如果幸福在于合德性的活动，我们就可以合理地说它应该合于最好的德性，即我们中最好部分的德性。不论它是理性还是别的我们的天然的主导者，最高尚、神圣的事物，也不论它自身是神圣的还是在我们身上是最具神圣的东西，正是它合于自身德性的实现活动构成了完善的幸福。而这种实现活动，如已经说过的，也就是沉思。

……前面说过的那句话放在这里也适用：对于每种事物最适合的东西就是对它们本身来说最好、最愉悦的东西。同样，合于理性的生活对于人是最好、最愉悦的生活，因为相比于其他，理性是人的本性。所以说，这种生活也是最幸福的。

第十卷，第八章

但是，在次一级的层次上，合于其他德性的生活也是幸福的。因为这些德性的实现活动也都适合我们人类……但一个在沉思的人，就他的这种实现活动而言，则不需要外在的东西。而且，这些东西反倒会妨碍他的沉思。然而，作为一个人，并且与许多人一起生活，他也要选择德性的行为，也需要那些外在的东西来过人的生活。

从下面的考虑也同样可以得出完善的幸福是一种沉思活动。我们认为，神是最享得福祉和幸福的。但是，我们可以把哪种行为归于它们呢？公正的行为？但是，说众神也订合约、还钱等岂不荒唐？勇敢的、高尚的、值得面对危险与冒险的行为？慷慨的行为？那么是对谁慷慨呢？而且，设想它们真的有钱或者其他类似的东西就太奇怪了。它们的节制行为又是什么样呢？称赞神没有坏的欲望岂不是多此一举？如果我们一条一条地看，就可以看到用哪一种行为来说神都显得琐细、不值一提。可是，我们一般都觉得它们活着并积极地活动着。我们不认为它们像恩底弥翁（Endymion）那样一直睡觉。而如果一种存在活着，这些行为又都不属于它，而它的创造力又最大，那么它的活动除了沉思还能是什么呢？所以，神的实现活动，那最为优越的福祉，就是沉思。因此，人与神的沉思最为近似的那种活动，也就是最幸福的。

另一个证明是，低等动物不能享有幸福，因为他们完全没有这种实现活动。神的全部生活都是得享福祉的。人的生活就其与神相似的那部分的实现活动而享有幸福。动物则完全没有幸福，因为它们不能沉思。所以，幸福与沉思同在。越能够沉思的存在就越幸福，这种幸福不只是一种伴随物，而是内在于沉思本身的性质。因为沉思本身就是宝贵的。所以，幸福就在于某种沉思。

……智慧的人是神所最爱的。而这样的人可能就是最幸福的。这便表明了，智慧的人是最幸福的。

第十卷，第九章

……

所以，有些人认为，立法者应该鼓励趋向德性、追求高尚的人，因为这些人通过习惯的形成得到了提升，会致力于此；惩罚那些不服从者和本性不良的人；并完全驱逐那些不可救药的人。因为，（他们认为）好人致力于追求高尚的东西，会听命于论证；坏人总是欲求快乐，应当用痛苦来惩罚，就像给牲畜加上重负一样。所以他们说，所施加的痛苦必须是与那些人所喜爱的快乐完全相反的。

但是，如果想成为好人（如我们所说过的）就必须得到良好的训练，养成好的习惯，并且继续过值得过的生活，而不去出于意愿或违反意愿地做坏事；如果只要人的生活符合理性，生活在正确的制度下，并且这个制度有力量，一个人就能够这样生活，那么父亲的——总起来说任何一个男子的，除非他是一个君王等——要求就不带有强制的力量。然而，作为产生于一种智慧与理性的规则，法律具有强制的力量。而且，如果有人反对人们的强制力，即使反对是对的，它也会引起反感。但法律要求好的行为却不会引起反感。

斯巴达（Spartan）似乎是立法者关心公民的哺育与训练的唯一城邦或少数城邦之一。在大多数其他城邦，它们都被忽略了。每个人想怎么生活就怎么生活，像库克洛普斯（Cyclops）那样，每个人“给自己的孩子与妻子立法”。所以，最好是有一个共同的正确的制度来处理此类事情。如果没有这种共同的制度，每个人就似乎应当关心自己孩子与朋友的德性。他应当有这种能力，或至少应当有这种意愿。

伦理学：发明对与错

J. L. 麦基

J. L. 麦基（J. L. Mackie, 1917—1981）是澳大利亚哲学家，曾任教于悉尼大学，并在牛津大学完成他的学术生涯。他最广为人知的是其伦理学著作和对伦理客观主义的有力批判，以及关于宗教哲学和恶的问题的著述。他的伦理学作品包括《休谟的道德理论》（*Hume's Moral Theory*, New York: Routledge, 1980）;《有神论的奇迹：对上帝存在的论证与反驳》（*The Miracle of Theism: Arguments for and Against the Existence of God*, Oxford: Oxford University Press, 1982）；以及下面的阅读内容所选自的《伦理学：发明对与错》（*Ethics: Inventing Right and Wrong*, Hammondsworth, U.K.: Penguin, 1977）。

古怪论证

然而，古怪论证乃是更重要，当然也是从一般意义上讲更可行的论证。这个论证有两个部分，一个是形而上学部分，另一个是认识论部分。假如存在客观价值，那么它们将是一类非常奇怪的实体、性质或关系，这些东西完全不同于宇宙中的任何其他东西。相应的，假如我们意识到它们，那么这得通过某种特别的道德知觉或直觉能力，这完全不同于我们认识其他事物的通常的方式。当摩尔（Moore）谈到非自然的性质时，他认可了这些要点，它们在直觉主义者们谈论“一种道德直觉能力”时，也得到了他们的认可。直觉主义已经很长时间不被人们喜爱了，实际上我们很容易指出它的不合理性。虽然不被经常强调，但更加重要的是，直觉主义的核心论题是任何关于价值的客观主义观点最后都会致力于此的东西：直觉主义只是把其他形式的客观主义掩饰起来的东西，不合意地展示出来而已。当然，道德判断的做出或者道德问题的解决仅仅通过坐下来用一种伦理直觉就能完成，这个暗示乃是对实际的道德思维的一种歪解。不过，不论真实的过程如何复杂，它将会要求（如果它要产生权威性地规定的结论）这一独特类别的某种输入，或者是前提，或者是论证形式，或者是两者兼有。当我们问如下笨拙的问题即我们如何能够意识到这个权威性的规定，如何能够意识到这些独特的伦理前提或这一独特的伦理推理模式，我们对感性知觉或内省的日常解释，对假设、推理、逻辑建构、概念分析，或者这些东西的任何组合的表达或确认，都将不会提供一个令人满意的回答；“一种特别的直觉”是一个站不住脚的回答，不过头脑清楚的客观主义者不得不求助于它。

……

柏拉图的相生动地描绘了客观价值将会是什么。善的相乃是这样一个东西，对它的知识为认识它的人既提供了一个指引，也提供了一个高于一切的动机；某个东西的善既要求认识它的人去追求它，也使他实际地追求它。一个客观的善会被任何熟悉它的人寻求，这不是因为下述偶然的事实，即这个人或者每个人都是如此被构造的，所以他欲求这一目的，这仅仅是因为此目的由于某种缘故内在地就具有可追求性（to-be-pursuedness）。类似地，假如存在着关于对与错的客观原则，那么任何一个错误的（可能的）行为过程内在地就具有不可为性（not-to-be-doneness）。或者我们应该具有像克拉克（Clarke）的处境和行为之间恰当性的必然关系这样的东西，由此，一个处境由于某种缘故将会对如此这般的一个行为有一个内在的要求。

对这种论证的需要可以通过对休谟论证的反思而呈现出来。休谟论证道，“理性”——在这一阶段，他把所有种类的认识和推理都包含在理性之内——永远不可能是“意志的一个有影响力的动机”。有的人可能会反对说，休谟是不公平地从知识的普通对象和普通推理缺乏有影响的力量（不是取决于欲望）来进行他的论证，他们可能会认为，价值恰恰在力量上区别于自然对象，当它们被认识到的时候，它们会自动地影响到意志。对于这种反对意见，休谟可以（而且也需要）回答道，这一反对意见包含了下述假定，即一个相当不同于我们所熟悉的其他任何东西的价值实体或价值特性，以及一个相应的发现这些独特的东西的独特能力。这就是说，他将用我称之为古怪论证的论证来补充他的明确的论证。

另一种呈现这一古怪性的方式是问，对于被假定为具有某种客观道德性质的任何东西，它和其自然特征是如何联系起来的？在一个行为是故意残忍的——

比如，仅为取乐而引发痛苦——这个自然事实和它是错误的这个道德事实之间的关系是什么？这个关系不可能是一个推导，一个逻辑的或者情感的必然性。然而，这两个特征绝不仅仅只是同时发生的。错误必定由于某种缘故是“随之发生的”或“伴随产生的”；它是错误的，因为它是一个故意残忍的行为。不过，通过这个“因为”，世界中的什么东西得到了表明呢？如果这不只是在全社会被谴责，也被我们（通过从我们的社会环境中汲取态度）谴责的东西，那么我们如何知道它表示的关系？甚至假定一种“看”错误的能力也是不够的；一定要假定某个东西，它能够立刻看到构成了残忍的那些自然特性、看到错误、看到这两者之间神秘的因果关联。要么，所需要的直觉可能是这样一种知觉，错误是属于某种自然属性的一个更高阶的属性；但是，这个属于其他属性的属性是什么，我们如何能够辨认出它？如果我们可以用某种主观反应——它可以因果性地关联到对自然特性（假定的道德性质据说是由之而来的）的察觉——来取代道德性质，那么情况就会变得简单、容易理解得多。

实在论

迈克尔·史密斯

迈克尔·史密斯（Michael Smith）是普林斯顿大学麦考士（McCosh）哲学教授。他在捍卫伦理学的道德实在论路向上著述广泛。这里选取的内容摘自他的论文《实在论》（“Realism”），出自彼得·辛格（Peter Singer）主编的《伦理学指南》（*A Companion to Ethics*, Oxford: Blackwell Publishers，1991）。

设想你在给一个婴儿洗澡吧。当你这么做时，婴儿就开始了无法控制的哭叫。你怎么哄也无济于事。当你看到婴儿哭叫时，你就恨不得将婴儿按在洗澡水里淹死。当然，你现在也许有了淹死婴儿的动机。（你甚至真的淹了他一下。）但是，你有冲动的事实，以及你也被如此激发着，就意味着你真的有理由淹死婴儿吗？

一个具备基本常识的回答是，因为欲望不值得满足，它并没有提供给你一个理由；在此案例中，你只是被驱动着去做你没有理由去做的事情。然而，标准的回答似乎完全不能接受这个答案。毕竟，你淹死婴儿的欲求需要建立在不是错误的信念的基础上。如此一来，这就完全超越了理性批判——或者说超越了标准回答告诉我们的一切。

这里，问题在于，对于假如我们“清醒、冷静与镇定”（用油滑的语词来说）我们将会想要什么，标准答案没有提供特别的优先权。然而，我们似乎一般地认为，假如不清醒、冷静与镇定，这将会导致各种不理性的情绪爆发。因为有了这样的欲求，如果我们清醒、冷静又镇定，我们将会成为一个独立的理性的理想存在。当清醒、冷静与镇定时，你希望婴儿不被淹死，无论婴儿怎么哭闹，无论你多么怒不可遏；在你不清醒、不冷静又不镇定时，则有了淹死他的欲望。这就是为何你没有理由淹死婴儿的原因。

也许我们就协调道德判断的客观性与实践性说的够多了。对错判断是关于我们有理由做以及有理由不做的判断。但是，何种事实是关于我们有理由去做的事实呢？先前的讨论提供了一个答案。它表明关于我们有理由去做的事实不是关于我们确实有欲望去做的事实，正如上述标准答案说明的那样，而是关于如果我们处于某种理想反思状态我们将会欲求什么的事实，比方说，如果我们受教育良好，清醒、冷静而镇定。根据这个说明，那么，我在我的特殊情境下有理由给一个饥民救济，假如我处在如此理想的反思状态下，我会欲求那样，甚至当我处在我的特殊情境下，我也会为饥民提供救济。这种事实当然可以是一个信念的对象。

而且，这种有一个理由的说明让这一点变得明白：为何人类心理的标准答案在坚持那个信念和欲望都是独特的方面是错误的；相反，为何拥有某些信念（关于我们有理由去做的信念），确实让我们产生某些欲望（去做我们相信我们有理由做的欲望）变得合理。

为了看清这点，假设我相信我会欲求着提供给饥民救济，如果我是清醒、冷静且镇定，用更口语化一点的说法是，我相信我有理由提供给饥民救济，但是，因为不清醒、不冷静又不镇定，我不欲求提供给饥民救济。我会因为没有欲望而在理性上是可谴责的吗？当然是。毕竟，从我自己的观点看，如果我确实欲求着我相信我在清醒、冷静且镇定场合下会欲求去做的事，我的信念和欲望就构成一个更加连贯的因此也是更加合乎理性的更合宜的整体。这是因为，既然拥有如果我是清醒、冷静且镇定时我将会拥有的欲求是一个独立的理性的理想，那么，从我自己的立场看，如果我相信我在如此条件下会拥有某种欲求而又没有拥有，那么，我的信念和欲求就没有满足这个理想。相信如果我清醒、冷静且镇定，我将欲求着提供给饥民救济，然而又没有欲求提供给饥民救济，因此就宣告了一个一望便知的理性挫败。

如果这是对的，那么紧接着的是，与人类心理标准答案相反，设想我也许有真正的信念（关于我有理由去做什么）实际上根本就是不成问题的；拥有这些信念让拥有相应的欲求对我而言成为合理的。如果假设如此是没有问题的，那么，协调道德判断的可实践性与道德判断表达了我们所拥有的理由的信念的主张之间的关系，也就不成问题了。

但是，面对道德实在论，这还不足以解决问题。因为道德判断还不只是关于我们所拥有的理由的判断，它们还是关于我们在这些理由被假定为完全被我们的情境决定的场合的理由的判断。正如我此前所提出的，在相同情境下人们面临着相同的道德选择：如果他们做出相同的行为，那么，要么他们行动正确（他们都做了他们有理由要做的事情），要么他们行动错误（他们都做了他们没有理由去做的事情）。刚刚给出的有理由的说明必然导致这回事吗？

假设我们的情境是类似的，那么，试问对我们而言提供给饥民救济是否正确：就是说，我们是否每个人都有理由这么做。根据救助的说明，我提供紧急救助是对的，只要我有理由为饥民提供救济，而且我正好有这个理由，如果我在理想化的反思状态下（受教育良好、清醒、冷静、镇定），我会欲求提供给饥民救济。这对你也一样。如果设想我们的情境相同，那么，我们应该都会有理由，或者我们都会缺乏理由。可是，真的是这样吗？

问题是，如果我们都是受教育良好的、清醒的、冷静的且镇定的，我们会否倾向于把我们拥有的欲求汇合起来。我们会汇合，或者说在我们的欲求中，即使在这样的情境下，总会存在某种非理性的可解释的差别吗？人类心理学的标准答案现在转向了一个中心阶段。因为它告诉我们，即使在这种理想化的反思状态下，我们的欲求中也总存在着某种非理性的可解释的差别的可能性。这是标准答案的欲求概念，作为超越理性批判的一个心理学状态的剩余。

如果这是对的，那么，道德实在论者整合道德判断的客观性和可实践性的努力，必须看成一场失败。我们不得不接受，在我们拥有的理由中，存在一个根本的相对性。我们有理由去做的事情是相对于在某种理想化的反思状态下我们会欲求去做的事情，而这一点又因人而异。它不是全部被我们的情境所决定，正如道德事实被假定所是的那样。

许多哲学家在这点上接受了标准答案的声音。但是，接受在我们的理由中存在这样一个根本的相对性对我来说似乎为时过早。它本末倒置了。因为毫无疑问，道德实践本身只是一个我们将会在我们的理由中，发现是否存在一个根本相对性的场所。

毕竟，在道德实践里，我们试图通过把道德信念纳入理性论证的方式来改变人们的道德信念。就是说，通过让他们的信念接近那些他们将会在更理想化反思状态下的信念。有时候，我们成功了。当我们成功时，其他的事情保持相同，我们就成功地改变了他们的欲求。但是，如果我们承认，在我们的理由中存在着根本的相对性，那么，我们可以预先说，这个程序将从不会在道德信念上导致一个大规模的汇合点；因为我们可以预先知道，当我们处在理想化的反思状态下，在欲求上从不会存在一个汇合点。或者更准确地说，如果在我们的理由中存在一个根本的相对性，那么接下来，我们在我们的道德信念中，以及在我们的欲求中发现的任何汇合，必定完全是偶然的。这不可能通过出现的欲求有着某种优先的理性状态的事实而得到解释，或得到任何暗示。

我的问题是，“为何要接受这点？”为什么我们不是相反地认为，如果这样的汇合出现在道德实践上，那么，它本身是否表明这些具体的道德信念，以及相应的欲求，确实会享有一个优先的理性状态呢？毕竟，比如像在数学操作中的汇合点就存在于我们的信念（数学的要求享有一个优先的理性状态）之后。因此，为何不认为一个相似的在道德实践上的汇合点将表明道德判断享有同样的优先理性状态呢？在这一点上，标准答案所坚持的在我们理由中存在着根本的相对性，开始变得听起来太像一个空洞的教条了。

这里描述的道德实在论的类型支持了道德事实的一个概念，该事实与开始时呈现的画面有着天壤之别：道德事实作为关于世界的古怪事实，对世界的承认必然会影响到我们的欲求。相反，实在论者为了赞同一个更加“主观主义者”的道德事实的概念，已经回避了关于世界的古怪事实。这就在实在论者关于何谓拥有一个理由的分析中显现出来了。但是，实在论者的论点是，如此的一个道德事实概念也许仅在无关痛痒的意义上让它们变得主观，它们是关于我们会在某种理想化的反思状态下才想要的事实，此时应当承认，我们想要的是一种受主体喜欢的心理状态而已。但是，只要道德事实还是关于我们（不仅是你与我）会在这样的状态下想要什么的事实，那么，道德事实还保持为客观的。道德事实的存在，如在某种情境下提供给饥民救济的正确性，就要求在理想化的反思状态下，理性存在者会汇聚其欲求到在该情境下提供给饥民救济这一点上来。

当然，在一切方面都必须同意，道德论证依然没有在我们的欲求中产生那种汇合点，可以让道德事实（关于我们被我们的情境完全决定的理由的事实）的理念看上去合理。但是，道德论证没有拥有一个历史，在其中，我们能够不被错误的生物学（亚里士多德传统），或者关于上帝（犹太教－基督教传统）的错误信念阻碍而自由反思。有待观察的是，是否持续的道德论证能够在我们的道德信念中，也相应地在我们的欲求中引发必要的汇合点，可以让道德事实的理念看上去显得合理。这里所描述的道德实在论类型对此抱有希望。只有时间会证明一切了。

哲学和社会希望

理查德·罗蒂

理查德·罗蒂（Richard Rorty，1931—2007）是普林斯顿大学、弗吉尼亚大学以及斯坦福大学的教授。在他众多的论著中，重要的有《哲学和自然之境》（*Philosophy and the Mirror of Nature*, Princeton: Princeton University Press, 1979）；《偶然、反讽与团结》（*Contingency, Irony and Solidarity*, Cambridge: Cambridge University Press, 1989），这是一本可读性很强的书，涵盖了文学、社会理论和哲学，该书第九章“团结”包含了他伦理观的有趣部分；《真理与进步：哲学论文（卷三）》（*Truth and Progress: Philosophical Papers*, volume 3, Cambridge: Cambridge University Press, 1998）；《哲学和社会希望》（*Philosophy and Social Hope*, London: Penguin Books, 1999）。罗蒂是20世纪后半期最著名和最有争议的哲学家之一，他的观点——尤其是对伦理客观主义的拒斥——遭到广泛的批评。尽管有时候他被称为相对主义者，但是罗蒂更愿意接受反基础主义者（antifoundationalist）的称谓，或者说，实用主义者。下文节选自《哲学和社会希望》，罗蒂捍卫他拒斥客观道德真理的立场，认为伦理非客观主义并不是某些人想象的那样是一场灾难。

关于价值不存在真理

当哲学家不接受希腊人的区分（事物以自身的方式存在和相对于它物的方式存在，尤其是相对于人类的需要与利益）时，就被冠之以“相对主义者”。

像我这样逃避这个区分的哲学家，必须放弃传统哲学计划，即寻求可作为判断我们变动的需要与利益的变动产物标准的某种固定物。比方说，这就意味着我们不能采用康德在道德与审慎之间做出的区分。我们不得不放弃那个理念：存在着非传统、跨文化的道德义务，该义务又植根于永恒不变的、非历史的人性……

我最欣赏的哲学家，而且我认为我可以成为其门徒的是约翰·杜威（John Dewey）。杜威是美国实用主义哲学的奠基人之一。他是一个花费60年努力让我们从柏拉图和康德的束缚中走出来的思想家。杜威常被责备成一个相对主义者，我也是。但是，我们这些实用主义者自己从不自称为相对主义者。一般而言，我们将自己界定为“反柏拉图主义者（anti-Platonist）”或“反形而上学主义者（antimetaphysician）”或“反基础主义者”。相同的是，我们的反对者们也从未自称为“柏拉图主义者”或“形而上学主义者”或“基础主义者”。他们往往自称为常识或理性的捍卫者。

可以预见，争论的每一方都试图朝着有利于自己的方向上界定所争论的术语。无人愿意被称为一个柏拉图主义者，正如无人愿意被称为相对主义者或反理性主义者一样。可想而知，我们所谓的“相对主义者”拒绝承认我们是常识与理性的敌人。我们说我们只是批评某些陈腐的、特别是哲学的教条。但显而易见，我们所称的教条实际上就是我们对手所谓的常识。固守这些教条正是他们所谓的保持理性。因此，我们和对手双方的讨论倾向陷于沼泽，比如说，“真理与实在的内在本性相符”的口号是否表达了常识的问题，抑或是仅仅为过时的柏拉图主义术语而已。

换句话说，我们的种种分歧之一乃是该口号是否体现了一条显而易见的哲学必须对此保持尊重与捍卫的真理，或者相反，在提出的众多哲学观点中，它只是其中之一。我们的对手说，真理符合论是如此显然、如此自明，以至质疑它简直就是堕落。我们则说，该理论几乎无法理解，也无甚特别之处——它不过是一个口号，我们漫不经心地如令咒一般地重复它好多个世纪了。我们这些实用主义者认为，停止念咒也无伤大雅。

描述这个僵局的一个路径是说，我们这些所谓的“相对主义者”主张，诸多常识认为是找到的、发现的事物实际上是制造的、发明的。比如说，科学真理和道德真理，被我们的对手们描述为“客观的”，即它们在某种意义上是等在那儿，让我们人类去认识的……他们这样看我们，就像说先前被认为是客观的存在结果变成了只是主观的……

我们的对手喜欢建议说，放弃那个词汇就是放弃理性——成为理性的就等于尊重下列的区分：绝对与相对、发现的与发明的、客体与主体、自然与习俗、实在与表象。我们实用主义者则回答，如果那就是理性之所是，那么无疑，我们就是真正的非理性主义者。可是，毫无疑问，我们会继续说，成为那种意义上的非理性主义者并没有丧失论证的能力。我们这些非理性主义者也绝非对人吐吐沫，举止若禽兽。我们只不过是拒斥一种谈话的方式，即柏拉图的方式。我们希望劝服人们能够接受的观点无法用柏拉图术语来表述。所以，我们在劝服上的努力采用一种新的言说方式，一种逐步的教诲，而非在陈旧的言说中的直截了当的论证。

把我所说的小结一下就是，我们这些实用主义者拒绝称我们为“相对主义者”或“非理性主义者”的指控，因为这些指控直接预设了我们反对的区分。如果我们不得不描述我们自己，也许最好的自称应该是反二元论者（anti-dualist）。当然，这不意味着我们反对德里达（Derrida）所谓的“二元对立（binary oppositions）”：把世界划分成好的 X 集合和坏的 X 集合，这将永远是一个不可缺少的探究工具。但是，我们反对一套具体的区分，即柏拉图式的区分。我们不得不承认这些区分俨然成为西方常识的一部分，但我们并不将此看成保留它们的充足论证……

至此，我已经勾勒出实用主义者对待其对手的态度，以及他们在避免使用术语时遭遇到的困难，因为术语的使用会导致争论的双方回避问题的实质。现在，我将以某种更加具体的方式，从一个实用主义者的立场出发来描述人类探究看起来像什么，即一旦人们不再把它描述为一种使之符合实在的内在本质的尝试，而是开始把它描述为一种服务于变动的目的和解决变动的问题的尝试，它究竟看起来像什么。

实用主义者希望打破那个图景，用维特根斯坦的话说叫“把我们俘虏”——笛卡尔－洛克式的寻求与外在的实在自身相联系的心灵图景。因此，他们从达尔文式的将人类作为尽力与环境相适应的动物的说明开始——尽力开发使他们享受更多快乐并减少痛苦的工具。语言就是高级动物发展出来的其中的工具之一。

不存在一种工具，可以让人们逃离与实在的联系。无论什么工具，锤子、枪支、信念还是表述，使用工具都是有机体与环境互动的一部分。把运用语言看成运用工具处理与环境的关系，而不是一种表现环境的内在本质的尝试，这种做法就是拒绝人类思维是否与实在有联系的问题，该问题是由认识论上的怀疑主义发起的。没有生物体（人类的或非人类的）是比其他任何生物体，不多不少地与实在保持着联系。正是“与实在隔断联系”的理念预设了非达尔文主义、笛卡尔式的心灵图景，这种心灵摆脱了运用于身体上的因果力量。笛卡尔的心灵是一个实体，实体与外在世界的关联是表象的，而非因果性的。所以，要根除我们对于世界想法的笛卡尔主义痕迹，要在思维上变得完全的达尔文主义，我们需要停止把语言认作表象，同时需要开始把语言认作把有机体与其环境联系起来的因果关系网络上的节点。

用这种生物学方式看语言与探究……就允许我们抛弃作为人类所处的内在空间的人类心灵的图景。就像美国心灵哲学家丹尼尔·丹尼特（Daniel Dennett）认为的那样，它只是这个使人认为存在一个大大的关于意识起源本性的哲学或科学问题的笛卡尔剧场（Cartesian Theatre）图景。我们应当把一个成年的人类有机体的图景替换成一个人，其行为是如此复杂，以至它只能通过把意愿状态（信念和欲求）归结到有机体的方式加以判断。在这个意义上，信念和欲求就不是可以或不可以用语言表达出来的意识的前语言模式。它们也不是非物质事件的名称。而是说，用哲学术语来说，它们是所谓的“句子的态度（sentential attitudes）”，就是说，就有机体或电脑来说，主张或否认某种句子的性情。把信念与欲望归结于语言的非使用者（如狗、胎儿和恒温器），对我们实用主义者而言，意味着隐喻式的言说。

实用主义者把这种生物学路径补充到查尔斯·桑德斯·皮尔士（Charles Sanders Peirce）对信念作为行动习惯的定义上去。根据这个定义，描述一个人的信念只是说他倾向于行动，如同当我意愿确证某个句子的真理时我的行动那样。我们把信念归结为使用句子的事物，或能被想象地使用句子的事物，但并不将此归结给石头与植物。这并不是因为前者拥有一个特别的器官或能力——意识——而后者缺乏，而是说只是因为石头与植物的行为习惯足够熟悉和简单，以至它们的行为无须把句子态度归结于它们就能够被预测。

依此看，当我们说出一个句子如“我饿了”，我并不是在把一个先前内在之物变成外在的，而只是帮助我们周边之物述谓出我们未来的行动。这样的句子不是被用来报告在作为一个人意识的笛卡尔剧场之内的正发生的事件。它们只是协调我们与他者行为的工具而已。这并不是说，一个人能够“还原”诸如信念和欲求的精神状态到生理学的或行为的状态。这仅仅是说，追问是否一个信念表示了实在，无论是精神的实在抑或是物理的实在（准确地说）是毫无意义的。就是说，对于实用主义者而言，这不仅是一个坏问题，而且也是造成众多哲学精力浪费的根源。

要问的正确问题是，“为了何种目的抱有该信念才有用?”这就像这个问题一样，“为了何种目的下载这个程序到我的电脑才有用?”根据我所建议的普特南式的观点（Putnamesque view），一个人的身体好比是一台电脑的硬件，他的信念和欲求就好比是软件。没人知道或在意一个给定的软件是否精确表达了实在。我们所关心的是软件会不会最有效地完成某项任务。类似地，实用主义者认为，追问我们的信念或欲求的问题不是问它们是否表达了实在或仅仅是关于现象的，而是它们是否为满足我们欲求的最好的行为习惯。

依据这个观点，说一个信念（就我们所知而言）是真的，就是说没有可供选择的信念（就我们所知而言）是更好的行为习惯。当我们说我们的祖先相信（当然是错误的）太阳绕着地球转，而我们相信（当然这是正确的）地球绕着太阳转时，我们无非是说我们有比祖先更好的工具。我们的祖先或许会回答说他们使用的工具让他们相信基督教经文的字面真理，然而我们却不能这样。我们的答复，我认为必须是，现代天文学与太空旅行的好处超过了基督教原教旨主义的好处。我们与我们中世纪的祖先之间的争论不应该是我们哪一方占据了关于宇宙的真理。它应该是关于所持的关于天体运动的观点，通过使用某种工具所取得的目的。承认经文的真理是这样的一个目的，太空旅行是另一个目的。

另外一种得出这最后一点的方式是，我们实用主义者不明白我们应该就其自身意义上追求真理这一理念。我们并不把真理看成一个探究的目标。探究的目的是在人类要做什么之间达成一致，在要取得的目标上和运用手段上产生共识。不为了达成协调行动的探究并不是探究，而是一种文字游戏。为某种关于有形物的宏观结构，或关于政府各部门间权力适当平衡的理论而争论，就是争论我应该做什么：我们在决策中应该怎样使用工具来完成技术的或政治的进步。因此，对于实用主义者来说，在自然科学和社会科学之间并无尖锐对立，在社会科学和政治学之间，在政治学、哲学和文学之间同样没有。文化的各个领域都是让生活更美好的相同努力的一部分。在理论和实践之间没有深深的裂隙，因为从实用主义观点看，一切所谓不属于文字游戏的“理论”都已经是实践了。

不把信念当成表象，而是作为行为习惯；同时，也不把话语当成表象，而是作为工具，就意味着追问“我在发现还是发明，创造还是发现？”的问题是毫无意义的。把有机体与环境的互动以这种方式分割开来是没有意义的。举个例子来看。我们规范地说：一个银行账户是一个社会建制，而非自然世界的一个对象；但是一头长颈鹿则是自然世界的一个对象，而非一个社会建制。银行账户是被制作的，而长颈鹿是被发现的。现在，如此看来，真理只不过是，如果不存在人类，依然还会有长颈鹿，但将不会有银行账户。但是，长颈鹿独立于人类的因果性存在并不意味着长颈鹿是在人类需求与利益之外的。

相反，我们用我们自己的方式来描述长颈鹿，这乃是出于我们的需要和利益。我们说出的语言中包含有“长颈鹿”这个词，是因为这适合我们的目的。“器官”“细胞”“原子”这些词同样如此，这么说吧，它们都如同“长颈鹿”这个词一样是被发明出来的。我们所有对事物的描述都适合于我们的目的。我们实用主义者认为，声称这样的一些描述分辨出“自然的种类”，以至可以把自然的连接处断开，这是说不通的。如果你是一个对捕猎吃肉感兴趣的人，长颈鹿和它的周边环境之间的边界是足够清楚的。假如你是一个使用语言的蚂蚁或变形虫，或者是一个从高空观测我们的太空旅行者，分界线将不再这么清楚了。同样搞不清楚的是，你会不会在你的语言中需要或拥有一个叫“长颈鹿”的词。更一般地说，我们不清楚的是，任何上百万种我们称呼长颈鹿占据的空间时间的描述，是否会比其他方式，更接近于事物以自身方式的存在。就像追问长颈鹿是不是真的是原子的集合，或是不是真的是人类感觉器官的实际可能的感觉的集合，或是不是真的是别的什么东西，都是毫无意义的一样，“我们在以如其真实所是的样子描述它吗？”的问题似乎是我们永远都不需要去追问的。我们所要知道的是，某种互竞的描述对我们的某些目的来说会不会更有用处。

描述之于目的的相对性，是实用主义者为了反对知识的表象观点的主要的论证。该种观点认为，探究的目的在于为我们的效用（utility），而不在于事物就其自身而言是如何的精确说明。因为我们的每一条信念必须通过语言或其他方式形成，同时又因为语言不是为了复制发生什么事的尝试，而是处理发生什么事的工具。把“对象对我们的知识的贡献”从“我们的主体性对我们的知识的贡献”里切分出去是万万办不到的。我们使用的词汇和认可某个使用该词汇而不是别的词汇的句子，都是人类有机体和外在世界之间奇妙而复杂的因果关联的产物。根本没有办法把这个因果联系的网络切分开来，去在一个特定的信念中比较主观性与客观性的相对含量。一如维特根斯坦所说，根本没法在语言与其所指之间区分，把作为自身的长颈鹿从我们关于长颈鹿的言谈中区分开来。像当代实用主义者领袖希拉里·普特南（Hilary Putnam）所指出的那样，“我所称的‘语言’或‘心灵’等元素如此深深地嵌入实在，以至表象我们自己作为某种独立于语言的绘图人的计划，从一开始就陷入了致命的妥协”。

柏拉图主义者的完美知识的梦想是把我们自己从内在于我们的一切中剥离清楚，同时毫无保留地把我们开放给外在于我们的一切的梦想。但是，一旦我们采纳一种生物学观点，这个内外之区分是一种根本无法做出的区分。如果柏拉图主义者准备坚持该区分，他就得到了一种无法以任何令人感兴趣的方式与其他学科相连接的知识论。他的结局是走进了罔顾其他科学的知识说明。这就让知识变成了某种超自然之物，一种神迹了。

我们所说所做所信的一切都是一种实现人类需要和利益的建议，也许只是一种构成启蒙的世俗主义的方式——一种言说人类单靠自身并无超自然之光来引领至真理的方式。但是，当然启蒙用一种叫“理性”的准神圣（quasi-divine）能力的理念来替代这种超自然的指导能力的理念。这种理念是美国实用主义者和后尼采的（post-Nietzschean）欧洲哲学家都攻击的理念。在他们对该理念的批评中，最令人惊讶的不是他们把自然科学描述成掌握实在的企图，而是呈现实在的企图。进一步，他们把道德选择描绘为相竞争的诸善之间的妥协，而非描绘成在绝对正确与绝对错误之间的选择。

基础主义者与反基础主义者在知识理论上的分歧，看起来只不过像经院式的争吵，而这些争吵大抵是可以留给哲学教授们的。但是，关于道德选择特征的争吵看起来是更加重要的。在这样的选择上，我们在我们是谁的感觉上下赌注。所以，我们不喜欢别人对我们说，我们的选择是在可选择的善之间做出的而非在善恶之间做出的。当哲学教授开始说，没有绝对的错误，也没有绝对的正确时，相对主义的论题开始变得有趣起来。实用主义者与其对手之间的争论，或者说尼采式的学者与他们的对手之间的争论，开始显得太重要以至不能留给哲学教授来处理了。每个人都想表达出自己的观点。

这就是哲学家（像我自己一样）为什么发现要不是自己在杂志和报纸上被发难，人们也许认为那些媒体已把我们遗忘了的原因。这些发难认为，除非年轻人成长至相信道德上的绝对，相信客观真理，否则文明就完蛋了。要不是年轻的一代人对坚实的道德原则都有与我们相同的信赖，这些杂志与报纸文章写道，为人类自由和人类尊严的斗争将会终结。当我们哲学教师读到这种文章时，我们发现我们自己正在被告知：我们对人类未来有着巨大的力量。会推翻数世纪的道德进步的（这些文章表明）就是这一代人，好像他们接受了道德相对主义的教条，接受了尼采和杜威的观点才如此……

对道德相对主义的批评认为，除非存在某种绝对的东西，某种分享上帝对人类的软弱妥协毫不宽恕的东西，否则我们就没有理由继续抵制恶。假如恶只不过是少一点的善，如果所有的道德选择都是互竞的诸善之间的妥协，那么，他们说，道德斗争就没有意义了，为反抗不正义而献身的人的生命将变得没有意义。可是，对我们实用主义者而言，道德斗争与为生存而斗争一起都是持续不断的，同时，不审慎与不公正、妥当与恶之间，不存在明显的分裂。对实用主义者而言，重要的是设计出方案：减少人类痛苦，增加人类平等，增加所有孩子在起跑线上以平等的方式追求幸福的机会。这个目标不是写在星辰上，相比它作为上帝意志而言，它不比康德所谓“纯粹实践理性”表达的更多些。这是一个值得我们鞠躬尽瘁死而后已的目标，但是，它不要求我们折回老路，借助超自然的力量。

实用主义者对其对手所说的“坚实的道德原则”的看法是，这些原则是过往诸实践的简称，一种对我们最仰慕的前辈们的习惯的总结方式。比如，密尔（Mill）的最大多数人最大幸福原理和康德的绝对命令，都是提醒我们自己记起某种社会习俗的方式——那些都是基督教的西方文化的一部分，该文化至少已经在话语上（如果不是在行动上）比其他的话语更加平等。四海之内皆兄弟的基督教教义是密尔和康德的非宗教话语的宗教式表达，该教义认为，家庭成员、性别、种族以及宗教信条等都不应该阻碍我们把不希望别人对我们的方式用在对待别人身上，他者同样也值得拥有我们希望得到的尊敬。

但是，除了那些平等主义的典型立场，还存在其他坚实的道德原则。其中之一是，一个妇女为家庭带来的羞辱必须用血来偿付。另外一个是，宁可没有孩子也比有一个同性恋孩子要好。我们愿意叫停由这些坚实的道德原则产生的仇杀与反同性恋，我们把这样的原则称为“偏见”，而非“洞见”。如果哲学家可以给我们一个保证：我们所赞成的（像密尔和康德的）原则是“理性的”，而仇杀与反同性恋的原则则是非理性的，那么，这倒也可以说是不错的。但是，说它们是更理性的等于说它们是更加普遍的，于是，他们对待一个自己家庭的女性和另外一个女性之间的区别，以及同性恋者与（传统）异性恋者之间的区别，变得相对不重要了。但是，没有提及人们中的特殊人群是理性的标志这一点还尚不清楚。

为了看到这最后一点，让我们考虑一下“你不可以杀人”这条原则吧。这条告诫是举世赞同的，可是，这与“不要杀人，除非他是一个保卫祖国的士兵，或正在阻止一场谋杀，或是一名国家行刑官，或为一名仁慈的安乐死实施者”相比，是差不多一样的理性吗？这是不是真的差不多一样的理性，对此我还没有弄明白，因此，我并没发觉“理性”一词在这里是有用的。如果有人告诉我，我所采取的有争议性的行动必须通过归入一条普遍而理性的原则来辩护，那么，我就可以设想出一条适合这种场合的原则，但是，有时候我也只能说，“好吧，考虑了一切，这好像就是能做的最好的事情了”。后一个辩护比某个我特别梦想着可以证成我的行动的听上去普遍的原则，是否少些合理性，这也不太清楚。所有关于控制人口、卫生保健的定量配给等的道德两难，是否应该等到原则制定出来再解决，这也是不太清楚的。

正如我们实用主义者所看到的，每个正确行动的背后都必定潜藏着一条令其合法的原则的想法，会导致这个观念：存在像一个普遍的、超越国家的法庭的东西，矗立我们面前。我们知道，最好的社会是那些法治社会，而不是由暴君或暴民心血来潮统治的社会。我们说，没有法律规则，人类生活就会被情感和暴力所控制。这让我们认为，必然存在某种看不见的理性的法庭，掌管着法律，而我们都身处其中，认可其对我们的约束。类似于此的是康德对道德义务的领会。但是，再一次地，康德关于人类之所是的图景，不能与历史学或生物学相一致。历史学和生物学都教会我们，法治而非人治的社会发展是渐进的、迟缓的、脆弱的、偶性的、进化的发展……

采纳反康德立场的人……被要求捍卫浓厚的社会道德，以此确立自己的身份。他不能通过谈论关于他的道德观点的合理性的方式来这么做。相反，他将不得不谈论他的社会实践（超过其他他未参与其中的社会实践）的各种各样的具体优点。对不同的浓厚道德的相对优点的讨论，将显而易见地和讨论一本喜爱的书或一个人（超过另外一本喜爱的书或一个人）的相对优势一样，是不确定的。

一个被称作“理性”或“人性”的普遍共享的真理源泉的想法，对我们实用主义者来说，就像这个讨论应当能够变成确定的想法一样。我们把这个想法看成一种表达我们希望的误导方式。借此，人类作为一个整体，应该逐渐地在全球性的共同体中走到一起，而这个共同体又接纳欧洲工业化民主精神的浓厚道德。之所以说它是误导的，乃是因为它表明，走向该共同体的强烈愿望，以某种方式植根于我们这个物种的每个人的内在。这对我们实用主义者来说好像是表明，成为一个水蟒的强烈愿望，以某种方式植根于所有的爬行动物之内在似的；或者成为类人猿的强烈愿望，以某种方式植根于哺乳动物之内似的。这就是为何我们实用主义者把相对主义的这个指控看成这样的一个指控，即在批评者坚持看到天命的地方我们只不过看到了运气。我们认为，由《联合国宪章》和《赫尔辛基人权宣言》所设想的乌托邦的世界共同体，和一颗原子弹所造成的浩劫或用军阀混战代替民主政府相比，都不过是人类的天命。如果后两者中的任何一个是未来坚持的，我们这个种族将会倒霉，但是，这也将并非是非理性。这将不会无法达到道德义务的高标准。这将不过是错过了一个变得幸福的机会罢了。

我不知道怎么去论证这个问题：把人类以生物学的方式看待是不是更好，或者说用更加像柏拉图或康德的方式去看待是不是更好。所以，我也不知道就批评者声称的“相对主义”而我们则更愿意自称的“反基础主义”或“反二元论”，怎么去给出一个像结论性般的论证。我方求助于达尔文，并问对手他们如何能够避免求助于超自然的力量，这肯定是不够的。那是通过回避众多问题的开启论题的方式。我们的对手说，生物学论证剥夺了他们的尊严和自尊，这同样是不充分的。那就太过于回避相关论题了。我怀疑，双方的任何一方都会做的是，一遍接着一遍、一种语境接着一种语境地重述这个案例。把我们人类这一物种和我们的社会看成一桩偶然的事件，以及在两者当中发现一个内在的目的，这两种观点的争执都是过于激进的，以至不能从某个中立的立场做出判断。

练习部分

1. 我有一幅很小但是很可爱的米开朗基罗的作品。（别关心我是如何得到这幅画作的。让我们假设我是以正当公平的方式得到的，如果是偷来的或骗来的或存在欺诈，我就没法占有该画作。该画作现在被我合法拥有。）我决定把画作糊在飞镖板上，用其作为投镖靶子。你可能认为这很愚蠢（即便我不关心画作，画作本身也是价值连城），可问题不在这里。问题在于：用这种轻佻的方式毁坏画作，我在道德上有过错吗？
2. 假如我们发现，我们的一些最基本、最普通的道德“直觉”能追溯至我们的进化历史：作为弱小、易受伤害的灵长类，为了寻求保护，避免猛兽，必须依偎在社会群体中。如果我们做这种观察，那么，我们的“直觉”是关于道德真理的真正客观知识的来源，这个观点会受到弱化还是强化（抑或毫无影响）？
3. 多年来，我过着放荡不羁的生活：热衷于暴饮暴食、懒懒散散、言而无信、卑鄙下流。45 岁时的一个清晨，我在贫民窟里醒来，在连续三天的狂欢作乐后感到了痛苦的清醒。于是，我决心改变我的生活方式，追求德性。我可以在一小时内就变成一个正人君子吗？一周？一个月？一年？还是一生？
4. 戏剧家萧伯纳说过：“美德，不在于节制自己不作恶，而在于根本不欲求恶。”亚里士多德会同意这个观点吗？你同意吗？
5. 伟大的希伯来先知耶利米向神提出这个问题（《耶利米书》，第十二章）：“恶人的路为什么顺利亨通？大行诡诈的为什么安享兴隆呢？”如果神是一位美德论的理论家，神会如何回答耶利米的问题？假如“恶人的路顺利亨通”是真的，这会构成对美德伦理学的反驳吗？
6. 斯蒂文 · M. 卡恩（Stephen M. Cahn）曾经给美德论设置了一个挑战：他虚构了一个人物弗雷德（Fred）作为例子（卡恩认为，弗雷德和他实际知道的好几个实际人物很相似）。弗雷德是个骗子，非常傲慢，但相当走运，竟然混得君子之美名。尽管如此，他依然是个十足的无耻之徒。弗雷德（根据卡恩）“享受着巨大的快乐”，当然也显得很幸福。你能想象如弗雷德（一位公众人物，或者你知道的某个人）一般的人吗，你也把他看成真正幸福的吗？假如你能够举出例子，这构成对美德论的反驳吗？如果举不出来，这一点构成对美德论的支持吗？假如有很多人像弗雷德一样——尽管他们很快乐且非常走运，他们会幸福这也相当不太可能——这真的会对美德论提出挑战吗？
7. 你是一个内科医生，专攻肾病治疗。你的一个病人，艾伦 · 德金（Alan Durkin）是你的亲戚——表弟，你俩是同一个祖父。艾伦小你两岁，你们打小就认识，是好朋友。虽然艾伦不是你最好的朋友，但是（而且近三年来，你视他为你的病人），在婚礼与葬礼以及其他大型家庭聚会中，你一年看到他两三回。艾伦今年 45 岁，他的肾病每况愈下，每周要透析两次。不久，他就要增加到隔天一次了。靠着透析他可以坚持很长时间，他的情况不会马上有生命危险——但是成功的肾移植将大大提高他的生命质量。艾伦在排队等待肾移植，但是他的透析治疗相对成功地净化了血液，所以，他也不是接受移植的优先候选人。假如可供移植的器官紧缺，你知道艾伦不会马上得到一个宝贵的肾脏。但是，作为他的内科医生，你可以稍微捏造一下数据——无人知晓地让艾伦的情况看起来显得更糟糕些，这样你就可以一下子把他的名字在名单上大大提前，也大大地提高了他在来年或稍长时间内接受移植的机会。当然，如果你那么做，实际更需要肾移植的人将会因为你表弟的提前而被推后。你应该篡改数据吗，还是不应该？

在尝试回答这个问题上，哪一种伦理视角（康德的、基于情感的、功利主义的、美德论的、社会契约的或关怀的）对你最有用？

8. 你是威斯康星大学的生物学教授。你在医学院任教，且因你的研究而闻名。你的实验室就许多药物开展了大量重要的研究。你被 ZQZ 制药公司（ZQZ Pharmaceuticals）贿赂。他们希望你对他们的药品扎特班（Zeitelban）启动“标签标示外的（off-label）”有效性测试。扎班特曾被批准用于治疗胃溃疡，但是，最近有医生用其治疗高血压（注意到用过扎班特后的胃溃疡病人有时在血压读数上显示降低）。这种“标签标示外的”治疗是完全合法的；问题在于把该药物用于治疗高血压并未实际被测试过，而且我们也不知道扎特班是否真的对高血压有效。事实上，有几个医生注意到，有几名服用者在事后出现低血压。但是，我们也不知道低血压是该药物造成的，还是其他原因所致。也许，当病人胃溃疡痊愈，感觉良好了，从而降低了他们担心溃疡的焦虑，即压力降低导致了血压偏低。或者是，病人因为胃病而少食，体重降低引起了血压降低。或者是，他们几个因为戒烟的缘故。没有一个对照试验，我们不知道扎特班在治疗高血压上是否有效。而且，既然扎特班没有事先通过治疗高血压的测试，我们就不知道该药物是否会导致病人对药物的长期依赖。美国食品药品管理局（Food and Drug Administration，简称 FDA）批准该药物的事先测试，是为了胃溃疡病人的短期使用。但是，治疗高血压牵涉到长期使用，这会存在早先测试没有检查到的副作用。有可能扎特班会引起长期使用者的特殊问题，甚至严重危险。因此，ZQZ 制药公司想要你针对扎特班对高血压的有效性，开展一个长期的对照研究。这将是一项大规模研究，他们对你指导的研究出手阔绰。同时，用他们所付的这笔钱，你可以雇用大量大学医学院学生和研究生，在业余时间里甚至是整个暑假帮你，他们也可以得到丰厚的回报（老实说，他们中的许多人真的需要这笔钱）。这笔钱也可以用来为实验室增添所需的最新、最好的设备。既然这是一大笔资金，威斯康星大学将会对此深感满意：校长说不定会与你共进午餐，对你大加赞赏一番。

到此为止，一切都没有问题。这可能是一项有价值的研究，会为帮助治疗高血压提供信息，因此，也可以提高许多人的生活质量。这也让你的学生感到非常高兴，因为他们可以借此获得许多额外收益。但是，这里存在一个陷阱：ZQZ 制药公司在支付费用，他们意欲控制任何结果的公布。他们想要拥有在发表前阅读任何研究报告的权利，他们也想获得你的研究发现公布的否决权。那就是说，如果你的研究表明扎特班在治疗高血压方面毫无作用，或者起反作用，揭示了早先研究尚未检测出来的有害副作用，那么，ZQZ 制药公司可以阻止你研究结果的公布。实际上，ZQZ 制药公司可以要求你不要与任何人讨论这些研究结果，也不要以任何方式公开它。因此，如果你的研究发现，使用扎特班可能导致肾衰竭——一个致命的副作用——你也会被阻止发表该研究结果。或者如果你的研究表明扎特班对治疗高血压无效，但是根据另外实验室做出的独立的研究数据，表明扎特班对高血压有效，那么，ZQZ 制药公司可以否决你的研究结果而让另外的研究发表。在这种条件下——ZQZ 制药公司对你研究结果是否发表拥有否决权——你还同意开展这项研究吗？

假设你打算拒绝在这样的条件下开展研究，你将告诉 ZQZ 制药公司，你打算拒绝这笔巨额赞助。你和你的研究伙伴就此展开讨论，但她却愿意接受赞助，启动研究。“你看，”她说，“我理解你对于发表的否决权很在意。我也深有同感：我也不喜欢这样。但是，让我们实际些吧。假如我们拒绝研究合同，他们将不会花费多大精力就可以找到另一家愿意承接该项目的研究单位，并同样地接受否决条件；而且，将来的那家研究单位很可能不如我们，因此研究也许不会很仔细。另外，那家研究单位的学生将获得资金，而不是我们的学生。所以，无论如何这个研究都会进行，且以否决权为条件。拒绝这个研究合同只不过意味着我们的学生无法获得研究经费罢了，而研究本身还不如我们做得好。所以，你的原则性的拒绝将会得到什么呢？什么也没有。至少没有任何益处。所以我才说：让我们接受合同，也接受 ZQZ 制药公司的否决权。”

你怎么看同事的论证？从美德论、功利主义、休谟伦理学和康德伦理学的视角看，又会怎样？

也许你已经决定同意研究合同，也许你已经决定拒绝。假设你接受此合同（说不定 ZQZ 制药公司放弃了否决权的要求）。ZQZ 制药公司代表造访，带来一瓶香槟，庆祝 ZQZ 制药公司与你的实验室之间伟大的新的研究合作关系，并给了你一个大信封。“您瞧，我们 ZQZ 制药公司已经把您当成家庭一员，我们希望您分享我们公司任何的成功。这些是 ZQZ 制药公司股票的认购权凭证。您的研究即将完成，打算在 9 月 15 日公布结果；这些是 ZQZ 制药公司股票的百万美元认购权凭证。这些认购权凭证允许您在 9 月 1 日买入 ZQZ 制药公司的股票，您可以在 9 月 15 日至 30 日期间任意行使您的股权。能让您成为我们 ZQZ 制药公司一员真令人欣慰！”好吧，你知道这些认购权凭证意味着什么。如果你的研究表明扎特班在治疗高血压上毫无疗效，那么，ZQZ 制药公司股票的价格将不会提升，你的认购权凭证也将一钱不值。但是，如果你的研究表明扎特班在治疗高血压上是安全、有效的，那么，扎特班将因为用于治疗高血压而广泛销售，ZQZ 制药公司也将获利颇丰（因为存在海量的高血压人群），股价将猛烈上涨——你的认购权凭证也将让你大赚一笔。（假设 ZQZ 制药公司股票在 9 月 1 日为每股 20 美元；在 9 月 15 日，在发表了你的扎特班利好研究成果后，每股股价一路飙升到 40 美元。你在 9 月 1 日买入的上百万美元的 ZQZ 制药公司股票，可以立即以 2 倍于成本的价格卖光：净赚一百万美元，而且无风险。实际上，如果你愿意把认购权凭证拿给你的股票经纪人，他马上就会给你一张百万美元的支票。）听上去妙极了。但是，你知道接下来会发生什么：ZQZ 制药公司这么做并非单纯出于善意；相反，他们正在给你巨大的刺激，让你给出一份表明扎特班是非常安全、非常有效的研究报告（药物越好，你的认购权凭证就越值钱）。当然，你是一个高度讲原则的研究者，你绝不会让这些左右你，对吗？你接受认购权凭证在伦理上是合法的吗？

9. 你的朋友乔是个热心肠、善解人意的人，他乐于助人并善于安慰处于苦恼之中的朋友，他还因为做调解人在朋友中很有名（他反对争斗，他经常成功地调解朋友之间的冲突）。但是，乔也从未反思过他的伦理原则或伦理信念。这不是说乔很愚蠢，只不过是说他从未做出任何伦理上的反思考量。当乔安慰了一个痛苦中的朋友，或者阻止了一次争斗，或者解决了一个冲突，你会认为他的行动是伦理上的行动吗？你会把萨姆——一只跟乔类似地安慰朋友、阻止纠纷的大猩猩，也是从不反思自己的伦理原则或信念——看成伦理上的行动者吗？

10. 就算我们弄明白所有的细节，关于在干细胞研究中损坏一个人类胚胎是否错误，依然存在基本的不同认识。这是个直觉冲突的问题吗？死刑也一样：杀人偿命与有意识剥夺人类生命总是错的，以错制错是不对的。在这种分歧的基本点上，还存在理性论证的空间吗？

11. 在客观主义者和非客观主义者之间的争论中，谁应该承担提供证据的责任？非客观主义者吗，既然他们否认对很多人来说显得好像是显而易见的客观事实？抑或是客观主义者，既然他们试图建立道德真理，以及具有实证性质的东西？承担证明义务是非常重要的。比如，如果我被指控为犯罪，检控方就在主张我犯下了罪过，检控方需要来证明这一点。我不必自证清白，显然这对我来说是一桩好事。如果举证责任倒置，那么，你会因为你没有犯过的各种罪过而被指控。8 月 25 日清晨 4 点，当道富便利店（the State Street Convenience Store）遭劫时，你在哪儿？你说你在家睡觉，但你能证明你那时在哪里吗？你能证明你没有犯罪吗？当然不能。幸运的是，你不必自证无罪。检控方有举证责任。所以，在客观主义和非客观主义的对峙中：哪一方承担举证责任？

12. 天文学家们认为在银河系里存在黑洞。当一个大的恒星发生爆炸时，黑洞就出现了，产生的大块物质被压缩成很小的体积。这个过程产生的对象如此密集，引力是如此巨大，以至没有任何光线可以逃脱。因此，你不可能真的“看到”黑洞，而是通过仔细观测黑洞附近的其他物质运动，我们能合理地得出结论：黑洞存在。这是对这些运动的最好解释。同样地，你不会真正“看到”道德事实，但是通过观察趋同性的结论，以及关于冷静而仔细地思考道德话题的人的行为，我们可以得出结论：道德事实是存在的。这是对趋同性运动的最佳解释。这是一个好的类比吗？

13. 如果你发现，在伦理学是客观的还是非客观的方面，你的未婚妻的观点与你的观点尖锐对立，这会导致你对于你们的婚姻重新考虑吗？

补充阅读

最重要、最有影响力的道德直觉主义著述是 G. E. 摩尔（G. E. Moore）的《伦理学原理》（*Principia Ethica*, New York: Cambridge, 1959）；H. A. 普理查德（H. A. Prichard）的《道德义务》（*Moral Obligation*, Oxford: Clarendon Press, 1949）；W. D. 罗斯（W. D. Ross）的《正当与善》（*The Right and the Good*, Oxford: Clarendon Press, 1930），《伦理学基础》（*Foundations of Ethics*, Oxford: Clarendon Press, 1939）；以及 D. D. 拉斐尔（D. D. Raphael）的《道德感》（*The Moral Sense*, London: Oxford University Press, 1957）。

简·加勒特（Jan Garrett）的“W. D. 罗斯指南”是了解这位领衔的直觉主义者的极好的资源，你可以登录 www.wku.edu/~jan.garrett/ethics/rossethc.htm >查看。

亚里士多德的《尼各马可伦理学》（*Nicomachean Ethics*）是美德伦理学的经典资源，印刷和在线版本都可以广泛地参考。迄今，这依然是哲学界和神学界激烈争论和讨论的主题（亚里士多德对天主教神学是如此重要，但他经常被简单地称为“哲学家”），依然是讨论美德伦理学的起点。

伊丽莎白·安斯康姆（Elizabeth Anscombe）的论文《近代道德哲学》（“Modern Moral Philosophy”）发表在《哲学》（*Philosophy*）1958 年第 33 卷，第 1—19 页，是激发当代人研究美德论兴趣的重要文献。阿拉斯戴尔·麦金太尔（Alasdair MacIntyre）的《追寻美德》（*After Virtue*, South Bend, Ind.: University of Notre Dame Press, 1981）是关于美德论的有影响力且被广泛阅读的论著。对于成功的美德传统提供支持文化的必要性，该书给出了有趣的主张。也可以参考他的新作《依赖性的理性动物：人类为什么需要德性》（*Dependent Rational Animals: Why Human Beings Need the Virtues*, Chicago and La Salle, Illinois: Open Court, 1999）。埃德蒙·平科夫斯（Edmund Pincoffs）是另外一位重要的当代美德论者，参看他的著作《困惑与美德》（*Quandaries and Virtues*, Lawrence, Kansas: University of Kansas Press, 1986）。

针对美德伦理学传统，乔尔·库珀曼（Joel Kupperman）写过非常优秀的文章，参看他的论文《品格与伦理学理论》（“Character and Ethical Theory”），发表在《中西部哲学研究》（*Midwest Studies in Philosophy*）1988 年第 13 卷，第 115—125 页，以及他的专著《品格》（*Character*, New York: Oxford University Press, 1991）。美德论的一个有趣而简单的案例是由小说家、哲学家艾丽丝·默多克（Iris Murdoch）在其著作《善的支配权》（*The Sovereignty of Good*, New York: Schocken Books, 1971）给出的，该书除了捍卫美德论之外，还包含了其他更

多的内容。

最近有几本重要的关于美德论的新作。罗莎琳德·赫斯特豪斯（Rosalind Hursthouse）的《论美德伦理学》（*On Virtue Ethics*, Oxford: Oxford University Press, 1999），试图发展出一种当代版本的亚里士多德生物学导向的美德伦理学。迈克尔·斯洛特（Michael Slote）的《源自动机的道德》（*Morals from Motives*, Oxford: Oxford University Press, 2001）则强调了关怀伦理。菲利帕·福特（Philippa Foot）的《自然的善》（*Natural Goodness*, Oxford: Clarendon Press, 2001）是一本在美德伦理学发展上有特殊影响力的伦理学家的著作，还可以参看她的《美德与恶习》（*Virtues and Vices*, Oxford: Blackwell, 1978）。

马西娅·W. 巴伦（Marcia W. Baron）、菲利普·佩蒂特（Philip Pettit）和迈克尔·斯洛特合编的《伦理学的三种路向：一种争论》（*Three Methods of Ethics: A Debate*, New York: Oxford University Press, 1993），对于康德主义、后果论和美德论三种伦理学路向给出了杰出的辩护，该书观点集中，非常吸引人。

美德伦理学的优秀合集包括罗杰·克里斯普（Roger Crisp）和迈克尔·斯洛特合著的《美德伦理学》（*Virtue Ethics*, Oxford: Oxford University Press, 1997）；丹尼尔·斯塔特曼（Daniel Statman）的《美德伦理学》（*Virtue Ethics*, Washington D. C.: Georgetown University Press, 1997）；斯蒂芬·达沃尔（Stephen Darwall）的《美德伦理学》（*Virtue Ethics*, Oxford: Blackwell, 2003）；以及 R. 克鲁施维茨（R. Kruschwitz）和 R. 罗伯茨（R. Roberts）合编的包含大量参考书目的《美德：关于道德品格的当代文章集》（*The Virtues: Contemporary Essays on Moral Character*, Belmont, Cal.: Wadsworth, 1987）。

还有一些关于美德论讨论的在线资源。可以参考“斯坦福哲学百科全书”在线的美德伦理学词条：http://plato.stanford.edu/entries/ethics-virtue；“网络哲学百科全书”的美德伦理学词条：http://www.iep.utm.edu/v/virtue.htm；以及“劳伦斯·欣曼伦理学更新（Lawrence Hinman's Ethics Updates）”网的亚里士多德与美德伦理学词条：http://ethics.sandiego.edu。关于美德论有用的讨论和讲座可以在简·加勒特的主页上找到：www.wku.edu/~jan.garrett/ethics/virtthry.htm。

“情境主义者（situationist）”社会心理学的当代研究表明，情境或环境往往比性格对行为有更大的影响，这一点被用来挑战美德伦理学的一些基本预设。吉尔伯特·哈曼（Gilbert Harman）的《道德哲学遭遇社会心理学：美德伦理学及其基本归因错误》（“Moral Philosophy Meets Social Psychology: Virtue Ethics and the Fundamental Attribution Error”）一文，发表在《亚里士多德学会学报》（*Proceedings of the Aristotelian Society*）1999 年第 99 卷，第 315—332 页。该文在此意义上批评了美德论。约翰·M. 多丽丝（John M. Doris）的专著《性格的缺陷：个性与道德行为》（*Lack of Character:Personality and Moral Behavior*, Cambridge: Cambridge University Press, 2002）是一本非常好的且可读性很强的著作。该书综述了相关心理学的研究，对研究伦理学和理解我们道德行为的重要性，发展出了一个激发人心又论证有力的立场。

内夫斯卡·阿萨纳苏里斯（Nafsika Athanassoulis）的论文《对哈曼的回应：美德伦理学和性格特征》（“A Response to Harman: Virtue Ethics and Character Traits”），载于《亚里士多德学会学报》2000 年第

100卷，第216—221页。该文提供了对哈曼引用的心理学研究的另一种解释。哈曼在《论性格特征的不存在》（“The Nonexistence of Character Traits”）一文中对阿萨纳苏里斯做出了回应，该文发表在《亚里士多德学会学报》2000年第100卷，第223—226页。另一个对哈曼做出回应的是詹姆斯·蒙特马克特（James Montmarquet）的《道德品格和社会科学研究》（“Moral Character and Social Science Research”），发表在《哲学》2003年第78卷，第355—368页。

针对情境主义者的挑战，有大量的来自美德伦理学方面的回应。戈帕尔·斯里尼瓦森（Gopal Sreenivasan）的论文《关于错误的错误：美德理论及其特征归因》（“Errors About Errors: Virtue Theory and Trait Attribution”），发表在《思维》（*Mind*）2002年1月第111卷，第47—68页。该文攻击了支持情境主义心理学实验的合法性。雷查纳·卡姆特卡（Rachana Kamtekar）的论文《情境主义与关于我们性格的美德伦理学》“Situationism and Virtue Ethics on the Content of Our Character”，发表于《伦理学》（*Ethics*）2004年4月第114卷，第458—491页。该文认为，即使情境主义者的研究是对的，这也没有削弱美德伦理学的重要性；相反，理智的美德伦理学的回答是，“辨认出利于一个人想要的行为的环境因素，然后保存这些因素”。克里斯琴·米勒（Christian Miller）的论文《社会心理学与美德伦理学》（“Social Psychology and Virtue Ethics”），发表在《伦理学杂志》（*The Journal of Ethics*）2003年第7卷，第365—392页。该文认为，即使相关社会心理实验表明，美德品质对绝大多数人来说没有充分发挥作用，这一点至少与人们不具有重要的美德品质是一致的，同时，尽管几乎没有人具有强有力的甚至是温和的美德，但这也不构成对美德理论的反驳。玛丽亚·梅里特（Maria Merritt）的论文《美德伦理学与情境主义者的人格心理学》（“Virtue Ethics and Situationist Personality Psychology”），刊登在《伦理学理论与道德实践》（*Ethical Theory and Moral Practice*）2000年第3卷，第365—383页。该文认为，心理学研究削弱了亚里士多德的美德传统，但也认为这没有危及对美德伦理学的不同的、更合理的说明。

许多当代哲学家在其论著中反对了道德客观主义，包括A. J. 艾耶尔（A. J. Ayer）的《语言、真理和逻辑》（*Language, Truth and Logic*, London: Gollancz, 1970），以及C. L. 史蒂文森（C. L. Stevenson）的《伦理学与语言》（*Ethics and Language*, New Haven: Yale University Press, 1944）和《事实与价值》（*Facts and Values*, New Haven: Yale University Press, 1963）。另一位有影响力的当代非客观主义者是吉尔伯特·哈曼，其专著为《道德的本质》（*The Nature of Morality*, Oxford: Oxford University Press, 1977）。非客观主义的一个强有力的案例是由约翰·麦基（John Mackie）在《伦理学：发明对与错》（*Ethics: Inventing Right and Wrong*, Hammondsworth: Penguin, 1977）一书中提供的。最强有力的非客观主义的捍卫者之一是赫伯特·费格尔（Herbert Feigl），可参考其论文《确认与澄清》（“Validation and Vindication”），收录在卡尔·塞拉斯（Carl Sellars）和约翰·霍斯珀斯（John Hospers）合编的《伦理学理论读本》（*Readings in Ethical Theory*, New York: Appleton-Century-Crofts, 1952）一书中，以及论文《正义的意义和限定在原则上是不容争辩的吗？》（“ ‘De Principiis non Disputandum...? ’ On the Meaning and the Limits of Justification,"），收录在马克斯·布莱克（Max Black）主编的《哲学分析》（*Philosophical Analysis*, Ithaca, New York: Cornell University Press, 1950）一书中。西蒙·布莱克本（Simon Blackburn）提出了一个关于非客观主义的有趣版本，参看其著作《准实在论文集》（*Essays on Quasi-Realism*, Oxford: Oxford University Press, 1993）。

杰夫·塞耶–麦科德（Geoff Sayre-McCord）主编的《道德实在论文集》（*Essays on Moral Realism*, Ithaca, N.Y.：Cornell University Press, 1988）是一本极好的选集，把很多关于道德实在论的最优秀的论文结集于一书。另一本优秀的选集（讨论道德实在论以及大量的其他论题）是戴维·科普（David Copp）和戴维·齐默尔曼（David Zimmerman）合编的《道德、理性与真理：伦理学基础文集》（*Morality*, *Reason and Truth*: *New Essays on the Foundations of Ethics*, Totowa, N.J.：Rowman & Allanheld, 1984）。提供了对道德实在论最好、最清晰说明之一的是彼得·雷尔顿（Peter Railton）的论文，发表在《哲学评论》（*The Philosophical Review*）1986年第95卷，第163—207页。对道德实在论进行翔实研究的极好的著作是戴维·O. 布林克（David O. Brink）的《道德实在论与伦理学基础》（*Moral Realism and the Foundations of Ethics*, Cambridge: Cambridge University Press, 1989）。

在M. Y. 丘（M. Y. Chew）的论文中有一份对道德实在论观点的有趣调查，可以登录www.bu.edu/wcp/Papers/TEth/TEthChew.htm查看。了解道德实在论的领衔作者迈克尔·史密斯（Michael Smith）的简要介绍、著作，以及近期发表的论文和进展中的著作，可以登录http://www.princeton.edu/~msmith/浏览。

第十四章
政治哲学

政治哲学问题是哲学中最古老的问题之一。这并不令人惊讶。我们是社会动物，如何在群体中生活的问题以及如何治理这样一个群体的问题都是我们所追问的最基本的问题。约2500年前，柏拉图撰写了《理想国》，给出了他的理想国度：哲学家（当然是最聪明的）将成为统治者；他们会被卫士们支持；而大多数人（柏拉图认为他们不适合自我治理或任何其他的自治）遵守哲学王的命令，由忠诚的卫士管理着。

今天几乎没有人会赞成柏拉图的模式（在我最好的朋友中，一些人也是哲学家，但我并不希望让他们当哲学王）；但是，何种政体是最好的，什么赋予政体合法性，在政府和被统治者之间保持何种适当联系，公民拥有（或应当拥有）何种权利，什么应当成为政府的目标，等等，这些都是重要的问题，而且每一个都被激烈地讨论着。

政府的合法性

传统的保证政府合法性的是神圣权利。王族统治国家，因为国王是神所指定的、命定的。因此，如果你反对国王，你就不仅仅是反抗世俗权威，而且也在反抗神。

> 国王就是神，因为他们以某种君临尘世的神圣权力的方式或象征，施行王权。如果你想一下神的属性，那么，你将会看到他们是如何就国王的人选达成一致的。神有生成或毁灭的大权，随自己的意愿创造或毁灭、生杀予夺，可以审判一切且无须对任何人负责而被评判；神可以任意地把卑贱的抬高或把高贵的贬低，包括其灵魂与肉体。国王也有相似的权力：创造与毁灭其所属物；有权抬高与贬低，可以生杀予夺，在任何情况下评判一切所属物，只对神负责。
>
> ——国王詹姆斯一世（King James I），1609

神圣权利理论几乎没有当代追随者了，但是，其理论也留下了一个真空。如果统治者不是被神认可的，那么，他们凭借什么权利来统治呢？政府又凭借什么权利来治理呢？我有什么义务来服从我所生活的国家的政府颁布的法律？政府又能基于何种权利来强制我服从法律？

> ……我们必须……小心地不要藐视或践踏官吏的权威，他们完全秉持王权的威严，王权之威严又是神通过最尊贵的法令来确立的。即便其与最轻贱者同处尘世，轻贱者会因其邪恶而竭尽所能玷污王权。因为，如果对放纵的暴政的纠正该由上帝来施展报复，那么，让我们不要立即就认为我们得到了指示，除了服从和忍受，我们没有从他们那里得到任何命令。
>
> ——约翰·加尔文（John Calvin），欧洲新教改革的一位领袖

许多人对政府抱有恐惧——这并非无根据。毕竟，政府可以拿走你的钱财（通过税收或罚金），可以征用你的财产（通过征用权——如果你在和国王或征税官打交道——只是通过攫取），可以剥夺你的自由（通过把你投入监狱），可以限制你的自由（通过强制或禁止一项宗教信仰，审查你的阅读范围，或者限制你的旅行地——比如，美国政府就禁止其公民前往古巴旅行），可以强征你入伍、强迫你参战（不论你是否认为这些战争是正义的），以及可以剥夺你的生命（通过死刑）。政府有很多权力。当美洲殖民地脱离大不列颠赢得自由时，他们依然害怕政府的权力。这毫不奇怪。正如一个例子表明的，英国公民能够因为英国的战争而“被抓壮丁”，承担积极的义务：“强迫征兵的一伙人”会在一个地方游荡，抓捕青壮男丁（18—55岁），强迫他们登船，说不定会在海上服役多年。一旦上了船，抵抗者将被鞭打；继续反抗者会被绞死。假如你能想象在佛罗里达海滩以草莓鸡尾酒开始你的春假，以擦洗驶向世界另一边的英国护卫舰甲板而结束，那么，你就能设想人们对于国家权力的关注。当然，政府能够并且确实提供实实在在的好处：警察和消防，食物与药品的安全监管，高速公路的建设，紧急救援，公共教育，以及——在大多数国家——普遍医疗服务。但是，政府滥用权力的危险是真实存在的。

“管得最少的政府是最好的。”这句话一般被认为出自托马斯·杰斐逊（Thomas Jefferson），但是，最早可能出自托马斯·潘恩（Thomas Paine）。这句话被亨利·戴维·梭罗（Henry David Thoreau）明确表示过赞同。不过，就算你同意该观点，你依然对如何证成政府的合法性抱有疑问。政府基于什么权利可以要求我听从它，哪怕是最低程度的服从？或者我们也可以以另一种方式提出：我有义务要遵从政府制定的法律与规则吗？当然，我的政府也许会有权强迫我去遵守法律——或者至少，如果我拒绝遵守，它会让我非常不舒服。但是，野蛮的强力显然不能转化成道德合法性。我有道德义务去服从国家的法律吗？

在我们考察可能的答案前，问题必须被仔细地提出来，因为这会意味着两种迥然不同的情况。首先，我有义务遵守我的政府制定的所有法律，而毫无例外吗？其次，一个非常不同的问题：我有个一般性的义务去遵守我们国家的法律吗？在第二种情况下，对那个一般性原则，也许存在或也许不存在例外。可是，在我们考虑就一般性义务是否存在例外之前，我们必须考虑是否存在任何一项义务。

一种回答是相当简单的：政府无权。一个政府或许有强力来强制我们做某事——遵守法律、纳税以及入伍参战——但是它没有权利来强迫人们服从。

这是无政府主义者（anarchist）的观点，该观点否认一切政府权力的合法性。无政府主义为政府权威设置了基本的挑战：政府有何权利将其法律加之于我？这么回答是无效的：好吧，你生活在这个国度，所以，你必须服从它的法律。这是在回避问题。毕竟，无政府主义相当清楚：他确实生活在地球的一片土地上，该片土地由一个具体的政府主张拥有。问题在于，为何该政府对其臣民有权威？显然，假如他（发出疑问者）拒绝承认政府的权威，政府也许能以极大的强力来反对他，将其禁闭，抑或是杀了他。但是，这都没有回答那个问题：国家要求他服从其法律是基于何种正当性（justification）。

在一个时期里，神圣权利是标准答案。摩西从西奈山带着《十诫》下来，同时，也带着上帝选择他及其家庭来统治以色列的话语。埃及法老处死了信使：他们凭借神圣权利来统治，因为他们就是神圣的。罗马人区分了差异：他们凭借神圣权利实现统治，因为他们的祖先是神。在欧洲，从中世纪到文艺复兴，直至18世纪大部分时期，皇权凭借神圣权利实现统治，在加冕新王或女王作为神在尘世指定的统治者时，教会扮演着举足轻重的角色。（教会和皇家统治者之间的密切关系构成了法国大革命中那句著名的集会口号的原因："人类不会自由，除非用最后一个牧师的肠子绞死最后一个王国。"）但是，直到17世纪，神圣权利作为政府合法性的基础才受到挑战，同时，社会契约论开始浮现出来并取而代之。

社会契约论模式的基本理念是，政府合法性源自被统治者的同意（consent）。但是，在转向契约模式前，让我们考虑一下，建立公民普遍服从其政府的法律与规章义务的其他努力吧。这是政治哲学家和政治科学家称之为政治义务的问题，即我有服从我的政府法律的普遍义务吗？注意了，这不是问如何确定一国政府是否为正义或合法的问题。毕竟，假如你是一位美洲殖民地居民，一位英国统治下的英国公民，那么，你认为你的政府在根本上是不正义的。你或许依然相信，只要政府还存在，提供一些利益，你就有着普遍的义务去服从其法律。同样地，政治义务的问题并不是问，你是否有绝对的义务去服从你的政府的一切法律。比如说，许多民权活动家相信，遵从种族隔离的法律是错误的（当然就不成为义务了），但是，他们依然相信在服从国家法律上存在一个普遍义务。

所以，对于服从我们生活于其中的国家的法律与规则，如果我们有一个普遍的政治义务，那么什么构成那个义务的来源呢？一些理论家（比如法哲学家H. L. A.哈特）试图通过公平交往（fair play）的规则来为义务奠基。生活在一个政府下，你接受了利益，因此，只有你也认可规则与义务才是公平的。因为你接受了利益，你就承担一个公平的回报的份额。但不清楚的是，这个解释模式把我们看得太过遥远。毕竟，如果你生活在一个国家里，你不可避免地接受生活于其中的社会的好处，但是，我们并不清楚这会引起相互的义务。假如，某人沿着你驾驶的街道种植了花卉，你将不可避免地接受美丽鲜花的好处，但你也有向花卉种植人偿付其他东西的义务吗，或者以帮助除草来报答吗？如果你愿意这样回报，当然很好，但你有义务这么做吗？

另一个建立公民服从政府规则义务的非契约论尝试是以共同体（community）或团体（association）的方式：通过对比在政治国家的生活与在家庭或共同体中的生活。你不会选择你的家庭，也不会选择你所出生的共同体，但我们大多数人相信我们对氏族成员和父母有特别的义务，即便我们没有同意过要承担这些义务。该观点的一位鼓吹者约翰·霍顿（John Horton）声称：

……一个政体，如同一个家庭，是一个我们大部分人都生于此的纽带关系：同时……由关系所构成的义务并不需要，以一系列基本道德原则或一些综合的道德理论出现的道德合法性。

——约翰·霍顿，1992

我对我的家庭有义务，仅仅是因为那是我的家庭，并不是我给出的同意。同样地，我对我的国家有义务——包括服从国家法律的普遍义务——因为那是我的国家，而不是因为我给出显明的或隐含的同意，同时也不是因为接受了好处。但是，家国对比似乎有些牵强：很多人对国家抱有强烈的情感，然而这种情感与我们作为家庭成员之间的亲密和私人关系又非常不同。而且，即便在我不在深切地爱我的国家或者不认同我的国家时，我服从国家法律的普遍义务也依然适用。即使我对国家的情感或我对国家的认同保持不变，依然不清楚的是，这样的情感是否能够为服从其法律的义务提供基础。如果我是意大利裔，我也许对意大利会有一种特殊的情感以及认同感，但是，我没感到要服从其法律的义务。

政府社会契约论

尽管存在政府合法性与公民政治义务的其他模式，但是，社会契约模式仍然是主导性的。赋予政府合法性的社会契约的理念，由来已久。在柏拉图的对话《克里托篇》（*Crito*）里，苏格拉底认为，他必须接受雅典这一城邦国家强加给他的死刑判决，因为他已经接受了生活在该政府下的利益，因此也就接受了服从其法律与判决的“契约”。关于社会契约实际信息的最早且最有戏剧性的例子，要数伟大的易洛魁联盟。历史学家就其起源日期争论不休，但是，大家都普遍同意，到15世纪中期，易洛魁联盟已经成为一个有精致架构设计的复杂的代议民主制（representative democracy）联盟，这使得它成为美洲殖民地居民与法国、英国斗争中的一个非常重要的因素。实际上，相当多的证据表明：易洛魁联盟的理念影响了《美国宪法》的制定。

政府好比衣服，是失去了天真的表征；帝王的宫殿是建筑在乐园亭榭的废墟上的。如果良心的激发是清楚明确的、始终如一的和不能自持地服从的，一个人就不需要其他的立法者；但事实并非如此，他觉得有必要放弃他的一部分财产，以换取他人的保护；谨慎小心的原则在任何情况下都劝他两害相权取其轻，现在这个原则也引诱他这样做。

——托马斯·潘恩，《常识》（*Common Sense*），1776

在政治哲学里，经典的社会契约理论的关键来源是托马斯·霍布斯的杰作《利维坦》。霍布斯从想象在“自然状态”的生活开始，其中没有政府，没有强制性规则，人们生活在“一切人反对一切人的战争”状态，因而生活是“孤独、贫穷、肮脏、野蛮而短寿的”。在这种情况下，我们都看到一起协议组建一个政府的好处，该政府将会保护我们免于互相攻击，会颁布规则防止谋杀、偷盗与伤害。即使是最强壮的人也会看到这种协议的好处。在自然状态下，强壮者有很大机会去打劫与掠夺，但是一旦睡着了也易受攻击，因为我们这些体弱者畏惧他们，因此会设法去清除威胁。在自然状态下，无法律，也无规则，持续不断且令人胆战心惊的争斗从未停歇。所以，你会同意——从你自己的自我利益出发——放弃攻击他人的权利，并服从保护他人的规则与法律，只要他人愿意同意服从同样的规则且不攻击你。为了强化这些法律，霍布斯相信我们需要一个“伟大的利维坦（Great Leviathan）”，或中央权力，以便有力量来强化这些法律。因此，我们为何有服从法律的义务？因为我们认识到这么做是为了我们自己的利益，所以我们一致同意去遵守法律。否则，如果我们实际上没有一致同意（当你已满16岁时，你并未签署一个表格，赞同政府，遵守其法律），设想你会同意去遵守一个政府保护你的规则，这也是合理的。我们可以设想你会同意，因为你同意了社会契约是合理的：你是一个有理性能力的人，你意识到，生活在社会契约下符合你的利益。

> 没有人可以完美至不要他人的同意就可以统治他人的程度。
>
> ——亚伯拉罕·林肯（Abraham Lincoln），1854

霍布斯的社会契约也许显得像一份相当保守的文件：我们同意接受政府的规则，因此政府有权强制我们服从。但是，当霍布斯一开始提出他关于政府的社会契约形式时，这可是一个激进的想法：政府的合法性需要被统治者的一致同意。这个想法包括这样的信念：如果人们决定，他们的政府不再令人满意，他们就有权推翻它。对霍布斯来说，人们应当非常小心谨慎地施行这项权利；毕竟，即使一个很坏的政府也比野蛮而危险的自然状态要好。霍布斯经历过英国内战的恐怖，因此，他对社会和政治混乱倾轧抱有深深的恐惧。霍布斯也相信，没有一个强有力的统治者来“震慑”众人，人们会寻求他们自己的自私目的，解决纷争时会不惜使用野蛮手段。因此，对霍布斯而言，强有力的权威和统治者的强力构成对被统治者粗鄙、自私和野蛮倾向的基本制衡；推翻现存政府只有在最极端的情况下才具合法性：当政府坏到在其统治下的生活，实际上比自然状态下的“孤独、贫穷、肮脏、野蛮而短寿的”还要糟糕时。

约翰·洛克（1632—1704）也赞同社会契约理论，但是，他的社会契约的模式和霍布斯提供的非常不同。对洛克而言，自然状态并非是“一切人反对一切人的战争”状态，因为没有政府，人们依然能认可由上帝制定的“自然法（Law of Nature）”：我们都平等地属于上帝，因此，无人有权去伤害他人，否则就是伤害上帝的财产。既然人性还不至像霍布斯说的那般无望，自然状态就不那么糟糕，既然自然状态没有那么糟糕，我们也就不急于逃离自然状态，也不害怕推翻政府——至少是临时地——重新返回到自然状态。因此，考虑走进社会契约的人将会倾向于达成一项更好的交易：他们肯定不再渴望对“伟大的利维坦”放弃一切权力，因为利维坦统治万民而自身几无约束。在洛克的模式下，如果政府不再促进我们的福祉，那么，我们就有权推翻它，用更好的来取代它。当然，我们不应当轻易如此，也不应当惧怕如此。美国革命就是被洛克的社会契约理念深深影响，《独立宣言》的关键部分听起来好像是洛克写的：

> 我们认为下面这些真理是不言而喻的：人人生

而平等，造物者赋予他们若干不可剥夺的权利，其中包括生命权、自由权和追求幸福的权利。为了保障这些权利，人类才在他们之间建立政府，而政府之正当权力，是经被治理者的同意而产生的。当任何形式的政府对这些目标具破坏作用时，人民便有权利改变或废除它，以建立一个新的政府；其赖以奠基的原则，其组织权力的方式，务使人民认为唯有这样才最可能获得他们的安全和幸福。

这当然是社会契约的模式，不过，这与霍布斯相去甚远了。对霍布斯来说，如果政府保护你的生命，那么，这就是你能指望的所有权利了。殖民地的革命对政府合法性提出了强烈的要求：无疑，它必须保障人的生命安全；但是它同时也必须促进自由、提升我们对幸福的追求。

让－雅克·卢梭（1712—1778）也提出了一种形式的社会契约理论，虽然他的方案和霍布斯或洛克的非常不同。卢梭起步于这样一个信念，即人类在自然状态下是好的：在自然状态下（这与霍布斯构成明显对比），人们会简单、和平又合作地生活。但随着社会变大与变得复杂，人们会面临从其同侪而来的暴君的危险。既然卢梭把自由看成最高的善，他就不愿意为了安全而牺牲自由（霍布斯则是这样）。于是，卢梭开始着手寻求一种协调国家权威和个体自由的方式。对卢梭来说，答案在于缔造一个“公意（general will）”，在公意里，所有的公民享有合作与平等的共同理念，因此，每一个公民都可以自由地与他人一起去创造一个反映所有人价值与目标的社会。卢梭的模式是一种所有令人印象深刻的理想中最乐观的模式，但是，这也招致了一些严厉的批评：这最终会要求每一个个体把自己都投入到整体价值中吗？这为不同意基本价值留下空间了吗？卢梭似乎相信一个自然合理的普遍秩序——这也反映了造物主的善性。但是，如果一个人对存在一种普遍认可的价值保持怀疑，那么，卢梭的社会契约模式将面临着困难。

社会契约模式——把政治义务奠基在“被统治者的一致同意”上的模式——能够为存在服从一国法律的普遍政治义务提供一个充分的基础吗？

服从或不服从法律

假设我们接受了某种我们有着去服从政府法律普遍义务的社会契约式说明，即假设存在着某种普遍政治义务。接下来的问题是，该义务可以延伸至多远：我有义务去服从政府的所有法律吗？如果我的政府通过了一项法律——例如《逃亡奴隶法案》，要求我应当帮助在逮捕逃奴中的逃奴追捕者，并严禁我帮助逃奴；或更近一点地，禁止我为碰巧非法入境的饥民提供食物——我发现其在道德上竟然是可反对的怎么办？我有义务去服从与我内心基本价值相冲突的法律吗？

即使一个人相信，存在着强烈的义务去服从一个国家合法通过的法律，然而也很难说，一个人无论如何要永远服从。毕竟，就算你相信《逃亡奴隶法案》是以合法的民主的方式通过的，你也当然会相信帮助追捕逃奴在道德上是错误的（因为法律要求公民这么做），于是，遵从那项法律在道德上也是错误的。设想一个人必须永远服从一国的法律，且不论是什么法律，等于说是放弃了所有独立的道德判断（这是神圣命令伦理学理论的政治等价物）。罗纳德·德沃金（Ronald Dworkin），一位杰出的当代政治哲学家，明确指出了这一点：

> 一个人认为拒绝帮助敲他家门的逃难奴隶是极端错误的，如果把该奴隶送到执法部门，那将是错上加错。具有上述想法的人认为，《逃亡奴隶法案》要求他去做不道德的事。他的正直、他的良知阻止他去服从那个法案。参加一场他们认为是邪恶的战争的战士处于相同的境况下……我认为，几乎每一个人都会同意，处于那个境况下，按照他们的信念，即使他们违反法律，他们也都会做正确的事情。当然，暴力和恐怖主义无法以这种方式合法化。假如一个人的良知不允许他去服从某项法律，它也不会允许他去杀害或伤害无辜的人。但是在这里很难去考虑一个可行的理论不得不认可的其他限定条件。例如，它无法加上另一个诱人的限定条件：公民废除常规政治程序，从而为推翻他们反对的政治决定打开局面。基于正直的反抗典型地是一个紧急的问题，被要求把奴隶交给追捕者的北方人，甚至被要求向国旗敬礼的在校生，假如他们服从了那个要求，都将遭受重大损失，即使法令不久被废除，也难以挽回损失。
>
> ——罗纳德·德沃金，《原则的问题》(*A Matter of Principle*)

把自己的身份融入自己的国家，并认可“凡是国家命令的就是对的，我应当遵守”，这当然是可能的。但是，这样一来，你就不再是一个自主的道德个体，这也是一个相当高的代价。显然，这并不意味着我应当拒绝服从我认为是错误的每一项法律。我认为，如果我们都沿着道路的左侧驾驶而非右侧驾驶，交通会更加顺畅；但是，我不是通过在右侧驾驶而在道德上有所让步。要求我违背逃奴法案的法律，实际上是非常不同的法律。

自由主义与保守主义

回想一下早先从《独立宣言》中摘引的句子：“我们认为下面这些真理是不言而喻的：人人生而平等，造物者赋予他们若干不可剥夺的权利，其中包括生命权、自由权和追求幸福的权利。为了保障这些权利，人类才在他们之间建立政府，而政府之正当权力，是经被治理者的同意而产生的。”

这意味着什么呢？政府应当改善自由，支持我们追求幸福，但是，这并未告诉我们应该追求何种幸福之路：选择还是在于我们自己。这是经典的自由主义政府模式，诚如约翰·斯图尔特·密尔在《论自由》(*On Liberty*)中所言：政府支持任何公民追求幸福的任何理念（只要该追求没有干涉追求幸福理念的他人）；不过，这并未倾向于某种幸福理念，或者支持某种好生活的理念，胜过其他理念。如何最好地追求你的幸福的选择，还是在于你自己。政府只是保障和保护你追求你自己所选择道路的自由。

> 当政治哲学家讨论自由与保守的观点的差别时，他们使用那些术语的方式和它们在当代政治中使用的方式非常不同。尽管这样表达过于简单，当代自由主义者基本上相信一个强大的政府角色，然而，保守主义者却想要一个角色最小化的政府。例如，自由主义者更可能赞同由政府资源支持的全民健康保健计划、食品与药品安全政策，其中，政府的监察人员将会仔细监管食品与药品安全、工作场所的安全、政府的银行调控以及金融制度，从而防止腐败、

保护消费者免于欺骗性的借贷事项。当代保守主义则不太可能赞同这样的政府计划，或者说至少他们希望将其最小化。“自由主义”与“保守主义”两个词在传统使用上是相当不同的（我们在这个部分讨论的正是它们的传统使用含义）。根据这些术语的传统用法，“自由主义”相信，政府在你希望如何去生活方面，应当保持中立（你是否应当相信宗教，信什么教，坚持何种价值）；同时，改善与保护的价值只限于提高你选择自己偏爱的生活方式的权利。传统的“保守主义”则坚持，政府应该积极地促进优良的生活方式（包括正确的价值，也许还有真正的宗教）。为了区分“自由主义”与“保守主义”两种不同的用法，我们将遵从标准做法：把传统用法的“自由主义”与“保守主义”分别叫作“古典自由主义”与“古典保守主义”。

古典自由主义当然不是价值中立的。它捍卫某种非常具体的价值：言论自由、宗教信仰自由、结社自由和宽容。就是说，如果人们自由地追求他们自己的目标、价值和生活，它所捍卫的是那些基本的自由。根据这个模式，你可以自由地追求任何你期望的宗教信仰，或者根本不相信任何宗教，只要你不伤害他人，也不干涉他人对其信念或反对信念的追求；而政府把这一切交给每个公民，不赞成也不反对任何宗教。显然，根据古典自由主义模式，在完全的公民身份的条件下，政府不能强制你服从一个国家支持的宗教，不能阻止你相信国家认为是错误的宗教，也不要求你抱有任何宗教信念。但是，它既不应该促进一个具体的宗教观，比如，通过在法庭里张贴《十诫》。因为人们希望政府在关于追求幸福和好生活的最好方式上，保持中立。而上述的问题是每一个公民有权自己作答的问题，这样，政府的唯一兴趣就是保护权利免受干涉。

我的邻居说有二十位神或没有神，并没有伤害我什么。这既没有让我破费，也未伤害到我的身体。

——托马斯·杰斐逊

同样的情况也适用于言论自由。公民必须是自由地听取、表达和促进他们期望的想法，因为只有通过这种自由，我们才能发现何种理念最符合我们自己的幸福理念。只要你不伤害、不干涉他人，你就应当能够展开你对幸福的追求：无论那是深思熟虑的还是草率的，放荡的还是直率的，宗教的还是非宗教的，醉醺醺的还是清醒的。

如果一个人跟不上他的同伴们，那也许是因为他听的是另一种鼓声。让他踏着他听到的音乐节拍而走路，不管那拍子如何，或者在多远的地方。

——亨利·戴维·梭罗，《瓦尔登湖》（*Walden*），1854

与古典自由主义模式不同的是，古典保守主义观点相信，就如何追求他们的幸福，公民应该被给予更多指导——甚至是一些限制。尝试通向幸福的新路径与其说产生善，更可能造成伤害，公民应当被鼓励甚至可能是被要求着去服从那已被检验为有价值的传统道路。我们通过多年的经验已经学会，某些生活方式会有更好的后果，且对社会福祉会有更多建设性的贡献。这个传统智慧是名副其实的，不应该置之不理而去赞同不可靠的生活和信念尝试，那往往会引向不幸的道路。

> 人们普遍认可，某种共有的道德，即某种普遍赞同的是非观念，在任何社会的构成中都是一个基本要素。舍此，社会将失去凝聚力。
>
> ——帕特里克·德夫林勋爵（Lord Patrick Devlin），《道德的强制》（*The Enforcement of Morals*），1965

像古典保守主义一样，社群主义（communitarian）也相信社会应当促进一个具体的价值构架，但是，他们却提供了一个迥异的合法性证明。社群主义者坚持认为，社会构造要求某种普遍而深切的价值。相比只是促进个体自由，把社会维持在一起作为功能良好的合作整体，需要一个更加坚实的价值构架，需要更深的价值，让社会的所有成员获得社群的共享感、共享的身份与共享的目标。对社群主义者来说，主要问题不在于促进被时间和传统证明为正确的价值，更在于维持和延续一个普遍的价值构架，从而强化社会多元多样的成员之间的合作纽带。

积极自由与消极自由

古典自由主义模式把政府看成个体自由的保护人和促进者。但是，促进个体自由又是什么意思呢？对这一问题存在两种回答，从而导致了理解政府角色的两种不同观点。身处争议中的双方相信，政府的基本角色是促进个体自由，但是，对于角色内容则意见不一。消极自由观把政府角色看成保护个体自由免受干涉。被保护的自由是，如你希望地那样行动的自由。当你对他人既没有构成伤害也没有构成威胁时，如果有人试图伤害你，或有人干涉你的行为，那么，政府就应当介入来保护你，否则，你就依靠自己来自卫。

> 美国人往往被误认为是讲究身份和档次的，但是，原则上我们都自信地认为，他们都将同意平等这一信条。当我们说共同体的所有成员（就社会所涉及的而言）应该有着平等的机会，对他们会一致地赞同这一点，我们感到很有把握。但是，平等机会意味着平等的起点。好像无人可以假装认为出发点不平等之处，竟会有平等的机会。继承了万贯家财的年轻人和出身贫民窟的人，起点能算公平吗？他们会有平等的机会吗？也许可以说，两种人都可以自由发展到如其所愿的高度——拥有万贯家财者遥遥领先，而出身贫民窟者白手起家。但是，也可以说，纽卡斯尔公爵（Duke of Newcastle）的长子，和那些公爵的最低等佃农之一的长子，是平等的，因为两者都毫无疑问可以尽其所能地自由发展——一个以公爵身份起步而遥遥领先，另一个则身无分文。可是，假装如此认为只不过是个笑话而已。
>
> ——奥雷斯蒂斯·布朗森（Orestes Brownson），《劳动阶级》（“The Laboring Class”），1840

从积极自由的视角看，该种不干涉路径并非促进自由的最佳方式。毕竟，为了有效地追求我们自由选择的道路，我们通常要的还不只是不干涉。例如，假设你所选的价值是写一本小说或做出科学发现。如果你没有资源获取一个体面的教育，那么，这些选择将与你无缘；偏好路径的关闭对你真实的自由而言，是一个严重的阻碍。真正说来，如果我们没有获得合理的教育，很多途径都会向我们关闭；事实上，缺乏这样的教育机会，很多自由之路不仅会对我们关闭，而且会实际上地无法照面。出于这个原因，大多数看重自由的国家都为每个公民（不论贫富）提供了接受良好教育的机会。如果没有提供这样的教育机会，或不是普遍提供的，或严重不达标，我们能够得出这样的结论：该社会并非真正地看重每个人的自由，无论它成天歌颂何种口号。

> 不仅是一个人的自由为教育所拓展，而且也被“错误的教育（miseducation）”所限制——通过反复灌输这样的理念和态度，即调整一个人与其现存的环境相适应或在某种具体指向上改变一个人的选择。这部分上将是诱导和有意识的操控的问题，就像在政治宣传或商业广告中采用的形式一样，然而，这部分上也是无意识地接受他自己所在的共同体的偏见和思维模式的问题。结果，一个人做选择的能力将需要质疑和评判主流态度的能力；那也是一种通过正确的教育方式才能培养起来的能力。
>
> ——理查德·诺曼（Richard Norman),《自由与平等》(*Free and Equal*, Oxford: Oxford University Press, 1987）

当然，一个体面的教育绝非自由最大化唯一的基本需要。缺乏体面的健康护理也对一个人的自由构成严重的限制。如果缺乏良好的健康护理，或营养不良，或一个有毒害的环境会导致慢性病或严重的疲乏，那么过一种丰富自由的生活的可能性就严重地降低了。因此，再说一遍，真正看重个体自由与每个人发展机会的国家都会确保，所有的公民都有接受良好教育、健康护理和足够营养的机会。想象一下，被剥夺良好教育机会的人，又染上了如果有良好的基本健康护理就可以防治的并发症，整个一生中还缺少获得充足而健康的食品的途径。现在，当他 21 岁时，我们说“生日快乐；如今去享受你的充分自由，追求你自由选择的道路吧；而且，我们保证不干涉你充分践行自由”。这听起来更像是一个残酷的嘲讽，而非享受自由生活的真正邀请。

> 我对社会与经济巨大的不平等是如此熟悉，以至很容易变得迟钝。但是，如果每个人都和其他人一样地重要，那么这听起来就是骇人听闻的：我们能够设计出来的最有效的社会系统竟允许这么多人出生在严酷的匮乏状态，让他们过上体面生活的憧憬归于破碎，而许多其他人自出生以来就条件优越，逐步控制了大量的资源，自由地享受着远远超过体面之外的实惠。这些物质上不平等的互镜（mutual perception）只是更广泛的社会地位、个人自由和自尊不平等的一部分。收入高、教育全面、继承丰厚、家庭人脉广以及位居上流的人受人拥戴，并且在很多文化里，他们都被与与此无缘者区别对待。一个人不能无视逃离此境的困难，然而，我们也没有理由不去憎恨它。
>
> ——托马斯·内格尔,《平等与偏倚性》（*Equality and Partiality*, New York: Oxford University Press，1991）

阅读部分

论人类不平等的起源

让－雅克·卢梭

让－雅克·卢梭（Jean-Jacques Rousseau，1712—1778）生于瑞士日内瓦，在法国度过了他绝大部分的时光，因而被看成法国哲学家。在18世纪法国大革命期间，卢梭是突出的且有影响力的文化人物，他的思想影响了法国大革命。下面的内容选自《论第戎科学院设立的命题：什么是人类不平等的起源？这是由自然法的权威赋予的吗？》（“A Discourse on a Subject Proposed by the Academy of Dijon: What Is the Origin of Inequality Among Men, and Is It Authorized by Natural Law？”），当然，该文广为人知地简称为《论人类不平等的起源》。该文写于1754年，本版本由G.D.H. 科尔（G. D. H. Cole）翻译成英文。

托马斯·霍布斯的《利维坦》，作为社会契约理论的经典来源，可以在本书第十二章看到。卢梭提出了一个非常不同的社会契约模式，该契约源于其迥异的“自然状态”的图景，以及其致力的生活在政府约束下保持个体自由。

第二部分

第一个把一块土地圈起来并想到说“这是我的”，而且找到一些头脑十分简单的人居然相信了他的话的人，就是文明社会的真正奠基者。假如有人拔掉木桩或者填平沟壕，并向他的同类大声疾呼：“不要听信这个骗子的话，如果你们忘记土地的果实归大家所有，土地是不属于任何人的，那你们就要遭殃了！”……

人类最初的感情就是对自己生存的感情，最早的关心就是对自我保护的关心。土地的产品，供给他一切需要的东西；本能告诉他如何去使用这些东西。饥饿以及种种欲望，使他多次经历不同的生存方式，其中之一促使他绵延他的种类；而这种绵延种类的盲目倾向，由于缺乏任何内心情感，因而只能产生一种动物性的行为。需要一经满足，两性便互不相识，而孩子一旦能够离开母亲独立生存，也就与她毫无关系了。

……

随着观念和感情的互相竞争，精神和心灵发挥作用，人类逐渐放弃了他们的原始野蛮。随着他们界限的扩大，他们的私人关系也就日益紧密。人们习惯于聚集在小屋前面或大树周围，歌唱与舞蹈——爱情和闲暇的真实产物——变成了悠闲的、成群的男女们的娱乐，甚至，成为他们的日常生活事项。每个人都开始注意别人，也希望别人注意自己。于是，公众的重视具有了一种价值。最善于歌舞的人、最美的人、最有力的人、最灵巧的人或最有口才的人，变成了最受尊重的人。这就是走向不平等的第一步，同时也是走向邪恶的第一步。从这些最初的区分中，一方面产生了虚荣和轻蔑，另一方面也产生了羞愧和羡慕。这些新影响所引起的纷扰，终于产生了对幸福和天真生活的致命后果。

一旦人们开始相互评价，一旦尊重的观念在他们心灵中形成，每个人都主张自己有被尊重的权利，而且，毫无损失地拒绝任何人的主张已成为不可能的了。由此，便产生了最初的礼让义务，甚至在野蛮人之间也是如此。从此，一切有意的侵害都变成了侮辱，因为除了由于侵害所造成的伤害外，受伤害者还认为那是对他人格的轻视，而这种轻视往往比伤害本身还更难以忍受。

这样，由于每个人对他所受到的轻视怎样予以惩罚，是按照他对自己尊重的程度来决定的，所以，报复就变成了可怕的事情，人也就变得好杀而残忍。我们所知道的大多数野蛮民族，都曾达到这样的程度。这是因为很多作者没有在我们的观念中做出适当的区分，没有注意到这些民族已经远离自然状态有多远，就草率地得出结论说，人天生是残忍的，需要文明制度来使他们变得温和。实际上，再没有比原始状态中的人更温和的了，在那个时候，人被自然安排处于野兽的愚钝和文明人的致命的足智多谋的中间状态，他被本能也被理性所限，只知道防备威胁他的危害，他被自然的同情心制约，不会主动加害他人，即使受到他人的侵害也不会那样去做。因为，按照智慧的洛克的格言：在没有财产的地方是没有侵害的。

但是，我们也应当注意，已经建立的社会和在人们之间已经建立起来的种种关系，要求人们所具有的性质，不同于他们的原始体质中所有的性质。由于道德观念已开始进入人类行为中，并且在没有法律以前，每个人都是自己所受侵害的唯一的裁判和复仇者，因此，适合纯自然状态的善已不适合新产生的社会……我们所发现的野蛮人，几乎都是处在这种状态。从他们的事例中，似乎可以证实，人类应该停留在这样的状态。这种状态是世界的真正的活力期，后来的一切进步只是在朝向个人完善方向上的表面的进步，而实际上它们朝向人类的没落。

……

一匹未驯服的马一看到缰绳就竖起它的鬃毛，用蹄踢地，激烈地抗拒。一个人被训练后甚至可以忍受鞭打，然而野蛮人决不会向文明人不加埋怨服从的东西低下他们的头，他们会选择最混乱的自由状态而不是最平和的奴役状态。所以，不应当根据被奴役的民族的屈服，而应当根据一切自由民族为抵抗压迫而做出的惊人的努力来判断人类的天性是倾向于奴役还是反对奴役……

公民不服从

亨利·戴维·梭罗

亨利·戴维·梭罗（Henry David Thoreau，1817—1862）以《瓦尔登湖》最为人知，该书记述了他尽可能简朴而独立地生活在瓦尔登湖畔小木屋的一段时光。他热烈拥护个体思想和行动的自由，痛恨政府干涉他生活的任何方面，因为他相信这些都应该留给个体自己来选择。他也强烈反对奴隶制，对美国入侵墨西哥给予了尖锐的批评。梭罗将此看成帝国主义恃强凌弱，带着扩张奴隶制区域的基本目的。《公民不服从》（“Resistance to Civil Government”）一文写于1849年，至少部分地受到了他因拒绝纳税而被捕入狱的经历的启发，因为，他认为公民的税收基本上用来支持对墨西哥的战争了，而他认为这个战争在道德上是错误的。这是对个体拒绝服从本国法律（该法律被认为是践踏了个体良知、价值或原则）权利的典型捍卫。

……

一个人何以竟如此对待目前的美国政府？我的回答是：与它发生关系不能不令人感到耻辱。我暂时还无法承认，这个政治组织既是我的政府，又是个奴隶的政府。

每个人都承认革命的权利；这便是说，当政府沦于暴政，或它效力极低、无法忍受，有权拒绝向其效忠，且有权对其反抗。然而，几乎所有人都会讲，而今的情形并非如此。他们认为，1775年革命时的情形才是如此。若有谁告诉我，这政府太坏了，它竟对进口的一些外国商品征税，我则很可能不为此劳神，因为无此我也能够做事。所有的机器都免不了摩擦；没准儿这摩擦还能够平衡弊处。无论如何，对此搅起场争论是个大错。可是，当摩擦占据了机器，组织起来进行压迫和掠夺，要我说，我们就别再抱着这机器了。换句话说，若一个国家被广泛认为是自由的庇护所，其人口倒有六分之一是奴隶，若整个国家遭到外国军队不公正的蹂躏和征服，并置于军法控制之下，我认为，诚信的人就该立即起而反抗、革命。而下述事实又使得这一义务更其迫切，即这个如此横遭蹂躏的国家并非我们的国家，而我们的军队却正是侵略军……

诚然，人并无义务致力于消除所有的——甚至是最大的错处，他还可以适当地关心其他事情。然而至少，他的义务乃是不参与那些事情，且若无暇思考时便不再予以实际的支持。若我致力于追求及考量其他事情，我至少先得弄清，我在追求时不至增加别人的负担。我得先容忍他，而他也好做他的考量。得弄清楚，我们之间的不一致在多大程度上能够容忍。我听到我的一些同乡讲，“我宁可等他们向我下令，叫我帮助镇压奴隶的造反，或者远征墨西哥——再来看看我该不该去”；不过这些人毕竟直接用他们的忠诚，以及，至少间接用他们的金钱，供给了替代品。拒绝参加不正义战争的士兵，受到不拒绝支持进行该战争的不正义政府的人们的喝彩，受到轻视自己的行为与权威的人们的喝彩。就好比国家犯了罪，雇个人来鞭打它以表示悔罪，却不愿将这些罪行一下抛却。这样，以秩序及市民政府之名，我们到头来全给害得去尊敬并支持我们自己的自私。第一次犯了罪会愧不可当，以后就会变得无动于衷；从对不道德无动于衷变得不讲道德，将其视为我们生活绝非多余的部分。

最广泛、最普遍的错误，需要最为冷漠的性格来维持。高尚的人最易受到的，是一种轻蔑的指责，说他们缺乏爱国主义美德。人若不赞成政府的特征与举措，同时，却不吝给予政府忠诚与支持，无疑才是其最为谨慎的支持者，因此也往往构成改革的最严重的障碍。有人恳求州政府解散了联邦，不必理会联邦总统的要求。何以他们自己不去解散——解散他们自己与州政府之间的联盟，不去拒绝给州财政纳税？他们同州政府的关系，与州政府同联邦的关系又有何不同？

若是州政府可以反抗联邦政府，他们自己难道就没有同样的理由反抗州政府?

人何以能满足于仅仅持有一种意见，还要为此沾沾自喜?若他的见解不过是他愤愤不平的东西，这里又有何欣慰之处?若你仅有的一块钱被邻居骗走，你绝不至搞清你受了骗，或者讲你受了骗，甚至求他把钱还给你就心满意足了；你总该马上采取些有效的步骤，讨回你的钱，还要使自己再不至受骗。按照原则来行动，理解并践行正确的原则，将会使得事物及其关系大大改变；从根本上讲，这便是革命，而绝非与现存的一切相苟同。它不仅会分离州与教会，还会分离家庭；或者可以说，它将分离个人——将其恶从神圣中分离开来。

不公正的法律依然存在：我们是甘心服从这些法律，还是致力于修正它们，在达到目的之后才来服从，或者立即破坏了它?在如此的政府之下，人们一般认为应该等待，直到说服多数人修正这些法律。他们觉得，若他们起来反抗，其补救手段会造成更糟的恶。然而，若补救手段真造成了更糟的恶，这乃是政府的过错，是它才使其变得更糟。为何它不更善于预见改革并为其提供条件?为何它不保护其智慧的少数派?为何它受到伤害后才晓得呐喊与反抗?为何它不去鼓励公民关注并指出它的错误，以便做得更好一些?为何它总是钉死基督，总是将哥白尼和路德逐出教会，总是指责华盛顿和富兰克林策动叛乱?

人们会觉得，有意实际拒绝政府的权威，乃是政府未曾料想过的唯一一种违法行为。否则的话，何以未曾为其做出界定，给出适当的刑罚?如果一个没有财产的人只有一次从国家偷走九个先令，他便会被关进监狱——而据我所知，所有法律都不给这定期限，而全凭使他置身此境地的人自行决定；可如果他足有九十次从国家偷走九个先令，用不了多久他便会逍遥法外。

如果不公正是政府机器必然产生的摩擦的一部分，就随它去吧，随它去吧，没准儿它会磨得光滑呢——机器肯定会被磨损殆尽的。如果不公正自有其弹簧、滑轮、绳索、曲柄供它自己使用，或许你会认为，补救的手段恐怕不至造成更糟的恶；然而，如果它的本质便是要求你对他人做不公正的帮凶，那么我要说，就打破这法律好了！就用你的生命做个反摩擦力，阻止这台机器吧！无论如何，我要做的是，绝不屈从于我所诅咒的错误。

而州所提出的补救恶的方式，真是我闻所未闻的。这些方式徒耗时日，人的一生简直难以企及。我自有其他的事情要做。人生在世，并非要把这个世界变得适于生活，而单是生活于此，管它过得好也罢坏也罢。人不可能事事都做，而只能做一部分事情；因为他做不到事事都做，他便不必要做错事。我不必向州长与立法机构请愿，他们也无须向我来请愿；况且，若他们不听我的请愿，那我该怎么办?然而，在这种情形下，该州便是把事情做绝了：它的宪法也成了恶。这或许会显得粗暴强硬、不讲调和；然而，只有值得赞赏的精神才会被以最大的友善和尊敬对待。为了更好，只能全部改变，一如生和死给人带来的变动一样。

我毫不犹豫地认为，那些自称为废奴主义者的人，都该立即收回对马萨诸塞州政府人力与财力的支持，不要等到他们构成了多数，让公正靠他们而得胜。我想，有上帝与他们同在已经足够，不需要其他。况且，一个人如果能比邻人更公正，这便已经构成了多数……

在其监禁行为存在着不公正的政府之下，适合正义之人的地方也便是监狱。如今，马萨诸塞州为自由之士和不屈不挠的人们设置的唯一适宜的场所，便是监狱，以让他们在那里为州政府的行为而怒不可遏、与世隔绝，正如他们已经因他们的原则而怒不可遏。在这里，逃亡的奴隶，假释的墨西哥犯人，申辩其种族恶名的印第安人，都不乏其人；在这一与世隔绝然而更加自由、高尚的土地上，州政府关押着不依附于它而是反对它的人——在蓄奴州里，自由人能够坚守其荣誉的唯一地方便在于此。若谁觉得在此便失去了影响，发出的声音也不再令州政府气恼，觉得在围墙内再也无从为敌，他们便是不晓得真理是多么强于错误，不晓得他能够何等雄辩而有效地同他有了一点亲身体验的不公正战斗。你的代价是你整个的投票权，那不过是白纸一张而已，然而你的整个影响却绝未丧失。若少数服从了多数，它便失去了力量；它甚至连少数也算不上；而若它倾其力来对抗，它便不可战胜。若州政府要在将所有正义之士关进监狱与放弃战争和奴隶制之间做选择，它会毫不犹豫地做出选择。如果今年有一千个人不纳税，这个方法既非暴力，也不会流血，正如纳税可以让州政府实施暴力，让无辜的人流血一样。事实上，这就是和平革命的定义——如果说这种革命可能的话。如果有征税官或其他官员问我，正如其中的一位已经做过的，“但我该怎样做？”我的回答是，“你如果真想有所为，不妨辞职。”当臣民拒绝了效忠，当官员辞去了官职，革命就算大功告成。不过，我们还是要假设，血总是会流的。难道良心受伤就不流血？从这伤口流出的，是人真正的人性和不朽，而他流向的是一种不朽的死亡。眼下我便看到了这种血在流。

……

论自由

约翰·斯图尔特·密尔

约翰·斯图尔特·密尔（John Stuart Mill, 1806—1873）生于伦敦，毫无疑问地是19世纪最著名的英国哲学家。他关于经济学、政治哲学、伦理学、逻辑学和女权的论著在19世纪被广泛阅读——尤其是关于伦理学和政治哲学的论述——在今天也具有影响力。密尔的主要著作包括《逻辑体系》(*A System of Logic*, London, 1843),《政治经济学原理》(*Principles of Political Economy*, London, 1848),《论自由》(*On Liberty*, London, 1859),《功利主义》(*Utilitarianism*, London, 1863),《对威廉·汉密尔顿爵士哲学的考察》(*An Examination of Sir William Hamilton's Philosophy*, London, 1865)，以及《女性的服从》(*The Subjection of Women*, London, 1869)。他对功利主义伦理学的发展和提炼，以及他的著作《论自由》——密尔自己认为是他最可能经久流传的著作——确保了他在伦理学史上的地位。下面的节选就出自《论自由》一书——是对思想自由经久不衰的且流行的捍卫。

本文的目的在于主张一条极为简单的原则，使社会以强制和控制的方法对付个人的事，不论所用手段是法律惩罚方式下的物质力量或者是公众意见下的道德压力，都要绝对以它为准绳。这条原则就是，人类有权个别地或者集体地对其中一员的行动自由进行干涉，其唯一目的是自我保护。这就是说，对于文明群体中的任何一员，能够违背其意志而正当施用一种权力的唯一目的是要防止对他人造成伤害。他自己的好处，不论是物质上的或者是道德上的好处，都不能成为一个充足的理由。人们不能正当地强迫一个人去做一件事或者不去做一件事，说因为这对他比较好，因为这会使他比较快乐，因为这在别人看来是聪明的或者甚至是正当的。所有这些理由，若是为了告诫他，或是为了和他讲理，或是为了说服他，或是为了恳求他，那都是好的理由；但只是不能借以强迫他，或者说，如果他不这样做便要使他遭受什么恶。要使强迫成为正当，必须是所要对他施以阻止的行为将会对他人造成恶。任何人的行为，只有涉及他人的那部分才需要对社会负责。在只涉及自己的那部分，他的独立性在权利上则是绝对的。对于他自己，对于他自己的身心，个人乃是最高统治者……

但是也有这样一类行为对于社会来说，就其有别于个人之处来看，只有（假如有的话）一种间接的利害。这类行为的范围包括一个人自由、自愿、未受欺骗地同意和参与的只影响到他自己的生活和行为的部分，或者也影响到他人的部分。当我说只影响到他自己，意思是说这影响是直接的、最初的，因为影响他的都会通过他而影响到他人，建立在这种可能性上的反对也要在后续中予以考虑。那么，这就是人类自由的适当领域。这个领域包括，第一，意识的内在领地，在最广义的意义上要求自由的良心的领地，思想和感情的自由，在不论是实践的、思考的、科学的、道德的或神学的等一切学科上的意见和情操的绝对自由。说到表达和出版的自由，因为它属于个人涉及他人行为的那部分，似乎要归在另一原则之下；但是，由于它和思想自由本身几乎同样重要，所依据的理由又大部分相同，所以在实践上是和思想自由分不开的。第二，这个原则要求趣味和追求的自由；要求制订自己的生活计划以符合自己性格的自由；要求按照自己喜欢的去做的自由，同时承受会导致的后果。这种自由，只要我们的所作所为并无害于我们的同胞，就不应遭到他们的妨碍，即使他们认为我们的行为是愚蠢、有悖常理或错误的。第三，随着每个人的这种自由而来的，在同样的限度内，还有个人之间联合的自由；这就是说，人们有为着任何无害于他人的目的而彼此联合的自由，只要参加联合的人们是成年人，又不是出于被迫或被欺骗。

任何一个社会，如果上述自由整个说来在那里不受尊重，那就不算自由，不论其政府形式是怎样的；任何一个社会，如果上述自由在那里的存在不是绝对的和没有限制的，那就不算完全自由。唯一名副其实的自由，乃是用我们自己的方式去追求我们自己的好处的自由，只要我们不试图剥夺他人的这种自由，不试图阻碍他人取得这种自由的努力。每个人是自己健康的适当监护者，不论是身体的健康，还是思想的或者心灵的健康。人类彼此容忍各自按照对自己来说好的生活去生活，比强迫每个人都按照对他人来说好的生活去生活，所获得的要多。

自由与正义

埃里克·麦克

埃里克·麦克（Eric Mack）是图兰大学哲学教授，墨菲政治经济研究所（Murphy Institute of Political Economy）成员。他强烈拥护自由主义政治思想，对积极的自由主义立场给予猛烈批判。他在财产权、分配正义以及法哲学方面发表了广泛的论述。

在下面的文章里，麦克赞同“坚定的个人主义（rugged individualism）”的自由主义体系，而休·拉福莱特（Hugh LaFollette）则批判该观点并捍卫一个更加合作与互相支持的社会。两者的根本分歧是哪一个模式实际上更能保护、支持个体自由；而论证的核心是积极权利与消极权利的区分。麦克对消极的多样性坚持有限的权利：基本上是不干涉的权利。拉福莱特支持同时也包含积极权利的更宽泛的说明：提高一个人实践自由机会的资源的权利。

在这篇论文中，我的主题是，一方面是为了权力分散（decentralization）和参与，另一方面是为了正义的连贯而富有吸引力的计划，这可以在我将指称的、可供选择的洛克的或自由主义的权利理论的实践中找到。既然在这一权利理论里表达的中心价值，是尊重个体自由，那么我将论证，尊重自由包括权力分散、参与和正义。第一部分对于权力分散和参与的强调，有助于突出其中个体洛克式的权利被重视的任何社会的自由市场机制和交易的重要角色。在这样的社会里，政治制度和实践将被替换成自愿联合的形式。市场交易和关系在范式上变成自愿的。尽管我将证明，个体权利的充分实施会需要国家本身被废除，为了当下的目的，我们可以把国家想象成以守夜人形式的持续在场。那就是说，我们将设想一个被成功地限制于保护洛克式个体权利的国家。在下面的部分，我将捍卫一个在本文一直被使用的自由概念（以及强制的概念），以表明在尊重自由和尊重正当私有财产之间的一致性。在这部分里，自由的价值，尤其是施加在人们头上的强制的错误，构成正当私有财产概念名称的基础。

洛克的权利与市场关系

根据洛克的或自由主义的权利观，每个人对生命和自由拥有自然道德权利。这就是说，拥有一项对其人格与活动免于强制的自由的道德权利。每个人拥有这些权利对抗任何其他人，相关地，每个人都受到自然道德义务的约束而不去强制任何其他人。而且，人们可以通过劳动、生产或互相的自愿转移，把多样的外部客体（如田地、工具等）变成财产权。关于澄清和捍卫这些洛克的主张，无论存在什么哲学上的困难，其一般意义是足够清晰的。如洛克所言，每个人天然地“是自己人格和财产的绝对主人”。

……

我们能够想象什么叫作前市场的洛克的社会（premarket Lockean society）。商业、契约权利和义务并不存在。每个人（生存着的）都要有财产并自给自足。这里，我们得到了经济与社会权力分散的缩影。每个人对他自己的领域行使自主权，做他认为适合的事情，只在不干涉别人相应的自主权的消极意义上协调自己与他人的行动。享受自由不等于说享受一切，甚至不意味着去享受值得享受的一切。而是说，要经受某种与他人的关系，从而免于在所进行的构成一个人生活的活动中他人造成的中断。

尽管无人被迫这么做，但是，从构成前市场社会特征的社会与经济上孤立的类型中逃离出来，还是极大地取决于一个人的利益。典型地，存在很多在一个人控制内的事情，例如，他的劳动或者他的某些劳动产品，他会热切希望与另一个如他自己一样的人交换果实（在其控制内，也热切希望交换劳动产品）。大多数这样的交换导致了附加交换的可能性和可欲求性。类似地，人们会同意，这更多不在于交换，更在于形成多方面的活动、社交、礼拜等。自愿的协议或许可降低或重构人与人之间原初的隔阂，也超越了相关各方偏爱的现状。在个体间自由协议将会产生的巨大的社交网络之内，商务、联合、友好社团、慈善组织将会出现，全部列举出它们的方式将是枯燥的。至少，当个体在其领地里时是安全的，在他们的源于同意的权利（无论简单还是复杂）将被尊重的期望中，他们是安全的。

当然，两个平等地是这样复杂协议与自愿协作产物下的社会，也许是非常不同的。其区别可以追溯到文化与审美、科技水平与自然资源上的变化，以及在个体偏好中对这些与其他因素反思上的变化。但是，任何如此这样的契约社会的一个核心特征将会是，它是“为市场”的商品和服务的产物，即企业、公司、个体或任何出于向对方销售为目的的商品与服务的产物。为了实现他们在商品与服务交换中想得到的目的，生产者会倾向提供那些需求最强烈的商品与服务；在其生产中倾向使用那些需求最不强烈的资源。因此，在为市场的生产中，效率倾向就出现了。尽管在个体的洛克式权利受到尊重并且个人都不是以自足的隐士而生活的社会里，市场会成为中心，但我们不认为，在这样的社会里个体之间所有的联合和协作，会在令人感兴趣的意义上是经济的。

谈到权力分散，洛克的市场社会好像把握住了关于前市场权力分散的一切值得欲求的东西，同时又包含了权力分散的其他维度。每个个体自由地维持着前市场的孤立状态，无论这对他来说是多么不舒服，无论对他进入不同社会角色来说是多么令人厌恶。当然，在未进入社会关系之前，就拥有技术和资源，过一种宽裕却又孤立的生活，这样的人是罕见的。不过，关键问题在于，无人曾被强制与他人协作，而每个人在其全部一生中（由于长期契约关系而致的复杂性姑且不论）自由地把自己与他人的行动分割开来，即自由地从某种特定的或所有的协作中退出。关于任何单个人生活与财产的所有决定都集中于特定的个人。相似地，无论何时做出关于超出一方的生活、活动或财产的决定——关于一项交换或某个协调的活动的决定——该决定都集中于那些所涉及其人格或财产的个体身上。未涉及其生活或财产的人都没有任何发言权。因此，决策是高度集中的，而非根据任何政治的法令，而是出于尊重道德上的命令：不要越过个人权利界定的界线。考虑到洛克的权利概念，这个命令排除了在一般的社会行为中拥有发言权意义上的参与。

消极自由与应得权利

对先前所呈现论点的大量反驳，是出于对强制概念和我所使用的相关（消极的）自由概念的不满。要求强制应当被回避，或者相应地，作为最高的社会－政治原则的自由应该被尊重，对于这一点，也可能存在一些怀疑。为了回应这些不满与怀疑，我用一种非常简略的方式来呈现一个两阶段的论证。首先，我对强制提供一个更加简明的具体刻画，以表明那些不被允许的行为结果证明是强制性的（侵犯自由），而被认为是允许的行为结果表明是非强制性的（没有侵犯自由）。其次，我认为要求特定的非强制（即尊重自由），应该被尊奉为最高的社会原则。

对我所使用的强制和自由概念不满的表现，通过詹姆斯·斯特巴（James Sterba）提供的论证可以看到。对比低薪雇用情形中的个人社会保险税，他写道：

……当要求一个工作人员，在不承受更大经济损失的条件下，支付500美元社会保险费，且不侵犯他的个人自由时，如何才能让一个人在承受更大经济损失的条件下支付500美元社会保险费，而侵犯他的个人自由？显然，情况似乎是：如果一个要求限制了他的自由，那么，另外一个也同样限制了他的自由。

这种论证就蕴含着，自由除了被自由主义所认可的方式外，还可能被其他更多的方式否定掉。甚至，在自由自身的名义下，为了消除不被他们认可的对自由的否定，限制被自由主义者珍视的自由，看来就是必要的、适当的。

对斯特巴的论证有短的和长的两个回答。简短的回答是，在第一种情况下，受到威胁的是，剥夺受到威胁一方有权拥有的东西；而在第二种情况下，受到威胁（谁施加的呢？）的是，没有雇主会比当前的雇主为求职者提供更多的薪酬。这就是为何社会保险事务牵涉到客观对待一个人，而求职者的情况则不需要。但是，这个简短回答并没有把关于自由（或强制）的情况区分开来。为了回答关于强制的情况，一个人必须论证，被剥夺或受到非自愿剥夺的威胁，正当地持有财产（社会保险的例子），乃是被强制、遭受自由之践踏，而不是提供某个其他一方正当拥有的财产，乃是不被强制、不遭受自由之践踏。那就是说，一个人深化了财产权，回应了就强制（或自由）而言的回答，其方式是通过表明A能够被这样地关联到某物，即未经其同意而剥夺其财产是对其强制，且鉴于如此关联到某物之故，A就有权为之。因此，如果A对某物有权利，那么，未经同意而对之剥夺则构成强制。这种对财产权的深化，回应了就强制而言的回答，这也将表明非强制的要求为何包含了一个人的正当私有财产（其权属）也应受尊重的要求。

简而言之，论证展开如下。A正当获得的对象O，涉及A时间与精力的有意识投入，其结果是O变成A完成目的（进行的，也可能是间歇的）的工具。既然强制牵涉到对一方当事人有目的活动的非同意（对另一方而言）的干涉，那么，未经当事人同意而剥夺其正当所得，就构成强制。对比之下，没有给某人提供某物或服务等，不涉及干涉到他使用（可能的）活动工具的活动。不给某人的某种活动提供手段是一回事，而干涉其正在从事的活动则是另外一回事。如果A正当地拥有某物O，而B非强制地且只要征得A同意，就能够得到O。否则，B将会非一致同意地剥夺另一方（A）业已成为其目的的工具，而取得某物O。在这个意义上，我认为不能为一个人提供某物，就绝非强制，绝非践踏自由，而剥夺一个人业已拥有的作为目的的工具（没有剥夺另一个他为达其目的所获得的工具），则永远是强制，永远是践踏自由。

在斯特巴的社会保险案例中，一个人真正地受到强制行动的威胁，即受到介入到其有目的的行动，或者未经一致同意地剥夺（非强制地）他所有的为达目的活动的工具之威胁。但是，在斯特巴的求职者案例中，没有相对的介入或中断威胁。这不是说，好像求职者已经被提供了薪酬更高的工作，但对于接受这份工作被中断或受阻。求职者的抱怨不是说他已经遭受了某种干涉，而是说他未被提供某种来自雇主的机会。

被要求去参与社会保险的人是被强制的，因为，他受到了一项强制行动的威胁。就是说，他受到了介入其正在进行的有目的行动的威胁，或者是以一个强加的损失形式，阻碍其移动其身体至其他认为合适的所在，或者是在其运用其他对象作为其目的的工具的能力上的一个强加的损失。我们可以说，他受到了被剥夺其对某物的拥有权利的威胁（他在道德上有权利拥有的某物），因为，他正受到可能是强迫的剥夺之威胁。一个人被强制对某物的损失（本来有能力去使用），而另外的人强加了那个损失就是错的。这是因为其他人有义务不去强加该损失，遭受强制损失的人对所涉之物拥有权利。一个当事人对任何某物的权利，取决于其与此的关联，未经一致同意地对此剥夺则构成强制。因此，对非强制的要求，对每一个人自由的尊重，构成他道德权利的基础（包括每个人对自己身体的道德权利，身体可以看成达至其目的的工具）。就正义是一个人拥有其各自被授权之物而言，要求自由也是要求正义。

从权利观看，每个人有意识从自然获得某物，以及从他人自愿转移中获得某物，或通过自愿的互相努力而获得某物，或他没有放弃或卖掉的某物，他都有权利拥有。源于在任何经济活动——其实施洛克的权利并不践踏别人的洛克的权利——中获得的任何私有财产，一个人都有权利拥有。如果某群体的每一个成员的私有财产，都是源自这种尊重权利的过程，那么，在一个群体之内的财产分配就是正义的。如果该群体的成员打算从事不同的尊重权利的经济活动，就是说，不同的自愿的交换或对其资源的不同使用，不同的财产分配就产生了。事实上，如果该分配是由尊重权利的程序产生的，那么，这也会是公正的。因为，分配什么是公正的取决于人们（个别地或集体地）已经实施了他们相应的权利。但是，一个公正的分配唯有在人们自由地实施这些权利时方可出现。因此，达至分配正义的策略必须是，让人们自由从事尊重权利的经济活动的程序性的策略。尽管经济上自由的人可以选择成为经济上的隐士（即保持前市场中洛克式的关系），或者可以同意经济上的公社主义（communalism），很可能大多数单个人或公社将不会选择与他者的公社式联系。而是说，比如他们会选择导致复杂的以市场为中心的社会的经济互动与联合。因此，就权力分散、参与和自由而言，对我们来说受欢迎的社会体系，就是对我们来说受欢迎的正义。

这种自由和正义的规划取决于这个观点，即个体拥有对抗他者的权利——不是可追溯至特定、具体和非强制协议的特殊权利——也就是，对抗干涉的权利。但是，需要注意的是，比如，在彼得·辛格的《权利与市场》里，这个权利概念以某种方式错误地忽略了一个事实：我们是“社会的存在”。只要我们注意到这个事实，马上就会有一个不同的道德视角。现在，假设我们像那种激进的整体主义（organicism）所陈述的那样，采取我们是社会存在的立场，那么很清楚的是，这种不同的道德视角就是必要的。我们每个人实际上正是一个更大的、活生生的、努力奋斗的整体之一部分，整体的福祉在道德上是攸关的大事。如此等等。但是，由于缺乏这种整体主义观，被自由主义错误地忽视的事实是：我们生活于社群（一些人比另一些人在政治上更优越），在各种维度上我们构成互动，我们往往通过对方的眼睛观察自己等。毕竟，自由主义理论家自身关注着以回答规范性问题为目的人之间多样的交互活动。哪些是允许的？哪些是不允许的？犹如观点彼此冲突的理论家们所做的那样，他们聚焦于所有声称的或被认可的权利、义务，提供关于它们何者是基础牢靠的理论。

“社会的存在”策略的模糊性出现在辛格自己的相关论述中。

> 如果我们拒斥独立个体的观念，从人们在群体中共同生活出发，显然，权利无论如何都必须被限定在不干涉的范围内。当人们一起生活，他们或许生于、长于、生活于权利和义务的网络中，这包含帮助处在需要中的他人的义务，以及当自己需要时获得帮助的权利。

首先，我们可以在“独立个体”和“人们在群体中共同生活”两者的对比之处稍作停留。其次，我们应该注意到，一个人不必拒绝独立个体的观念，以便意识到“显然，权利无论如何都必须被限定在不干涉的范围内”。这个自由主义论题并非是显然的——但那并不意味着这是错的。第三，真正“或许”的是，人们生活在一起，存在着基础夯实的积极型的权利和义务的网络。当然，是否存在这个情况就是哲学争论的问题了。而且，假设个体当中存在某种基础牢固的积极的权利与义务，下一个问题就是，它们基于什么而成立？因为根据自由主义的观念，这种个体当中的权利与义务的网络，确实会在自愿的社会联系形成中出现。自由主义理论给其他理论家设置的挑战是，为积极的权利和义务指出一个合理的基础，而非（或附加的）一个契约的基础。这个挑战只是通过提醒我们人们共同生活在群体中，还不能被满足。

但是，自由（以及作为权利的正义）应当被接受为最高社会－政治原则吗？在这个带有强求的说法中，该问题只不过要求为反对强制的自然权利，提供一个充分的哲学基础罢了。这样的基础似乎是聚焦于承认每个人以自身为目的的道德行动者的地位。这将会把不得强制的义务看成，我们对他人行动道德上的边界约束（side-constraint）。这源自一个事实：所有人作为目的性存在者，在道德上都是平等的关系，他们的生命有着价值，同时也不存在一个支配一切的价值可以证明，隶属别人的生活或隶属他人目的的活动是正当的。对每个人而言，他的生活是一个独立且终极性价值的一般事实，在人类互动交往中通过尊重他的自由而被认可，就是说，不是通过隶属任何人的生活，或者隶属任何人目的的一部分或方面。

在《无政府、国家和乌托邦》（*Anarchy, State and Utopia*）一书中，罗伯特·诺齐克（Robert Nozick）摘引如下语句，作为驱动自然权利（反强制）观的观念与论点，“个体是目的而不仅仅是手段，他们不能为了达到他人目的而未经同意地被牺牲或使用”，以及“利用一个人……而没有充分尊重和考虑到这个事实：他是个独立存在，他的生命是他拥有的唯一生命”，并且“不同的个体生命各自独立，没人可以为他人而牺牲……”。在总结消极自由理想的特征时，以赛亚·伯林（Isaiah Berlin）说：

> 对一个人施以威胁说：除非他屈就于一种无法自己选择目标的生活，否则就要迫害他；堵塞他所有去路，而只留一扇门，那么，无论这扇门开向多么高贵的远景，无论做此安排的人，其动机多么慈悲，这些做法都违反了下述的真理：他是一个人，他有他自己的生活方式。

但是，这不能是个人独立的（唯一）事实，或每个人只有他自己支撑其权利的生命的（唯一）事实（即强制别人的错误）。因为，这些权利可以被看成一项计划，召唤所有人联合成一个巨大的社会织体（social sponge）。支撑权利的必须是——至少在部分上——独立存在者的价值、值得欲求之物或正当性，每个人都拥有自己的生命和生活。一个应其所是地存在并拥有他自己的生活的人，只在其违反人之为人（以自己的生命而生活）的意义上，才构成犯罪。

不应该忘记的是，在选择一个至高的社会－政治原则时，我们正选择一个将被立法部门的治安权力支持的原则。建立义务存在的哲学困难如此大，以至治安权力会适当地被运用于对抗个体的进一步服从，意识到这一点，应当令我们乐于对社会－政治义务保持一个适度的归因判断。相似地，对治安权力对抗个体的反面价值的认识，以及一切造成这种权力倾向的反面价值的认识，应当让我们对义务有一个适度的归因。这样，消极自由（只要求人们不干涉）原理的富有吸引力的特征，使得他们与邻居和平相处。作为权利的正义（justice-as-entitlement）只要求人不剥夺他人非强制地取得的一切。然而，遵从这些有节制的要求有着强烈的像正义一样的后果：所有参与交换和互相努力的各方都获益（至少在他们眼中是如此）。无人通过强加成本于任何其他人，以丧失自由或合法所得的私有财产为代价而获益。无人需要出于重要社会利益的短暂形式，而遭受对其人格、自由或财产的侵害。

最后，支持免于强制的自由作为至高社会－政治原则，不是说，要放弃其他价值实现中的利益；而是说，诸如效率、社会与经济的流动性、应得与回报之间相对的高度关联、总体生活水平的稳定提升，这些价值在自由主义者看来都是自由的结果（正义也关涉在自由之内）。真正说来，把消极自由尊重为至高原则的看法没有阻碍任何社会目标（更不用说私人目标了）。人们自由地热情洋溢地追求一切，犹如他们追求任何社会理想一样，只在追求中所使用的手段上受到约束。不像其他原则，珍视自由不会把他人的目标强加在个体头上。它仅仅为每个人设想出一个对自己的和平追求的尊重，设想出一个对自己的和平追求的豁免（免于被强制）。

为何自由主义是错的

休·拉福莱特

休·拉福莱特（Hugh LaFollette）在南佛罗里达大学执掌伦理学的玛丽－莱斯利·E. 科尔教席（Marie and Leslie E. Cole Chair）。除了主编了大量伦理学著作，包括《牛津实践伦理学手册》（*Oxford Handbook for Practical Ethics*），以及《布莱克威尔伦理学理论指南》（*Blackwell Guide to Ethical Theory*），他还撰写了好几本书以及许多颇有影响力的应用伦理学论文（其中的许多已经被广泛重印）。

在《为何自由主义是错的》（"Why Libertarianism Is Mistaken"）一文中，拉福莱特反驳了麦克的主张：自由主义的个人主义最能提升和保护自由。他认为，如果我们的目标真的是提升每个人最广泛的可能的自由，那么，我们就必须采取积极的步骤为实现自由提供真正的机会，而许多人缺少必要手段去进行有效选择，追求他们自己的目标并享受真实的自由。

从一些人收入中征税来为他人提供产品与服务，甚至是有急需的人，这是不公正的。这是对以赚取工资为生者权利的践踏，对其自由的限制。至少这是自由主义者们告诉我们的。我不同意这种观点。不是所有的收入再分配都是不公正的，下面我将来证明。

自由主义在过去几年里经历过值得瞩目的重兴。哈耶克（F. A. Hayek）、米尔顿·弗里德曼（Milton Friedman）以及罗伯特·诺齐克（Robert Nozick）对这个运动提供了知识上的推动力，同时，对个体自主性日益增长的关注为传播这个观念提供了个人基础。然而，即使该理论听上去特别合理，并且，要求对自由和财产概念给予认真的重估，但它最终还是失败了。一旦我们承认，如自由主义者那样，国家正当地运作了某种功能，如对个体和财产的治安保护，那么，就没有了相信国家在再分配税收中会不正当的合理根据。我们不能像自由主义者建议的那样，就此止步于经典自由哲学所谓的最小政府理论。本文中，我将不会确切地说出我们应该超出最小政府理论多远。我只是论证，自由主义不是一个道德的选择。表面上，这个结论会显得贫乏，然而，其蕴含则是深远的。通过根除一个先前貌似合理和流行的分配正义概念，我们会去掉很多选项。通过指出自由主义的一个主要错误，我们将在寻求平等理论中确保方向正确。

简要描述自由主义理论之后，我将证明自由主义理论犯了内在不自恰的错误：该理论恰恰成了其所反对的互竞理论的牺牲品。然后，我将思考……自由主义者对我论证的可能回应。我认为，没一点解除我的内在反对。在总结我的论证之后，我将考察自由和财产在一个充分的分配正义理论中应当扮演的角色。

对自由主义的描述

自由主义的核心是认为个体应该免于他人的干涉。个体自由是最高的道德上的善。因此，一个人的自由唯有经过他同意某一限制，才可以被正当地限制。任何其他限制，包括出于再分配考虑的收入征税，都是不正当的。或者，自由主义者也可以用权利的语言来表达：每个个体至少对生命、自由和财产拥有自然的消极权利。无人可以正当地伤害他，限制他的自由，或拿走他的财产——就是说，无人可以未经同意而践踏他的权利。而且，这些是普遍（对物）权利，可以说，他们用此来对抗全世界。既然，权利恒常地与义务关联，世界的所有人都负有义务不去干涉权利人的生命、自由和财产。每个人只凭他的人性资格就拥有这些权利，他不必做任何其他事情来获取这种道德保护。拥有权利不依赖他人同意。它们是人之为人的基本道德构成。

但是，我们应当注意，这两种说法对自由主义者来说似乎等于一回事。自由主义理论家通常在谈论消极权利和谈论权利之间来回摇摆。我怀疑那是因为，他们最终还是把权利和自由看成等价物，或者是因为，他们把权利理论建立在个体自由上。就是说，自由主义者可以这样说，我们有自由主义者的一切权利（生命、自由和财产等的绝对的消极自由）的理由是，这些权利保护了个体自由。因此，在这两个模式下，自由都是根本的。

自由主义也同意，在某种既定的场合下也存在积极的人的权利，即个体 X 对比如 1000 美元有积极的权利，其他的某人 Y 有积极的义务付给 X 那笔钱。但是，这些积极的权利并非自然权利，它们不是只因为他们是人就被所有人拥有。它们只在一致同意时才出现。比如，假如 A 承诺 B 他将在 B 的游泳池当救生员，那么，B 就有权利对抗 A，而 A 对 B 存在义务——保护在 B 的游泳池里的人的安全。但是，除非 A 也这样同意了，否则他就没有对 B 或其他任何人的义务。结果，对自由主义者而言，就不存在普遍的积极义务，以及普遍的积极权利。只存在声称的普遍积极权利，对这些权利（或义务）的主张是错误的。因为，如果存在积极的普遍义务，我们将不得不侵犯消极的普遍权利去满足它们。比如，假设每个人对生命都拥有积极的普遍权利，那么，每个人将对维持生命的必需品保持权利，如吃的食物等。但是，食物或购买食物的金钱并不是长在树上的（就算是的，但树也是物有所主的）。拥有食物或金钱的人有保护对这些东西占有的消极权利。对自由主义者而言，消极普遍权利是绝对的。不存在这些权利能被正当地剥夺，以及一个人的自由未经同意能被正当地限制的情况。X 对财产（或生命、自由）的权利，绝不会为了他人的利益（去满足他人所谓的积极权利）而被剥夺。X 可以以公益慈善的方式选择把其财产赠予某人，或者他能够自愿地就他的财产给予某人一项积极权利。但是，道德上他不能被强迫——通过法律制裁或道德规则——放弃他的生命、自由或财产。这个道德或法律的禁令确保了一个个体的自由，不能以任何方式未经同意地受到限制。

因此，我们看到了自由主义的两个重要特征。首先，消极普遍权利的基本目的是保护个体自由，以确保没有人的生命可以未经同意而受到限制。或者如诺齐克所言："对行为的边界约束（相当于消极普遍权利）反映了隐含的康德原理：个体是目的而不仅仅是手段，他们不能为了达到他人目的而未经同意地被牺牲或使用……（这些约束）反映了我们独立存在的事实。它们反映的事实是，没有道德上兼顾各方的行为可以在我们身上发生。"其次，自由主义者坚持认为，拒绝任何所谓分配正义的道德规则或原则的充分理由是，该规则或原则未经同意地限制了人的自由……

自由主义尽管在道德上是严厉的，但是，它有着貌似的合理性。我们每个人都想能够过自己的生活，免予他人不必要的干涉。用康德的话说，我们想我们是自己的目的，而非他人的手段。但是，正因为一个理论的貌似合理并不等于它是正确的。我认为，自由主义可以被证明是错误的。我将证明消极普遍权利并不能像自由主义者认为的那样保护个体自由。既然，保护自由是这些自由主义权利的明确目的，那么该理论就失败了。我的论证也将表明，即使自由主义者也必定坚持：一个人不应该仅仅出于它允许（或要求）未经共同同意的对自由的限制，就拒绝一条有关分配正义的道德规则或原则。一旦这个失败被揭露出来，就似乎显得没有好的理由来否认：至少存在某些积极普遍义务以及可能的某些积极普遍权利。这些义务或权利有多少或多广则是另外一个问题了。

自由主义限制了自由

一旦我们认识到消极权利自身置于个体自由的限制，自由主义的问题就清楚了。比如说，假设我在块头上是最大、最强的。我的体形是自然优势，是我生成、发育的身体特征。但是，我可以以我乐意的方式使用我的力量和体格吗？不能！至少在道德上是不可以的。尽管，我在身体上能够击倒农夫，抢劫财物，强奸妇女，但是，这么做在道德上是不正当的。我的自由在未经我同意时就被限制了。我与财产主人或妇女并未达成协议，我也没有承诺不去打人、打劫或强奸。同样地，道德上我不能做出这些行为，同时，他人也能正当地禁止我做这些。

结果，就算存在消极普遍权利和消极普遍义务，每个人的生活并不能免于他人的干涉。"只要"他人存在就对我们每个人强加了义务，限制了每个人的自由。实际上，这些限制经常是广泛的。比如，在前面描绘的案例里，我可以拥有我想要的所有一切，我可以随时拿走我想要的一切。说这些行为在道德与法律上是不允许的，意味着，未经我的同意严重限制我的自由和我的"幸福"。当然，我并不是说这些限制是糟糕的。显然，它们不是这样的。但是，这表明了自由主义者没有达成其主要目标，即确保个体自由未经同意不能受到限制。自由主义者自己的道德约束未经同意地限制了每个人的自由。

当我们看到一个实际发生的历史事件时，这一点就更加生动地呈现了。19 世纪美国的奴隶主，最终在法律上被迫做出他们已经在道德上被要求的事情：给他们的奴隶自由。在许多情形下，这导致奴隶主在经济与社会上的崩溃：他们失去了他们的农场、金钱和权力。当然，他们不同意他们的个人损失，他们不同意对他们自由的限制。在道德上他们不必同意，这是一个延误的补救，即使是自由主义者也会同意这一点。奴隶主的自由由于他人的存在而被正当地限制，存在限制他们可接受选择的他人。但是，这一点恰好是自由主义者所否认的。他们主张，未经同意，自由不能正当地受到限制。简言之，困难在于，自由主义者的言谈好像是说，对于自由不能存在未经同意的合法限制，然而正是这个理论令他们陷入了这样的限制。这不仅显得是公然的前后不一，而且，即使避免了这个不一致，也依然没有原则性的方式可以证成他们的未经同意切勿限制自由的理论。

这个理论困难极其重要。首先，自由主义者对再分配政策（像那些在福利国家所执行的）的反对，即使没有被全盘驳倒，至少也受到了削弱。自由主义者对该政策经常存在的反对一直是：它们不正当，因为它们未经同意地限制了自由。但是，就像我表明的那样，自由主义的自我约束就要求这样的限制。因此，这不构成拒绝福利国家主义的令人信服的理由，除非它也构成反对自由主义本身的令人信服的理由。

其次，一旦我们看到，正义要求某种对某人（如 X）自由加以某种未经一致同意的限制，似乎就没有好的理由下结论说（以及不下结论的好理由）唯有消极普遍义务才能限制 X 的自由。比如，似乎就没有理由下结论说：X 赚 1 亿美元的自由不能因帮助他人而受到限制，如给一些工人足够的钱来帮助他们摆脱他们发现自己事实上身处的奴役地位。

如此思考，对自由主义者而言的自由在本性上就是否定的。无论什么时候（或者说当且仅当），只要单个人的潜在行动被限制，他的自由也就被限制了。这实质上是霍布斯的自由观。因此，以霍布斯和一些自由主义者的视角设想，个体被看成原初完全自由状态的存在。在这个状态下，霍布斯认为，"没有一样是正义的。对与错在那里都无位置可言"。要判别对错，就要对个体自由施加道德的限制。就此，每个人的自由都要受到限制。每个人都遇到了外在的障碍——一条被强制执行的道德规则——反对做某一行为 A（以及与 A 有关的行为）。因此，要引入消极普遍权利和义务，如自由主义者所主张的那样，就意味着承认对自由存在未经一致同意的限制。我认为，这些限制有时候意义攸关而深远。它们未经同意而出现——这一点至关重要，每个人都有这些权利与义务仅仅是因为他是一个人。现在，如果一个人的自由可以通过消极权利而未经同意地被限制，那么坚持认为这些是对未经同意地合法产生的自由的唯一限制，就是毫无理由的了。尤其，在当我们意识到，在很多情形下，出于消极义务而对自由施加的限制会多于——甚至远远多于——可能被施加的限制（如果认可了一些积极权利或义务的主张）时，这一点就非常明显了。比如，相比一项法律强制一个奴隶主付出10%的工资去为奴隶提供教育机会与建康保障，强制他释放他的奴隶会更加限制他的自由。或者，强制希特勒不去占领世界（换句话说，强制他认识到他人的消极权利）将会比迫使他通过税收支持某项政府福利政策，更能广泛地限制他的自由。然而，自由主义者却下结论说，收入的再分配，因为其未经同意地限制了纳税人的自由，因而，是不正义的。如果再分配因为该理由是不正义的，那么，自由主义的约束也是不正义的。自由主义的约束同样是未经同意地限制了个人自由。

自由主义者也许会立马避免我的结论，说收入再分配和自由主义的约束之间存在原则区别，说前者从来不构成对自由的合法限制，而后者总是合法的。尽管，两者都是未经同意地限制了个人自由，但是，他们会争论说，自由主义的约束只是为了保护个体权利才限制自由。这是对个体权利的保护，只有这种对自由未经一致同意的限制才是正当的。

可是，这个回答失败了。如我所述，任何自由主义的权利概念自身构建在——合法地建立于——个体自由上。或者，如埃里克·麦克指出的那样，它们建立在未被强制的权利基础上。因此，考虑到我先前的论证，就个人自由而言，不存在原则性的方式能只产生自由主义的权利和义务，因为，消极权利和某些积极权利或义务对自由的限制是一样多，甚至更多。结果，诉诸个人权利也不能给自由主义者提供任何原则性的基础，来区分对自由未经一致同意的限制类型。

我们已经发现了非常显著的前后矛盾。我们用自由主义主要用以反对政府福利主义的武器对准他们自己。我们看到这把曾经非常锋利的宝剑是把双刃剑，不是威胁到敌人，反倒只会阻碍持剑人。众所周知，双刃剑的作用是双向的。自由主义者不能支持其最小政府的概念。至少某些税收款项的再分配是正义的。

自由主义者可能的回答

1.“自由”是规范的，而非描述的

自由主义者会反对这个论证，声称我误会了“自由”一词的用法。他也许认为，“自由”不是单纯的描述语词。在自由的单纯描述模式下，任何限制个体选择之物都会对其自由构成限制。因此，消极权利会对个体自由构成限制。但是，不是对个体选择的任何限制恰好都是对其自由的限制。禁止不正义的行为肯定没有限制自由。比如，一个人没有自由去刺伤别人，即使，他身体上有能力这么做。简单说，个体只有对正义之事拥有自由。结果，“自由”应该被看成规范的语词：如果A有自由去做X，那么，不仅无人可以禁止他这样做，而且他在道德上也是被允许这么做的。自由主义者会下结论说：“因此，你的反对无效，因为否定义务并未实际上限制个体自由。人们之间互相砍杀是不正义的，所以，反对杀戮的禁令不构成对自由的限制。”

这种语言上的提法是蛊惑人的，因为“自由”确实有一种表达伦理意蕴的积极的情感力量。虽然，我的直觉是“自由”应该被维持为一种描述的语词。就是说，“自由”应该被保持为价值中立的术语，仅仅表示存在着一些限制，而没有对其适当性做任何判断。因为，尽管我们都有一些在该术语的描述和规范意义之间来回摇摆的倾向，但其基本含义似乎是描述的。只有在我们确认了自由的描述意义后，我们才能对其正义与不正义的限制做出区分。但是，出于本文的目的，我无须就此而赘言。这种语言学上的提议被接受也不能挽回自由主义者的挫败局面。因为，如果“自由”在其被提出的方式上是一个规范性的语词，那么，我们就弄不清某物是否对自由构成限制，直到我们明白受限制的行为是否为正义的。比如，我们不知道向一位百万富翁征税，然后，在需要者之间再分配，这是否构成对百万富翁自由的侵犯，除非我们知道了这么向他征税是否为正义的。因此，声称A有自由去做X（以他高兴的方式花掉他的一百万）不构成相信某个行为（对一百万征税）是不正义的理由。在这个模式上的正当关系是恰恰相反的。只有我们已经知道他这么做是正义的时候，我们才可以有理由相信A有自由去做X。既然某人有自由去做X的决定还取决于他有权利如此的决定，那么，保护个体自由不能成为消极权利的目的（或后果）。比如，一个人有自由把财产P遗赠给Z，其前提是Z有权利接受遗赠。然而，自由主义者则想把这项权利建立在个体自由的基础上。因此，即使该语言学上的提议可以被接受，自由主义者声称的消极权利的目的也会受到削弱。他们将不再能够于保护个体自由的基础上，证明严格的消极权利。他们也不能在未经同意地限制个体自由的基础上，拒绝其他分配正义的原则。

2. 自由应当被最大化

自由主义者也许会尝试另外一种方向。“应当承认，消极权利限制了个体自由。对此从来没有任何疑问。自由主义者要求的是，每个人一致地在平等的自由上拥有最大化的个体自由。”但是，这个流行的自由主义陈述并未减轻我的反对。所有人平等的最大化的自由是绝对的自由——不存在任何样式的法律或道德禁止的状态。（注意，这就是霍布斯的自然状态。）在这样的状态下，百无禁忌，同时，每个人也平等地免于禁忌。我怀疑自由主义者会不同意这一点。尽管，在该状态下，人们会理想地拥有平等的自由，但自由主义者很可能会同意：因为，一些人利用这个情形，剥夺他人的自由，置身如此情形下的人们实际上不会拥有平等的自由。换句话说，尽管自由是理想上最大化的，但它不会是审慎的最大化的自由。

关于这个回答存在三个问题。首先，据此观点就不再会有绝对的禁止来反对自由限制了。自由可以被正当地限制，它将不再是一个绝对的善。真正说来，只有自由才能推翻自由。但是，说一种自由推翻另一种自由，等于说，有这样一个东西，可以让其中之一（自由1）比另外一个（自由2）在道德上更有效，这个东西——比如说行动产生的善的后果——使得自由1更有效，则必定是非自由之物。否则，偏爱自由1而非自由2就不存在理性的基础了。这暗示着另外的特征（如善的后果）比自由更重要，或者说那个自由唯其带有这个（或其他）具体特征时，才在道德上是善的。因此，自由既不是绝对的，亦非至高的。

其次，如果自由主义者关心的是最大化的自由，那么，将不存在对自由的绝对权利了。相反，自由将会是一个目标，有待最大化的目标状态。同时，正如罗伯特·诺齐克意识到的（他以权利的语言指明这一点），“这……会要求我们侵犯某人的权利，当这么做时，最小化了社会上侵犯权利的总量（有利的）”。这就是他为何拒绝这个选择的原因。单个人的自由，只有在某个经验陈述（关于必要的行为是否最大化了自由）为真时，才能正当地受到保护。因此，消极权利在理论上与实践上都不是绝对的。否认它们是绝对的，就是否认了自由主义。

最后，如果自由必须像反驳立场表明的那样严格平等，那么，我们将必须拥有一个极端压迫性的政府（带有持续的电子监控等的警察国家）。否则，一些人的（但不是所有人的）权利将受到谋杀者、抢劫犯等的侵犯。结果就是，如果要求是最大化自由，那么霍布斯式的自由状态将成为选择；如果强调的是自由的平等性，那么像警察国家之类将成为选择。

换句话说，任何对最大化自由或平等自由的向往，都只表明了正义的形式标准，而不能用以区分最大化或平等自由的可供选择的决定。

3. 个体默认自由主义

自由主义者或许会通过借助隐含或默认同意的概念，来尝试另一种回答。他或许说，“你已经对正当限制个体自由正确地指出了我的标准。一个个体必须同意任何限制，但是，同意未必需要明确给出。一个个体可以通过他的行为来默认对他自由的一些限制”。自由主义者然后会继续推论，通过寻求与他人的互动，所有的个体都默认同意以某种具体方式，即那些由消极普遍权利保护的方式尊重他人的自由。

但是，该回答存在一些困难。首先，难题在于，如何去充分描述那些表示默认赞同的行为？无论一个人如何描述这样的行为，毋庸置疑的是，世界上无人可以履行它——但自由主义者依然会假定人有义务不去侵犯自由主义的约束。我们也可以注意到，默认概念在规范的意义上暗示了这种同意就像明确赞同一样，区别只不过是这没有在语言上表示出来罢了。那表明，A 不能被说成已经默示地同意了 X，如果当他明确被问到他是否如此赞同，他（A）否认了这一点。可是，显然世界上至少存在一个人，会强烈地否认他已同意一切，除了消极普遍权利。因此，没有理由主张 A 在道德或法律上被要求去做 X。自由主义者仍会想到去同意 A 不能正当地杀害他人、盗窃他人的财产等。

其次，认为所有人会同意（明示或暗示地）一切而保留自由主义的约束是非常不合理的。比如，当诺齐克强调拒绝公平原理时认识到了这一点。如果一个默认同意的规则支持了消极普遍权利，那么，它也可以证成至少某些政府再分配政策是合法的。但是，我们不需要在这里援引诺齐克就可以做出显然的判断，人们会选择其他某物而非自由主义。他们至少会选择一个也会提供给他们充足商品（或取得商品的现成的机会）而生活下去的制度……反驳失败了。

结论与思考

我的论证完成了。我已经证明自由主义是站不住脚的。我已经挑战了……对我的论证的可能回答。我想以非常简要的思考来结束我的行文，因为一个充分的正义理论必须诉诸这样的思考。我的考察从先前的论证开始。我已经表明，财产和自由（像自由主义者定义的那样）都不应该被看成唯一的社会的善；把这两样单独挑出来作为社会价值是不合理的。相反，它们应该被看成多元价值中的两种，而每一种价值都值得我们认可。

如我所述，财产是重要的，但有多重要呢？很清楚，如果没有某些财产，一个个体就无法生存，他至少需要使用某些物品。没有某些使用的物品，一个人也就没有任何真正的选择。另外，黑格尔的主张还是有一定力量的：个体需要财产，这样才能“确认”他自己；同时，也有杰斐逊式的（Jeffersonian）观点：财产似乎在保护公民自由上是必要的。这些或许表明，每个人对某些最小化数量的物品拥有权利，同时，也表明那种最小化数量的物品是受到消极权利保护的。那么，超过最小化数量的物品呢？那就是一个难题了。

自由怎么样？当然，自由是重要的。这一点犹如自由不是最重要的一样显然。但是，在某些社会里，比如相当富裕的社会，自由（比如政治和公民的自由）可能是最高的（但即使在这里，它也不是唯一的）价值。于是，自由主义者的观点就是错误的了。

练习部分

1. 假设你生活在一个功能良好的民主体制下，在立法上享有充分的投票参与资格；但是，你大部分同胞民主地通过了一项你发现在道德上是带有侵犯性的法律（比如，禁止任何人给非法移民提供医药保健的法律）。你有义务服从该法律吗？法律是民主地通过的事实让服从法律的义务变得更强吗？还是毫无关系？（你或许相信民主地通过的法律会带来更强的义务，但是，你又依然相信你不应该服从那项法律。）
2. 你参加了一次陪审团的工作，被告因种植、配送大麻而受到指控。有强力的证据表明，被告实际上确实种植过大麻（他在他的地下室种植，使用人造光），他提供了少量——大约一人28克——给他的几个朋友。但是，他从未种植大量的大麻，也无任何证据表明他曾销售过大麻。事实上，被告正在经受癌症化疗，吸食大麻帮助他克服治疗带来的恶心感；同时，被给予大麻的几位朋友也在经受相似的治疗，那是他在诊所里结识的朋友。被告所做的是违反法律的。但是，假设你相信反大麻的法律是错误和愚蠢的，并侵犯了个人自由，于是你强烈相信经受癌症治疗者应该被允许使用大麻来减轻恶心感。你也不怀疑根据法律被告是有罪的。你拒绝投票赞成对被告的定罪，反倒投了无罪票，这是合法的吗？你在道德上有义务投无罪票吗？
3. 如下问题是基于当代政治哲学家 M. B. E 史密斯（M. B. E. Smith）设计的一个例子。假设你在沙漠中沿着一条往前伸展的高速公路驾驶，前方有一个停车的路标。没有交叉路，没有停下的好理由：州政府正计划另一条与你驾驶的路相交叉的路，于是州政府竖起了停止的指示牌。法律规定，你应该在停止的指示牌处停车，但是，州政府从未着手修建另一条道路，因此，不存在交汇车辆的担心。既然你经常沿此路驾驶，你非常明确意识到没有交叉路口。可是，法律毕竟是法律：在法律上你被命令于停车指示牌处停车。问题是，你有义务停车吗？显然，停车不会侵犯你的良心和你的基本原则。它不像一项要求你去帮助追捕逃奴的法律。同时，你相信通过这条法律并树立停止指示牌的政府是合法的（即使在这个案例中，政府也许做了相当愚蠢的事情）。因此，你有停下来的义务吗？
4. 托马斯·杰斐逊相信，民主政府的本质基础在于个体经营：拥有并经营自己的小店的书商，拥有并开垦自己农场的农场主。根据杰斐逊的观点，这个对个体经营的独立管理——做出你自己的决定，收获你通过辛劳与创造而获得的利益——为你提供在国家未来的重大利益以及个体经历中做出自己决定的经验，两方面对于民主进程都是至关重要的。在我们当代经济体制中，杰斐逊的价值似乎是相当奇怪的：小小的家庭农场与巨大的农业综合企业无法抗衡，因此，就大量地消失了；小型企业典型地或者失败或者被大企业收购；地方书店也被巨大的零售商业链所取代。在如今我们生活的经济中，财富集中、企业规模巨大而强有力，组织管理严密，大多数工人几乎没有机会做出重大而独立的决定。于此经济结构中，还存在任何可行的东西，来替代独立决策的实践，以及过去年代里小商业和农场所有者提供的个体责任吗？

5. 假设你生活在社会契约的政府模式下——比如像在美国一样——但是，生活在如下环境下，你不大可能会接受合法的社会契约条款：你出生于一个社区，那里犯罪司空见惯，枪击不断，鲜有警察保护（实际上，你更可能受到警察的欺辱，甚至遭受警力滥用之苦，而不是受其保护）；你的学校不安全，设施配备差；你几乎无条件享受医疗保健；你找工作糊口的前景都非常渺茫。跟那些受到优良的治安与消防保护、上过很好的学校、享受优质医疗资源、找工作前景广阔的人比，你——从社会契约的视角——在服从法律上会有较少的义务吗？

6. 思考一下古典自由主义政治哲学：我们应该保护并提升那些促进自由讨论和自由选择与追求个人偏好的生活方式的价值（只要该生活方式不伤害到他人）；但是，政府不应该促进支持一种生活方式的价值而非其他的价值。如果你支持这种自由主义的观点，你会促进何种具体的价值？运用该标准，你认为何种价值会产生最大的争议（就是说，在它们应该或不应该被自由主义国家促进方面，何种价值会引起最大的争议）？

7. 经济学家一般同意，充分的市场调节的缺乏——尤其是银行与投资企业调节的缺乏——是构成严重经济问题（房屋抵押权赎回、破产、银行倒闭、大规模失业等）的主要原因，该问题在 2008 年后期变得愈加明显。如果经济学家在这个评估中是对的，这是否对麦克和拉福莱特之间的争论构成任何暗示？

8. 约翰的高祖父在美国的奴隶贸易中发了大财，通过谨慎投资，这笔钱从曾祖父到祖父、父亲再到他本人手中，持续增长。结果，约翰现在拥有巨大的财富，但是，其原始的投资资本来自奴隶贸易。约翰的财富合法吗？

9. 萨拉是一位杰出的生物化学研究员，她发现了有效治疗关节炎的新药并申请了专利。因为，关节炎是常见病，萨拉的新药在销售中将获得数千万美元的价值。萨拉在公立学校受过教育，在州立大学读完本科和研究生。她的研究基于已经做出的发现，她的研究技术来自此前成百上千的科学家的发展。如果她没有受过优质教育，如果没有我们社会支持和训练的先前数代科学家建立的庞大知识体系，她的发现是不可能做出的。因此，我们的社会可以合法地对萨拉开发的新药主张一些利益吗？或者说，萨拉有权利拥有出售新药而赚取的全部财富吗？

10. 在先前章节提到的伦理学理论以及理论家中，谁最与埃里克·麦克接近？谁的观点会与拉福莱特的观念最兼容？

补充阅读

关于积极自由与消极自由之间区分的主要资源，可以参看以赛亚·柏林（Isaiah Berlin）的《自由四论》（*Four Essays on Liberty*, New York: Oxford University Press, 1969）。关于柏林的极好的传记是迈克尔·伊格内修弗（Michael Ignatieff）写的《以赛亚·柏林：他的一生》（*Isaiah Berlin: A Life*, New York: Vintage, 2000）。关于柏林著作的论文合集是由马克·利拉（Mark Lilla）、罗纳德·德沃金（Ronald Dworkin）和罗伯特·B. 希尔弗斯（Robert B. Silvers）合编的《以赛亚·柏林的遗产》（*The Legacy of Isaiah Berlin*, New York: New York Review of Books; London: Granta, 2001）。

要了解政治思想史，有很多选择。在众多佳作中的翘楚是伊恩·汉普舍－蒙克（Ian Hampsher-Monk）的《政治思想史：从霍布斯到马克思的主要政治思想家》（*A History of Political Thought: Major Political Thinkers from Hobbes to Marx*, Oxford: Blackwell, 1992）；珍妮特·科尔曼（Janet Coleman）两卷本的著作《政治思想史：从古希腊到基督教早期》（*A History of Political Thought: From Ancient Greece to Early Christianity*）以及《政治思想史：从中世纪到文艺复兴时期》（*A History of Political Thought: From the Middle Ages to the Renaissance*）。

托马斯·霍布斯的《利维坦》，约翰·洛克的《政府论》以及让－雅克·卢梭的《社会契约论》是社会契约理论的经典资源。霍布斯的《利维坦》可以参考 Bobbs-Merrill（Indianapolis, 1958）版本。该书首次出版于 1651 年。洛克的《政府论》首次出版于 1690 年，可以参考 Indianapolis: Bobbs-Merrill, Library of Liberal Arts, 1952 年版本。卢梭的《社会契约论》首次出版于 1762 年，可以参看 R. 马斯特斯（R. Masters）编辑的版本（New York: St. Martin's Press, 1978）。

从女性主义视角对社会契约理论展开有趣批评的著作，可参考克里斯蒂娜·迪斯泰法诺（Christine DiStefano）的《男子的构造》（*Configurations of Masculinity*, Ithaca, NY.: Cornell University Press, 1991）；弗吉尼娅·赫尔德（Virginia Held）的《女性主义道德》（*Feminist Morality*, Chicago: The University of Chicago Press, 1993）；以及卡萝尔·佩特曼（Carole Pateman）的《性别契约》（*The Sexual Contract*, Stanford: Stanford University Press, 1988）。

约翰·罗尔斯（John Rawls）提供了社会契约论的当代版本，在《正义论》（*A Theory of Justice*, London: Oxford University Press, 1971）一书中着重强调了正义和公平问题。对该书的评论，可参考钱德兰·库卡瑟斯（Chandran Kukathas）和菲利普·佩蒂特（Philip Pettit）合编的《正义论及其批评》（*A Theory of Justice and Its Critics*, Polity, 1990）以及维多利亚·达维翁（Victoria Davion）和克拉克·沃尔夫（Clark Wolf）合编的《一位政治自由主义者的理念》（*The Idea of a Political Liberalism*, Rowman and Littlefield, 2000）。戴维·高蒂尔（David Gauthier）的当代契约理论收录在《一致同意的道德》（*Morals by Agreement*, Oxford: Oxford University Press, 1986）一书中。

对于社会契约理论和其他论题，可以登录保罗·莱顿（Paul Leighton）的网站：www.paulsjusticepage.com 查看。关于约翰·罗尔斯更多信息的一个不错的资源可参考 Policy Library 网站：www.policylibrary.com/rawls。

当代政治思想中的一个很大的区别存在于自由主义和保守主义之间。康德是近代自由主义的一个经典资源，他的政治学著作可以参考汉斯·赖斯（Hans Reiss）编著的《政治著作》（*Political Writings*, Cambridge: Cambridge University Press, 1996）。密尔的《论自由》是这一传统的主要著作，可以广泛参考很多不错的版本。也许最著名的继承自由主义传统的当代哲学家是约翰·罗尔斯，参考上述的资料以及本书第十二章的补充阅读部分，同时，还有他的论著《政治自由主义》（*Political Liberalism*, New York: Cambridge University Press, 1993）。罗纳德·德沃金是另外一位主要的当代自由主义哲学家，参看他的《认真对待权利》（*Taking Rights Seriously*, Cambridge, Mass.：Harvard University Press, 1977），《原则的问题》（*A Matter of Principle*, Cambridge, Mass.：Harvard University Press, 1985），《法律帝国》（*Law's Empire*, Cambridge, Mass.：Harvard University Press, 1986），以及《自由的法》（*Freedom's Law*, Cambridge, Mass.：Harvard University Press, 1996）。保守主义思想的经典资源是埃德蒙·伯克（Edmund Burke）。在其大量的著述中，可读性最强的是《对法国大革命的反思》（*Reflections on the Revolution in France*），有很多可参考的版本。更近些的保守主义论著包括迈克尔·奥克肖特（Michael Oakeshott）的《政治理性主义及其他》（*Rationalism in Politics and Other Essays*, London: Methuen, 1962）和米尔顿·弗里德曼（Milton Friedman）的论著《资本主义与自由》（*Capitalism and Freedom*, Chicago: University of Chicago Press, 1962）。

对于自由主义的个人主义和社群主义观点之间的对比，可参看 E.F. 保罗（E.F. Paul）、F. D. 小米勒（F. D. Miller, Jr.）和 J. 保罗（J. Paul）合编的《社群主义对自由主义的挑战》（*The Communitarian Challenge to Liberalism*, Cambridge: Cambridge University Press, 1996）。阿拉斯戴尔·麦金太尔（Alasdair MacIntyre）的《追寻美德》（*After Virtue*, London: Duckworth, 1981）是一本被广泛阅读的哲学论著，独冠社群主义观点之首。关于女性主义政治理论的优秀论著有 J. B. 兰德斯（J. B. Landes）编著的《女性主义、公众与个体》（*Feminism, the Public and the Private*, Oxford: Oxford University Press, 1998）以及 G. 博克（G. Bock）和 S. 詹姆斯（S. James）合编的《超越平等与不同：公民、女性政治学与女性主体》（*Beyond Equality and Difference: Citizenship, Feminist Politics and Female Subjectivity*, London: Routledge, 1992）。

关于"政治义务"（服从一国法律的普遍义务）的一本优秀的合集是由威廉姆·A. 埃德蒙森（William A. Edmundson）编著的《服从法律的义务：精选哲学读物》（*The Duty to Obey the Law: Selected Philosophical Readings*, Lanham, MD: Rowman & Littlefield Publishers, 1999）。

有一些关于政治哲学的很好的网络资源。我最喜欢的一个（包含了特别好的系列链接）是由英属哥伦比亚大学图书馆维护的，可以登录下面的网址访问：http://www.library.ubc.ca/poli/theory.html。另一个非常好的网站也是架构高效并包含广泛的链接，它是由比萨大学政治学系维护的，可以登录下面的网址访问：http://lgxserver.uniba.it/lei/filpol/filpole/homepage.htm。“斯坦福哲学百科全书”是一个极好的网站，你几乎可以在上面检索政治哲学中的任何话题，或者几乎任何一位有影响力的政治哲学家，从古代到当代不一而足。网址是 http://plato.stanford.edu/。可以尤其参考一下理查德·达格杰（Richard Dagger）给出的“政治义务”词条以及安·卡德（Ann Cudd）给出的“社群主义”词条。网络哲学百科全书也非常不错，网址为 http://www.iep.utm.edu/。维基百科作为“自由的百科全书”，是检索各类传记的相当好的资源，特别是当代哲学家的传记，网址是 http://en.wikipedia.org/wiki。

术语表

诉诸人身论证（ad hominem argument）：“诉诸人身”的字面意思是“针对人”。一种诉诸人身论证是针对某个人（或一群人），尤其是对其加以攻击的论证。比如，“乔是个骗子”，“桑德拉是个伪君子”，“共和党人都是铁石心肠的人”。只有在为了拒绝相信某论证而去攻击该论证的来源时，诉诸人身论证才是错误的。例如，“乔反对酒驾的论证并没有什么分量，因为乔本人是个酒鬼”。当不攻击论证的来源时，诉诸人身论证并没有犯诉诸人身谬误，通常也能是有价值的和合法的论证。例如，诉诸人身地攻击某人做伪证（“不要相信萨莉的证词，她是个臭名昭著的骗子”）就是具有相关性的论证，而不属于诉诸人身谬误。同样，如果你攻击一个应聘者（“不要雇用布鲁斯，他是个骗子”），或攻击一个政客（“不要投票给桑德拉，她跟烟草业是一伙的”），以及许多其他情况（“别和比尔一道出去，他是个骗子、卑鄙小人”），这些也属于合法地使用诉诸人身论证（而非诉诸人身谬误）。

分析命题（analytic statement）：一种“根据定义即为真”的命题，就是说，一种谓词包含在主词之中的命题（谓词项就主词所述或所归因的内容是出于主词含义或定义的一部分）。比如，“一个等边三角形有三个边”。

无政府主义者（anarchist）：否认一切政府权力的合法性的人。

后天知识（a posteriori）：来自经验和观察的知识；经验的知识。

诉诸权威（appeal to authority）：通过诉诸专家或被认为有特殊才能的人而确立一条主张的尝试。如果被诉诸的权威是真正的专家或相关领域的权威，而且在众权威中存在普遍认同，那么诉诸权威是合法的；否则就构成谬误。

先天知识（a priori）：“先于”经验或不依赖经验而获得的知识；基于纯粹理性的知识。

论证（argument）：为支持结论而提供的理由。

多样性论证（argument from diversity）：为反对伦理客观主义，基于不同个体以及不同社会伦理体系中大量的多样性和冲突的论证。

古怪论证（argument from queerness）：（由 J. L. 麦基设计的）反对伦理客观主义，声称客观道德事实的主张违反了奥卡姆剃刀（Ockham's Razor）原则的论证，因为对相同现象如能给出更简单的解释，则无须诉诸那些非常奇怪（古怪）的实体，如道德事实。

关怀伦理学（care ethics）：强调人际关系（与不近人情的市场关系相反）作为伦理学的基础，较少地关注建立或遵循规则，更多地关注保持人际关系及其培育；把家庭和社区而非独立个体作为伦理学起点的伦理学理论。

绝对命令（categorical imperative）：在康德的伦理学体系中，通过理性知晓而普遍地、无条件地运用的基础性伦理学原则。该原则以两种方式构建而成，康德把这两种方式看作基本等同的：要以意愿你的行动能成为普遍法则的方式行动；永远把他人当作目的，而不仅仅是达到目的的手段。

因果责任（causal responsibility）：将某个后果带入结果（可能会根据实际情况）的关键因素；明显不同于道德责任。

一致性理论（coherence theory）：一种认识论观点，所主张的知识总是作为一个更大体系的一部分出现，在考察该体系的有效性时，必须把该体系作为一个整体来考察，而非孤立地考察其某个具体主张；作为整体而发挥作用的体系，任何一个部分都不能被看成基础性的。

社群主义（communitarian）：主张社群与国家的社会凝聚需要一个共享的价值架构的观点。

相容论（compatibilism）：主张决定论与自由意志、道德责任相容，自由意志和决定论并无冲突的观点。

结论（conclusion）：论证指向的证明对象；通过论证的前提证明的陈述。

后果论伦理学（consequentialist ethics）：主张一种行为的好坏取决于行为产生的后果而非行为所遵循的原则的伦理学体系。

古典保守主义（conservative, classical）：一种认为政府应该促进既定的价值体系，因为这些价值体系的价值已通过长期奉行而得到证明，同时，它们让一个国家保持在稳定的进程上；改变这些基本价值将导致混乱，因而应该被阻止的观点。

建构主义（constructivism）：一种主张伦理原则是由社会发明（建构）的，而非发现的观点（如社会契约理论）。

语境主义（contextualism）：认为信念只有根据它们所发生与使用的语境才能被证实或证伪的认识论观点。就是说，主张不是通过某种固定的、绝对的标准被证伪（以及信念被证伪），而只与语境有关。

符合论（correspondence theory）：一种认为理论或主张当且仅当其与实际存在的世界精确对应、匹配或构成映射时才为真的认识论观点。

宇宙论论证（cosmological argument）：一种关于上帝存在的论证，该论证基于这样的主张，即宇宙中的每一个存在都需要一个使其存在的某物，既然无物可以不需要原因而存在，于是那个终极原因必定是上帝。

演绎论证（deductive argument）：主张前提可以提供其结论的确凿证据的论证；从其前提通过逻辑运算就可以得出结论的论证。

道义论伦理学（deontological ethics）：一种基于规则的伦理学体系，强调遵循伦理规则的重要性，而非取得欲求的目标或产生最好的结果。

设计论论证（design argument）：一种关于上帝存在的论证，该论证基于这样的主张，即对世界的观察显示了世界是由一个智慧的且有目的的设计者创造的，并且唯有上帝才能完成这样的设计；有时也被称为目的论论证。

决定论（determinism）：一种认为世上所发生的一切，在每个细节上，都是世界在任何给定时间和因果法则的完全设定状态下不可避免的结果的观点。

伦理学的神圣命令理论（divine command theory of ethics）：认为伦理原则只能且完全由上帝的诫命与法令来建立的观点，也被称为神学意志论（theological voluntarism）。

两面论（dual-aspect theory）：认为心灵和身体（或心灵和大脑）组成一个单一的实体，但该实体可以从物理的或者精神的两个视角来看待的身心观点。

二元论（dualism）：一种主张心灵和身体是互相区别而迥异的实体的心灵理论。

伦理利己主义（egoism, ethical）：一种认为每个个体都应该（在道德上有义务）只是寻求他自己的利益的伦理学理论。

心理利己主义（egoism, psychological）：一种认为每个个体事实上只是寻求他自己的利益的经验的心理论断。

情感主义（emotivism）：伦理非客观主义的一种特殊类型，主张关于伦理学的“陈述”根本不是事实主张，而是伪装的祈使句或情感反应的表达。

经验主义（empiricism）：主张知识的某些重要要素只能通过感官观察获得，或（更强的主张）我们所有的知识最终都是基于感官观察的观点。

副现象论（epiphenomenalism）：主张观念和思想都由大脑活动引起，但观念和思想自身并不导致任何物理事件；或者说，它们本身都是物理的大脑活动的“附产品”或症状的观点。

伦理非客观主义（ethical nonobjectivism）：一种认为不存在客观伦理真理的观点。

伦理客观主义（ethical objectivism）：一种认为伦理主张是客观为真或为假的观点。

存在主义（existentialism）：一种认为“存在先于本质”的哲学观点；就是说，所有人通过他们自己的选择而造就了自己，他们不受限制地完全且不可避免地自由造就自己，因此，他们也对由此而产生的性格以及所有的选择和行为，在道德上负有责任。

外在论（externalism）：与内在论相反，一种认为我们对信念为真的确证要求借助外在于我们自己直接的思想与理性的来源的观点。

谬误（fallacy）：一种论证错误；往往是一种标准的或普遍的论证错误。

宿命论（fatalism）：一种认为最重要的生命事件——比如，某人的死亡、胜利或失败——是由一种特殊力量控制，人类的努力对这些事件没有任何影响力的观点。

基础主义（foundationalism）：一种认为所有知识都必须建立在可靠的基础上，而该基础又必须独立地加以建立的认识论观点。

功能主义（functionalism）：一种认为心灵的内容——思想、观念以及意识——应该被看成由许多不同“硬件”组合而引起或产生的功能性单元，只要产生相同的思维过程，该组合在功能上就是相等同的观点。

强决定论（hard determinism）：一种认为决定论是真的，且决定论与自由意志和道德责任是不相容的观点（因为我们的一切行为都是被决定的，因此我们并不自由，在道德上不负有责任）。

分层相容论（hierarchical compatibilism）：一种

认为当我们反思地（在一个更高层级上）认同我们的欲望，即使这些欲望可能是被决定的时，我们是自由的，并且在道德上负有责任的立场。

唯心主义（idealism）：一种认为一切存在都是精神，不存在物理的身体，也没有物质的对象，世界完全由心灵和观念构成的观点。

同一性理论（identity theory）：认为心灵和大脑是同一的，思想和观念与大脑的过程是同一的，它们是一体的且就是一回事的观点。

归纳论证（inductive argument）：主张其前提使得结论可能，而不是确定得出结论的论证（结论超出了前提所包含的内容）。

交互论（interactionism）：一种主张心灵和身体虽然是不同的实体却可以发生交互作用并直接彼此影响的二元论。

内在论（internalism）：一种认为为了获得某种真知，一个人必须能够通过检查他自己的观念和理性，而不需要任何外在的确证，就确知那种知识的认识论立场。

直觉主义（intuitionism）：在伦理学中，一种认为伦理真理（比如，基本的伦理原则，或者一个具体行为的对错）是通过特殊的直觉能力直接而当下地知道的观点。

不相干谬误（irrelevant reason fallacy）：一种使用不能支持结论的前提，只能导致注意力从真正的论题上转移的论证，也被称为红鲱鱼谬误（red herring fallacy）。

康德伦理学（Kantian ethics）：一种从理性导出其规则的伦理学体系，坚持其规则必须是普遍的，也被称为理性主义伦理学（rationalist ethics）。

古典自由主义（liberal, classical）：一种认为政府应该赋予个体追求他们自己的观念与关乎他们价值和生活方式尝试的自由，推进那些旨在允许这些多样性繁荣所需要的价值（比如，言论自由和宗教信仰自由）的观点。

自由论（libertarian, free will）：一种认为真正的自由意志和道德责任需要有做出不是被决定了的历史产物的选择的能力，并且我们事实上拥有这种能力的观点。

自由主义（libertarian, political）：一种认为政府角色应该保持在一个绝对最小化，几乎只是关注于保护国家免予外敌入侵或攻击，政府不应该涉及诸如保证药品安全、调节市场、医生准入、提供公共教育，或者促进任何形式的社会福利（如社会安全）的观点。

唯物主义（materialism）：一种认为一切存在都是物质的（或物理的）；不存在非物理的心灵材料，也没有灵魂或精神的观点。

道德实在论（moral realism）：在当代伦理学理论中，一种认为客观道德事实的存在是一个可以被确证的合理假设的观点。

道德责任（moral responsibility）：出于以正当表扬、谴责和其他形式，或特别地、不平等地对待一个人的行为的责任；支持正当回报的主张和归属的责任。

神话（myth）：超出其字面意思，表达出真理的一个更深诉求的故事。

叙事同一性（narrative identity）：一种对人格同一性的说明，将人格同一性基于为人的生活提供意义或载体的故事或叙事。

消极自由（negative liberty）：不干涉的自由；在生活、人格或财产方面免于干涉的自由；独立地如其所愿地使用一个人的资源，不期望任何帮助的自由。

偶因论（occasionalism）：一种认为上帝控制心灵与身体的一切活动，使其二者保持完美的秩序与和谐的二元论，这样，尽管二者并没有发生交互作用，但它们彼此协调的活动显得好像是发生了交互作用。心灵好像是引起了身体的活动的情形只不过是上帝正好同时引起了精神观念和身体的运动。

奥卡姆剃刀原则（Ockham's Razor, principle of）：由奥卡姆的威廉构建的一条原则。具体是指，在其他条件相同的情况下，最简单的假设比更复杂的假设更合理；或者说，“如无必要，勿增实体”。有时也称为“节俭原则（Principle of Parsimony）”。

本体论论证（ontological argument）：一种关于上帝存在的论证，该论证基于这样的主张，即认为上帝是唯一的“是”，其存在是必然的（既然“上帝”的含义意味着不存在更伟大的可以设想的“是”，那么现存的“是”就比一个相似但不存在的“是”更伟大）。

帕斯卡赌注（Pascal's wager）：一种关于相信上帝存在的论证，该论证基于帕斯卡的主张，即我们通过相信上帝存在会获得更多，因此相信上帝存在是个“更好的赌注”。

政治义务（political obligation）：服从一国政府法律的义务。

积极自由（positive liberty）：通过提供可以扩大自由选择和机会的资源（如教育）来增加个体自由。

实用主义（pragmatism）：认为一个概念的意义是由其适用的实践后果决定的，一种主张或理论的真理性基于其在指导我们方面的有用性的哲学立场。

预定论（predestination）：一种认为早在一个人出生前，上帝的选择就决定了每个人或被拯救或被诅咒的宗教观点；人类的选择在决定是被拯救或被诅咒方面丝毫不起作用。

前定和谐（preestablished harmony）：一种身心二元论，主张心灵和身体、精神和物质之间不存在任何交互作用，而是上帝确定了一个计划和秩序，使心灵和身体以完美和谐的方式运作。

前提（premise）：在论证中，一个前提是支持结论或为结论提供正当性的陈述。

恶的问题（problem of evil）：信仰一个全知、全能又仁慈上帝的信仰者面对的问题。如果上帝有能力和智慧去阻止受难、防止罪恶，那么假如他允许这些存在，他又如何能被看成友善又仁慈的?

感受性（qualia）：心理经验的定性内容如情绪、感觉和知觉等；心理经验的特殊“感受”。

理性主义（rationalism）：一种认为真正的知识（或者至少是知识最重要的要素）必须纯粹地基于理性的观点。

理性主义相容论（rationalist compatibilism）：一种认为只有当我们遵循真和善的道路，当我们出于正确的理由做正确的事情时，我们才是真正自由的和负有道德责任的立场。自由不要求开放的选择，真正的自由意味着遵循一条单一的正确的道路。

红鲱鱼谬误（red herring fallacy）：不相干谬误的一个流行的别名。

归谬法（reductio ad absurdum）：导致荒谬的归纳；就是说，一种得出一个立场的含义，指明该含义导致荒谬结果，并因此得出该立场必定为假的论证形式。

文化相对主义（relativism, cultural）：一种认为伦理行为和伦理原则只是相对于其文化才是正确的，正确的行为是在伦理上被一个人所处的文化所赞同的行为的伦理观点。

社会相对主义（relativism, sociological）：不同的文化有着本质上不同的伦理体系的主张。

角色责任（role responsibility）：出于一种角色或职位或任务的责任。

怀疑主义（skepticism）：一种认为我们永远无法获得确定性，知识是不可能的或者至少是可疑的观点。

政府社会契约论（social contract, theory of government）：一种认为政府的合法性完全源于被统治者的一致同意的观点。

社会契约伦理学（social contract ethics）：在伦理学上，一种认为任何社会的伦理原则都是通过生活在该社会的成员的协议或一致同意被确立的观点。

弱决定论（soft determinism）：一种认为决定论是真的，但我们依然有自由意志，负有道德责任，因为决定论和自由意志、道德责任是相容的观点。有时也被称为相容论（compatibilism）。

稻草人谬误（strawman fallacy）：为了更容易攻击动手，歪曲或夸大或误述对手立场的谬误。

综合命题（synthetic statement）：与分析命题相对，一种谓词所断定的主词的内容并未包含在主项里的命题；比如，“企鹅是优秀的泳者”。

目的论伦理学（teleological ethics）：相比规则和原则而言，更关注目标和后果的伦理学体系；与道义论伦理学构成对比。

功利主义伦理学（utilitarian ethics）：一种声称正确的行为是那种可以产生对所有人而言快乐超过痛苦的最大净余额的伦理学理论。

有效的（valid）：在演绎论证中，前提的真保证了结论的真的论证；在有效的演绎论证中，所有前提为真而结论为假是不可能的，也就是说，如果一个有效的演绎论证的所有前提都为真，那么其结论一定为真。

美德伦理学（virtue ethics）：一种强调良好品格的发展，而非行为对错问题的伦理学理论。

译后记

自从接到翻译任务以来，将近一年过去了。都说翻译是一件吃力不讨好的事情，不过出版方和译者都不是为了“讨好”，而是出于对学术与传播事业的兴趣和热爱。倘若果真“讨”来好，那自然是更幸运了。

本书的特征，正如作者在“前言”部分所述，已经很清楚了，这里无须赘言。在这里，我们只是谈谈在翻译过程中的一些体会。

第一，令我们感佩的是本书作者对哲学的历史与问题把握之广泛。这本书确实不太好称作“哲学概论”，更不同于哲学史，如果勉强概括一下，大抵可以叫“哲学基本问题之思考”吧。

第二，作为入门读物，如何令写作有趣味是一个关键问题。作者的办法，除了行文上采用了平易近人的策略之外，主要是把哲学话题和读者的生存处境紧密联系起来，简而言之，就是强烈的问题意识。任何一个想阅读哲学书籍的人，从某种意义上说，已经具有了“不同凡响”的种子。因为一个人如果只关心自己的利益，而不考虑世界和人类的基本问题，那么这个人是很难拿起一本哲学书的。

第三，作者开放的态度令我们感动。书中到处都在提出问题、分析问题，但作者从未把自己设想成一个“过来人”而给出某种“解答”，而是要求并鼓励读者得出自己的结论。诚然，就词性来说，“哲学”一词是名词，但是就哲学的根本特性而言，它更像是副词，即，哲学地（思考与活动）。所谓哲学地思考，无非就是超越读者个人的实际观察与利益，运用概念，从普遍的、可能的、整体的，乃至人类及其未来命运的视角来看待问题。

虽然本书译者主要是两人（杨晞帆承担前六章，陈晓曦承担后八章），但也都各自阅读了全书，并仔细审阅了对方所承担的部分，确保依然具有“一本书”的面貌和气质。特别需要指出的是，作为统稿与审校的邓安庆先生就全书的概念使用、行文语气等都给出了指导，并为完善译稿就具体细节与我们反复讨论。曾经作为复旦大学哲学系学生的我们，如今亦为人师，从学业成长到事业发展，邓老师一直关注、关心着我们。在此，我们表示真诚的感谢。

另外，本书作者在每一章之后都附有“阅读部分”，其选材有些已有中文译本，在翻译的过程中，我们进行了参考，当然出于版权的考虑也进行了删减及重译。

最后，不得不说的是，译者虽出身于哲学专业，但由于本书涉及的哲学话题十分广泛，尤其是阅读部分选取了大量的第一手文献，因而个别地方的译文可能还有未逮之处，恳请读者批评指正。

陈晓曦、杨晞帆

2016 年 8 月